Heinrich Börnstein

Fünfundsiebzig Jahre in der Alten und Neuen Welt

Heinrich Börnstein

Fünfundsiebzig Jahre in der Alten und Neuen Welt

ISBN/EAN: 9783743326453

Hergestellt in Europa, USA, Kanada, Australien, Japan

Cover: Foto ©ninafisch / pixelio.de

Manufactured and distributed by brebook publishing software
(www.brebook.com)

Heinrich Börnstein

Fünfundsiebzig Jahre in der Alten und Neuen Welt

Fünfundsiebzig Jahre

in der

Alten und Neuen Welt.

Memoiren eines Unbedeutenden.

Von

Heinrich Börnstein.

Zweiter Band.

Leipzig

Verlag von Otto Wigand.

1881.

Die Seereise.

(1849.)

Wir waren schon seit acht Tagen reisefertig und, da Möbel, Betten und alle Einrichtung längst verkauft waren, campirten wir nothdürftig in dem Zimmer eines kleinen Hôtel garni, jeden Tag die Aufforderung, an Bord unseres Schiffes zu kommen, erwartend; — unsere bescheidenen Mahlzeiten nahmen wir in dem neuerrichteten Wiener Speisehause in der Rue Montorgueil, wo die Flüchtlinge aller Länder, vorzüglich aber Deutsche und Oesterreicher, zusammenströmten, und wo man die interessantesten Bekanntschaften machen konnte. Da kam in der letzten Woche des Januar ein Brief von dem Schiffsrheder in Havre, bei dem wir unsere Plätze belegt hatten, der uns aufforderte, augenblicklich nach Havre zu kommen, da das Schiff „Espindola", auf dem unsere Plätze belegt seien, schon am 29. Mittags, spätestens am 30. Morgens, in See gehen werde. Natürlich ließen wir uns dieses nicht zweimal sagen, und ungeduldig, fortzukommen, fuhren wir am 28. mit dem Nachtzuge nach Havre, wo wir am 29. mit Tagesanbruch ankamen. Wir gingen zu unserem Schiffsrheder, unsere Ankunft zu melden und wollten uns gleich an Bord begeben, um das theure Hôtelleben zu ersparen; — aber es ging, wie es in solchen Fällen meist geht, das Schiff war noch nicht zum Auslaufen bereit, es werde noch die Fracht verladen, und ehe diese nicht an Bord und gehörig verstaut sei, könne von den Passagieren Niemand an Bord gehen, — auch sei der Wind noch ungünstig, um aus dem Hafen und der Seine herauszukommen, der Kapitän warte dazu die erste frische Landbrise ab, und man werde uns, so wie Alles fertig sei, sogleich Nachricht geben. Einstweilen wurde uns ein kleines Auswanderer-Hôtel als gut und billig empfohlen und da das Schiff nicht am 29. und auch nicht am 30. abgehen würde, so blieb uns wohl nichts Anderes übrig,

Börnstein, Memoiren. II.   1 als uns im Hôtel einzuquartiren, wo unsere bescheidenen Ansprüche auch entsprechende Erfüllung fanden und die Preise nicht übermäßig hoch waren. Zu thun hatten wir nichts, unsere zahlreichen Koffer und Kisten lagen bis zur Verladung noch im Eisenbahndepot, und so konnten wir den ganzen Tag spazieren gehen, nach und nach mit unseren künftigen Reisegefährten bekannt werden, das schöne Havre und seine reizenden Umgebungen nach allen Richtungen durch= streifen und dabei die ingeniöse Art und Weise kennen lernen, mit der hier Alles die Auswanderer auszubeuten und ihnen ihr überflüssiges Geld abzunehmen suchte, ehe sie die Reise über den Ocean antreten durften. Auch alle anderen Auswanderer, die mit dem „Espindola" segeln sollten, waren wie wir, viel zu früh nach Havre berufen worden, ja einige lagen schon 14 Tage da und verzehrten unter Müßiggang und Langeweile ihr bischen mit= gebrachtes Geld. Unser Schiff, der „Espindola", war längst reise= fertig, wartete auf keine Fracht mehr, denn der Export von Pariser Artikeln war seit der Februarrevolution und bei der Unsicherheit der Zustände unter der Republik auf Null gesunken, auch der Wind war günstig genug, wie mir Seeleute versicherten, aber der Grund, warum wir nicht ausliefen, war der, daß Kapitän und Rheder noch einen Trupp Auswanderer erwarten wollten, die, später angemeldet, sich erst am 1. Februar auf den Weg machen konnten, was wir natürlich Alles erst später und unterwegs er= fuhren. So gingen wir denn weder am 29. noch am 30. in See, auch nicht am 31. und 1. Februar, und erst am 2. Abends, als die verspäteten Einwanderer eingetroffen waren, wurde uns mitgetheilt, die Fracht sei jetzt verladen und verstaut, und am nächsten Morgen könne Alles an Bord gehen, was denn auch all= seitig mit größter Bereitwilligkeit geschah. In Wahrheit war aber gar keine Fracht verladen worden, sondern das Schiff fuhr in Ballast und seine einzige Fracht waren die Auswanderer und ihr Gepäck. Aber es gehört schon einmal zur Politik solcher Hafen= orte, die Einwanderer so lange als möglich in ihren Händen zu behalten, damit sie einen Theil ihres Geldes in der Hafenstadt zurücklassen. So war denn auch fast an jedem Hause längs des Hafens und in den nächst angrenzenden Straßen eine Aufschrift, welche in deutscher Sprache und in großen Frakturbuchstaben ver= kündete: „Hier wird deutsches Geld angenommen!" — welche correkter hätte eigentlich lauten sollen: „Hier wird den Teutschen das Geld abgenommen". Eine Spelunke reihte

sich an die andere, in denen dralle Kellnerinnen aus dem Elsaß
die bière de Strassbourg kredenzten und mit den kein Wort französisch verstehenden Auswanderern in ihrer geliebten deutschen Sprache
schwatzten. In den größeren dieser Etablissements wurde dann
Abends auf einem alten Klavier aus den Zeiten Ludwigs XV.
und von einer stets verstimmten Violine begleitet, eine gräuliche
Tanzmusik verübt, bei deren ohrenzerreißenden Tönen die Auswanderer im Schweiße ihres Angesichtes im „Hoppswalzer" oder
im „Gestampften" wie rasend herumtobten. In einem Hinter-
zimmerchen etablirten industrielle Glücksritter mitunter eine Macao-
oder Halberzwölf-Bank, bei der nie die Auswanderer, sondern
immer nur die Bankhalter und deren Spießgesellen gewannen.
Auch an anderen Verlockungen zu Excessen in Venere et Baccho
fehlte es nicht und Kolporteure und Hausiererinnen aller Arten
drängten sich beständig in die Kreise der Auswanderer, ihnen
Bücher und Brochüren, von deutschen Gebetbüchern an bis zu den
französischen illustrirten Cochoneries, anbietend und ihnen alle
sonstigen möglichen und unmöglichen Artikel aufdrängend, von
denen sie mit unübertrefflicher Suada versicherten, daß sie nicht
nur auf der Seereise, sondern auch drüben in Amerika von höchstem
Nutzen, ja eine unentbehrliche Nothwendigkeit seien, die man bei
keinem Menschen in der Welt als bei ihnen besser und billiger
bekommen könne; — kurz, es herrschte eine systematische und raffi-
nirte Ausbeutung der armen Auswanderer, die manchem Unerfahrenen den größten Theil seines Reisegeldes kostete.

Ich hatte schon am 2. die Erlaubniß erhalten, an Bord
zu gehen und mir das Schiff und die Einrichtung des Zwischendecks zu besehen; denn wir fuhren aus Oekonomie-Rücksichten im
Zwischendecke und zu gleicher Zeit überwachte ich die Verladung meiner vierundzwanzig Kisten und Koffer, die dem Kapitän
wie dem Rheder Respekt eingeflößt haben mußten.

Der „Espindola" war ein großer und prachtvoller amerikanischer Dreimaster, eines der schönen und respektabeln Schiffe
der amerikanischen Handelsmarine, die damals noch in achtung-
gebietender Stellung war, selbst den englischen Schiffen erfolgreiche
Concurrenz machte und so auch den größten Theil der Auswandererbeförderung aus französischen, holländischen, belgischen,
ja selbst aus englischen Häfen in Händen hatte. Seinen Namen
trug der „Espindola" nach einem berühmten, oder vielmehr berüchtigten Seeräuber der Antillen, der noch zu Anfang dieses Jahr-

hunderts durch seine kühnen Handstreiche den Golf von Mexico unsicher gemacht hatte. Seine Büste im romantischen Piraten- kostüme prangte am Bugsprite des Schiffes, aber Näheres aus seinem abenteuerlichen Leben konnten mir weder der Kapitän noch die Offiziere des Schiffes mittheilen und der Rheder beschränkte sich auf meine Anfrage auf die Antwort: „Ah c'etail un fameux coquin, mais je n'en sais plus." So ist denn der fameux coquin Espindola für mich ein ungelöstes Mysterium geblieben und selbst in Professor Schems deutsch=amerikanischem Konver- sations=Lexikon habe ich ihn nicht gefunden, was mich — nebenbei gesagt — darüber getröstet hat, daß ich auch nicht darin stehe, obwohl mein Name und meine Thätigkeit in Amerika auf ein paar Dutzend Seiten erwähnt werden, jedoch immer ohne das gewichtige „S. d." (Siehe diesen.)

Am Bord erfuhr ich von dem ersten Offizier, daß Kapitän Barstow noch in Paris sei, um seine letzten Geschäfte zu er- ledigen, daß das Schiff mit einer vollen Baumwoll=Fracht von New=Orleans herübergekommen sei und jetzt 3 Kajüten=Passagiere und 280 Auswanderer hinübernehme. Die Kajüten des Kapitäns und der Offiziere befanden sich auf dem Hinterdeck und die Offi- ziere hatten ihre Kabinen gegen eine Vergütung den Kajüten= Passagieren eingeräumt und für die wenigen Stunden, die sie nicht dienstlich auf Deck sein mußten, sich provisorische Lagerstätten in der Proviant=Kammer eingerichtet. Ich besah mir nun das Zwischendeck und erschrak über den engen Raum und die Ge- drängtheit der Kojen, die neben= und übereinander aufgethürmt, fast den ganzen Raum einnahmen, so daß kaum schmale Gänge zum Durchpassiren übrig blieben. Der Kapitän hatte nämlich, damit sowohl er selbst als seine Kajütenpassagiere nicht von dem Lärmen, dem Dunste und anderen Unannehmlichkeiten des Zwischen= deckes molestirt würden, das Zwischendeck hinter dem letzten Maste oder Kreuzmaste durch eine Bretterwand abgeschlossen und dieser ganze hintere Theil des Zwischendecks sollte leer bleiben und nur als Segelkammer benutzt werden. Ich sah sogleich, daß dies der beste und luftigste Platz des ganzen Zwischendeckes sei, der hinten am Steuer Fenster hatte und zu dem eine eigene Treppe hinab- führte. Auf meine Anfrage sagten mir die Offiziere, daß dieser Platz allerdings der beste sei und daß er, wenn Nachfrage dafür, gegen eine Aufzahlung auf den gewöhnlichen Passagepreis, als eine Art von zweiter Kajüte, vermiethet werde. Mein Entschluß war schnell gefaßt, ich eilte sogleich ans Land und zum Rheder und nach einer kurzen Verhandlung wurden wir einig und gegen eine nicht bedeutende Aufzahlung wurde uns das hintere Zwischen=deck ausschließlich als unsere Kajüte eingeräumt. Schnell wurde nun ein kleiner Verschlag als Segelkammer eingerichtet und in dem übrigen weiten und luftigen Raume wurden für mich, meinen Bruder, Boulet, meine beiden Söhne und Gunziker Verschläge und Kojen aufgerichtet, in denen wir uns sogleich häuslich ein=richteten; — wir hatten nun Raum, Luft, konnten unsere Koffer und Proviantvorräthe bei uns haben und waren, da wir sogar eine eigene Treppe hatten, von der ganzen Misère des Zwischendeck=Lebens abgeschlossen. Das war der glücklichste Entschluß, über den wir uns unterwegs noch oft zu freuen Gelegenheit hatten.

Am anderen Morgen, den 3. Februar, begaben sich die Auswanderer an Bord; — auf den amerikanischen Schiffen war es damals nicht gebräuchlich, daß die Zwischendeck=Passagiere, wie dies auf den deutschen Schiffen üblich, vom Schiffe aus ver=köstigt wurden, — jede Familie mußte ihren Proviant sich selbst beschaffen, und in Küchen, die nothdürftig auf dem Vorderdecke eingerichtet waren, selbst kochen, wobei die ledigen Auswanderer sich gewöhnlich als Kostgänger einer Familie anschlossen, ihren Proviant zum gemeinschaftlichen Mahle beisteuerten und mit den nöthigen Handlanger=Dienstleistungen aushalfen. In diesen höchst gebrechlichen Küchen, in denen oft eine Sturzwelle das Feuer auslöschte und mit ihrem nassen Inhalte bis in die Töpfe drang, oder bei denen ein Windstoß plötzlich die Herde über den Haufen warf, konnte natürlich bei stürmischem Wetter nicht gekocht werden und oft waren die Passagiere drei, vier, einmal sogar ganze acht Tage, auf kalte Speisen angewiesen, auf Schiffszwieback, Schinken und Speck. Trotzdem wundere ich mich aber noch heute, daß bei dieser Art zu kochen das Schiff nicht unzählige Male in Brand gerathen ist; denn wie oft mußten nicht, besonders beim Rollen des Schiffes, die Töpfe auf den Herden festgehalten und die auf das Verdeck fliegenden glühenden Kohlen schnell gelöscht und sorg=fältig aufgelesen werden. Natürlich konnten auf den wenigen Herden nicht alle 280 Passagiere zugleich kochen, sondern sie mußten Einer auf den Andern warten, und kamen dann partieen=weise zum Kochen, — eine festgesetzte Reihenfolge gab es nicht und es galt daher der alte Spruch: Wer zuerst kommt, der mahlt, — ein Arrangement, bei dem uns der alte Gunziker unbezahlbare Dienste leistete, und sobald das Deck gescheuert war und das Kochen beginnen konnte, immer mit unseren Töpfen der Erste an den Herden war. Das Vor= und Herrichten der zu kochenden Speisen besorgten wir selbst, ich und mein Bruder, und es war dies nicht nur die angenehmste Beschäftigung und Zer= streuung auf der langen Seereise, sondern wir kamen dadurch auch in solche Kenntniß und Uebung der Kochkunst, daß sie uns bei unserem kleinen Anfange in Amerika gute Dienste leisten konnte.

Dieses Arrangement, wie es damals auf amerikanischen Schiffen üblich, hatte übrigens noch das Unangenehme, daß die Verproviantirung der Passagiere oft eine mangelhafte und bei länger dauernder Reise eine ganz ungenügende war. Allerdings bekam jeder Passagier einen gedruckten Zettel, auf dem verzeichnet war, was er Alles per Kopf an Zwieback, Mehl, Salzfleisch, Speck, Schinken u. s. w. haben müsse und so wie die Leute an Bord kamen, sollte der Steuermann die einzelnen Proviantvorräthe untersuchen und controlliren, und solche, die nicht genügend ver= proviantirt waren, nach den Bestimmungen des Schiffscontraktes zurückweisen. Aber es gab immer Familien, die aus Sparsam= keit oder aus Mangel an Geldmitteln, oder auch, weil sie sangui= nisch auf eine kurze Dauer der Reise rechneten, ungenügend ver= proviantirt waren und die Visitation konnte bei 280 Auswanderern nicht mit solcher Genauigkeit und Strenge vorgenommen werden, daß nicht hie und da Säcke mit alter Wäsche oder anderen Gegen= ständen, auf denen obenauf ein paar Schiffszwiebacke oder eine Speckseite lagen, als Proviant durchschlüpften, und auf unserem Schiffe z. B., das zu seiner Ueberfahrt dreiundsechzig Tage brauchte, ereignete es sich buchstäblich, daß schon nach vierzig Tagen einzelne ärmere Familien ihren Proviant gänzlich aufgezehrt hatten und in den letzten vierzehn Tagen herrschte auf dem Schiffe bereits buchstäblich eine Hungersnoth und die Meisten er= nährten sich nur noch mit hartem Schiffszwieback, den sie in heißem Wasser mit etwas Salz aufweichten. Jetzt nach dreißig Jahren ist das Alles besser geworden und auf fast allen Auswanderer= schiffen werden die Zwischendeck=Passagiere mit einer einfachen, aber ausgiebigen Kost, durch den Schiffskoch in einer ordentlichen Küche zubereitet, bis zum letzten Tage versorgt. Damals aber wurde außer der ungenügenden Verproviantirung der Einzelnen auch noch in den ersten Wochen von den Meisten aus Müßiggang und Langeweile fast den ganzen Tag gekocht und gegessen und die

Folge war, daß die Vorräthe frühzeitig auf die Neige gingen und zuletzt ganz fehlten. Wir hatten uns gut verproviantirt, hatten nicht nur alle vorgeschriebenen Lebensmittel im Ueberflusse, sondern uns auch mit Kaffee, Thee, Chokolade, condensirter Milch, Zucker, Wein, Cognac und anderen Genußmitteln reichlich versehen, ja sogar ein ganzes Barrel prächtiger Aepfel hatten wir mit, die eben erst aus Amerika in Havre angekommen waren, und die nun wieder die Rückreise machten und uns unterwegs die trefflichsten Dienste leisteten.

Auch der 3. Februar verging noch mit fruchtlosem Hoffen und Harren, und erst am 4. früh Morgens kam Kapitän Barstow aus Paris, die Anker wurden bald darauf gelichtet und gegen Mittag ging der „Espindola" aus dem Hafenbassin in See. Nachdem das Land unseren Blicken entschwunden war, beendigten wir unsere häusliche Einrichtung, vertheilten die verschiedenen Verrichtungen unter uns und während das Schiff durch den Kanal segelte, legten wir uns in der Hoffnung nun baldiger Erlösung wohlgemuth in unsere Kojen zur Ruhe.

Am andern Morgen erst, als die nun regelmäßig werdende Tagesordnung des Kochens, Essens und Schlafens, wie ich oben angedeutet habe, begonnen hatte, lernten wir auch den Kapitän und unsere Reisegefährten kennen; — Kapitän Barstow, ein kurzer, stämmig untersetzter Mann, war ein echter Yankee aus den Neu-England-Staaten, wenn ich nicht irre aus Providence, freundlich und gemüthlich im Umgange, ein tüchtiger, erfahrener Seemann, aber eben als solcher kein Freund von vielem Reden und neugierigen Fragen der Passagiere; — wenn er aber etwas sagte, so geschah dies mit einer Präcision und Bestimmtheit, die das Gefühl der Sicherheit und des Vertrauens in Jedermann erwecken mußte. Dabei aber hatte er es, als echter Yankee, trotz aller Freundlichkeit und Gutmüthigkeit faustdick hinter den Ohren und wußte seine Auswanderer-Fracht prächtig in Ordnung zu halten und, wenn nöthig, auch zweckdienlich zu verwenden. Die drei Kajütenpassagiere waren Dr. Churchill, ein englischer Arzt aus London, Dr. Kratochwill, ein Oesterreicher und ebenfalls Arzt aus Prag, und ein junger Bojar aus dem fürstlichen Geschlechte der Kantakuzeno in Rumänien, das damals noch Moldau und Wallachei hieß. Alle drei waren gebildete und anständige Männer, die bald in uns gleichgesinnte Geister erkannten, und unserer Bekanntschaft mit ihnen dankten wir es, daß wir uns, wie sie, auf dem Hinterdecke aufhalten durften, und nicht, wie die anderen Auswanderer, auf das Vorderdeck beschränkt waren. Und im Verlaufe der langen Reise wurde unsere Bekanntschaft eine intime, so daß wir uns in New-Orleans mit aufrichtigem Bedauern von einander trennten. Sie gingen alle drei nach Californien, welches damals gerade seine goldenen Pforten er- schloß, — Dampfschiffe nach New-Orleans gingen damals noch nicht, und so mußten auch sie mit einem Segelschiffe reisen, um von New-Orleans dann in den Golf von Darien zu gelangen und über den Isthmus und Panama die Reise nach Californien fortzusetzen. Wir haben mit diesen drei gebildeten Männern an- genehme Stunden durchlebt, die in anregenden Gesprächen uns über die gräßliche Langeweile der Seereise hinweghalfen, und der Umstand trug nicht wenig zur allgemeinen Heiterkeit bei, daß sie, wenn sie sich einmal satt essen wollten, sich bei uns zu Gaste einladen mußten, besonders an Tagen, wo das Diner in der Kajüte gänzlich verunglückt war. Kapitän Barstow hatte nämlich von New-Orleans einen Neger als Koch mitgenommen, der, seines Zeichens ein Schuhflicker, sich für einen Koch ausgab, weil er einmal eine Zeit lang in einer Neger-Garküche als Hausknecht mitgearbeitet hatte. Auf der Fahrt von New-Orleans nach Havre hatte seine Kochkunst für den Kapitän und die zwei Offiziere nothdürftig ausgereicht, denn die Herren begnügten sich mit ihren einfachen amerikanischen Gerichten von Pork and Beans, Ham and eggs, cornbread und Aehnlichem, jetzt aber auf der Rückfahrt sollte er für die drei europäisch verwöhnten Kajütenpassagiere ein anständiges Diner herstellen und brachte das, obwohl Kapitän Barstow sich mit Conserven, Gemüsen und allen Delikatessen in Havre reichlich versehen hatte, durchaus nicht zu Stande; — einen süßen Pudding übergoß er mit einer Pfeffersauce, wie ihm überhaupt alle Mehlspeisen mißlangen und alle seine Versuche, seine Erfahrungen aus der Neger-Garküche zu raffiniren, brachten nur Mißgeburten zu Stande. So kamen denn die Kajüten- passagiere gar häufig herzlich lachend, aber auch sehr hungrig, zu uns in's Zwischendeck, wo wir sie gern zu unserem frugalen Mahle einluden, das sie sich trefflich schmecken ließen und dagegen als ihren Beitrag zur Wirthschaft feine Conserven, trefflichen Chester- Käse, Veroneser Salami und andere werthvolle Delikatessen bei- steuerten. Die beiden Aerzte habe ich nicht mehr gesehen, doch hörte ich später in St. Louis von aus Californien Zurückkehrenden, daß es ihnen gut gehe und daß sie sich in San Francisco eine höchst achtbare Stellung gegründet hatten. Den jungen Bojaren Kantakuzeno dagegen habe ich nach 22 Jahren wieder gesehen, als ich 1871 die Direktion des Josephstädter Theaters in Wien führte. Ich erhielt eines Tages ein Billet von ihm, worin er, sich auf unsere alte Schiffsbekanntschaft berufend, mich bat, ihn im Hôtel zum goldenen Lamm zu besuchen, da er, aus den Aachener Bädern zurückkehrend, sich nur zwei Tage in Wien aufhalten könne und mich gerne noch einmal zu sehen wünsche. Ich eilte natürlich sogleich hin, fand aber statt des jungen, blühenden Mannes, den ich gekannt, einen früh gealterten, von der Gicht geplagten Patienten, wie dieses frühe Altwerden das Leben im Orient häufig mit sich bringt. Nun auch ich war nicht jünger geworden, aber doch noch viel rüstiger als er, der um gute 20 Jahre Jüngere, — er freute sich außerordentlich, mich wieder zu sehen und wir verbrachten ein paar angenehme Stunden im traulichen Zwiegespräche, alte verblichene Erinnerungen, heitere wie ernste, aus unserer damaligen Seereise wieder wachrufend; — dann schieden wir und wie es scheint für immer, denn ich habe nichts mehr von ihm gehört. — Die 280 Zwischendeckpassagiere, meistens Badenser und Pfälzer, waren gutmüthige, friedliche und freundliche Leute, die sich keine Excesse zu Schulden kommen ließen und keine Krakehler unter sich hatten; auch mit ihnen vertrugen wir uns sehr gut und waren ihnen dienlich, wo es nur eben ging, ja manchen von ihnen begegnete ich später wieder in Amerika mit Freuden und erfuhr, daß sich die Meisten von ihnen nach mehr oder minder schweren Kämpfen zu sorgenfreien Lebensstellungen emporgearbeitet hatten.

Nach einem längeren Kreuzen im Kanal wegen durchaus widriger Winde, bei dem wir oft bis nah' an die englische, dann wieder nahe an die französische Küste kamen, so daß wir die Landschaft und die Orte deutlich sehen konnten, gelangten wir endlich in den atlantischen Ocean; nun verloren wir das Land ganz aus den Augen und die erste Hälfte unserer Reise verlief glatt und zufriedenstellend, durch immer günstigen Wind befördert. Der Kapitän nahm seine Richtung stark südlich und Ende Februar waren wir bereits unter dem 38. Grade, südlich von den Azoren und immer noch hielt unser Kapitän den Bugspriet gegen Süden, sich in einiger Nähe von der afrikanischen Küste haltend, bis wir auch schon die canarischen Inseln passirt hatten. Hier machte sich

nun unter dem Wendekreise des Krebses das tropische Klima fühlbar
geltend, — wir hatten Europa im strengen Winter der ersten
Februartage verlassen, je weiter wir im atlantischen Ocean ab=
wärts kamen, je milder wurde die Luft und hier, unter dem 36. Grad
herrschte schon eine unerträgliche Hitze. Nun hatte Alles noch
die dicken, warmen Winterkleider an, mit denen wir abgefahren
waren, die anderen, die Sommerkleider, lagen wohlverpackt in den
Kisten und Koffern in dem unteren Schiffsraume und ein Garde=
robewechsel konnte daher nicht stattfinden. Nur die Kajütenpassagiere
und wir hatten unsere Koffer bei uns und so konnten wir, wenigstens
theilweise, zu leichterer Kleidung gelangen; — im Zwischendeck
aber half man sich damit, daß die Männer nur noch in Hemden
und Unterhosen, die Frauen in Hemden und einem Unterrocke
herumgingen, und wenn man nicht den Kapitän gefürchtet hätte,
so hätten unternehmendere Geister das adamitische Kostüme, einen
Vatermörder und ein Feigenblatt, vorgezogen; — vorderhand
begnügte man sich jedoch damit, auf dem von den Sonnenstrahlen
glühend erhitzten Verdecke bloßfüßig herumzulaufen, wobei ein
Beträchtliches an Schuhen und Stiefeln erspart wurde.

Eines Morgens, als wir Alle, in Schweiß gebadet, dem
dolce far niente huldigten und in den wunderlichsten Kostümen
und in den wunderbarsten Positionen auf dem Verdecke herum=
lagen, bemerkten wir eine gewisse Aufregung unter der Mann=
schaft, — die Offiziere lugten mit ihren Fernröhren aus und
bald verbreitete sich die Nachricht, ein Schiff komme mit vollen
Segeln auf uns zu. Nun wir hatten, seitdem wir den Kanal
verlassen, kein Schiff mehr in Sicht bekommen und so galt das
als ein Ereigniß, das alle Welt auf die Beine brachte und sie
neugierig in die Ferne gaffen ließ. Von Stunde zu Stunde
wurde das Schiff deutlicher und bald kam es klar in Sicht, wie
es auf unsern Kurs zusteuerte. Es war ein Schooner mit nur
zwei Masten, der die spanische Flagge trug; — bald war er
uns nun in Sprachweite gekommen und wir konnten die Besatzung,
lauter wilde, verwegene Gesellen mit olivengelben und sonnen=
verbrannten Gesichtern und ihren rothen Mützen und braunen
Poncho's deutlich sehen. Sie hatten eine Unterredung signalisirt
und Kapitän Barstow ließ beilegen. So kam denn der Spanier
ziemlich nahe heran und durch das Sprachrohr bat sein Kapitän,
seine Höhen= und Breitenbeobachtungen und seinen Kurs mit
unseren reguliren zu dürfen. Unser Kapitän bewilligte dies und

so stellten sie auf dem Spanier eine große schwarze Schultafel auf, auf welcher sie die Länge- und Breitegrade i h r e r Beobachtung in riesigen Ziffern mit Kreide aufgeschrieben hatten. Bei dem Anblick dieser Tafel brachen Kapitän Barstow und seine Offiziere in ein helles Gelächter aus; denn auf dem spanischen Schiffe, das vermuthlich kaum einen Quadranten hatte, waren die Beobachtungen so vortrefflich gewesen, daß die guten Leute steif und fest glaubten, sie seien bei den New-Foundland-Bänken, während sie sich um einige 20 Grade weiter südlich in der Nähe der canarischen Inseln befanden. Es wurde nun auf unserem Schiffe ebenfalls die große Tafel aus der Kapitänskajüte auf Deck gebracht und ihnen die richtige Gradmessung durch Aufschreiben von großen Ziffern mitgetheilt, worüber sie höchst erstaunt, die Hände über den Köpfen zusammenschlugen, dann aber durch das Sprachrohr dankten, umlegten und ihren Kurs nordöstlich nahmen, vermuthlich in der Hoffnung, vielleicht doch noch einmal zufällig einen spanischen Hafen zu erreichen.

Für uns Alle war dieser Zwischenfall eine angenehme Zerstreuung gewesen, aber die Schiffsmannschaft schien dieses Zusammentreffen nicht mit günstigen Augen zu betrachten und ein alter Matrose brummte etwas von „bad luck" und „damned scoundrels" in den grauen Bart. Und in der That schien sich das Glück von nun an von uns gewendet zu haben; — „man wandelt nicht ungestraft unter Palmen", sagt der Dichter, und ebenso wenig bleibt das Kreuzen unter tropischen Breiten ohne seine schlimmen Folgen. Ungefähr eine Stunde, nachdem wir den spanischen Schooner wieder aus dem Gesichte verloren hatten, fiel plötzlich der bis jetzt frisch blasende Wind gänzlich ab und die Segel hingen schlaff und verdrossen an den Masten herab; — der Kapitän sah nach allen Richtungen aus, betrachtete das spiegelglatte Meer und meinte dann, jetzt hätten wir für ein paar Wochen genug. Und seine Prophezeiung traf buchstäblich ein. Die gänzliche Windstille, bei der sich auch nicht ein Lüftchen regte, hielt an und das auf eine Stelle wie festgenagelte Schiff legte sich im roulis langsam von einer Seite auf die andere, eine monotone und für uns Landratten ungewohnte Bewegung, bei der alle Koffer beständig hin und herrutschten, Alles festgebunden werden mußte und man nicht einmal Nachts schlafen konnte, weil man immer fürchten mußte, von dem flachen Bette herabzufallen. Und dieser schreckliche, unthätige Zustand mit dem ewigen ununter-

brochenen Hin= und Herschwanken des Schiffes hielt v o l l e v i e r =
z e h n T a g e an und demoralisirte uns Alle an Bord vollständig;
— man verlor alle Thatkraft, alle Energie, alle Lust zum Lesen
oder Schreiben, man gab sich einem von Langeweile gequälten,
unthätigen Hindämmern und wachen Träumen hin; — nur wer
eine solche complete Windstille selbst erlebt hat, kann diesen Zu=
stand und seine schlimmen Folgen vollständig würdigen. Unser
Kapitän kannte dies Alles aus langjähriger Erfahrung und ergriff
mit amerikanischer Bestimmtheit die nöthigen Maßregeln.

Auf dem Wege nach New-Orleans.
(1849.)

Als wir am Abende des verhängnißvollen Tages, wo unsere
bis dahin so glückliche Reise durch das Fallen des Windes plötz=
lich unterbrochen wurde und unser Schiff sein fatales Hin= und
Herwiegen begann, hinabstiegen und uns in unseren Kojen zur
Ruhe legten, hatten wir noch keine Ahnung davon, was eine
Windstille unter den Tropen bedeute, — wir waren Alle der
frohen Hoffnung, am nächsten Morgen, wenn wir erwachten,
unser Schiff wieder mit vom günstigen Winde geschwellten Segeln
durch die sich kräuselnden Wellen streichen zu sehen und hatten
nicht die geringste Besorgniß. Als wir aber am nächsten Morgen,
nach einer durch das beständige Herüber= und Hinüberlegen des
Schiffes ziemlich schlaflosen Nacht, wieder auf Deck kamen, war
Alles wie am Abende vorher; die Segel hingen noch immer
schlaff und träge von den Raen herab, — man hatte es nicht
einmal der Mühe werth gefunden, sie einzureffen, — spiegelglatt
lag die See, soweit das Auge reichte, eine unendliche glänzende
Fläche da; auch nicht das leiseste Lüftchen regte sich, dagegen
war aber schon in frühester Morgenstunde eine glühende Hitze ein=
getreten, die den Aufenthalt unter Deck unerträglich machte. So
saßen und lagen wir denn Alle, uns nach und nach in unser
Schicksal ergebend, auf dem Verdeck herum und warteten auf den
Wind, der nicht kommen wollte, während das Schiff durch sein
fortwährendes Herüber= und Hinüberlegen selbst Solchen, die die

Seekrankheit bereits längst überstanden hatten, neue Anwandlungen des Uebels brachte. So apathisch und verdrossen wir nun auch im Laufe dieses und der nächsten Tage tödtlicher Langeweile und gänzlicher Unthätigkeit wurden, so viel thätiger und energischer wurde plötzlich unser Kapitän, der sich es zu Zeiten des günstigen Windes sonst ziemlich bequem gemacht hatte, und ich lernte nun in ihm das erste praktische Beispiel der ja sprüchwörtlich gewordenen, theils angeborenen, theils anerzogenen Klugheit des echten Yankee's kennen. Kapitän Barstow, der diese südliche Fahrt schon unzählige Male gemacht und einen reichen Schatz von seemännischen Erfahrungen gesammelt hatte, war vielleicht der Einzige auf dem Schiffe, der die lange Dauer dieser Windstille mit Bestimmtheit voraussah und daher dem entsprechend seine Maßregeln traf; — er wußte, daß Nichts so demoralisirend, sowohl auf seine Mannschaft als auf seine Passagiere wirke, als solch' eine lange, gänzliche Unthätigkeit, und er kannte den Spruch: Müßiggang ist aller Laster Anfang; — so beschloß er denn, sowohl seine Schiffsmannschaft als die Auswanderer durch irgend welche Thätigkeit in Ordnung und Ruhe zu erhalten und als richtiger Yankee suchte er diese Thätigkeit zugleich zu seinem Vortheile auszubeuten. Wenn ich nun berichte, wie er das zuwegebrachte, so gestehe ich offen, daß mir damals weder seine Absicht, noch sein ganzer Plan klar waren und daß ich wie alle Anderen an Bord unwillkürlich mit zu den „Aufgesessenen" gehörte und daß mir und den Kajütenpassagieren erst nach und nach als beinahe Alles vorüber war, die richtige Anschauung über des Kapitäns Vorgehen aufdämmerte. Für Kapitän Barstow handelte es sich also vor Allem darum, sowohl seine Mannschaft als auch die Auswanderer mit irgend einer Thätigkeit zu beschäftigen und so war er schon am ersten Tage, ganz gegen seine Gewohnheit, mit Sonnenaufgang auf Deck und brachte Leben und Bewegung in das ganze Schiff. Ein Theil der Segel wurde von den Raen abgelöst und in die Segelkammer geschleppt, um dort von einem Theile der Matrosen geflickt und ausgebessert zu werden; zugleich befahl der Kapitän, zwei Boote auszusetzen, die er mit einem andern Theile der Mannschaft bemannte; diese Boote wurden durch Schlepptaue vor das Schiff gespannt und so sollten die Boote durch tüchtiges Rudern das Schiff weiter bugsiren, da, wie der Kapitän angab, es ja doch wohl möglich sei, daß die Windstille sich nur auf einen kleinen Strich beschränke und wir durch fleißiges Rudern vielleicht

doch in eine Gegend gelangen könnten, wo etwas Windströmung
herrsche. Allerdings erwies sich unser Vorwärtskommen auf diese
Art als ein äußerst langsames, aber es schien uns doch besser
als gar nichts; — allein auch dieses Vorwärtsschleichen erwies
sich bald als unausführbar; denn die Hitze war so furchtbar, die
Sonnenstrahlen brannten so senkrecht nieder, daß die rudernden
Matrosen, obwohl sie alle zwei Stunden durch frische Leute abgelöst wurden, in Schweiß gebadet waren und als Einer von
ihnen zuletzt am Sonnenstich erkrankte, gab der Kapitän den
Versuch auf, da er selbst am besten die Nutzlosigkeit desselben erkannte und das Rudern nur als eine Beschäftigung für seine
Mannschaft angeordnet hatte, und so wurden die Ruderboote
wieder eingezogen. Dagegen wurde über das Hinterdeck ein großes
Segel als Zelt gespannt und auch auf einem Theile des Vorder-
decks wurde ein Segeldach angebracht, sodaß man wenigstens die
Wohlthat des Schattens genießen konnte. Um aber seine Mannschaft nicht müßig gehen zu lassen, ließ der Kapitän nun an den
folgenden Tagen das Schiff von außen gründlich reinigen und
waschen und dann neu anstreichen. Farben wurden heraufgeholt,
gerieben und angemacht, fliegende Gerüste außerhalb des Schiffes
befestigt, auf denen die Matrosen saßen und das Schiff neu an-
strichen, die ganze Takelage wurde sorgfältig untersucht und alle
Mängel wurden ausgebessert, kurz, während der vierzehn Tage,
welche die Windstille dauerte, wußte der Kapitän seine Leute vollauf und in nützlichster Weise zu beschäftigen.

Nun handelte es sich noch um die Auswanderer und in
originellster Weise kam hier die Smart-heit des Yankee zu Tage.
Gleich am ersten Tage, während noch die unglücklichen Matrosen
rudern mußten, lud der Kapitän die drei Kajütenpassagiere, mich,
meinen Bruder und Boulet und drei der achtbarsten Familien-
häupter unter den Auswanderern zu einer Besprechung in seine
Kajüte ein. In diesem Kriegsrathe hielt nun der Kapitän mit
großem Ernste und besorgter Miene eine lange Rede in englischer
Sprache, die wir so gut es eben ging, den Andern in Deutsch
übersetzten. Der Inhalt der Mittheilung war der, daß dem
Kapitän, wie er sagte, das plötzliche Auftauchen des spanischen
Schiffes am gestrigen Tage höchst verdächtig erschienen sei und
daß er deshalb Besorgnisse hege und glaube, die Nachfrage wegen
der richtigen Grabmessungen sei nur ein Vorwand gewesen, um
sich seinem Schiffe zu nähern, die Stärke der Besatzung auszu-

kundschaften und zu sehen, ob sich da nicht ein nächtlicher Ueberfall und eine gute Beute ausführen lasse; er setzte uns mit großem
Ernst auseinander, wie es hier, in diesen südlichen Breiten, auf
den kleinen Inseln, noch immer verwegene Abenteurer gebe, die
allerhand unerlaubte Gewerbe und bei günstiger Gelegenheit auch
etwas Seeräuberei betrieben, — wie diese kühnen Gesellen schon
mehr als einmal die schwachen Seiten eines Schiffes auf solche
Art ausgekundschaftet, dann Nachts in Ruderbooten herangekommen
seien, das Schiff erklettert, Mannschaft und Passagiere getödtet
oder über Bord geworfen, die Ladung erst geplündert und dann
das in Brand gesetzte Schiff seinem Schicksal überlassen hätten.
Bei dieser verwünschten Windstille, in der man die Segel nicht
gebrauchen könne, um einem solchen Ueberfalle zu entkommen,
müsse man daher die größte Wachsamkeit entwickeln und sich auf
entschlossenen Widerstand vorbereiten. Wahrscheinlich würden in
einer der kommenden Nächte Kundschafterboote das Schiff aus-
spioniren und sich überzeugen wollen, ob man an Bord wachsam
und vorbereitet sei und es gelte, sich so zu zeigen, nöthigenfalls
aber auch einen Ueberfall abzuwehren. Er rechne dabei auf die
kräftige Mitwirkung seiner Passagiere, sowie auch er und seine
Offiziere und Mannschaft in dieser Hinsicht ihre volle Schuldigkeit thun würden und er schlug vor, die männlichen Auswanderer
in eine militärische Kompagnie zu organisiren, sie zu bewaffnen
und sie an der Vertheidigung des Schiffes theilnehmen zu lassen.
Er bat uns also, falls wir auf diesen Vorschlag eingingen, die
Organisation der männlichen Passagiere zu übernehmen, etwa vor-
findliche ehemalige Soldaten als Zugskommandanten zu verwenden
und so die Leute im Gebrauche der Waffen und in militärische
Ordnung einzuexerciren. Nach einigen weiteren Auseinander-
setzungen wurde des Kapitäns Vorschlag einstimmig angenommen
und sogleich an's Werk gegangen. Es fanden sich ungefähr
hundertzwanzig wehrfähige männliche Auswanderer vor, unter
ihnen etwa zwanzig gewesene Soldaten, die als Unteroffiziere
in die Compagnie eingereiht wurden, — und nachdem nun Allen
Grund und Zweck dieser Organisation auseinandergesetzt worden
waren und allgemeine Zustimmung erlangt hatten, begann das
Exerciren, welches die meisten Stunden des Tages ausfüllte; zuerst ohne Waffen, später ließ der Kapitän auch Gewehre aus dem
Schiffsraume heraufbringen, die der Steuermann an die Compagnie vertheilte. Es waren alte Feuersteingewehre, noch schlechtere

und gefährlichere Schießprügel als jene, womit Flocon die deutsche Legion beglückt hatte. Aber darum kümmerte sich in der Aufregung Niemand, und so wurde von Morgen bis zum Abend exercirt, wobei es, bei dem beständigen Rollen des Schiffes, nicht selten vorkam, daß sich die ganze Front plötzlich auf ihre Hinter= theile niedersetzte, und nachdem sie sich lachend aufgerafft hatte, wieder nach vorne auf die Nasen fiel, was neue allgemeine Heiterkeit hervorrief. Kapitän Barstow war beständig bei diesen Uebungen zugegen, munterte sie auf, sprach seine Zufriedenheit aus und entwickelte seinen Plan, der darauf hinaus ging: die Hauptsache sei den Seeräubern zu zeigen, daß das Schiff eine zahlreiche bewaffnete Mannschaft zähle, die zu energischer Abwehr bereit sei und daß die größte Wachsamkeit an Bord herrsche; — nachdem die Seeräuber eine solche Ueberzeugung gewonnen, würden sie wohl vernünftigerweise auf jeden Versuch, das Schiff zu über= fallen, verzichten. Am Bord befand sich eine kleine Kanone, ein Miniatur=Geschütz, — ein Artillerist würde sie einen Halb= Pfünder genannt haben — dazu bestimmt, beim Einlaufen in einen Hafen ein paar Salutschüsse oder — bei großer Bedräng= niß — Nothsignale daraus abzugeben. Die Verabredung war nun, daß bei Tag die Compagnie, mit den Matrosen vereint, auf Deck Wachtposten ausstellen, bei der Nacht aber sich wie ge= wöhnlich zur Ruhe begeben solle, bis etwa aus der Kanone ein Alarmschuß abgefeuert werde, worauf Alles sogleich auf's Deck zu eilen und die bereits angewiesenen Posten zu besetzen habe; — alles das wurde nun vielfach versuchsweise ausgeführt und es herrschte ein geschäftiges, militärisches Leben am Bord, um so mehr, als sich am fernen Horizonte hie und da einzelne Segel zeigten, die der Kapitän alle als verdächtig bezeichnete. So vergingen die ersten acht Tage der Windstille mit eifrigem Exer= ciren, Wache=Ablösen und zeitweiligen Alarmirungen. Nach und nach aber erkaltete der erste Eifer und als Alles ruhig blieb, kein verdächtiges Boot in unsere Nähe kam und ein Ueberfall immer unwahrscheinlicher wurde, stiegen den Klügeren doch Zweifel auf, ob es denn auch mit der Sache Ernst sei und nach und nach kam ihnen die Vermuthung, daß der Kapitän die Leute nur in Thätigkeit und Beschäftigung erhalten wolle, und da sie die Nützlichkeit dieser Absicht begriffen, so hüteten sie sich wohlweis= lich, ihre Zweifel laut werden zu lassen; aber es trat denn doch in den Uebungen allmälig eine größere Lauheit ein, bis sie endlich in den letzten Tagen der Windstille ganz eingestellt wurden. Gewehre hatten allerdings die Leute; aber wohlweislich hatte Kapitän Barstow ihnen keine Munition dazu gegeben, sondern erklärt, es könne sonst in dem gedrängt vollen Zwischendeck leicht ein Unglück geschehen, — die Munition liege in seiner Kajüte und bei einer wirklichen Gefahr werde gleich nach dem Alarmschuß der Steuermann die Munition vertheilen. So wurde denn in mehr oder minder bewußter Ahnung der Mystifikation in den letzten Tagen, wo das Schiff auf derselben Stelle lag, Nichts mehr gethan, die Aufregung schlief ein und man vertrieb sich die Zeit mit Besprechung der Pläne und Hoffnungen, die man bei der Ankunft in Amerika verwirklichen wollte.

Das war auch unsere Lieblingsbeschäftigung in diesen müßigen und langweiligen Stunden und wie oft saßen wir nicht beisammen, ich, mein Bruder, Boulet und Gunziker, und bauten die schönsten Luftschlösser. Wir hatten unseren Bromme und Duden auswendig gelernt, waren von ihren glänzenden und beredten Schilderungen eingenommen, ganz enthusiastisch für den südlichen Theil von Missouri und namentlich für die Gegend von Cape Giradeau, wo das Klima so milde sei, daß der Missisippi nie zufriere, die ebene und fruchtbare Landschaft von dem prächtigen Urwalde umgeben sei, in welchem uns die „Sykomoren, Katalpen, Platanen, Ailantus, die Tulpenbäume, Cedern und Cypressen, die Sumach und Paw-Paw nicht wenig imponirten, an welchen sich die wilden Reben üppig hinaufschlängelten und unter deren Schatten die blüthenbedeckten Gebüsche der Lonizeren, Altheen und die üppigsten Schlinggewächse im vollsten Reichthum entfalteten". So stand es ja in den Auswandererbüchern gedruckt und wir glaubten daran wie an das Evangelium der Zukunft. Dort in Cape Giradeau sollten Bernays und unsere Familien uns erwarten, so war es ausgemacht, und sobald wir Alle wieder vereinigt seien, wollten wir eine Farm von 120 — 160 Acres kaufen und dieselbe gemeinschaftlich bebauend, ein ruhiges und friedliches Landleben führen; denn wir waren Europa's und des politischen aufregenden Treibens herzlich müde. Für diesen Zweck hatten wir uns vorgesehen und ausgerüstet und schleppten einige 40 Kisten Baggage hinüber, Tischler- und Sattlerwerkzeug, obwohl wir von beiden Handwerken nichts verstanden, und noch eine Menge anderer uns außerordentlich nützlich erscheinender, in Wirklichkeit aber ganz nutzloser Dinge. Wir zeichneten die Pläne für das Haus, das wir uns bauen wollten, entworfen auf dem Papier die Gartenanlagen, berechneten die Größe der Wirthschafts= gebäude und Stallungen, kurz wir machten es gerade so wie die meisten Auswanderer, die in gänzlicher Unkenntniß der amerika= nischen Verhältnisse ihre Pläne auf europäischen Anschauungen basiren. Damals schwelgten wir in diesen Plänen, Träumen und Hoffnungen, ein Jahr später waren wir bereits gründlich enttäuscht und lächelten über unsere kühnen Luftschlösser, — wir hatten bereits begriffen, daß wir eine Menge unnöthiger Dinge mitgenommen hatten und gelernt, daß es für jeden Auswanderer nur eine einzige des Mitnehmens werthe Sache gebe, nämlich: Viel Geld! — so viel Geld als möglich und so wenig Sachen als möglich, Kleider und Wäsche etwa ausgenommen, denn Alles, was man sonst an Werkzeugen, Hausgeräthen u. s. w. braucht, kauft man in Amerika besser, billiger und zweckentsprechender, als man es von Europa mitnehmen kann. Damals aber waren wir noch glücklich in unseren Illusionen und sie hatten wenigstens das Gute, daß sie uns die langweilige Zeit der Seereise ver= trieben. Es ist ja den meisten Auswanderern ebenso wie uns ergangen und ich lernte später in der Nähe von Highland einen Mann kennen, der wohlbemittelt, aber europamüde, nach Amerika gekommen war, um sich auf dem Lande niederzulassen und der nicht nur die Zeichnungen und Pläne für seine zu er= bauende Villa, von europäischen Architekten entworfen, mitgebracht hatte, sondern auch alle Thürschlösser, Fensterbeschläge und mehrere Kisten Spiegelscheiben für die Fenster nebst anderen luxuriösen Gegenständen der Einrichtung. Als ich ihn auf seiner Farm in der Prairie kennen lernte, hatte er sich bereits ein amerika= nisches Frame=Haus bauen lassen und lebte wie andere Leute, allerdings, wie er angab, nur provisorisch, und er hatte noch immer vor, die Villa mit den Spiegelscheiben noch zu bauen; aber wieder ein Jahr später war er auch von dieser Marotte gründlich curirt und er hatte Thürschlösser, Fensterbeschläge und Spiegelscheiben und all' den anderen europäischen Kram nach St. Louis geschickt, um die unpraktischen Dinge dort verauktioniren zu lassen, wo sie denn auch um ein Spottgeld verschleudert wurden.

Endlich nahm denn auch, wie Alles auf Erden, die Wind= stille ein Ende, — eines Abends ließ der Kapitän alle Segel vorrichten und in weiter Ferne zeigte sich die Fläche der See etwas gekräuselt, — ein Windstoß komme heran, meinte der Kapitän, den müsse man bestens benutzen, und in der That, so kam es auch. Immer näher kam das Zittern und Kräuseln der Wellen und urplötzlich kam ein heftiger Windstoß, der im ersten Anpralle die oberste Spiere am Mittelmaste herab und auf's Verdeck schleuderte, glücklicherweise, ohne Jemand zu verletzen. Jetzt war, wie mit einem Zauberschlage die ganze Lage an Bord geändert; frischer Muth und frohe Hoffnungen belebten Alles, die Segel entfalteten sich und pfeilschnell flog das Schiff wieder durch die Wellen. Die Comödie war zu Ende, die Gewehre wurden wieder eingesammelt und unter Deck gebracht und die Seeräuber wurden der wohlverdienten Vergessenheit übergeben; — daß Kapitän Barstow aber mit der Soldatenspielerei noch andere Pläne im Auge hatte, ahnte keiner von uns. Es war übrigens die höchste Zeit, daß wir wieder vorwärts kamen, denn die Proviantvorräthe der meisten Passagiere waren bereits bedeutend zusammengeschmolzen und an manchen Artikeln herrschte schon gänzlicher Mangel; ja die Knappheit des Proviants zeigte sich nun mit jedem Tage mehr, bis sie zuletzt zu bedenklicher Höhe anwuchs und es in den letzten Tagen buchstäblich nichts mehr zu essen auf dem ganzen Schiffe gab. Eines Tages, als wir nun mit günstigem Winde vorwärts segelten, rief Kapitän Barstow wieder die früheren Vertrauensmänner unter seinen Passagieren zusammen und setzte ihnen abermals in längerer Rede seinen neuesten Plan auseinander. Er sei in Kenntniß, daß den meisten Passagieren der Proviant ausgehe und daß, wenn er seinen regel- mäßigen Kurs einhalte, um an Cuba vorüber nach New-Orleans zu gelangen, dadurch so viel Zeit verloren gehe, daß eine förm- liche Hungersnoth unter den Passagieren zu befürchten sei; er wolle nun seine eigenen Proviant-Vorräthe genau nachsehen lassen, und was irgend nur davon entbehrlich sei, den proviantlosen Passagieren um den eigenen Kostenpreis ablassen, aber außerdem habe er noch einen Plan, die Fahrt abzukürzen, wenn die Passa- giere dazu behilflich sein wollten. Er kenne, sagte er, einen Paß mitten durch die Bahama-Inseln, der, wenn er benutzt werde, die Fahrt um 4—5 Tage kürzer mache, als wenn er den Weg um die Bahama-Inseln herum und längs der Nordküste vor Cuba in den mexikanischen Golf nehmen müsse. Durch diesen Paß könnten aber keine vollbeladenen Schiffe segeln, sondern nur solche, die wenig Tiefgang haben; er habe nun viel Ballast, be-

stehend aus Steinen und Schotter im Schiffsraume, und wenn
die Passagiere ihm behilflich sein wollten, diesen Ballast herauf=
zuschaffen und über Bord zu werfen, so wäre er im Stande,
durch den Paß zu segeln und so die Reise bedeutend abzukürzen.
Wir trugen nun des Kapitäns Vorschlag den versammelten Passa=
gieren vor, und theils der Proviantmangel, der sich schon bitter
fühlbar machte, theils die Sehnsucht, wieder festen Boden unter
den Füßen zu fühlen, förderten eine allgemeine Zustimmung zu
Tage; Alles erklärte sich bereit, den Ballast über Bord zu werfen.
An entbehrlichem Proviant fand der Kapitän ein paar Säcke mit
Maismehl und ein Faß Salzfleisch heraus, die er denn auch
wirklich pfundweise nach Bedarf den Auswanderern verkaufte und
zwar zu demselben billigen Preise, den sie dafür auch in Havre
bezahlt haben würden.   Aber trotzdem blieben noch immer minder=
bemittelte Familien übrig, die auch den billigsten Proviant nicht
mehr bezahlen konnten, ohne sich für die Ankunft am Land von
allen Mitteln zu entblößen und die sich die letzten Tage, wie be=
reits erwähnt, mit Schiffszwieback, in heißem Wasser aufgeweicht,
als einzige Nahrung durchschlagen mußten.

Kapitän Barstow's Plan aber war gelungen; er hatte in
Havre in Ermangelung von Fracht eine Menge Steinballast ein=
genommen und mußte daher in New=Orleans, wo bereits eine
volle Baumwollen=Fracht für ihn bereit lag, erst den Ballast aus=
laden und damit viele Tage verlieren, ehe er die neue Ladung
einnehmen konnte.   Nun luden aber die Matrosen des Schiffes
den Ballast weder ein noch aus, sondern es sind dafür eigene
Hafenarbeiter da, die sich für diese Arbeit gut bezahlen lassen und
sie obendrein noch sehr gemächlich ausführen.   Kapitän Barstow
hatte also zwei glückliche Würfe mit einem Stein gethan, — das
Ausladen des Ballast durch seine Passagiere kostete ihn gar nichts
und er konnte nach Ankunft in New=Orleans schon am ersten
Tage seine neue Ladung einnehmen und um so rascher wieder in
See gehen, — also ein doppelter Profit für den klugen Yankee.
Auch die militärische Organisation zeigte jetzt ihre Nützlichkeit;
Alles ging geordnet und auf Commando; die Züge lösten ein=
ander ab, die Zugscommandanten überwachten die Arbeit und
Jedem wurde mit militärischer Disziplin sein Posten und seine
Thätigkeit angewiesen.

Die großen Lucken auf dem Verdecke und im Zwischendecke
wurden geöffnet und eine Verbindung mit dem Schiffsraume her=

gestellt; Handkörbe wurden an die Leute vertheilt, ein Zug im Schiffsraum und ein anderer Zug im Zwischendeck aufgestellt, während die Frauen oben auf Deck mit halfen. Die unten füllten nun ihre Handkörbe mit den Steinen und dem Schotter, andere hoben sie in das Zwischendeck herauf, wo sie in Empfang genommen und wieder auf's Deck gehoben wurden, wo die Frauen sie dann in's Meer ausleerten; — waren die Leute müde, so kamen zwei andere Züge an die Arbeit, und so ging es in fröh= licher Stimmung unter Singen und Scherzen v i e r T a g e l a n g vom Sonnenaufgang bis Sonnenuntergang, bis der größte Theil des Ballast's im Meere lag. Während dieser Zeit aber waren wir auch in den Golf von Mexiko gelangt und näherten uns der Mississippi=Mündung; — ob aber der Kapitän wirklich einen näheren Weg gewußt und eingeschlagen hat, weis ich noch heute nicht, wahrscheinlich segelte er seinen gewohnten Kurs und es lag dem schlauen Yankee nur daran, seinen Ballast kostenfrei und ohne alle Zeitversäumniß los zu werden.

Endlich wurde uns, als wir Morgens auf Deck kamen, in der Ferne ein schwarzer Punkt gezeigt, mit dem Bedeuten, da sei unser Lootse und der Schleppdampfer, die uns den Fluß hinauf nach New=Orleans bringen sollten. Ein jubelndes Hurrah! be= grüßte diese Ankündigung, die Erlösung war endlich nah und es war wirklich die höchste Zeit, daß sie kam. Es war bereits der 62. Tag unserer Reise, Entbehrungen aller Art hatten sich schon schwer fühlbar gemacht, ja hätte die Reise noch einige Tage mehr gedauert, so zweifle ich nicht, daß sich auch Krankheiten, durch Mangel und Hunger hervorgerufen, eingestellt hätten, von denen wir bis jetzt ziemlich frei geblieben waren. Der schwarze Punkt wurde allmälig zum deutlichen Rauchwölkchen, endlich konnte man den Dampfer deutlich erkennen, es wurden zwischen uns Signale gewechselt und der Kapitän bestätigte, daß wir nun am Ziel seien und von dem Dampfer ohne Verzug nach New=Orleans geschleppt werden würden. Das war ein allgemeiner Jubel, ein grenzen= loses Entzücken; es wurde gewaschen und gekämmt, die Sonntags= kleider wurden ausgepackt und hergerichtet und lustig flogen, der alten Tradition gemäß, die Strohsäcke und Strohpolster, die in Havre für die Ueberfahrt gekauft worden waren, hinab in's Meer, wo sie mit der Fluth weiter schwammen. Allerdings waren sie bereits durchgelegen und plattgedrückt und nicht mehr zu brauchen, aber sie wurden doch um vierundzwanzig Stunden zu früh in's

Meer expedirt, denn wir hatten noch eine Nacht am Bord zu=
zubringen, während das Towboat uns den Fluß hinaufschleppte
und während dieser Nacht mußten die Voreiligen auf den bloßen
Brettern liegen. Ich weiß nicht, wer ihnen den Rath gab, sich
so schnell ihrer Strohsäcke zu entledigen, aber ich vermuthe, daß
auch hier der Kapitän seine Hand im Spiele hatte; denn einmal
in New=Orleans angekommen, hätte er die zweihundert und
einigen Strohsäcke wegschaffen lassen müssen; — so aber ersparte
er das Geld für das Wegschaffen und, was die Hauptsache war,
er bekam sein Schiff früher „rein und klar".

Endlich ward der Schleppdampfer bei uns angelegt, der Lootse
brachte amerikanische Zeitungen an Bord, in denen ich vergeblich nach
Nachrichten über das Schiff „Sea-Lion" und die Meinigen forschte,
dafür aber die Unheilskunde fand, daß die Cholera arg in New=
Orleans hause und daß auch bereits mehrere Fälle vom gelben
Fieber vorgekommen wären. Die schwärzesten Besorgnisse über
das Schicksal der Unseren erfüllten uns, aber das half jetzt Alles
nichts; der große Schritt war gethan, er konnte nicht mehr zurück=
gethan werden, wir mußten vorwärts, komme auch, was da wolle.
Unser Schiff wurde nun an die eine Seite des Schleppdampfers
gelegt und am Südwestpasse kam ein zweites, ein französisches
Schiff, an seine andere Seite. So fuhren die drei Schiffe den
Mississippi hinauf und die in voller Sommerpracht blühenden
Ufer des mächtigen Stromes, die reizende Landschaft, die pracht=
volle tropische Vegetation, der erfrischende Landwind und das Be=
wußtsein am Ziele zu sein, erhoben alle Gemüther zu freudig=
begeisterter Stimmung. Alle Auswanderer hatten ihre Festtag=
kleider angezogen, die Frauen sich aufs Schönste geschmückt, die
Kinder waren gewaschen und gekämmt und die Männer hatten
die neue Sonntagsmütze und die große bemalte Porcellain=Pfeife
mit dem langen Rohre und den Seidenquasten hervorgesucht und
qualmten nun mächtige Wolken des schon lange entbehrten Tabaks,
den ihnen der Traiteur des Schleppdampfers verkauft hatte. Auf
allen Gesichtern strahlte das Vergnügen, endlich am Ziele zu sein,
Alles war in der heitersten Stimmung und schöne deutsche Volks=
lieder wurden angestimmt und tönten harmonisch durch die stille
Nacht. Geschlafen wurde wenig mehr; man konnte es nicht er=
warten, endlich angelangt zu sein und nun — nun erschienen die
ersten Häuser, noch vereinzelt, dann in kleineren, zuletzt immer
dichteren Klumpen, an den Ufern wurde es immer lebendiger von

Menschen und Fuhrwerken, ein gedrängter Mastenwald vor Anker liegender Schiffe mit den Flaggen aller Nationen lag vor uns, regelmäßige Straßen mit prächtigen Gebäuden liefen vom Ufer aufwärts, noch ein großer Bogen, — eine Wendung — ein Ruck, der Schleppdampfer hatte sich von uns losgemacht und wir lagen an der Levée von New-Orleans, nur durch ein deutsches Schiff vom Ufer getrennt, über das wir hinweg denn auch ohne Zeitversäumniß an's Land eilten und mit wahrer Wolluft wieder festen Boden unter unseren Füßen fühlten.   Wir waren — in Amerika.

Erster Eindruck in New-Orleans.
(1849.)

Am vierten Februar waren wir von Havre abgefahren und am 8. April betraten wir zum ersten Male wieder festen Boden in Amerika, unsere Reise hatte also volle zweiundsechzig Tage gedauert; — wer aus Erfahrung weiß, wie abspannend und demoralifirend eine längere Seereise auf den Menschen wirkt und wie man zuletzt nur noch einen einzigen Gedanken und nur Einen alles Andere ausschließenden Wunsch hat, doch endlich einmal an das ersehnte Ziel, an das ferne Ufer zu kommen, der kann leicht begreifen, mit welchen freudigen Gefühlen der Erlösung und der neu erwachenden Hoffnung und Thatkraft wir den amerikanischen Boden betraten.   Unser Schiff war schon von den Mississippi-Mündungen aus nach New-Orleans telegraphisch signalifirt worden und so erwartete uns am Ufer schon Mad. Boulet, um den so lange und schmerzlich entbehrten Gatten auf's Herzlichste zu begrüßen.   Ich wollte natürlich vor allen Dingen gleich auf das französische Consulat eilen, um die so lange entbehrten Briefe und Nachrichten von den Meinigen ohne Zeitverlust in Empfang zu nehmen; — aber Madame Boulet bemerkte mir, daß dies ein vergeblicher und nutzloser Gang sein würde; denn der Tag neige sich schon dem Abende zu, um vier Uhr werde das Bureau des Consulats geschlossen und der Consul, der — wie sie aus Erfahrung wußte — alle Briefe in seinem persönlichen Verschluß

hielt, sei bereits längst nach seiner Villa gefahren, zu seiner Fa=
milie, und die Villa liege zwei Stunden entfernt von der Stadt,
daher solle ich den Gang lieber auf den nächsten Morgen ver=
schieben; — vor der Hand sei das Dringendste unser Boarding-
house aufzusuchen und eine Unterkunft uns zu sichern, und sie
erbot sich, uns in das Haus zu führen, wo Bernays und unsere
Familien gewohnt hatten und sehr zufrieden gewesen waren. Auf
Anfrage bei dem Kapitän an Bord erfuhren wir, daß wir auch
nichts Besseres thun könnten, es sei schon zu spät im Tage, als
daß heute noch die zollamtliche Revision vorgenommen werden
könnte, — das Gepäck werde indessen aus dem Schiffsraum auf
das Deck gehoben werden, wo es unter Bewachung der beiden
Zollwächter bleibe, die bereits bei der Einfahrt in den Fluß an
Bord gekommen waren. Handgepäcke und Kleinigkeiten könnten
wir nach Inspektion durch die Zollwächter gleich mitnehmen, da=
gegen sollten wir uns aber am andern Morgen zeitig einstellen,
da die Zollbeamten zur Visitation früh kommen würden. So zer=
streuten sich denn die Passagiere nach allen Richtungen, um Unter=
kunft zu finden und auch wir zogen dem uns empfohlenen Hause
zu, welches sich bald als ein mittelgroßes Brick-house mit seinem
Schilde an der Fronte: „Boarding and lodging-Mint-exchange
by Henri Clausen" — als das Ziel unserer Wanderung an=
kündigte; — es lag an der Ecke der Old-Levée- und Barrack-
Streets und wir wurden mit dem Wirthe, einem freundlichen und
gefälligen Deutschen, bald einig und zwar im Akkord einen halben
Dollar per Kopf täglich für Bett und drei Mahlzeiten. Es war
indeß die Stunde des „suppers" herangekommen und wir mußten
uns gleich an den großen Tisch setzen, auf dem für einige zwanzig
Boarder das Nachtmahl servirt wurde. Wir waren von der letzten
schmalen und mageren Zeit auf dem Schiffe furchtbar ausgehungert
und so war es kein Wunder, daß wir in die uns im Ueberflusse
vorgesetzten Speisen tüchtig einhieben, — doch ging es nicht ohne
einige befremdende Ueberraschungen ab, besonders für uns ver=
wöhnte Pariser. Erstlich standen alle Speisen auf einmal auf
dem Tisch und alle, ob nun süß oder salzig, oder sauer, wurden
von einem und demselben Teller gegessen; dann waren Schweine=
fleisch und Speck vorwiegend vertreten, gebratenes Schweinefleisch
und gebratener Speck, Bratwürste und andere Würste, kurz Schweine=
fleisch und Speck in allen möglichen Formen. Dazwischen Spiegel-
Eier und Buchweizen-Pfannkuchen, Hominy und Maisbrot und

die unvermeidliche Molasses. Kurz, es war ein Essen aufgetragen,
welches nicht für zwanzig, sondern für fünfzig hungrige Menschen
ausgiebig genügt hätte und ein paar verhungerte Auswanderer
von unserem Schiffe, die sich uns angeschlossen hatten, vertilgten
zwar ungeheure Quantitäten des Stoffes, konnten ihn aber auch
nicht bezwingen. Das frisch gebackene und noch heiße Maisbrot
(corn-bread) aßen sie für Kuchen und verschlangen dabei riesige
Mengen des Zuckersyrups (molasses). Als sie hörten, diesen
„Kuchen" bekomme man in Amerika zu jeder Mahlzeit, äußerten
sie ihr unbegrenztes Entzücken und meinten, ins gelobte Land ge=
kommen zu sein. Eine alte Negerin ging beständig mit zwei
Kannen hinter den Gästen herum und fragte fortwährend: „Please
sir! tea or coffee?" Sie fragte nämlich, wer Thee oder Kaffee
vorziehe. Ich hatte auf gut Glück „coffee" gesagt und so wurde
mir dann die Tasse mit dem braunen Tranke gefüllt, die Schale
mit dem goldgelben Meliß=Zucker zugeschoben und auch ein Känn=
chen mit Milch stand auf dem Tische; als ich aber den ersten
Schluck genommen hatte, fielen mir unwillkürlich die „Fliegenden
Blätter" ein, wo ein Gast in derselben Lage, nachdem er gekostet,
zur Kellnerin sagt: „Wenn das Kaffee ist, so bitte ich Sie um
Thee, — sollte aber das Thee sein, dann trinke ich noch lieber
Kaffee". Genau so ging es auch mir. Das Ding roch so
penetrant und schmeckte so verdächtig, daß ich nicht wußte, ob es
schlechter Thee oder noch schlechterer Kaffee sei; es war aber in
der That Kaffee und zwar jener niederträchtige Brasilianer, der
unter dem Namen „Rio" bekannt ist, von dem man damals 16
bis 20 Pfund um einen Dollar kaufen konnte, während 20 bis
22 Pfund brauner Zucker ebenfalls nur einen Dollar kosteten, —
es war dieser Rio=Kaffee, den wir nach dem trefflichen Pariser
Kaffee, wo nur die feinsten Sorten verwendet werden, — Mocca,
Java, Ceylon, durchaus nicht als wirklichen Kaffee anerkennen
konnten. Und in der That ist dieser Rio auch eine Sorte, die
sich, wenn sie gebrannt oder gekocht wird, durch ihren penetranten
und brenzlichen Geruch, über drei Häuser=Quadrate hinweg an=
kündigt. Ich versuchte es noch mit dem Thee, aber er schmeckte
genau so, wo möglich noch grauenhafter als der Kaffee, und er=
innerte mich an ein Sassaparillatekokt. Es waren die allerwohl=
feilsten Sorten dieser beiden Genußmittel und ich sah ein, daß
unser Wirth, der nur einen halben Dollar für Wohnung und drei
Mahlzeiten täglich nahm, keine besseren auftischen konnte. Unsere

Reisegefährten hatten nach alter deutscher Sitte ein Glas Bier verlangt, aber Bier war damals in New-Orleans noch eine Rarität und das Ingwer-Bier (Ginger-Pop) erklärten sie, nachdem sie ein Fläschchen gekostet, für eine gräuliche Medizin. Ich hatte Wasser verlangt und es war auch, in Eis gekühlt, gebracht worden, aber der Wirth kam schnell und warnte mich vor dem Genusse des Mississippi-Wassers, welches bei den Neuankommenden gewöhnlich Diarrhöen erzeuge, die in der jetzigen Cholera-Zeit doppelt gefährlich seien. Das war eine schöne Aussicht, — den Kaffee und Thee konnte ich nicht hinunterwürgen, das Wasser war gefährlich erklärt, so ließ ich denn uns als Extra-Ausgabe eine Flasche Claret bringen. Aber dieser angebliche Bordeaux war das in den New-Orleans-Weinfabriken künstlich erzeugte Gesüff, aus Wasser, Branntwein, Zuckersyrup und Rothholz bestehend, und auch dieser Ausweg erwies sich für unsere in Paris verwöhnten Gaumen als unpraktisch. Erst nach und nach lernte ich water and brandy trinken, nämlich dem Wasser immer etwas Schnaps zuzusetzen, um seine abführende Wirkung zu mildern. Nachdem noch viel geplaudert und es spät geworden war, wurden wir zu unseren Schlafstellen geführt; — es war ein großer saalähnlicher Raum, in welchem zehn mit Maisstroh hochgefüllte Betten standen, — fünf davon waren schon von anderen Passagieren besetzt, die übrigen wurden uns angewiesen, — zwei gemeinschaftliche Waschbecken dienten für alle zehn Inwohner und zwei Handtücher auf Rollen an der Wand mußten ebenfalls für alle zehn Passagiere dienen. Es kam nun eine für uns Neulinge ganz schlaflose Nacht; wir waren die ersten oben gewesen und hatten noch eine Zeit lang der Hitze wegen bei offenen Fenstern Licht gebrannt, also die Moskitos, die man in Oesterreich „Gelsen“ nennt, in Schaaren angelockt; — mit den moskito-bars (Tüllvorhängen, die das Bett ganz einschließen), mußten wir noch nicht vorsichtig genug umzugehen und so schlüpften zahlreiche Moskitos mit uns unter die Vorhänge und begannen ihr höllisches Sausen und Singen, gelegentlich auch einige blutsaugerische Stiche anzubringen, so daß wir die ganze Nacht damit zuzubringen hatten, sie von uns abzuwehren; — dann kamen auch unsere anderen Mitschläfer, einer immer später nach dem andern, nach Hause und störten uns aus unseren Versuchen, einzuschlafen, auf; doch machten sie, durch Erfahrung bereits gewitzigt, kein Licht, dafür aber, während sie sich im Dunkeln auszogen, desto mehr Gepolter und Lärm, bis sie

endlich auch unter die Moskito-Bars gekrochen waren. Das war
eine schreckliche, heillose Nacht, an die ich zeitlebens denken werde
und wir sehnten uns verzweifelnd nach unserem guten Schiffe zu=
rück, wo wir durch die beständige Bewegung eingewiegt, immer so
süß und ruhig geschlafen hatten. Plötzlich in der Nacht entstand
auch noch ein heilloser Lärm im Hause, Menschen liefen auf den
Gängen hin und her, Thüren wurden auf= und zugeschlagen, laute
Gespräche klangen an unser Ohr und bei der leichten Bauart der
amerikanischen Häuser wurde durch das Hin= und Herrennen das
ganze Haus in eine zitternde Bewegung versetzt. In einem andern
Zimmer war ein Passagier von der Cholera befallen worden,
theilnehmende Freunde eilten ihm zur Hilfe, ein Arzt wurde ge=
holt und kam, alle möglichen Heilungsversuche wurden angestellt,
aber der arme Kranke erlebte den nächsten Morgen nicht. Das
erfuhren wir natürlich erst am andern Morgen beim Frühstücke,
wo uns auch die unerfreuliche Kunde ward, daß in einigen Boar=
dinghäusern der Nachbarschaft ebenfalls vier bis fünf töbtlich
endende Cholera=Fälle vorgekommen waren. Durch diese Nachricht
tief erschüttert und durch die schlaflose Nacht in gedrückter, krank=
hafter Stimmung reifte in uns der feste Entschluß, um keinen
Preis noch eine Nacht im Boarding=Hause zuzubringen; — wir
beschlossen daher, wohl an den Mahlzeiten theilzunehmen, das
Nachtlager aber dem Wirthe zu schenken und uns Abends an Bord
unseres Schiffes zu begeben und in unseren Kojen zu schlafen.
Das boarding-house des Herrn Clausen war jedoch nicht
schlechter und auch nicht besser, als alle anderen ähnlichen Boar=
ding=Häuser für Einwanderer, der Wirth selbst gefällig und dienst=
willig über alle Maßen, auch alle seine Leute waren dienstbereit
und freundlich und für den billigen Preis konnte man unmöglich
noch mehr verlangen, als ohnehin reichlich geboten wurde. Aber
wir waren eben durch das Raffinement des Pariser Lebens arg
verwöhnt und uns erschien Alles schrecklich und grauenhaft; wir
wollten also so bald als möglich von New=Orleans fort und so
lange wir noch dableiben mußten, am Bord schlafen. Nach dem
Frühstücke, das ebenso reichlich und substanziell war als das Nacht=
mahl, eilten wir sogleich an Bord des „Espindola", da ich er=
fahren hatte, daß der Consul nicht vor zehn Uhr in sein Bureau
komme; aber welche unangenehme Ueberraschung erwartete uns auf
unserem Schiffe. Eine Menge Zimmerleute waren emsig an der
Arbeit, um das Schiff „rein und klar" zu machen; die Bretter=

wände des Zwischendecks, die Schlafstellen der Auswanderer, auch
unsere Kojen waren bereits demolirt, das Zwischendeck in seiner
ganzen Länge frei und leer und gerade wurden am Ufer alle die
Haufen herausgenommener Bretter an den Meistbietenden verkauft,
wobei der Kapitän noch ein ganz gutes Geschäft machte; denn er
hatte die Bretter in Havre um ein Spottgeld gekauft und hier
brachte er den Quadratfuß um 3—4 Cent an den Mann. Am
Ufer kamen schon zahllose Karren angefahren, die mächtige Baumwollballen brachten, welche sogleich in das Schiff verladen wurden;
die Zollbeamten waren bereits zur Visitation da und das Gepäck
mußte, wie der Kapitän uns erklärte, noch im Laufe des Tages
weggebracht werden, sonst müsse er es auf das Ufer abladen lassen,
wo er dann nicht gut stehen könne, daß nicht etwas verschleppt
oder gestohlen werden würde. Die Visitation unserer Effekten
wurde ziemlich coulant vorgenommen; die Zollbeamten waren französischer Abkunft, Creolen, wie man zu sagen pflegte, sie sprachen
gut französisch, begrüßten uns als „compatriotes“ und waren so
nachsichtig, daß wir die meisten der zugemachten Kisten gar nicht
aufzumachen brauchten. Was verschließbar war, wurde geöffnet,
flüchtig besichtigt und es ergab sich kein Anstand. Wir trugen
nun dem Kapitän unsere Bitte vor, noch ein oder zwei Nächte
an Bord schlafen zu können, aber er meinte, das sei nahezu unmöglich; die Kajüten hätten wieder er und seine Officiere ausschließlich in Besitz genommen, da sie beim Einladen und Verstauen
immerfort anwesend sein müßten und das Zwischendeck sei bereits
aller Schlafstellen entblößt und werde wie der Schiffsraum bis
zum Abend schon mit Baumwollballen angepfropft sein. Nach
längerem Parlamentiren erklärte er endlich, da uns das boarding-
house gar so schrecklich erschien, zuzugeben, daß wir noch eine
Nacht an Bord blieben, aber wir müßten uns mit unserem Bettzeug Lagerstätten auf dem Verdecke einrichten, wo wir bei den
warmen Nächten ganz erträglich schlafen würden. Wir nahmen
mit Freuden diesen Vorschlag an und er wies uns einen Platz
am Vorderdecke an, wo wir unsere Schlafstellen herrichten könnten.
Als wir so noch im Gespräche mit ihm waren, erlebte ich den
ersten „accident“, wie man solche nicht ganz ungewöhnliche Vorfälle in Amerika zu nennen pflegt. Ein Schleppdampfer, der
kaum hundert Schritte von uns entfernt am Ufer lag, sollte auslaufen, um Schiffe von der Flußmündung hereinzubringen. Der
Anker wurde unter dem eintönigen Ohoi-Singen einer Anzahl

Neger, die die Besatzung bildeten, aufgewunden und in dem Augen=
blicke, als das Schiff nun abgehen sollte, wurde der Dampf in
die Maschine eingelassen und in diesem kritischen Momente erfolgte
eine vernichtende Kessel=Explosion.   Ein dumpfer Knall, der rings=
um die Luft erschütterte, — eine dicke weiße Dampfwolke wurde
mit furchtbarer Gewalt in die Höhe getrieben, in der man ver=
schiedene Geräthschaften und auch einige Menschenleiber wahrnehmen
konnte, die nach dieser Luftreise wieder auf's Verdeck zurückfielen
oder in's Wasser geschleudert wurden, — Lärmen und Geschrei
am Ufer, — die Glocken der nächstgelegenen Spritzenhäuser läu=
teten Alarm, zahllose Menschenhaufen liefen von allen Seiten am
Ufer zusammen und bildeten eine ungeheure, lebhaft gestikulirende
und schreiende Menschenmasse, — eine Menge Kähne ruderten zu
der Unglücksstelle, um die Verunglückten aufzufischen und beim
Löschen des in Brand gerathenen Schiffes zu helfen, dann wurde
es allgemach stille und stiller, die Dampfwolke hatte sich verzogen,
das furchtbar verwüstete Wrack lag rauchend da, doch wurde der
Brand bald gelöscht, die Verwundeten und die Verbrühten wurden
auf Tragen in das nächste Spital geschafft, die Todten wurden
am Ufer auf den Boden gelegt, um der Todtenbeschau durch den
Coroner und seine Geschworenen unterzogen zu werden, nach und
nach verliefen sich auch die neugierigen Menschenmassen, es wurde
wieder ruhig und — ein anderer Schleppdampfer wurde schnell
geheizt, um an Stelle des aufgeflogenen auszulaufen.   Ich muß
gestehen, daß das Ereigniß auf mich einen erschütternden Eindruck
machte und mir die weitere Reise auf dem Mississippi entsetzlich
verleidete. Aber wie gesagt, zurück konnten wir nicht, wir mußten
vorwärts, mußten zu den Unsrigen gelangen.   So war es denn
längst zehn Uhr geworden und wir eilten zum französischen Consul,
um die langersehnten Briefe in Empfang zu nehmen und zu er=
fahren, wo wir Bernays und unsere Familie suchen sollten.
Der französische Consul Monsieur Roger empfing uns auf das
Freundlichste und gab mir ein ganzes Päckchen Briefe, — ein
Blick auf die Handschrift der Adressen überzeugte mich, daß die
Unsrigen noch Alle lebten, wenigstens noch lebten, als diese Briefe
geschrieben worden waren, deren erster von Bernays auf der
Flußfahrt nach New=Orleans geschrieben war, während die anderen
aus New=Orleans und die letzten aus St. Louis datirt waren.
Damit fiel mir ein Stein vom Herzen und ich konnte wieder
freier athmen und mit einiger Gemüthsruhe die vielen Fragen

des Consuls beantworten, den es natürlich höchlichst interessirte, von gebildeten Augenzeugen Näheres und Authentisches über die neuesten Vorgänge in Frankreich zu erfahren. Auch er fühlte sich sehr enttäuscht und unangenehm berührt durch die Wahl Napoleons zum Präsidenten und meinte, nun würde wohl er auch bald von seinem ihm lieb gewordenen Posten abberufen werden. Ich tröstete ihn damit, was übrigens damals ganz wahrheitsgetreu war, daß ich ihm sagte, der neue Präsident sei ganz einflußlos und stehe auf schwachen Füßen, die neuerwählte gesetzgebende Versammlung sei überwiegend conservativ und monarchisch, am allerschwächsten sei aber die Stellung des Ministeriums Odillot=Barrot, das durch die conservative Parlaments=Majorität gelähmt, nichts Entscheidendes thun könne, daß daher von einer massenhaften Ab= berufung der von Louis Philipp angestellten Diplomaten noch längere Zeit nicht die Rede sein werde, und in der That war auch bis dahin nur eine einzige neue Ernennung im diplomattschen Corps erfolgt, die des französischen Botschafters in London, da der bisherige Botschafter Gustave de Beaumont selbst seine Ent= lassung gegeben hatte. Außerdem aber sei in den Staatskassen ein bedenklicher Mangel an baarem Gelde und alle nicht bringend nothwendigen Ausgaben, wie sie die „frais de voyage et d'in= stallation" bei Neuernannten erheischen würden, müßten vorläufig vermieden werden. Er gab mir nun gute Rathschläge für unser ferneres Verhalten, rieth uns, nicht länger in New=Orleans zu bleiben, als unumgänglich nothwendig sei; denn der Gesundheitszustand der Stadt sei ein schlechter, die Cholera trete immer verheerender auf und auch die Fälle von gelbem Fieber hätten sich in den letzten Tagen vermehrt. Ich thäte am besten, meinte er, gleich meine Plätze auf einem Dampfboote zu nehmen, weil ich dann meine Baggage, Kisten und Koffer, gleich vom Schiffe direkt an Bord des Dampfers bringen lassen und wir sodann auch gleich auf dem Dampfer wohnen, essen und schlafen könnten. Jedoch solle ich darauf sehen, nur mit einem der besten Dampfer zu fahren, mit einem sogenannten „crack-boat", die zwar einen höheren Passage=Preis hätten, aber die Reise bis St. Louis in fünf bis sechs Tagen machten, während die alten, schlechten und wohlfeileren Boote oft zehn bis vierzehn Tage unterwegs wären und man auch sonst allerhand bedenkliches Risiko mit ihnen liefe. Der Preis im Zwischendeck mit eigener Verköstigung der Passa= giere sei nur 2—3 Dollars, er rathe aber in keinem Falle dazu;

die Kajüte koste auf den besseren Booten 12 Dollar, aber ich würde für fünf Personen, drei Erwachsene und zwei Knaben, im Akkord wohl höchstens 40 Dollar zahlen, was sich auch Alles später als richtig bewährte. Auch unsere Wahl, nach Missouri zu gehen, hatte seinen vollen Beifall, er pries Missouri als einen der glücklichsten und eine schöne Zukunft verheißenden Staaten an. Mit den besten Wünschen für unser Gedeihen und der bestimmt ausgesprochenen Hoffnung, uns vor der Abreise noch zu sehen, und wenn es unsere Zeit erlaube, ein f r a n z ö s i s c h e s Mittagmahl bei ihm einzunehmen, entließ uns der wackere und liebenswürdige Mann.

Man wird sich wohl denken können, daß ich meine Sehnsucht nicht länger bemeistern konnte und auf der Straße angekommen, war es mein Erstes, alle Briefe hastig aufzureißen und ihren In- halt rasch zu durchfliegen; — ordentlich und aufmerksam lesen konnte ich sie in meiner Aufregung und Spannung nicht, ich sah nur, daß sie Alle lebten, Alle wohl waren und das genügte mir für den Augenblick vollkommen. B e r n a y s und die Meinigen waren nicht wie wir im Zwischendeck, sondern in der Kajüte des „Sea-Lion" gefahren, aber trotzdem war ihre Reise eine höchst unangenehme, wie dies in den Winterzeiten des Dezember und Januar auch nicht anders zu erwarten war. In seinem ersten Briefe, den er noch geschrieben hatte, als das Schiff den Mississippi hinauf nach New-Orleans geschleppt wurde, sagte er darüber:

„Unser Kapitän, ein musterhafter Mann in jeder Beziehung und mein dezidirtes Auftreten gegen die Anderen, das oft bis zur Grobheit ging, haben uns auf dieser Reise das Leben halbwegs erträglich gemacht, — ohne diese beiden wäre der Aufenthalt im Gefängnisse von St. Pelagie noch ein Paradies gegen dieses er- bärmliche Schiffsleben gewesen; — doch schreibe ich Dir dieses nur als Historie, denn in diesem Augenblicke, wo wir den wunder- baren Mississippi heraufgeschleppt werden, haben wir alle Leiden und Strapazen vergessen, — bald werden wir nur noch der an- genehmen und komischen Zwischenfälle gedenken und das Erbärm- liche und Gemeine wird vergessen sein. Das muß ich jedoch zu unserer Aller Ehre sagen, daß Keines von uns auch nur einen Augenblick den Muth verloren hat; wir waren selbst im höchsten Stadium der Seekrankheit, bei den fürchterlichsten Stürmen nicht kleinmüthig, und Angst habe ich nur auf unseres Leon's Gesicht entdeckt, auch nicht eine einzige Minute herrschte Zwietracht unter

uns und wenn wir in Zukunft so zufrieden in Gemeinschaft alles
Schlimme ertragen und alles Gute und Schöne genießen, wie
auf dieser Reise, dann gehen wir einer angenehmen Zeit ent=
gegen." —

Er zeigte mir dann an, daß er dem Rathe des Consuls
und anderer erfahrener Männer folgend, nicht in Cape Giardeau
bleiben und auf uns warten, sondern direkt nach St. Louis fahren
werde, wohin auch wir ohne Zeitverlust folgen sollten.

Ich hatte, wie gesagt, die Briefe nur flüchtig durchflogen,
blos um mich zu überzeugen, daß alle Lieben nicht nur am Leben,
sondern auch wohl und munter seien. Ich las noch rasch die
Briefe meiner Frau, die guten Muthes zu sein schien, dann ver=
schob ich das Studium und die Erwägung des ausführlichen In=
haltes der Briefe auf die ersten ruhigen Stunden, schrieb aber
selbst gleich nach St. Louis, meldete den Lieben unsere glückliche
Ankunft und wie wir ihnen ohne Zeitverlust folgen und bald
wieder vereinigt sein würden.

Zur Reise nach St. Louis wurde mir von mehreren Seiten
das gerade zur Abfahrt rüstende Crackboat „Sarah", Kapitän
Young, auf's Beste empfohlen; es lag an der Levée und ich
begab mich sogleich an Bord. Kapitän Young hatte seine eigene
Familie, Frau, Tochter und Sohn, an Bord, was mir als ver=
trauenerweckend zur Beruhigung diente; mit der eigenen Familie
an Bord, läßt man sich nicht auf die gefährlichen Wettfahrten
ein und ist doppelt vorsichtig gegen Feuersgefahr und Explosionen.
Ich fand eine freundliche Aufnahme und unser Akford wurde, wie
uns der Konsul vorhergesagt, schnell in zufriedenstellender Weise
abgeschlossen; unser Gepäck, die 24 Koffer und Kisten, konnte ich
sogleich an Bord der „Sarah" schaffen lassen, wir selbst aber
konnten erst am nächsten Tag an Bord kommen, um dort unseren
bleibenden Aufenthalt zu nehmen, denn die Kabinen der Kajüten=
Passagiere wurden soeben einer gründlichen Reinigung und Ord=
nung unterzogen, — wir mußten also noch eine Nacht an Bord
des „Espindola" bleiben und auf dem Verdecke schlafen, was uns
noch immer besser däuchte als eine Wiederholung der Höllenqualen
der schlaflosen Nacht im Boarding-Hause. Ich besichtigte nun
noch das ganze Boot und ich muß gestehen, daß es mir im Ver=
gleiche zu den europäischen Dampfern auf Donau, Rhein und
Seine gewaltig imponirte. Die „Sarah" war eines der schönsten
und größten Mississippi-Boote und vereinigte Comfort und Eleganz

mit Solidität und tüchtiger Führung, und Alles, was ich sah, machte auf mich den vortheilhaftesten Eindruck, so daß ich den Augenblick, an Bord zu kommen, gar nicht mehr erwarten konnte.

Vorderhand mußten wir allerdings in unser Boarding=Haus zurückkehren und dort das „Dinner" einnehmen, — das Mittags= mahl war die genaue Copie des Nachtmahls und des Frühstücks, ebenso so „plenty" und ebenso reich an Schweinefleisch in allen Formen, mit dem unvermeidlichen: „tea or coffee?" und mit corn-bread and molasses, in welchen unsere Schiffsgefährten schwelgten. Nach dem Essen überwachte ich den Transport unseres voluminösen Gepäckes vom Bord des „Espindola" an Bord der „Sarah" und so neigte sich der Tag, vollauf durch diese Be= schäftigung ausgefüllt, zu Ende, ohne daß wir viel von New= Orleans gesehen hätten. Wir hatten gerade noch Zeit, im Boarding= Hause das „supper" einzunehmen und dann begaben wir uns an Bord des „Espindola", um unsere Lagerstätten auf Deck her= zurichten und ich gedachte nun mit Ruhe und Muße an das Studium meiner Briefe zu gehen. So machten wir uns es denn bequem auf Deck, rauchten unsere Cigarren und der warme, schöne Abend, an dem es gar nicht dunkel werden wollte, kein Lüftchen sich regte und der wunderbare Fluß im breiten, glänzenden Spiegel vor uns lag, kurz das unendliche Behagen, das wir empfanden und dem wir uns, befreit von Angst und Sorgen, gemüthlich hingaben, alles Das versetzte uns in eine glückliche Stimmung und wir beglückwünschten uns gegenseitig, daß wir den nächtlichen Schrecken des Boarding = Hauses glücklich ent= ronnen seien.

Ich nahm nun in dieser behaglichen Stimmung meine Briefe zur Hand und vertiefte mich in deren Einzelheiten und da ich ja dabei bin, über meine ersten Eindrücke in Amerika zu berichten, so will ich auch aus Bernays' Briefen die Eindrücke, die e r empfing, hier wiedergeben, weil sie seinem richtigen Urtheile alle Ehre machten und späterhin durch die Wirklichkeit hundertfach be= stätigt wurden. Sie waren am 30. Januar in New=Orleans angekommen und nach drei Tagen Aufenthalt nach St. Louis weitergefahren; — der dritte Brief von Bernays war aus St. Louis vom 27. Februar, also nachdem er schon sechzehn Tage in St. Louis war; er schrieb mir, daß er schon zahlreiche Bekanntschaften unter den Deutschen ' der Stadt gemacht und überall die freundlichste Aufnahme gefunden habe; was aber unser Projekt des Landlebens

betreffe, unser Farmerthum, so habe er überall entschiedenes Abrathen gefunden. So schrieb er denn u. A.:

„Mit Ausnahme eines einzigen Mannes rathen uns alle
Leute ab, Farmer zu werden, — sie sagen, wir würden der Arbeits-
last erliegen und am Ende doch, wie so viele Hunderte unseres
Gleichen, in die Stadt kommen und vom Neuen anfangen müssen.
Allerdings kennen diese Leute die Verhältnisse an Ort und Stelle,
allein sie kennen u n s e r e Verhältnisse nicht und beurtheilen unser
Vorhaben daher von einem falschen Standpunkte. Ein einziger
Mann, der Buchhändler Detharding, der übrigens selber Pech
mit der Farmerei gehabt hatte, räth uns dem ungeachtet dazu
und schildert das Farmerleben als die unabhängigste, reizendste
und glücklichste Existenz. Es seien dabei allerdings manche Leute
zu Grunde gegangen, aber doch nur darum, weil sie f r e m d e
Arbeitskräfte brauchten und das Geld dazu nicht erschwingen
konnten; denn so viel Geld es auch in St. Louis gebe, so außerordentlich wenig Geld giebt es auf dem Lande. Er meinte, ohne
allen Zweifel würde es uns auch in S t. L o u i s mit j e d e m
neuen Geschäfte glücken, da wir unter uns Leute genug sind und
keine fremden Kräfte zu bezahlen brauchen, allein ich zweifle,
ebenso wie er, daran, daß wir dieses unschöne, wüthig-treibende
und getriebene Geschäftsleben lange ertragen würden. Zudem
stellt Niemand in Abrede, daß das Klima in St. Louis im
Sommer den Fremden sehr ungünstig sei; — dagegen aber wachse
St. Louis auf wunderbare Weise zu einer großen Weltstadt
heran, — es hat jetzt ü b e r 65,000 E i n w o h n e r, täglich
werden im Durchschnitt 6—7 neue Häuser gebaut, und wo wir
jetzt wohnen, in der Carondelet-Avenue, wurde vor zehn Jahren
noch Wild erlegt. Trotz alledem und trotz dem Abrathen aller
Leute bin ich noch immer für's Landleben; denn was wir hier
in der Stadt finden, außer der Möglichkeit, schnell wohlhabend
zu werden, haben wir unendlich schöner und annehmlicher in
Europa verlassen."

In einem späteren Briefe vom 4. März schreibt er — — —
aber es ist plötzlich dunkel geworden, ohne vorhergehende Dämmerung ist die Nacht hereingebrochen und ich kann nicht weiter lesen, —
Licht dürfen wir auf dem bereits mit Baumwolle vollgeladenen
Schiffe nicht anzünden und so bleibt uns nichts übrig, als die
Fortsetzung auf morgen zu vertagen, uns auf unseren Matratzen
zur Ruhe zu legen und die letzte Nacht an Bord des „Espindola"

sanft zu verträumen. Und so werden die freundlichen Leser wohl
entschuldigen, daß ich die Fortsetzung unserer ersten Eindrücke in
Amerika auf das nächste Kapitel vertage. Gute Nacht! —

Auf dem Mississippi nach St. Louis.

(1849.)

Es war eine herrliche, wunderschöne Nacht, als wir uns
auf dem Decke des „Espindola" zur Ruhe legten, — eine Nacht,
wie sie eben nur in jenen südlichen Breiten zu finden und zu
genießen ist; — die Luft war milde und warm, durch das dahin=
rauschende Wasser des Flusses mäßig abgekühlt, über uns der
dunkelblaue Sternenhimmel, von keinem Wölkchen getrübt, rings=
umher tiefe Stille, nur durch das Murmeln der Wellen, das
Knarren und Stöhnen der Raen, einzelne Töne und Glockenzeichen
und fernes Bellen von Hunden unterbrochen; — wir plauderten
noch eine Weile im Dunkeln, beglückwünschten uns freudig, daß
wir dem heißen und dunstigen Boarding=Haus und seinen blut=
saugerischen Moskitos glücklich entronnen, dann traten immer
längere Pausen in unserem Gespräche ein, die Reden wurden
undeutlicher, endlich fielen uns allmälig die Augen zu und mit
dem Gefühle stiller Behaglichkeit entschliefen wir sanft. Wir
hatten auf einen ruhigen und festen Schlaf gerechnet und uns
auch in dieser Hoffnung nicht getäuscht, — die jeden Schlaf ver=
scheuchende Aufregung der letzten Nächte von dem Augenblick an,
wo Land signalisirt wurde, bis zu der letzten schrecklichen Nacht
bei Mr. Clausen, die Sorge und Laufereien bei der Ueber=
führung unseres Gepäckes vom „Espindola" auf die „Sarah",
die überraschenden Eindrücke der neuen Welt, die sich vor uns
aufthat, die große Hitze des Tages, alle diese Einwirkungen hatten
uns in einen solchen Zustand der Müdigkeit und Abspannung
versetzt, daß wir in einen tiefen, todähnlichen Schlaf versanken
und erst erwachten, als die Sonne schon ziemlich hoch über dem
Horizonte heraufgestiegen war. Aber das Erwachen war kein
angenehmes und nicht so behaglich wie unser Einschlafen; —
wir erwachten mit eingenommenem Kopfe, mit dem Gefühle eines

ungewöhnlichen Befindens, das keineswegs als wohl und geſund
bezeichnet werden konnte und als eines das andere anſah, ſtießen
Alle gleichzeitig den erſtaunten Ausruf aus: „Aber wie ſiehſt
Du aus?“ — Jeder ſah nur eben das Geſicht des Andern,
nicht ſein eigenes; denn ein Spiegel war auf dem Baumwoll=
Schiffe nicht zu haben. Bald aber machte ſich ein höchſt unan=
genehmes ſchmerzhaftes Gefühl geltend, Hände und Geſicht begannen
unausſtehlich zu jucken und zu brennen, ein dumpfes Kopfweh ge=
ſellte ſich dazu und Jeder glaubte zu fühlen, daß ſein Kopf zu
doppelter Größe angeſchwollen ſei — und in der That war es
auch ſo, Geſicht= und Kopfhaut waren ebenſo wie die Hände
angeſchwollen und mit Blaſen und kleinen Geſchwülſten bedeckt,
kurz, wir hatten den tiefen Schlaf auf Deck ziemlich theuer be=
zahlt. Mit unſerer Unkenntniß amerikaniſcher und beſonders ſüd=
licher Eigenthümlichkeiten hatten wir gewähnt, indem wir unſer
Nachtlager aus dem Boarding=Haus auf Deck des Schiffes ver=
legten, damit einen glücklichen Griff gethan zu haben, waren aber
in Wirklichkeit vom Regen unter die Traufe gekommen. In der
Nacht war der Mond aufgegangen und hatte unſere Geſichter und
Hände beſchienen und es iſt durchaus kein leerer Wahn, daß die
Strahlen des Mondes, beſonders unter ſüdlichen Breiten, eine
ſehr nachtheilige Wirkung ausüben. Sie rufen gewöhnlich ein
bedeutendes Geſchwollenſein der Hautoberfläche hervor; aber auch
unſere Urfeinde, die Moskito's, hatten redlich das Ihrige dazu
beigetragen, uns in dieſen geſchwollenen Zuſtand zu verſetzen; —
ſo lange wir noch wach waren und plauderten, hatten wir unſere
Cigarren geraucht und der Tabakrauch hatte die Moskito's in
beſcheidener Entfernung gehalten; — kaum aber hatten wir aus=
geraucht und waren eingeſchlafen, als wir auch wehrlos der Blut=
gier der kleinen, mörderiſchen Inſekten anheimfielen, — Hunderte
von Moskito's ſetzten ſich auf Geſicht, Hals und Hände und ſogen
ſich gierig voll mit unſerem Blute, ohne daß wir in unſerem
tiefen, einer Betäubung ähnlichen Schlafe das Bewußtſein oder
die Kraft hatten, die Peiniger abzuwehren. So erwachten wir
denn am Morgen mit dickgeſchwollenen Köpfen, in denen die Augen
tief, wie in Höhlen, lagen, während kleine rothe Geſchwülſte, die
Folge der Moskito's=Stiche, uns das Ausſehen von Blatterkranken
gaben. Jetzt erſt ſahen wir ein, daß unſere ſchöne Idee, auf
Deck zu ſchlafen, keine ſehr glückliche geweſen und daß wir doch
beſſer gethan hätten, noch eine Nacht im Boarding=Hauſe zu

bleiben; — aber was war nun zu thun, — geschehen bleibt
geschehen und läßt sich nicht mehr wegwünschen, — so mußten
wir uns denn in unsere geschwollene Lage ergeben; — zuerst
hatten wir Jeder über das höchst komische Aussehen der Anderen
herzlich gelacht, dann aber kam der Aerger, das Jucken und
Brennen wurde immer unausstehlicher und das Lachen verging
uns bald. Wir zogen nun, um wenigstens Kühlung zu finden,
einen Eimer frischen Wassers nach dem anderen aus dem Flusse
herauf, tauchten unsere Köpfe darin unter, wuschen und badeten
unermüdet und brachten es damit endlich so weit, daß die Schmerzen
erträglicher wurden und die Geschwulst nach und nach abnahm.
Als wir endlich nach langer und anhaltender Anwendung dieser
Wassercur doch so weit gelangt waren, wieder halb menschlich
auszusehen, hatten wir keinen anderen Wunsch, als möglichst bald
an Bord der „Sarah" zu kommen, um dort Schutz, Bequemlich=
keit und ruhige Nächte zu finden. Die Matratzen wurden zu=
sammengerollt und nebst unserem Handgepäcke einem Fuhrmann
übergeben, und so zogen wir, an seiner Seite daherschreitend,
nach dem Dampfer, der uns nach St. Louis bringen sollte,
wo wir denn auch sogleich Aufnahme und freundlichen Empfang
fanden. Es wurden uns sogleich unsere Kabinen angewiesen und
da das Schiff nur mäßig voll war, so hatte ich das Glück, eine
eigene Kabine für mich allein zu erhalten und meine Reisegefährten
waren je zu zweien in einer Kabine. Das war denn doch ein
ganz anderer und angenehmerer Aufenthalt als auf dem „Espin=
tola" und im Boardinghause und wir kamen uns wie im Paradiese
vor. Unsere zwar schmalen, aber doch genügenden Kabinen, die
Betten mit den mit Baumwolle gefüllten Matratzen, die Gallerie,
die rings um das Schiff, längs den Kabinen, verandaartig hinlief,
der große Salon mit seinen Divans und sonstigen Bequemlich=
keiten, das luftige Sturmdach mit seiner herrlichen Rundsicht und
unzählige andere Dinge waren in den ersten Stunden Gegenstände
unserer beständigen Bewunderung und vollen Zufriedenheit und
nachdem wir uns häuslich eingerichtet, stellten wir uns Schaukel=
stühle — die ersten, die wir zu Gesichte bekamen und die uns
außerordentlich gefielen, — auf die Gallerie hinaus und schwelgten
in einem behaglichen dolce far niente.

Jetzt wurden auch die Briefe von den Unsrigen wieder her=
vorgesucht und ihr Inhalt mehrmals gelesen und vielfach erörtert,
weil er allerdings ziemlich im Widerspruche mit unseren bisherigen

Plänen und Projekten stand. In seinem letzten Briefe vom
4. Marz schrieb Bernays, nachdem er also schon einige zwanzig
Tage in St. Louis zugebracht und Land und Leute einigermaßen
kennen gelernt hatte, Folgendes:

„Wir sind guten Muthes, wir halten fest zusammen, und
was mich betrifft, so habe ich mir Amerika durchaus nicht anders
gedacht, als ich es finde. Es ist hier nur an's Geldverdienen
zu denken und trotz der freundlichsten Aufnahme und des herz=
lichsten Entgegenkommens, die mir hier zu Theil geworden und
welche Dir, da Du durch Deine Correspondenzen in der „Schnell=
post" bereits bekannt und populär geworden bist, in noch höherem
Grade werden wird, sind wir absolut auf uns selbst angewiesen.
Hier gilt nur, was Jeder sich selbst schafft; guten Rath geben
alle Leute, aber mit der That habe ich sie nicht sehr bei der
Hand gefunden. Daran aber zweifle ich nicht im mindesten, daß,
wenn wir's hier aushalten könnten, uns jedes Geschäft in fünf
bis sechs Jahren zu wohlhabenden Leuten machen muß. Hier
sind nur die Leute in einem Geschäfte theuer und wir haben
Hände genug. — — — — — Ich bitte und beschwöre
Dich, ohne jeden vorgefaßten Entschluß, ohne jede bestimmte Ab=
sicht, ohne jede bindende Meinung hierher zu kommen und ebenso
wie ich es gethan, die Ohren und Augen offen zu haben und
Alles zu hören und selbst zu sehen. Jetzt ist auch die letzte Stimme
verstummt, die uns das Landleben angepriesen; nachdem der
enthusiastisch für die Farmerei eingenommene Detharding, unser
Mitbewohner im Hause, unsere sechzehn großen Kisten gesehen,
sagte er kopfschüttelnd zu mir: „Lieber Freund, wenn Sie auch
vier Tausend Dollars für eine Farm ausgeben wollen, finden Sie
doch nirgends darauf ein Haus, groß genug, um darin ihre
Kisten, selbst unausgepackt, aufeinander stellen zu können." —
In diesem Urtheile stimmen mit ihm alle erfahrenen Leute überein
und aus ihren gleichlautenden Schilderungen haben wir nun das
Farmerleben in allen seinen Einzelheiten übersichtlich kennen ge=
lernt; — es ist bewundernswerth in seiner Einfachheit, aber dieser
Einfachheit sind Menschen wie wir absolut unfähig, die sich von
Paris aus auf die allermannigfaltigsten Lebensbedürfnisse rüsteten.
Von Romantik bleibt da nicht die leiseste Spur; — nichts als
Entbehrungen und Arbeit, die von den Farmern selbst
als entsetzlich geschildert wird. Sobald Du hier bist, geht
Detharding mit uns an den Merrimac=Fluß, wo die Wuth,

nach Kalifornien zu gehen, viele Leute ihre Besitzungen billig ver=
kaufen läßt; wir werden sehen und uns dann entschließen. —
Und nun wenden wir unseren Blick auf St. Louis und unsere
Aussichten hier. Ich habe für den „Anzeiger des Westens" ein
Dutzend Artikel geschrieben, um bekannt zu werden und für unsere
etwaigen späteren Unternehmungen die freundliche Unterstützung des
Blattes zu gewinnen, was mir denn auch gelungen ist. Ich kenne so
ziemlich Alles, was deutsch spricht und von einiger Bedeutung ist.
Journalistik ist hier noch tausendmal gräßlicher als bei uns drüben,
daher darauf durchaus nicht zu rechnen." (Und doch wurden wir
Beide schließlich amerikanische Journalisten.) — „Mit Ausnahme
von Buchhandel, Tischlerei, Apothekerei sind dagegen alle Geschäfte
hier wahre Goldgruben und jedes Handelsgeschäft ernährt seinen
Mann auf's Reichlichste. St. Louis ist im Zuge, die größte
Stadt der Union zu werden, es geht mit Riesenschritten vorwärts,
die größten Handelsplätze in Europa, Hamburg, Bremen, Mar=
seille und Havre, sind Possen gegen St. Louis und seine Zukunft.
Leute, die vor drei Jahren mit sechzig Dollars anfingen, haben
heute 4—5000; — unser nächster Nachbar, Herr Abeles, der
einen großen Kramladen hat und mit Schnitt=, Eisen= und
Spezereiwaaren, kurz mit allem handelt, war, wie er mir selbst
erzählte, mit 100 Dollars nach St. Louis gekommen und hat
jetzt zwei große Häuser, ein blühendes Geschäft und zehn junge
Leute als Clerks in demselben. Dies ist nicht seine Geschichte
allein, sondern die Geschichte eines jeden thätigen, nüchternen
und sparsamen Menschen. Hier vor meinen Augen fangen jeden
Tag ein paar Leute Geschäfte an und allen glückt es, muß es
glücken, denn wenn sie auch eine halbe Stunde vor die Stadt
hinausziehen und sich dort etabliren, so zieht ihnen die Stadt in
einem halben Jahre nach und ein neuer Stadttheil entsteht rings
um ihr Geschäft. Da hören alle europäischen Maßstäbe auf;
man muß sich ganz neue Augen und Ohren anschaffen, um sie
zu beurtheilen. Hier die Carondelet=Avenue, wo wir wohnen
wird „french-town" genannt und es wohnen auch etwa 2000
Menschen französischer Abkunft da herum; das naheliegende Caron=
delet selbst ist ein ganz französisches Dorf; — nun gehen alle
Franzosen wegen ihrer Einkäufe gerne in die Laden, wo Deutsche
oder Amerikaner wenigstens „Oui" und „Non" sagen können
und wissen, daß „Zucker" auf französisch „Sucre" heißt. Es
giebt in unserer nächsten Nähe Leute, die durch diese Virtuosität

im Radebrechen der französischen Sprache steinreich geworden sind.
Handel und Schacher sind hier die Quelle alles Reichthums; nur
muß man tüchtig arbeiten und selber etwas sparsam leben, bis
man aus dem Gröbsten etwas heraus ist und nur mit dem
handeln, was die Leute alltäglich brauchen. Wir haben dabei
enorme Vortheile; — theuer sind hier nur die Miethe der Woh=
nungen und die Leute im Geschäfte. Lebensmittel und gewöhn=
liche Lebensbedürfnisse, zur rechten Zeit eingekauft, kosten hier
etwa den zwanzigsten, ja theilweise nur den dreißigsten Theil von
dem, was sie in Europa kosten. Wenn man richtig einkaufen
lernt und nur ein Viertel so bescheiden lebt wie der Amerikaner,
können wir Alle mit einem, höchstens anderthalb Dollar per Tag
auskommen. Unsere Leute, die die Anderen mit 30—40 Dollar
per Monat zahlen müssen, kosten uns gar nichts und wir haben,
wenigstens für den Anfang, keine außergewöhnlichen Ausgaben.
Lernen wir nun gut einkaufen, combiniren wir alle unsere Kräfte,
selbst die der Frauen, so versichern mir die erfahrensten Leute,
daß wir in fünf bis sechs Jahren unser Kapital wenigstens ver=
zehnfacht haben; — dann können wir ja immer noch auf dem
Lande leben, aber uns dort doch ein menschliches und menschen=
würdiges Haus bauen und brauchen nicht in einem Stalle zu
wohnen. Ich weiß wohl, was Du sagen wirst, — daß wir
nicht nach Amerika gegangen sind, um reiche Leute zu werden,
sondern um unabhängig leben zu können und für unsere Kinder
eine Zukunft zu gründen; — ob wir dies aber auf dem Wege
der Farmerei erreichen, bezweifle ich jetzt sehr. Als Schluß aus
allem diesen bitte ich Dich nur, die Augen offen zu haben und
für nichts blind zu sein. Es geht hier Jedem gut, aber Jedem
auf eine andere Weise, als er sich's dachte; — nur Tagediebe
und Faullenzer, elende verdorbene Menschen sind hier unglücklich; —
uns kann es nicht fehlen, und diese Ueberzeugung hat mir
meinen guten Muth und meine Heiterkeit bewahrt, — ich war
noch keine Sekunde mißvergnügt und das will bei meinem Charakter
viel sagen." —

So schrieb Bernays vor 32 Jahren und sein Urtheil
hat noch heute im großen Ganzen Gültigkeit. Uns gaben diese
Mittheilungen reichlichen Stoff zum Nachdenken und zur gegen=
seitigen Erörterung, — ich fand viel Wahres und Beachtens=
werthes darin und die ersten Eindrücke in New=Orleans, sowie
Bernays' Schilderung des Farmerlebens hatten meine europäische

Projektenmacherei ziemlich erschüttert und meine Begeisterung für das Farmerleben bedeutend abgekühlt; — mein Bruder aber blieb fest dabei, daß wir auf unseren Plänen beharren sollten, er wollte vom Stadtleben und von geschäftlicher Thätigkeit durchaus nichts wissen, sondern er war entschieden dafür, auf dem Lande als Farmer ein einfaches und unabhängiges Leben zu führen. Unsere lange Debatte gipfelte endlich in seiner bestimmten Erklärung, wenn ich durchaus in der Stadt bleiben wollte, so würde er mit seiner Frau und Gunziker sich auf eine kleine Farm setzen und auf dem Lande leben. Ich kannte die Festigkeit seiner Entschlüsse und wußte, daß sie nicht mehr wankend zu machen seien; — von Jugend auf aber und durch eine lange Reihe von Jahren hatte er immer in brüderlicher Liebe treu zu mir gehalten und so konnte ich es nicht über das Herz bringen, an eine Trennung von ihm zu denken; — so beschlossen wir denn, auf unserem ersten Vorsatze zu beharren und trotz Bernays' Abmahnung Farmer zu werden.

Am Bord der „Sarah" fand uns der Diener des französischen Konsuls, der uns die Einladung von Monsieur und Madame Roger brachte, am nächsten Tage bei ihnen auf ihrer Villa zu speisen, wohin uns sein Wagen bringen werde. Aber fast zu gleicher Zeit theilte uns Kapitän Young mit, daß die „Sarah" morgen nach St. Louis abgehen werde. Wir mußten also die freundliche Einladung ablehnen und statteten dem liebenswürdigen Manne unseren Besuch ab, um Abschied von ihm zu nehmen und ihm für sein freundliches Entgegenkommen unseren Dank auszusprechen; — er wünschte uns das beste Glück auf unseren Weg und wir trennten uns nicht ohne Rührung von dem trefflichen Manne. Wie ich später hörte, blieb Monsieur Roger noch einige Zeit auf seinem Posten, nachdem aber Louis Napoleon sich einmal in seiner Stellung befestigt hatte, wurde er, wie er vorhergesehen, abberufen und durch einen Bonapartisten, den Marquis von Montholon, ersetzt. Auch von Boulet, den ich seines liebenswürdigen und gefälligen Charakters halber recht lieb gewonnen hatte, nahm ich herzlichen Abschied. Er hatte bereits einen guten Platz in einer Malerwerkstätte gefunden und da er sehr geschickt im Imitiren der Holzfasern und des Marmors, einer damals noch neuen Spezialität, war, so besserte sich seine Stellung fortwährend, und als ich ihn nach zehn Jahren wiedersah, war er bereits ein selbständiger Mann, an der Spitze eines blühenden und einträglichen Geschäftes stehend.

Unser Boot, die „Sarah", ging auch wirklich am nächsten
Morgen ab und wir waren thatsächlich vier Tage in New-Orleans
gewesen und hatten von der Stadt so gut wie nichts gesehen, so
sehr waren wir von unseren Angelegenheiten in Anspruch ge=
nommen worden. Und nun wurde unsere Aufmerksamkeit ganz
dem riesigen Flusse zugewendet, den wir nun hinaufdampften, und
zugleich lernten wir das echt amerikanische Dampfbootleben kennen,
das uns täglich neue Eindrücke brachte. Der majestätisch dahin=
strömende Fluß mit der eigenthümlichen Landschaft zu beiden
Seiten, dem Gewebe von Flechten und Schlingpflanzen, die die
Bäume oft ganz bedeckten, die auf den Sandbänken sich sonnenden
zahlreichen Alligators, die man ihrer Unbeweglichkeit halber an=
fangs für alte vermorschte Baumstämme ansah, das Anlegen an
den verschiedenen Städten und Ortschaften, um Passagiere aus=
zuschiffen und neue einzunehmen, das echt romantische Einnehmen
des Holzbedarfs bei Nacht, wo das Boot nach mehreren Signalen
mit der Dampfpfeife plötzlich am Ufer dicht am Waldesrande an=
legte und nun Massen von Fichtenholz, in eisernen Körben
brennend, Fluß, Ufer und Boot gespenstig erleuchteten, während
eine Menge Neger lachend und plaudernd die großen Holzscheite
in's Boot warfen, dann wieder die Abfahrt den Fluß hinauf,
während die Feuer am Ufer verlöschten, der Lärm verklang und
die stille dunkle Nacht uns wieder umfing, — die Ueberwindung
mancher Hindernisse, wie Sandbänke, eingebohrte Baumstämme
(snags), die oft wirkliche Gefahren boten, kurz das ganze wechselnde
und abenteuerliche Leben an Bord eines amerikanischen Fluß=
dampfers mit seiner wunderbaren Mischung von Kultur und Eleganz
und Hinterwaldleben und natürlicher Wildheit, — Alles das war
für uns neu und verfehlte nicht, das lebhafteste Interesse wach=
zurufen. Dabei gingen wir in der Jahreszeit rückwärts; je höher
wir den Fluß hinaufkamen, je kälter und unfreundlicher wurde
es; wir hatten New-Orleans in glühender Sommerhitze verlassen
und die möglichst leichten Sommerkleider angezogen. Nach und
nach wurde es nun immer kühler und unfreundlicher, die üppige
Vegetation verlor sich immer mehr und oberhalb der Mündung
des Ohio fanden wir die Bäume noch blätterlos und mitunter
trat auch leichtes Schneegestöber ein, so daß wir unsere warmen
Winterröcke wieder hervorsuchen mußten. Das uns so lieb ge=
wordene dolce far niente auf der Schiffsgallerie wurde uns
nun bald verleidet, es wurde unheimlich da draußen und man

flüchtete sich gerne in den Salon; — nach und nach wurde die
Reise auch eintönig und langweilig und man wußte kaum, wie
man den Tag durchbringen sollte. Die größte Erholung boten
noch die dröhnenden und erschütternden Töne des Gong (Tam=tam),
wenn er als Signal zu einer der verschiedenen Mahlzeiten ge=
schlagen wurde. Leider aber dauerte diese Erholung nur sehr kurze
Zeit; — denn in einer halben Stunde war jede Mahlzeit ver=
schlungen und abgemacht. Hier lernte ich die amerikanische Hast
des Essens kennen, die sich keine Zeit zum Kauen läßt, sondern
nur schnell verschlingt und die, obwohl gar nichts sonst zu thun
ist und man gar nichts zu versäumen hat, doch in dreißig
Minuten mit der Abfütterung fertig ist. Die Beköstigung war
gut und reichlich, aber der Charakter der Mahlzeit derselbe wie
im Boardinghause in New=Orleans: Schweinefleisch in allen
Formen und der Mais in der verschiedensten Gestalt waren vor=
herrschend, nur war Alles besser und verfeinerter, sonst aber
wurden wieder alle Speisen auf einem und demselben Teller ge=
gessen, die Messer auch als Löffel benutzt und der unvermeidliche
„tea or coffee" servirt. Auch hatten alle Mahlzeiten die voll=
ständigste Aehnlichkeit mit einander und Frühstück, Mittagessen
und Abendmahl unterschieden sich in Zusammensetzung und Zu=
bereitung durch nichts von einander, als daß sie zu verschiedenen
Tageszeiten aufgetragen wurden.

Auch eine andere Eigenthümlichkeit Amerika's lernte ich hier
kennen: das viele Fragen und Examiniren der Reisenden durch
ihre Reisegefährten, — so fragelustig, so neugierig, so forschungs=
wüthig war mir noch kein Volk vorgekommen wie die Gesellschaft
auf diesem Boote; — als die Leute hörten, daß wir von Paris
kämen, wurden wir mit Fragen förmlich zu Tode gequält; Fragen
über alle möglichen Dinge, Fragen über die Revolution, über
die Republik, über Louis Napoleon, über geschäftliche und in=
dustrielle Angelegenheiten, über religiöse Zustände in Frankreich,
je nach Stellung und Individualität des Fragers, und sogar über
die letzten Fashions von Seite der Ladies wurde gefragt, —
sowie wohin wir gingen, was wir zu unternehmen vorhätten,
ob wir verheiratet seien, Familie hätten, ob wir Frauen und
Kinder vorläufig in Europa zurückgelassen u. s. w. u. s. w. u. s. w.
ohne Ende. Hatten wir dem Einen seine Fragen beantwortet,
so kam ein Anderer, um sich dasselbe erzählen zu lassen und wir
hatten in Wirklichkeit keine ruhige Stunde mehr. So hatte ich

z. B. in meiner Kabine einmal ein prachtvolles Pariser Reise=
Necessaire, das ich dort für eine journalistische Gefälligkeit zum
Geschenke erhalten hatte, offen ausgebreitet, als einer von den
Mitreisenden aus der Gallerie eintrat, das Ding nun gründlich
besichtigte und mich dann unermüdet ausfragte über Zweck und
Nutzen der hundert verschiedenen Gegenstände, die den Inhalt
eines solchen Necessaire bilden. Nachdem er fertig war, kam ein
Zweiter, dem er davon erzählt hatte, und stellte dieselben Fragen,
und so kamen nach und nach alle Mitreisenden des ganzen Bootes
und examinirten und fragten wieder und ich kam mir zuletzt vor
wie der Besitzer einer Menagerie oder eines Raritätenkabinets.
Ich mußte jedes einzelne Stück und seinen Gebrauch erklären,
Alles wurde herausgenommen und geprüft, — einer kostete den
Inhalt eines Flacons mit kölnischem Wasser und meinte, das sei
höllisch starker Brandy, aber er habe einen verdammten „flavor“, —
der Wißbegierigsten einer wollte durchaus mit meiner Zahnbürste
und Zahnpulver sich seine vom Tabakskauen schwarz gebräunten
Zähne weiß putzen und ein Anderer wollte mir das Necessaire
gegen ein prächtiges Reitpferd, das er an Bord habe, abtauschen. —
Alle meinten aber doch, man müsse doch schrecklich viele Zeit damit
verlieren und es sei eigentlich thöricht, sich mit einer so kompli=
cirten Maschinerie das Leben noch schwerer zu machen; — sie
nahmen vermuthlich an, daß man alle die hundert Gegenstände
des Necessaire täglich an sich in Anwendung bringen müsse.
Sogar die Ladies ließen mich ersuchen, das Necessaire in den
Damensalon zu bringen, damit sie es auch besichtigen könnten,
was sie denn auch mit lebhaftem Interesse und unverkennbarem
Belehrungstriebe thaten und so dauerte das Frage= und Antwort=
spiel einige Tage lang fort. Auch ein sehr schöner King=Charles=
Hund, den ich noch von Paris aus mitführte, erregte allgemeine
Aufmerksamkeit und wurde der Gegenstand eines neuen Examens.
Dann sollte ich ihn durchaus verkaufen und es wurden mir zahl=
reiche, sich fortwährend steigernde Anbote gemacht, die ich natürlich
zurückwies. Die Reisegesellschaft bestand fast durchgehends aus
Kentuckiern und Tennesseern, die vor 32 Jahren von der Kultur
noch nicht sehr beleckt worden waren und noch sehr primitive An=
schauungen hatten. Die meisten davon verließen uns schon in
Memphis und bei Cairo, aber es kamen wieder Andere an
Bord und die lästigen Fragen wiederholten sich in neuer und
vermehrter Ausgabe.

So dampften wir denn auch an Cape Girardeau vorbei, dem ich einen wehmüthigen Blick des Bedauerns widmete, obwohl es etwas anders aussah, als ich mir es in den Träumen meiner üppigen Phantasie vorgestellt hatte, und am 20. April gegen Abend legten wir endlich, am achten Tage unserer Fahrt, an der Levée von St. Louis an. Niemand erwartete uns, denn der Brief, worin ich von New-Orleans den Meinigen den Tag der Abfahrt mit der „Sarah" angezeigt hatte, kam erst zwei Tage nach mir in St. Louis an; — so trefflich waren damals die Postverbindungen mit dem Süden und ein Brief von New-Orleans nach St. Louis brauchte volle zehn Tage.

Da waren wir nun, und unser ganzes Gepäck an Bord unter Gunzikers Obhut zurücklassend, war es nun das Erste, die Meinigen zu suchen. Das war keine leichte Aufgabe; denn es fing bereits an zu dunkeln, die Straßenbeleuchtung war zur Zeit noch erbärmlich, und die Inschriften der Straßen und die Hausnummern nicht zu erkennen. Mit vieler Mühe fragten wir uns endlich doch aus dem Gewirr an der Levée bis zur zweiten Straße durch; hier ging es schon besser; hier wohnten durchgängig Deutsche und wir wurden auf unsere Fragen immer weiter südlich geschickt, der Weg schien kein Ende nehmen zu wollen. So gelangten wir zuletzt auch in die Carondelet-Avenue und fragten nun nach dem Schmied Künzel, bei dem die Unsrigen wohnten. Ein gefälliger Nachbar führte uns bis zum Hause, wir flogen die Treppe hinauf, athemlos und mit Herzklopfen öffneten wir die uns bezeichnete Thür, traten ein, — ein allgemeiner Aufschrei des Erschreckens, der Ueberraschung, der Freude und wir lagen uns mit Freudenthränen in den Augen in den Armen, wieder vereint nach einer harten und schweren Trennung von mehr als vier Monaten.

Erste Eindrücke in St. Louis.

Die ersten Tage unserer Wiedervereinigung wurden ausschließlich in Anspruch genommen durch die Erzählung und Mittheilung unserer beiderseitigen Ueberfahrts-Schicksale und durch den Austausch der Ansichten über die ersten Eindrücke in der

neuen Welt, die wir betreten, — Bernays berichtete Aus=
führlicheres, als dies brieflich thunlich gewesen war, über Alles,
was er in Bezug auf unsere Projekte gesehen, gehört und erfahren
hatte, er erzählte von den neuen Freunden, die er uns erworben,
theilte uns ihre Ansichten und Rathschläge mit und das End=
resultat war noch immer dasselbe: nur um Alles in der Welt
keine Farmerei zu betreiben, da wir für diese harte Arbeit nicht
geboren und erzogen, ihr jedenfalls bald unterliegen müßten. Da=
gegen erhoben nun mein Bruder und ich entschiedenen Wider=
spruch und mit dem alten Spruche: Probiren ist besser als stu=
diren, — blieben wir bei unserem ersten Vorsatze, wenn er auch
vorderhand nur v e r s u c h s w e i s e ausgeführt werden sollte. Unsere
amerikanischen Freunde hatten nämlich Bernays gesagt, daß,
wenn wir schon durchaus Farmer werden wollten, wir besser
thäten, doch nur erst eine fertige Farm zu p a c h t e n, aber nicht
sie zu kaufen, weil wir sonst, unwiderruflich an die Scholle ge=
bunden, wenn wir unseren Entschluß später bereuten, nur mit
großer Mühe und mit großen Verlusten uns wieder losmachen
könnten, da in den gegenwärtigen Verhältnissen Jeder seine Farm
v e r k a u f e n und nach C a l i f o r n i a gehen, aber Niemand eine
Farm kaufen wolle.   Wir könnten aber eine solche Farm p a c h t e n
und zwar ohne baares Pachtgeld zu bezahlen, indem wir, wie es
damals üblich war, nur zehn Bushels Maiskorn von jedem Acre
an den Eigenthümer abzutragen hätten, während der Acre in
guten Jahren 40 Bushels Korn liefere und bei minderen oder
schlechten Ernten doch wenigstens 30 oder 20; — fänden wir
dann, daß die Arbeit und die Entbehrungen unsere Kräfte über=
stiegen, so könnten wir ja die Pacht=Farm aufgeben und kämen
dann immer nur mit einem kleinen Verluste davon. Zwischen
diesen Erörterungen machten wir nun Besuche bei den neuen
Freunden, ich wurde ihnen vorgestellt, und fand die herzlichste
und beste Aufnahme, namentlich waren es Arthur O l s h a u s e n
und Carl M ü g g e, die in herzlichster Weise uns in Allem ent=
gegenkamen und immer mit Rath und That helfend zur Seite
standen.   Täglich vergrößerte sich der Kreis unserer Bekannt=
schaften, wir gewannen immer neue Freunde, aber einstimmig
waren sie Alle in dem entschiedenen Abrathen von dem Farmer=
leben. Ich schrieb damals, wenige Tage nach meiner Ankunft,
einen Artikel für den „Anzeiger des Westens“, darin erklärend,
warum ich total europamüde nach Amerika gekommen sei und

wie es nun mein fester Entschluß wäre, der mir gründlich ver=
leibeten Politik und Journalistik für immer zu entsagen, ein
ruhiges und unabhängiges Landleben zu führen und mich ganz
der Erziehung meiner Kinder und der Gründung einer besseren
Zukunft für sie zu widmen. Dieser Artikel sollte mein Abschied
vom publizistischen Leben sein und ich wollte von da an nur mit
selbst und den Meinigen leben. Ich mag hier wohl gleich be=
merken, daß ich diesen ernsten Vorsatz auch ein ganzes Jahr un=
verbrüchlich aufrecht hielt, dann aber wurde ich durch Verhältnisse
und Ereignisse wieder in die journalistische Laufbahn zurück=
geschleudert, arbeitete im Zeitungswesen und in der Politik mehr
und unverdrossener als in Europa und habe mich bis zum heutigen
Tage leider nicht mehr davon losmachen können; — damals
dachte ich aber auch nicht im Entferntesten an die Möglichkeit der
Rückkehr in's alte Joch.

Bernays hatte tüchtig vorgearbeitet, eine Wohnung von
drei Zimmern gemiethet, in denen wir Alle bequem Platz hatten,
hatte einen Kochofen, Betten und die nöthigsten Möbel bereits
angeschafft von der einfachsten und billigsten Weise, wie es für
eine Farm paßte; — denn, sowie wir eine solche uns zusagende
gefunden, wollten wir gleich dahin übersiedeln. Auch mein Bruder
hatte ein großes Zimmer im Stockwerke über uns bereits wohnlich
eingerichtet gefunden und so war uns das leidige Hotel=Leben
erspart; — wir konnten leben, wie wir es in Europa gewohnt
gewesen waren, kochten unseren französischen pot au feu, — Suppe,
Fleisch und Gemüse, ließen uns durch alle Empfehlungen nicht
zur Annahme der damaligen amerikanischen Kost mit den vielen
Mahlzeiten im Tage, bei deren jeder Fleischspeisen im Uebermaße
die Hauptsache bildeten, insbesondere das Schweinefleisch eine über=
wiegende Rolle spielte, — verleiten, sondern blieben unseren alten
Lebensgewohnheiten treu, besuchten keine Wirthshäuser und öffent=
lichen Orte und begnügten uns, trotz aller Abmahnungen, die uns
hier wie in New=Orleans bereits vor dem Genusse des Missisippi=
Wassers warnten, das Wasser als alleiniges Getränk beizubehalten.
Allerdings gehörte ziemlich viel Selbstüberwindung dazu, um sich
mit dem Wasser, wie es damals in St. Louis geboten wurde,
zu befreunden; denn es sah wirklich abschreckend aus und im
Anfange tranken wir es nur mit Widerwillen, immer, nach
italienischer Art, einige Tropfen Fenchelgeist oder Rum hinzu=
setzend. Die Wasserwerke in St. Louis waren damals noch sehr

beschränkter Art; — von Klärungs= und Filtrir=Anstalten war
noch keine Rede, und wenn man aus dem Hydrant ein Glas
Wasser volllaufen ließ, so sah es aus wie Chokolade, man mußte
es eine Viertelstunde stehen lassen, dann hatte man oben ein halbes
Glas mittelmäßig klares Wasser und die andere Hälfte des Glases
war mit dem zu Boden gesunkenen Schlamm gefüllt. Ich er=
innerte mich an das alte Sprichwort, daß jeder Mensch im Jahre
sieben Pfund Koth und Schmutz verschlucken müsse, nur war es
in St. Louis noch schlimmer, man schluckte dort jeden Monat
seine sieben Pfund Schlamm hinab. In späteren Zeiten haben
wir uns mit dem Mississippi=Wasser ganz gut vertragen, alle
geistigen Zuthaten unnöthig gefunden und uns dabei wohl be=
funden, wozu allerdings auch die Anlegung größerer und besserer
Wasserwerke mit Klärungsreservoirs und Filtrir=Apparaten das
Ihrige beitrug. Indem wir so unsere einfache europäische Lebens=
weise damals wie in späteren Jahren fortsetzten, sind wir Alle
gesund geblieben, — ich weiß nur, daß ich im ersten Jahre ein
einziges Mal bettlägerig krank war, sonst aber immer gesund und
rüstig, und auch in meiner Familie war dasselbe der Fall; —
so afflimatisirten wir uns rasch und hatten trotz mancher Ent=
behrungen und neuer ungewohnter Verhältnisse keine Ursache, über
unser Befinden in Amerika zu klagen.

Der erste Eindruck, den St. Louis auf mich machte, war
kein besonders günstiger. Die Stadt war bereits in reger Ent=
faltung als großer Handelsplatz begriffen, aber mir, dem ver=
wöhnten Pariser, der auf dem Asphalte der Boulevards heimisch
gewesen war, kam sie immer nur wie ein großes Dorf vor.
Die Hauptstraßen hatten wohl Trottoirs, mit auf die Kante ge=
stellten Ziegeln gepflastert, aber die Mitte der Straße war nur
macadamisirt, vom Aufspritzen auf städtische Kosten war noch
keine Spur und so glichen die Straßen bei trockenem Wetter einer
Sahara mit dick emporwirbelnden Staubwolken, und bei regneri=
schem Wetter wurden sie zum unergründlichen Kothmeere; — es
war bei nassem Wetter eine Kunst und es gehörte einiger Muth
dazu, um von einer Seite der Straße auf die andere zu kommen,
ohne im Kothe stecken zu bleiben. Zwar waren in gewissen Ent=
fernungen von einander crossing-stones (Uebergangssteine) an=
gebracht, viereckige Steinplatten, die in Zwischenräumen quer
über die Straße liefen, während die Räder der Fuhrwerke zwischen
den Steinen durchfuhren; — ganz genau dieselbe primitive Ver=

bindung, wie sie schon die alten Römer vor zweitausend Jahren
in Gebrauch hatten und wie ich sie in dem aus der Vesuv-Asche
ausgegrabenen Pompeji ganz genau so wieder fand. Aber es war
immer noch eine gewisse Geschicklichkeit nöthig, um über diese
crossing-stones auf die andere Seite zu gelangen — man durfte
nicht fehl treten, sonst versank man mit dem Fuße im Kothe, und
nach anhaltendem Regenwetter stieg das Kothmeer manchmal so
hoch, daß es auch die Uebergangssteine überfluthete und man auf's
Ungewisse seine Schritte bemessen und auf gut Glück dahin treten
mußte, wo man den Stein vermuthete, wobei natürlich zahlreiche
Fehltritte nicht ausblieben. Mir selbst passirte es in jenen Tagen,
daß ich in der breiten Carondelet-Avenue, die bei anhaltendem
Regenwetter ein Seitenstück zu den pontinischen Sümpfen bildete,
durch einen Fehltritt statt auf neben den Stein trat und mit dem
rechten Fuße bis über die Wade im Koth versank; — ich arbeitete
mich zwar wieder heraus, aber mit Verlust meines Halbstiefels,
der im zähen Kothe stecken blieb und unwiderruflich verloren war;
und so mußte ich denn auf einem Fuße nach meiner zum Glücke
sehr nahen Wohnung hüpfen. Das war der Zustand der Hauptstraßen; aber in dem größeren Theile der übrigen Straßen gab
es weder Trottoirs, noch Uebergangssteine und bei schlechtem
Wetter versank man gleich, wenn man aus seiner Hausthür trat.
In den Straßen, die hinter der vierten Straße parallel mit dem
Flusse liefen, gab es gegen Westen zu mit Ausnahme der siebenten
Straße noch keine vollständigen ununterbrochen bebauten Straßen;
dort dehnten sich noch zwischen den vereinzelt stehenden Häusern
große Gras-, Sand- oder Lehmflächen aus — Bau-Lots für die
Zukunft; — wer sollte da die Trottoirs bauen; auch die vom
Flusse aufwärts nach Westen laufenden Straßen waren hinter der
siebenten Straße in demselben lückenhaften und verwahrlosten Zustande. Die Straßenbeleuchtung war erst in ihren Anfängen und
je weiter man sich vom Centrum entfernte, immer ärmlicher, bis
sie in den nahe der Circumferenz laufenden Straßen gänzlich
aufhörte. Steinhäuser waren nur wenige da, die Mehrzahl der
Wohngebäude waren aus dünnen Ziegelwänden gebaut, jedoch
stark untermischt mit Bretterhäusern, zwischen denen, je weiter
man sich vom Centrum der Stadt entfernte, auch noch Blockhäuser
zu sehen waren. Die Ziegel der Brickhäuser, gewöhnlich nur
anderthalb Steine stark, ließen im Sommer das Innere dieser
Häuser unerträglich heiß werden und die bei Tage eingesogene

Hitze der Sonnenstrahlen wurde bei Nacht von den Wänden wieder nach innen ausgestrahlt und machte die Hitze in den Zimmern bei Nacht noch unleidlicher, während die Bretterhäuser (frame-houses) als schlechte Wärmeleiter in dieser Hinsicht doch noch besser waren. Hie und da standen noch einige alte Häuser aus rohen Baumstämmen, wie sie von den ersten Ansiedlern errichtet worden waren; namentlich gab es solche an der Ecke der Spruce-Straße und der Ecke der dritten und Plum-Straße, — Reliquien aus der alten Franzosenzeit, wo St. Louis nur einige hundert Einwohner hatte. Sollte man es heut zu Tage glauben, daß damals, also vor 31 Jahren, in dem belebtesten Theile der Stadt, bei dem Punkte, wo die beiden Hauptstraßen, die zweite und siebente Straße, zusammentrafen, dicht neben dem Geschäftshause von Adolph Abeles, mitten unter den Wohnungen der Lebenden, zwei Friedhöfe lagen, ein jüdischer und ein christlicher, zwischen deren verwitterten Grabsteinen einige Kühe und Ziegen weideten. — Die Stadt zählte damals 65,000 Einwohner und war in sechs Ward-Distrikte eingetheilt, die beim B. St. Arsenal anfingen und nördlich bis Neu-Bremen reichten. Damals hielt man das Anschwellen der Bevölkerung auf 65,000 für einen ungeheuren Aufschwung, denn als am 15. Februar 1764 P i e r r e L a c l è d e L i g n e st St. Louis gründete und die erste Blockhütte baute, zählte die ganze Bevölkerung seiner neuen Colonie, mitgebrachte Leute und Zuzüge aus Cahokia und Kaskaskia eingerechnet, e i n h u n d e r t u n d z w a n z i g Köpfe. Trotz ihrer vortheilhaften Lage am Ufer des Mississippi und nahe den Mündungen des Missouri- und Ohio-Flusses, war die Bevölkerung 36 Jahre später erst auf neunhundert gestiegen; die Amerikaner hatten eben in ihrer nächsten Nähe noch zu viel disponibles Land urbar zu machen, als daß sie erst über den Fluß, nach den neuen Territorien zu gehen für vortheilhaft fanden. Im Jahre 1835 betrug die Bevölkerung erst etwas über 8000 Köpfe, von da ging es etwas rascher, fünf Jahre darauf, in 1840, war sie bereits verdoppelt, und als wir hinkamen, verachtfacht. Mit dem Jahre 1849 kam der große Strom der europäischen Einwanderung, und die Volkszählung von 1850 zeigte schon eine Bevölkerung von über 74,000. Von da an nahm der Aufschwung mit Riesenschritten zu und bei der jetzigen Volkszählung von 1880 hat sich die Bevölkerung von St. Louis als h o c h ü b e r e i n e D r i t t e l - M i l l i o n erwiesen. Gegenwärtig ist St. Louis vom Süden gegen Norden

bereits 14 englische Meilen, also fast drei deutsche Meilen lang,
während es vom Flusse gegen Westen zu neun englische Meilen,
also fast zwei deutsche Meilen weit aufsteigt. Und so wird es
nun mit Riesenschritten fortgehen und ich zweifle nicht im mindesten daran, daß im nächsten, dem zwanzigsten Jahrhundert,
St. Louis sowie seine gleich begünstigte und aufwärts strebende
Rivalin, Chicago, an Ausdehnung und Bevölkerungszahl die
größte Stadt Europa's, London, weit überragen werden. Wenn
aber damals, vor 31 Jahren, noch Vieles so mangelhaft und
unvollkommen war, wie ich es schilderte, so war das ganz natürlich und erklärlich; — die neuen Städte Amerika's müssen, wenn
sie zur Bedeutung gelangen wollen, gleich mit jenen Einrichtungen
anfangen, die in europäischen Städten die Errungenschaften einer
tausendjährigen Kultur und Civilisation sind; Wasserwerke, Gas-
beleuchtungen, gute Pflasterung und hundert andere Dinge sollen
für die fortwährend steigende Bevölkerung gleich geschaffen werden,
während die städtischen Einkünfte noch beschränkt und ungenügend
sind; daraus erklären sich die noch fortwährend bestehenden kulturellen Mängel, daraus die große Schuldenlast der Städte, die
Anleihen über Anleihen aufnehmen müssen, daraus erklärt sich
auch die immerfort steigende ungeheure Steuerlast, die auf die
Bevölkerung amerikanischer Städte drückt; die jetzige Generation
weiß nichts davon, was ihre Vorgänger Alles entbehrt, geduldet
und ertragen, welche übermenschlichen Anstrengungen sie gemacht
und besonders, welche riesigen Steuern und Beiträge sie gezahlt
haben, um den Jetztlebenden das relativ behagliche Dasein zu
schaffen, dessen sie sich als etwas ganz Selbstverständlichen erfreuen, ohne sich um die Gründer dieser Behaglichkeit zu kümmern.
Dieser ungeheure Aufschwung der Städte in Amerika steht einzig
in seiner Art da; — betrachten wir eine neue Stadt in Europa,
wie z. B. Mannheim, welches 1606, also vor 275 Jahren,
neu gegründet wurde; — obwohl die Stadt eine ebenso günstige
Lage hat wie irgend eine amerikanische Stadt, am Zusammenflusse
der wichtigen Handelsstraßen des Rhein- und Neckar-Flusses, obwohl sie nicht in der Wildniß, sondern in einer blühenden, dicht
bevölkerten Gegend und auf der Stelle gegründet wurde, wo sich
bereits ein großes Dorf befand, obwohl der Churfürst dort seine
Residenz hielt und sie auch jetzt noch die zweite Residenz des
Großherzogs von Baden, einer der wichtigsten Handelsplätze
Deutschlands und der Knotenpunkt von fünf Eisenbahnen ist, ist

ihre Bevölkerung in diesen 274 Jahren erst auf etwas über 46,000 Köpfe gestiegen. In 274 Jahren seit ihrer Gründung werden St. Louis und Chicago, die jetzt schon, obwohl St. Louis erst vor 116 Jahren, Chicago vor 85 Jahren gegründet wurde, eine zehnfach größere Bevölkerung zählen, bereits zu einer Bevölkerung von mehreren Millionen angewachsen sein.

In materieller Hinsicht gefiel es uns dagegen in St. Louis ganz gut; alle nothwendigen Lebensbedürfnisse waren erstaunlich billig, nur Luxus=Gegenstände sehr theuer, und unsere einfachen Lebensgewohnheiten machten uns nur die ersteren zum Bedürfniß; — das Pfund Rindfleisch kostete damals fünf Cents (1 Cent = 4½ Pfennige deutscher Reichswährung), also noch nicht ganz 22 Pfennige; Kalbfleisch acht Cents, Butter 12 Cents, Hühner 15—20 Cents, Schinken per Pfund fünf Cents; ja es gab Zeiten, wo man das Pfund um zwei Cents kaufen konnte. Ein Faß Mehl, nahe an 200 Pfund enthaltend, kostete 4—5 Dollars; der Bushel Maiskorn (1 Bushel = 36⅓ Liter) 20 Cents; ein Bushel Kartoffeln 25—30 Cents, das Pfund Kaffee 15 Cents, Zucker 9 Cents, Hutzucker 15 Cents; ja beim Ein= kaufen im Großen und wenn man mit minderen Sorten vorlieb nahm, bekam man für einen Dollar zwanzig Pfund braunen Melis=Zucker und für denselben Preis 16 Pfund Rio=Kaffee. In den Schlachthäusern, wo damals ungefähr 25,000 Schweine per Jahr eingepökelt oder geräuchert wurden (jetzt über 500,000 jährlich), wurden die Köpfe, Lungen, Herzen, Füße der Schweine auf einen Haufen geworfen und arme Leute konnten sich gegen ein gutes Wort von diesen Abfällen so viel mitnehmen, als sie forttragen konnten; kurz Meister „Plenty" herrschte überall und Niemand brauchte Hunger zu leiden; — Bernays hatte in seinen Briefen vollkommen Recht gehabt, wir sechs Erwachsenen und ein halbes Dutzend Kinder konnten mit einem, höchstens mit andert= halb Dollars täglich unsere sämmtlichen Lebensbedürfnisse bestreiten. Jetzt ist das Alles nach und nach anders geworden und die Preise der Lebensmittel waren, als ich 1861 St. Louis verließ, schon über das Doppelte gestiegen und dürften jetzt wahrscheinlich schon das Dreifache kosten; — dagegen sind wieder Luxus=Artikel Jedermann zugänglicher und daher auch billiger geworden.

Aber nun, wo unsere häusliche Einrichtung so ziemlich be= endigt und unsere Lebensweise regelmäßig geordnet war, mußten wir an unseren Hauptzweck denken, nämlich an die Erlangung

einer Farm. So schlug uns denn Freund Detharding vor,
gleich in den ersten Maitagen eine Tour in's Land jenseits des
Merrimack=Flusses zu machen, — was denn auch ausgeführt
wurde. Mein Bruder und Detharding nahmen sich Pferde
aus einem Leihstalle und Freund Abeles stellte mir mit ge=
wohnter Liebenswürdigkeit seinen schönen Grauschimmel zur Ver=
fügung. So ritten wir denn frohen Muthes, plaudernd und
Pläne machend, hinaus in's Weite, ließen uns, am Merrimack=
Flusse angekommen, auf einer Fähre sammt unseren Pferden durch
zwei urkomische alte Neger an's andere Ufer bringen und ritten
dann immer weiter, immer tiefer in's Land hinein, bis wir end=
lich, einige Stunden nach Mittagszeit, zu der ersten der uns
als verkäuflich bezeichneten Farmen gelangten, wo uns die rüstige
Farmersfrau, eine Irländerin (der Mann war schon voraus nach
California gezogen), als willkommene Gäste empfing, und da
wir von dem Ritte in der Hitze sehr ermüdet, aber noch viel
hungriger geworden waren, bereitete die freundliche Wirthin uns
binnen einer halben Stunde, nach den bekannten amerikanischen
Schnellkoch=Rezepten, ein ganz schmackhaftes Mittagmahl von fünf
bis sechs Gerichten, wobei natürlich Salzfleisch, Speck und
Schweinefleisch die Hauptrolle spielten und frisch gebackene heiße
Brötchen und Maiskuchen uns ganz trefflich mundeten. Nachdem
wir uns gehörig restaurirt und auch den als Nachtisch uns vor=
gesetzten Brandy and water nicht verschmäht hatten, ging es an
die Besichtigung der Farm; das Haus, ein ganz nettes Frame-
house, bestand aus zwei Zimmern, in deren einem der Kochofen,
in dem andern das Doppelbett standen, während noch ein kleiner
Keller und ein Dachboden mit zwei Kammern für die Dienstleute
die übrigen Bestandtheile des Hauses bildeten. — Dann war
noch ein Blockhaus da, die frühere Wohnung des Farmers, ehe
er das Bretterhaus gebaut hatte, gegenwärtig als Stall benutzt;
— Haus und Farm waren bestens gehalten, das Vieh in sehr
gutem Zustande und man sah es der Reinlichkeit und Ordnung
in Allem an, daß die Frau eine protestantische Irländerin
war, ebenso wie ihr Mann zu den orange-men gehörte, der Ir=
land verlassen hatte, weil ihn, wie sie erzählte, die Papisten und
ihre Priester zu arg verfolgt und gequält hätten. Die Farm
gefiel mir, aber Freund Detharding hatte Recht gehabt; — unsere
vierzig Kisten hätten wir in dem Hause nicht unterbringen können,
geschweige uns selbst noch dazu; — wir notirten uns die Ver=

kaufsbedingungen, auch ein flüchtiges Inventar des Vorhandenen und pflichteten dann Detharding bei, der darauf drang, nichts zu übereilen, sondern nun die anderen Farmen anzusehen, um Vergleiche anstellen zu können. Nachdem die Farmers-Frau sich entschieden geweigert hatte, irgend eine Bezahlung für die Bewirthung anzunehmen, konnten wir ihr nur herzlich für ihre Gastfreundschaft danken und schickten uns dann an, weiter zu reisen. — Detharding sagte nämlich, wenn uns auch die Nacht dabei überraschen und es uns unmöglich machen sollte, noch heute zurückzukehren, so würden wir auf jeder Farm die gleiche Gastfreundschaft finden und gut übernachten können, um dann auch noch den nächsten Tag für unsere weitere Besichtigung von Farmen benutzen zu können. So stiegen wir also frisch zu Pferde, aber als wir in den ersten Trab einfielen, entdeckte ich zu meinem größten Schrecken, daß ich, der seit Jahren auf keinem Pferde mehr gesessen, ganz steif geworden sei und außerdem wegen unpassender Unterkleider mich wund geritten hatte, was man in der Volkssprache einen „Wolf" nennt; — ich sah ein, daß jedes fernere Forciren meinerseits das Uebel noch steigern und mich gänzlich unfähig zur Rückkehr, ja, wie ich mich bereits elend fühlte, schwer krank machen würde, und so faßte ich einen raschen Entschluß und erklärte meinen Begleitern, ich würde auf jeden Fall unmittelbar nach St. Louis zurückkehren; am liebsten mit ihnen, — wollten sie das aber nicht, so möchten sie allein weiter reiten und die anderen Farmen besichtigen, ich verließe mich ganz auf ihr Urtheil. Detharding meinte, jetzt umzukehren, bedeute Geld- und Zeitverlust, da man ja doch an einem der nächsten Tage wieder hinaus müsse, es sei daher besser, die Sache gleich jetzt und gründlich abzumachen. Dieser Ansicht war auch mein Bruder, der enthusiastisch für die Farmerei eingenommen war und auf den die besichtigte Farm den allergünstigsten Eindruck gemacht hatte, und so trennten wir uns denn; — ich wendete mein Pferd auf den Rückweg und sie ritten weiter, kamen auch richtig erst am nächsten Tage Abends zurück, nachdem sie ein halbes Dutzend Farmen besichtigt und mit dem Farmerleben gründliche und eingehende Bekanntschaft gemacht hatten.

So ritt ich denn trübselig nach St. Louis zurück, das Pferd im Schritte gehen lassend; denn jedes Einfallen in den kurzen Trab verursachte mir die unausstehlichsten Schmerzen. Wie ich mich wieder nach Hause finden würde, wußte ich nicht; ich verließ mich auf den erstaunlichen Instinkt der amerikanischen Pferde, von dem ich schon so Manches gesehen und gehört hatte und hatte mich in meinem Vertrauen durchaus nicht getäuscht; denn nur dem klugen Pferde verdankte ich es, daß ich wieder nach Hause zu den Meinigen kam. Das Pferd fand richtig seinen Weg wieder zur Fähre, die beiden Neger, für deren Späße ich jetzt keinen Sinn mehr hatte, brachten mich hinüber, als ich aber am andern Ufer wieder aufstieg, wurden die Schmerzen geradezu unausstehlich, dazu kam eine gänzliche Abspannung und Erschlaffung, mich befiel eine grenzenlose Muthlosigkeit und ich war stark versucht, mein Pferd an einen Baumast zu binden und mich selbst in's Gras zu legen und resignirt liegen zu bleiben, möge auch aus mir werden, was da wolle. Nur durch Aufbieten meiner ganzen Energie konnte ich der Verlockung widerstehen und es kostete harte Seelenkämpfe, bis ich mich ermannte und den festen Entschluß faßte, koste es, was es wolle, nach St. Louis zurückzukehren. Vergebens spähte ich in der ganzen Umgebung umher, ob ich nicht einen Farmerwagen in gleicher Richtung fahrend, erblicken könne, auf den ich mich legen und mein Pferd hinten anbinden könne; — aber kein solcher war zu entdecken, es begegneten mir wohl einige Wagen in entgegengesetzter Richtung, die von St. Louis kamen, aber nach St. Louis fuhr keiner; — ich dachte nicht daran, daß die Farmer wohl des Morgens früh, aber nicht spät am Abend nach St. Louis fahren. So schlich ich denn hinkend unter starken Schmerzen neben meinem Pferde hin; wenn ich zu müde war, kroch ich wieder auf den Sattel, aber rittlings zu sitzen, war mir schlechterdings unmöglich und so saß ich nach Frauenart, immer riskirend, bei einem Fehltritte oder Erschrecken des Pferdes rücklings über und herunter zu stürzen. Aber das kluge Thier schien meinen Zustand zu begreifen; — es ging sicheren und langsamen Schrittes seinen Weg, von einer Führung von meiner Seite war keine Rede; denn ich hatte beim Heraus= reiten auf den Weg gar nicht Acht gegeben und war außerdem grenzenlos elend. So verging eine Stunde nach der anderen, ohne daß ich die Thürme von St. Louis zu sehen bekam; — ich fing nun an zu fürchten, daß ich irre geritten sei und meine Lage, wildfremd im Lande, der Sprache wenig mächtig, körperlich immer mehr leidend, erschien mir mit jeder Minute immer ver= zweifelter. So lang es Tag war, war noch Alles erträglich; — man konnte doch noch die schwachen Räderspuren des Feld=

weges sehen und daraus entnehmen, daß dieser Weg doch irgend wohin, wahrscheinlich nach St. Louis führen würde; jetzt wurde es aber allmälig dunkler und endlich ritt ich in pech=rabenschwarzer Nacht, ohne zu wissen, ob ich noch auf dem Wege sei oder bereits auf der Prairie im Kreise herumirre. Ich ergab mich nun in mein Schicksal, machte den Zügel am Sattelknopfe fest und ließ das Pferd gehen, wohin es wolle; — es waren entsetzliche Stunden, die ich da verlebte, — am fernen Horizonte wetter= leuchtete es und es schien ein schweres Gewitter heraufsteigen zu wollen, — ich hatte jede Hoffnung aufgegeben, nach St. Louis zu kommen; — da plötzlich machte mein Pferd eine Wendung nach rechts, schritt schärfer aus und aus dem Dunkel tauchte plötzlich in einiger Entfernung eine Reihe von Lichtern auf, die ich bald als die Straßenlaternen im südlichen Stadttheile erkannte. Jetzt belebte sich mein Muth wieder etwas, neue Hoffnung kehrte zurück und ich hatte mich nicht getäuscht, das gescheidte Thier hatte den Weg zu seinem Stalle prächtig gefunden, bald war ich in der Carondelet=Avenue und der Grauschimmel trug mich bis vor die Thüre von Abeles Stallung, wo ich stöhnend aus dem Sattel glitt, der Diener das Pferd in Empfang nahm und ich mich mühsam nach meiner glücklicherweise nur wenige Schritte entfernten Wohnung schleppte.

Als ich diese wieder betrat und meine schon ängstlich be= sorgte Familie mich mit Fragen überhäufte, war es zehn Uhr; — vor vier Uhr hatte ich meine Begleiter verlassen, der Rückweg hatte also s e c h s qualvolle Stunden gedauert, an die ich, so lange ich lebe, mich mit Schaudern erinnern werde. Aber das Gefühl, wieder bei den Meinigen zu sein und ein kaltes Sitzbad von einer Stunde verscheuchten die große Aufregung, ich konnte endlich wieder etwas genießen und nach mehreren Stunden fortgesetzter kalter Umschläge entschlief ich endlich sanft und ruhig, um nach einem festen Schlafe bis spät in den Vormittag hinein, frisch und munter und auch so ziemlich heil und beweglich zu erwachen; — aber es hätte auch viel schlimmer ausfallen können; denn es war eine böse Zeit, die Cholera wüthete in St. Louis mit verheerender Heftigkeit und befiel meistens durch große Anstrengungen erschöpfte Leute. —

Böſe Zeiten.

(1849.)

Es kamen jetzt ſchlimme Zeiten für St. Louis, herbe Prü=
fungen, und die neugewählte Heimath bot uns keinen einladenden
Empfang. Hätten die alten franzöſiſchen Anſiedler, die einſt
St. Louis gegründet und vierzig Jahre lang die Bevölkerung des
Städtchens gebildet hatten, jetzt noch exiſtirt, ſo würden ſie in
ihrer curioſen und originellen Zeitrechnung das Jahr 1849 un=
fehlbar als „l'année terrible" oder „l'année des grands mal-
heurs" bezeichnet haben. Jene Gründer und Ureinwohner von
St. Louis, die auf gut Glück mit Laclède Ligneſt in die unbe=
kannte Wildniß zogen, um ſich dort zu einem harten und ent=
behrungsreichen Leben anzuſiedeln, waren durchgehends alte fran=
zöſiſche Pelzjäger, Trapper und anderes abenteuerliches Volk aus
den unterſten Schichten der Geſellſchaft, zwar gewohnt, in Wildniſſen
und Einöden herumzuſtreifen und ſich mit wilden Thieren und
noch wilderen Indianern herumzuſchlagen oder auch gelegentlich
ſich mit ihnen zu vertragen, ſie waren abgehärtet für das rauheſte
Leben und für die härteſten Entbehrungen, aber ſie waren ohne
alle Bildung, ſelbſt ohne die einfachſte Schulerziehung. Leſen und
ſchreiben zu können, war unter ihnen die größte Seltenheit und
im Rechnen brachten ſie es nicht über die Zahlengröße ihrer zehn
Finger hinaus. So mußte denn auch Keiner von ihnen, in welchem
Jahre er lebte; denn Zahlen von vier Ziffern waren für ſie un=
faßbare Größen. Allerdings die paar Geiſtlichen in dem weiten
Territorium, meiſtens Jeſuiten=Miſſionäre, und ein paar von der
jeweiligen Regierung zur Regelung der allereinfachſten Rechtsver=
hältniſſe angeſtellte Beamte kannten die Jahreszahl und führten
ſie auch in den Dokumenten, welche ſie ausſtellten, als anno
Domini ſo und ſo viel an, aber die Bevölkerung ſelbſt hatte von
dieſen Zahlen und ihrer Bedeutung auch nicht das leiſeſte Ver=
ſtändniß. Sie begnügten ſich damit, jedes Jahr nach dem wich=
tigſten Ereigniſſe, welches ſich in demſelben in ihrem kleinen Kreiſe
zugetragen hatte, zu benennen, — ſie wußten damit genau, welches
Jahr gemeint war und mehr bedurfte es für ſie nicht. So nannten
ſie denn, als nach 16jähriger Exiſtenz der Kolonie, St. Louis auf
Anſtiften eines engliſchen Kommandanten von wilden Indianer=
Horden überfallen, angegriffen und nur durch die ſchnelle und

ausgiebige Hilfe, welche der amerikanische Oberst Clark vom andern Ufer aus Illinois schickte, vor gänzlicher Vernichtung gerettet ward, das damalige Jahr 1780 „l'année du grand coup". Und wieder, als im Jahre 1785 der Mississippi über sein Ufer trat und nicht nur den Illinois-Bottom in einen großen See umwandelte, sondern auch einen Theil von St. Louis über= schwemmte, nannten sie das Jahr „l'année des grandes eaux". Als dann die Flußpiraten, die die Schifffahrt auf dem Mississippi unsicher gemacht, einzelne Boote überfallen, geplündert und die Besatzung getödtet hatten, endlich von allen Seiten verfolgt und unschädlich gemacht worden waren, und nun im Jahre 1788 die Schifffahrt wieder auflebte und binnen weniger Monate zehn beladene Flachboote wieder vom Süden herauf nach St. Louis kamen, nannten sie dieses erfreuliche Jahr „l'année des dix bateaux". Ein furchtbar strenger Winter, in welchem Menschen und Thiere zu Grunde gingen, ließ sie das Jahr 1799 als „l'année du grand hiver" bezeichnen und eine verheerende Blatternepidemie trug dem Jahre 1801 den Namen „l'année de la picote" ein. Diese wenigen Bezeichnungen sind uns erhalten geblieben; die übrigen, die wahrscheinlich Ereignisse von minderer Wichtigkeit verewigen sollten, sind verloren gegangen und verschollen; — mit der Besitznahme des Territoriums durch die V.=St. wurde die Bevölkerung immer mehr amerikanisirt, die alten Franzosen starben theils aus, theils wichen sie vor der vom Osten kommenden anglo=amerikanischen Bevölkerung und wanderten entweder nach Canada oder nach New=Orleans und anderen Plätzen Louisiana's aus; — die reichen französischen Grundbesitzer, die Chonteau, Soulard, Pratte, Labaume und Andere blieben in St. Louis und wurden durch ihren Grundbesitz von vielen tausend und tausend Acres, den sie oft um den Preis eines Fäßchens Wisky's gekauft hatten, zu Millionären und zu den einflußreichsten Bürgern des neuen Territoriums. Der kleine Rest der ärmeren Franzosen, dem die Mittel zur Auswanderung nach Canada oder Louisiana fehlten, zog sich nach dem kleinen Dorfe Carondelet zurück, welches damals noch sechs englische Meilen entfernt von St. Louis war. Hier führten sie ein ärmliches Leben vom Tag auf den Tag und verkamen und verlotterten immer mehr, so daß dieser ärmlichen Verhältnisse wegen Carondelet im Volksmunde immer nur „Videpoche" (Leere Tasche) genannt wurde. Diese Benennung hatte sich so fest eingewurzelt, daß noch zu

meiner Zeit der Name „Videpoche" gebräuchlicher war als Caron=
delet und ſelbſt die Deutſchen, beſonders die Plattdeutſchen, es nur
„Widbuſch" nannten, wahrſcheinlich in der Meinung, es heiße:
weißer Buſch. Jetzt iſt das Alles anders geworden; das arme
Dorf Carondelet, das noch über ſechs engliſche Meilen von dem
alten St. Louis entfernt war, iſt längſt von der ſich immer mehr
ausdehnenden Stadt erreicht und mit ihr vereinigt worden und
bildet ſeit 1870 den erſten Ward=Diſtrikt der Stadt St. Louis;
— wo einſt kaum tauſend Franzoſen in den ärmlichſten Umſtänden
hauſten, leben jetzt in dieſer erſten Ward 15,000 Einwohner,
wovon über die Hälfte Deutſche ſind, die wenigen Abkömmlinge
der Franzoſen verſchwinden immer mehr, die Dampfrauchfänge
großer Eiſenwerke und Fabriken geben dem Orte ein blühendes
Anſehen, Fleiß und Wohlſtand herrſchen in dem alten Creolendorfe
und eine Flotille von Dampfbooten kömmt, geht und liegt an
ſeiner Levée. Such is American life.

Aber auch St. Louis hatte von den alten Franzoſen ſeinen
Spitznamen bekommen; wenn ſie unter ſich waren, nannten ſie
es immer nicht St. Louis, ſondern Pain-court (wenig Brot),
und unter dieſem Namen war das Städtchen nicht nur in der
Umgebung ſondern weithin bis Ohio und Indiana bekannt. Dieſe
Bezeichnung entſtand durch den ſehr oft eintretenden Mangel an
Brotfrüchten und Mehl, ſo daß die Bevölkerung gar oft auf die
Zufuhren von Ohio und New=Orleans angewieſen war. Unter
den erſten Koloniſten, die Laclède mitnahm, mögen ſich auch
einige Ackerbauer befunden haben, aber viel zu wenige, und die
Pelzjäger, Trapper und Abenteurer fanden den mühſeligen Boden=
bau nicht nach ihrem Geſchmacke. Wenn man weiß, wie heute,
trotz der maſſenhaften Einwanderung und trotz der trefflichen Acker=
bau=Maſchinen der Bodenbau in neuangeſiedelten Gebieten des
amerikaniſchen Weſtens betrieben wird, wie man die Bäume des
Urwalds erſt mit der Axt einkerbt, damit ſie abſterben, wie man
die dürren Stämme in Brand ſteckt und nun zwiſchen den in der
Erde gebliebenen Wurzelklötzen, deren Herausſchaffung zu viel Zeit
und Geld koſten würde, im Zick=Zack und in den wunderlichſten
Schnörkeln pflügt und Maiskorn pflanzt, bis im Laufe der Jahr=
zehnte die Wurzelklötze endlich in der Erde verfault und vermorſcht
ſind, — und ſich ſchließlich in Humus verwandelt haben, wer
dieſen primitiven Bodenbau in neuen amerikaniſchen Gebieten kennt,
der kann ſich eine Vorſtellung davon machen, wie der Ackerbau

um St. Louis herum damals ausgesehen haben mag. Allerdings
gab es hinter der dritten Straße, da wo jetzt die fashionablen
Hauptstraßen der Neustadt laufen, einige Felder, die von den Be=
wohnern bebaut wurden, aber meist nur für den eigenen Haus=
bedarf wurde mühsam mit Schaufel und Haue so viel der Erde
abgewonnen, als die Familie brauchte, oft auch viel weniger. So
war denn zeitweise oft Mangel an Brotstoffen in St. Louis und
es wurde mit Recht Pain-court genannt. Daß die Ansiedler
übrigens den Namen St. Louis möglichst vermieden, mag wohl
auch darin seinen Grund gehabt haben, daß sie auf ihren Roi
Louis Quinze sehr schlecht zu sprechen waren, da er sie schmäh=
lich verlassen und an fremde Staaten verschachert hatte. Ueber=
haupt haben die Bewohner von St. Louis bis in den Anfang
unseres Jahrhunderts hinein immer Jahre lang nicht gewußt,
wem sie angehörten und wer eigentlich ihr König sei. Laclède
Ligneft hatte vom König Ludwig XV. schon 1760 einen Freibrief
erhalten, um eine Pelz=Kompagnie und eine Ansiedlung in Ober=
Louisiana, wie man damals das ganze Gebiet nördlich von der
Ohio=Mündung nannte, zu gründen, — er rüstete auch seine
Expedition 1763 in New=Orleans aus und gründete, wie bereits
erzählt, am 15. Februar 1764 St. Louis, welches er auch nach
seinem Könige benannte, aber schon fast zwei Jahre früher hatte
Louis XV. durch den geheimen Vertrag vom 3. November 1762
das ganze Land westlich vom Mississippi mit der Stadt New=
Orleans bis an die unbekannte nördliche Grenze an den König
von Spanien abgetreten, oder vielmehr für ein unbekannt ge=
bliebenes Sündengeld an ihn verschachert. Große Entrüstung
und Erbitterung herrschten in New=Orleans und dem ganzen
französischen Gebiete, als im April 1764 diese schmähliche Ab=
tretung, dieser Verkauf der eigenen Landsleute an eine fremde
Macht bekannt gemacht wurde. Allgemein wurde beschlossen, sich
mit Gewalt der spanischen Besitzergreifung zu widersetzen und die
spanische Regierung fand es klüger, von dem neu gewonnenen
Gebiete vorderhand noch nicht Besitz zu ergreifen. Als dann später
diese doch stattfand, wurde der erste spanische Gouverneur von
New=Orleans, Don Ulloa, bei seiner Landung mit Verwünschungen
und Beschimpfungen empfangen und gezwungen, sich wieder ein=
zuschiffen. Es vergingen wieder einige Jahre in diesem unge=
wissen Zustande, während dessen die französischen Commandanten
noch immer ihre Posten inne hatten und voll ihre Regierungsgewalt

ausübten, bis die spanische Regierung i. J. 1764 einen neuen
Gouverneur, Don O'Reilly, sandte und ihm 3000 Mann
und Geschütze mitgab. Auch O'Reilly's Empfang in New=
Orleans war ein höchst unangenehmer und widerwärtiger, ein
allgemeiner Aufstand war auf dem Punkte auszubrechen, aber
der neue Gouverneur hatte seine strengen Instruktionen und
handelte energisch danach. Er ließ zwölf der angesehensten Bürger
von New=Orleans verhaften und vor ein Kriegsgericht stellen,
fünf davon wurden erschossen, sieben auf die Galeeren nach Cuba
geschickt, wo sie elend verkamen. Dieses Blutgericht verbreitete
Schrecken und Zagen und allmälig fand eine Unterwerfung unter
die neuen Zustände statt. O'Reilly sandte einen seiner Offiziere,
Don Piernas, als Gouverneur=Lieutenant nach St. Louis, wo
dieser mit starker Militärmacht im Frühling 1770 eintraf, die
französische Flagge, die bisher geweht hatte, nieder senken und
das spanische Banner aufhissen ließ, und die durch das Blutbad
in New=Orleans erschreckten Colonisten unterwarfen sich grollend
der neuen Herrschaft. Die spanische Herrschaft war übrigens
besser als die französische, die beiden Machthaber, O'Reilly wie
Piernas, waren vernünftige und humane Leute, es geschah mehr
für das Gebiet als unter der französischen Herrschaft, wo man
sich um die Colonien gar nicht gekümmert hatte, aber schon im
Jahre 1800 trat der König von Spanien unter dem gewaltigen
Drucke von Napoleons eiserner Faust das ganze Gebiet an
Frankreich ab und die Colonisten waren auf einmal wieder un=
freiwillige Franzosen. Napoleon aber, der einsah, daß er
gegen Englands Seemacht diesen ungeheuren Ländercomplex nicht
werde behaupten können, verkaufte im Mai 1803 das ganze Ge=
biet um 60 Millionen Francs und Uebernahme von 20 Millionen
Schulden an die Vereinigten Staaten, die bereits Herren im
ganzen Gebiete östlich vom Missisippi waren, und so trat
Amerika für die unbedeutende Summe von 16 Millionen Dollars
in den Besitz eines Landes, fast so groß als ganz Europa, ohne
Rußland, auf dem sich später über ein Dutzend neuer Staaten
bildeten, und mit prophetischem Geiste sagte damals Napoleon zu
Livingstone, dem Gesandten der Vereinigten Staaten: „Dieser
Gebietszuwachs macht die Vereinigten Staaten zur ersten Macht
in der neuen Welt und ich habe damit England einen Neben=
buhler geschaffen, der früher oder später dessen Stolz bemüthigen
wird." — Alle diese Veränderungen der Oberherrschaft wurden

am Mississippi immer erst viel später bekannt und ebenso lange dauerte dieser Zustand der Ungewißheit. Endlich im März 1804 trat die wirkliche Abtretung an die Vereinigten Staaten ein und gleich darauf erfolgte die Besitzergreifung und von da an erst trat ein Zustand der Sicherheit und das Bewußtsein der Beständig= keit der neuen Verhältnisse ein, unter dem sich St. Louis nach und nach so blühend entwickelte.

Man verzeihe mir diese Abschweifung, aber die Vorgeschichte von St. Louis hatte für mich immer ein großes Interesse und dürfte auch bei den meisten Lesern auf Theilnahme Anspruch machen können. Als ich im Jahre 1850 zu meinem Romane: „Die Geheimnisse von St. Louis" eifrige Vorstudien machte, bekümmerte ich mich sehr viel um diese alten Zeiten und forschte nach alten Dokumenten wie nach den wenigen Menschen, die aus jener entlegenen Zeit noch am Leben waren. Von Dokumenten war außer dem Journal von Auguste Chouteau, dem Gefährten Laclède's, nur wenig mehr vorhanden; Auguste Chouteau selbst war schon 1829 gestorben, ebenso wie sein Bruder Pierre; es lebte nur noch ein Enkel, ebenfalls Pierre Chouteau, den ich aber nicht zu sehen bekam, — von den ältesten deutschen Ansiedlern war nichts zu erfahren; denn die deutsche Einwanderung datirte erst von den Jahren nach 1830. Die Franzosen waren ziemlich ausgestorben, nur in Carondelet fand ich noch einige alte Creolen, urkomische Käuze, die aber, da sie meistens erst vom letzten Jahrzehnt des vorigen Jahrhunderts datirten, wenig Wissens= werthes zu erzählen wußten, dagegen aber viel dummes Zeug und kleinen Klatsch schwatzten. In St. Louis aber sah ich dann eine Frau, Madame Elisabeth Ortes, die in demselben Jahre, in dem St. Louis gegründet, in Vincennes geboren worden war, als vierjähriges Mädchen mit ihren Eltern nach St. Louis kam und dort ununterbrochen von 1768—1850 gelebt, alle Vor= gänge mit angesehen hatte und damals 86 Jahre alt war. Die alte Dame war noch im vollen Besitze ihrer körperlichen und geistigen Fähigkeiten, sah und hörte gut, aß mit Appetit, schlief nur wenige Stunden, aber fest, war eine leidenschaftliche Tabak= schnupferin und wenn man sie auf ihr Thema, die alten Zeiten in St. Louis brachte, sehr redselig. Ihr Mädchenname war Baraba; mit vierzehn Jahren schon war sie mit einem der Begleiter Laclède's, Herrn Jean Ortes, verheirathet worden; ihr Mann starb 1813 und sie lebte dann im Hause ihres Schwieger=

ſohnes, Mr. Joſeph Philibert, ruhig und ſorgenfrei. Im
Jahre 1860 lebte ſie noch, bereits 96 Jahre alt, — ſeitdem
wird ſie wohl auch längſt heimgegangen ſein. Die gute Dame,
die alle dieſe wechſelnden Ereigniſſe mit erlebt hatte, wußte viel
und ausführlich zu erzählen und war bei ihrem guten Gedächtniſſe
eine unſchätzbare Quelle für die Urgeſchichte von St. Louis.

Doch ich kehre jetzt wieder zu der Erzählung meiner Er=
lebniſſe zurück; ja es waren ſchlimme Zeiten über St. Louis
hereingebrochen und die alten Anſiedler würden das Jahr 1849
mit Recht „l'année terrible" genannt haben. Die Cholera,
die mich ſchon in New=Orleans empfangen hatte, war zu Ende
1848 in St. Louis ſporadiſch aufgetreten, aber nach einer kleinen
Zahl von Todesfällen plötzlich wieder verſchwunden; — im Früh=
ling 1849, faſt gleichzeitig mit unſerem Eintreffen, brach ſie aber
auf's Neue und mit großer Heftigkeit aus, ſteigerte ſich immer
mehr und ließ das Aergſte befürchten. Schon 1832 war die
Cholera, als ſie damals Europa zum erſten Male heimſuchte,
auch in St. Louis aufgetreten und hatte von der damaligen Be=
völkerung von 7000 Köpfen durchſchnittlich täglich 30 Menſchen
hinweggerafft; — ſie dauerte damals allerdings nur einen Monat,
aber es war ihr doch ein Siebentel der Bevölkerung zum Opfer
gefallen. Dieſes Mal ſchien ſie noch furchtbarere Verhältniſſe
annehmen zu wollen; von Ende April an ſtieg die Zahl der
Todesfälle von 131 bis auf 903 per Woche und die Epidemie
dauerte diesmal vier volle Monate, in welchen bei einer Be=
völkerung von 65,000 Menſchen 6000 Todesfälle vorkamen, alſo
faſt ein Zehntel der Bevölkerung der verheerenden Seuche erlag.
Angſt und Schrecken, Rath= und Hilfloſigkeit erreichten den höchſten
Grad. Mehr noch als andere Städte war das damalige St. Louis
zu einer Brutſtätte der Cholera geeignet. Es gab noch gar keine
Abzugskanäle, die ſogenannten Alleen (Alleys) oder Hintergäßchen
in den Häuſergevierten, auf welche die Höfe mündeten, dienten
als Aufnahmsort für alle Arten von Unrath, der aus den Häuſern
entfernt wurde und in den Alleen verfaulte, die nie oder doch nur
höchſt ſelten gereinigt wurden, in mehreren Stadttheilen ſtanden
die Keller beſtändig unter Waſſer, das vom Untergrunde ein=
gedrungen war, und dieſes faulende Waſſer erzeugte peſtilenzialiſche
Dünſte. Auch die Straßenreinigung war eine erbärmliche und
erſt als die Cholera Beſitz von der ganzen Stadt ergriffen und
den höchſten Grad der Heftigkeit erreicht hatte, ſchritt man endlich

dazu, eine tüchtige Straßenreinigung vorzunehmen, die Alleen von dem zwei Fuß hohen Schmutze zu säubern und Desinfektions= mittel anzuwenden, — aber leider zu spät. Die Behörden hatten vollständig den Kopf verloren und die Aerzte wußten kein Mittel gegen die schreckliche Seuche; — kein Wunder, denn heute, nach 32 Jahren, weiß die medicinische Fakultät weder etwas Be= stimmtes über Wesen und Entstehung der Cholera, noch kennt sie ein spezifisches Mittel gegen das verheerende Uebel. Was in diesen 32 Jahren emsiger Forschung, besonders in Europa, neu zu Tage gebracht worden ist, beruht auf Hypothesen und An= nahmen und hat sich ebenso wie die vorgeschlagenen Mittel, bisher noch nicht als zuverlässig bewährt. So waren denn die Aerzte in St. Louis damals wohl zu entschuldigen, wenn sie der Epidemie gegenüber hilf= und rathlos dastanden, und den Behörden, die an das ärztliche Wissen appellirten, keine genügenden Aufschlüsse und Rathschläge bieten konnten. In einer Versammlung der bedeutendsten Aerzte von St. Louis gaben diese nach langer und reiflicher Berathung ihre Meinung dahin ab, daß in der Zeit dieser Epidemie der Genuß von Gemüsen und Obst höchst schädlich und dagegen eine vorwiegende Fleischkost anzurathen sei; — die Behörden hatten nun nichts Eiligeres zu thun, als diese Ansicht zum Gesetze zu erheben und so wurde durch eine städtische Ordi= nanz der Verkauf von Gemüsen und Obst auf den Märkten strengstens verboten; — die Marktmeister konfiszirten alle diese Vegetabilien, sowie sie auf den Markt kamen und vernichteten sie, oder — wie man damals meinte — verzehrten dieselben selbst zu Hause. Das war ein empfindlicher Schlag für die Farmer rings um St. Louis, die sich vorzüglich auf den Gemüsebau verlegt hatten, ihre Erzeugnisse, die sie nicht mehr auf den Markt bringen durften, verrotteten auf den Feldern, während die Metzger die glän= zendsten Geschäfte machten; denn die Bevölkerung hatte den diäteti= schen Rath des medizinischen Collegiums mißverstanden, glaubte, daß vieler Fleischgenuß ein Schutzmittel, ja sogar ein Heilmittel gegen die Cholera sei und es wurde in St. Louis in jener Zeit zehnmal so viel Fleisch verzehrt, als sonst in gewöhnlichen Zeiten.

Aber trotz der Fleisch=Diät, trotz der gründlichen Straßen= reinigung und Anwendung von Desinfektionsmitteln stieg die Heftigkeit der Seuche von Tag zu Tag, bis endlich an einem einzigen Tage hundertundsechzig Todesfälle ge= meldet wurden. Jetzt traten wieder andere Aerzte zusammen, verdammten den Fleischgenuß als zu stimulirend und daher für die Krankheit empfänglich machend, und es wurde von ihnen eine ausschließlich vegetabilische Diät wärmstens empfohlen. Der Stadt= rath widerrief also seine Ordinnanz, die den Verkauf von Ge= müsen und Obst verboten hatte, und das Publikum verzehrte nun unglaubliche Mengen von Gemüsen und verschmähte die früher gepriesene Fleisch=Diät. Allein die Epidemie dauerte mit unver= minderter Heftigkeit fort.

Für mich, der ich die erste große Cholera=Epidemie in Wien im Jahre 1832, dann die Epidemie in Paris mitgemacht und sie in New=Orleans wiedergefunden hatte, hatte die Seuche keine Schrecken. Ich hielt ein regelmäßiges Leben, eine vernünftige Diät und die Beibehaltung aller, als vortheilhaft erprobter, Lebensgewohnheiten, kurz Mäßigkeit und Vermeidung aller schäd= lichen Excesse für das beste Schutzmittel und betrachtete die Be= handlung mit Wasser und Eis, das Frottiren mit nassen Lein= tüchern und die übrigen hydropathischen Anwendungen noch als das verläßlichste Heilmittel und habe diese meine Ansicht in allen Cholera=Epidemien, welche ich durchmachte, auch vollständig bewährt gefunden. Auch in St. Louis beobachtete ich, daß, wer ver= nünftig und mäßig lebte, seine einfachen Gewohnheiten beibehielt, Ausschweifungen und Excesse jeder Art sorgfältig vermied und vor Allem keine Cholera=Präservative, Cholera=Bitters, Cholera= Tropfen u. s. w., wie sie damals zu Hunderten in den Zeitungen angekündigt und angepriesen wurden, verschluckte, unangefochten und wohlbehalten die Cholera=Zeit durchlebte, und wenn auch der Eine oder der Andere von ihnen einen leichten Cholera=Anfall bekam, die durch das reguläre und einfache Leben gekräftigte Constitution des Patienten erfolgreich der Seuche widerstand.

Aber die Zahl dieser Vernünftigen war eine sehr kleine, — die große Menge glaubte an alle möglichen Schutz= und Heil= mittel eher als an den Rath eines einfachen und mäßigen Lebens und auf der beständigen Jagd nach heilsamen Mitteln, die man flaschenweise einnehmen könne, kam man auch auf die Idee, daß der Krankheitskeim in der Luft schwebe und daß man diese daher reinigen müsse. Es wurde also von der hohen Obrig= keit verordnet, daß an den Straßenkreuzungen große Feuer an= gezündet werden sollten, um die Luft zu reinigen; bereitwilligst wurden von der Bevölkerung alte Kisten, Theerfässer und andere brennbare Stoffe herbeigeschleppt und in Brand gesteckt, wobei

die Straßenjugend um das Feuer herumsprang und ihre Allotria
trieb. Das Resultat war, daß Rauch und Qualm durch die
offenen Fenster in alle Wohnungen drang, daß Jedermann mit
jedem Athemzuge Aschen = und Kohlenstaub in sich einsog und
daß mancher junge übermüthige Bursche, der jubelnd um das
Feuer herumgesprungen war, plötzlich todtenblaß wurde und sich
elend nach Hause schleppte, um unterwegs oder dort von der
Cholera befallen zu werden und zu sterben. Mitunter trieb auch
ein plötzlicher Windstoß Funken und Flammen auf die Schindel=
dächer der Framehäuser und es brannte eine Reihe von Wohn=
stätten ab, — aber das genirte nicht; — die Luft mußte ja
gereinigt werden. Den besten Beweis, wie nutzlos „diese
Reinigung der Luft" durch Feuer gewesen sei, erhielten
die St. Louiser wenige Tage darauf; — am 19. Mai brach
der große Brand von St. Louis aus, der einige Tage währte
und 483 Häuser, 23 Dampfboote, 3 andere Schiffe und eine
ungeheure Menge an der Levée aufgestapelter Waaren ver=
nichtete; — das war denn doch ein anderes und gewaltigeres
Feuer als das Verbrennen von ein paar alten Kisten und Fässern,
reinigte aber doch die Luft nicht, denn nach dem Brande stieg
die Cholera mit immer wachsender Heftigkeit zu den ungeheuersten
Verhältnissen, bis man endlich Ende Juli an tausend Todes=
fälle in der Woche zählte. So furchtbar wie dieses Steigen
der Epidemie war, so grenzenlos waren Schrecken und Entsetzen
der Bevölkerung. Förmliche Leichenbegängnisse fanden gar nicht
mehr statt, die Todten wurden mit möglichster Eile einfach und
stille nach den Friedhöfen gefahren, wo die Särge oft mehrere
Tage herumstanden, da es an Händen zum Graben der Gräber
zu mangeln anfing. Glücklich, der noch im Schooße einer liebenden
Familie starb, denn er wurde zwar einfach und stille, aber doch
anständig auf den Friedhof gebracht; schlimmer ging es jedoch
den Bewohnern der Boarding= und Gasthäuser, meistens ledige
Leute, Arbeiter, Commis oder sonst Angestellte, die, immer mehrere
in Ein Zimmer zusammengedrängt, den Ansteckungsstoff schnell
unter sich verbreiteten, wenig Hilfe und Pflege fanden und in
Menge starben, und so geschah es in den schlimmsten Zeiten der
Epidemie, daß in einem Boarding=Hause an Einem Tage manch=
mal 10—12 der Bewohner wegstarben. Hatte man sich schon,
als sie noch lebten, wenig um sie gekümmert, so stieg die Rück=
sichtslosigkeit noch mehr, da sie todt waren und ihr Begräbniß

fand in höchſt ſummariſcher Weiſe ſtatt. Einige Neger, die man zu dieſem Geſchäfte gepreßt hatte und die, im Branntwein Stär= kung zu der ſchweren Aufgabe ſuchend, halb oder ganz betrunken waren, kamen Nachts mit einem Karren, zogen die Todten bei den Füßen aus dem Bette und ſchleiften ſie die Treppen hin= unter, ſo daß der Kopf des Todten von Stufe zu Stufe auf= ſchlug, — dann warfen ſie ſie auf den Karren und wenn ſie ein halbes Dutzend Leichen beiſammen hatten, fuhren ſie in Galopp auf den Friedhof, wo ſie den Karren in den allgemeinen Schacht leerten und dann wieder zurückfuhren, um andere Todte zu holen.

Damals, im Anfange Mai, war die Epidemie noch nicht zu ſolch' ungeheuren Verhältniſſen angewachſen und wir kümmerten uns wenig darum, ſollten aber bald ſchrecklich an ſie erinnert werden. Wir waren eben daran, einen neuen Ausflug zur Be= ſichtigung von Farmen zu unternehmen, als ich in der Nacht vom 8. auf den 9. Mai plötzlich geweckt wurde und meine Schwägerin mir ſagen ließ, ihr Mann, mein Bruder, ſei bedenklich erkrankt. Ich eilte ſogleich hinauf und fand meine ſchlimmſten Befürch= tungen leider verwirklicht. Mein armer Bruder hatte ſeine eigenen Anſichten über Geſundheitspflege, vom kalten Waſſer wollte er durchaus nichts wiſſen, während ich und die Meinigen täglich morgens unſer kaltes Bad nahmen, — auch ſonſt machte er gerne grobe Diätfehler, hatte am Abend vorher, da es ſehr heiß war, eine große Schüſſel Salat verzehrt, obwohl er bereits an einer Diarrhöe litt, die Anſtrengungen der Expedition nach dem Merrimack hatten ihn auch angegriffen und erſchöpft und ſo fand ich ihn, als ich hinaufkam, in einem heftigen Cholera=Anfalle, der mich den ſchlimmſten Ausgang befürchten ließ. Wir boten Alles auf, um ihn zu retten, zwei Aerzte waren gleich zur Hand, was nur irgend geſchehen konnte, geſchah, aber ſchon mit dem anbrechenden Morgen trat ein gänzlicher Verfall der Kräfte, der ſogenannte Collapſus, ein und am 9. Mai, zu Mittag, ent= ſchlief mein Bruder, deſſen letzte Stunden ſchmerzlos geweſen waren, ſanft und ruhig, ohne mehr zum Bewußtſein ſeiner Lage zu kommen. Das war ein harter Schlag für ſeine Frau wie für uns Alle und der Aufenthalt in St. Louis war mir nun vollends verleidet. Ich beſchloß, die unglückliche Stadt zu ver= laſſen und auf dem Lande Ruhe und Frieden zu ſuchen und meine St. Louiſer Freunde billigten dieſen Entſchluß vollſtändig; — ſie ſchlugen mir die ganz deutſche Anſiedlung Highland in Madiſon=

County in Illinois als den geeignetsten ländlichen Aufenthalt vor,
dort könne ich zugleich das Farmerleben in nächster Nähe kennen
lernen und mich überzeugen, ob es für mich passe, und so traf ich
denn eiligst meine Anstalten zur Uebersiedlung, fest entschlossen,
nie mehr nach dem unheilvollen St. Louis zurückzukehren. Unsere
Kisten und Koffer konnte ich glücklicherweise mit Farmern aus
Illinois expediren, die ihre Produkte nach St. Louis gebracht
hatten und unser Gepäck gerne als Rückfracht mit nahmen, für
unsere Familien mietheten wir passende Fahrgelegenheiten und am
15. Mai ging es nach Highland. Nicht um viele Tage zu früh;
denn vier Tage später, am 19. Mai, brach der große Brand
aus, der halb St. Louis und zwar den reichsten und geschäftlichen
Theil der Stadt in Asche und Ruinen legte und die Schrecken
der Cholera noch weit überbot. Die Wittwe meines Bruders
blieb in St. Louis zurück, sie hatte immer eine Abneigung gegen
das Landleben gehabt; wir aber, zwar schwer getroffen von dem
herben Schlage, der alle unsere Pläne und Berechnungen zerstörte,
aber doch nicht muthlos, zogen hoffnungsvoll und mit der Elastizität
des kräftigen Mannesalters der neuen Heimath zu, die wir in
Highland zu finden hofften.

Amerikanisches Landleben.

Die Fahrt von St. Louis nach Highland nahm damals
fast noch einen ganzen Tag in Anspruch, — von einer Eisenbahn,
die durch Highland führen sollte, wurde wohl viel gesprochen und
geplant, aber das Unternehmen lag noch in unbestimmter, nebel=
hafter Ferne. Es gab sogar nicht einmal eine ordentliche Heer=
straße, sondern nur einen Landweg, für den Niemand etwas zu
thun gesonnen war und der bei Regen oder Thauwetter zum
bodenlosen Moraste wurde. Die vielen Bäche, die auf dem Wege
zu passiren waren, hatten keine Brücken, man mußte durch das
Wasser fahren, was für schwer beladene Wagen fast immer das
Ungemach brachte, daß sie in irgend einem Wasserloche stecken
blieben; zur Zeit der Schneeschmelze aber, wo diese Bäche an=
schwollen und austraten, war es oft geradezu gefährlich, sie auf
diese Art zu passiren. Allerdings hatten die Highländer Colonisten,

um doch wenigstens eine Postverbindung zu erhalten, an der es
früher gänzlich mangelte, mit ihren eigenen Mitteln und ihrer
eigenen Hände Arbeit, ohne irgend eine Unterstützung vom County,
auf einer Strecke von 20 englischen Meilen eine ganz hübsche
Fahrstraße hergestellt und dadurch wirklich erzielt, daß die Post=
kutsche nun durch Highland fuhr, welche Verbesserung aber erst
vom Jahre 1843 datirte, — aber diese Straße wurde zwar stark
benutzt, aber von Niemanden als von den Highländern selbst aus=
gebessert und in Stand erhalten und so verfiel auch sie immer
mehr; — kurz wenn der Highländer Farmer seine Ernte nach
St. Louis bringen wollte, mußte er zwei bis drei Joch Ochsen
vor seinen Wagen spannen und brauchte dann zur Hin= und Rück=
reise immer noch volle fünf Tage. Jetzt ist das freilich anders
und besser geworden; eine Eisenbahn, zu der die Highländer
reichlich ihr Schärflein beigetragen haben, läuft jetzt von St. Louis
durch Highland nach Vandalia und Terrehaute und man fährt
von St. Louis nach Highland in fünfviertel Stunden und kann
direkt von dort auf den Schienen nach Chicago und New=York,
wie nach Mobile und New=Orleans gelangen.

Wir aber waren damals noch auf den alten Landweg an=
gewiesen, und bis wir mit der schwerfälligen und höchst gebrech=
lichen Fähre über den Mississippi gesetzt, die Wagen mit Hilfe
mehrerer Leute am steilen Illinois=Ufer hinaufgeschleppt, bis wir
die verschiedenen Hindernisse beim Passiren der Bäche überwunden
und auch unterwegs zwei Stunden Rast gemacht und gefüttert
hatten, neigte sich die Sonne bereits dem Untergange zu, als wir
Highland erreichten. Aber durch welch' einen schönen unvergeß=
lichen Anblick wurden wir für alle Mühseligkeiten und Sorgen
der letzten Tage entschädigt! — von einer mäßigen Erhöhung
herabfahrend lag, als wir aus einer Waldgruppe heraustraten,
die herrliche Spiegel=Prairie (looking-glass-prairie) vor unseren
Augen, das anmuthigste Landschaftsbild, das wir noch in Amerika
gesehen hatten. Unabsehbar dehnte sich die wellenförmige Ebene
mit dem schönsten Blau=Gras und einem üppigen, bunten Blumen=
flor vor uns aus, aus der einzelne Hügel aufstiegen, während
die ganze Prairie vom Urwalde umrahmt war, und mitten in
dieser reizenden Gegend zeigte sich uns das Städtchen Highland
mit seinen rechtwinkeligen, breiten, geraden Straßen, seinen blen=
dend weißen Häusern mit den dunkeln Schindeldächern, zwischen
denen sich auch hie und da ein rothes Ziegeldach zeigte, überall

Gärtchen und Gärten, hinter denen einzelne Thürmchen sichtbar
wurden, die eine Kapelle andeuteten, und weiter über die Stadt
hinaus zeigten sich in der Prairie, am Waldsaume, auf den
Hügeln freundliche Farmen mit großen Ackercomplexen, Heerden
von Kühen weideten auf der Prairie und die Abendsonne mit
ihrer röthlich goldenen Färbung der ganzen Landschaft verklärte
das hübsche Bild. Ruhe und Frieden schienen auf der ganzen
Ansiedlung zu ruhen, und nach den traurigen Tagen in St. Louis
athmeten wir neu belebt und ermuthigt wieder auf. In vollen
Zügen den schönen Anblick genießend, ließen wir nun unsere
Kutscher in langsamem Schritte fahren und kamen so endlich vor
das große Haus des Postmeisters Jacob Blattner, der mit der
Post auch zugleich eine Art von Einkehrwirthshaus verband. Von
St. Louis bereits angemeldet und empfohlen, fanden wir die herz=
lichste und freundlichste Aufnahme, ein paar Zimmer waren schon
für uns bereit und nachdem wir den Staub und die Mühen des
Tages von uns abgewaschen, setzten wir uns in der Wirthsstube
zum Abendessen, das halb schweizerisch, halb amerikanisch bereitet,
uns trefflich mundete und nachdem wir uns noch von Blattner
selbst und von einigen Highländer Bürgern alles Wissenswerthe
über die Ansiedlung hatten erzählen lassen, gingen wir mit dem
erfreulichen Bewußtsein zur Ruhe, daß unsere Wahl der neuen
Heimath eine richtige und Highland unseren Wünschen und An=
sprüchen ganz zusagend sei.

Als wir damals nach Highland kamen, war das freundliche
Städtchen erst seit dreizehn Jahren entstanden; ja es waren,
seit die ersten Colonisten aus Europa ihre Hütten dort aufschlugen,
auch nur erst achtzehn Jahre vergangen; — es war also Alles
jung, neu und primitiv, aber trotzdem machte die Ansiedlung einen
wohlthuenden und befriedigenden Eindruck. Ein Schweizer Arzt,
Dr. Kaspar Köpfli, dessen freisinniger und aufgeklärter Geist
sich mit dem damals noch in der Schweiz herrschenden Zopfsysteme
und speciell nicht mit dem Pfaffen=Regimente befreunden konnte,
welches in seinem Cantone, Luzern, herrschte und jede freisinnige
Regung gewaltsam unterdrückte, bis es erst nach dem Sonder=
bunds=Kriege gebrochen ward, hatte schon seit langem den Ge=
danken der Auswanderung nach Amerika in sich getragen und den=
selben immer mehr gereift, allein Hindernisse mannigfacher Art
verzögerten die Ausführung und erst als Dr. Köpfli, schon
57 Jahre alt geworden, sich dem Greisenalter näherte, konnte er

seinen lang gehegten Vorsatz verwirklichen. Nicht an sich und
seine Familie dachte er dabei allein, sondern, wie er in einem
gedruckten Abschiedsbriefe an seine Mitbürger sagte, um den Weg
vorzubahnen, auf welchem eine große Zahl thätiger, jetzt erwerb=
loser, von Kummer und Sorgen gedrückter Familienväter im
Schweizerland, sich eine glücklichere, zufriedenstellendere Zukunft
verschaffen könne. Die Colonie dieser Pioniere bestand aus dem
alten Dr. Köpfli und seiner ebenfalls schon bejahrten Frau, vier
Söhnen und einer Tochter, denen sich Joseph Suppiger und sein
Bruder anschlossen, außerdem zogen noch fünf Bauernknechte und
eine Magd mit. Es waren also im Ganzen fünfzehn Personen,
die einen eigenen großen Lastwagen für das Gepäck und die Aus=
rüstung der Colonie, einige Reisewagen und sieben eigene Pferde
mit führten. Damals gab es in Europa noch keine Eisenbahnen
und man war also auf die alten, gewöhnlichen Communications=
Mittel angewiesen; — am 21. April 1831 fuhren die neuen
Colonisten von Sursee ab und erst n a ch s e ch s M o n a t e n voll
unendlicher Mühen und Entbehrungen gelangten sie nach High=
land, ihrer neuen Heimath. Sie brauchten sechzehn Tage, um
nur Paris zu erreichen, dort wurden, da sich diese Art zu reisen
als unpraktisch erwies, Pferde und Wagen verkauft und auf der
Seine gelangten sie nach Havre. Die Einschiffung in Havre ver=
zögerte sich bis 21. Juni und erst nach einer sieben Wochen
währenden, stürmischen Seereise landeten sie am 10. August in
New=York. Dort lachte man sie geradezu aus, als sie ihren
Entschluß kundgaben, nach dem 1200 englische Meilen entfernten
Mississippi=Thale zu ziehen, wohin noch gar keine direkten Straßen
führten. Allein sie ließen sich von ihrem Vorhaben nicht abreden
und wiesen alle Vorschläge, doch im Osten zu bleiben, entschieden
zurück. Nicht ohne Schwierigkeiten der mannigfaltigsten Art und
mit Benützung wechselnder Beförderungsmittel, Dampfschiffen und
Kanalbooten, kamen sie endlich nach zwölftägiger Reise in St.
Louis an, welches damals noch ein kleines Nest von 5000 Ein=
wohnern war. Hier wurde vorläufig Halt gemacht und zahlreiche
Forschungs=Expeditionen wurden ausgesandt, um einen passenden
Platz für die neue Ansiedlung zu finden. Gegen Missouri selbst
bestimmte sie die dort noch herrschende Negersklaverei, die den frei=
sinnigen Schweizern ein Gräuel war, Iowa und Wisconsin
waren noch ganz im Besitze wilder Indianerstämme und so dehnten
sie ihre Forschungen in das Innere von Illinois aus. Die Loo-

king-glass-prairie, ungefähr 460 Acres groß, war gerade zum
Verkaufe ausgeboten und so wurden einige Mitglieder der Colonie
dorthin zur Besichtigung gesandt. Als diese die herrlich schöne
Prairie zum erstenmal betraten, waren auch sie entzückt über den
reizenden Anblick und ihr Bericht an die Anderen entschied; ein=
stimmig hieß es: Hier ist gut sein. Hier laßt uns Hütten bauen!
— Der Kauf wurde abgeschlossen und am 15. Oktober, also fast
nach sechs Monaten seit dem Tage ihrer Abreise aus der Schweiz,
zogen sie nach Highland und nahmen am 16. Oktober von ihrem
neuen Eigenthum Besitz. Es gelang ihnen noch, theils vom
Staate, theils von Privaten an 400 Acres dazu zu kaufen und
ehe noch das Jahr vorüber war, waren sie im Besitze eines
Grundcomplexes von 1000 Acres, die sie um den durchschnitt=
lichen Preis von $2^1{}_2$ Dollars per Acre erstanden hatten. Es
wurden nur auf diesem, von der Pflugschar und der Haue kaum
noch berührten, jungfräulichen Boden Farmen angelegt, Blockhütten
gebaut und ausgedehnter Ackerbau betrieben. In dem nächsten
Jahre kamen die alten Suppiger mit ihren anderen Kindern nach,
ihnen hatten sich einige Bekannte und auch ein Theil ihrer
früheren Fabriks=Arbeiter angeschlossen; dann kamen in den näch=
sten Jahren, durch die nach der Schweiz gesendeten Berichte Joseph
Suppigers ermuthigt, neue Zuzüge nach und allmälig bevölkerte
sich die Gegend immer mehr. Aber es waren doch immer nur
einzelne Farmen, es bestand kein verbindendes Band zwischen
ihnen, keine Gemeinschaft der Zwecke und Interessen. Da kam
im Jahre 1836, an einem schönen Morgen, ein fremder Ameri=
kaner angeritten, sah mit freudigem Erstaunen die schöne und be=
triebsame Kultur der Ansiedlung, interessirte sich dafür aus leicht
begreiflichen Gründen, besichtigte Alles genau und stellte eine
Menge von Fragen. Es war dies der General J a m e s S e m p l e,
ein thätiger und betriebsamer Mann, der mit einigen anderen
östlichen Spekulanten große Landstrecken in diesem Theile von
Illinois angekauft hatte, in der Aussicht auf die schon lange
projektirte und früher oder später doch bestimmt zu Stande kommende
Eisenbahn, welche den oberen Mississippi mit dem Osten verbinden
sollte, — ein Mann, der sich um die Hebung des damals arg
verschrieenen und arg vernachlässigten mittleren Illinois große
Verdienste erworben, aber auch seine eigenen Interessen dabei
durchaus nicht vernachlässigt hat. Die Ansiedlung in der nächsten
Nähe s e i n e s Landeigenthums, die damals noch provisorisch

Neu-Schwitzerland genannt wurde, interessirte ihn im hohen Grade und er machte den Köpfli's und Suppiger's den praktischen Vorschlag, hier eine Stadt zu gründen, welche Mitte weges zwischen den Hauptorten von drei Counties und an der projektirten Eisenbahn gelegen, unfehlbar gedeihen müsse. Die Führer der Colonisten gingen auf den Vorschlag mit Freuden ein, am 23. September 1836 wurde der Vertrag unterzeichnet, ein Grundstück von 80 Acres durch rechtwinkelige breite Straßen in sechshundert Bauplätze eingetheilt und somit die Gründung der Stadt, die nun dem Schotten Semple zu Ehren und auf seinen Vorschlag den Namen Highland erhielt, praktisch begonnen. Schon im nächsten Jahre waren 51 Bauplätze zu den Preisen von 5 Dollars bis zu 40 Dollars hinauf verkauft, in jedem folgenden Jahre wurden weitere Bauplätze verkauft und bebaut, und als die Stadt-Gesellschaft sich im Jahre 1861 auflöste, waren von den 600 Bauplätzen nur noch etwas über 100 unverkauft, welche die Antheilhaber der Stadtgesellschaft unter sich vertheilten, nachdem sie durch den Verkauf der Bauplätze schon einen reinen Gewinn von 25,000 Dollars über ihren Ankaufspreis erzielt hatten. Dr. Ryhiner aus Basel, ein gründlich wissenschaftlich gebildeter Arzt und unternehmender Mann, baute im selben Jahre 1837 die erste Dampfmühle nebst einer Brettersäge, tüchtige Schweizer und deutsche Einwanderer, darunter geschickte und thätige Handwerker, siedelten sich an, immer mehr konnte das Städtchen seinen eigenen Bedürfnissen genügen, ohne sich Alles, was es nöthig hatte, aus St. Louis oder anderen Orten holen zu müssen, und heute schon steht Highland auf seinen eigenen Füßen und ist zu einer der blühendsten und gedeihlichsten Ansiedlungen im Westen herangewachsen. Schon am 16. Oktober 1881 können die Bewohner von Highland mit Stolz und Genugthuung das fünfzigjährige Jubiläum der ersten Ansiedlung auf der Looking-glass-prairie und am 23. September 1886 den 50jährigen Jubeltag der Gründung ihres Städtchens feiern.

Hatte uns der erste Anblick von Highland freudig überrascht, so gewann es bei näherer Bekanntschaft in unseren Augen immer mehr und wir beschlossen, da zu bleiben und hier unsere neue Heimath zu gründen. Ich und Bernays besuchten die Väter des Städtchens, die Herren Köpfli und Suppiger, fanden bei ihnen die freundlichste Aufnahme und die lebhafteste Aufmunterung, da zu bleiben und uns der Ansiedlung anzuschließen. Ein augen-

blickliches Hinderniß stellte sich der Ausführung nur in der damals
herrschenden Wohnungsnoth in Highland entgegen; — so fleißig
und so zahlreich auch neue Häuser gebaut wurden, so hielt dieser
Zuwachs doch nicht gleichen Schritt mit dem raschen Steigen der
Bevölkerung, welcher, besonders seit 1848, immer neue Zuzüge
aus Deutschland und der Schweiz zuströmten. Als ich nach High=
land kam, war die Bevölkerung von Highland schon nicht mehr
ausschließlich luzernerisch, denn es waren schon Berner, Aargauer,
St. Galler, Schwyzer und Glarner, ja sogar eine ganze Gemeinde
aus der französischen Schweiz, aus dem Waadt=Lande da, die,
mit ihrem Pastor an der Spitze, herüber gewandert war, sondern
es waren auch schon zahlreiche Badische, Pfälzer und Schwaben
angesiedelt. Dann kamen Waldenser aus Piemont und heute
haben sich um Highland herum und unter dem Einflusse des
Hauptortes Highland kleine Dörfer gebildet, die ungefähr eine
deutsche Meile von Highland entfernt, hauptsächlich auf den Ver=
kehr mit diesem angewiesen sind, so die französische Ansiedlung
Sebastopol, das von Graubündtnern gegründete Salina, ferner
St. Jacob, Oakdale. Die französische Waadtländer=Einwande=
rung brachte allerdings eine ultra=pietistische Färbung in die sonst
freisinnige Colonie, — es waren dies die sogenannten „Momier"
— aber im Ganzen waren es sehr anständige, thätige und be=
triebsame Leute, die dem Städtchen nur zum Vortheile gereichten,
und auch unter ihnen fanden sich einige sehr gebildete und frei=
sinnige Männer, wie die Herren Cortambert, Rilliet,
Bandelier u. A., an deren Bekanntschaft und an den belehren=
den Umgang mit ihnen ich mich noch heute mit Vergnügen er=
innere. Kurz, Highland wurde immer mehr zu einer polyglotten
Ansiedlung mit entschieden schweizerischem und amerikanischem
Grundcharakter und das anglo=amerikanische Bevölkerungs=Element,
das ohnehin nur in wenigen Exemplaren vorhanden war, verlor
sich immer mehr oder akkommodirte sich im Laufe der Zeit dem
Charakter und den Lebensgewohnheiten der Schweizer und deut=
schen Hauptbevölkerung. Die wenigen Amerikaner, die noch zur
Zeit der Gründung von Highland hie und da im Walde oder
am Rande desselben angesiedelt gewesen waren, erhielten keinen
Zuwachs, starben aus oder wanderten weiter und zu meiner Zeit
waren nur noch einige wenige Exemplare vorhanden, die mehr
von der Jagd als vom regelmäßigen Bodenbau lebten. Von
einem derselben, der mitten im Walde, am Silberbache (silver-

creek) hauste, habe ich gar oft einen ganzen Hirsch um zwei
Dollars, manchmal auch), wenn er viel geschossen und die Nach=
frage gering war, um einen Dollar gekauft. In einer einzigen
Woche eines sehr strengen Winters hatte dieser neue Lederstrumpf
über fünfzig Hirsche zusammengeschossen, die Thiere, da er sie
nicht gleich transportiren konnte, hoch oben auf Bäume befestigt
und nachdem er mit seiner Jagd fertig war, war er mit seinem
Wagen in den Wald gefahren, hatte die hart gefrorenen und
daher vollkommen erhaltenen Hirsche von den Bäumen herunter=
geholt und mit einer Wagenladung voll war er dann in Highland
von Haus zu Haus und in der Umgebung von Farm zu Farm
gefahren, um sie zu verkaufen, was ihm auch meist gelang; —
was ihm unverkäuflich zurückblieb, wurde eingesalzen und die
Hirschkeulen wurden zu Schinken geräuchert. Minder glücklich
in einer ähnlichen Spekulation war ein anderer Anglo=Amerikaner,
der sich darauf verlegte, nach den fluß= und teichreichen Gegenden
von Illinois und Indiana zu fahren, dort eine ganze
Wagenladung von Fischen zu fangen oder zu kaufen und selbe
dann auf dem Rückwege sowie in Highland und seiner fischarmen
Umgebung im Hausirwege zu verhandeln. In den ersten Tagen
ging das Geschäft auch ganz gut, die Fische fanden ziemlichen
Absatz, aber endlich fingen sie durch die Sommerhitze zu stinken
an und der Mann mußte den ganzen Rest seiner Fracht irgend=
wo auf der Prairie ausleeren, wo die Fische ruhig verwesten und
aus ihnen Dünger wurde.

Die rasche Zunahme der Bevölkerung von Highland hatte
also, wie gesagt, eine arge Wohnungsnoth in dem Städtchen
erzeugt und mehrfache Versuche, die ich deshalb mit Blattners
Hilfe machte, ein Haus zu miethen, brachten kein Resultat; —
im Wirthshause aber konnten wir mit so vielen Personen nicht
bleiben, theils um die größeren Ausgaben zu vermeiden, theils
auch, um unserer Sehnsucht nach einem eigenen Heim und eigenem
gewohnten Haushalte zu genügen. Als ich den beiden Köpflis
diese meine Noth klagte, theilten sie mir im Vertrauen mit, daß
ihr jüngerer Bruder, der Doktor Caspar Köpfli jun., der ein
etwas unruhiger Geist sei, in einigen Tagen Highland verlassen
und nach Ohio gehen werde. Sein Haus würde dann leer
stehen und sie hätten es zu vermiethen, wollten es auch gerne
uns überlassen, aber das genüge bei den eigenthümlichen Ver=
hältnissen auf dem Lande nicht; — es spekulirten nämlich schon

mehrere Personen auf das Haus und wenn eine von ihnen nach
des Doktors Abreise schnell hereinzöge und sich faktisch in den
Besitz setzte, so wäre es eine schwierige, jedenfalls aber langwierige
Aufgabe, ihn wieder zu belogiren; es müsse ein förmlicher Prozeß
stattfinden, und derselbe in dem Gerichte des 18 Meilen entfernten
Edwardsville geführt werden, Vertagungen und Appellationen
würden auch nicht ausbleiben und so könnten wir nicht darauf
rechnen, vor Mitte oder gar Ende des Winters in den Besitz des
Hauses zu gelangen; — sie würden mir daher Tag und Stunde
der Abreise ihres Bruders genau mittheilen und dann sollte ich
augenblicklich durch eine Person meiner Familie von dem Hause
Besitz nehmen und zugleich einen Theil meines Gepäckes hinein
schaffen lassen, und auf diese Art würde es wieder sehr schwierig
sein, mich zu belogiren, um so schwieriger, als sie mir dann das
Haus auch förmlich vermiethen würden. Ich vermuthete, daß sie
das Haus schon anderen Parteien zugesagt hatten, uns doch
gerne für ihre Ansiedlung gewinnen wollten und nun in Ver=
legenheit waren, wie sie ihre frühere Zusage an Andere rück=
gängig machen könnten; — hatte ich mich aber einmal in Besitz
des Hauses gesetzt, so hatten sie eine treffliche Ausrede, und nach=
dem ich Joseph Suppiger befragt, der Friedensrichter war, und
auch er dieses Vorgehen gebilligt hatte, beschloß ich den Rath zu
befolgen. Wir lagen also emsig auf der Lauer und kaum war
Dr. Köpfli jun. in den Wagen gestiegen und fortgefahren, so
transportirte unser Léon auch schon unsere Kisten in das leer
stehende Haus und wir nahmen Besitz davon, der später von den
Köpflis auch förmlich bestätigt wurde.

Nun ging es über Hals und Kopf an die häusliche Ein=
richtung; die allereinfachsten Möbel wurden vom Landtischler ge=
kauft und vor Allem wurde, was bei mir immer das Erste ist,
in einem Bretterverschlage unser Douche=Bad hergerichtet, aller=
dings in sehr primitiver Weise, mit einem großen Fasse als
Wasser=Reservoire, welches Léon täglich füllte und in welchem der
Klempner des Städtchens eine große Brause angebracht hatte.
Ferner wurde ein Wasser=Abzug hergestellt und wir konnten wieder
täglich unser gewohntes Morgenbad nehmen. Das Haus hatte
zwei Zimmer und eine Kammer zur ebenen Erde und zwei große
Mansardenräume. Die unteren Zimmer bezog ich, während oben
Bernays seine provisorische Unterkunft fand, bis er eine eigene
Wohnung gefunden haben würde. Der Kochofen stand, wie es

im amerikanischen Westen im Sommer üblich ist, unter einem
Bretterdache im Hofe, von wo er im Winter in die Wohnstube
übersetzt wird, um zugleich als Heizofen zu dienen. In einer
Art von Scheune, die hinter dem Hause lag, schliefen meine
Söhne und Léon und so war unsere häusliche Einrichtung im
besten Zuge. Diese noch ganz zu vervollständigen, den Garten,
der auch einen kleinen Weinberg enthielt, zu bestellen und im
Stande zu erhalten, unsere Sachen auszupacken, mit Land und
Leuten Bekanntschaft zu machen, alles Dies nahm uns vollauf in
Anspruch, aber endlich kam doch auch die Frage an die Reihe,
was wir nun anfangen wollten, um auch etwas zu verdienen;
— denn wir hatten zwar, ich und Bernahs, unser mitgebrachtes
Hauptkapital, jeder mit 500 Dollars, auf der Bank von Missouri
deponirt, aber das überdies nach Highland mitgebrachte übrige
Geld fing bedeutend zusammenzuschmelzen an, um so mehr, als
ich 2 Vierzig-Acre-Stücke unmittelbar am Städtchen liegendes
Congreß-Land, zum Regierungspreise von $1\frac{1}{4}$ Dollars per Acre,
gekauft hatte. War aber dieses Geld zu Ende und mußten wir
unser Deposit auf der Bank angreifen, so verkürzten wir in empfindlicher Weise unsere Mittel, um später, nach näherer Bekanntschaft mit dem Lande, irgend ein Geschäft anfangen zu können.
Auf welche Art wir Geld verdienen wollten, das war das Thema
der Berathungen in unseren freien Abendstunden, — Bernahs
blieb immer bei seiner ersten Idee, einen Kramladen anzufangen,
und ich nahm meine schon auf der Seereise entworfene und nach
allen Seiten ausgearbeitete Idee wieder hervor, in Highland eine
Wasserheilanstalt zu errichten, die im Westen noch gänzlich
fehlte, während sie doch im Osten von Dr. Karl Munde in
Florenz und Wesselhoeft in Brattleborough so erfolgreich errichtet worden waren. Als ich diese Idee den Herren Köpfli's mittheilte und anfragte, ob sie sich dabei betheiligen würden, nahmen
sie den Vorschlag mit Begeisterung auf, als von dem größten
Vortheile für die Ansiedlung und erklärten sich bereit, ihrerseits
das Möglichste für die neue Unternehmung zu thun und Theilnehmer an derselben zu sein. Nach längeren Berathungen wurde
endlich ein Contrakts-Entwurf aufgesetzt, ein Gesellschafts-Vertrag
zwischen mir und den Herren Köpfli's zur Errichtung einer Wasserheilanstalt, den ich noch in meinen Papieren gefunden habe.
Nach diesem Entwurfe verpflichteten sich die Herren Köpfli in
die Gesellschaft ein zehn Acres großes Grundstück zu bringen und

zwar auf dem schön bewaldeten Hügel, auf dem sie ihr Wohn-
haus hatten. Ferner verpflichteten sie sich auf diesem Grundstücke
längstens binnen einem Jahre ein Gebäude für die Anstalt nach
meiner Angabe und nach dem vorliegenden Plane auf ihre Kosten
aufzuführen und einen artesischen Brunnen dazu bohren zu lassen.
Ferner hatten sie das Aufreißen und Klären des Grundstückes zu
besorgen, um dasselbe in einen Park umzuwandeln und für den
Gebrauch der Anstalt vier Milchkühe zu stellen. Dagegen hatte
ich die ganze innere Einrichtung der Heilanstalt, sowohl an
Apparaten, als an Möbeln, zu bestreiten und mußte mich verpflichten, der Anstalt durch die Dauer von acht Jahren vorzu-
stehen. Alle Ausgaben für Dienerschaft, Badewärter, Verpflegung
der Patienten u. s. w. sollten gemeinschaftlich aus der Gesell-
schaftskasse bestritten, die ganze Anstalt mit Grund und Boden
als gemeinschaftliches Eigenthum der beiden Contrahenten zu
gleichen Theilen erklärt und nach Ablauf der acht Jahre an einen
von ihnen gegen Meistgebot versteigert werden; — der reine
Gewinn aber der drei ersten Jahre sollte zur Vergrößerung und
Verschönerung der Anstalt verwendet, vom vierten Jahre an aber
zwischen den beiden Contrahenten getheilt werden. Außerdem
erhielt ich mit Familie und Dienerschaft eine freie Wohnung in
der Anstalt zugesichert.

Ueber diese Hauptpunkte waren wir vollkommen einig, ein
Baumeister entwarf bereits die Ueberschläge für den Bau, mein
Léon mit zwei Arbeitern arbeitete rüstig an dem Klären und
Herstellen der Wege des Parks, versuchsweise wurden Bohrungen
für den Brunnen angestellt, der übrigens gar keinen Grund zu
Bedenken gab; denn überall auf der ganzen Prairie stieß man in
einer Tiefe von 25—30 Fuß auf reichliches und dabei schönes,
frisches, kaltes Wasser; — alle Aussichten waren höchst günstig,
das Projekt hatte, als es in den Zeitungen vorläufig erörtert
ward, allgemeine Zustimmung, besonders in St. Louis, gefunden
und in Highland selbst war die Bevölkerung zu beträchtlichen
Opfern dafür geneigt, da ihr die Vortheile, die dem Städtchen
dadurch erwachsen würden, klar einleuchteten. Aber plötzlich an
dem Tage, an dem wir den Contrakt unterzeichnen und es mit
dem Unternehmen Ernst werden sollte, trat eine traurige Wendung
ein, die großen Einfluß auf die Geschicke Highlands hatte und
vorläufig alle Pläne in unbestimmte Ferne hinaus schob; — es
war nämlich in dem bis jetzt stets verschont gebliebenen Highland

plötzlich die Cholera ausgebrochen und die Sorgen und
Schrecken des Augenblickes nahmen Alles, die Gemeinschaft wie
die Einzelnen, ausschließlich in Anspruch. —

Medizinisches Intermezzo.

Auch auf mich übte der Ausbruch der Cholera in Highland
einen bedeutenden Einfluß, indem er meine nächsten Lebenspläne
durchkreuzte und mir endlich das alte Sprüchwort in lebhafte Er=
innerung brachte: On révient toujours à ses premiers amours.
Es war doch gar zu merkwürdig, — nie, bei all' den Plänen
und Projekten, über die wir noch in Europa wie auf der Ueber=
fahrt und nach der Ankunft so lebhaft und gründlich diskutirt
hatten, — niemals war es mir eingefallen, mein ärztliches Wissen,
meine medizinischen Studien als einen Faktor zum Fortkommen
in Amerika zu betrachten und darauf zu rechnen; — ich hatte
einen Widerwillen gegen die ärztliche Laufbahn, wenigstens wie
sie zunftmäßig betrieben wird, schon während der Studien selbst
eingesogen und die geringen Resultate, die nach all' den vielen
Vorstudien die Therapie, die eigentliche Heilkunst, zu bieten
hatte, hatten früh in mir den Geist des Zweifels geweckt und ich
glaubte nicht mehr in verba magistri, nicht mehr an die Unfehl=
barkeit der Schule. Darum eben hatte ich ja die medizinische
Laufbahn auch aufgegeben und die mir mehr zusagende dramatische
und journalistische Laufbahn betreten; — allerdings hatte ich trotz
dieser Abneigung doch immer ein lebhaftes Interesse für jene
Wissenschaft als solche, bewahrt, deren Studium ich so manches
Jahr geopfert hatte und so war ich, wenn auch in ganz anderen
Berufen wirkend, doch immer durch Lektüre und den Umgang mit
tüchtigen Aerzten, mit den immer bedeutenderen Fortschritten der
Heilwissenschaft bekannt und vertraut geblieben. Als nun die
ersten Ideen einer Auswanderung nach Amerika auftauchten, als
unser Dichten und Trachten dahin ging, uns irgend wo in der
Wildniß anzusiedeln und ein unabhängiges Farmerleben zu führen,
da begriff ich erst recht die Nothwendigkeit, mein etwas eingerostetes
medizinisches Wissen wieder aufzufrischen, um für mich und meine
Familie der helfende Arzt und auch anderen Nachbarn in der

Gegend mit Rath und That hilfreich sein zu können. So be=
nützte ich denn das letzte Jahr meines Pariser Aufenthaltes, um
meine medizinische Bibliothek zu ergänzen und zu vervollständigen,
ich war der fleißigste Leser im großen Lesecabinet des Palais royal,
wo ich die trefflichen Pariser Fachjournale der Heilwissenschaft
eifrig studirte und als einmal die Auswanderung bestimmt war,
ließ ich mir eine zwar compendiöse, aber vortrefflich ausgestattete
Haus= und Reiseapotheke nach meiner Angabe zusammenstellen
und fügte dieser ein schönes chirurgisches Etui bei. Seit zwanzig
Jahren verheirathet, hatte ich meine Familie bei Erkrankungen
immer selbst behandelt und zwar mit gutem Erfolge und so hoffte
ich, nun der Aufgabe noch viel besser gewachsen zu sein.

Schon während der Unterhandlungen wegen der Wasserheil=
anstalt hatten mir die Köpfli's es wiederholt nahe gelegt, ich
möchte doch, nachdem ihr Bruder Highland verlassen habe, an
seiner Stelle als praktischer Arzt wirken, da der einzige auf einem
Umkreise von 20 und mehr Meilen vorhandene deutsche Arzt,
Dr. Ryhiner, unmöglich der Aufgabe genügen könne. Ich
hatte diese Aufforderungen jedesmal mit der Motivirung abgelehnt,
daß es mir widerstrebe, einem so tüchtigen wie beliebten und
wissenschaftlich gründlich gebildeten Arzte, wie Dr. Ryhiner,
als Concurrent entgegenzutreten, worauf die Köpfli's ent=
gegneten, hier könne von einer Concurrenz gar keine Rede sein,
die übrigens in Amerika die Seele des geschäftlichen Lebens sei,
vielmehr werde Dr. Ryhiner die Sache selbst als eine Er=
leichterung willkommen heißen, da es ihm oft an der physischen
Zeit mangele, um allen an ihn gestellten Anforderungen genügen
zu können; — wie oft werde er nicht bei seinem großen Renommé
tief hinein nach Illinois, ja nach Indiana zu Kranken geholt,
brauche dazu zwei, drei, auch mehr Tage und während seiner
Abwesenheit entbehre die Ansiedlung wie die nächste Umgebung
jeder ärztlichen Hilfe. Außerdem aber würde ich, während
die Wasserheilanstalt im Baue sei, dadurch in der Ansiedlung,
sowie in der ganzen Umgegend, bekannt werden und einen Kunden=
kreis gewinnen, was Alles später der Anstalt zu Gute kommen
würde. Aber meine Abneigung gegen die gewöhnliche ärztliche
Praxis nach der alten Schulschablone war stärker als alle diese
Verlockungen, ich blieb bei meiner Weigerung und gestand schließlich
nur zu, daß ich bereit sei, in meiner Wohnung zu ordiniren und
zwar nur für Kranke, die sich hydropathisch behandeln lassen

wollten. Ein dies anzeigendes Blechschild wurde an meiner Haus=
thüre befestigt und — das „Verderben ging seinen Gang".
Außer einem alten Schweizer, Namens Kuler, dessen hart=
näckiges, permanentes Sumpf=Wechselfieber den größten Gaben
Chinin und Arsenik widerstanden hatte und der es jetzt durch eine
Wasserbehandlung geheilt haben wollte, hatte ich noch weiter keine
Patienten; denn die Highländer waren wohl Freunde eines guten
Glases Wein oder Bier, aber vom Wasser wollten sie wenig
wissen, und als Heilmittel hatten sie eine sehr geringe Mei=
nung davon. — So saß ich denn an einem schönen Sommer=
abend, meine Cigarre rauchend, in meinem Hausgarten und
besprach mit Bernays die zukünftige Wasser=Heilanstalt, als
sich zwei Farmerwagen langsamen Schrittes, von einigen High=
ländern begleitet, gegen unser Haus heranbewegten und vor der
Thüre still hielten. Eine Deputation kam denn auch sogleich
herein und theilte mir mit: da sei ein Farmer aus der Umgebung
mit seinen Produkten in St. Louis gewesen, auf der Rückfahrt
sei er an der Cholera erkrankt und könne nicht weiter, sein Nach=
bar, der Herr des anderen Wagens, wolle daher mit ihm in
Highland bleiben und ärztliche Hilfe suchen; er wäre auch bereits
bei Dr. Ryhiner gewesen, aber dieser sei nach Edwardsville
geholt worden, komme erst in zwei Tagen zurück, so habe er sich
denn an mich gewendet, da ich auch Arzt sei und bitte mich,
nun dem Kranken zu helfen. Ich ging hinaus zum Wagen, um
welchen sich bereits durch die blitzschnell überallhin verbreitete
Nachricht von dem ersten Cholera=Falle in loco eine Menge
Neugieriger versammelt hatte, — ich fand den Kranken bei vollem
Bewußtsein, aber schon im beginnenden Collapsus mit rasch
sinkenden Lebenskräften; — so erklärte ich denn seinem Begleiter,
ich könne hier wenig Hoffnung geben, doch sei ich bereit, ein
Werk der Menschlichkeit zu üben, den Erkrankten in mein Haus
aufzunehmen und Alles für ihn zu thun, was in meinen Kräften
stände. Der arme Kranke wurde nun behutsam in's Haus ge=
tragen und auf dem Bette meines Sohnes in der Scheune zur
Ruhe gebracht, worauf sich seine Begleiter dankend verloren. Ich
wachte mit meinen Söhnen die ganze Nacht am Krankenbette,
was ich nur irgend aus meinen Erfahrungen während der Wiener
und Pariser Epidemien an Mitteln wußte, wurde angewendet,
es wurde Alles aufgeboten, um den Mann zu retten, aber der
Verfall der Kräfte war bereits ein so allgemeiner und rascher,

daß alle Hilfe-Versuche vergeblich blieben. Am frühen Morgen hatte der Arme St. Louis verlassen, gleich nach dem Ueberschreiten des Flusses im Illinois-Bottom war die Krankheit ausgebrochen und nun war er im unbedeckten Wagen in glühender Sonnenhitze, ohne ärztliche Hilfe, ohne Labung und Erquickung, ja ohne ein Glas frischen Wassers a c h t   l a n g e   S t u n d e n nach Highland gefahren worden und so war es wohl erklärlich, daß, hier angekommen, seine Lebenskräfte vollständig erschöpft waren. Doch war sein Ende ein schmerzloses, er entschlief sanft und ruhig und nur ein tiefer Seufzer bezeichnete den letzten Athemzug. Mit Sonnenaufgang kam sein Freund und Nachbar und vernahm die traurige Kunde. Ich stellte ihm den Todtenschein für die Familie aus, der von unserem Friedensrichter amtlich beglaubigt wurde, er kaufte einen schlichten Sarg, der Todte wurde hineingelegt und auf seinen eigenen Wagen gebracht und so fuhr die traurige Karawane langsam aus Highland hinaus, der fernen Farm zu, wo Frau und Kinder des Verstorbenen den Mann und Vater, den Ernährer Aller, ängstlich erwarteten, und nun unvorbereitet mit der Todesbotschaft auch seine Leiche in Empfang nahmen.

Ich hatte nicht das Herz gehabt, angesichts der ihres Ernährers beraubten Familie für Aufnahme, Pflege und Behandlung etwas zu verlangen, da ich erfahren hatte, daß der Mann keineswegs wohlhabend war, und so mußte ich auch den Verlust tragen, der mir daraus erwuchs, daß ich die Bettstatt, das Bettzeug, die Hauswäsche und Alles, was mit dem Kranken in Berührung gekommen war, am nächsten Morgen auf einem freien Platze hinter dem Hause verbrannte. In einem so kleinen Städtchen wie Highland hatte der Vorfall aber doch ziemliches Aufsehen gemacht und als wenige Tage darauf bereits Fälle von Cholerine und bösartigen Diarrhöen auftraten, erhielt ich auf einmal eine anständige Praxis. Wahrscheinlich war es mein resolutes Benehmen beim ersten Cholera-Kranken in Highland, welches die Leute Zutrauen zu mir fassen ließ; — als dann, wie ja zu erwarten stand, die ersten Fälle der wirklichen asiatischen Cholera in Highland auftraten, wurde ich vorzugsweise geholt und hatte bald ebenso viel zu thun als Dr. Ryhiner. Meine kleine Haus- und Reise-Apotheke reichte bald nicht mehr, ich mußte aus St. Louis Medikamente kommen lassen, da auf viele Meilen in der Runde keine Apotheken vorhanden und das Selbstdispensiren des Arztes unerläßlich war; — meine Söhne stießen die Droguen im großen Mörser, brauten Extrakte und Dekokte, drehten Pillen, dosirten Pulver u. s. w. und wir Alle hatten vollauf zu thun. Bald trat die Cholera auch auf den Farmen in der Umgebung und in benachbarten Ansiedlungen auf und nun wurde ich bald da=bald dorthin geholt und mußte mir Pferd und Wagen (buggy) anschaffen. So stieg meine Praxis in kürzester Zeit zu ungeahnter Höhe und als ich Highland verließ, hatte ich in dem einen Jahre meines dortigen Aufenthaltes zweitausend Dollars rein verdient, — allerdings nicht in baarem Gelde, sondern theils in Gegenleistungen, theils in Schuldnoten (due-bills), — einem kleinen Streifen Papier, ähnlich den in englischen Romanen eine so große Rolle spielenden J. O. U.'s, auf welcher der Schuldner Betrag und Zahlungstermin seiner Schuld ausspricht und die man dann als eine Art von privatem Papiergeld wieder an andere Leute als Zahlung weitergiebt. Baargeld war damals im ameri=kanischen Westen auf dem Lande eine große Seltenheit und erschien nur sporadisch nach der Ernte oder nach der Ankunft zahlreicher Einwanderer=Züge. Das wenige umlaufende Baargeld wurde zur Bezahlung der Steuern überall zurückbehalten und aufgespart und so beruhte der ganze Verkehr auf den Schuldnoten (due-bills), die in Highland auf sehr solider Basis ruhten; denn alle Be=wohner waren seßhaft, besaßen Grundeigenthum und waren außerdem ehrliche, rechtschaffene Leute. Ich bezahlte meinen Schuster, Schneider, Metzger und alle Gewerbsleute mit diesen Noten, wie ich sie meinerseits an Zahlungsstatt angenommen hatte und Alle nahmen sie auch ohne Widerrede an; denn im Noth=falle fanden sich in Highland immer Kramläden, Gasthäuser u. dgl., deren Besitzer diese Schuldnoten gegen einen kleinen Diskont=Abzug gegen Baar aufkauften und zu Ehren der Highländer muß ich hier die Thatsache hervorheben, daß, als ich später Highland verließ und noch ungefähr 1500 Dollars solche Schuldnoten besaß, die ich dem Friedensrichter S u p p i g e r und dem alten wackeren E g g e n zum Eincassiren zurückließ, ich keine fünf Dollars von dieser Summe eingebüßt habe. Damals war eben Highland noch in seinem g o l d e n e n Zeitalter, es herrschte gegenseitiges Vertrauen und Wohlwollen, von einem Diebstahl oder einem anderen Vergehen gegen das Eigenthum hatte man nie etwas gehört und die wenigsten Hausthüren hatten Schlösser und Riegel; — ging man aus, so lehnte man ein Scheit Holz quer vor die

Thüre und das bedeutete: Niemand zu Hause! und wurde auch
von Jedermann respektirt. Fremde, Strolche und wandernde
Tramps fanden nirgends eine Aufnahme, sondern wurden rasch
und energisch zum Weiterziehen verhalten und so bewahrte sich
Highland den Charakter ländlicher Ruhe und ungetrübten Friedens.
Ich wünsche und hoffe, daß das mächtig vorgeschrittene moderne
Highland sich wenigstens im großen Ganzen diesen ehrenhaften
Charakter bewahrt haben wird.

Es unterlag wohl keinem Zweifel mehr, daß wir in High=
land bleiben würden und sowohl Bernays wie ich, gingen
nun ernstlich daran, uns eine bleibende Heimath zu sichern; —
ich kaufte ein recht hübsches Haus mit Garten vom Sattler
Kinne und Bernays kaufte ebenfalls ein Haus, in welchem
er einen Kramladen eröffnete, für Waaren aller Art, wie man
sie damals auf dem Lande als „variety-stores" bezeichnete, in
denen mit Zucker und Kaffee, mit Schnittwaaren und Eisen=
geräthschaften, mit Stiefeln und Hüten, mit Parfümerien und
Patent=Medizinen, ja selbst oft mit fertigen Kleidern und Putz=
waaren Handel getrieben wurde. Bernays war selbst in
St. Louis gewesen, hatte, durch seine vielen Freunde und Be=
kanntschaften unterstützt, ein großes Lager aller dieser Artikel zu
den billigsten Preisen erworben, war daher vorzüglich assortirt,
sein coulantes, weltmännisches Benehmen verschaffte ihm viele
Kunden, besonders die französischen Schweizer verkehrten fast nur
allein mit ihm, weil sie in ihrer Muttersprache mit ihm plaudern
konnten, kurz, Bernays machte vortreffliche Geschäfte und war
binnen kurzer Zeit über alle Sorgen und Schwierigkeiten des
Anfangs hinaus; — außerdem hatte er noch andere Verbindungen
mit St. Louis angeknüpft und konnte, auf diese gestützt, den
Farmern von Highland und Umgebung ihre Bodenprodukte, ihre
Butter, Eier, Käse u. s. w. abkaufen, um sie dann in ganzen
Ladungen nach St. Louis zu schicken und sie dort mit Vortheil
zu verwerthen. Da aber überdies die Farmer auch statt des
baaren Geldes als Bezahlung Waaren bei ihm nahmen, so hatte
er doppelten Gewinn. Er errichtete dann später noch eine Bier=
brauerei, die sehr gute Geschäfte machte und er wäre auf diesem
Wege unfehlbar zum sehr wohlhabenden Manne geworden, wenn
nicht unglücklicherweise in einer Nacht seine Brauerei unversichert
abbrannte und er so die Frucht jahrelanger Arbeit verlor; —
erst nach diesem schweren Schlage gab er Highland auf, kam auf

meine dringende Einladung nach St. Louis und widmete sich
wieder der Journalistik.

Auch ich war damals fest entschlossen, Highland nie mehr
zu verlassen, — das Farmerleben hatte ich nun in nächster Nähe
kennen gelernt und wahr gefunden, was mir alle Bekannten gesagt
hatten, daß es für Leute, wie wir, verwöhnt durch die Hyper=
Civilisation von Paris, nicht nur unpassend, sondern geradezu
unerträglich und aufreibend sei; — dagegen schien mir nun Leben
und Beruf eines unabhängigen amerikanischen Landarztes unter
einer sympathischen und freundlich gesinnten Bevölkerung als höchst
zusagend, umsomehr als ich in meinem Collegen, Dr. Ryhiner,
einen sehr liebenswürdigen und gefälligen, von jedem Brotneide
entfernten edeln und humanen Mann kennen gelernt hatte. Auch
ist die Aufgabe eines Landarztes in einer solchen Ansiedlung wie
Highland mit seiner ziemlich gleichförmigen Bevölkerung eine
keineswegs schwierige oder aufreibende; — es sind einige wenige
Krankheiten, die oft vorkommen, gleichsam endemisch sind und
besonders die Wechselfieber, offene wie larvirte, Dissenterien u. s. w.,
auf die der Arzt seine ganze Aufmerksamkeit verwenden muß und
sie gründlich studiren kann. — In der Cholera=Epidemie hatte
ich außerordentliches Glück gehabt; denn von 119 Cholera=
Kranken, die ich zu behandeln bekam, waren nur zweiund=
zwanzig gestorben, — ein damals und wohl auch jetzt noch
höchst günstiges Verhältniß; und von diesen 22 waren die Meisten,
ja beinahe Alle, erst in meine Behandlung gekommen, als sie sich
bereits mehr oder minder im beginnenden Collapsus befanden.
Ich nannte dies „Glück“ und dies war es auch; denn alle
ärztliche Behandlung dieser Krankheit war damals, wie heute noch,
rein empirisch und bestens noch symptomatisch; — ich berücksichtigte,
daß die Epidemie in diesem Jahre einen wesentlich biliösen
Charakter hatte und daß der Malaria=Einfluß der feuchten Prairie
sich dabei geltend machte, — ich befolgte also das Beispiel der
englischen Aerzte in Indien, die unter ganz ähnlichen Verhältnissen
starke Gaben von Calomel und Chinin anwendeten, — ein Ver=
fahren, welches auch Dr. Edward Jörg in Belleville, der lange
Jahre im Süden und unter den Tropen gelebt und die dortigen
Krankheiten studirt hatte, in seinem großen Werke über die Tropen=
Krankheiten auf das Wärmste empfohlen hat, leider ohne damals
noch Gehör zu finden. Zu einem Erkrankten gerufen, dessen
Kräfte noch nicht im Sinken waren, ließ ich 12 Gran Calomel

und 12 Gran Chinin nehmen, dieselbe Dosis nach einer Viertel=
stunde wiederholen und von da an alle Viertelstunden einen Gran
Calomel und einen Gran Chinin nehmen und zwar so lange fort,
bis die Stühle consistent und gallig gefärbt wurden, Erbrechen
und Krämpfe aufhörten und die Temperatur des Körpers normal
wurde, was beinahe immer geschah; — außerdem wurden zur
Milderung des Erbrechens Brausepulver gegeben und wo es nur
immer die häuslichen und Familien=Verhältnisse zuließen, das
hydropathische Verfahren, d. i. das starke Abreiben mit nassen
Leintüchern und darauf folgende starke Frottirungen mit Woll=
decken hinzugefügt. Auf diese Art erreichte ich das obige günstige
Resultat und bei den großen Gaben Calomel ohne nachfolgende
Salivation, während im Anfange, als ich noch zaghaft mit kleinen
Dosen Calomel operirte, diese unvermeidlich in quälendster Weise
eintrat.

In der Mitte meiner Thätigkeit und nachdem die Epidemie
beinahe schon ganz erloschen war, mußte ich selbst dem ungewohnten
amerikanischen Klima und der vorangegangenen großen Aufregung
mein Lehrgeld bezahlen und ich erkrankte an einem äußerst hef=
tigen und schmerzlichen Ruhr=Anfalle, während dessen Dauer mich
Dr. Ryhiner mit liebenswürdigster Collegialität und freund=
schaftlicher Aufopferung, da er mich zugleich auch bei meinen
Kranken vertrat, erfolgreich behandelte und mich binnen acht Tagen
wieder auf die Beine brachte. Kaum Reconvalescent, wollte ich
auch schon ausreiten, ließ mein Pferd satteln und ritt beim
hintern Eingange des Haushofes hinaus; aber die zwar kurze,
jedoch schwere Krankheit hatte mich furchtbar geschwächt, ich war
noch keine fünfzig Schritt geritten, und setzte eben das Pferd in
Trab, als mich ein Schwindel befiel, mir schwarz vor den Augen
wurde und ich, alle Kraft und alles Bewußtsein verlierend, rück=
lings vom Pferde hinabglitt und auf den Hinterkopf fiel. So
fanden Vorübergehende mich liegen, mein gutes Pferd neben mir
stehend und mich ängstlich beschnuppernd; — ich wurde aufgehoben,
in mein Haus gebracht, von meiner erschrockenen Familie wurde
Dr. Ryhiner schleunigst geholt, ich erwachte aber erst nach
mehreren Stunden wieder zum Bewußtsein, konnte mich aber dann
absolut auf nichts, was vorangegangen war, erinnern, weder
darauf, daß ich krank gewesen, noch daß ich ausgeritten, noch daß
ich vom Pferde gestürzt war. Erst nach und nach und zwar erst
nach Tagen kehrte mir das Alles allmälig in's Bewußtsein

zurück. Körperlich hatte ich steife Glieder und ziemliche Schmerzen, doch war ich mit dem Hinterkopfe auf weiches Erdreich gefallen und es hatte keine Verletzung der Schädelknochen stattgefunden; ich mußte also nochmals acht Tage im Bette bleiben; damit aber war mein Einstand-Geld in Amerika bezahlt, denn ich bin während der dreizehn nun folgenden Jahre niemals mehr krank und auch nicht einen einzigen Tag bettlägerig gewesen.

Kaum war ich wieder auf den Beinen, als ich durch die Nachricht meines Todes überrascht wurde, — Freund Ols=hausen schickte mir nämlich ein östliches Blatt, in welchem be=richtet wurde, daß ich in St. Louis an der Cholera gestorben sei, an welche Todesnachricht sich ein freundlich und wohlwollend gehaltener Nekrolog knüpfte, — ich schickte natürlich sogleich dem „Anzeiger des Westens" eine humorisch gehaltene Berichtigung, in welcher ich dem östlichen Blatte dankte, daß es mir das so seltene Vergnügen verschafft habe, meinen Nekrolog noch bei Leb=zeiten lesen zu können, ich müsse aber, so unangenehm es mir auch sei, doch erklären, daß ich noch immer am Leben sei, meine zahlreichen Patienten mich auch gar nicht entbehren wollten und ich noch viel nöthiger sei für die Wasserheilanstalt, die so bald als möglich in Highland eröffnet werden würde. Ebenso wie alle Blätter die Todesnachricht nachgedruckt hatten, so druckten jetzt alle den Widerruf ab und von vielen Seiten erhielt ich bei dieser Gelegenheit aus Amerika wie aus Europa von Freunden und Bekannten zahlreiche Beweise ihrer Theilnahme; aber für Leute, die es nicht so genau nahmen, war ich einmal todt, denn es hatte ja in der Zeitung gestanden, und so konnte ich noch später in der ersten Auflage von Meyer's Conversations=Lexikon in meinem biographischen Artikel lesen: „Gestorben 1849 in St. Louis an der Cholera". Der alte Volksspruch sagt: Wer fälschlich todt gesagt wird, lebt sehr lange, — bei mir hat er sich als wahr bewährt; denn ich habe meine Todesnachricht bereits um 32 Jahre überlebt.

Ich aber war damals in Highland äußerst lebendig und thätig; denn außer meiner starken ärztlichen Praxis studirte ich eifrig amerikanische Geschichte und Politik, betrieb mit M. Rilliet das Zustandekommen einer Lese=Gesellschaft, einer Art von Casino, zu welcher Blattner zwei große Zimmer hergab, wovon eines als Lesezimmer, das andere als Spielzimmer benutzt wurde. Wir hatten ziemlich viele Zeitungen, amerikanische und europäische, die neuesten Broschuren und Pamphlete und auch die Bildung einer kleinen Bibliothek war beabsichtigt. Man fand sich da zu=sammen, las und besprach die Neuigkeiten, debattirte über die Tages=Ereignisse, kurz, der Hauptzweck war: gegenseitige Unter=haltung und gegenseitige Bildung. Nachdem ich Highland ver=lassen hatte, soll, wie man mir berichtete, das Spielzimmer über das Lesezimmer den Sieg davongetragen und zuletzt die Lese=Gesellschaft sich aufgelöst haben, später aber, im Jahre 1858, wieder neu constituirt worden sein und noch heute blühen und gedeihen. Auch ein Liebhaber=Theater brachte ich in Anregung, eine Dilettanten=Bühne wurde in Blattner's großem Saale aufgeschlagen und ich und meine Frau, Frau Bernays und einige begabte Dilettanten führten unter großem Andrange der Bewohner von Highland und der Farmer aus der Umgegend den „Straßen=jungen von Paris" und andere Stücke höchst erfolgreich auf. Aber mit den Theater=Vorstellungen war auch der Winter ge=kommen mit allen seinen heillosen Zuständen in der Prairie. Die Straßen im Städtchen wurden bodenlos; harte Fröste waren selten, dagegen Regen vorherrschend oder Schneefall, dem rasches Thauwetter folgte. Von Trottoirs war natürlich in den un=gepflasterten Straßen keine Rede; wenn man einen Schritt vor seine Hausthüre machte, versank man in tiefem Koth, — selbst mit hohen, bis über die Knie reichenden Juchtenstiefeln war es ein Kunststück, über die Straße zur Post zu gelangen, um sich seine Briefe zu holen; — die Lese=Gesellschaft und alle geselligen Zusammenkünfte litten unter dieser Unterbrechung aller Com=munikation; es wurde immer unheimlicher im Städtchen, man hatte unfreiwilligen Haus=Arrest und meine schöne Idylle vom amerikanischen Landleben verlor ihre frische Färbung und wurde immer grauer in Grau. Die ärztliche Praxis wurde unangenehm, ja beschwerlich; die Patienten, die zur Ordination kamen, brachten auf ihren Stiefeln ganze Berge von Lehm und Koth in mein Arbeitszimmer und ließen einen guten Theil darin zurück, sodaß es jeden Tag gescheuert werden mußte. Die Runde aber, die ich bei den anderen Patienten zu machen hatte, war verderblich für Pferd und Wagen und oft lebensgefährlich für mich selbst, — besonders wenn es hinaus in die Prairie, zu entlegenen Farmen ging, und ich mußte endlich jedesmal meinen ältesten Sohn auf einem zweiten Pferde vorausreiten lassen, um erst die Festigkeit des Terrains zu erforschen, und nicht, wie es mir geschehen war,

besonders bei Nacht, in ein Sumpfloch zu gerathen, in welchem
der Wagen unrettbar so lange stecken blieb, bis nicht von der
nächsten Farm Hilfe herbeigeholt wurde.

So verging der Winter nicht eben in der angenehmsten
Weise und sehnsüchtig wünschte ich Frühling und Sommer herbei; —
kein Wunder; denn vor einem Jahre hatte ich noch Paris und
seine luxuriöse Civilisation genossen und der Abstand war doch
ein zu greller. So stand ich denn eines Morgens im März arg
verstimmt auf dem Dache der Veranda (porch) meines Hauses,
das eine Art Balkon bildete, und sah tief entmuthigt in das
trostlose Schauspiel hinaus. Es hatte a c h t T a g e lang geschneit
und plötzlich war Thauwetter mit warmem Regen eingetreten; die
ganze Prairie war überschwemmt; wohin das Auge auch blickte,
sah es nur eine weite Wasserfläche, aus der die Häuser empor=
ragten; — vier Tage lang war schon keine Post nach Highland
gekommen, weder die Postkutsche, noch der kleine zweirädrige Brief=
karren, — wir waren wie abgeschnitten von der Welt; — da
seh' ich auf einmal den kleinen mir wohlbekannten Postkarren,
mit drei Pferden bespannt, mühsam durch die Gewässer plätschernd
daherrollen. Mit Todesverachtung zog ich meine hohen Juchten=
stiefel an und watete nach der Post, fand dort meine rückständigen
Briefe und unter ihnen ein Schreiben von Arthur O l s h a u s e n,
worin er mir mittheilte, daß sein langjähriger Redakteur Wilhelm
W e b e r von seinen dankbaren Mitbürgern im südlichen Stadt=
theile zum Friedensrichter erwählt worden sei und sein Amt gleich
antreten müsse; er bitte, ja er beschwöre mich nun bei unserer
Freundschaft, ihm in seiner Noth und Verlegenheit zu Hilfe und
ja gleich nach St. Louis zu kommen, um die Redaktion des
„Anzeigers des Westens" zu übernehmen. — Was sollte ich
thun? Ich hatte vor kurzem erst einen höchst günstigen Antrag
von H o r a c e G r e e l e y, an die Spitze einer in New=York neu
zu gründenden Whig=Zeitung zu treten, dankend abgelehnt; aber
O l s h a u s e n appellirte an unsere Freundschaft und ich durfte ihn
nicht im Stiche lassen. So beschloß ich denn nach St. Louis
zu gehen, betrachte aber heute noch das Jahr, das ich in High=
land zubrachte, als eines der erfreulichsten und angenehmsten
meines Lebens und bewahre von dem schönen Highland noch immer
eine liebliche und freundliche Erinnerung.

Wieder in St. Louis.

(1850.)

Es waren nur drei engbeschriebene Seiten, die mir Arthur
Olshausens Brief brachte und doch übten sie einen entscheidenden Einfluß auf meine Lebensrichtung und führten mich
ohne langes Besinnen, ohne Zögern, auf eine neue Bahn. Ich
kann es noch heute nicht begreifen, wie rasch und entschieden ich
damals auf Olshausens Vorschlag einging und wie ich ohne
Bedenken, ohne Rückblick, alle meine bisherigen Lebenspläne selbst
über den Haufen warf. Ich war von St. Louis unter den
allerungünstigsten Eindrücken mit dem festen Vorsatze geschieden,
nie wieder dahin zurückzukehren, — ich war nun fast schon ein
Jahr in Highland und während dieser Zeit hatte ich auch nicht
ein einziges Mal die Lust oder das Bedürfniß gefühlt, einen
Besuch in St. Louis zu machen, — ich hatte den festen Vorsatz
gehabt, in Highland zu bleiben; denn sonst hätte ich mich ja
nicht angekauft, mir nicht ein behagliches Heim dort gegründet, —
ich hatte ein hübsches Haus, bequem und wohnlich eingerichtet,
einen anmuthigen Hausgarten, der mir viele Freude machte, einen
vollständigen Hausstand mit comfortabler Einrichtung, mit Pferden
und Wagen, einer Kuh, Geflügel, Hunden und Katzen, kurz alle
Elemente eines freundlichen Landlebens und obendrein ein schönes,
mehr als genügendes Einkommen; ich war in der Ansiedlung
beliebt und geachtet und trotz alledem genügte der Brief Olshausens, um alles das ohne Bedauern aufzugeben und in
St. Louis eine Stellung anzunehmen, die mir ein geringeres
Einkommen bot und zugleich mit viel mehr Arbeit und Anstrengung
und mit noch größerem Aerger und Verdruß verbunden war.
Es war eben die alte Geschichte von dem ausgemusterten Streit-
rosse, das, wenn es die Trompeten zur Attaque blasen hört, den
Kopf zurückwirft, schnaubend die Nüstern aufbläht und mit den
schon halbsteifen Beinen wiehernd zum Galopp ausgreift; —
wer sich einmal der Journalistik oder dem Theater ergeben hat,
der kommt nicht mehr los von ihnen, das sind die zwei Berufe,
welche die ihnen verfallenen Opfer nie mehr frei geben.

Die Berathung mit meiner Frau dauerte kaum eine halbe
Stunde und der Entschluß, nach St. Louis zu gehen, war unwiderruflich gefaßt; — noch in derselben Stunde ging ein Brief

an Olshausen ab, der meldete, ich würde kommen, — gleich
kommen, — denn in seinem Briefe hatte Olshausen mich be=
schworen, augenblicklich zu kommen, da Weber sein Amt
sogleich antreten müsse. Wir schrieben den 3. März und längstens
am 5. März mußte ich daher fort, — aber da war nun ein
ganzes Hauswesen aufzulösen, das Haus selbst wieder zu ver=
kaufen, Pferde und Wagen, die ganze Einrichtung, eine Kuh,
alle aus Europa mitgebrachten unnöthigen Gegenstände mußten
versteigert und die dafür erhaltenen Schuldnoten (due-bills)
mußten erst zu baarem Gelde gemacht werden, eine Menge Aus=
stände waren einzutreiben und damit wieder eigene Schulden zu
bezahlen, eingegangene Verpflichtungen zu lösen. Dieses ganze
verwickelte und unerquickliche Geschäft, welches die volle Thatkraft
eines Mannes in Anspruch nahm, mußte ich meiner guten Frau
übertragen, die die überaus schwierige Aufgabe in überraschender
und befriedigender Weise vortrefflich löste und die mit dem an=
geborenen Talente der Frauen, Verwicklungen zu knüpfen und zu
lösen, meinen Abgang von Highland viel besser und vortheilhafter
in Ordnung brachte, als ich selbst es je im Stande gewesen
wäre. —

Ich mußte allsogleich Anstalten zur Abreise treffen und ging
zum Postmeister Blattner, um mir bei ihm guten Rath zu
holen, — aber seine Auskunft lautete höchst unbefriedigend; —
auf die Postkutsche, die dreimal in der Woche Highland passirte,
war für die nächste Zeit nicht zu rechnen; denn die Unternehmer
derselben hatten Blattner geschrieben, er möge für die nächsten
Wochen keinen Pferdewechsel bereit halten, so lange die Prairie
ganz überschwemmt und der Illinois=Bottom ein bodenloser Sumpf
sei, hätten sie beschlossen, die Fahrten der Postkutsche einzustellen
und würden dieselben erst wieder aufnehmen, wenn mit der besseren
Jahreszeit die Wege wieder fahrbar seien; — daß ein Farmer
mich hineinfahre, daran sei jetzt ebenfalls nicht zu denken; denn
keiner würde bei dem jetzigen Zustande der Wege seine Pferde
und seinen Wagen auf's Spiel setzen; müsse ich durchaus nach
St. Louis, so bliebe kein anderes Beförderungsmittel übrig, als
der zweirädrige Postkarren, der auf seinem Rückwege von Edwards=
ville nach St. Louis am 5. März Highland passiren werde und
mit dem ich, wenn ich Strapazen nicht scheue, wenigstens bestimmt
nach St. Louis gelangen würde. Da mir keine andere Wahl
blieb, so mußte ich auch auf diesen Vorschlag eingehen und das

Arrangement wurde so festgestellt. Ich traf nun schleunigst meine Vorbereitungen, schrieb meiner Frau alle nöthigen Instruktionen zur Auflösung unseres Hauswesens in Highland nieder, packte meine allernöthigsten Bedürfnisse in einen Reisesack und erwartete am 5. Morgens reisefertig die Ankunft des Postkarrens. Endlich rollte er langsam nach Highland herein; — der Posttreiber, der zugleich die Dienste eines Conbukteurs versah, wurde informirt, daß er noch zwei Passagiere mitzunehmen habe — mich und meinen Gustav, denn ganz allein wollte ich doch nicht mich dem unheimlichen St. Louis anvertrauen — ein Pferd mehr wurde vorgespannt und nach einer Stunde sollte es weiter gehen. Die schwierigste Aufgabe war nun, wie ich und Gustav auf dem zweiräbrigen Karren Platz finden sollten. Der Karren bestand nämlich aus einem aus Latten und Geflechte construirten Korbe von ungefähr fünf Fuß im Quadrat, der auf einer Achse mit zwei Rädern ruhte, an der sich vorne eine Gabeldeichsel befand, in der das Sattelpferd eingespannt wurde, auf dem der Posttreiber ritt. Die anderen drei Pferde — denn wir fuhren mit vieren — waren mit Nothwaagen und Stricken an dem Karren befestigt; — den Korb des Karrens nahm das große Brief-Felleisen ein, in welchem die seit drei Tagen rückständigen Briefe von wenigstens zwanzig Postämtern in Illinois und noch viel mehr Postämtern in Ohio, Indiana u. s. w. nach St. Louis befördert wurden. Dieses Felleisen war dadurch so voll angeschwollen, daß es bis über den Rand des Korbes hinaufreichte und das Sitzen darauf, da es gar keinen Anhalt gab, die größte gymnastische Kunstfertig-keit erheischte, wenn man nicht etwa alle hundert Schritte weit vom Wagen herabrutschen und in den Straßenkoth fliegen sollte. Da mußte geholfen werden und ich rammte also ein paar kurze Bretter aufrechtstehend zwischen das Felleisen und die hintere Seite des Wagenkorbs, befestigte sie nothdürftig mit ein paar Nägeln und band nun um jedes Brett einen starken Strick, den wir beide uns, nachdem wir uns auf das Felleisen gesetzt hatten, fest um den Leib schlangen, um nicht bei jedem Ruck des Wagens gleich heruntergeschleudert zu werden. Unsere Reisesäcke hatten wir vorne festgebunden und so ging es nun endlich fort. Aber schon nach der ersten Stunde stellte es sich heraus, daß diese Art zu sitzen, auf die Dauer unerträglich sei; wir mußten nämlich die Beine gerade ausgestreckt vor uns halten, wodurch sie steif wurden, einschliefen oder den Wadenkrampf hervorriefen; — setzte man sich

weiter vor, um die Füße vorne über den Korb hinab hängen zu
lassen, so riskirte man sich durch die Hufschläge der bei jedem
Peitschenhiebe ausschlagenden Pferde die Schienbeine zerschmettern
zu lassen; — schon wenn man zurücksitzen blieb, warfen die
Pferde eine solche Menge von Straßenkoth und Schmutz auf uns
Passagiere, daß wir nach der ersten Stunde schon damit völlig
überzogen waren und kaum aus den Augen sehen konnten. Bald
traten auch wieder die Regengüsse der letzten Tage mit voller
Gewalt auf und spülten zwar theilweise die Kothrinde von uns
hinunter, durchnäßten uns aber bis auf die Haut, so daß ich
mich heute noch wundere, daß ich mir damals nicht eine Todes=
krankheit geholt habe. Ich brauche wohl auf die anderen Aben=
teuer dieser schrecklichen Fahrt, auf das öftere Steckenbleiben des
Karrens, auf das Passiren der angeschwollenen Bäche nicht weiter
einzugehen, — zweimal wurden wir umgeworfen, fielen aber
glücklicherweise in sehr weichen Koth; kurz, als es dunkel wurde,
waren wir unter unzähligen Strapazen nur bis nach Troy ge=
langt, wo der Posttreiber erklärte, hier müßten wir übernachten,
denn er getraue sich nicht auf den grundlosen Wegen in dunkler
Nacht weiterzufahren. Gern willigte ich ein; denn auch wir
bedurften der Stärkung, der Erholung, der Ruhe. Das Wirths=
haus, in welchem wir einkehrten, war noch keines der schlechtesten;
ein sehr substanziöses Nachtmahl wurde von uns mehr verschlungen
als gegessen und dann gingen wir schnell zu Bette, um während
der Nacht in der Küche unsere ganz durchnäßten Kleider trocknen
zu lassen. Unser Schlafzimmer, in welchem wieder sechs Betten
standen, theilten wir mit noch vier anderen Reisenden, Vieh=
händlern, die aus St. Louis zurückkehrten und noch lange in die
Nacht hinein die dort gemachten Geschäfte besprachen. Das hätte
mich nun nicht am Schlafen gehindert, denn ich war von dem
schrecklichen Stoßen des Karrens und von der übermenschlichen
Anstrengung, mich darauf festzuhalten, todmüde und vollständig
erschöpft; aber ein anderes Zwischenspiel machte das Einschlafen
unmöglich; — sowie nämlich die Lichter ausgelöscht worden waren,
fing es in allen Ecken und Enden des Zimmers an, in unheim=
licher Weise geräuschvoll lebendig zu werden, — Legionen von
Ratten kamen aus ihren Löchern und Schlupfwinkeln hervor,
rannten hin und her und suchten emsig, was sie verschlingen
könnten, — man hörte sie auf den Tisch klettern und wieder
herunterspringen', in den halbhohlen preußischen Wänden, oben

auf der Decke des Zimmers, hörte man sie rascheln und nagen und endlich schienen ihnen meine stark mit Fett getränkten Juchten=stiefel eine willkommene Beute zu sein. Vergebens suchte ich sie zu verscheuchen, sie fingen an, an den Stiefeln zu nagen und zu fressen und es blieb mir zuletzt nichts Anderes übrig, als die kothigen Stiefeln zu mir in's Bett zu nehmen, um sie wirksamer schützen zu können. Gerade so erging es auch meinen anderen Zimmergenossen und unter beständigem Kämpfen und Abwehren verging die Nacht ziemlich schlaflos und wir waren froh, als der Hausknecht uns vor Tages=Anbruch weckte und die nothdürftig getrockneten Kleider brachte. Schnell wurde ein ausgiebiges amerikanisches Frühstück genommen und in der ersten Morgen=dämmerung ging es dann weiter. Es regnete wieder, wie am Tag vorher in Strömen, und all' das Ungemach des vergangenen Tages wiederholte sich mit verdoppelter Kraft. So kamen wir denn endlich von dem Bluffs herunter in den Illinois=Bottom, der ein unabsehbares Meer von Koth und Schlamm bildete, in welchem keine Spur eines Weges zu entdecken war, sondern wir uns einzig und allein dem Instinkte und Ortssinne der klugen Pferde überlassen mußten. Endlich, nachdem wir von Highland bis St. Louis a c h t u n d z w a n z i g v o l l e S t u n d e n gefahren waren, kamen wir an das Ufer des Mississippi und um fünf Uhr Nachmittags waren wir in St. Louis, — in welchem Zustande läßt sich leicht denken, — ich wenigstens werde an diesen fünften und sechsten März mein ganzes Leben lang mit Schauder denken.

Ich mußte natürlich in einem Hotel zweiten Ranges ein=kehren, da möblirte Zimmer damals in St. Louis noch zu den Unmöglichkeiten gehörten, aber meine Mahlzeiten nahm ich an O l s h a u s e n's Familientische, der mich ein für allemal dazu eingeladen hatte, bis ich mein eigenes Hauswesen haben würde. Auch M ü g g e kam sogleich, mich zu begrüßen, wir mußten mit O l s h a u s e n den Abend bei ihm zubringen und so müde und zerbrochen wir auch waren, so saßen wir doch noch lange nach Mitternacht beisammen, Vergangenes und Künftiges eifrig be=sprechend. Ich gewann O l s h a u s e n und seine Familie herzlich lieb und gedenke noch immer der schönen Abende, die wir damals im Familienkreise zusammen verlebten. Bei M ü g g e wie bei O l s h a u s e n herrschte der freundlich gemüthliche Ton des nord=deutschen Familienkreises durch amerikanischen Unabhängigkeitssinn gehoben und verschönert; — es wurde vorgelesen, Musik gemacht, die Tagesereignisse wurden lebhaft besprochen und bei allem herrschte ein so gemüthlicher und geselliger Geist, der Alles harmonisch verband, daß ich, der durch den Pariser Aufenthalt dem deutschen Familienleben schon ganz entfremdet worden war, mich hier wohl und heimisch fühlte.

Aber nun begann der Ernst des Lebens, — am 8. März 1850 trat ich die Redaktion des „Anzeigers" an; — meine Bedingungen waren allerdings keine glänzenden; aber sie entsprachen den damaligen Verhältnissen. Mein Monatsgehalt betrug sechzig Dollars, doch hatte ich die Zusicherung, daß mit jeden neu zuwachsenden hundert Subscribenten sich mein Gehalt um zwei Dollars steigern, also bei einem Zuwachse von tausend neuen Subscribenten von 60 auf 80 Dollars Monatsgehalt sich erhöhen würde. Das war nun allerdings kein Ersatz für das, was ich in Highland aufgegeben hatte, aber ich hatte einen solchen festen Glauben an meinen Stern, eine solche Zuversicht, daß ich mir in St. Louis eine glänzende Zukunft gründen würde, daß ich keinen Blick des Bedauerns auf das Aufgegebene zurückwarf. Ich kann es ja hier jetzt gestehen, daß ich mich im Anfange meiner amerikanischen Redaktions-Laufbahn höchst unheimlich fühlte und damals vielleicht gerne umgekehrt sein würde, wenn es möglich gewesen wäre. Da saß ich, ein durch und durch „Grüner", kaum bekannt und vertraut mit den allgemeinen Umrissen amerikanischer Geschichte und Politik, ganz unbekannt aber mit den Verhältnissen des Staates Missouri und noch unbekannter mit den Lokal- und Partei-Verhältnissen von St. Louis. Der englischen Sprache war ich nur unvollkommen mächtig und von dem politischen Jargon, von den Stich- und Schlagworten der Parteien verstand ich wenig oder nichts. Und nun war eine Stadtwahl vor der Thüre und ich sollte als Redakteur des bedeutendsten deutschen Blattes in dem Kampfe die Partei-Fahne voraustragen. Allerdings brauchte mir das politische Glaubensbekenntniß des Blattes keinen Kummer und keine Schwierigkeiten zu machen; denn es gab damals nur zwei politische Parteien in den Vereinigten Staaten, die demokratische Partei und die Whig'-Partei und die gesammte deutsche Bevölkerung von St. Louis (etwa 25,000 Köpfe) gehörte der demokratischen Partei an, sowie dies beinahe überall im Westen der Fall war, weil die damalige Whigpartei zu viel mit Temperenz-Fanatismus und Nativismus untermischt und daher den Deutsch-Amerikanern ein Gräuel war.

In ganz St. Louis gab es nur drei Deutsche, die zur Whig=
partei gehörten; es waren dies der Großhändler Adolphus
Meier, der Kaufmann Adolph Abeles und ein Wäschever=
käufer Friedrich Reichard, der zum Unterschiede von seinen
vielen Namensvettern der „Hemden=Reichard" genannt wurde;
— diese drei deutschen Wighs wurden von der Masse der deut=
schen Bevölkerung als Ungeheuer und Abtrünnige betrachtet und
in jeder Weise angefeindet, während sie unter den amerikanischen
Whigs eine sehr achtbare Stellung einnahmen. Mein Programm
war also vorgezeichnet und brauchte mir kein Kopfzerbrechen zu
verursachen; der „Anzeiger des Westens" war ein demokratisches
Blatt und mußte es bleiben, wollte er nicht seine sämmtlichen
Leser verlieren. Schlimmer aber stand es mit der mir gänzlich
mangelnden Lokal=Kenntniß. Ich kannte keinen der vielen Kan=
didaten für die städtischen Aemter, wußte nichts von ihren Ante=
cedentien und mußte mich also auf Das verlassen, was mir andere
Leute sagten; — dazu kamen nun die amerikanischen Drahtzieher
und Partei=Führer, die sich stundenlang in mein Bureau setzten,
Tabak kauten und den Ofen anspieen und mich dabei todtschwatzten;
dann kamen die kleinen Ward=Politiker, die ihre Schützlinge als
Alderman oder Delegaten durchsetzen wollten; dann kamen die
verschiedenen Kandidaten selbst und empfahlen sich meiner Huld
und Unterstützung, und ich verlebte bitterböse Tage. Was ich in
jenen Wochen Alles in mich hineinreden lassen mußte, ohne das
Wenigste davon zu verstehen oder zu begreifen, wie unzählige
Male ich gedankenlos meine Antworten auf ein „Yes Sir" oder
„Of course Sir" und dergleichen beschränkte, wie rath= und hilf=
los ich mich damals am Ende eines jedes dieser langen, heißen
Tage fühlte, das kann ich ja wohl jetzt ungescheut gestehen; —
endlich aber ermannte ich mich und faßte einen Entschluß, — ich
war denn doch noch zu gewissenhaft, um mir ganz unbekannte
Kandidaten anzupreisen und zu empfehlen und andere mir ebenso
wenig bekannte anzugreifen und herunterzureißen und so er=
klärte ich denn im Blatte mit einer bei amerikanischen Redakteuren
ziemlich seltenen Naivetät, daß bei meiner Unbekanntschaft mit
den lokalen und Personen=Verhältnissen der „Anzeiger des
Westens" in diesem städtischen Wahlkampfe keinen Parteistand=
punkt innehalten, sondern neutral bleiben werde; — das Blatt
werde für die Tickets und Einsendungen beider Parteien gleich=
mäßig offen gehalten werden, werde keine Partei ergreifen, sondern

die Entscheidung dem Volke selbst, den Bürgern von St. Louis überlassen. Und dabei blieb es auch und ich hatte nun Zeit genug, mir die nöthigen Lokal= und Personen=Kenntnisse anzueignen. Es war damals eben im politischen Leben Amerikas eine Uebergangs=Periode eingetreten und die alten Parteien gingen allmälig ihrer Auflösung entgegen. In der demokratischen wie in der Whigpartei zeigten sich Spaltungen; in der demokratischen waren es die Barnburners, welche mit ihrem Programme: „Freier Boden, freie Rede, freie Arbeit, freie Leute!" den Grund für die spätere Freesoil=Partei legten. In der Whigpartei wollte man sich nicht mehr von den südlichen Feuerfressern dominiren lassen und ein großer Theil der nördlichen Whigs neigte zur Freiboden= Partei hin, während ein anderer Theil mit den Nativisten gemeinschaftliche Sache machte; — die Spaltung in der demo= kratischen Partei war aber die bedeutendere, da sie ihre Schatten sogar bis in die Sklaven=Staaten warf und so wurde in der Präsidentenwahl von 1848 das Whig=Ticket mit General Z. Taylor und M. Fillmore erwählt; der letzte Sieg der Whigpartei, denn von da ab ging es mit ihr reißend bergab und einige Jahre darauf war sie bereits vollständig verschwunden und theils in der republikanischen Partei, theils in den Know- nothings untergegangen; in Missouri aber bildete sich gerade damals die Benton=Demokratie, die, obwohl auf einen Sklaven= staat beschränkt, doch stark zur Freiboden=Partei hinneigte und mir sowie den Deutschen höchst sympathisch war.

Doch ich will den späteren Ereignissen nicht vorgreifen und beschränke mich daher auf meine eigenen Erlebnisse; — es war eine harte, bittere Prüfungszeit, die ich damals im Redaktions= bureau des „Anzeigers" durchmachte und es dauerte geraume Zeit, ehe ich den Glauben an mich selbst wieder gewann. Dazu kam noch, daß ich nach der damaligen Sitte oder vielmehr Un= sitte in der deutsch=amerikanischen Presse von den journalistischen Gegnern in dem Knüppel= und Flegelton jener Epoche mit den gemeinsten Beschimpfungen, Beleidigungen, Verleumbungen förmlich überschüttet wurde und alle Hände voll zu thun hatte, um nur die allerinfamsten Angriffe abzuwehren. Meine Frau und Kinder waren noch immer in Highland und ich allein in St. Louis in den allerunangenehmsten Verhältnissen und in einer mir allmälig unerträglich werdenden Beschäftigung; doch endlich schlug auch mir die Stunde der Erlösung, — meine Frau hatte beinahe zwei

Monate gebraucht, um unser Hauswesen in Highland in zufrieden=
stellender Weise auflösen zu können; — endlich hatte sie Alles
auf das Beste geschlichtet, das Haus war ohne Verlust an Kapitän
Woldemar Fischer, Pferde und Wagen an Dr. John Ols=
hausen, alles Uebrige in öffentlicher Auktion verkauft worden und
am 20. April konnte endlich meine Frau mit den Kindern wieder
zu mir kommen. Ich hatte uns unterdessen ein neues Heim ge=
gründet, in welchem ich sie empfangen konnte; allerdings in den
allerbescheidensten Verhältnissen; denn meine Mittel erlaubten mir
nicht Besseres. Die größte Schwierigkeit war eben die, ein kleines
Häuschen für uns zu finden, ohne von der Druckerei des „An=
zeigers" und dem Geschäftstheile der Stadt zu entfernt wohnen
zu müssen. Solche kleine und billige Häuschen in solcher centraler
Lage waren aber sehr schwer zu finden und erst nach Monate
langem Suchen gelang es mir eines zu finden und zu miethen.
An der Südost=Ecke der dritten und Cedarstraße stand ein kleines
Häuschen, wahrscheinlich noch aus dem ersten Viertel des Jahr=
hunderts herrührend, welches ein Zimmer und eine Kammer im
Hochparterre, ein Zimmer und eine Kammer im ersten Stocke und
einen großen Küchenraum im Souterrain, endlich noch, als Luxus=
Artikel, eine hölzerne Sommerküche in dem kleinen Höfchen und
einen Hydrant der Wasserleitung hatte. Das Häuschen war klein,
aber für uns und unsere bescheidenen Ansprüche groß genug.
Auch war es in gutem Bauzustande, rein gehalten und was noch
mehr sagen wollte, ich hatte keine andere Wahl. So miethete ich
denn das Häuschen um 17 Dollars monatlich und ich habe
anderthalb Jahre darin gewohnt und war darin sehr glücklich und
zufrieden; — am nächsten Nachbarhäuschen rankte sich ein mexi=
kanisches Schlinggewächs üppig empor, dessen feuerrothe tulpen=
ähnliche Blüthen von unzähligen Colibris umschwärmt wurden,
die daraus ihren Honigseim nippten. Diesem reizenden Schau=
spiele konnte ich in meiner wenigen freien Zeit wohl stundenlang
mit Vergnügen zusehen und der einzelne blühende Strauch am
Nachbarhäuschen war unser Garten, unsere Erholung, unsere
Freude; denn St. Louis hatte damals noch keine Parks und öffent=
lichen Gärten, in denen man durch Spazierengehen sich erquicken
konnte. Auch hatte man — aufrichtig gesagt — damals in St. Louis
wirklich keine Zeit zum Spazierengehen. Das Häuschen an der Ecke
der dritten und Cedar=Straße wird nun auch wohl schon längst
verschwunden sein und einem großen modernen Wohnhause Platz

gemacht haben, — ich aber denke noch immer mit Vergnügen
daran, als an meinen ersten bescheidenen Anfang in St. Louis.

So verging das erste Jahr meiner Redaktionsführung unter
beständigen Kämpfen mit bitterbösen und rücksichtslosen Gegnern,
aber ich gewann auch nach und nach immer mehr Freunde und
Anhänger in der Bevölkerung und wurde ziemlich rasch zum
Führer der Deutschen, erst in Missouri, dann im ganzen oberen
Mississippi-Thale. Wesentlich zur Erlangung dieser Popularität
trug ein Roman bei, den ich damals schrieb und im „Anzeiger"
veröffentlichte und der in der Vergangenheit und Gegenwart von
St. Louis spielte. Auf den Wunsch des Herausgebers erhielt
der Roman den Titel: „Die Geheimnisse von St. Louis",
weil unsere Concurrenz-Zeitung, die „Deutsche Tribüne", einen
Roman unter diesem Titel zu veröffentlichen beabsichtigte; — der
ursprüngliche Titel hieß: „Die Raben des Westens". Dieser
Roman, dem ich einen großen Theil meines Emporkommens in
Amerika verdanke, hat ein ungewöhnlich günstiges Schicksal gehabt;
er wurde 1850 und 1851 im „Anzeiger" als Feuilleton ver=
öffentlicht und steigerte die Anzahl der Subscribenten binnen
wenigen Monaten um mehr als tausend. Zehn Jahre später
mußte er auf Verlangen der jüngeren und neu-eingewanderten
Generation noch einmal im „Anzeiger" veröffentlicht werden und
außerdem war die Nachfrage so groß, daß ich im Laufe dieser
zehn Jahre sechs Auflagen in Buchform davon veranstalten
mußte, die, obwohl jede 1500—2000 Exemplare stark war, alle
schnell vergriffen waren. Außerdem druckten viele deutsch-amerika=
nische Journale mit meiner Zustimmung den Roman ab, er wurde
auf Anregung des Doktors H. W. Gempp in's Englische über=
setzt, von einem in New-Orleans erscheinenden französischen Blatte
in französischer Uebersetzung und von einer böhmischen Zeitung
in St. Louis in böhmischer Uebersetzung veröffentlicht. Außerdem
erschienen drei Auflagen davon in Deutschland; die erste 1851
bei H. Hotop in Kassel; die zweite 1868 auf dem widerrecht=
lichen Wege des unbefugten Nachdrucks bei H. Prinz in Altona,
und die dritte 1871 mit meiner Zustimmung und unter dem ur=
sprünglichen Titel „Die Raben des Westens" bei Röhlig und
Comp. in Berlin. Auch diese drei Ausgaben sind gänzlich ver=
griffen und ich selbst besitze nur mehr ein einziges Exemplar.
Das war mein erster großer Erfolg in Amerika und er bahnte
mir den ferneren Weg zu meinem Emporkommen.

7*

Die Nachwehen von 1848.

(1850—1852.)

Ich komme jetzt zu einem Zeitabschnitte, der, hochwichtig für die Entwicklung des Deutschthums in Amerika, auch auf mich und meine Geschicke in der neuen Heimath einen entscheidenden Einfluß ausübte; — ich meine damit jene große geistige Bewegung, die damals in den Vereinigten Staaten durch die außerordentlich zahl= reichen politischen Flüchtlinge aller Länder, vorzüglich aber Deutsch= lands, hervorgerufen wurde und deren Folgen und Nachwirkungen, wenn auch abgeschwächt und gemildert, sich noch bis auf den heutigen Tag fühlbar machen. Tausende und Tausende von Flüchtlingen, die sich in Deutschland und Oestreich in der Bewegung des Sturm= jahres 1848 compromittirt hatten und nun von der siegreichen Reaktion mit eiserner Hand verfolgt und bedroht wurden, waren glücklich nach Amerika entkommen und die meisten von ihnen hatten nicht nur ihre Stellungen, ihren Lebensberuf, ihren Erwerb, sondern auch Alles was sie besaßen, verloren und nichts als das nackte Leben gerettet; — die Vereinigten Staaten wimmelten von Flüchtlingen, namentlich im Osten von N e w = Y o r k an bis südlich nach B a l t i m o r e hinab und im Westen in den Staaten mit starker deutscher Bevölkerung in O h i o, I l l i n o i s, I n d i a n a, M i s s o u r i, W i s c o n s i n, J o w a; — die Ersten, die her= übergekommen waren, wurden von der deutsch = amerikanischen Be= völkerung, die schon länger im Lande ansässig war, mit sympathischer Begeisterung als Helden und Freiheitskämpfer, als Märthrer für die Volkssache aufgenommen, jegliche Unterstützung wurde ihnen geboten und Alles bestrebte sich, ihnen eine Unterkunft, eine Stellung, einen Erwerb zu verschaffen, leider aber waren die meisten Flücht= linge Professoren, Gelehrte, Studenten, Beamte, Journalisten und was dergleichen für Amerika unbrauchbare Berufe mehr waren, fast keiner von ihnen konnte Englisch sprechen und dabei hatten sie sich in dem Kampfe und Streite des Sturmjahres eine recht= haberische, befehlende, Alles besser wissende und diktatorische Sprach= weise angewöhnt, so daß sie sich bald im offenen Widerspruche gegen die älteren ansässigen Deutsch=Amerikaner befanden, die von ihnen als „Zöpfe", „alte Hunker" und „Reaktionäre" verschrieen wurden, während die mit Land und Leuten, mit der amerikanischen

Geschichte und Politik besser vertrauten alt = angesiedelten Deutsch=
Amerikaner den neuen Flüchtlingszuwachs der bodenlosesten Un=
wissenheit, der gänzlichen Unbekanntschaft mit amerikanischen Ver=
hältnissen und des rohen, revolutionären Knotenthums beschuldigten.
Die neuen Ankömmlinge wurden als „Grüne" gekennzeichnet,
während diese wieder die älteren Deutsch=Amerikaner als „Graue"
verhöhnten. So erkalteten denn rasch genug die Begeisterung und
Theilnahme für die immer zahlreicher anlangenden Flüchtlinge und
es kamen deren auch viel zu viele, als daß es möglich gewesen
wäre, sie Alle unterzubringen oder auch nur wirksam zu unter=
stützen; — daher nahmen die erstgekommenen Flüchtlinge, die schon
mehr oder minder festen Fuß gefaßt hatten, die Sache selbst in
die Hand und sie gründeten überall „Flüchtlings=Vereine",
deren erste Aufgabe es sein sollte, den Neu=Ankommenden ebenso
zu helfen, wie ihnen geholfen worden war. Wer von den Flücht=
lingen ein Handwerk gelernt hatte, dem war schnell geholfen; auch
wer zur Klasse der Ackerbauer und Gärtner gehörte, konnte bald
auf dem Lande untergebracht werden, sei es als Arbeiter auf
einer Farm, oder wenn er nur einige Mittel mitgebracht hatte,
indem man ihn eine kleine Farm pachten ließ; — die Uebrigen aber
mußten sich dazu bequemen, hier in Amerika einen neuen Erwerb
zu lernen und sie wurden Cigarrenmacher, Anstreicher, Wirthe und
Kellner, die geistig Begabteren Lehrer und Journalisten und man
konnte damals ehemalige Professoren und Fachgelehrte, hohe Be=
amte und Advokaten, kurz, Leute, die in Deutschland zu den be=
vorzugten Klassen gehört hatten, hier in Amerika in den aller=
ordinärsten Berufsarten, oft auch nicht gerade in den reinlichsten,
ihr tägliches Brot verdienen sehen. Die das thaten, die vor keiner
Arbeit, keinem ehrlichen Erwerbe zurückscheuten, die waren doch
immer noch besser daran als diejenigen, die hierzu nicht Muth
und Selbstverleugnung genug besaßen, die überhaupt nicht die Kraft
hatten, selbstständig auf eigenen Füßen zu stehen und die dann,
wenn die Unterstützung von Anderen aufhörte, elend verkamen
und in Noth und Entbehrungen zu Grunde gingen, wie dies das
traurige Loos unzähliger Flüchtlinge war. So war es denn natürlich,
daß die meisten dieser Flüchtlinge im Anfang auf Amerika nicht
gut zu sprechen waren, daß sie von Verkennung und Undank, von
der Gleichgültigkeit und Apathie der Deutsch=Amerikaner faselten
und ihren Aufenthalt in Amerika nur als eine zeitweilige Ver=
bannung betrachteten, aus der sie, sobald die momentan unterdrückte

Revolution in Deutschland wieder ausbrechen würde, beim ersten
Rufe zurückkehren und dem geliebten alten Vaterlande Hilfe und
Befreiung bringen würden. So beschäftigten sich die Flüchtlinge
nicht nur in Amerika, sondern auch in England, in der Schweiz,
selbst in der Türkei, hauptsächlich mit der künftigen Revolution
und wie diese vorzubereiten, hervorzurufen und kräftig durchzu=
führen sei; das war die Hauptaufgabe, mit der man vollauf zu
thun hatte. Diesem Treiben, welches soweit ausartete, daß im
Osten alles Ernstes vorgeschlagen wurde, den Fürstenmord syste=
matisch zu organisiren und auf die Ermordung aller Kaiser, Könige
und sonstigen Herrscher Preise auszusetzen, traten die ruhigeren,
besonneneren „Grauen" entgegen und meinten, die neuen An=
kömmlinge thäten besser, hier etwas zu lernen, ihr Brot durch ihrer
Hände Arbeit zu verdienen und sich zu nützlichen Bürgern der
neuen Heimath zu machen. Und so wurde der Kampf zwischen
den „Grünen" und den „Grauen" immer heftiger und er=
bitterter.

So sehr ich auch zu den „Grünen" gehörte, so theilte ich
in dieser Hinsicht doch die Anschauungen der „Grauen" und es
war für mich eine durch die Erfahrung aller Zeiten und Länder
bestätigte Thatsache, daß jede Emigration, die ihren Sitz im Aus=
lande hat, nach und nach jedes Verständniß der Vorgänge in der
alten Heimath verliert und ohne Einfluß auf die Geschicke der=
selben bleibt, wie die spanische, italienische, die französische und
andere Emigrationen im Laufe unseres Jahrhunderts wiederholt
gezeigt haben. Diese Haltung meiner Zeitung und die in meinem
ersten, gleich nach meiner Ankunft in St. Louis, im „Anzeiger"
veröffentlichten Artikel ausgesprochene Erklärung: ich sei aus Europa
nicht wegen der Tyrannei der Herrscher, sondern wegen der Freiheit,
wie sie leider mißverstanden worden sei, davon gelaufen und
nach Amerika gegangen, hatten mir sämmtliche Flüchtlinge zu Tod=
feinden gemacht und ich wurde auf das Heftigste angegriffen, —
glücklicherweise ohne jeden Erfolg; denn die deutsche Bevölkerung
war bereits wieder zur ruhigen Ueberlegung gekommen und miß=
billigte das fanatische und einseitige Treiben der Flüchtlinge.

In jener Zeit lernte ich eben durch meinen Roman: „Die
Geheimnisse von St. Louis" einen Biedermann kennen, einen
der älteren Deutschen und sogenannten „Grauen", der auf mich
und meine Laufbahn einen entscheidenden Einfluß gewann; —
es war dies der Dr. Heinrich Wilhelm Gempp, ein ält=

licher Herr und sehr beliebter und tüchtiger Arzt, — er war in
Deutschland Leibarzt bei einem der kleinen Fürsten des seligen
Deutschen Bundes und als solcher seiner glücklichen Kuren und
seines gründlichen ärztlichen Wissens halber bei Serenissimo hoch
angeschrieben gewesen, hatte sich aber durch seine Offenheit und
Geradheit und namentlich durch seine freisinnigen politischen An=
sichten das Mißvergnügen und den Haß des ganzen Duodez=Hofes
zugezogen und kleinliche Reibungen und Quälereien waren die
Folge davon; — zuletzt wurde dieses peinliche Verhältniß uner=
träglich und Doktor Gempp faßte den männlichen Entschluß, den
ganzen fürstlichen Bettelkram hinzuwerfen und durch Auswanderung
nach Amerika ein freier Mann zu werden und seinen Kindern
eine bessere, unabhängigere Zukunft zu begründen. Diesen Ent=
schluß führte er denn auch trotz des Abmahnens des Fürsten, der
ihn ungern entließ und trotz des Abrathens seiner Freunde und
Verwandten muthig durch und kam so nach St. Louis, wo sein
gründliches Wissen, seine lange klinische Erfahrung und sein freund=
licher und humaner Charakter schnell Anerkennung fanden, und er
der beliebteste deutsche Arzt wurde. Bald im Besitze einer großen
und ausgebreiteten Kundschaft, eines bedeutenden redlich erworbenen
Vermögens, allgemein geachtet und geehrt fand er außer seinem ärzt=
lichen Berufe noch Zeit und Muße, um sich für alle gemein=
nützigen und humanitären Unternehmungen lebhaft zu interessiren.
Eine seiner Lieblingsbestrebungen war die einer Verständigung,
Uebereinstimmung und eines gemeinschaftlichen Zusammenwirkens
zu gleichem Ziele zwischen den Deutsch=Amerikanern und den Anglo=
Amerikanern, die damals noch durch eine weite Kluft geschieden
und sich gegenseitig mißgünstig gestimmt waren. Beide Bevöl=
kerungen verfolgten gleiche Zwecke und es waren nur Aeußerlich=
keiten, die sie von einander trennten; — hatte den Anglo=Ameri=
kaner, der immer im Cylinderhute, womöglich in schwarzer Kleidung
mit glattrasirtem Gesichte und blanken Stiefeln, als Gentleman
zu erscheinen bemüht war, schon der bäuerische Charakter der
älteren deutschen Einwanderung mit ihren Mützen, ihren langen
Pfeifen, ihrem Sauerkraut und Bier und allen ihren anderen
Eigenthümlichkeiten, unangenehm berührt, so kamen jetzt die Flücht=
linge mit ihren Schnurr= und Vollbärten, ihrem ganzen burschikosen
Aeußeren, ihren revolutionären Emblemen und Schlagworten und
vor Allem ihrer Geringschätzung der „Kirche" und deren geweihter
Diener und verletzten die Gefühle des Anglo=Amerikaners noch

bedeutend mehr, so daß sich eine große Kluft zwischen den beiden
Nationalitäten bildete, die doch Bürger eines und desselben Landes
und demselben sowie seinen Institutionen beide gleich aufrichtig
zugethan waren. Die Deutschen verstanden die Anglo=Amerikaner
nicht und diese ihrerseits wieder nicht die Deutschen, und so stieg
die Entfremdung zwischen beiden Volksstämmen, die sich weder
kannten, noch verstanden, und führte endlich zu der bedauerns=
werthen Erscheinung, daß der größte Theil der Anglo=Amerikaner
sich in den nächsten Jahren den Know-nothings anschloß. Doktor
Gempp betrachtete es nun als eine politische und sociale Noth=
wendigkeit und machte es zur Aufgabe seines Lebens, daß die
beiden Nationalitäten einander kennen und verstehen lernen sollten,
worauf die gegenseitige Entfremdung bald verschwinden würde.
Was in den englisch = amerikanischen Zeitungen gesagt und ge=
schrieben wurde, das wurde den Deutsch=Amerikanern durch ihre
deutschen Zeitungen meistens mitgetheilt, aber das Umgekehrte war
nicht der Fall, — was in den deutschen Zeitungen stand, davon
erfuhren und wußten die Anglo=Amerikaner so gut wie gar nichts;
— denn keine englische Zeitung fand es damals noch der Mühe
werth, eine d e u t s c h e Zeitung zu beachten oder einen Artikel daraus
ihren Lesern übersetzt mitzutheilen; und ich betrachtete es mit Stolz
als einen großen Erfolg und als die Frucht mehrjährigen Strebens
und Arbeitens, als ich es später endlich dahin gebracht hatte, daß
die englischen Zeitungen gezwungen waren, die deutsche Presse nicht
mehr vornehm zu ignoriren, sondern den „spirit of the german
press" als stehende Rubrik einführen mußten, in welcher sie die
wichtigsten Artikel der deutsch=amerikanischen Blätter, wenn auch
oft nur im Auszuge und entstellt und selten in anderer als feind=
seliger Absicht wiedergaben. Im Jahre 1851 aber war man,
wie gesagt, noch lange nicht so weit und Dr. G e m p p gründete
daher im Interesse dieser Verständigung der Nationalitäten ein
englisch geschriebenes Blatt: „The German-American", welches
ausschließlich aus Auszügen und Uebersetzungen der bemerkens=
werthesten Artikel der deutsch=amerikanischen Presse bestand und so
den Anglo=Amerikanern die Ansichten und das Wesen des Deutsch=
Amerikanerthums zum Verständniß bringen sollte. Dr. G e m p p
lernte ich bei dieser Gelegenheit kennen, indem er mich aufsuchte und
bat, ihm zu erlauben, meinen gerade in der Veröffentlichung be=
griffenen Roman: „Die Geheimnisse von St. Louis" ins Englische
übersetzt, als Feuilleton in seinem „German-American" zu ver=

öffentlichen, wozu ich natürlich bereitwilligst meine Zustimmung gab. Bald wurde der „German-American" auch in der Druckerei des „Anzeigers" gedruckt und so kamen wir in tägliche Berührung, aus der sich bald gegenseitige Achtung und Zuneigung und endlich eine aufrichtige Freundschaft zwischen dem um 20 Jahre älteren Manne und mir entwickelte.

Unter den deutschen Flüchtlingen, von denen es damals in St. Louis wimmelte, befand sich auch ein ehemaliges Mitglied des Frankfurter Parlaments, Franz Schmidt, genannt von Löwenberg, seinem Wahlorte, zum Unterschiede von den anderen Schmidts im Parlamente, — ein gründlich gebildeter, hochbegabter Mann, der als ehemaliger Theologe mit den Traditionen der Kirche gebrochen und in der deutsch-katholischen Bewegung eine hervorragende Rolle gespielt hatte. Damals hatten in den Vereinigten Staaten die Uebergriffe der katholischen Hierarchie, die durchaus durch Jesuiten vertreten war und die durch Beeinflussung der politischen Wahlen mittels der bigotten Irländer, durch Proselytenmacherei, Erbschleicherei und andere Umtriebe sich in unangenehmer Weise bemerkbar gemacht hatte, allgemeine Entrüstung hervorgerufen und von anglo-amerikanischer Seite wurde theils vom protestantischen, theils vom nativistischen Standpunkte aus gegen sie ein erbitterter Kampf geführt, — ein Kampf, den die Deutsch-Amerikaner in humanitärem und freiheitlichem Sinne aufnahmen und mit größter Energie führten. Samuel Ludwigh, ein Deutsch-Ungar, gründete seine „Fackel" und bereiste als Redakteur und Agent derselben die ganze Union, überall Vorträge haltend und Propaganda machend. Friedrich Hassaureck in Cincinnati gründete den „Hochwächter", ein mit großem Talente, aber auch mit der wilden Heftigkeit des kaum zwanzigjährigen Redakteurs geschriebenes Kampf- und Streitblatt, Koch gab seinen „Antipfaff" heraus und in St. Louis gründete Franz Schmidt die „Freien Blätter", ein in anständigem Tone, ebenso freimüthig wie wissenschaftlich begründet geschriebenes Blatt. Die Jesuiten, welche die anglo-amerikanische, gegen sie gerichtete Bewegung schlauerweise ignorirt und todtgeschwiegen hatten, sahen nun, da die Deutschen sich der Bewegung anschlossen, doch Gefahr darin und suchten sie bei den Amerikanern dadurch in Mißkredit zu bringen, daß sie die deutsche Opposition als von Freidenkern, Gottesleugnern und Atheisten herrührend darstellten und wo es eben ging, suchte man durch Anstiftungen von Krawallen und Tumulten die solche Excesse

haſſende amerikaniſche Bevölkerung gegen die Deutſchen einzunehmen.
So war es denn auch der ſchwarzen Sippſchaft gelungen, in
Cincinnati bei Gelegenheit der Durchreiſe des päpſtlichen
Nuntius für Amerika, des Monſignore Bedini, nicht ſo ſehr
durch die fulminanten Artikel des „Hochwächters" als durch die
Umtriebe geheimer klerikaler Agenten einen Straßenſkandal her=
vorzurufen, der ſich bis zu einer Katzenmuſik und dem Fenſter=
einwerfen beim Nuntius Bedini, dem Herbeieilen der aufge=
hetzten Katholiken und einer allgemeinen Keilerei zwiſchen ihnen
und den Freidenkern ſteigerte, worauf Einſchreiten der Polizei und
zahlreiche Prozeſſe folgten, die Haſſaureck und ſein Blatt in den
Augen der Amerikaner ſchwer beeinträchtigten.

Auch in St. Louis ſollte eine ſolche Exploſion ſtattfinden, um
dem „Anzeiger" ein gleiches Schickſal zu bereiten. In der Mitte
des Monates März 1851 erhielt ich plötzlich ein Schreiben, worin
mir ein junger Deutſcher, Namens Boßhard mittheilte, er ſei
wegen ſeinen freiſinnigen Aeußerungen nächtlicherweile an einen
unbekannten Ort gelockt und dort ergriffen worden; — man habe
ihm die Augen verbunden, ihn in einen Wagen geſetzt und fort=
geführt und er wiſſe jetzt, daß es das Jeſuitenkloſter in Floris=
ſant ſei, in dem er gefangen gehalten werde, um durch Faſten und
körperliche Kaſteiungen zur Frömmigkeit bekehrt zu werden. Durch
Beſtechung eines Gärtners ſei es ihm möglich, dieſen Brief zu
ſchicken und er beſchwöre nun mich und ſeine deutſchen Mitbürger,
ihn aus dieſer ſchrecklichen Lage zu retten. Dieſer Brief, den
ich auch im Anfang für baaren Ernſt nahm, wurde am nächſten
Tage im „Anzeiger" abgedruckt und rief unter der deutſchen Be=
völkerung von St. Louis die größte Aufregung hervor. Eine
deutſche Volksverſammlung wurde ſogleich einberufen, — damals
waren deutſche Maſſenverſammlungen unter der Nachwirkung des
Sturmjahres 1848 ebenſo häufig als ſie jetzt ſelten geworden ſind,
und es fanden bei jedem Anlaſſe und faſt in jeder Woche eine
oder ein paar deutſche Verſammlungen ſtatt, — in dieſer Ver=
ſammlung wurden die heftigſten und aufreizendſten Reden gehalten
und zuletzt auf Antrag eines Heißſporns ein Beſchluß diſcutirt,
wonach die Deutſchen von St. Louis ſich bewaffnen und einen
Freiſchaarenzug gegen das Jeſuitenkloſter in Floriſſant unter=
nehmen ſollten, um den dort gefangenen Boßhard zu befreien;
— wahrſcheinlich hatte man dies oder eine ähnliche Unbeſonnenheit
von der anderen Seite zu provoziren gewünſcht, um nicht nur

wohlvorbereitet die Angreifer abzuweisen, sondern auch die voll=
ständige Unschuld des Klosters nachzuweisen, indem Boßhard dann
wahrscheinlich plötzlich auf dem Wege nach Kalifornien oder irgend
wo anders aufgetaucht wäre. Diese Möglichkeit und einige Er=
kundigungen, die ich über Boßhards Antecedentien eingezogen hatte,
machten mich stutzen und bewogen mich, der Annahme des obigen
Beschlusses mit Aufbietung meines ganzen Einflusses und meiner
Popularität entgegen zu treten; — ich schlug vor, das Verschwinden
eines St. Louiser Bürgers den gesetzlichen Behörden und der
Polizei nebst Mittheilung seines Briefes anzuzeigen und diese auf=
zufordern, die ihnen nöthig dünkenden Schritte zur Befreiung des
Gefangenen zu thun. Dagegen rieth ich, jedem Afte der Selbst=
hülfe zu entsagen, besonders in diesem speziellen, nicht ganz auf=
geklärten Falle und dafür ein einmüthiges Zusammenwirken aller
Freigesinnten durch Gründung eines „Vereines der freien
Männer" herbeizuführen, dessen Aufgabe es sein würde, durch
Gründung freisinniger Schulen und durch Bekämpfung alles Aber=
glaubens, sowie durch Aufdeckung aller jesuitischen Umtriebe der
Verdummung der Bevölkerung wirksam entgegenzutreten. Meine
eindringliche Rede hatte die erwünschte Wirkung; der Freischaaren=
zug nach Florissant wurde mit großer Mehrheit verworfen, da=
gegen die Gründung des „Vereines der freien Männer" nahezu
mit Einstimmigkeit beschlossen. Es mag hier nebenbei bemerkt
werden, daß die mysteriöse Angelegenheit Boßhards nie ganz auf=
geklärt worden ist, — trotz aller Nachforschungen der Polizei
und trotz aller Bemühungen der in solchen Dingen gewöhnlich
sehr erfolgreichen Tagespresse. Boßhard war und blieb verschwunden
und man hat nie mehr etwas von ihm gehört, — dagegen blühte
und gedieh der durch seine Schuld angeregte „Verein der freien
Männer".

Am ersten Abende traten 55 Mitglieder dem Vereine bei,
am zweiten Abende 200, am dritten 306 und so ging es von
Abend zu Abend in steigender Progression fort, so daß der Ver=
ein binnen Kurzem einige tausend Mitglieder zählte und zum be=
deutendsten und einflußreichsten deutschen Vereine in St. Louis
ward. Rasch bildeten sich nun in Cincinnati, in Louisville
und in allen Städten von Illinois, Wisconsin, Jowa, wo
die Deutschen vorwiegend die Bevölkerung bildeten, „Freie=Männer=
Vereine", die mit gleichen Statuten gleiche Ziele mit dem St.
Louiser Vereine verfolgten. Der Hauptverein in St. Louis war

bald theils durch die regelmäßigen und außerordentlichen Beiträge
seiner Mitglieder, theils durch veranstaltete Feste, Picknicks, Concerte und Theatervorstellungen in der Lage, seine Zwecke praktisch
zu verfolgen; — der Verein erbaute auf gepachtetem Grunde
zwei große Schulhäuser, vier Klassenzimmer und einen großen
Saal enthaltend, eines im südlichen und eines im nördlichen Stadttheile, die bereits am 15. Dezember desselben Jahres eröffnet
werden konnten und der deutschen Bevölkerung unentgeltliche deutsche
Schulen für ihre Kinder boten, deren Lehrer vom Vereine besoldet,
deren Lehrmittel und sonstige Unkosten vom Vereine bestritten wurden;
— der große Saal aber diente zu Vereinsversammlungen am
Sonntag Vormittag belehrender und bildender Art, zu denen auch
Nicht-Mitglieder freien Zutritt hatten und die immer sehr stark
besucht wurden. Als nach mehreren Jahren Dank der gewöhnlichen deutschen Uneinigkeit der „Verein der freien Männer" sich
auflöste, gingen die beiden Häuser sammt ihrer Einrichtung in
den Besitz der städtischen öffentlichen Schulen über und dienen
heute noch denselben gemeinnützigen Zwecken.

Es herrschten damals ein Ernst und eine Opferfreudigkeit
in der deutschen Bevölkerung, von denen man jetzt bei der In-
differenz und der „Devil-may-care"-Tendenz, die heut zu tage
vorherrschen, sich gar keinen Begriff mehr machen kann; — dieser
Ernst, der Alles hochtragisch nahm, diese Begeisterung und Opfer-
willigkeit haben noch lange Jahre vorgehalten und ihr letztes Aus-
strahlen war die heldenmüthige Erhebung der Deutsch-Amerikaner,
als in 1861 die Union durch die Secessionisten bedroht ward
und auf den ersten Aufruf alle Deutschen mit Hintansetzung ihrer
Familie, ihrer Stellung, ihres Erwerbs und aller Privat-Interessen, einmüthig die Waffen ergriffen und für die Vertheidigung
und Erhaltung der einheitlichen Republik in den Kampf zogen,
den sie auch siegreich durchfochten. Allerdings sollen nach Allem,
was ich höre, dieser Ernst und diese Begeisterung nicht mehr vorhanden sein; aber es steht doch wohl mit Gewißheit zu hoffen,
daß sich diese Eigenschaften der Deutsch-Amerikaner bei großen und
entscheidenden Anlässen wieder finden und wieder beweisen werden,
daß die Deutschen würdige Söhne der großen Sternenrepublik
sind und bleiben.

Es war im Frühjahre 1851, also zur Zeit, da die „Frei-
männer-Bewegung" im vollsten Gange war, als mich eines Morgens
Dr. Gempp aufsuchte, und mich um eine längere Unterredung

bat, um Wichtiges zu besprechen; — er theilte mir nun mit, daß
Olshausen mit der radikalen Haltung des „Anzeigers" nicht
sonderlich einverstanden und daher böse Folgen für sein Blatt dar=
aus fürchtend mit dem Vorhaben umgehe, den „Anzeiger" zu
verkaufen und sich zur Ruhe zu setzen; — er schlug mir nun vor,
ich solle diese Gelegenheit mich selbständig zu machen, benutzen
und mit ihm vereint den „Anzeiger" kaufen, den wir dann ganz
unabhängig und selbständig führen und zum herrschenden Organe
des Deutschthums im Westen machen könnten. Nachdem er meine
Bedenken wegen der mir mangelnden Geldmittel durch die Zu=
sicherung beseitigt hatte, daß er das schon vermitteln und ausgleichen
werde, willigte ich gerne ein und die Unterhandlung mit Ols=
hausen wurde durch Dr. Gempp eingeleitet. Es verhielt sich
wirklich so, wie Gempp vermuthet hatte. Olshausen war
der Zeitungsführung müde, er liebte den Frieden und sah auf
einmal das Blatt in revolutionäre Kämpfe verwickelt; vielleicht
mochte er auch fürchten, daß ich mich früher oder später selbständig
machen und ein Concurrenzblatt gründen könnte, und so wurden
wir bald einig. Wir kauften den „Anzeiger", wie er ging und
stand um die damals verhältnißmäßig beträchtliche Summe von
6000 Dollars, die Hälfte des Betrages erlegte Gempp für seinen
Antheil sogleich und für meinen Antheil stellte ich drei Wechsel,
von Dr. Gempp indossirt, aus, wodurch ich mich verpflichtete,
binnen einem, zwei und drei Jahren jährlich tausend Dollars nebst
sechs Prozent Interessen zu bezahlen. So waren wir einig und
am 22. April traten ich und Dr. Gempp als Eigenthümer in
den Besitz des täglich an Subscribentenzahl und Einfluß steigenden
Blattes. Groß war unsere Freude über die nun errungene ein=
flußreiche Stellung und den großen, uns eröffneten Wirkungs=
kreis; — noch größer waren unsere Pläne, die wir darauf bauten
und wir gingen mit Hoffnung und Zuversicht einer vielver=
heißenden Zukunft entgegen. Leider verwirklichten sich diese für
den wackeren Mann und treuen Freund nicht; — schon wenige
Tage nach unserer Uebernahme des „Anzeigers" fing Dr. Gempp
an, über Unwohlsein zu klagen, die Unpäßlichkeit steigerte sich zur
Erkrankung, die sich trotz aller Hilfe befreundeter Aerzte immer
bedenklicher gestaltete und schon in der ersten Hälfte des Mai=
Monats ward der edle brave Dr. Gempp seiner Familie, seinen
ihn verehrenden Patienten, dem „Anzeiger" und mir durch einen
sanften und schmerzlosen Tod entrissen. Allgemein war die Trauer

bei seinem Begräbnisse und der Ehrenmann wurde von der ganzen
deutschen Bevölkerung schmerzlich vermißt, wohl am meisten aber
von mir, der ich ohne Mittel ein großes und schwieriges Geschäft
übernommen hatte und dem nun der helfende Freund, der eigent=
liche Rückenhalt des Unternehmens plötzlich hinweggenommen worden
war. Ich ließ jedoch den Muth nicht sinken, sondern erklärte
der Witwe des Verstorbenen, ich würde das Geschäft mit voller
Thatkraft weiter führen und alle ihre Rechte als Erbin sorgsam
wahren und aufrecht erhalten; — Frau Gempp aber, die schon
die Zeitungsunternehmungen ihres lebenden Gatten nicht gerne
gesehen hatte, wollte jetzt, nachdem er todt war, von einer ferneren
Mithaftung und Theilnahme am „Anzeiger" nichts wissen; sie
erklärte mir, daß sie sich auf kein ferneres Risiko einlasse, ich solle
die von ihrem Manne indossirten Wechsel für 3000 Dollars
allein übernehmen, ihr die von ihrem Manne baar bezahlten
3000 Dollars in drei Jahresraten ersetzen und durch entsprechende
Wechsel sicher stellen, und sie jeder weiteren Verantwortlichkeit ent=
heben und sie wolle mir dagegen den halben Antheil ihres ver=
storbenen Mannes am „Anzeiger" ohne alle weitere Entschädigung
übertragen. Diese Uebereinkunft kam denn auch zu Stande, ein
gerichtliches Dokument wurde mit Olshausens Zustimmung
ausgefertigt, ich übernahm die alleinige Bezahlung der drei Wechsel,
welche durch ein Pfandrecht Olshausen sicher gestellt wurden, so
wie der 3000 Dollars an Frau Gempp und wurde so von Ende
Mai an alleiniger Eigenthümer des „Anzeigers". Ich löste denn
auch alle Wechsel rechtzeitig und pünktlich ein und kam so, für
den Betrag von 6000 Dollars in den Besitz des Blattes, für den
mir sechs Jahre später, in 1857 sechzigtausend Dollars
vergeblich angeboten wurden. Der eigentliche Urheber meiner glück=
lichen Laufbahn in St. Louis war also der würdige Dr. Gempp
und ich bleibe ihm und seinem Andenken heute noch zu unver=
gänglichem Danke verpflichtet. —

Aus bewegten Zeiten.

Es war eine merkwürdig bewegte und hoch aufgeregte Zeit,
in der ich, kaum erst zwei Jahre in Amerika, und noch wenig ver=
traut mit den eigenthümlichen Verhältnissen des Landes und seiner

Parteien, durch ein Zusammentreffen von günstigen Umständen
mich an die Spitze eines einflußreichen Blattes und eines großen
Geschäftsunternehmens gestellt sah und nun der politische und
sociale Führer meiner Landsleute sein sollte, die mich mit ihrem
Vertrauen beehrten und fest auf mich bauten. Ich gestehe ganz
aufrichtig, daß ich damals die volle und weitreichende Bedeutung
der Sklaverei=Frage nicht ganz erfaßt hatte; schon meine
Stellung in einem Sklavenstaate legte mir große Vorsicht und
Behutsamkeit auf und mehr noch war ich gebunden dadurch, daß
mein Blatt ein demokratisches Organ war, meine Leser und
Subscribenten durchaus zur demokratischen Partei ge=
hörten und daß diese demokratische Partei im Grunde doch nichts
Anderes war, als die Partei der Sklavenhalter. Im
Osten und im Norden der Union hatte der Kampf gegen das
Institut der Sklaverei bereits eine scharfe Gestaltung und heftige
Meinungsverschiedenheiten hervorgerufen, die auf den Aussterbe=
Etat gesetzte Whig=Partei war eben durch diese Frage geschwächt
und zerrissen und bereits in der Auflösung begriffen, während die
demokratische oder Sklavenhalter=Partei immer mehr zu der Ueber=
zeugung gelangte, daß es künftig unmöglich sein werde, in den
nördlich liegenden Territorien irgend neue Sklavenstaaten zu bilden
und daß daher die demokratische Partei ihr Augenmerk darauf
richten müsse, die Union immer mehr gegen Süden auszudehnen,
neue Gebiete in Mexiko, Cuba, Mittel=Amerika zu erlangen und
diese als Sklavenstaaten in die Union aufzunehmen, um sich so
das bisherige Uebergewicht des Südens und des Sklavenhalterthums
im Congresse, besonders aber im Senate, zu erhalten. Die
Sklavenhalter = Partei maskirte sich zu diesem Zwecke als Frei=
heits=Propaganda Jung=Amerikas und ihr Programm ging
dahin, die „manifest-destiny" der Sternen=Republik zu verwirklichen,
ein südliches Gebiet nach dem andern zu erobern und zu annektiren
und diesen neuen Unionstaaten nebst der Freiheit und Unabhängigkeit
auch die Segnungen der Sklaverei zu bringen. Zu diesem Zwecke
war der Krieg mit Mexiko geführt worden, Californien, Texas
und Neu=Mexiko nebst Arizona waren eben erst annektirt worden,
und wie der Appetit gewöhnlich erst im Essen kommt, so stieg nun
erst das Gelüste der demokratischen Partei nach immer neuen
Annexionen in bedenklichem Grade. Gegen alles Erwarten der
Sklavenhalter hatte Californien bei seiner Aufnahme in die
Union in seiner Verfassung die Sklaverei ausgeschlossen und Gleiches

stand bei dem Territorium **Oregon** in Aussicht; daher wurden
die Blicke der Partei jetzt immer mehr nach dem Süden gerichtet und
man spekulirte auf den Besitz von Cuba, Nicaragua und der anderen
kleinen Staaten in Mittel=Amerika, um so eine Brücke zu haben,
von wo man mit der Zeit Neu=Granada, Venezuela, Guyana,
Ecuador und die anderen südlichen Staaten bis an den Amazonen=
strom erreichen, erobern und der Sklaverei dienstbar machen konnte.
So wurden denn die Flibustier=Expeditionen des General **Lopez**
nach **Cuba**, **Walkers** nach **Nicaragua** zu Stande gebracht,
ohne daß die Ver.=St.=Regierung die Werbungen dieser Abenteurer
in der ganzen Union und das Auslaufen der Expeditionen aus
amerikanischen Häfen verhindert hätte; — endlich fand noch, zwei
Jahre später, zu Ostende, eine Conferenz der amerikanischen Ge=
sandten in Madrid, London und Paris, **Soulé**, **Buchanan**
und **Mason** statt, welche das Resultat ihrer Berathungen in
dem sogenannten „Ostende=Manifest" dahin veröffentlichte, „daß,
da der Besitz von Cuba den Ver.=St. durchaus nothwendig sei, sie
berechtigt seien, sich der Insel auf irgend eine Weise zu
bemächtigen, wenn Spanien sich nicht zur freiwilligen Abtretung
derselben gegen eine angemessene Entschädigung verstehe." Dieses
Ostende=Manifest und die Kansas=Nebraska=Frage, die sich bereits
zu einem blutigen Kampfe zwischen Pro=Sklaverei= und Anti=Sklaverei=
Leuten zu gestalten begann, die Aufhebung des Missouri=Compro=
misses durch die vom Senator Douglas erfundene „Squatter=Sou=
veränität" und die allgemeine Entrüstung, die diese Ausdehnung
und Festigung der Sklavenhalter=Macht in dem größten Theile der
Union hervorrief, waren die eigentlichen Ursachen der plötzlichen
Bildung und des raschen Gedeihens und Emporwachsens der re=
publikanischen Partei. So war also im Innern die Luft mit
politischer Elektricität geschwängert und der Kampf zwischen Nord
und Süd begann bereits im Stillen, der zehn Jahre später auf
offenem Schlachtfelde zum Austrage kam.

In diese gewitterschwangere Atmosphäre kamen nun die
politischen Flüchtlinge Europas und besonders Deutschlands, die
sogenannten Achtundvierziger, wiewohl sie fast alle erst 1849
und 1850 den Boden der Union betraten; — noch unter dem Ein=
drucke des in dem Sturmjahre 1848 Erlebten, noch voll von revo=
lutionären Projekten und Plänen und großartigen Weltverbesserungs=
Ideen, konnten sie sich auf amerikanischem Boden, wo keine Polizei,
kein Staatsanwalt, kein Strafrichter ihre Bestrebungen verfolgte,

wo sie ungehindert und unbelästigt sprechen, schreiben, planen konnten, was sie nur immer wollten, sich nun und nimmer mit dem Gedanken vertraut machen, daß die revolutionäre Bewegung zu Ende sei; trotzdem, daß der Papst von fremden Bajonetten wieder nach Rom geführt worden war, daß Preußen und Dänemark mit Aufopferung der braven Schleswig-Holsteiner Frieden ge=schlossen hatten, daß der Bundestag in Frankfurt wieder zusammen=getreten war, die Oestreicher in Hessen und Schleswig-Holstein Ordnung machten und Preußen in Olmütz und in Warschau die schmählichste Demüthigung erlitt, trotz Louis Napoleon's Staats=streich und trotz dem Siege der übermüthigen Reaktion auf dem ganzen Continente, betrachteten die Flüchtlinge die Revolution nur als momentan suspendirt und hofften zuversichtlich, sie bald wieder auf's Neue ausbrechen und den Sieg über die Throne erfechten zu sehen. Aus den Flüchtlings = Vereinen waren schon längst Revolutions = Vereine geworden, die sich ausschließlich damit beschäftigten, wie von Amerika aus die Revolution in Deutschland wieder in's Leben gerufen werden könne; zugleich aber bildeten sich ebenso zahlreiche Reform = Vereine, deren Aufgabe es sein sollte, die Verfassung Amerikas radikaler zu gestalten und ebenso zahlreich waren die Arbeiter = Vereine, die theils auf die Doktrinen Wilhelm Weitlings, theils auf den Franzosen Cabet, auf den Engländer Owen schworen und in ihrer ersten Begeisterung auch verschiedene communistische Colonien errichteten, die in kurzer Zeit alle wieder zu Grunde gingen. Von den Be=strebungen der Landreform= und Arbeitervereine ist nur eine einzige Errungenschaft durchgesetzt worden und zwar von der republikanischen Partei. Es war dies die praktische Lösung der Arbeiter = Frage dadurch, daß fernerhin keine öffentlichen Ländereien mehr verkauft, sondern nur an wirkliche Ansiedler und Bebauer unter gewissen Bedingungen unentgeltlich vergeben werden sollten, — ein Prinzip, welches in dem noch heute gültigen Heimstätte=Gesetz zu Rechte besteht.

In diesen Vereinen wurde mit der noch nicht ganz ver=rauchten Begeisterung des Revolutions=Jahres sehr viel Gutes und Wahres, aber auch erstaunlich viel Blech discutirt und zu Tode gehetzt und ich hielt es für meine Aufgabe, mich gegen diese ideale Kannengießerei, die gar keine praktischen Resultate haben konnte, energisch auszusprechen und vor Allem darauf zu bringen, daß, wenn die Deutschen in Amerika wirklich einen Einfluß auf

die Politik gewinnen und eine Achtung gebietende Stellung ein=
nehmen wollten, es vor Allem nöthig sei, daß sie alle Nebenfragen,
die Projekte einer europäischen Revolution ebenso wie die Frei=
beuter=Züge der Sklavenhalter, gänzlich bei Seite ließen, daß sie,
jede Zersplitterung wegen untergeordneter Fragen vermeidend, sich
einig und einmüthig um ihre selbstgewählten Führer schaaren,
strenge Partei = Disciplin beobachten und sich gehorsam den
Weisungen der Führer fügen müßten. Diese einfache Doktrin,
die Grundbedingung aller politischen Organisationen enthaltend,
fand bei der deutschen Bevölkerung im Westen geneigte Aufnahme;
man fing an, sich zu zählen und die eigene Kraft zu erkennen,
wenn man nur einig sei, die Organisation der „Freien=Männer=
Vereine", die schon Tausende von Mitgliedern zählte, war der Kern,
um den sich das übrige Deutschthum fest krystallisirte und in ver=
hältnißmäßig kurzer Zeit sah ich zu meiner Freude und Genug=
thuung die deutsche Bevölkerung einig und disciplinirt, sich an den
„Anzeiger" anschließen. Ich begriff nun, daß es meine erste und
höchste Aufgabe sei, dieses geeinigte Deutschthum auf seine eigenen
Füße zu stellen und es selbstständig, und von den anglo=amerika=
nischen Drahtziehern und Partei=Hacks unabhängig zu machen. Es
war empörend, zu sehen, wie die Deutschen in der demokratischen
Partei von den anglo=amerikanischen Führern wie eine willenlose
Herde behandelt und zu den Stimmkästen commandirt wurden, ohne
sie um ihre Ansicht oder Meinung zu befragen; von einer ihnen
rechtlich zukommenden Antheilnahme der Deutschen an den städtischen,
County= und Staatsämtern war keine Rede; ein kleiner Caucus
von einem Dutzend Amerikanern und Irländern stellte das Ticket
d. h. die Candidatenliste für die Wahlen auf, auf denen die Deutschen
nie einen Platz fanden, als höchstens für die untergeordnete Stellung
eines städtischen Marktmeisters. Das wurde nun, nachdem die
Deutschen einig und disciplinirt waren, schnell anders, die Deutschen
wurden nach ihrer Stimmenzahl und Bedeutung immer mehr be=
rücksichtigt und nachdem ich zweimal genöthigt gewesen war, gegen
das reguläre Ticket der eigenen Partei=Convention ein unab=
hängiges Ticket aufzustellen, für das die Deutschen mehrere
tausend Stimmen abgaben, genügte dieser empfindliche Denkzettel
für die geschlagenen und durchgefallenen Führer, um den Deutschen
Respekt und in Zukunft alle Gleichberechtigung zu verschaffen.
Und so blieb es auch, so lange die Deutschen einig waren und
erst seit ihrer Spaltung, seit der Bildung der Blair= und Fremont=

Fraktionen in 1862 hat man angefangen, wieder rückwärts zu gehen. Möchten doch die Deutschen in den Ver.-St., die ohnehin ringsum von mißgünstigen, nationalen, confessionellen, temperenzlichen und anderen Gegnern umgeben sind, es sich immer vor Augen halten, daß ihre Kraft, ihr Einfluß und ihre Macht nur in ihrer Einigkeit und Disciplin liegen; — es ist die alte Geschichte des Bündels Pfeile auf dem holländischen Ducaten; einzeln kann jeder dieser Pfeile zerbrochen werden, in einem Bündel fest vereint sind sie unangreifbar, unbesiegbar.

Ich muß den Deutschen jener Zeit das Zeugniß ausstellen, daß sie obige Wahrheit vollständig begriffen und trotz aller Hetzereien der Jesuiten- und Muckerorgane, trotz aller Drohungen der Nativisten, trotz der gehässigen Anfeindungen der Sklavenhalter-Partei und trotz aller Verdächtigungen und Denunciationen, die fortwährend gegen mich und mein Blatt gerichtet wurden, sich nicht irre machen ließen, sondern fest zusammenstanden und treu zu Beiden hielten. Noch eine andere Aufgabe erschien mir ebenso wichtig und das war die Hebung und Veredlung des Tones in der deutsch-amerikanischen Presse; — die jetzige Generation kann es sich gar nicht mehr vorstellen, welch' ein gemeiner Fischweiber- und Hökerinnen-Ton, welch' ein ordinäres rohes „Kothwerfen" damals in der deutsch-amerikanischen Presse an der Tagesordnung war. Auf die einfachste, noch so rücksichtsvolle Bemerkung oder Einsprache gegen eine Zeitung und ihre Haltung antwortete diese in der Regel mit dem Abfeuern einer Dreck-Batterie der allerordinärsten Schimpfworte und rohesten Ausdrücke. Verleumdungen, grundlose Beschuldigungen, gemeine Lügen, waren die Waffen, mit denen gekämpft wurde und die immer nur dem gewissenlosen journalistischen Rowdy und frechem Zeitungsstrolche zu Gute kamen, während der honette Mensch Anstand nahm, sich solcher schmutzigen Waffen zu bedienen. Glücklicherweise waren mit der Einwanderung von 1849 eine große Zahl anständiger und hochgebildeter Publizisten nach Amerika gekommen, die allmälig Eingang in die verschiedenen deutschen Zeitungsbureaux fanden und die von dem herrschenden pöbelhaften Tone tief angeekelt wurden; — mit einigen derselben setzte ich mich in brieflichen Verkehr und schlug ihnen als Mittel zur Abhilfe die Bildung eines Bundes der bessergesinnten Zeitungen vor, die diese ordinären Schimpfereien aus ihren Spalten verbannen, alle Persönlichkeiten vermeiden und nur objektive Kritik üben würden. Von vielen Seiten fand ich freund-

liche Zustimmung und Mitwirkung und Unterstützung wurde mir
bereitwilligst zugesagt; — Andere wieder, unter ihnen mein lieber
Emil Klauprecht in Cincinnati, bezweifelten die Ausführbarkeit
und meinten, ich würde an den amerikanischen Preßverhältnissen
nichts ändern können, ja mir nur Verdruß und Aerger in Fülle
holen. Ich ließ mich aber nicht irre machen, sondern veröffent=
lichte im „Anzeiger" eine Reihe von Briefen über die deutsch=
amerikanische Presse, über die und deren Wirkung Friedrich
Schnake in seiner „Geschichte der deutschen Bevölkerung und
der deutschen Presse in St. Louis" Folgendes schrieb:

„Am 3. Oktober begann Börnstein mit einer Reihe meister=
lich geschriebener Briefe über die deutsche Zeitungspresse in Amerika.
Er zeichnete mit größter Meisterschaft die Mängel und Aus=
schreitungen, welche größtentheils die damaligen Journale er=
niedrigten. Er verlangte eine höhere, edlere Sprachweise, Auf=
geben der Fischweiber=Zänkereien und thatkräftiges Eingreifen in
die politischen Verhältnisse der neuen Heimath. Diese Briefe er=
regten nicht allein allgemeines Aufsehen, sondern waren der erste
Anstoß dazu, daß die deutsch=amerikanische Presse sich von der
Bevormundung der großen amerikanischen Zeitschriften emanzipirte
und sich nach und nach die geachtete Stellung erwarb, welche sie
jetzt einnimmt. In diesen Briefen hat sich Börnstein einen
Gedenkstein errichtet, auf den er mit Stolz hinweisen kann."

So freundlich und wohlwollend Schnake's Urtheil ist,
so muß ich doch hier gestehen, daß der Erfolg meiner Anregung
hauptsächlich dadurch bedingt wurde, daß so viele tüchtige und be=
gabte journalistische Collegen sich derselben anschlossen und mit mir
in gleicher Richtung zusammen wirkten, — ohne Selbstlob und
Ruhmredigkeit aber kann ich wohl behaupten, daß damals eine
entscheidende Wendung zum Besseren eintrat, und Sprache und
Haltung der deutsch=amerikanischen Zeitungen, einzelne atavistische
Rückfälle abgerechnet, sich von Jahr zu Jahr verbesserten und
verfeinerten. Wer sich davon überzeugen will, der braucht nur
einen alten Jahrgang einer deutsch=amerikanischen Zeitung aus dem
Ende der vierziger Jahre mit den jetzt erscheinenden deutschen
Zeitungen zu vergleichen und er wird den gewaltigen Unterschied
und Abstand schnell herausfinden.

Während so getrachtet wurde, einen anständigen gebildeten
Ton in die deutsch=amerikanische Journalistik einzuführen, mußte
auch daran gedacht werden, die Beziehungen zu dem alten Vater=

lande, zu der deutschen Heimath unter den deutsch-amerikanischen Bürgern zu erhalten und zu kräftigen, das Interesse an den politischen Schicksalen, an den socialen Fortschritten, an den Errungenschaften der Wissenschaft, Kunst, Literatur, Musik in Deutschland rege zu erhalten, und ich legte daher großen Werth auf die möglichst ausführliche und in ihrem Zusammenhange übersichtliche Wiedergabe der aus Europa kommenden Nachrichten. Damals hielt noch kein elektrischer Telegraph die Amerikaner täglich und stündlich au fait der europäischen Vorgänge, nur die größten englischen Blätter in New-York hatten europäische Correspondenten und auch diese nur in Paris und London. Jede Woche kamen ein oder zwei Dampfschiffe aus Europa in New-York an und brachten ein Päckchen europäischer Zeitungen der letzten Tage, aus denen dann in Eile und Hast die Redaktionen das Interessanteste herausschnitten und dieses bunt durcheinander gewürfelte Sammelsurium am nächsten Morgen unter der Ueberschrift: „Neueste europäische Nachrichten" abdruckten. Diese mitgebrachten Zeitungen waren meistens nur englische — nur die S t e w a r d s der deutschen Dampfschiffe brachten den deutschen Zeitungen auch ein Päckchen deutscher Blätter, aus denen dann ebenfalls eiligst eine Olla podrida herausgeschnitten wurde. Noch schlimmer aber waren die Zeitungen im Innern des Landes und besonders im fernen Westen daran, die keine solchen Sendungen erhielten und die sich daher darauf beschränken mußten, die plan- und wahllos zusammengestellten Nachrichten der New-Yorker Blätter nachzudrucken; — Correspondenten in Europa hatte keine deutsche Zeitung im Westen.

Es wurde mir daher die Aufgabe, mich und mein Blatt auch in dieser Hinsicht selbstständig zu machen und ich abonnirte nicht nur auf die bedeutendsten deutschen Blätter, die ich nun regelmäßig und vollständig erhielt und selbst eine Auswahl treffen konnte, sondern ich suchte auch europäische Correspondenten zu gewinnen, was damals besonders in Deutschland nicht so leicht ging. Im Anfange schrieb Franz P u l s z k y von London für mein Blatt höchst interessante europäische Berichte, allein bald absorbirte ihn sein thätiges Eingreifen in die Tagespolitik so vollständig, daß er seine Correspondenzen einstellen mußte.

An seine Stelle trat M o r i t z M a h l e r, ein Wiener Flüchtling, der einer der fleißigsten und gewissenhaftesten Correspondenten war, aber der arme M a h l e r, der in der März-Revolution und in den Wiener Oktober-Tagen schwer compromittirt, nur mit knapper

Noth dem unerbittlichen Kriegsgerichte des Fürsten Windischgrätz entgangen war, hatte in dem theuren London keine andere Er= werbsquelle, als seine Feder, — er mußte daher unermüdet Tag und Nacht arbeiten, für englische Blätter, für deutsche und ameri= kanische schreiben, — schreiben und Nichts als schreiben. Seine ohnehin schwachen Augen konnten diese ungeheure Anstrengung auf die Dauer nicht ertragen, — er wurde nahezu blind und sah sich endlich gezwungen, seine Correspondenzen aufzugeben; auch mich setzte er von dieser traurigen Nothwendigkeit in Kenntniß und schlug mir als besten Ersatz die Herren Arnold Ruge und Lothar Bucher vor, die ebenfalls als politische Flüchtlinge in London lebten. Bereitwilligst ging ich auf Mahlers Vorschlag ein und gewann die beiden begabten Männer als ständige Mit= arbeiter meines Blattes. — Arnold Ruge blieb europäischer Correspondent meines Blattes, bis ich nach Europa ging und setzte dann bis zu seinem Tode seine Thätigkeit als Correspondent in der „Westlichen Post" fort, — den geistreichen und hochbegabten Lothar Bucher verlor ich aber bald wieder und zwar wegen einer politischen Meinungsverschiedenheit.

Das Jahr 1859 war herangekommen und mit ihm der französisch=italienische Krieg gegen Oestreich in Italien. Die groß= deutsche Partei in Deutschland verlangte stürmisch, daß Preußen und überhaupt ganz Deutschland an Oestreichs Seite stehen und ihm Heerfolge gegen den französischen Erbfeind leisten sollte; — die deutsch=patriotische und liberale Mehrheit des deutschen Volkes aber war dagegen, — erklärte die österreichische Unterdrückung Italiens für keine deutsche Angelegenheit und drang darauf, daß Preußen und Deutschland neutral bleiben müßten, — die letztere Anschauung siegte denn auch im Berliner Cabinete und Preußen blieb trotz aller östreichischer Mahnungen und Bitten neutral; — in Norddeutschland war man mit dieser Haltung der Regierung vollständig einverstanden und nach und nach be= ruhigten sich auch die aufgeregten Gemüther in Süddeutschland, wo man bis zu den Niederlagen von Magenta und Solferino durchaus Oestreich zu Hilfe eilen und sich kopfüber in einen Krieg mit Frankreich stürzen wollte. Derselbe Meinungszwiespalt zwischen der groß=deutschen und der national=deutschen Partei trat denn auch in der deutsch=amerikanischen Presse mit großer Schärfe zu Tage und rief eine lebhafte und erbitterte Polemik hervor; — allein die Mehrzahl der deutsch=amerikanischen Presse, wie das

Publikum sprachen sich gegen jede Einmischung Preußens und Deutschlands in eine Oestreich allein angehende Angelegenheit aus, Arnold Ruge schrieb in demselben Sinne und die Redaktion des „Anzeigers" hatte sich von Anfang an schon auf den deutsch= nationalen Standpunkt gestellt und erklärt, ob Oestreich ein paar italienische Provinzen besitze oder nicht, könne dem deutschen Volke ganz gleichgültig sein, kein deutsches Interesse käme dabei mit ins Spiel u. s. w. u. s. w. Dazu kam nun noch, daß das damals noch absolutistische Oestreich in Amerika höchst unpopulär war und daß die Deutsch=Amerikaner, besonders die östreichischen Flüchtlinge, die vielen Ungarn, Italiener, Polen u. s. w. während der letzten zehn Jahre alles aufgeboten hatten, um die öffentliche Meinung in eine feindliche Stimmung gegen Oestreich und dessen Regierung zu hetzen.

Lothar Bucher aber gehörte damals noch zur groß= deutschen Partei, trat für Oesterreich und die Heeresfolge Deutsch= lands mit aller Entschiedenheit ein, und so erhielt ich plötzlich von ihm den nachfolgenden Absagebrief vom 22. Juni, — also ge= schrieben, ehe noch am 24. Juni die blutige Entscheidung bei Solferino erfolgt war. Der Brief lautete:

„London, Chabrol=Terrace 22. Juni 1859.

Geehrter Herr!

Zwischen Ihrer und Ruge's Auffassung der europäischen Verhältnisse und meinen Ansichten besteht eine so große und wach= sende Differenz, daß es alle Theile wenig befriedigen würde, wenn ich meine, wesentlich auf Raisonnement angewiesene Correspondenz länger fortsetzen wollte. Ich habe daher Herrn Mahler ersucht, sich nach einem anderen Stellvertreter umzusehen und werde für den kleinen Betrag, der mir zukommt, gelegentlich auf Sie abgeben.

Achtungsvoll und ergebenst

L. Bucher."

Das Resultat des französisch = italienischen Krieges sprach gegen Bucher und doch hat der begabte Mann im Laufe der Zeit zuletzt Recht behalten; — seine Lieblings=Idee, daß Deutsch= land und Oesterreich fest aneinander geschlossen ein mächtiges Mitteleuropa bilden sollten, welches gewillt und auch stark genug sei, den europäischen Frieden zu erhalten und jede Störung des= selben durch französische und russische Aggressiv=Gelüste zu verhindern, ist durch den Fürsten Bismarck verwirklicht worden, wenn auch auf anderen Wegen und in anderer Weiſe, als Buch er in 1859 gedacht hatte. Fünf Jahre nach dem obigen Briefe hatte Bis = marck, der wahres Talent zu finden und zu ſchätzen weiß, be= reits den ehemaligen Steuerverweigerer und politiſchen Flüchtling Lothar Bucher in das Auswärtige Amt nach Berlin berufen, ihn auf den rechten Platz geſtellt und jetzt iſt der Legationsrath Lothar Bucher Bismarcks rechte Hand und ſeine beſte Arbeits= kraft, der Vertraute und Eingeweihte der großen politiſchen Pläne, die den deutſchen Reichskanzler beſchäftigen. — Als aber im September 1879 Fürſt Bismarck nach Wien kam und das Bünd= niß zwiſchen Deutſchland und Oeſterreich zur Erhaltung und Siche= rung des europäiſchen Friedens abſchloß, waren zwanzig Jahre ſeit jenem Briefe Buchers verfloſſen, — und Bucher hatte Recht behalten, — der Antagonismus zwiſchen Preußen und Oeſterreich war aus der Welt geſchafft und die großdeutſche Idee hatte ſich verwirklicht. —

Deutſcher Ernſt.

(1850—1852.)

Indem ich mich in jene Zeit zurückerinnere und alte Papiere aus jenem Abſchnitte meiner Laufbahn durchblättere, fällt mir vor Allem eines auf, deſſen ich auch ſchon gedachte, und das iſt der hohe ſittliche Ernſt, der damals die ganze deutſche Bevölkerung beſeelte, die auf= richtige Begeiſterung, mit der ſie für die Erreichung der ihr geſteckten Ziele einmüthig zuſammenwirkte. Ich will hier nur eines kleinen Beiſpieles gedenken. Damals fiel, gerade ſo wie in dieſem Jahre, das Nationalfeſt des 4. Juli auf einen Sonntag und das gleißneriſche Mucker= und Phariſäerthum gab die bisher übliche Parole aus, das Feſt des 4. Juli dürfe, um jede Entheiligung des Sabbats zu ver= meiden, erſt am 5. Juli gefeiert werden. Dagegen opponirte ich im „Anzeiger“ und bemerkte, der Sonntag werde durch die Feier des Nationalfeſtes der Unabhängigkeit erſt recht geheiligt und die Deutſchen würden ſich um die unſinnige Anordnung, das Feſt des 4. Juli erſt am 5. Juli zu feiern, auch nicht kümmern, ſondern die von ihnen projektirte Feier des 4. Juli auch am 4. Juli

abhalten; — ich trug die Angelegenheit nun im „Freien-Männer-
Vereine" vor und mit Einstimmigkeit wurde der Beschluß gefaßt,
alle anderen deutschen Vereine und Militär-Compagnien zu einer
gemeinschaftlichen Feier des 4. Juli am Sonntag einzuladen.
Von allen Seiten kamen Beitritts-Erklärungen und in einer
Konferenz von Delegaten aller Vereine und Militär-Compagnien
wurde das Programm des Festes entworfen, wonach sämmtliche
Vereine mit Musikbanden und ihren Fahnen sich im nördlichen
Stadttheile versammeln und dann in feierlichem Zuge durch die
ganze Stadt nach Lindell's Grove, einem anmuthigen Wald-
haine am südlichen Stadttheile marschiren sollten. Auf dem Fest-
platze solle dann die Unabhängigkeits-Erklärung verlesen und einige
Reden über die Bedeutung des Tages gehalten, dann aber ein
großes Volksfest mit Gesang, Musik und Tanz, Spielen, Be-
lustigungen und Feuerwerk abgehalten werden. Als dieses Programm veröffentlicht wurde, erhob sich in der ganzen amerikanischen
Presse, wie in den Jesuiten- und Muckerblättern ein allgemeiner
Sturm der Entrüstung gegen die deutschen Gottesleugner und
Atheisten, die den Sonntag, den Tag des Herrn, entheiligen wollten,
und es wurde in der energischsten Weise erklärt, die Feier dürfe
und werde nicht stattfinden, — man werde die Deutschen
durch alle gesetzlichen Mittel und wenn die nicht ausreichten, und
es sein müsse, mit Anwendung von Gewalt daran hindern, das
Fest am Sonntage zu feiern. Zugleich wurden die beunruhigendsten
Gerüchte in der Stadt verbreitet; zehntausend Amerikaner und
Irländer würden den Festzug auseinandersprengen, das Volksfest
vereiteln und bei dem geringsten Widerstande der Deutschen würden
die deutschen Stadttheile in Brand gesteckt werden, und was dergleichen alberne Drohungen mehr waren. Die deutschen Vereine
beriethen sich und in einer General-Versammlung ihrer Delegaten
wurde meine Ansicht zum Beschluß erhoben, daß es jetzt
eine doppelte Feigheit sein würde, zurückzuweichen und die
Feierlichkeit abzusagen, daß die Deutschen dann sich selbst zu der
verachteten Stellung von Heloten und Sklaven herabwürdigen
würden und daß es sich jetzt darum handle, die Kraft und Stärke
der deutschen Bevölkerung zu erproben und ihre Rechte und Freiheiten aufrecht zu erhalten. Es gab keine gesetzliche Bestimmung,
welche eine solche Feier am Sonntage verbot, der etwaigen Willkür
der Polizei war man entschlossen, keine Folge zu leisten und im
äußersten Falle der brutalen Gewalt entschlossenen, männlichen

Widerstand entgegenzusetzen. Mit Einstimmigkeit wurde also die
Beibehaltung und vollständige Ausführung des Programms be=
schlossen, jedoch, um jedes Aergerniß Andersdenkender zu vermeiden,
sollte der Ausmarsch schon um sechs Uhr Morgens stattfinden, wo
in den Kirchen noch kein Gottesdienst gehalten wird, aller Lärm
und alle Rufe sollten vermieden werden und die Musikbanden
sollten schweigend durch die Stadt marschiren und erst außerhalb
der Stadtgrenze ihre Märsche erklingen lassen. Als diese Absicht
der Deutschen bekannt wurde, steigerten sich die Erbitterung und
die Drohungen der Gegner der Feier bis zum Wahnsinn; die
Zeitungen wütheten in ungemessenster Weise; rothe Anschlagzettel
forderten zur Vertilgung der gotteslästerischen Deutschen auf;
anonyme Brandbriefe verkündeten, daß Keiner der Theilnehmer am
Festzuge lebendig zurückkehren werde; — die Deutschen ließen sich
durch diese verrückten Drohungen nicht erschrecken obwohl sie sich
des vollen Ernstes der Sachlage ganz bewußt und sich vollständig
klar darüber waren, zu welchen Excessen ein amerikanischer Mob
fähig sei. Es war eine schlaflose Nacht, die dem Morgen des
4. Juli voranging. Die Vereine waren in Permanenz und trafen
alle Vorbereitungen für einen möglichen Zusammenstoß, — um
vier Uhr Morgens traten die Vereine und Militär=Compagnien
schon auf ihren Sammelplätzen zusammen, alle vollzählig; nicht
Einer hatte sich durch die Drohungen abschrecken lassen; sie waren
Alle erschienen und Alle waren bewaffnet. Die deutschen
Militärkompagnien, die den Zug eröffneten und schlossen, hatten
scharf geladen; von den anderen Civilvereinen war fast Jeder
mit einem Revolver, mit einer Pistole oder einem Bowie=Messer
in der Brusttasche versehen und wer gar keine Waffe auftreiben
konnte, hatte wenigstens einen zwei Pfund schweren Kieselstein in
einem starken Sacktuche eingedreht in der Tasche, um ihn als
Offensiv= oder Defensiv=Waffe zu gebrauchen. So setzte sich der
Zug, jedes Glied immer sechs Mann hoch, die Arm in Arm
gingen, stumm und schweigend in Bewegung und marschirte ernst
und lautlos durch die Stadt; — es mochten ungefähr achttausend
Deutsche im Zuge sein, — der „Verein der freien Männer" war
allein 2000 Mann stark ausgerückt; — Alle trugen auf den Hüten
grüne Eichenzweige als Feld= und Erkennungszeichen und Rosetten
in den amerikanischen Farben, wie denn auch das amerikanische
Sternenbanner im Zuge dominirte. So marschirte der Zug durch
das Centrum der Stadt und durch ein dichtgedrängtes Spalier

von Amerikanern und Irländern, die, Wuth und Haß im Blicke,
finster dreinsahen und es an gehässigen und verletzenden Bemer=
kungen nicht fehlen ließen, denen jedoch der ausgegebenen Parole
gemäß, auch nicht die geringste Beachtung, viel weniger eine
Antwort gewährt wurde. Aber den Zug zu stören, wagte doch
Niemand, der Ernst der Deutschen imponirte ihnen und selbst die
professionellen Raufbolde und Rowdies hielten sich scheu im Hinter=
grunde. So war es acht Uhr geworden, als der Zug im südlichen
Stadttheile anlangte, wo er von den dort fast ausschließlich wohnen=
den Deutschen mit Jubel begrüßt wurde und als er nun endlich
über die Stadtgrenze hinausschritt und die Musikbanden ihre
schmetternden Siegesmärsche anstimmten, da fühlte ein Jeder, daß
das Deutschthum einen großen Sieg errungen und seinen Gegnern
imponirt habe. Und so war es auch in der That. Das Volks=
fest nahm seinen vollen und ungestörten Verlauf, — die Versuche
einiger Strolche, in den Festplatz einzudringen, um dort Excesse
zu begehen, wurden mit summarischer Volksjustiz und handgreif=
lichen Lektionen abgewiesen, — des Nachmittags kamen zahlreiche
vorurtheilsfreie Amerikaner und betheiligten sich an der allgemeinen
Fröhlichkeit der Deutschen und erst am anderen Morgen zogen die
anderen Festtheilnehmer nach Hause, gerade als die Amerikaner
anfingen, ihre Feier des 4. Juli am 5. Juli abzuhalten. Mit
diesem Tage, der allerdings auch schlimmer hätte ausfallen können,
der aber durch die Ruhe, Kaltblütigkeit und Entschlossenheit der
Deutschen zu einem glänzenden Erfolge wurde, hatten die Deutschen
sich den Respekt der übrigen Bevölkerung für immer errungen
und nie wieder kam je eine Störung deutscher Feste oder die Frage
der Sonntagsfeier des 4. Juli zur Sprache. Die Deutschen hatten
sich in socialer Hinsicht von der bisherigen Bevormundung eman=
zipirt, wie sie es nun bald auch in politischer Hinsicht thun sollten
und selbst die widerwilligsten Gegner und erbittertsten Nativisten
erkannten von da an die Stärke und die Kraft der Deutschen,
wenn auch unwillig, an. Es war eben der sittliche Ernst jener
Zeit, die hohe Begeisterung, die Alle beseelten und vor Allem die
Einigkeit, Einmüthigkeit und Disciplin der Deutschen, die diese
glänzenden und für die Zukunft folgenschweren Siege errang.

Der Klingelbeutel der Revolution.

(1850—1852.)

Immer stiller wurde es in dieser Zeit in fast allen Ländern Europas, wo die siegreiche Reaktion mit eiserner Hand jede freie Regung unterdrückte; aber um so lebhafter ging es zu in Amerika, in England, in Frankreich, in der Schweiz und überhaupt überall, wo die glücklich entkommenen Flüchtlinge ein schützendes Asyl gefunden und sich nun als revolutionäre Emigration organisirt hatten. Sie Alle, versprengt und verjagt aus ihrem Vaterlande, getrennt von ihren Familien und Freunden, ohne Aussicht auf eine glücklichere Zukunft, ja viele von ihnen in contumaciam zum Tode oder zu lebenslänglichem Kerker verurtheilt, sie alle glaubten nicht an die Beendigung der Revolution, und hofften auf einen baldigen neuen Ausbruch derselben, auf eine siegreiche Volkserhebung in Frankreich, in Italien, in Deutschland oder irgendwo, und das ganze Dichten und Trachten aller dieser Emigrationen ging dahin, diese Revolution sobald als möglich ins Leben zu rufen. So hatte sich denn in London ein oberstes Revolutions-Comite gebildet, bestehend aus den hervorragendsten Flüchtlingen aller Nationen, unter ihnen Ledru-Rollin und Louis Blanc für Frankreich, Mazzini für Italien, Carl Marx für Deutschland und Andere, welche die oberste Leitung aller nationalen Revolutions-Vereine beanspruchten und als oberste Instanz gelten wollten. Aber die Revolutions-Vereine gingen darum doch jeder seinen eignen Weg und es gab wie immer, seit Bildung der menschlichen Gesellschaft, verschiedene sich widersprechende und bekämpfende Meinungen und Ansichten; — bald gab es Gemäßigte und Ultra-Radikale, die sich gegenseitig bekämpften, und um den Russen Bakunin und einige französische Anarchisten und italienische Carbonari bildete sich ein Revolutions-Central-Comite, welches in Opposition gegen das Revolutions-Comite trat und auf seinen eigenen Wegen auf das ersehnte Ziel hinstrebte.

Die aus den Flüchtlings-Vereinen hervorgegangenen Revolutions-Vereine in Amerika hatten sich bald mit den gleichen Vereinen in Frankreich, England und der Schweiz in Verbindung gesetzt und eine rege Correspondenz wurde auch mit dem obersten Revolutions-Comite in London geführt. Die freundliche und sympathische Aufnahme, welche die Flüchtlinge im Allgemeinen in den Ver.-St. gefunken, der warme Antheil und die lebhaften Demonstrationen, mit denen die Deutschen in der Union die Vorgänge des Jahres 1848 begleitet, die rege Theilnahme, die sie für die Kämpfe der Freiheit gegen die sich immer breiter machende Reaktion gezeigt hatten, hatten besonders in den deutschen Flüchtlingen übertriebene Hoffnungen und unberechtigte Illusionen hervorgerufen. So ent= stand nach und nach bei ihnen der Gedanke, die Mittel, um Deutsch= land zu revolutioniren und die deutsche Republik zu schaffen, müßten von Amerika kommen, wo so viele Stammes= und Gesin= nungsgenossen in behaglichen und sorgenfreien Umständen lebten. Kossuth, der gewesene Diktator Ungarns, hatte damals seinen Plan veröffentlicht, durch eine ungarische National=Anleihe die nöthigen Geldmittel herbei zu schaffen, um eine abermalige Erhebung Ungarns und dessen Losreißung von Oesterreich zu bewerkstelligen, ja Kossuth selbst hatte bereits die Reise über den Ocean an= getreten, um mit dem ganzen Gewichte seiner Popularität und der großen Macht seiner Beredtsamkeit sein Projekt praktisch durch zu führen. Konnten die Ungarn das, die doch nur einen kleinen Zweig der europäischen Stammesfamilie bilden, so mußte es den Deutschen noch viel leichter gelingen, die bereits mehrere Millionen Lands= leute in Amerika hatten.

Heutzutage, nach den Erfahrungen der letzten dreißig Jahre, lächelt man mitleidig über die phantastische Idee, mit dem Klingel= beutel Geld zusammen zu betteln, um damit eine große Revo= lution ins Werk zu setzen; — man hat ja gesehen, was die letzte große Revolution von 1870 bis 1871, in der ein einiges starkes Deutschland geschaffen wurde, gekostet hat. — Frankreich allein zahlte dafür als Kriegsentschädigung 5000 Millionen Francs und erlitt an zerstörtem, Privat= und öffentlichem Eigenthum, an Stockung und Unterbrechung alles geschäftlichen Verkehrs einen Schaden von 10,000 Millionen Francs. Aber auch Deutschland mußte eine schwere Zeche für sein Einigungswerk zahlen und daß es trotz der von Frankreich erhaltenen fünf Milliarden große Ver= luste an seinem National=Vermögen erlitten hatte, zeigten schon die nächsten Jahre nach 1873. — Aber damals war man unter dem Nachzittern der Achtundvierziger Bewegung noch höchst sanguinisch und glaubte Alles, besonders aber das, was man wünschte. So glaubte denn auch das deutsche Revolutions=Comite in London, daß, wenn es ihm gelinge, ein paar Millionen Thaler zusammenzubringen, es unfehlbar damit ganz Deutschland revolutioniren und die Er=

hebung siegreich durchführen könne. Diesen Glauben theilte auch
natürlich die ganze Emigration und der Beschluß des Revolutions-
Comites in Amerika, eine revolutionäre National-Anleihe von zwei
Millionen Thalern zu realisiren, wurde von allen Flüchtlingen aufs
Freudigste begrüßt und gut geheißen, besonders aber von den in
Amerika weilenden, die sich nach Thätigkeit und Revanche sehnten
und die — nebenbei gesagt — schreckliches Heimweh nach der alten
Heimath hatten. Ermunternde Briefe kamen aus allen Theilen
Amerikas und die dort weilenden Flüchtlinge schilderten das Unter-
nehmen der National-Anleihe als gesichert und versprachen ihre
thätige und eifrige Mitwirkung. So wurde denn Gottfried
Kinkel dazu bestimmt, nach Amerika zu reisen und die deutsche
Anleihe dort praktisch in die Scene zu setzen, — als Begleiter
wurde ihm Dr. Georg Hillgärtner mitgegeben. Die Wahl
Kinkels war eine sehr glückliche; denn Kinkel, Professor der
Kunstgeschichte an der Universität in Bonn, war einer der thä-
tigsten und hervorragendsten Männer in der Bewegung von 1848,
persönlich thätig im badischen Aufstande, wurde dort gefangen und
zu lebenslänglicher Zuchthausstrafe verurtheilt; — durch das kühne
Unternehmen von Carl Schurz wurde er aus Spandau befreit,
auf einem mecklenburgischen Schiffe nach England gebracht und nahm
dort bald einen hervorragenden Platz in den Kreisen der Flüchtlinge
ein, außerdem aber war er ein Ehrenmann durch und durch, dem
Niemand etwas Nachtheiliges nachsagen konnte, sondern der sich allgemeiner Achtung und des unbeschränkten Vertrauens seiner Landsleute erfreute. Endlich aber — was bei diesem Unternehmen ins
Gewicht fiel, besaß er eine große und wirksame Rednergabe und
war somit der Mann, um das beabsichtigte Unternehmen in Amerika erfolgreich durchführen zu können.

Nach Kinkels Befreiung im November 1850 hatte ich im
Vereine mit andern deutschen Männern den Gedanken angeregt, die
Deutsch-Amerikaner sollten durch eine National-Subscription die
nöthigen Mittel aufbringen, um dem befreiten Kinkel in den
Ver.-St. ein schönes Heim und eine sorgenfreie Existenz anbieten
zu können. Der diesfalls erlassene Aufruf, den alle deutschen Zeitungen veröffentlichten, fand allgemeinen Anklang und in unglaublich
kurzer Zeit war eine bedeutende Summe gezeichnet, die vollkommen
hinreichte, um für Kinkel die schönste Farm anzukaufen, selbe vollständig mit Allem auszustatten und noch ein mäßiges Betriebs-Kapital
zu seiner Verfügung stellen zu können. Dr. Gempp und Carl

Mügge hatten sich für das Unternehmen sehr lebhaft interessirt und viel zu seinem Gelingen beigetragen und so wurden denn sie auch beauftragt, Kinkel von dem Vollbrachten in Kenntniß zu setzen und ihm die nationale Ehrengabe seiner Freunde in Amerika zur Verfügung zu stellen. Aber Kinkel war noch zu sehr in der revolutionären Sturm- und Drangperiode von 1848 befangen, auch er hoffte auf den Wiederausbruch der Revolution in Deutschland und so kam seine Antwort und brachte uns eine Ablehnung, indem er zwar seinen herzlichsten, tiefgefühlten Dank für diesen Beweis von Liebe und Theilnahme seiner Landsleute in Amerika in beredter Weise ausdrückte, aber zugleich erklärte, daß er sich nicht müßig zur Ruhe setzen könne und dürfe, sondern daß er fest entschlossen sei, seine ganze noch ungebrochene Kraft dem Dienste Deutschlands, der Freiheit und der kommenden Revolution zu widmen.

Bald nach dieser seiner Absage kamen die ersten Nachrichten über die projektirte National-Anleihe und über Kinkels Reise nach Amerika, die bald darauf vollständige Bestätigung fanden. Die Ansichten über dieses Projekt waren natürlicherweise getheilt. Die Flüchtlinge und der jüngere Theil der Deutsch-Amerikaner begrüßten das Projekt mit Jubel und Begeisterung und machten lebhaft Propaganda dafür, während die Ruhigeren und Besonneneren und namentlich alle sogenannten „Grauen“ es entschieden mißbilligten. Zu den Gegnern des Projektes gehörten auch ich und mein Blatt, obwohl ich große Sympathien für Kinkel hegte und ich sprach mich von Anfang an entschieden dagegen aus, schon aus dem Grunde, weil ich in eine mit zusammengebettelten Gelde zu machende Revolution weder Glauben noch Vertrauen hatte, weil ich mir bewußt war, daß Revolutionen nur entweder von oben durch einen aufgeklärten Herrscher oder großen Staatsmann hervorgerufen werden können, wie dies in Oesterreich unter Kaiser Joseph der Fall war, oder aber von unten durch eine mächtige, das ganze Volk durchdringende Idee, durch den unwiderstehlichen Drang nach Befreiung aus unerträglicher Lage, wie dies 1789 in Frankreich geschah. Nie aber war es noch in der Geschichte vorgekommen, daß eine große, die Menschheit bewegende Revolution mit Geld gemacht worden war und dazu noch mit Geld, welches erst zusammengebettelt werden sollte.

Kinkel kam in den ersten Tagen des Septembers 1851 denn auch wirklich in New-York an, und von dort theilte er mir seine Ankunft durch den folgenden Brief mit:

„New=York, 16. Sept. 1851.

Bürger! Am vorigen Sonntage hier angelangt, beabsichtige ich, nach Auftrag und im Einverständniß mit den bedeutendsten Männern der Revolutionspartei in Europa, deren Namen ich Ihnen mündlich mittheilen werde, eine Reise durch Amerika zu machen, um auch hier die einflußreichsten Führer auf Grundlage eines vorzulegenden Planes für die deutsche National=Anleihe zu gewinnen, zugleich aber so viel Geld durch persönliche Agitation zusammen=zubringen, daß auf dieser Basis durch alle Garanten der Anleihe ein definitives Comite der Revolution gewählt, und so der Spal=tung der ganzen Emigration einmal ein Ende gemacht werde. Dieses ist der Schlüssel unserer ganzen Stellung, Europa gegenüber, und ich vertraue mit Sicherheit auf das Gelingen des Planes.

Mit wahrem Schmerze hat mich der Tod des Dr. Gempp erfüllt. Ich hoffte diesem Ehrenmann, der solche Güte mir ent=gegen getragen, persönlich dankend die Hand zu drücken, und er fand nun hier in Amerika seinen Tod!

Meine Reise geht jetzt nach Philadelphia und Cincinnati. In Cincinnati werde ich auf der Post fragen, ob Briefe für mich da sind, und eine kurze Antwort würde mich erfreuen. Von dort gehe ich nördlich an die Seen und komme den Mississippi her=unter zu Ihnen. Dies dürfte sein in der letzten Oktoberwoche. Von Ihnen gehe ich noch, wenn die Zeit es erlaubt, nach New=Orleans und kehre vor Neujahr nach Europa zurück.

Bei der mächtigen Stellung, die Sie, Bürger, in der Presse des Westens haben, ersuche ich Sie, mein Auftreten dort vorzube=reiten, vorläufig über die Anleihe mit Gesinnungsgenossen, nament=lich mit den Männern, welche so edelmüthig im Dezember mir entgegen gekommen sind, sich zu besprechen und den Gedanken in Ihrem Blatte populär zu machen.

Erhalten Sie mir Ihre freundliche Gesinnung und haben Sie die Güte, meinen Freunden in London, welche jetzt die litho=graphische Correspondenz fortführen, unter der bisherigen Adresse recht regelmäßig Ihr Wochenblatt zuzusenden.

Gruß und Handschlag.

Gottfried Kinkel."

Ich antwortete ihm sogleich mit der offenen und ehrlichen Er=klärung, daß ich dem Projekte der National=Anleihe gegenüber nicht fördernd, sondern gegenwirkend entgegentreten würde, setzte ihm auch

ausführlich meine oben angedeutete Anschauung der Sachlage aus=
einander und indem ich ihn meiner persönlichen Achtung und Theil=
nahme versicherte, erklärte ich, daß ich ihm dennoch als Gegner
der Sache, die er vertrete, gegenüberstehen müsse. Aber in New=
York hatten indessen die Flüchtlinge und ihre Freunde große
Demonstrationen zu Ehren Kinkels in die Scene gesetzt, der
künstlich erzeugte Enthusiasmus pflanzte sich von Stadt zu Stadt
im Osten fort, größere und kleinere Antheilscheine der deutschen
National=Anleihe fanden ihre Abnehmer, Bälle, Theater=Vorstel=
lungen, Liedertafeln und Bazars wurden zum Besten der deutschen
National=Anleihe veranstaltet und es gingen ganz hübsche Geld=
beträge ein, wenn auch lange nicht die erhofften zwei Millionen,
und diese Gelder wurden alle nach London geschickt und dem Re=
volutionscomite zur Verfügung gestellt. Aber je weiter Kinkel
im Innern der Union vordrang, je stärker und lebhafter wurde
der Meinungszwiespalt zwischen den Förderern und Gegnern der
National = Anleihe. So kam denn Kinkel gegen Weihnachten
auch nach St. Louis und seine Freunde rechneten darauf, daß der
Haupt=Widerstand gegen das Projekt, der in St. Louis seinen Sitz
hatte, durch sein persönliches Auftreten bezwungen und niederge=
brochen werden würde. Die Freunde Kinkels und Garanten des
National=Anlehens waren lauter ehrenhafte und ehrliche Männer
voll aufrichtiger Ueberzeugungstreue, aber als Bürgen für die An=
leihe bedeuteten sie so gut wie gar nichts; denn ein amerikanischer
Gerichtshof hätte sie alle zusammen nicht als Bürgen für tausend
Thaler angenommen. Diese wackeren Männer boten nun Alles
auf, um Kinkels Mission erfolgreich zu machen und es entspann
sich eine heftige Zeitungs=Polemik, die endlich damit endete, daß
die Entscheidung durch das Volk, also von den Deutschen
in St. Louis, ausgesprochen werden solle. Ich habe schon früher
erwähnt, daß damals Alles, selbst das Minderbedeutende, mit feier=
lichem Ernste und aufrichtiger Begeisterung behandelt wurde, um
so mehr eine Angelegenheit, in der es sich um das Wohl und Wehe
der alten Heimath, um die Befreiung von Millionen Deutscher aus
den Banden und Ketten der Reaktion handelte. Für den 27. De=
zember, einen Sonntag, wurde in dem großen Saale der südlichen
„Freien = Männer" = Schule eine deutsche Volksversamm=
lung einberufen, in welcher Kinkel und ich eine öffentliche
Discussion über die projektirte National=Anleihe führen und die
Versammlung sich dann durch Abstimmung für oder gegen das

Projekt aussprechen würde. Diese Versammlung war schon mehrere
Tage vorher der allgemeine Gesprächsstoff und nahm die öffentliche
Aufmerksamkeit fast ausschließlich in Anspruch; — der Andrang
zur Versammlung war ein ungeheurer; nicht nur der große Saal
war von Menschen überfüllt, sondern auch alle Schulzimmer im
Erdgeschoße waren gestopftvoll und rings um das Schulgebäude
standen noch Tausende von Deutschen, die im Hause keinen Platz
mehr gefunden hatten und ließen sich durch ab= und zugehende
Boten über den Fortgang der Verhandlungen unterrichten. Ein=
stimmig wurde F r a n z S c h m i d t durch Akklamation zum Vor=
sitzer der Versamlung ernannt und ihm ein Bureau von Vice=
Präsidenten und Sekretären, zu gleichen Theilen aus beiden Parteien
gewählt, beigesellt und der oratorische Zweikampf begann. Nach
einem streng objektiven Einleitungsworte des Vorsitzers ergriff
K i n k e l das Wort, setzte in beredter Weise das Projekt der National=
Anleihe und dessen voraussichtlich großen Einfluß auf die Befreiung
Deutschlands auseinander und sprach fast eine Stunde unter den
lautesten Beifalls= und Zustimmungsrufen seiner Freunde und
Anhänger. Ich hatte wahrlich keinen leichten Stand, als ich nun
nach K i n k e l , nach dieser sympathischen Persönlichkeit und diesem
mächtigen Redner als G e g n e r des Projektes auftreten und Kinkels
Argumente, eines nach dem andern, widerlegen mußte. — Aber
meine innerste Ueberzeugung stärkte mich und ich fand Worte, um
diese Ueberzeugung auch der Versammlung eindringlich mitzutheilen.
So wogte der Redekampf nahe an fünf Stunden ununterbrochen
fort, jeder von uns ergriff viermal das Wort unter gespann=
testerAufmerksamkeit der Versammlung, bis endlich nach unseren
beiderseitigen Schlußworten der Vorsitzer den Schluß der Debatte
erklärte und die von beiden Seiten eingebrachten Beschlüsse zur
Abstimmung brachte, bei welcher der Beschluß f ü r die National=
Anleihe mit großer Mehrheit a b g e l e h n t und der andere Beschluß,
der die National=Anleihe als ein unausführbares und unzweck=
mäßiges Vorhaben v e r w a r f , mit mehr als Zweidrittel=Majorität
a n g e n o m m e n wurde. Die ganze Verhandlung wurde mit größtem
Anstande und rücksichtsvoller Artigkeit von den Rednern durch=
geführt und von der Versammlung mit achtungsvoller Aufmerk=
samkeit und Beobachtung strengster Schicklichkeit verfolgt. Ich trat
nach Auflösung der Versammlung zu K i n k e l , reichte ihm die
Hand und wiederholte, daß meine persönliche Achtung für ihn un=
verändert dieselbe sei, daß mir aber meine Pflicht als Führer

meiner Landsleute auferlegt habe, der Sache, die er vertheidige, entgegenzutreten; — er erwiederte den Handschlag ebenso herzlich und sprach nur sein aufrichtiges Bedauern aus, daß ich nicht, Arm in Arm mit ihm, für das große Unternehmen wirken könne. So schieden wir von einander, persönlich in Freundschaft, aber was die Sache betraf, als unversöhnliche Gegner. Diese öffentliche Dis=cussion, die von den Schriftführern niedergeschrieben und am nächsten Tage im Drucke veröffentlicht ward, bezeichnete den Anfang vom Ende der National=Anleihe, — St. Louis war damals tonangebend für das Deutschthum im Westen und die Debatte, sowie das Resultat der Abstimmung übten ihre Wirkung. Kinkel wurde nicht mehr der frühere Enthusiasmus entgegengebracht, die Antheilscheine der National=Anleihe fanden immer weniger Abnehmer und ehe noch drei Monate vergangen waren, hatten sich die Vereine, welche die Revolutions = Anleihe fortführen sollten, allmälig aufgelöst, Gleich=gültigkeit war an die Stelle der früheren Begeisterung getreten und so wie Kinkel wieder nach Europa zurückgekehrt war, löschte die ganze National=Anleihe still aus wie eine heruntergebrannte Kerze.

Aber schön war die Sache doch, eben wegen des Ernstes und der Begeisterung, die auf beiden Seiten herrschten und ich denke noch immer mit Vergnügen an jene ideal angehauchten, schönen Zeiten, die in dem späteren praktischen Geschäftstreiben nie mehr wiederkehrten, zurück. Als einen Beweis dieses Ernstes, der uns Alle beseelte, mögen hier noch ein paar charakteristische Schriftstücke aus jenem Zeitabschnitte folgen. Am Tage vor seiner Abreise schrieb mir Kinkel den folgenden Brief, den ich noch immer als ein werthvolles Andenken an den wackern Mann bewahre:

„Herrn H. Börnstein.   St. Louis 29. Dez. 1851.

Verehrter Herr!

Eine Maßregelfrage hat uns geschieden, und so wird es mir erst vor dem Abschiede von Ihrer Stadt thunlich, Ihnen den Brief Ihrer Schwägerin, der von mir sehr verehrten Frau Dr. Hoffmann in Pittsburgh zuzustellen, der eigentlich eine Ein=führung sein sollte. Verzeihen Sie diese Versäumniß und gestatten Sie mir, meinen Dank für die Gefälligkeit auszudrücken, die Sie in Annahme und Zustellung meiner Correspondenz mir er=wiesen haben.

Die homerischen Helden freuten sich des Zweikampfs mit

9*

Gegnern, die sie selbst als mächtige erkennen mußten. Ueber den Schmerz hinaus, den Ihre Lossagung von dieser Sache mir bereitete, habe ich etwas von diesem Gefühl am vorigen Sonntag Ihnen gegenüber empfunden.

Erhalten Sie mir jene Achtung, die mitten im Kampfe Keiner von uns dem Anderen versagt hat. Ich nehme Abschied von Ihnen und Ihrer Stadt, die auch durch Ihre Mitwirkung einst mir eine Heimath zu werden verhieß, und gehe gern auf jenes Verhältniß persönlicher Werthschätzung ein, das letzten Sonntag Ihre dargebotene Hand besiegelte.

Gottfried Kinkel."

Und an Bernays in Highland schrieb Kinkel folgenden Brief:

„St. Louis, 30. Dez. 1851.

Der Wunsch einer herzlichen halben Stunde mit Ihnen, lieber Bernays, ist mir also versagt geblieben. Ich habe mich darauf seit London gefreut und doch glaubte ich dort nicht, 14 Tage hier festgehalten zu werden. Hillgärtner ist sehr krank gewesen. Unsere Wege scheiden hier. Ich fahre morgen nach New-Orleans, während er nach Cincinnati mir vorausgeht.

Börnstein ist Gegner meiner Sache geworden. Ich weiß, daß sein Verlust für die Sache ein großer Verlust ist und ich wollte für ihn und mich, daß wir hätten geschlossen zusammengehen können. Zwei Kräfte in Einer Partei messen sich nie mit einander, ohne daß Beide an Kraft einbüßen.

Leben Sie wohl und behalten Sie mich lieb. Ich grüße Sie scheidend mit Hochachtung und herzlichem Wohlwollen.

Gottfried Kinkel."

Vierzehn Tage später kam noch das heitere Nachspiel; — preußischer Consul war damals in St. Louis der Kaufmann E. C. Angelrodt, ein liebenswürdiger, gebildeter Mann und vorzüglicher Gesellschafter, der jedoch, obwohl er nicht Consul missus, also kein preußischer Beamter, sondern nur Handels-Agent war, die damals in Preußen üppig alles überwuchernde Reaktion auf sich und sein Verhalten Einfluß gewinnen ließ. Ich war daher nicht wenig erstaunt, als ich plötzlich von diesem Manne, mit dem ich nur oberflächlich bekannt war, den nachfolgenden, ebenfalls jenen Zeitabschnitt charakterisirenden Brief erhielt:

„Werther Herr Börnstein!

Von meiner vierwöchentlichen sehr schmerzlichen Krankheit (Gesichtsschmerz, Kopfgicht) so weit wiedergenesen, daß ich etwas denken und lesen kann, griff ich nach dem „Anzeiger des Westens", wovon einige Blätter in meinem Krankenzimmer liegen. Es sind dies die vorgestrige Nummer 74 mit Herrn F. Schmidts „Geständniß" und Ihrer beistimmenden Bemerkung darüber, so wie ein Bruchstück der Nummer mit Ihren und Kinkels interessanten Discussionen. Ich habe in meiner Krankheit so manches Unzusammenhängende über Herrn Kinkel's Hierherkunft und Anwesenheit gehört, daß ich wünschen möchte, die interessanten Verhandlungen zwischen ihm und Ihnen im Zusammenhange kennen zu lernen. Da aber die darauf bezüglichen Blätter nicht aufgehoben worden sind, so bitte ich Sie, mir alle Nummern zukommen zu lassen, die vom Tage seiner Hierherkunft an auf Kinkel Bezug haben, — besonders auch Ihre Disputation mit ihm. — Es thut dem Geiste wohl, endlich mal ein so klares und richtiges Urtheil und Bekenntniß über das Flüchtlings-Unwesen und den Standpunkt, den ein Mann hier im Lande einnehmen soll, von einem wackern und geistreichen Manne zu lesen, so wie das wenige, was ich aus Ihren erwähnten Vorträgen gelesen, gleiches Interesse in mir hervorgerufen hat. Wie mir Dr. Engelmann sagte, hatte Herr Kinkel auch Empfehlungen an mich, hat sie aber nicht benutzt und mich auch nicht besucht. — Nun! ein preußischer Consul, obwohl nur Handels-Agent, muß ja in den Augen vieler Leute ein serviles Subjekt sein, das geht nun mal nicht anders, allein vom gebildeten Manne erwartet man, daß er einen Unterschied zwischen Stand und Person zu machen weiß. Er konnte den Angelrodt immer besuchen, — denn mir thut es sehr leid, Kinkel nicht kennen gelernt zu haben, da es nur von Interesse für mich sein konnte, einen hinsichtlich seiner wissenschaftlichen Bildung so hoch stehenden Mann persönlich kennen zu lernen, wenn auch unsere politischen und Anleihe-Ansichten sehr verschieden sein können. Verzeihen Sie mein Geschmier, — Hand und Kopf sind noch zu schwach.

Mit Achtung und Freundschaft

Ihr

E. C. Angelrodt."

Möglicherweise war dieser Brief ganz gut gemeint, allein

ich hatte damals noch nicht das kalte Blut und die ruhige Ueber=
legung wie jetzt, und so fühlte ich mich durch dieses Schreiben
verletzt und war gereizt.   Man mußte damals, besonders in
meiner Stellung, äußerst vorsichtig sein.   Schon wer nicht in das
große Horn der Flüchtlinge stieß, wurde von ihnen als s e r v i l e r
F ü r s t e n k n e c h t benunzirt; wer aber nur den geringsten geselligen,
oder gar freundschaftlichen Verkehr mit einem Vertreter der
europäischen Regierungen hatte, der wurde ohne Gnade als ein
S p i o n der preußischen oder österreichischen Regierung an den
Pranger der Oeffentlichkeit gestellt und für immer gebrandmarkt.
Die beifällige Zustimmung des p r e u ß i s c h e n C o n s u l s zu
meinem Auftreten gegen K i n k e l und die Revolutions=Anleihe
erschien mir wie ein Hohn, wie eine böswillige Verdrehung meiner
Absichten, und in der ersten Aufregung setzte ich mich hin und
schrieb einen Brief an Consul A n g e l r o d t, der zwar äußerlich
in der Form artig, aber im Inhalte verletzend war, in welchem
ich ihm erklärte, ich müsse seinen Beifall ablehnen, da ich bei
meinem Verhalten gegenüber K i n k e l durchaus nicht von der
Absicht geleitet worden wäre, „de travailler pour le Roi de
Prusse;“ — daß ich vielmehr aus ganzem Herzen die Revolution
in Deutschland herbeiwünsche, um den dortigen miserablen Zu=
ständen ein Ende zu machen, daß ich nur über die anzuwendenden
Maßregeln nicht mit K i n k e l einverstanden sei, und noch eine
Anzahl ähnlicher Bravaden, über die ich heute herzlich lachen
müßte, wenn ich mich nicht ihrer wirklich schämte.   Von diesem
Briefe an wurde Consul A n g e l r o d t, der mir bisher sehr wohl=
wollend entgegengekommen war, mein Feind und Gegner und ich
hatte noch lange erbitterte Kämpfe mit ihm und seinen Freunden
zu bestehen, bis endlich die Alles ausgleichende Zeit und die
Erfahrung reiferer Jahre eine friedliche Verständigung zwischen
uns herbeiführten.

—

Die revolutionäre Sammelbüchse für Ungarn.
(1852.)

Mit K i n k e l s Argonauten = Fahrt, um das goldene Vließ
der Deutsch=Amerikaner zu erobern, war aber die revolutionäre

Klingelbeutel-Geschichte noch lange nicht zu Ende; — Kinkels angebliche Erfolge und das anfängliche Gelingen der deutschen National-Anleihe, die von den Flüchtlingen in allen Theilen der Union, besonders aber von Osten aus, überall hin in über= schwänglichen Correspondenz = Artikeln verkündigt wurden, ließen andere Leute nicht schlafen; auch sie wollten von dem deutschen revolutionären Californien, das sich angeblich in den Ver.=St. aufgethan haben sollte, ihren Antheil haben und so beschloß der linke rothe Flügel der deutschen Emigration in London, der sich als das oberste Revolutions=Central=Comité gerirte, ebenfalls die Sammelbüchse in Amerika herumgehen zu lassen und sandte als seinen Apostel den badischen Flüchtling Amand Goegg mit Instruktionen und Vollmachten, mit Pamphleten und Proklamatio= nen reichlich ausgestattet, nach den Ver.=St., um auch einige Millionen zu Revolutionszwecken von dort herüberzuholen. Auch Goegg fand seine Anhänger und bereiste wie Kinkel sämmt= liche Städte und Ansiedlungen der Union und überall wurden Versammlungen einberufen, Reden gehalten, Beschlüsse gefaßt und Revolutions=Vereine gegründet, wo solche nicht schon ohnehin bestanden, um den großen deutsch=amerikanischen Re= volutionsbund über die ganze Union zu organisiren. Es war eine großartige Idee, die Goegg verwirklichen sollte. Aller= dings sollte auch ein Grund=Kapital für die kommende Revolution geschaffen, aber zugleich sollte auch auf die geistige Emanzipation der Deutsch=Amerikaner hingewirkt und es sollte in Amerika eine deutsch=revolutionäre Literatur geschaffen werden, deren Produkte man auf jede mögliche Weise in Deutschland einschmuggeln und so die Hoffnung auf die künftige Revolution und die geistige Bereitschaft für sie immer wach und rege halten wollte. Um aber die nöthigen Fonds für diese Zwecke zusammenzubringen, sollte auf dem ganzen Gebiete der amerikanischen Union ein deutscher=Revolutions=Bund gegründet werden, der sein bestimmtes und reiches Einnahme=Budget haben würde. Man berechnete damals, daß in der Union drei Millionen Deutsche lebten, die alle dem Revolutions=Bunde beitreten sollten, — jedes Mitglied sollte verpflichtet sein, monatlich die unbedeutende Kleinigkeit von fünf Cents in die Bundeskasse zu zahlen, was also in einem Jahre sechzig Cents per Mitglied, im großen Ganzen aber nahe an zwei Millionen Dollars als Jahreseinnahme er= geben hätte. Hätte der Revolutionsbund nur zehn Jahre lang

bestanden, so hätte er ein Bundesvermögen von achtzehn
Millionen Dollars oder 90 Millionen Francs ge=
habt und mit solch einem „Heidengelde" hätte sich schon ein recht
anständiges Revolutiönchen in die Scene setzen lassen. Die ideale
Seite von Goeggs Mission, daß nämlich Revolution die erste
Bürgerpflicht der Deutschen sei, leuchtete denn auch den überall
berufenen Massenversammlungen vollständig ein, wenigstens so
lange, als sie unter dem Eindrucke der begeisterten Reden des
Revolutions=Apostels und seiner Jünger standen. Auch die finan=
zielle Seite erschien ihnen plausibel, — „wir trinken halt alle
Wochen ein Glas Bier weniger!" — hieß es gewöhnlich und
der erste Monatsbeitrag von fünf Cents wurde bereitwilligst ein=
gezahlt. Es ging sogar noch viel leichter als bei der National=
Anleihe; denn diese sollte ja von der Regierung der künftigen
deutschen Republik mit Zinsen wieder zurückgezahlt werden, wie
die Garanten der Anleihe verbürgten, während es sich bei dem
„Revolutions=Bunde" um ein Unternehmen auf Fonds perdus
handelte, das keine Buchhaltungen und lange Rechnungen erfor=
derte und folglich bei den Massen viel populärer war. Amand
Goegg war ebenso begeistert und unermüdlich für das ihm
übertragene Werk, wie es Kinkel gewesen war, aber es bestand
doch ein großer Unterschied zwischen Beiden. Kinkel war ein
begeisterter Redner mit mächtiger Ueberzeugungsgabe, classisch ge=
bildet und dabei doch Jedermann verständlich, während Goegg,
ein Süddeutscher, mehr die Sprache der Londoner Flüchtlings=
Clubs brauchte, massiver auftrat und derber dreinschlug. Darin
aber ähnelten die Bemühungen Beider sich, daß sie wohl momen=
tane Erfolge, aber keine dauernden und bleibenden erzielen konnten,
daß sie wie Meteore kamen und wieder verschwanden, ohne eine
Spur zu hinterlassen; — drei Monate nach Kinkels Rund=
reise durch die Ver.=St. dachte schon Niemand mehr an die
National=Anleihe und zu Goeggs Revolutions=Bund wurde
schon die zweite Monatsrate von fünf Cents nicht mehr einge=
zahlt. Die Revolutions=Vereine lösten sich in Wohlgefallen auf,
die Garanten der National=Anleihe suchten und fanden meist auch
einen Broderwerb, der deutsche Revolutions=Bund verflüchtigte sich
und wenn noch hie und da von diesen beiden Unternehmen ge=
sprochen wurde, so geschah es mit ungläubigem Lächeln und be=
deutsamen Achselzucken. Ich hatte es in meiner Stellung für
klüger gehalten, der Mission Goeggs keine Opposition zu

machen, um ihr dadurch nicht einiges Gewicht zu geben, wenigstens bei meinen persönlichen Gegnern; andererseits sah ich darin auch nur eines von den vielen Mitteln zur Erreichung des Haupt= zwecks, den ich im Auge hatte, und der hieß: Einigkeit und festes Aneinanderschließen der Deutsch=Amerikaner, um zu Einfluß und Bedeutung in den inneren Angelegenheiten unserer neuen Heimath zu gelangen; — ich unterstützte also Goeggs Bemühungen so weit als dies in meinen Kräften stand und als es der von mir eingenommene Standpunkt erlaubte; Goegg fand daher in St. Louis eine sehr freundliche Auf= nahme und schrieb mir beim Abschiede noch folgende anerkennende Zeilen:

„Lieber Herr Börnstein!

Gern hätte ich Sie noch einmal vor Abfahrt des Dampf= schiffes gesehen.

Die Mission gebietet mir, rasch weiter zu reisen und dem Wunsche, noch weitere Tage in St. Louis zu bleiben, zu entsagen.

Empfangen Sie meinen verbindlichsten Dank für Ihre un= eigennützige, zuvorkommende Unterstützung, die Sie mir in meiner schwierigen Mission boten.

Auch fühle ich mich verpflichtet, Ihnen noch einmal Glück zu den Erfolgen zu wünschen, welche Sie mit Ihrer Consequenz, Thätigkeit und geistreichen Durchführung zur Geltendmachung der Deutschen gegenüber den Amerikanern bis jetzt in St. Louis er= reichten.

Es wird dieser Ihr Erfolg auch auf die übrigen Theile der Union einen erfolgreichen Einfluß in besagter Richtung ausüben.

Mit freundlichem Gruß Ihr

St. Louis, d. 15./4. 52.   A. Goegg.“

Während sich diese spezifisch deutschen Revolutions=Bestre= bungen abspielten, war fast gleichzeitig mit Kinkel Ludwig Kossuth, der gewesene Diktator Ungarns, nach den Ver.=St. gekommen, um hier für das von Rußland und Oesterreich nieder= geworfene Ungarn ebenfalls den Klingelbeutel herumgehen zu lassen; — Kossuth wendete sich nicht, wie Kinkel und Goegg, speciell an die Deutschen, sondern an das ganze Amerikanerthum und verschmähte es nicht, nebst den anglo= amerikanischen Versammlungen auch in deutschen und irischen

Versammlungen Reden zu halten und Propaganda für die Sache
Ungarns zu machen. Auch entfaltete Kossuth einen viel größeren Apparat als seine deutschen Vorgänger und trat mit größerem Pompe auf, — ihm voran reiste gewöhnlich der alte Ujhazy,
der gewesene Civilgouverneur von Komorn, der gemeinschaftlich
mit General Klapka diese Festung tapfer vertheidigt und noch
lange nach dem Unglückstage von Villágos und der Vernichtung
aller Hoffnungen Ungarns sie gehalten und erst nachdem Allen
freier Abzug und ehrenvolle Bedingungen gewährt worden waren,
Komorn an die Oesterreicher übergeben hatte. So kam denn
auch Gouverneur Ujhazy mit einem kleinen Gefolge von Hon-
ved-Offizieren als Vorläufer Kossuths nach St. Louis, eine
große Massenversammlung wurde zu seinem Empfange in der
Rotunde des Courthauses zusammenberufen, zu der denn auch die
ganze Bevölkerung herbeiströmte. Mir war der Auftrag geworden, den ungarischen Gast bei der Versammlung einzuführen
und vorzustellen und ich entledigte mich desselben, indem ich
eine kurze Schilderung der ungarischen Revolution, insbesondere
der Vertheidigung von Komorn gab. Dann kündigte Ujhazy
in deutscher Sprache die bevorstehende Ankunft Kossuths an
und setzte den Zweck seiner Reise auseinander, nämlich den, der
momentan niedergeworfenen Revolution in Ungarn neue finanzielle
Hilfsmittel in dem gastfreundlichen und edelmüthigen Amerika zu
verschaffen. Zur Herbeischaffung dieser Geldmittel war eine viel
praktischere Art und Weise gewählt worden als Kinkel und
Goegg sie erdacht hatten; es handelte sich nicht mehr um An-
theilsscheine der National-Anleihe, nicht um monatliche Beiträge
des Revolutionsbundes, sondern es sollten die Mittel für Ungarn
gleich und auf einmal aufgebracht werden, was bei dem raschen
Verflüchtigen des ersten Enthusiasmus auch der sicherste Weg zum
Ziele war. Zu diesem Zwecke hatte Kossuth sehr schön ge-
stochene Banknoten, die sogenannten Kossuthnoten, mitgebracht, lautend auf Einen Dollar, fünf, zehn, hundert Dollars,
welche gegen baare Bezahlung ihres vollen Nominal-Werthes
ausgegeben wurden, um nach dem Siege der Revolution und der
Constituirung eines unabhängigen Ungarns von allen Regierungs-
cassen des neuen Staates als baares Geld angenommen oder
nach Wunsch in Gold eingelöst zu werden. Es war dies jedenfalls eine sehr gelungene Finanz-Operation, denn auf diese Art
kam eine vollständig ohne Abzug eingezahlte und gänzlich unver-

ional=Anleihe zu Stande. In der ersten Begeisterung,
pfange Kossuths, fanden denn auch die Kossuth=
lden Absatz, die Anglo=Amerikaner, besonders deren
ben förmlichen Sport damit, ja die ersten Kossuth=
nach St. Louis kamen, wurden noch mit einem Agio
minal=Werth bezahlt, und eine mir bekannte Person=
so viele solcher Kossuth=Noten gekauft und bezahlt,
ihnen und mit dem, was sie von gleichgesinnten
äter davon gesammelt hatte, als die Unabhängigkeits=
Ungarn gänzlich verflogen waren, sich ihr Arbeits=
tapezieren lassen konnte.

nach Gouverneur Ujhazy kam Ludwig Kossuth
nem größeren Gefolge von ungarischen Obersten und
begleitet von Franz Pulsky, nach St. Louis,
Vereine und Miliz = Compagnien empfingen ihn in
geleiteten ihn nach dem Hôtel, wo ihn eine Depu=
tabt begrüßte; kurz, er wurde mit allen Ehren eines
mpfangen. Alle diese Demonstrationen waren aber
h nur ein Protest der Amerikaner gegen die damals
überall herrschende Reaktion. Daß es bei einer
zenheit auch nicht an Taktlosigkeiten fehlte, daß sich
unbedeutender Menschen an Kossuth drängte, um
kannt zu werden, war nur natürlich, und besonders
urde in dieser Hinsicht stark über die Schnur ge=
so hatte eine Deputation der Deutschen in Newark
i feierlicher Anrede versichert, daß die Deutschen sich
en legten und bereit seien für ihn und seine Sache
— worauf Kossuth diesen Ausbruch des Servilis=
oßem Takte ablehnte und sagte: „er glaube nicht,
ner die Ansicht des deutschen Volkes ausgesprochen
aber nur wünschen, daß die Deutschen diese Opfer=
ren freisinnigen Grundsätzen und ihrem Vaterlande
möchten, für seine Person und die Sache Ungarns
z nicht beanspruchen". Noch schlimmer war es in
e, wo Schnauffer als Sprecher eines Fest=
Anrede an Kossuth hielt und darin u. A. sagte:
hen seien allerdings gespalten, allein beim Namen
ien sie einig und gern bereit, ihm zu folgen, wenn
ner entfalten und die Führung der deutschen
iehmen würde". Kossuth sprach dann eine Antwort,

in welcher er am Schlusse sagte: „Wenn das deutsche Volk ihn zum Führer erwählen sollte, so wäre er bereit, diesem Rufe zu folgen." Das war denn doch zu viel für manchen wackeren Deutschen und Dr. Wiß, der ebenfalls mit einer Deputation bei diesem Empfange anwesend war, entledigte sich des ihm gewordenen Auftrags seines Vereins und fügte dann ex abrupto die folgende Zurechtweisung hinzu: „Entschuldigen Sie, Herr Gouverneur, wenn ich meinen Auftrag überschreite, aber es sind hier Worte gefallen, die mich im Innersten empören, weil sie mein Volk erniedrigen. Auch mein Volk ist geknechtet und blutet unter derselben Tyrannei wie Ungarn; wir wissen wohl, daß gegen die vereinigten Fürsten die vereinigten Völker kämpfen müssen, aber zunächst hat doch jedes Volk seine eigenen Angelegenheiten zu besorgen, und nicht nöthig, einen fremden Führer für sich handeln zu lassen; denn sonst wäre die gepriesene Solidarität der Völker eine Schmach für das einzelne Volk. Auch das deutsche Volk wird in seiner eigenen Kraft die Mittel finden, die Revolution durch- und Deutschland zur Einheit und Freiheit zu führen. Wir zollen den muthigen Thaten und der Größe Ungarns volle Bewunderung, ohne jedoch uns selbst ihm gegenüber zu erniedrigen. Ich bitte, Herr Gouverneur, daß Sie diesen republikanischen Stolz und dieses Selbstvertrauen der Deutschen nicht mißverstehen mögen." — Kossuth war von diesen Worten sichtlich ergriffen und antwortete ziemlich taktvoll: „Meine Herren, ich kenne das deutsche Volk, es läßt sich nicht führen. Ich bedarf dieser Mahnung nicht, aber das bleibt wahr, daß die Deutschen, bis jetzt wenigstens, nicht sich selbst zu führen verstanden haben." — Ich erzähle diese kleine Episode, weil sie am besten den Ernst und den Pathos anschaulich macht, mit dem damals Alles behandelt wurde. — Ich betrachtete es als meine erste Aufgabe, ähnliche Auswüchse und servile Demonstrationen im Westen oder doch wenigstens in St. Louis zu verhindern und es wurde mir ein Leichtes, die Leitung der Theilnahme der Deutschen bei Kossuths Empfange und Aufenthalt in meine Hände gelegt zu sehen. Ich nahm nun sowohl in meinem Blatte, als auch in meinen Unterredungen mit Kossuth und Pulsky eine ganz selbständige Stellung ein und betonte sowohl im Verkehre mit den Ungarn, wie in den öffentlichen Reden, den deutschen Standpunkt mit besonderem Nachdrucke. Es war gerade damals, als Kossuth in St. Louis war (März 1852) der Kampf der „Freien=Männer=Vereine" gegen die päpstliche Hierarchie und das orthodoxe Muckerthum in größter Heftigkeit im Gange und es lag mir viel daran, Kossuth für eine Unter= stützung der freisinnigen Richtung zu gewinnen. Bis dahin hatte sich Kossuth in dieser Hinsicht ganz neutral gehalten und die religiöse Frage zu berühren sorgfältig vermieden. Ich setzte ihm nun auseinander, wie diese Frage jetzt die brennendste sei und alle anderen Fragen in den Hintergrund dränge, daß es also bei einer beabsichtigten deutschen Massenversammlung für ihn nothwendig sein würde, in dieser Frage Farbe zu bekennen und einen festen Standpunkt einzunehmen. Kossuth war auf den Klerus, der in Ungarn schon gegen ihn agitirt hatte und der in Wien der erste in den Reihen seiner Gegner war, ohnehin schlecht zu sprechen und so hielt Kossuth denn in der deutschen Massenversammlung am Soulard=Markte jene fulminante Rede gegen das Papstthum und die Jesuiten, die damals so großes Aufsehen machte, aber auch die Folge hatte, daß den Irländern, die bis jetzt jede antimonarchische Demonstration enthusiastisch mit= gemacht hatten, nun von ihren Priestern der Besuch der Kossuth= Versammlungen streng verboten wurde und das ganze ultramon= tane Element sich jetzt feindlich gegen ihn stellte.

Nach einem längeren Aufenthalte als in anderen Städten verließ Kossuth endlich St. Louis und nahm mit folgenden Zeilen von mir Abschied:

„St. Louis, den 16. März 1852.

Werther Herr!

Lassen Sie mich, bevor ich scheide, den thätigen Eifer auf das Wärmste anerkennen, mit welchem Sie für die geheiligte Sache bürgerlicher und religiöser Freiheit in Europa eingetreten sind. Talentvolle Männer wie Sie können viel thun für die Verbreitung der freisinnigen Grundsätze, welche auch ich vertrete und ich lege Ihnen daher wiederholt die Sache Ungarns an's Herz, die so innig mit den Interessen der Ver.=St.=Republik verknüpft ist. Fahren Sie in der bisherigen Weise fort und lassen Sie mich hoffen, daß meine Abwesenheit weder Ihren Eifer noch die Sympathie des großen Kreises Ihrer Freunde und Anhänger vermindern wird. Ich bleibe, werther Herr, Ihr aufrichtiger

L. Kossuth."

Kossuth blieb noch bis Ende Juni in den Ver.-St. und kehrte erst dann nach Europa zurück, sowohl in seinen finanziellen, als in seinen politischen Erwartungen bedeutend herabgestimmt und enttäuscht. Der Absatz der Kossuth-Noten hatte immer mehr abgenommen, bis er endlich auf Null herabsank, und die materielle Unterstützung Ungarns durch die amerikanische Republik, auf die man ungarischerseits nach der Anerkennung Ungarns durch die Ver.-St. und durch die eifrige Verwendung des amerikanischen Gesandten für die Freilassung des in der Türkei internirten L. Kossuth und seiner Begleiter, so wie später nach dem mannhaften Auftreten des Kapitäns Ingraham für den ungarischen Flüchtling Martin Kosta in Smyrna und der groben Note des Staatssekretärs Marcy an den österreichischen Geschäftsträger Hülsemann noch lange gehofft hatte, wollte auch nicht zu Stande kommen. Aber es war gerade damals Präsidentenwahl in den Ver.-St. und es ließ sich mit Gewißheit voraussehen, daß die Demokraten wieder in den Besitz der Regierungsgewalt kommen würden, was denn auch mit der Wahl von Franclin Pierce stattfand; — Kossuth suchte nun durch Reden und Schriften die Sache Ungarns mit der amerikanischen Präsidentenwahl zu verflechten und die Unterstützung Ungarns durch die Ver.-St. zu einer Planke der Partei-Plattform zu machen, um so die deutschen Stimmen zu gewinnen. Zu diesem Zwecke berief Kossuth in New-York noch eine große Massenversammlung und in seiner Abschiedsrede setzte er diese seine leitende Idee auseinander. Zum erstenmale wurde damals auf die Bedeutung und das Gewicht des deutschen Votums in der Union, das bis dahin immer blind durch Dick und Dünn mit der Sklavenhalter-Demokratie gestimmt hatte, aufmerksam gemacht und es wurde ein Vereinigungspunkt für alle Deutsch-Amerikaner zum ersten Male aufgestellt. Wenn auch die Sache Ungarns für die Deutschen in Amerika nur ein untergeordnetes Interesse hatte und für sie nur einen Protest gegen den in Oesterreich damals herrschenden Absolutismus bedeutete und wenn auch nach Kossuths Abreise die Theilnahme für Ungarn allmälig verschwand und endlich ganz aufhörte, so war doch hierdurch der erste Anstoß gegeben, daß die Deutschen der Union sich zählten, ihre Stärke erkannten und sich zu gemeinsamem Handeln aneinander zu schließen anfingen, — eine Richtung, die von da an langsame aber stetige Fortschritte machte, die Deutschen immer mehr von den bestehenden politischen Parteien loslöste und sie immer mehr von der Bevormundung der Drahtzieher emancipirte. Als ein interessantes Dokument zur Beurtheilung jener Zeit lasse ich hier noch das Schreiben folgen, das mir Kossuth von New-York aus vor seiner Abreise sandte.

New-York, 28. Juny 1852, 52 East 16. Str.

Mein theurer Herr!

Ich hoffe, Sie haben bis jetzt bereits meine deutsche Abschieds-Rede im Tabernacle New-York, 23. Juny, sowie die darauf erfolgte Resolution des Meetings gelesen.

Auch hoffe ich, daß der Eindruck, den diese Angelegenheit bei den beiden politischen Parteien erregt, Ihrer Aufmerksamkeit nicht entgangen ist.

Fürwahr! es ist nicht zu verkennen, daß die stimmfähigen deutschen Bürger Amerikas auf der Plattform der in meiner besagten Rede aufgestellten Prinzipien, in eine vereinte übereinstimmende Richtung vereinigt, die Macht des Ausschlages in der Hand haben.

Sie können entscheiden über die Richtung der auswärtigen Politik der künftigen Administration der Ver.-St. und damit über den Triumph oder den Untergang der Freiheit in Europa.

Nie waren noch die deutschen Bürger Amerikas in dieser entscheidenden Machtlage. — Die Parteiführer sind zur Erkenntniß dieser Macht gelangt und sie sind allarmirt, denn sie wissen, daß auch im schlimmsten Falle die Deutschen wenigstens jede Combination, jede Berechnung der Parteien unsicher machen können.

Werden die deutschen Bürger die Wichtigkeit ihrer Stellung auffassen, die ihnen in einem Jahrhunderte nicht wieder kommt? —

Ich hoffe es! — Gott der allmächtige Beschützer der Freiheit verhüte es, daß sie den Moment vernachläjsigen.

Werden sie Prinzipien nicht höher achten als Namen und Parteibenennungen?

Ich hoffe, sie werden es! — Die Machtstellung Amerikas, die Freiheit Europas, Deutschlands, Ungarns, Italiens, liegt in ihrer Hand!

Um Gotteswillen, wirken Sie dahin, daß Ihre deutschen Mitbrüder diese Stellung einnehmen und durch Meeting-Resolutionen die in meiner besagten Rede aufgestellten Prinzipien gutheißen und die dort angedeutete Bahn zur ihrigen erklären.

Rasch gehandelt! Die Macht der Stellung uncompromittirt in der Hand behalten, bis eine oder die andere Partei that= sächliche Garantien bietet, das ist Euch von der äußersten Wich= tigkeit! —

Sollte ich so glücklich sein, daß die deutschen Bürger in verschiedenen Theilen der Ver.=St. meine Prinzipien und die an= gedeutete Richtung öffentlich gutheißen, und dadurch öffentlich den Beweis liefern, daß sie diese Politik zu der ihrigen machen, so würde mich dies in die Lage setzen, wirksame Unterhandlungen mit den Parteien zu betreiben und ihnen Garantien bieten zu können, die den Prinzipien und Sympathien deutscher Herzen ent= sprechen würden.

Gott sieht meine geheimsten Gedanken, er weiß es, daß nicht eitle Wichtigthuerei mein Herz bewegt, — nein, es ist das Be= wußtsein, daß die Freiheit Europas von der einhelligen Unter= stützung der deutschen Bürger Amerikas abhängt, die mich diese Communication machen läßt.

Meine Bitten sind folgende:

1) Veranstalten Sie, daß ohne Zeitverlust ein deutsches Meeting einberufen werde, um zu berathen, welchen Weg die deutschen Bürger Amerikas einschlagen sollen in der Frage der Präsidentenwahl.

2) Lassen Sie ein Comité von einflußreichen Männern (womöglich von beiden Parteien) Resolutionen vorbereiten, und unter diesen die folgenden beiden: a) daß die stimmfähigen deutschen Bürger von St. Louis die Prinzipien, die ich in meiner New=Yorker Rede vom 23. Juny aufstellte, gut heißen und die Bahn und politische Richtung, die dort angegeben, zu der ihrigen machen, weil sie selbe für solche anerkennen, die den wahren Interessen der Ver.=St. und der Freiheit Europas einzig angemessen sind und daher jedem deutschen Bürger zur Richtschnur dienen sollten; — b) daß sie mich öffentlich auffordern, die Ver.=St. nicht zu verlassen, ohne daß ich vor meiner Abreise den deutschen Bürgern von St. Louis mitgetheilt, welche Partei die entsprechendsten Zusicherungen, ja Garantien ertheilt habe, da sie entschlossen sind, auf dieser Basis in der Präsidentenwahl= Frage zu handeln; c) daß sie insbesondere den Widerruf, oder aber wenigstens eine, den Prinzipien der, durch die Constitution garantirten individuellen Rechte der Bürger der Ver.=St. ent= sprechende Interpretation der Neutralitäts=Gesetze von 1818 für

eine speciell gewünschte issue betrachten; — d) daß sie ihre Mit=
bürger anderer Stämme auffordern, mit ihnen sich auf dieser
erhabenen Basis der Weltfreiheit und der Ehre und Wohlfahrt
der Ver.=St. zu vereinigen.

Dieser Weg würde von unendlicher Wichtigkeit sein; —
offene Thätigkeit und geheime Intriguen sind im Spiele, um
diesen Erfolg zu paralysiren. Aber die Deutschen sind eine Macht
geworden. — Wehe, wenn man diesen Wink der Vorsehung miß=
achten sollte! Man muß die Bewegung krystallisiren, damit die
Kraft nicht auseinander fließt. — Je mehr es offenkundig ist,
daß ich und meine Politik auf die Unterstützung der deutschen
Bürger rechnen kann, desto mehr kann ich für die Sache thun,
die auch Ihrem Herzen so theuer ist. Im Namen der Verehrung,
die ich für Amerika hege, im Namen der unterdrückten Völker
Europas beschwöre ich Sie, mir Ihre Hand in der angegebenen
Richtung zu reichen. Lassen Sie mich bald von einer erwünschten
Thätigkeit hören!

Mit Hochachtung, Brudergruß und Handschlag
Ihr ergebenster
Henry Börnstein Esq.   L. Kossuth.

Kossuth kehrte nach Europa zurück und in dem geschäft=
lichen und politischen Drängen und Treiben des amerikanischen
Lebens wurden er und sein Wirken bald ebenso vergessen wie
Kinkel und Goegg, aber das politische Testament, das er im
obigen Briefe den Deutsch=Amerikanern hinterließ, kam allmälig
zur Ausführung, wenn auch nicht in Kossuths Sinne und zum
Nutzen Ungarns, wohl aber zur Befestigung der Stellung und
des Einflusses des Deutschthums und wird in nicht ferner Zu=
kunft einen noch vollständigeren Erfolg erringen, wenn die Deutschen
sich erst nur von ihrer Hauptkrankheit, der sprüchwörtlich gewor=
denen „deutschen Uneinigkeit" befreit und sich zu einem
mächtigen Ganzen fest aneinander geschlossen haben werden.

Kongresse, Konventionen und Plattformen.

Während in Amerika so mit großem Lärm und Tumulte
an der deutschen Revolution gearbeitet wurde, war es in

Deutſchland ſelbſt allmälig immer ſtiller geworden und Nie=
mand dachte mehr daran, die Orgien des Jahres 1848 wieder
aufzunehmen, — der Bundestag ſaß wieder in ſeinem Palaſte in
der Eſchenheimer Gaſſe in Frankfurt und rächte ſich für den
Schrecken, den ihm die Revolutionäre bereitet hatten. In Oeſter=
reich war zwar nicht der alte Metternich wieder gekommen,
aber andere Leute regierten noch viel despotiſcher und waren noch
viel ſchlimmer, wenn auch lange nicht ſo geiſtreich, wie der ab=
getakelte Fürſt=Staatskanzler. In Preußen regierte rückſichtslos
die Reaktion und die Regierung ließ die zu Olmütz und Warſchau
erlittene Erniedrigung ihre Völker entgelten, indem ſie mit eiſerner
Fauſt jede freiſinnige Meinungs=Aeußerung und unabhängige Ge=
ſinnung unterdrückte; — und im übrigen Deutſchland wetteiferte
man, das preußiſche Beiſpiel möglichſt getreu nachzuahmen. So
wurde es denn ſtille und immer ſtiller in Deutſchland, eine Hoff=
nung nach der anderen erwies ſich als traurige Täuſchung, all=
gemeine Abſpannung trat ein und die Nation verſank in Gleich=
gültigkeit und Marasmus, ja es dauerte viele Jahre, bis die
Deutſchen wieder ſich geiſtig zu erheben anfingen und 1859 durch
die Gründung des deutſchen National=Vereins das erſte Lebens=
zeichen wiedererwachender Kraft und Thätigkeit gaben. Bei dieſem
Verlöſchen oder vielmehr Einſchlafen der freiſinnigen Bewegung in
Deutſchland war es denn nur natürlich, daß man ſich auch in
Amerika zu ernüchtern anfing, daß man die Wahrheit nicht länger
verkannte, das Heimweh nach dem alten Vaterlande endlich über=
wand und nach einem Auswege ſuchte, um aus den Extravaganzen,
in die ſich die „Grünen“ verrannt hatten, in halbwegs plau=
ſibler Weiſe wieder herauszukommen. Alle die Leute, die während
drei Jahren unabläſſig ihre Blicke auf Deutſchland gerichtet und
alle ihre Berechnungen auf den Wiederausbruch der deutſchen Re=
volution baſirt hatten, fingen nach und nach an, ſich daran zu
erinnern, daß ſie ja amerikaniſche Bürger geworden ſeien,
daß die neue Heimath und deren Intereſſen ihnen näher liege,
als das ferne alte Vaterland und daß ſie auf dem neuen Schau=
platze ihrer Thätigkeit viel Nützlicheres thun, viel Beſſeres für ſich
und ihre Mitbürger erzielen konnten, als indem ſie phantaſtiſchen
Täuſchungen nachjagten, Luftſchlöſſer in den Wolken bauten, oder
à la Don Quixote mit Windmühlen kämpften. So wurde denn
endlich die teutſch=amerikaniſche Revolutions=Epoche abgeſchloſſen,
und zwar charakteriſtiſch genug für den Geiſt der Ueberſpanntheit

und Exaltation, der damals herrſchte, mit einer neuen Extra=
vaganz, die alle früheren weitaus übertraf.

Die Zahl der deutſchen Revolutions=Vereine in den Ver=
einigten Staaten war damals ſchon weit über tauſend ſolcher
Vereine angewachſen und die leitenden Geiſter dieſer Vereine be=
riethen nun, angeſichts der Sachlage, daß Deutſchland ſelbſt für
ſeine Befreiung nichts thun könne oder wolle, wie ihm dennoch
von Seite der amerikaniſchen Brüder Hilfe gebracht werden ſollte
und ein paar der hervorragendſten Führer kamen auf den genialen
Einfall, die Befreiung Deutſchlands dadurch zu erzielen, daß die
Vereinigten Staaten von Amerika ſich zur Welt=
Republik erklären, den ganzen Welttheil vom nordiſchen Polar=
meere bis hinab nach Feuerland und Patagonien in eine einzige
große Republik concentriren und dann das alte Europa an dieſe
„Welt=Republik" annektiren ſollten, mit dem Vorbehalte, ſpäter
wo möglich auch noch Aſien, Afrika und Auſtralien dem neuen Welt=
reiche einzuverleiben und ſo die Univerſal=Republik der
vereinigten Menſchheit und den ewigen Frieden auf Erden
zu begründen. Dieſe coloſſale Idee, über die unſere jetzige, höchſt
proſaiſche Zeit nur mitleidig lächelnd die Achſeln zucken würde,
wurde damals von den aufgeregten und gereizten Gemüthern der
Flüchtlinge mit Begeiſterung aufgenommen, mit ſtürmiſchem Jubel
begrüßt; — und es wurde jener famoſe Kongreß nach Whee=
ling einberufen, auf dem alle deutſch=amerikaniſchen Revolutions=
Vereine vertreten und die Maßregeln beſprochen und feſtgeſtellt
werden ſollten, um die großartige Idee zu verwirklichen. Auf den
18. September 1852 war der Kongreß zuſammenberufen und
1112 Revolutions=Vereine hatten ihren Beitritt angemeldet. In
Wheeling traf man die größten Vorbereitungen, um die 1112
Delegirten der Revolutions=Vereine würdig und gaſtlich zu em=
pfangen, mit größter Spannung waren die Blicke aller Deutſch=
Amerikaner auf das kleine, damals noch wenig gekannte Whee=
ling gerichtet und man erwartete ängſtlich, was dieſe große Ver=
ſammlung zum Heile der deutſchen Menſchheit beſchließen werde.
Aber entweder ſah es mit den Kaſſa=Beſtänden der Revolutions=
Vereine ſehr ſchlecht aus und ſie konnten das nöthige Reiſegeld
und die Diäten für ihre Delegirten nicht aufbringen, oder die
erſte Begeiſterung war bereits verdunſtet und jeder erwartete ruhig,
was die anderen thun würden und legte indeſſen die Hände in
den Schooß, — genug, es waren bis zum 16. September nur

b r e i z e h n Anmeldungen von wirklich eintreffenden Delegaten an=
gelangt, denen sich noch drei Vertreter des Revolutions=Vereines
von Wheeling anschlossen. Der Kongreß bestand also in Wirk=
lichkeit aus s e ch z e h n Delegirten, denen 1112 Revolutions=
Vereine ihre Vertretung b y p r o x y anvertraut hatten. Die
Geschichte jener Zeit hat uns die Namen dieser sechzehn Männer,
dieser muthigen Freiheitskämpfer, bewahrt, die auf dem deutschen
Rütli zusammentraten, um A m e r i k a zur W e l t r e p u b l i k zu
erklären und das B i s ch e n E u r o p a z u a n n e k t i r e n; —
es waren dies der Präsident Dr. C o n r a b i n H o m b u r g und
sein Sekretär E d u a r d S ch l ä g e r aus B o s t o n, der un=
erschöpflichste aller Stump = Redner, ferner noch aus Boston
L. M e y e r, — C. G ö p p und W. R o s e n t h a l aus Philadelphia,
und R o t h und C. H o f f m a n n aus Pittsburg, A. G e r w i g
aus C i n c i n n a t i, L. R o o s aus N e w a r k, J. M ü l l e r aus
C l e v e l a n d, L. K i r ch n e r aus T r o y, G. B a c z k o aus A l b a n y
und die drei Wheelinger Delegirten, R. F i s ch e r, C. S t r o b e l
und J. R. W i n k l e r, — diesen fünfzehn Delegirten hatte sich
als Sechzehnter noch der revolutionäre Geschäftsreisende, W. R o t h =
a c k e r aus L o n d o n, angeschlossen und der Kongreß war fertig.
Diese „wackeren Leute, aber schlechten politischen Musikanten"
waren von den besten und ehrlichsten Absichten beseelt und auf=
richtig begeistert für die große Idee; außerdem aber lag der Zug
nach Annexionen damals in der Luft; Texas, Californien, Neu=
Mexiko waren kürzlich annektirt worden, fortwährend wurden
Unternehmungen ausgerüstet, um auch Cuba und Mittel=Amerika
zu annektiren, sowie auch immer die Hoffnung genährt wurde,
die englischen Besitzungen in Canada, früher oder später, der
Sternenrepublik einzuverleiben; Staatssekretär W e b s t e r hatte in
der Angelegenheit M a r t i n K o s t a's gegen Oesterreich eine Sprache
geführt, wie sie sich in Europa kaum der mächtige Zar Nikolaus
von Rußland gegen den Fürsten von R e u ß = S ch l e i z = G r e i z
erlaubt haben würde, die Einwanderung aus Europa strömte
massenhaft herbei und brachte fortwährenden Zuwachs an Arbeits=
kraft und National=Reichthum, also an Stärke und Macht, und
so war damals die Stimmung in der Union eine sehr hochgehende
und überspannte und Alles, selbst das Unwahrscheinliche, schien
möglich und erreichbar. Wer sich eine Idee davon machen will,
wie die damals entwickelte Idee von der eigentlichen W e l t =
m i s s i o n A m e r i k a s gedichtet und ausgemalt wurde, der muß

das damals von E. Göpp und Theodor Pöſche geſchriebene
und dem neuen Präſidenten Franklin Pierce gewidmete Buch:
„Das neue Rom" („the new Rome") leſen, in welchem in
wahrhaft begeiſterter Sprache die nächſte Zukunft der geeinigten
Menſchheit mit der Vereinigten=Staaten=Republik als ihrer Central=
Sonne in glänzendſter Weiſe geſchildert wurde. Exemplare dieſes
im Buchhandel gänzlich vergriffenen Werkes dürften wohl noch in
der Kongreß=Bibliothek und im Smithſonian=Inſtitute aufzu=
treiben ſein. Auf dem Kongreſſe ſelbſt wurden dieſe Ideen durch
E. Göpp ausführlich entwickelt und beſonders betont, wie durch
die amerikaniſche Welt=Republik und die Annektirung Europas an
dieſelbe der Gegenſatz zwiſchen der monarchiſchen Bevormundung
des alten Europas und der Unabhängigkeit und Selbſtſtändigkeit
des Individuums, der Gemeinde und des Staates im jungen
Amerika ſeine glückliche Löſung finden werde. Beſchlüſſe, um
dieſes Ziel zu erreichen, wurden von dem ſechzehn Mann ſtarken
Kongreſſe angenommen, Boſton wurde zum Vororte beſtimmt, ein
„Volksbund für die alte und neue Welt" wurde
organiſirt, d. h. auf dem Papiere, und eine Adreſſe wurde er=
laſſen, die, in alle Sprachen überſetzt und an alle Völker der
Erde verſchickt, dieſe von dem Geſchehenen in Kenntniß ſetzen und
ſie zur Mitwirkung auffordern ſollte. In dieſer überſchwenglichen
Adreſſe hieß es unter Anderm:

„Die Wohlfahrt Amerikas erfordert die Entfeſſelung des
europäiſchen Lebens; die Freiheit Amerikas erfordert die Befreiung
unſerer europäiſchen Brüder; die amerikaniſche Union verlangt
ihre Ausdehnung über die Staaten von Europa. Die Zeit iſt
gekommen, in der das Motto: „E pluribus unum" den atlanti=
ſchen Ocean überſchreiten muß. Wir fordern die Ausbreitung der
amerikaniſchen Freiheit. Sie kann ohne amerikaniſches Blut oder
Geld ſiegen. Aber, Dank dem Gotte der Schlachten, es iſt
wahrſcheinlich, daß, wie Griechenland ſeinen trojaniſchen Krieg
hatte, welcher es aus einem Fiſcherſtaate zur Leuchte der Civili=
ſation umgeſtaltete, wie die Kreuzzüge des weſtlichen Europa das=
ſelbe aus der Nacht jener Zeitalter erweckten, ſo auch Amerika
ſeine Iliade und ſeinen Kreuzzug haben wird, um ſeinen Platz
unter den Völkern als Brennpunkt der Menſchheit zu erringen!
— Ein Krieg für die Ausbreitung unſerer Inſtitutionen iſt kein
Eroberungskrieg, aber da der Geiſt der Regierung das Princip
der Selbſtregierung, oder vielmehr der Nicht=Regierung iſt, ſo

umfaßt deſſen Ausdehnung nicht die Einführung, ſondern die Ab=
ſchaffung von Gewalt und Gewaltthaten; ſein Zweck iſt die Her=
ſtellung der Souveränität des Individuums durch Abſtreifung der
Feſſeln, gegen welche es vergeblich ankämpft.

Der amerikaniſche Continent durchſchneidet den Ocean, wie
Italien das Mittelmeer, und wie das alte Rom den Kreis der
Länder überſchaute, die jenes Binnenmeer begrenzten, ſo laſſen die
Vereinigten Staaten der neuen Welt ihre Augen auf die Welt=
geſtade ſchweifen. Das Univerſal=Reich der Zukunft gehört ihnen.
Das Reich, nicht der Eroberung und Unterjochung, nicht des Her=
kommens, nicht der nationalen Reibungen und des Haſſes, ſon=
dern der Verbrüderung, der Gleichheit und Freiheit. Wir be=
ſchwören es, ſeine Beſtimmung zu vollenden und aus Vielen
Eine Welt zu ſchaffen.“

Das ganze große Werk der Republikaniſirung des Welt=
theils und der Annektirung Europas wurde in drei Tagen fertig
gebracht und der Kongreß trennte ſich mit dem erhebenden Gefühle,
einen kühnen Griff gethan und eine große That vollbracht zu
haben. Leider entſprach der Erfolg nicht dieſem viel verſprechen=
den Beginnen; in der Präſidentenwahl von 1852 und der damit
verbundenen ungeheuren Aufregung des ganzen Landes ging der
Wheelinger Kongreß unbeachtet und ſpurlos unter, der „Volks=
bund für die alte und neue Welt“ kam nie zu Stande,
der Vorort Boſton hatte ſo gut wie Nichts zu thun, drei Monate
ſpäter, alſo noch vor dem neuen Jahre 1853, hatten ſich alle
Revolutions=Vereine in Wohlgefallen aufgelöſt und die Adreſſen
an alle Völker und in allen Sprachen gingen um ein Billiges
in die Hände eines Käſehändlers über, der ſie zu materielleren
Zwecken benutzte. Mit dieſem glänzenden idealen Feuerwerk, dem
letzten Raketen=Bouquete der „Grünen“, fand die deutſch=
amerikaniſche Revolutions=Periode ihren Abſchluß und erſtand nie
wieder zu neuem Leben. Aber alle dieſe thatenluſtigen und un=
ruhigen Naturen, die noch immer unter der Nachwirkung der
Achtundvierziger Bewegung ſtanden, konnten ſich nicht zu abſoluter
Ruhe verdammen; gethan mußte etwas werden, Vereine mußte
man haben und ſo erinnerte man ſich plötzlich daran, daß man
doch eigentlich in Amerika ſei, daß man auch Verpflichtungen
gegen die neue Heimath habe und dieſe mit den erhabenen Ideen
von 1848 aufklären und beglücken könne. In Deutſchland und
ſeit dem Napoleon'ſchen Staatsſtreiche überhaupt in Europa gab

es nichts mehr zu thun, man beſchäftigte ſich alſo mit Amerika, fing an, ſich mit amerikaniſcher Geſchichte und Politik zu befaſſen und die Verfaſſung der Vereinigten=Staaten=Republik zu ſtudiren und da fanden denn unſere Achtundvierziger, daß in dieſer beſten aller Republiken doch noch nicht Alles auf das Vorzüglichſte be= ſtellt und noch Vieles, ja ſehr Vieles verbeſſerungsbedürftig ſei. Die mikroſkopiſche Loupe und die ſcharfe Analyſe der Kritik wurden auf die Verfaſſung und die Einrichtungen der Vereinigten Staaten angewendet und man entdeckte, daß die Republik und ihre Ver= faſſung, ja überhaupt alle amerikaniſchen Zuſtände, eine Menge von Unzukömmlichkeiten, Widerſprüchen und daraus reſultirenden Mißbräuchen und Unzweckmäßigkeiten enthielten, und daß eine Reform aller dieſer ſchreienden Ungerechtigkeiten dringend nöthig ſei; — es entſtanden alſo eine Menge neuer Bewegungen, die durch pilzartig aufſchießende neue „Reform=Vereine" vertreten wurden, das Schlagwort des Tages war: Reform, politiſche Reform, religiöſe Reform, ſocialiſtiſche Reform, kurz Alles ſollte anders gemacht werden, als es wirklich war. In den Vereins= ſitzungen und in den Zeitungen wurden fortwährend Vorſchläge gemacht und discutirt, wie die Verfaſſung der Vereinigten Staaten, welche eine Anzahl Old=Foggies noch zu Ende des vorigen Jahr= hunderts zuſammengebraut hatten, ohne auch nur die leiſeſte Ahnung von den Ideen der Neuzeit zu haben, nun zeitgemäß zu verändern und den Verhältniſſen und Anforderungen des auf= geklärten neunzehnten Jahrhunderts, und beſonders des ewig denkwürdigen Jahres 1848 beſtens anzupaſſen ſei. Ueber die Nothwendigkeit der Abſchaffung der Sklaverei herrſchte unter den Deutſchen nur Eine bejahende Stimme; in allen übrigen Fragen aber, den Präſidenten der Republik, die Geſetzgebung, den Richter= ſtand, die Staatsſouveränität u. ſ. f. betreffend, hieß es: ſo viele Köpfe, ſo viele verſchiedene Meinungen und die exaltirten Socialiſten und Communiſten verſtiegen ſich bis zur Abſchaffung des Geldes, zur Erklärung alles Beſitzes als Staatseigenthum, zur Abſchaffung der Ehe und Einführung der freien Liebe, zur Aufhebung der Familie und Erziehung der Kinder vom Staate und auf Staats= koſten. Konventionen der verſchiedenſten Art wurden einberufen, darunter die „Konventionen der freien Deutſchen", die erſte in Louisville mit der Heinzen'ſchen Plattform, dann kamen ähnliche Konventionen in Ohio, Indiana und anderen Staaten, ein engliſches Blatt wurde gegründet, um dieſe weltbewegenden

Ideen den Amerikanern zugänglich zu machen, — aber auch dieſe
Bewegung erlahmte bald, die anfängliche Begeiſterung verrauchte,
Gleichgültigkeit trat an ihre Stelle, die Kraft der Trägheit, die
„masterly inactivity" der amerikaniſchen Zuſtände ſiegte über
die vulkaniſchen Bewegungen des Deutſchthums, an der Ver=
faſſung wurde nichts geändert, die verſchiedenen Reform=Vereine
verdufteten allmälig und es blieb bis zu den großen Ereigniſſen
von 1861—65 Alles beim Alten.

Ich hatte mich von allen dieſen Ungeheuerlichkeiten fern ge=
halten und auch zugleich meinen Einfluß auf die Deutſchen im
Weſten dazu benutzt, um meine Freunde und die Leſer des „An=
zeigers" ebenfalls vor dieſem Danaidentreiben zu warnen, und in
der That hatten weder der Wheelinger Kongreß, noch die nach=
folgende amerikaniſche Reformbewegung im Weſten und beſonders
im Miſſiſſippi=Thale Anklang oder Unterſtützung gefunden; —
dagegen aber verfolgte ich unabläſſig das mir geſteckte Ziel, die
Deutſchen im Weſten zu einem großen und ſtarken Ganzen zu
organiſiren und ſie dadurch zu Macht und Einfluß in den inneren
Angelegenheiten der neuen Heimath gelangen zu laſſen. Meinen
Bemühungen in dieſer Hinſicht kam ein Vorfall zu ſtatten, der
mich allerdings in einige Gefahr brachte und wodurch einzelne
Deutſche auch in Mitleidenſchaft gezogen wurden, der aber im
Ganzen die beſten Folgen hatte und das feſte Zuſammenſchließen
der Deutſchen bedeutend beſchleunigte. Die ſogenannte „Nativiſten=
Partei", aus der die ſpäteren Know-nothings hervorgingen, war
nach und nach als ein Anhängſel der Whig=Partei und nach
längerer Ruhe wieder zu größerer Bedeutung gelangt. Schon
unter der Präſidentſchaft des älteren Adams und in der
Hartford=Convention hatte ſie ſich thätig gezeigt und den
Wahlſpruch aufgeſtellt: „Nur Amerikaner ſollen Amerika regieren".
Durch die Zeitverhältniſſe nicht begünſtigt, war dann die Na=
tiviſtenpartei wieder in den Hintergrund getreten, hatte aber unter
der Whig=Regierung Fillmore's wieder Muth und Zuverſicht
gewonnen und glaubte nun mit Erfolg auftreten zu können, ehe
die bereits beginnende, allmälige Auflöſung und Zerſetzung der
Whig=Partei ſich vollziehe. Oſtenſibel waren ihre Beſtrebungen
gegen den in den Vereinigten Staaten immer mehr an Beſitz,
Macht und Einfluß gewinnenden Katholizismus gerichtet, in
Wirklichkeit aber haßten ſie alle Ausländer ohne Unterſchied,
wollten alle Aemter nur durch geborene Amerikaner beſetzt

haben und den Eingewanderten erſt dann Bürgerrechte gewähren, nachdem dieſe einundzwanzig Jahre lang ununter= brochen in Amerika gelebt hatten. Die Nativiſten waren die Janitſcharen und Mameluken der Whig=Partei und verrichteten für die Drahtzieher die groben Arbeiten der Störung und Ver= gewaltigung der Wahlen, das Anſtiften von Wahltumulten und Fälſchen der Volks=Abſtimmungen. Der ſteigende Einfluß der Deutſchen im Weſten war den Whigs wie den Nativiſten ein Gräuel und da die deutſche Organiſation von St. Louis aus= ging, ſo wurde in geheimem Caucus beſchloſſen, dort an Ort und Stelle ein Exempel zu ſtatuiren. Die Stadtregierung von St. Louis war in den Händen der Whigs und einer der Haupt= hähne der Partei, Luther M. Kennett, war Bürgermeiſter von St. Louis, — er ſollte um jeden Preis wiedergewählt, der demokratiſche Kandidat ſollte geſchlagen werden; da aber die demokratiſche Partei durch die Stimmen der Deutſchen überwiegend die Majorität hatte, ſo konnte dies nur durch brutale Gewalt geſchehen. Zu dieſem Zwecke wurde der berüchtigte Ned Bunt= line (eigentlich Judſon), einer der berüchtigtſten nativiſtiſchen Rowdies nach St. Louis berufen, ſetzte ſich dort mit Gleich= geſinnten in Verbindung und bald begannen die Störungen der demokratiſchen Verſammlungen. Die Wahl ſollte am fünften April ſtattfinden, die vorbereitenden Wählerverſammlungen be= gannen in den letzten Tagen des März und eine Verſammlung von deutſchen Demokraten, die Alexander Kayſer, ein deutſcher Advokat, ein begabter und eifriger, aber dabei leider überſpannter und exaltirter Mann, der mehr verdarb als er gut machte, — einberufen hatte, wurde von den Nativiſten angegriffen und wäh= rend die ſtädtiſche Polizei, ſtatt die Verſammlung zu ſchützen, den Angreifern geholfen hatte, trotz mannhafter Gegenwehr auseinander geſprengt. In den amerikaniſchen Blättern wurden die furcht= barſten Drohungen gegen mich, gegen den „Anzeiger“, gegen A. Kayſer und gegen die Deutſchen überhaupt veröffentlicht und in den Wahlverſammlungen der Whigs, der Nativiſten und der von den Jeſuiten aufgehetzten Irländer, die bis dahin immer mit der demokratiſchen Partei gegangen waren, wurde der Mob geradezu aufgefordert, die Deutſchen niederzuſchlagen, den Redakteur des „Anzeigers“ aufzuhängen und die Druckerei des Blattes zu zer= ſtören. Man ging planmäßig zu Werke, um einen Mob gegen die Deutſchen zu organiſiren und die aufreizende Sprache der

Zeitungen wie der Redner erweckten ernſte Beſorgniſſe. Schon am 3. April Abends, am Vorabende der Wahl, wurde ein aber=maliger Angriff auf die letzte demokratiſche Maſſenverſammlung gemacht, aber die Deutſchen waren beſſer vorbereitet und die nativiſtiſchen Rowdies wurden mit blutigen Köpfen abgewieſen. Während des nun folgenden Sonntags wurde die Organiſation des Mobs eifrig betrieben und ſo kam der Morgen des Mon=tags, des Wahltags, heran. Die erſte Ward hieß damals die Bannerward, weil ſie bei jeder Wahl faſt alle ihre Stimmen für das demokratiſche Ticket abgab und höchſtens ein halbes Dutzend Stimmen auf das Whig=Ticket fielen; — dafür ſollte nun die erſte Ward, faſt durchgängig von Deutſchen bewohnt, empfindlich gezüchtigt werden. Gleich nach Eröffnung der Stimmkäſten kamen denn auch zahlreiche Rowdies aus Ned=Buntlines Gefolge in die erſte Ward, inſultirten die Wahlrichter und die um den Ab=ſtimmungstiſch verſammelten Deutſchen, feuerten Piſtolenſchüſſe in die Luft ab und boten Alles auf, um die Deutſchen zu einem Exceß zu provoziren; — dieſe aber, zeitig gewarnt, blieben ruhig, entwaffneten ganz kaltblütig die Ruheſtörer und ſchickten ſie heim mit der Mahnung, ſich nicht wieder blicken zu laſſen. Die Row=dies eilten nun wüthend in die vierte und fünfte Ward und ver=breiteten dort das Gerücht, die Deutſchen im ſüdlichen Stadttheile hätten ſich in den Beſitz der Stimmkaſten geſetzt, hätten alle Whigs, die ſtimmen wollten, vertrieben und ließen überhaupt keinen Amerikaner zur Stimmabgabe zu. Dieſes falſche Gerücht rief unter den Amerikanern eine ungeheure Aufregung hervor, ein Volksauflauf bildete ſich und in der Mitte deſſelben erſchien Ned=Buntline zu Pferde und hielt eine ſeiner excentriſchen Reden, in welcher er das Volk aufforderte, die Wahlfreiheit auf=recht zu erhalten und die „damned Dutch“ zu mobben, während in den verſchiedenen Gruppen die Anführer der zahlreichen Na=tiviſten=Banden ihre Anhänger zuſammenſchaarten und ſie durch zügelloſe Reden zu Mord und Plünderung der Deutſchen, zur Zerſtörung des „Anzeigers“ und zur Ermordung von Börn=ſtein und Kahſer anfeuerten. Bald war der Volksauflauf auf mehr als tauſend Perſonen angewachſen, die nun, wuthſchnaubend und in Eile bewaffnet, unter Ned=Buntlines Führung in die erſte Ward hinabzogen, — den Nativiſten ſchloß ſich eine Anzahl plünderungsluſtiger Irländer an. In der erſten Ward hatte man keine Ahnung von dem drohenden Unheil und da die

Deutſchen ganz unvorbereitet waren, gelang der erſte Angriff auf
das Haus, wo die Abſtimmung ſtattfand, vollſtändig; — der
Stimmkaſten wurde zerſchmettert, die abgegebenen deutſchen
Stimmen wurden vernichtet; — nun machte ſich die Rotte an
die Zerſtörung und Plünderung der nächſtgelegenen deutſchen
Wirthshäuſer. Das nächſte war die deutſche Wirthſchaft von
Niemeier, in deſſen Hofe die Kanonen von Kapitän Almſtedts
freiwilliger deutſcher Artillerie-Kompagnie ſtanden; aber der un-
erſchrockene Niemeier vertheidigte mit ſeinen Leuten ſein Eigenthum und hielt die Rowdies eine Zeit lang in reſpektvoller Entfernung; aber Niemeier hatte nur zwei Gewehre, während Ned-
Buntline und ſeine Gefährten alle mit Revolvern verſehen waren,
mit denen ſie fortwährend auf die Deutſchen ſchoſſen und zugleich
richtete eine Feuerwehr-Kompagnie, die mit ihrer Sprize mit
herabgezogen war, das Schlauchrohr auf Alle, die Niemeier zu
Hilfe kommen wollten und warf ſie mit dem ſtarken Waſſerſtrahle
zu Boden. Niemeier hielt ſich wacker, ſchoß einen der Führer
der Rowdies, Namens Stevens, nieder, verwundete einige
Andere, mußte aber endlich der Uebermacht weichen und ſich durch
das Hinterhaus flüchten. Jetzt brach das Geſindel in das Haus,
demolirte und plünderte es, ſteckte es dann in Brand, wobei auch
das Nachbarhaus niederbrannte, lud die Kanonen und drohte
Jeden niederzuſchießen, der ſie an der Ausübung ihres Rache-
Aktes hindern wolle. Indeſſen hatten die Deutſchen, nachdem die
erſte Ueberraſchung vorüber war, ſich geſammelt und bewaffnet
und wurden immer zahlreicher und ſtärker, worauf ſie ſelber zum
Angriffe auf die Rowdies übergingen. Vor Allem wurden, während eine Anzahl Deutſche im brennenden Vorderhauſe die plün-
dernden Rowdies vertrieb, von anderen kühnen Männern der im
Hinterhauſe verwundet liegende Niemeier und ſeine erſt am
Tage vorher entbundene Frau glücklich gerettet und in Sicherheit
gebracht; — dann aber wandten ſich die deutſchen Schaaren gegen
die ruchloſen Angreifer, die bereits alle ihre Munition verpufft
hatten und ſchickten ſie mit blutigen Köpfen und zerbrochenen
Rippen wieder heim. Zum Glücke war Windſtille, der Brand
konnte auf die beiden Häuſer beſchränkt und jeder Weiterverbreitung
des Feuers Einhalt gethan werden. Während dieſer ganzen Zeit
that die Whig-Stadt-Verwaltung Luther M. Kennetts auch
nicht den geringſten Schritt, um Ruhe und Ordnung herzuſtellen
und erſt, als die Deutſchen in der Ueberzahl und wohlbewaffnet

von allen Seiten herbeikamen und die R o w d i e s auf keinen
Zuzug mehr rechnen konnten, wurde nach Sonnenuntergang end=
lich die Ruhe hergeſtellt. Die deutſchen Militär=Kompagnien, die
ſich indeſſen geſammelt hatten, blieben in der erſten Ward unter
den Waffen, nicht nur während der Nacht, ſondern auch während
des folgenden Tages, denn am nächſten Nachmittage ſollte der
erſchoſſene Rowdy S t e v e n s begraben werden und N e d = B u n t =
l i n e hatte am Morgen ſchon eine gedruckte Proklamation aus=
gegeben, in der es hieß:

„Amerikaner, die Vorgänge des geſtrigen Tages müſſen euch
lehren, daß die Inſtitutionen unſerer Republik nicht erhalten werden
können, wenn ihr nicht eure Pflicht thut. Geſtern an den Stimm=
käſten hieß es: D e u t ſ c h e u n d A u s l ä n d e r g e g e n e i n =
g e b o r e n e A m e r i k a n e r ! Dieſe niederträchtige Unthat kann
nicht geduldet werden und ſie wird nicht geduldet werden. Dieſe
Geſchichte hat erſt angefangen; was geſtern geſchehen iſt, war nur
der Anfang vom Ende und Niemand kann noch ſagen, was das
Ende ſein wird. Der amerikaniſche Geiſt iſt erwacht und das
Blut unſerer ermordeten Brüder w i r d n i c h t u n g e r ä c h t
b l e i b e n.“ — u. ſ. w. u. ſ. w.

Es wurde mir bald bekannt, daß nach dem Begräbniſſe bei
der Rückkehr vom Friedhofe ein allgemeiner Angriff gegen die
deutſchen Stadttheile unternommen werden ſollte und daß die ge=
hörig vorbereiteten und wohlbewaffneten Nativiſten die Zerſtörung
meiner Druckerei und der deutſchen Stadttheile beſchloſſen hatten.
Es war alſo keine Zeit zu verlieren und ſo begab ich mich mit
meinem Rechtsfreunde T h o m a s C. R e y n o l d s in die Sitzung
des Kreisgerichtes und forderte vor dem Richter den anweſenden
Sheriff B e l t öffentlich auf, für die Aufrechthaltung von Ruhe
und Ordnung und die Sicherung von Perſonen und Eigenthum
die nöthigen Maßregeln zu ergreifen. Dieſe Aufforderung in
öffentlicher Gerichtsſitzung hatte die erwünſchte Wirkung. Richter
T r e a t unterſtützte mein Verlangen und empfahl dem Sheriff
die größte Energie; — dieſer ließ nun alle Militär=Kompagnien,
auch die amerikaniſchen, einberufen, mit ſcharfen Patronen ver=
ſehen und an den geeigneten Plätzen aufſtellen, die ganze Polizei=
mannſchaft wurde in Bereitſchaft geſtellt und zweihundert Bürger
wurden als Spezial=Konſtabler eingeſchworen. Aber zugleich waren
auf meine dringende Einladung im Morgenblatte die Deutſchen
alle zuſammengetreten, hatten ſich gehörig bewaffnet und waren

feſt entſchloſſen, Einer für Alle und Alle für Einen zu ſtehen. Die Deutſchen bildeten ohnehin Dreiviertel aller Freiwilligen= Kompagnien und ſo konnte man ruhig dem Nachmittage entgegen= ſehen. Feſt entſchloſſen, die Angreifer gehörig zu bedienen und ſie mit „deutſchen Hieben“ heimzuſchicken.

Nachmittags fand das Begräbniß des erſchoſſenen S t e v e n s ſtatt; den ganzen Trauerzug führte N e d = B u n t l i n e, obwohl übel zugerichtet, abermals zu Pferde; neben ihm wurden zwei große Banner getragen, auf denen folgende Inſchriften ſtanden:

„Amerikaner, wir begraben unſeren Bruder! Erinnert euch, wie und von wem er erſchlagen wurde!“

und auf dem anderen Banner hieß es:

„Unſer Bruder wurde ermordet; — indem wir ſeinen Ver= luſt betrauern, gedenken wir ſeines Werthes.“ —

Der Sarg war mit der amerikaniſchen Sternenflagge bedeckt und hinter demſelben folgte als erſter Leidtragender der B ü r g e r = m e i ſ t e r v o n S t. L o u i s, L u t h e r M. K e n n e t t!!! Ab und zu kamen während des Leichenzuges verſchiedene Gentlemen an= geſprengt und berichteten als agents provocateurs, wie ſo eben Amerikaner von Deutſchen angefallen und mißhandelt worden ſeien, aber theils fanden ſie wenig Glauben, theils hatten die vom Sheriff getroffenen Maßregeln und die Entſchloſſenheit der deutſchen Bevölkerung nichts zu dulden, den Rowdies ſo im= ponirt, daß ſie keinen Verſuch mehr machten, ſich Revanche zu holen und der Abend des Begräbnißtages ging ohne ernſtliche Störung, wenn auch unter drohenden Zuſammenrottungen vor der Druckerei des „Anzeigers“ und Steinwürfen gegen einzelne Fenſterſcheiben, zu Ende. Dieſes Ereigniß aber ſchloß die Deut= ſchen von St. Louis von nun an feſt aneinander und dieſes innige Zuſammenhalten bildete für die nächſten Jahre das Haupt= element ihrer Macht und Stärke.

Thomas H. Benton.

(1852.)

Der Wahlaufſtand des 5. April 1852 hatte nicht nur zur Folge, daß die Deutſchen im Weſten immer feſter ſich aneinander ſchloſſen, ſondern er öffnete ihnen die Augen auch darüber, ob

und von welcher Seite ihnen und den Adoptivbürgern überhaupt
die größten Gefahren drohten. Allerdings war dieser Wahlauf=
stand durch nativistische Raufbolde ausgeführt worden, aber seine
wirkliche tiefliegende Ursache war doch das Sklavenhalterthum und
dessen angestrebte Alleinherrschaft. Die Deutschen waren den süd=
lichen Sklavenhaltern von jeher ein Dorn im Auge gewesen und
mit Mißtrauen und Erbitterung sahen diese die Macht des deutschen
Elementes wachsen und dieses sogar in Sklavenstaaten, wie Mis=
souri, eine entscheidende politische Rolle spielen. So wurde denn
bei dem Wahlaufstande von Seite der herrschenden Whig=Partei
und ihres Mayor Luther M. Kennett, gar nichts gethan,
um die bedrohten Deutschen zu schützen und Ruhe und Ordnung
zu erhalten, was im Anfange der Unruhen sehr leicht möglich ge=
wesen wäre, und erst nachdem Blut geflossen, nachdem Eigenthum
zerstört worden war, nachdem die Deutschen sich rasch organisirt
und vollständig bewaffnet hatten, ermannten sich die Gerichts=
behörden — nicht die Stadtverwaltung und ihre Polizei — und
schritten energisch ein. Allerdings war das Resultat der Wahl
ein abermaliger Sieg der Whig=Partei; denn da die Stimm=
kasten der ersten Ward zerstört worden waren, so ging der größte
Theil der deutschen Stimmen verloren und Luther M. Kennett
wurde noch einmal zum Bürgermeister von St. Louis gewählt.
Aber dieser Erfolg kam der Stadt sehr theuer zu stehen; denn nach
den Gesetzen von Missouri sind Städte und Ortschaften für den
darin durch Tumulte und Aufstände an Personen und Eigenthum
verursachten Schaden zum vollen Ersatze verpflichtet, sobald sie es
unterließen, diese Tumulte und Aufstände mit den ihnen zu Gebote
stehenden gesetzlichen Mitteln zu unterdrücken. Dies war hier
der Fall gewesen und zahlreiche Entschädigungsklagen wegen Be=
schädigungen und Verluste durch die Zerstörungen, Plünderungen
und Mordbrennereien der Nativisten=Banden wurden gegen die
Stadt eingebracht und alle zu Gunsten der Kläger von den Ge=
richten entschieden. Außerdem aber wurden strafgerichtliche Ver=
folgungen gegen die schlimmsten Rädelsführer des Riots eingeleitet,
einer der Whig=Führer, Namens Dr. Moses, wurde wegen ge=
waltsamen Angriffs auf Deutsche zu fünfzig Dollars Geldbuße
und bei Zahlungsunfähigkeit zu drei Monaten Gefängnis ver=
urtheilt und gegen Ned=Buntline wurde ein Verhaftsbefehl
erlassen, dessen Ausführung er aber, von seinen Freunden recht=
zeitig gewarnt, sich durch schleunige Flucht zu entziehen mußte.

Ned=Buntline war der richtige Repräsentant des amerikanischen Rowdiethums, das Mord und Todschlag zu seinem Handwerke, Trunksucht und Hazardspiel zu seinem Vergnügen macht, für das ein Menschenleben gar keinen Werth hat und dessen Anhänger stets das haarscharfe Bowie=Messer und ein paar sechsläufige Revolver zu augenblicklichem Gebrauche bei sich führen. Diese niederträchtige Rotte hat schon jetzt viel von ihrer früheren Gefährlichkeit verloren und wird, jemehr die Civilisation vorschreitet und die Humanität in ihre Rechte tritt, mit der Zeit ganz aussterben. Ned=Buntline oder wie sein wirklicher Name lautet, Edward Judson, stammt, so viel ich weiß, von New=York und zwar aus dem schlimmsten und verrufensten Theile der großen Weltstadt, — von seiner Jugend ist nicht viel bekannt, — er trat erst in die Oeffentlichkeit, als er in Nashville eine verheirathete Frau verführte und deren Mann, der ihn in flagranti ertappt hatte, kurzweg niederschoß. Er wurde verhaftet, aber das erbitterte Volk entriß ihn den Gerichtsdienern, hielt ein kurzes Lynchgericht über ihn und henkte ihn an einen Baum vor der Stadt; — aber das Hinausführen, das Gericht, das Herbeischaffen eines Strickes hatten einige Zeit in Anspruch genommen, indessen hatten die Gerichtsdiener die Behörden alarmirt und eine starke Truppe der Polizei, unterstützt von ordnungsliebenden Bürgern, eilte den Lynchrichtern nach und kam gerade, als Ned=Buntline mit einem Strick um den Hals auf den Baum hinaufgezogen wurde, — ein Handgemenge zwischen beiden Parteien erfolgte und Buntline's Freunde, die Rowdies, benutzten die Verwirrung und schnitten ihn los. Er kam schnell wieder zu sich und sollte eben fortgebracht werden, als die zurückgedrängte Polizei neue Verstärkungen erhielt, den Kampf wieder aufnahm, nun ihrerseits die andere Partei vertrieb, aber auch die Anhänger des Lynch=Gerichtes bekamen jetzt starke Zuzüge durch sich aus der Stadt heranwälzende Volksmassen, Buntline wurde noch einmal von ihnen ergriffen und zum zweiten Mal an demselben Baume gehenkt. Jetzt aber machten Polizisten, Ordnungsmänner und Buntline's Freunde, die Rowdies, einen verzweifelten Angriff auf die Lynch=Richter und noch einmal gelang es ihnen, den Gehenkten loszuschneiden, — er wurde auf ein Pferd geworfen und, umgeben von seinen Freunden, im Galoppe entführt und in Sicherheit gebracht. So entschwand er aus dem Staate Tennessee und tauchte erst wieder ein paar Jahre später in New=

York auf, als Herausgeber und Redakteur eines frechen und scham=
losen Winkelblättchens, welches die Bevölkerung des verrufensten
Stadttheils New=Yorks, der Five=Points, zu Lesern und
Subscribenten hatte. Das Blatt war das Organ des Rowdie=
thums und der Black=Mail, die man jetzt in Europa die „Revolver=
presse" nennt. In dieser Eigenschaft rief nun Buntline den
berüchtigten Astor=Place=Riot hervor, der über fünfzig Menschen
das Leben kostete. Die Veranlassung dazu war das Gastspiel
des berühmten englischen Tragöden Macready, der 1849
New=York besuchte und im Astortheater in seinen Glanzrollen
als Hamlet, Makbeth, Richard III., u. s. w. auftrat. Trotz der
glänzenden Aufnahme, die Macready von Seite des New=Yorker
Publikums zu theil ward, wußte Buntline, der, wie man sagte,
im Solde des amerikanischen Schauspielers Forrest stand, die
unteren Volksklassen gegen den „fremden Eindringling", — den
„aufdringlichen Engländer" aufzureizen und die Folge dieser Hetze=
reien Buntline's war, daß an Macready's Benefiz=Abende
sich ein großer Volksauflauf vor dem Astortheater bildete, um
nach Buntline's Aufforderung den verhaßten Ausländer zu
mobben, daß es zuerst zu Drohungen, Geschrei und Geheul, dann
zu Thätlichkeiten kam, endlich das Theater gestürmt und demo=
lirt wurde und die Behörden erst nach Anwendung von Militär=
gewalt und selbst von Artillerie Herren des Aufstandes werden
konnten. Es wurden einige fünfzig Menschen getödtet oder schwer
verwundet, an zwanzig Rowdies fielen im Kampfe gegen das
Militär und Buntline selbst wurde verhaftet und später zu
einjähriger Zuchthausstrafe verurtheilt. Nachdem er diese über=
standen hatte, kam er, von Luther M. Kennetts Whig=Freunden
gerufen, nach St. Louis und nahm dort, wie bereits erzählt,
seine glorreiche Thätigkeit wieder auf. Als er auch aus St.
Louis verschwunden war, um nicht verhaftet zu werden, trat er
an die Spitze der sich damals organisirenden Know-nothings,
oder, wie sie sich nannten, der „amerikanischen Partei",
die ihren Höhepunkt in den Jahren 1854 und 55 erreichte, ihr
Auftreten durch blutige Wahltumulte in Louisville, Baltimore,
Washington und New=Orleans bezeichnete und mit der Präsi=
dentenwahl von 1856 unterging und als politische Partei ver=
schwand. Während dieser kurzen Zeit, wo das Know-nothing=thum
Mode war, hatte Buntline die Frechheit, wieder nach St. Louis
zu kommen und zu versuchen, da St. Louis gerade eine nati=

vistische Stadtverwaltung hatte, sein verderbliches Spiel von 1852
wieder fortzusetzen. Aber der „Anzeiger des Westens" war bereits
ein einflußreiches Blatt geworden und denunzirte das Erscheinen
des frechen Rowdie's, gegen den noch ein Verhaftsbefehl schwebte,
in der schärfsten Sprache; — außerdem begaben ich und mehrere
angesehene deutsche Bürger uns zu der gerade in Sitzung be=
findlichen Grand=Jury und legten derselben den Fall vor. Die
Grand=Jury beschäftigte sich sogleich mit der Angelegenheit und
trug dem Sheriff auf, den Verhaftsbefehl zu vollziehen, — Ned=
Buntline machte sich aber noch bei Zeiten aus dem Staube
und ist seitdem so ziemlich verschollen, wenigstens hat er keine
hervorragende Rolle mehr gespielt, denn mit dem Untergange der
Whig = Partei, sowie der Know-nothing=Partei hatte er seine
Brotherren und Beschützer verloren. Was schließlich aus ihm
geworden ist, habe ich nie erfahren können.

Der August des Jahres 1852 brachte nun für Missouri
die Congreß = Wahl und mit ihr zugleich die Entscheidung
über den Einfluß des „Anzeigers" und die Wahl und Stärke
des deutschen Elements. Thomas Hart Benton, einer der
bedeutendsten Staatsmänner Amerikas, der intimste Freund des
General Jackson, und im Kriege von 1812 dessen General=
Adjutant, war bald darauf in 1815 nach St. Louis gekommen
und hatte sich dort als Advokat etablirt; zu gleicher Zeit gab er
ein demokratisches Wochenblatt heraus. Als Missouri als Staat
aufgenommen wurde, wurde 1821 Benton als Repräsentant
Missouris in den Bundessenat gewählt; er bekleidete dieses Amt
dreißig Jahre lang, wurde aber nach und nach aus einem
früheren Anhänger der Sklaverei zu ihrem Gegner oder sprach
sich doch wenigstens für Beschränkung ihrer weiteren Ausdehnung
in den neuen Territorien aus. Als nun Calhoun die staats=
rechtliche Lehre aufstellte, daß jeder souveräne Staat das Recht
habe, Maßnahmen der Bundesregierung für null und nichtig
zu erklären, wenn dieselben nach dem Ermessen des Staates
die verfassungsmäßigen Befugnisse überschritten, weil Calhoun
schon damals an eine Trennung des Bundes dachte, trat Benton
gegen ihn auf und bezeichnete Calhoun und seine Anhänger als
Nullifier. Dieser Zwiespalt in der demokratischen Partei
beschränkte sich im Anfang auf den Staat Missouri, wo sich
eine dritte politische Partei gegenüber den Whigs und den Pro=
Sklaverei = Demokraten oder Nullifiers in der sogenannten Ben=

ton = Demokratie bildete. Diese Benton=Demokratie, zu fünf Sechsteln aus Deutschen bestehend, war die erste Vorläuferin der späteren republikanischen Partei; — die sogenannte Freiboden = Partei, deren erste Anfänge von 1848 datiren, hatte bloß im Osten Wurzel zu fassen vermocht; die Benton = Demokratie, welche sich ebenfalls gegen jede Ausdehnung der Sklaverei aus= sprach, war die erste Erscheinung dieser Art im Süd=Westen und noch dazu in einem Sklavenstaate. Als die Calhouniten und Nullifier den alten Benton nach einer dreißigjährigen ehrenvollen Wirksamkeit als Bundessenator endlich gestürzt und dafür einen der Ihrigen in den Senat geschickt hatten, trat die Benton=Demokratie in ein vollständig feindliches Verhältniß zu dem Pro=Sklaverei= Flügel der demokratischen Partei, der dadurch in St. Louis und in allen Ansiedelungen, wo die Deutschen die Majorität bildeten, zu gänzlicher Ohnmacht verdammt wurde. An der Spitze der Benton = Demokratie standen als Führer, wie damals die Whig= und Nullifier=Blätter immer schmerzlich klagten: „the four bad B's", womit sie Benton, Blair, (Frank P.) Brown (Gratz) und Börnstein verstanden. Die Stadt St. Louis hatte damals einen Congreß = Repräsentanten für das Abgeordnetenhaus auf vier Jahre zu erwählen und als solchen stellte die Benton=Demokratie ihren bewährten Führer und Staatsmann Thomas H. Benton auf; — es sollte dies eine Genugthuung für den durch die Nullifier aus dem Senate ent= fernten hochverdienten Staatsmann und zugleich eine Probe der Stärke der neuen Partei sein. Die Wahlcampagne begann und wurde von den Gegnern mit der größten Erbitterung geführt; — die Whig=Partei hoffte durch diese Spaltung der demokratischen Partei ihren Kandidaten durchbringen zu können und ging mit Begeisterung ans Werk — die Pro=Sklaverei=Demokratie aber, höflichst erbittert und wohl erkennend, wie sehr ihre Herrschaft in Missouri bedroht sei, bot ihrerseits Alles auf, um Bentons Wahl zu verhindern, seinen Triumph zu vereiteln und dafür sparte sie weder Geld noch Mühen. Und gleich nach Eröffnung der Wahl= campagne zeigte es sich, daß sämmtliche Zeitungen von St. Louis auf der Seite der Gegner Bentons standen, — die Whig=Blätter natürlich aus Rücksicht für die eigene Partei, die demokratischen Journale, weil keiner der Zeitungsherausgeber es damals noch wagte, gegen die mächtige Sklavenhalter=Partei aufzutreten und sich deren Feindschaft zuzuziehen. Auch die anderen deutschen

Blätter hatten, schon aus Feindschaft gegen den „Anzeiger", Partei gegen Benton ergriffen. So bot denn diese Wahl= campagne das merkwürdige und noch nicht dagewesene Schauspiel dar, daß in einer Stadt von nahezu 100,000 Einwohnern sämmtliche Tagesblätter, englische und deutsche, sowie die verschiedenen Wochenblätter alle gegen Einen Kandidaten (Benton) auf das Heftigste schrieben und wirkten, während diese Kandidatur nun von einem einzigen deutschen Blatte dem „Anzeiger des Westens" unterstützt und vertreten wurde. Die Prosklaverei= Demokratie hatte den reichen Banquier Lewis B. Bogy als ihren Kandidaten aufgestellt und dieser scheute keine Ausgaben, um das höchste Ziel seines Ehrgeizes zu erringen. Vor Allem wurde versucht, den „Anzeiger" von Bentons Kandidatur ab= wendig zu machen, um diese so jeder journalistischen Unterstützung zu berauben; — eine Mr. Bogy nahestehende Persönlichkeit kam zu mir, um mich für diesen Zweck zu sondiren und zu gewinnen. Es wurde mir von diesem Vermittler eine hohe Summe von vielen tausend Dollars angeboten, wenn ich Bentons Unter= stützung aufgeben und wenigstens neutral bleiben wollte, — ein Anerbieten, das ich mit Entschiedenheit und Entrüstung zurück= wies und in meiner ursprünglichen Haltung verharrte. Nicht durch meine Schuld — denn ich beobachtete die diskreteste Zurückhaltung — drang von diesem Anerbieten und seiner Ablehnung etwas in die Oeffentlichkeit und es entspann sich darüber eine unerquickliche Zeitungspolemik, in der man mit Verdächtigungen und Verleum= dungen gegen mich ziemlich freigebig war und mich dadurch zu= letzt zwang, die ganze Angelegenheit in meinem Blatte ausführlich und in unwiderleglicher Weise darzulegen. Die Thatsachen konnten nicht widerlegt oder deren Glaubwürdigkeit in irgend einer Art erschüttert werden und unter dem Eindrucke derselben wurde die Wahlcampagne geführt, in welcher ich fast in allen Wahlver= sammlungen sprach. Wieder fehlte es nicht an Drohungen gegen mich, mein Blatt, meine Druckerei und die Deutschen überhaupt und es stand zu fürchten, daß sich möglicherweise die blutigen Scenen der Stadtwahl vom April wiederholen könnten, um so mehr, als sowohl die Nativisten und Whigs wie die Prosklaverei= Demokraten gegen die Deutschen und ihr Organ auf das Hef= tigste erbittert waren. Was in dieser Richtung möglich sei, hatte bereits die Stadtwahl gezeigt und man brauchte gar nicht weit in der Geschichte von St. Louis zurückzublättern, um zu sehen,

wie die Gegner der Sklaverei und die Farbigen selbst behandelt
wurden. Im Jahre 1836 ward ein freier Neger, welcher einem
verhafteten Dampfboot=Arbeiter zur Flucht verholfen hatte, selbst
verhaftet, verwundete zwei ihn ins Gefängniß eskortirende Be=
amte mit seinem Messer und wurde nun von dem durch die
Sklavenhalter aufgehetzten Volke aus dem Gefängnisse gerissen, an
der Ecke der siebenten und Chesnut=Straße an einen Baum ge=
kettet, Kisten, Fässer und Holzscheite um ihn gelegt, dann an=
gezündet und der Unglückliche so langsam geröstet. — Ein Jahr
vorher war der presbyterianische Prediger Elias P. Lovejoy,
der ein sklaverei=feindliches, religiöses Wochenblatt, den „St. Louis
Observer", herausgab, nächtlicherweise überfallen, seine Druckerei
war gestürmt und zerstört worden und er selbst entging nur durch
rasche Flucht mit genauer Noth dem Tode. Lovejoy siedelte
nun nach Alton im freien Staate Illinois über und setzte
dort die Herausgabe seines Blattes fort, in welchem die sofortige
Freilassung aller Negersklaven entschieden gefordert wurde. Das
konnten die Sklavenhalter in Missouri nicht vertragen und mit
Hilfe der Demokraten in Illinois organisirten sie eine Hetzjagd
auf Lovejoy. Schon bei der Landung seiner Presse im Sep=
tember 1836 wartete ein gesetzloser Mob an der Levée, fiel über
die Presse und das Material der Druckerei her und zerstörte Alles.
Freisinnige Bürger ließen eine neue Presse und neue Lettern kommen
und die Wochenschrift erschien nun regelmäßig durch elf Monate,
bis am 21. August 1837 der Mob abermals die Druckerei stürmte
und Alles zerstörte. Lovejoy selbst konnte nur mit Mühe von
seinen Freunden gerettet werden. Wieder brachten wohlmeinende
Bürger die Mittel auf, um eine neue Presse und Lettern her=
beizuschaffen,· aber auch die Sklavenhalter in Missouri ruhten und
rasteten nicht, und von ihnen angefeuert, bemächtigte sich der Mob
dieser neuen Presse bei der Landung und vernichtete sie wieder.
Und wieder wurde eine neue Presse angeschafft, in Geheimem in
Alton ans Land und in ein festes Steinhaus gebracht, wo
Lovejoy und seine Freunde diese Presse bewachten. Aber ehe
sie noch in Thätigkeit gesetzt wurde, war schon von Missouri
aus die Ankunft der Presse denunzirt und der Mob aufgereizt
worden, und am 7. November Abends umzingelte eine von Mis=
souri gekommene Bande das Gebäude, in welchem die Presse war,
und verlangte deren Auslieferung. Die Rowdies und der Pöbel
von Alton schlossen sich in wilder Zerstörungslust der Bande an

und Versuche, das Haus zu stürmen, wurden gemacht. Aber man war auf diesen Ueberfall vorbereitet, alle Thüren waren fest verrammelt, die Fenster verstopft und die Angreifer konnten nichts ausrichten. Da wurden brennbare Stoffe herbeigeschleppt, um das Haus aufgeschichtet und an allen vier Ecken in Brand gesteckt. Als nun das brennende Dach einstürzte, wollten Lovejoy und seine Freunde sich retten; sie öffneten eine Thür, um in's Freie zu gelangen, wurden aber von dem Mob mit Revolverschüssen empfangen und getödtet oder verwundet, — Lovejoy selbst wurde von fünf Kugeln durchbohrt und starb augenblicklich. Die Behörden thaten wie gewöhnlich nichts, um diese gräßliche Mörderei zu verhindern.

Solche Vorgänge waren eben nicht geeignet, um die Freunde Bentons zu ermuthigen und ganz offen wurde in den feindlichen Blättern mir und meinem Blatte mit dem Schicksale Lovejoys und des „St. Louis Observers" gedroht. Aber wir ließen uns nicht einschüchtern, blieben fest und waren nur darauf bedacht, unsere Widerstandsfähigkeit und Wehrkraft zu vermehren. Neue deutsche Militärcompagnien wurden organisirt, obwohl die Staatsregierung in Jefferson-City auch diesem Unternehmen alle denkbaren Hindernisse entgegensetzte. So hatte z. B. eine neue Militär-Compagnie unter Kapitän Rottermann den Gouverneur von Missouri, King, um Waffen aus dem Staatszeughause gebeten und war nach dem Milizgesetze zum Erhalten derselben auch berechtigt; — unglücklicherweise hatte Kapitän Rottermann auch um baldige Uebersendung der Waffen gebeten, weil die neue Miliz-Compagnie schon am 24. Juli auszurücken beabsichtige; — nun fiel der 24. Juli zufälligerweise auf einen Sonntag und statt der erwarteten Waffen kam von Jefferson-City eine abschlägige Antwort, darauf begründet, daß die Compagnie vorgehabt habe, an einem Sonntage!!! auszurücken und zu exerciren; — zugleich bemerkte der Herr Gouverneur, er rathe den Deutschen, so bald als möglich sich zu amerikanisiren und namentlich den Sonntag auf amerikanische Weise heilig zu halten. Was war da zu thun? Gewalt geht vor Recht, aber dennoch bekam die Compagnie ihre Waffen. Denn sie kaufte sich solche. So kam der gefürchtete Wahltag heran, nachdem die vorhergehenden Wahlversammlungen schon zu erbitterten Reibungen und rohen Störungen geführt hatten; — die Deutschen waren fest entschlossen, sich die Freiheit ihres Wahlrechtes nicht um ein Jota verkümmern zu lassen, die Vorgänge der Stadtwahl im April hatten ihre Erfahrungen bereichert, sie schlossen sich um desto fester an einander an und waren auf Alles, selbst auf das Schlimmste gefaßt und vorbereitet. Allein die Wahl vollzog sich unter der ungeheuersten Aufregung der Gemüther, aber ohne irgend eine nennenswerthe materielle Störung, — Frank P. Blairs persönlicher Muth und die feste und entschiedene Haltung der Deutschen imponirten den Gegnern, die keinen Angriff mehr wagten; — es fand überhaupt, so lange ich in St. Louis war, nur noch ein einziger Wahl=Riot statt, bei der Wahl Luther M. Kennets in den Congreß; aber der war nicht gegen die Deutschen gerichtet, mit denen man nicht gerne mehr anbinden mochte, sondern gegen die katholischen Irländer, deren mehrere von dem Mob niedergeschossen und viele Häuser demolirt wurden; — allerdings wurde bei dieser Gelegenheit auch ein Angriff des Mobs gegen die verhaßte „Anzeiger“=Druckerei versucht, aber von ein paar freundlich gesinnten Militär=Compagnien sehr leicht abgewiesen, indem sich auf das Commando, scharf zu laden, der Mob eiligst nach allen Richtungen zerstreute.

Die Wahl am 2. August 1852 verlief so ziemlich ungestört und als am Abende die Stimmen gezählt wurden, war Thomas H. Benton mit großer Majorität zum Congreßmitgliede gewählt, — ein Resultat, das von den Gegnern, den Whigs wie den Sklavenhaltern, mit wüthenden Flüchen aufgenommen wurde, der neuen Benton=Demokratie aber einen festen Halt und eine Verstärkung ihrer Reihen bot, während das Ansehen und der Einfluß des „Anzeigers des Westens“ zu ungeahnter Höhe stieg; denn das einzelne deutsche Blatt hatte im heißen Kampfe gegen alle übrigen Zeitungen die Wahl Bentons durchgesetzt. Von nun an war für den „Anzeiger des Westens“ die Bahn gebrochen, um das leitende Blatt nicht nur von St. Louis, sondern im ganzen Mississippi=Thale zu werden und die Zahl der Subscribenten des Blattes stieg von Tag zu Tage.

Benton selbst sprach mir persönlich Dank und Anerkennung in herzlichster Weise aus und lud mich und Alexander Kayser, der sich in der Wahlcampagne als Stump=Redner auf das Rühmlichste ausgezeichnet hatte, bei sich zu Tische, — eine Auszeichnung, die bei dem alten Herrn ungefähr in demselben Lichte betrachtet wurde, als wenn man hier in Wien beim Kaiser Franz Joseph oder in Berlin beim Deutschen Kaiser zur Hoftafel „befohlen“ wird. Dieses Dinner, an dem nur ich und Kayser nebst dem

alten Benton theilnahmen, ist mir in heiterer Erinnerung ge=
blieben wegen der Schaaren von Mäusen, die mit uns tafelten.
Der alte Herr hatte nämlich dreißig Jahre seines Lebens
als Senator in Washington=City zugebracht, seine Familie dort
bei sich gehabt und ein sehr hübsches Haus geführt, während sein
Haus in St. Louis leer stand und der Obhut von einem alten
Negerpaare anvertraut war. Nun mußte Benton der Wahl wegen
das gesetzlich vorgeschriebene Domizil in St. Louis nehmen und
hatte sein Haus für einen vorübergehenden Aufenthalt nothdürftig
herrichten lassen. Allein die Hüter des Hauses, der alte Neger
und seine Frau, hatten in der langen Zeit der Abwesenheit ihres
Herrn nur an sich und ihr eigenes Behagen gedacht und das
Ungeziefer in einer Weise überhand nehmen lassen, die aller späteren
Ausrottungsversuche spottete. Benton empfing uns in seinem
Arbeitscabinete, wo wir ein Stündchen plauderten, dann ging
es zu Tische; — kaum aber hatten wir das Speisezimmer be=
treten und an der Tafel Platz genommen, als, während ein reiches,
aber echt amerikanisches Dinner durch Neger servirt wurde, sich
an allen Ecken und Enden des Raumes ein verdächtiges Rascheln
und Piepen vernehmen ließ, — ich blickte verstohlen herum, um
die Ursache des Geräusches zu entdecken und sah, wie Schaaren
von Mäusen, immer zahlreicher werdend, je mehr der Speisenge=
ruch sie anlockte, aus allen Ecken und Enden hervorkamen, ge=
schäftig hin= und herliefen und sich endlich unter dem Tische
sammelten, um die herabfallenden Brosamen gierig aufzuschnappen,
— ja die lieben Thierchen wurden zuletzt so zutraulich, daß ich
ein paar auf meinem Schooße überraschte, wo sie von den auf
die Serviette gefallenen Brotkrumen naschten. Ich stieß Kayser
an, der ebenfalls ein überraschtes Gesicht machte, und wir konnten
Beide das Lachen nur mühsam verhalten. Der alte Benton
aber in seiner olympischen Ruhe und Würde schien das Treiben
der kleinen Vierfüßler gar nicht zu beachten und setzte ungestört
uns seine politischen Ansichten auseinander. Als wir endlich
gingen, brachen wir Beide auf der Straße in ein helles Ge=
lächter aus und entschädigten uns für den langen Zwang, den
wir uns angethan. Das aber muß ich dem alten Herrn dank=
barlichst nachrühmen, daß er mir immer, sowohl schon früher als
Senator, wie nun als Abgeordneter und bis er nach 1856 der
politischen Laufbahn entsagte, höchst wohlwollend gesinnt und bei
jeder Gelegenheit dienlich und gefällig war; — ich besitze noch

zahlreiche Briefe von ihm und diese so wie sein ganzes Ver=
halten geben sprechendes Zeugniß dafür, daß er noch ein Mann
aus der guten alten Schule war, es ehrlich meinte und aller
Konvenienz= und Gesellschaftsheuchelei fremd war. Um Missouri
hat er sich hoch verdient gemacht und die erste Anregung zum
Entstehen der republikanischen Partei ging doch eigentlich, wenn
auch indirekt, von ihm und seinem Auftreten aus. Ehre seinem
Andenken, das erst die volle Würdigung erfahren wird, wenn
der Staat Missouri aus den Klauen der leider noch immer domi=
nirenden ehemaligen Sklavenhalter, der demokratischen Bourbons,
befreit und ein glücklicher, mächtig aufblühender, wirklich freier
Staat geworden sein wird. Dann wird auch das dankbare Volk
von Missouri seinem großen Führer Thomas H. Benton ein
Denkmal errichten, wie es in den Herzen seiner dankbaren Zeit=
genossen stets aufgerichtet war.

Vor der Grand-Jury.

(1853.)

Ich bin bisher in der Aufzeichnung meiner Erinnerungen
aus den ersten Jahren meines Aufenthaltes in Amerika etwas
ausführlich gewesen, vielleicht sogar, nach dem Geschmacke mancher
Leser, etwas zu ausführlich. Aber ich hatte es eben als meine
Aufgabe betrachtet, die Ursachen und Gründe nachzuweisen, wie
es mir gelingen konnte, in dem verhältnißmäßig sehr kurzen Zeit=
raume von nicht ganz drei Jahren mich zu einer einflußreichen
Stellung als Führer der Teutsch=Amerikaner und als Leiter der
öffentlichen Meinung im amerikanischen Westen emporzuarbeiten
und wie ich dieses unverhoffte, weit über meine kühnsten Erwar=
tungen gehende Gelingen meiner Bestrebungen, theils meiner nicht
zu ermüdenden Thatkraft und Ausdauer, theils auch, und wohl
hauptsächlich, dem Zusammentreffen von einer Menge von günstigen
Umständen und Verhältnissen zu danken hatte. Das Werdende
ist es, was im Allgemeinen unsere Theilnahme und Aufmerksamkeit
in Anspruch nimmt, während wir uns gegen das Gewordene
als gegen etwas Selbstverständliches, kühl und gleichgültig ver=
halten; — erst wenn das Gewordene beginnt, sich wieder auf=
zulösen und sich dem Untergange zuzuneigen, nimmt es wieder

unsere Aufmerksamkeit und Theilnahme in Anspruch. Deswegen
verfolgen wir bei bedeutenden Erscheinungen in der Menschheits=
Geschichte mit der größten Spannung den Entwicklungsgang mancher
Menschen, ihre Jugend, ihre Anfänge, ihr allmäliges Empor=
arbeiten und in einem so bedeutenden und einflußreichen Leben,
wie das des ersten N a p o l e o n s interessiren wir uns für seine
Jugend in Corsika, seine Entwicklung in der Militärschule von
B r i e n n e, seine Erlebnisse als einfacher Lieutenant und mit
größter Theilnahme begleiten wir diesen Anfang seines Lebens=
ganges bis die Belagerung von Toulon ihm die Pforten zu Ehre
und Ruhm, zu Macht und Einfluß öffnet; — dagegen lassen
seine glänzende Laufbahn als Consul, Kaiser, seine Eroberungs=
züge durch ganz Europa uns vom menschlichen Standpunkte aus
ziemlich kalt und theilnahmlos und unsere Sympathie, unser Mit=
gefühl erwachen erst wieder, als dieser gigantische Mensch seinem
Sturze entgegeneilt, seine Macht zusammenbricht und der Imperator,
von eigennützigen Freunden und servilen Anhängern verlassen, als
Gefangener auf den Felsenklippen von St. Helena im südlichen
Oceane hoffnungslos verschmachtet.

So interessirt mich selbst in meinem Leben der B e g i n n
der verschiedenen Laufbahnen, die ich eingeschlagen, der A n f a n g
und Anlauf zu neuen Unternehmungen, mit einem Worte, das
W e r d e n d e, ich habe die darauf bezüglichen Kapitel dieser Auf=
zeichnung mit Lust und Liebe niedergeschrieben, während mich das
Errungene, das G e w o r d e n e, selbst in der Rückerinnerung
ziemlich kühl ließ. Ich glaube daher, die nun folgenden Jahre
meines Wirkens in Amerika von 1852—1861 kurz und gedrängt
zusammenfassen zu können, ja noch lieber wäre es mir, wenn sie
von anderer, ganz unbefangener Feder niedergeschrieben werden
könnten; — denn wenn man auch als Greis mit den Leiden=
schaften des Jünglings und des Mannes so ziemlich abgerechnet
hat und zu unparteiischen, objektiven Anschauungen gelangt ist,
so bleibt man doch, ohne es zu wollen, immer etwas parteiisch
und befangen, wenn es sich um die eigene Person, um die Erzählung
der eigenen Erlebnisse handelt.

Mit der Erwählung B e n t o n s in den Congreß, allein
durch mein Blatt als die e i n z i g e Zeitung, die ihn unterstützte,
und durch die Stimmen der fest zusammengeschlossenen und vor=
züglich disciplinirten Teutschen von St. Louis, begann nun ein
fortwährender, heißer Kampf für Freiheit und Fortschritt, ein

Kampf des freisinnigen Prinzips gegen das reaktionäre und egoistische Treiben der Proslaverei-Partei, und dieser Kampf in Zeitungen, Versammlungen und an den Stimmkästen wurde mit einer Leb= haftigkeit und Begeisterung geführt, die der heutigen, ziemlich in= differenten Generation abenteuerlich und übertrieben erscheinen mag, der aber damals mit aufrichtiger Begeisterung und größter Opfer= freudigkeit geführt wurde und seine vollste Berechtigung in sich trug. Diesen langen Kampf gegen das dominirende Sklavenhalter= thum haben, besonders im Westen, wir Deutschen mit größter Un= erschrockenheit und Tapferkeit geführt, bis der nach und nach bis zur Gluthhitze angefachte Meinungskrieg im Jahre 1861 zu einem Kampfe mit tödtlichen Waffen auf den wirklichen Schlachtfeldern wurde, und wieder waren es die Deutschen im Westen, die, als es nun blutiger Ernst wurde, die Waffen für die Union ergriffen, und das zahlreichste und ausbauerndste Contingent für die Ver= theidigung der Republik stellten. Ich kann den langen, politischen und parlamentarischen Kampf, der dem Secessions-Kriege voraus= ging, hier nicht ausführlich erzählen, obwohl ich eine thätige und hervorragende Rolle darin spielte, und ohne ruhmredig sein zu wollen, mich und Frank P. Blair als die Gründer der repu= blikanischen Partei in dem Sklavenstaate Missouri erklären darf. Aber wollte ich alle die Kämpfe dieser langen Jahre bis 1861 ausführlich erzählen, so müßte ich von einer Menge von Dingen und Fragen berichten, die jetzt längst überwundene Stand= punkte sind und einer für immer vergangenen Geschichte angehören; — ich müßte erzählen von dem Missouri-Compromiß und der Mason= und Dixon=Line, von Henri Clays Omnibus= Bill, von dem blutenden Kansas und Douglas' Squatters= Souveränität, vom Dred Scott=Falle und vom Flüchtigen= Sklaven=Gesetze und noch von hundert anderen, jetzt verschollenen und vergessenen Dingen und Fragen, über die wir Zeitungsschreiber jener Zeit uns die Köpfe zerbrachen und die Finger wundschrieben, bis mit Lincolns Wahl in 1860 das Weltgericht über das Sklavenhalterthum hereinbrach und das Verderben seinen Gang nahm. Es war ein bitterer, heißer, aufreibender Kampf, den wir Männer jener Periode, besonders die in Sklavenstaaten wohnenden, für die Ideen der Freiheit und des Fortschrittes Jahr aus Jahr ein zu fechten hatten, aber er bahnte den Weg für die späteren Siege der Union nach 1861 und die deutsche Einwanderung von 1848 hat redlich ihren Theil dazu beigetragen, hat opferwillig

Blut und Schweiß vergossen und Leiden und Entbehrungen aller
Art ertragen, um die amerikanische Sternenrepublik zu befreien
von dem Fluche der Sklaverei, der auf ihr haftete, von dem Brand=
male der Schmach, das ihr dadurch aufgeprägt war. Spätere
Geschichtsschreiber der Republik, die, fern vom Parteikampfe und
seiner Leidenschaftlichkeit die Vorgänge jener Zeiten rein objektiv
anschauen und beurtheilen werden, werden den Männern, welche
die geistigen Vorkämpfe von 1848—1861 so erfolgreich führten,
volle Gerechtigkeit widerfahren lassen und namentlich wird die
deutsche Einwanderung nach 1848, werden die sogenannten
„Grünen" volle Anerkennung finden; denn sie waren fast ohne
Ausnahme die Träger und Vertreter des idealen Republikanismus,
während die ältere deutsche Einwanderung, die sogenannten
„Grauen", sich im Laufe der langen Jahre an das damals
noch nicht so ungeberdige und arrogante Sklavenhalterthum all=
mälig gewöhnt, ja mitunter sich mit ihm befreundet hatten und
die eigenthümliche Institution als ein nothwendiges Uebel be=
trachteten, das man als guter Conservativer erhalten und schützen
müsse. Gerade aber das war das Verdienst der Achtundvierziger,
daß sie ihre Begeisterung, ihren Idealismus, ihre radikalen An=
schauungen in den träge schleichenden Strom des alltäglichen
Schlendrians und der abgenutzten Partei=Schablonen des ameri=
kanischen Staatslebens hineinschleuderten, die versumpfenden Partei=
Gewässer aufwühlten bis zum tiefsten Grunde und Leben und
Bewegung in die zähe Masse brachten. Keinem Einzelnen gebührt
das Verdienst für die Aufregung und Auffrischung des ameri=
kanischen Parteilebens, sondern der ganzen Einwanderung von 1848,
welche, wenn auch vereinzelt, so doch überall, neues Blut, neue
Bewegung, neue Ideen, in den alten Partei=Sauerteig brachte; —
die Führer hatten nur das Eine Verdienst, daß sie in Folge ihrer
Bildung und ihrer europäischen Erfahrungen die zündenden Ideen
des Tages in die Massen warfen, — aber die größte und höchste
Anerkennung verdienen die Massen selbst, welche die freiheitlichen
und fortschrittlichen Ideen mit Verständniß und Begeisterung auf=
faßten und von ihnen durchdrungen, sich besonders im Westen zu
einer Macht organisirten und disciplinirten, mit der die ameri=
kanischen Politiker und Parteiführer künftig zu rechnen hatten und
auf die sie bedeutend Rücksicht nehmen mußten.

Ich müßte, wollte ich alle diese geistigen Vorkämpfe hier
aufzählen, die Geschichte der Ver.=St. und besonders die Geschichte

von Missouri von 1848—1861 hier erzählen, allein das ist
nicht meine Aufgabe, da ich ja nur meine persönlichen Er=
lebnisse aufzeichnen wollte; — auch widerstrebt es mir, immer von
mir selbst und meinem Wirken sprechen zu müssen, was, da ich
durch lange Jahre der Leiter der Anti=Sklaverei=Bewegung in Mis=
souri war, unvermeidlich wäre; — ich wünschte auch nicht, in die
Eigenthümlichkeit Leon Gambettas zu verfallen, der, wie man
ihm von radikaler Seite vorwirft, in seinen Reden jeden Satz mit
„je" anfängt und mit „moi" endigt. Ich werde mich daher in
Betreff der Ereignisse bis 1861 sehr kurz fassen und nur einzelne
bezeichnende Thatsachen berühren. Auch gedenke ich durchaus nicht,
bei Erwähnung jener Zeiten irgend eine Polemik mit meinen damals
sehr zahlreichen Gegnern und Feinden wieder in's Leben zu rufen
und die alten Zwistigkeiten aufzuwärmen, obwohl ich in jenen Zeiten
beständige und höchst erbitterte Kämpfe mit zahlreichen Gegnern
und rücksichtslosen Feinden meiner Person und meines Wirkens
fast ununterbrochen zu bestehen hatte. Die Zeit versöhnt und ich
habe in den nun fast zwanzig Jahren meines freiwilligen Exils
„viel gelernt und viel vergessen" und betrachte jetzt jene
heißen und aufreibenden Kämpfe mit der Ruhe des Greisenalters,
ohne Groll und ohne persönliche Gereiztheit; — ich habe allen
meinen Gegnern, so heftig und verletzend sie mich auch bekämpften
und so bitterböse Stunden sie mir manchmal auch bereitet hatten,
schon längst vergeben, ja Viele von ihnen habe ich vollständig ver=
gessen, so daß ich mich nicht einmal mehr auf ihre Namen,
geschweige denn erst auf ihre Thaten erinnern kann. Also keine
Rekriminationen und keine aufgefrischte Polemik aus jenen Tagen
des Aufeinanderplatzens der Geister, — sono tempi passati. —

Die Erwählung Bentons durch das deutsche Votum hatte
die Deutschen von St. Louis in eine einflußreiche politische Stellung
gebracht und zu gleicher Zeit die im Entstehen begriffene Benton=
Demokratie gestärkt und ihre Ausbreitung und Organisation er=
möglicht. Ich habe bereits erwähnt, daß in der Wahlcampagne
Bentons sich mit Ausnahme des „Anzeigers" nicht ein einziges
Blatt, weder ein englisches noch ein deutsches fand, um Bentons
Kandidatur zu vertreten; — so wenig Glauben hatten sämmtliche
Zeitungen an die Zukunft der Benton=Demokratie; — die ganze
Benton=Demokratie bestand damals aus etwa zweihundert Anglo=
Amerikanern, aus dem besseren Theile der Irländer und aus den
Deutschen, welche die Hauptstärke der neuen Partei ausmachten.

Nach dem überraschenden Erfolge von Bentons Wahl änderten sich diese Verhältnisse und das ganze amerikanische und irische Aemterjägerthum, welches auf Stellen und Aemter in Stadt und County reflektirte, schloß sich der Benton-Demokratie an, welche so-eben gezeigt hatte, daß sie die von ihr nominirten Kandidaten auch bei der Wahl durchsetzen könne. So wuchs die Benton-Demokratie numerisch zu überraschend großer Zahl und Stärke, selbst von der Whig-Partei schlossen sich die Gegner der Sklaverei ihr an und ein von der Prosklaverei-Demokratie in St. Louis auf-gestelltes Wahl-Ticket konnte bei allen Wahlen keine 150 Stimmen für seine Kandidaten zusammenbringen. Die Whig-Partei aber war in der Auflösung begriffen und dem unvermeidlichen Untergange verfallen, die Know-nothing-Partei war noch nicht organisirt und so siegte die Benton-Demokratie in allen Wahlen der Jahre 1853—54 und machte einen ihrer Führer John How zum Mayor von St. Louis, während der Stadtrath und alle städtischen Beamten ebenfalls der Benton-Demokratie angehörten. So ging es auch mit Ausnahme einer einzigen Stadtwahl, auf die ich noch kommen werde, in den Wahlen aller nun folgenden Jahre, bis 1856 St. Louis Frank P. Blair, einen entschiedenen Frei-Bodner und Gegner jeder Ausbreitung der Sklaverei, als seinen Vertreter in den Congreß schickte, und endlich war im Jahre 1860 die Benton-Demokratie schon so stark geworden, daß sie in einem Sklavenstaate ein republikanisches Ticket für den ganzen Staat aufstellen und 17,000 Stimmen für Abraham Lincoln abgeben konnte. Aber immer waren die Deutschen der Kern und die Hauptmacht der Benton-Demokratie geblieben, die Deutschen hatten die offene Umwandlung der Benton-Demokratie in die republikanische Partei er-möglicht und als der Süden aus der Union trat und die secessio-nistische Palmetto-Flagge aufzog, waren es wieder die Deutschen, die, Alles hintansetzend, zu den Waffen eilten und durch ihr mannhaftes Auftreten den Sklavenstaat Missouri an der Se-cession verhinderten und ihn in der Union erhielten.

Damals in 1853, als die Organisation der Benton-Demokratie, dieser Vorläuferin und Bahnbrecherin der späteren republikanischen Partei, sich zu bilden begann, hatten selbst die Sklavenhalter und ihr Anhang noch keine Idee von der Ent-wicklung und künftigen Stärke dieser neuen Partei, — aber dennoch blickten sowohl die Sklavenhalter-Demokratie, als die

größtentheils nativistisch gesinnte Whig = Partei mit Mißtrauen
und Argwohn auf die deutschen Bürger und beide suchten den
Deutschen alle möglichen Hindernisse in den Weg zu werfen und
sie auf eine untergeordnete Stellung zu beschränken. Kleinliche
Verfolgungen der Deutschen durch die Temperenzler, durch die
Sonntags=Mucker und durch die größtentheils aus Irländern
bestehende Polizei kamen nach und nach an die Tagesordnung und
es war eine dieser Fragen, die mich in den Kampf gegen das
herkömmlich ehrwürdige Institut der G r a n d = J u r y verwickelte.
Ich dankte mein Bißchen Einfluß in St. L o u i s und meine
leitende Stellung hauptsächlich dem Umstande, daß ich mich nicht
damit begnügte, in meinem Redaktionsbureau zu sitzen und
Zeitungsartikel zu schreiben, sondern daß ich bei jeder Gelegenheit
als Agitator und Führer p e r s ö n l i c h v o r a n g i n g und, mochte
es sich nun um Reden bei öffentlichen Versammlungen, um An=
regung und Förderung eines wohlthätigen oder nützlichen Zweckes,
um Bekämpfung von Uebelständen und Mißbräuchen, um die Ver=
theidigung deutscher Bürger und ihrer verfassungsmäßigen Rechte
handeln, — stets voran und in P e r s o n und a k t i v eintrat,
kurz, daß ich immer zu jenem persönlichen und thätigen Einschreiten
bereit war, welches der Franzose mit „payer de sa personne"
bezeichnet. — So war denn nach der siegreichen Stadtwahl von
1853 die Grand=Jury zu ihrer halbjährigen Sitzung zusammen=
getreten und war von den Gegnern der Deutschen so geschickt ge=
packt worden, daß die Temperenz=Männer und die Sonntags=
Mucker darin die Majorität hatten. Und nun wurde eine förmliche
Verfolgung gegen die deutschen Wirthe und ihre Gäste eingeleitet,
namentlich wegen Entheiligung des Sonntags, durch Offenhalten
ihrer Schanklokale und Verabreichung von geistigen Getränken am
Sabbath. Nun spielt aber die B i e r = F r a g e eine große Rolle
unter den Deutsch=Amerikanern, manchmal eine zu große und es
gab Orte und Zeiten, wo die Deutschen lieber auf eines oder
mehrere ihrer verfassungsmäßigen Rechte verzichtet hätten, als auf
die Freiheit, Bier zu trinken, wann, so oft und so viel sie wollten.
Deutschamerikanische Redakteure müssen auf die Bierfrage immer
gebührende Rücksicht nehmen und manche Wahlen sind einzig und
allein durch die Bierfrage entschieden worden, — ja es genügte
oft, zu behaupten oder nachzuweisen, daß dieser oder jener Kan=
didat ein Temperenzler sei, um das ganze deutsche Votum von
ihm abwendig zu machen. Der Plan der Gegner der deutschen

Bürger war nun darauf gerichtet, die deutschen Wirthe und ihre deutschen Gäste zu verfolgen und empfindlich zu bestrafen oder doch wenigstens durch eine Masse von Anklagen (indictments) sie in kostspielige und lästige Prozesse zu verwickeln; zugleich aber sollte ich in eine falsche Stellung zu meinen deutschen Lands=leuten gebracht und als ihr Denunziant hingestellt werden. Die deutschen Wirthe hatten nämlich die Gewohnheit, für die Sonntage durch besondere Anziehungen, freien Lunch, Musik=produktionen, Volkssänger u. s. w. ein zahlreiches Publikum anzulocken und zeigten diese „Attraktionen" in den Zeitungen an. Ich erhielt nun eine Vorladung vor die Grand-Jury als Zeuge und sollte dort, nachdem ich eidlich verpflichtet worden war, alle mir vorgelegten Fragen wahr beantworten und unter diesen auch die Frage, ob diese oder jene Wirthshaus=Einladung zu einer Sonntags=Unterhaltung in meiner Zeitung erschienen sei. Wollte ich nicht einen Meineid begehen und mich den strafrechtlichen Folgen eines solchen aussetzen, so hätte ich die Fragen bejahen müssen, und auf diese meine Aussagen hin wären die deutschen Wirthe kriminell verfolgt worden und ich wäre somit als ihr Ankläger und Denunziant erschienen. Ich hatte mich schon seit längerer Zeit mit dem Institut der Grand-Jury beschäftigt und ich war ebenfalls nicht ganz frei von dem Streben der Acht=undvierziger Einwanderung, das alte Amerika zeitgemäß zu reformiren. — Das Institut der Grand-Jury oder des Groß=Geschworenen=Gerichtes ist nur in der englischen Rechtspflege und in der Criminaljustiz der Vereinigten Staaten von Amerika üblich und stammt noch aus dem altenglischen gemeinen Rechte (common law), eine Sammlung von geschriebenen und ungeschriebenen Ge=setzen, Gebräuchen und herkömmlichen Einrichtungen, — Niemand kennt den Solon oder den Lykurg, der in grauen Altersszeiten diese Gesetze gegeben oder gesammelt hat, aber das common law existirt noch immer und seine Präcedenz=Fälle sind maßgebend für die Rechtspflege. In England wie in Amerika giebt es nämlich keine Anklage=Kammer, keinen öffentlichen Ankläger, der begangene Verbrechen oder Vergehen aus Licht zieht und sie vor den Gerichten anhängig macht, sondern nach dem Grundsatze der Solidarität in der Gemeinde, und daß die Gemeinde Verbrechen, die in ihrem Gebiete begangen wurden, nicht nur nicht verheimlichen, sondern selbe den Gerichten anzeigen müsse, war das Geschäft des öffent=lichen Anklägers einer Anzahl von Bürgern übertragen, deren

Pflicht es war, sich als Grand = Jury von 24 Bürgern zu constituiren und in geheimer Sitzung alle im Distrikte begangenen Verbrechen oder Vergehen zu untersuchen und Diejenigen in Anklagezustand zu versetzen, welche nach Aussage glaubwürdiger Zeugen sich der Verbrechen oder Vergehen schuldig gemacht hatten. Zu einer Anklage=Akte müssen wenigstens zwölf Mitglieder der Grand=Jury ihre Stimmen dafür geben; finden sie keine An= klagebill (indictment), so kann der Betreffende von den Gerichten n i ch t verfolgt werden und selbst Untersuchungsrichter können angebliche Verbrecher nur an die Grand=Jury überweisen; findet diese eine Anklage, dann kommt der Angeklagte vor das Criminal= gericht und eine kleine Jury von zwölf Geschworenen, — findet dagegen die Grand=Jury keine Anklage, so muß er augenblicklich freigelassen werden. In England war die Grand = Jury eine vollständig berechtigte Institution; denn sie schützte das Volk gegen Bedrückungen und gerichtliche Verfolgungen von Seite des Königs, der Minister und der mächtigen Aristokratie, und da Niemand ohne den Wahrspruch seiner Mitbürger in der Grand= Jury kriminell verfolgt werden konnte; — so war die Grand= Jury eine Schutzwaffe und ein Schild für die Bürger gegen ungerechte und besonders gegen politische Verfolgungen, und da ihre Verhandlungen geheim waren und blieben, so konnten auch die Mächtigen und Großen des Reiches, wenn sie Verbrechen begangen hatten, angeklagt und diese der Grand=Jury zur gerichtlichen Ver= folgung angezeigt werden. Von England kam das Institut der Grand=Jury auch in die amerikanischen Colonien und es wurde daran, wie an einer Menge anderer alter Traditionen, bis in die neueste Zeit festgehalten. Allein das im Prinzip ganz richtige Institut artete in den amerikanischen Zuständen nach und nach in Mißbräuchen aus; — es war der Willkühr des Sheriffs anheim= gegeben, die Geschworenen der G r a n d = J u r y nach seinem Be= lieben und zur Erreichung bestimmter Zwecke auszuwählen und so wurden in zahlreichen Fällen, namentlich im Süden, Unschuldige gerichtlich verfolgt und reiche und angesehene Verbrecher, namentlich Männer von politischem Einflusse, schlüpften durch und entgingen der wohlverdienten Anklage, also auch der gerichtlichen Verfolgung und Bestrafung. Mein Entschluß war schnell gefaßt, diese Gelegenheit zu benutzen, um das veraltete und unzeitgemäße Institut der Grand=Jury, an dem noch Niemand zu rütteln gewagt hatte, in entschiedener Weise anzugreifen und zu bekämpfen.

Ich erschien also am Tage der Vorladung vor der Grand=
Jury, die mit ihrem Präsidenten auf einer Estrade thronte.
Es wurde mir nun eröffnet, daß die Grand=Jury mir Fragen
vorzulegen habe und daß ich daher vorher darauf beeidigt werden
müsse, daß ich in meinen Antworten auf diese Fragen „die Wahr=
heit, nur die Wahrheit und nichts als die Wahrheit" sagen
werde. — Ich erhob mich hierauf und erklärte, daß die Ab=
legung solchen Eides in vorhinein und mit Unkenntniß der mir
vorzulegenden Fragen gegen mein Gewissen und gegen meine
Ueberzeugung sei und daß ich mich daher weigern müsse, einen
solchen Eid zu schwören. Allgemeines Entsetzen und große Auf=
regung der 24 Geschworenen; — solch' eine Renitenz war noch
nie vorgekommen; — ich wurde ersucht, einen Augenblick ab=
zutreten, damit die Grand=Jury über diesen ungewöhnlichen Fall
erst berathen könne. Ich begab mich also in das Vorzimmer und
hörte wie drinnen im Saale eine lebhafte und laute Debatte unter
den Geschworenen stattfand, von der abgerissene Bruchstücke bis
hinaus drangen; — die Mehrzahl schien dafür zu sein, daß
man mich z w i n g e n müsse, den Eid zu leisten und die nöthigen
Aussagen zu machen; die Minderheit dagegen wollte mich als
ganz unbrauchbaren Zeugen nach Hause schicken. Endlich wurde
ich wieder vorgerufen und der Vorsitzer eröffnete mir, ich m ü s s e
den Eid in unbedingter Weise leisten, sonst würde diese Eidesver=
weigerung als M i ß a c h t u n g d e s G e r i c h t e s (contempt of
Court) gerichtlich verfolgt und bestraft werden. Ich antwortete
mit der wiederholten Erklärung, daß ich einen solchen Eid in's
Blaue hinein auf keinen Fall schwören würde, schon darum nicht,
weil mir Fragen vorgelegt werden könnten, deren wahrheitsgetreue
Beantwortung mich selbst incriminiren könnte, und nach unseren
Gesetzen sei Niemand verpflichtet, gegen sich selbst auszusagen;
— ich erläuterte diese Möglichkeit durch das Beispiel, daß ich
ja durch den Abdruck einer Wirths=Anzeige mit einer Einladung
zu Sonntags=Vergnügungen gleichsam zum Mitschuldigen des
Wirthes und somit zu meinem eigenen Ankläger würde, welch'
Letzteres ungesetzlich sei. Noch einmal forderte mich der Präsident
auf den Eid zu leisten und mich in Hinsicht der Fragen auf die
Billigkeit der Grand=Jury zu verlassen, und als ich mich aber=
mals entschieden weigerte, wurde ich auf Antrag des indessen her=
beigeholten Distrikt=Anwaltes wegen Mißachtung des Gerichts in
Anklage=Zustand, zum Gefangenen erklärt, als solcher in die Ob=

hut des Sheriffs gegeben und dem Criminal=Gerichte überant=
wortet. In feierlichem Zuge marschirten wir in den Criminal=
Gerichtshof, voran der Vorsitzer der Grand=Jury und der Distrikts=
Anwalt, dann ich und der Sheriff, der seine Hand auf meine
Schulter gelegt hatte, dadurch symbolisch andeutend, daß ich sein
Gefangener sei. Und hinter uns her paarweise die 24 Groß=
Geschworenen in würdevoller Prozession. Im Criminal = Gerichte
wurden bei unserem Erscheinen sogleich alle Verhandlungen unter=
brochen; denn die Grand=Jury hat zu allen Zeiten den Vortritt.
Richter Colt, ein liebenswürdiger und humaner Mann, war da=
mals Criminal=Richter; er hörte den Fall, wie ihn der Distrikts=
Anwalt vortrug, aufmerksam an, und schien durch dieses bisher un=
erhörte Vorkommniß in einige Verlegenheit versetzt zu sein; — er
versuchte es daher, zu vermitteln und redete mir zu, ich möchte
doch den Eid leisten, alle verfänglichen Fragen würden mir er=
spart bleiben, ich solle nur nicht ein Beispiel von offenem Unge=
horsam geben. Allein ich blieb fest auf meiner Eides=Verweige=
rung und Richter Colt erklärte nun, so leid es ihm auch thue,
müsse er doch dem Gesetze freien Lauf lassen, ich sei also Ge=
fangener und würde so lange in Haft bleiben, bis mein Trotz ge=
brochen sei und ich den Eid leisten würde. Er gab mich also
in den Gewahrsam des Sheriff und setzte die Gerichtsverhandlung
über mein Vergehen auf den nächsten Vormittag an. Bis dahin
meinte er, hätte ich vierundzwanzig Stunden Zeit, um mir die
Sache bei kühlerem Blute zu überlegen und zu einem besseren
Entschlusse zu kommen. So zogen wir denn wieder aus dem
Criminal=Gerichte fort und der Sheriff wies mir ein Gefangenen=
Zimmer im Court=Hause an; — ich verlangte nun gegen Bürg=
schaft bis zur definitiven Verhandlung freigelassen zu werden und
so zogen wir wieder nach dem Criminal=Gerichtshofe, wo mir
Richter Colt mein Verlangen unter der Bedingung gewährte,
daß zwei Bürgen 10,000 Dollars Bürgschaft für mein Erscheinen
bei der Gerichtsverhandlung geben würden. Die Sache war in=
dessen in der Stadt ruchbar geworden und nicht nur zwei, sondern
zehn Bürger kamen herbei geeilt, um die verlangte Bürgschaft
zu bieten und so wurde ich nach Erledigung der gesetzlichen For=
malitäten provisorisch in Freiheit gelassen. Aber der Vorfall machte
ungeheures Aufsehen, die Abendblätter waren voll davon, die
Morgenblätter des nächsten Tages beschäftigten sich beinahe mit
nichts Anderem, und als um zehn Uhr die Sitzung eröffnet ward,

war der große Saal gedrängt voll und sämmtliche Advokaten von
St. Louis auf ihren Plätzen, um die Entwicklung dieser cause
celèbre zu verfolgen; — ich erschien, begleitet von meinem Freunde,
dem deutschen Advokaten Christian Kribben, der die juri-
dischen Argumente aufstellen und entwickeln sollte. Es begann nun
eine lange Verhandlung, in welcher zuerst meine Mißachtung des
Gerichtes durch die Zeugenaussagen der Geschworenen constatirt
und dann mir und meinem Rechtsbeistande das Wort zur Vertheidigung ertheilt wurde. Ich blieb fest bei meiner Erklärung,
daß es nicht Mißachtung der Grand-Jury sei, was mich zur
Eidesverweigerung bewege, sondern daß einzig und allein mein Gewissen und meine Ueberzeugung sich gegen einen solchen Eid sträubten.
Eine lange Debatte, in welcher mein Advokat eine überzeugende
Rede hielt, folgte nun, und die Verhandlung mußte nach Ablauf
der Gerichtsstunden wieder auf den nächsten Tag verschoben werden.
Nach einem so langen Zeitraum von 27 Jahren sind mir die Verhandlungen nicht mehr klar erinnerlich und ich besitze weder ein
Exemplar des „Anzeigers", noch eines anderen Blattes aus jener
Zeit, um daraus die nöthigen Daten und Fakten schöpfen zu
können; nur so viel weiß ich noch, daß zuletzt die Entscheidung
des Richters Colt, der zwischen dem starren Buchstaben des Gesetzes und den Rücksichten auf Humanität und Billigkeit hin- und
herschwankte, endlich dahin lautete, daß, da die Ablegung eines
Präliminar-Eides gegen mein Gewissen und meine Ueberzeugung
sei und die Verfassung des Staates Missouri die vollste Gewissens-
und Meinungsfreiheit verbürge, die Grand-Jury mir zuerst die
Fragen vorlegen und mich dann erst für jede einzelne Frage ver-
eidigen solle. Ich hatte also in der Sache selbst gesiegt und erklärte, daß ich mich dieser Entscheidung willig fügen würde. Unter
den Advokaten aber, und auch im Publikum, gab es Leute genug,
die den Richter Colt der Schwäche und übertriebenen Nachgiebigkeit ziehen und die verlangten, er hätte mich so lange im Gefängnisse sitzen lassen sollen, bis ich endlich doch den Eid abgelegt
haben würde, wozu ihm auch der Buchstabe des Gesetzes volle
Macht gab. Wir zogen nun wieder in den Saal der Grand-
Jury und die erste Frage wurde mir vorgelegt und dann der Eid
darauf mir abgefordert; — da die Frage ganz unverfänglich war,
so schwor ich und beantwortete die Frage, sowie einige weitere; als
aber dann die Fragen verfänglicher wurden und sich hauptsächlich
gegen die deutschen Wirthe und ihre Entweihung des Sabbaths

richteten, erklärte ich einfach, diese Fragen nicht unter Eid beant=
worten zu können, da schon längere Zeit verflossen und es mir
unmöglich sei, mich an die Thatsachen klar zu erinnern; oder ich
verweigerte auch direkt die Beantwortung einer Frage, weil ich
mich dadurch selbst inkriminiren würde, was doch ungesetzlich sei.
Diese Prozedur wiederholte sich innerhalb einer Stunde ungefähr
zehn= bis zwölfmal, dann bekamen die Herren Grand=Jurors die
Sache satt, sahen, daß aus mir nichts herauszubringen war und
entließen mich in Gnaden. Aber mein Auftreten hatte die gute
Folge, daß der Fall in der ganzen Union in einer Menge von
Zeitungen besprochen und das Institut der Grand=Jury einer
kritischen Erörterung unterzogen wurde, die gerade nicht zum Vor=
theile dieser alterthümlichen Einrichtung ausfiel. Ich aber hatte
durch mein entschiedenes Auftreten meine Stellung bedeutend be=
festigt und gestärkt und selbst die Anglo=Amerikaner bekamen Re=
spekt vor dem Führer ihrer deutschen Mitbürger. In späterer
Zeit aber habe ich noch die Genugthuung gehabt, daß verschiedene
westliche Staaten wie Michigan und Wisconsin bei der
Revision ihrer Verfassungen das Institut der Grand=Jury als
veraltet und unnütz abgeschafft haben.

Durch die Wüste des Nativismus.

(1855.)

Ich habe bereits erwähnt, wie die urplötzlich entstandene
Benton = Demokratie, die Vorläuferin der republikanischen
Partei in Südwesten, durch ihre ersten überraschenden Siege
über die beiden alten Parteien Aufsehen erregt und an Be=
deutung gewonnen hatte, und wie dieser neuen Partei, wie ge=
wöhnlich, alle Jene zuströmten, die jedem hoffnungsvoll aufgehen=
den Gestirne sich zuwenden, vorzüglich aber wurden die Reihen
der neuen politischen Gestaltung durch die zahlreichen Aemterjäger
und Ehrgeizigen verstärkt, welche in ihr schneller zur Befriedigung
ihrer Wünsche zu gelangen hofften, da in den alten Parteien
bereits alle einflußreichen Stellungen auf Jahre hinaus vergeben
waren. Es waren dies gewiß nicht die besten Elemente, die der
Benton=Demokratie zugeführt wurden, im Gegentheile gewannen

mit dieser Verstärkung der Reihen der Partei die selbstsüchtigen und eigennützigen Interessen die Oberhand und es wiederholte sich auch bei der neuen Partei das traurige Schauspiel, welches wir schon mit Ekel und Widerwillen in den alten Parteien beobachtet hatten, daß nämlich das Ziel des Kampfes nicht mehr der Sieg eines Prinzips, sondern die Erlangung von Aemtern und Einfluß war. Da die großen Erfolge der Benton-Demokratie in den Jahren 1853—54 hauptsächlich den deutschen Stimmen zu verdanken waren, so hielt ich den Parteiführern gegenüber fest darauf, daß den deutschen Bürgern, als dem eigentlichen Kerne der Partei, die auch den größten Theil der Steuern und Lasten trugen, auch der gebührende Antheil bei der Besetzung der Aemter gesichert werde. Ich fand Frank P. Blair und seine amerikanischen Freunde auch hiezu stets geneigt und bereit, während die Irländer, die bisher das Privilegium der einträglichen Stellen allein besessen hatten, bei jeder Gelegenheit gegen diese Bevorzugung der Deutschen, wie sie es nannten, eifrigst protestirten; — namentlich war es der alte Edward Walsh, ein reicher und hochangesehener Irländer, der es durchaus nicht begreifen wollte, wie seine werthen und theuren irischen Brüder übergangen werden sollten, um „unwissenden dutchmen" Aemter und Stellen zukommen zu lassen. Allein in den ersten Jahren ließen sich Blair und seine Freunde durch diese irischen selbstsüchtigen Machinationen nicht irre machen und bei Aufstellung der Wahltickets wurden die Aemter nach allen Regeln der Billigkeit unter die drei Nationalitäten vertheilt; — Deutsche wurden in den Stadtrath gewählt, bekleideten städtische Aemter, und auch die städtische Polizei, die bis dahin nur aus Irländern und französischen Creolen bestanden hatte, erfuhr durch die Anstellung von deutschen Mitbürgern eine Umgestaltung zum Vortheile des Instituts. Aber auf der andern Seite wurde dadurch in den Deutschen, die sich früher um Aemter und Stellen nicht gekümmert hatten, der Trieb zum Aemterjägerthum geweckt und genährt, Ward-, Coterie- und Privat-Interessen gewannen die Oberhand, damit verband sich eine Art von Uebermuth, ein keckes Pochen auf ihre Majorität und so wurde die Partei-Disciplin immer mehr gelockert, während in den Reihen der amerikanischen und irländischen Aemterjäger Alles aufgeboten wurde, die unbequemen deutschen Concurrenten zu beseitigen. Ich hatte es mir zum strengen Grundsatze gemacht, nie und unter keiner Bedingung für mich selbst oder für ein Mitglied meiner Familie ein Amt oder irgend einen Vortheil zu verlangen, sondern so oft sie mir auch angeboten wurden, hatte ich alle diese „Partei-Belohnungen", wie man sie damals nannte, entschieden zurückgewiesen; — aber mit Befremden sah ich nun den Kampf und die Jagd um Aemter zwischen den verschiedenen Nationalitäten in der eigenen Partei entbrennen, sah, wie die Privat-Interessen den Sieg über die Prinzipienfragen davontrugen, wie durch diese Vorgänge die Disciplin der Partei in verderblicher Weise gelockert wurde und es erschien mir als ein Gebot der Nothwendigkeit, eine Katastrophe herbeizuführen, die diesem verderblichen Treiben ein Ende machen sollte; — meine tiefinnerste Ueberzeugung war, daß die Partei eine Niederlage erleben müsse, um dadurch purifizirt und von den schädlichen Elementen befreit zu werden. Allein auf die Zustimmung der amerikanischen und irländischen Parteigenossen konnte ich bei einem so kühnen Versuche nicht rechnen, ich mußte daher, was geschehen sollte, allein und auf eigene Faust thun. Ich kam mir — si componere licet — wie Moses vor, der auch erst sein Volk in die Wüste geführt und es dort allen Entbehrungen und harten Prüfungen durch volle vierzig Jahre ausgesetzt hatte, um in dieser Schule der Widerwärtigkeit seine Leute an den Gehorsam gegen die neuen Gebote des Horeb zu gewöhnen und sie unbeirrt von allen anderen Einflüssen zu discipliniren. Die Gelegenheit hiezu bot mir schon der Frühling des nächsten Jahres 1855; — die Whig-Partei war zu Grunde gegangen und aus ihren Ueberresten hatte sich die amerikanische oder nativistische Partei gebildet, die sich auch „sons of the sires" und endlich „know-nothings" (Nichtswisser) nannte, ihre Organisation in der, in Amerika so beliebten Form der Logen eines geheimen Ordens bildete, ihre unverbrüchlichen Logen-Geheimnisse hatte und auf alle Fragen von Nicht-Mitgliedern verpflichtet war, mit: I know nothing! (Ich weiß Nichts!) zu antworten. Alle diese Know-nothings-Logen sendeten einen Delegaten in den obersten Ordensrath, den supreme council, dieser Rath stellte bei den Wahlen die Namen der Kandidaten auf, und alle Mitglieder der Logen waren durch Eid verbunden, für diese Kandidaten zu stimmen. So erlangten die Know-nothings durch diese geheimnißvolle Organisation in manchen einzelnen Staaten das Uebergewicht und konnten schon bei der Präsidentenwahl von 1856 ihre eigenen Kandidaten aufstellen,

welche auch gegen 800,000 Stimmen erhielten. Allein ſchon
auf der National=Convention der Know=Nothings zeigte es ſich,
daß die neue Partei aus zu verſchiedenen und gegenſätzlichen
Elementen zuſammengeſetzt ſei, die durchaus nicht längere Zeit
einen und denſelben Weg gehen konnten; — ſchon über die
Sklaverei=Frage kam es auf der Convention zu einem heftigen
Streite, in Folge deſſen eine bedeutende Zahl nördlicher Dele=
gaten aus der Convention in Philadelphia austrat und eine
eigene Convention nach New=York berief, welche der gerade neu
entſtehenden republikaniſchen Partei ein Bündniß zu gemein=
ſchaftlichem Wirken antrug; — allein die Republikaner lehnten
alle Verhandlungen über dieſen Antrag ab, ſo lange die Know=
Nothings nicht vorher den vierten und neunten Beſchluß
ihrer Philadelphia=Plattform vom 21. Februar 1856 widerrufen
und die anderen Beſchlüſſe weniger fremdenfeindlich geſtaltet haben
würden. Der vierte Beſchluß aber lautete: „Amerikaner
müſſen Amerika regieren und zu dieſem Zwecke ſollen,
allen anderen zuvor, nur in Amerika geborene (nativeborn)
Bürger zu allen Bundes=, Staats= und Munizipalämtern gewählt
werden". Der neunte Beſchluß aber verlangte, daß die Natura=
liſations=Geſetze ſo geändert würden, daß alle Einwanderer erſt
einundzwanzig Jahre lang ohne Unterbrechung in den
Ver.=St. leben müßten, um das Bürgerrecht erlangen und bei
den Wahlen ſtimmen zu können. Nachdem die republikaniſche
Partei die Offerte der Know=Nothings abgelehnt hatte, blieb
den nördlichen Nativiſten — die ſüdlichen hatten Fillmore
nominirt — nichts Anderes mehr übrig, als, da ſie keinen
eigenen Kandidaten mit Ausſicht auf Erfolg aufſtellen konnten,
für den Präſidentſchafts=Kandidaten der Republikaner John C.
Fremont, zu ſtimmen. Damit war auch ihr Ende beſiegelt,
nachdem ihre Herrſchaft in einzelnen Staaten ein bis zwei Jahre
gedauert und ſich durch eine kleinliche und gehäſſige Verfolgung
und eine mesquine Quälerei der eingewanderten Bürger ein un=
auslöſchliches Brandmal aufgeprägt hatte, ſo daß trotz aller nati=
viſtiſchen Gelüſte, die noch immer in der eingeborenen Bevölkerung
im Stillen fortglimmen, die Wiederkehr des Nativismus als
politiſche Partei=Organiſation ganz unmöglich iſt und mit jedem
Jahre und jedem neuen Zuwachſe der Einwanderung immer un=
möglicher wird. Bemerkenswerth iſt, daß die ſchlimmſten Know=
Nothings, die gehäſſigſten und erbittertſten Verfolger der Deutſchen,

meist Renegaten waren, Söhne oder Abkömmlinge eingewanderter
deutscher Eltern, die ihre deutschen Namen Meyer, Schmidt,
Müller, Funkhauser, Dorscheimer u. s. w. in Myers, Smith,
Millar, Funkhouser, Dorsheimer u. s. f. umgewandelt
und sich selbst in die erbittertsten Know-Nothings verwandelt
hatten. Später, als die nativistische Partei in Rauch und Dunst
verpufft und mit Gestank abgefahren war, kamen schon ein Jahr
darauf, in 1857, bei der großen finanziellen Panik dieselben
Leute, die noch zwölf Monate vorher mich, mein Blatt und
sämmtliche Deutsche hatten auffressen wollen, de- und wehmüthigst
in mein Redaktionsbureau, winselten und heulten und baten und
beschworen mich mit aufgehobenen Händen, meinen ganzen Einfluß
bei meinen Landsleuten anzuwenden, damit die deutsche Bevölkerung
in diesen Tagen der Panik und des Zweifels nicht einen „run"
auf die Sparcassen und Banken mache und ihre eingelegten Kapitalien aus diesen Instituten plötzlich zurückziehe, weil sonst Alles
zusammenbrechen und untergehen müsse. Ich ließ mir von den
Herren erst die finanzielle Lage der Geldinstitute mit Belegen aus-
einandersetzen und verlangte Bürgschaften dafür, daß die Deutschen,
wenn sie in ihrem Vertrauen auf diese Institute ausharren sollten,
schließlich nichts verlieren würden. Wir arbeiteten die halbe
Nacht hindurch und ich überzeugte mich, daß die Mittel zur
Deckung aller Verpflichtungen vollauf vorhanden seien und es sich
nur um Gewinnung von Zeit handle, um selbe realisiren zu
können; zugleich verbürgten sich die reichsten und angesehensten
Bürger, die Chouteaus, Lucas, Benoist, Soulard,
Lindell u. a. für die Schadloshaltung aller jener Depositaire,
die bei einer der St. Louiser Banken etwas verlieren sollten.
So willfahrte ich denn den Bitten der aufs Höchste geängstigten
Herren und schrieb noch in der Nacht einen Aufruf an meine
Landsleute, worin ich sie zur Ruhe und kühlen Ueberlegung aufforderte, ihnen erklärte, daß dies die einzigen Hilfsmittel zur
Sicherung ihrer Forderungen seien und daß jede Ueberstürzung,
jedes gewaltsame Ueberrennen der Banken und Sparcassen nur
einen vollständigen Ruin und Zusammenbruch und den gänzlichen
Verlust aller ihrer Guthaben nach sich ziehen würde. Der Aufruf, dem ich nun mehrere Tage lang ähnliche beschwichtigende
Artikel folgen ließ, hatte die gehoffte und gewünschte Wirkung,
die Deutschen, welche die zahlreichsten Depositaire der Geldinstitute
waren, blieben vertrauungsvoll und ruhig, es fand kein „run"

auf die Banken und Sparcassen statt und die finanzielle Krisis ging dieses Mal an St. Louis ohne schwerwiegende Folgen, wenn auch mit betrübenden Nachwehen für Handel und Industrie vorüber; — Einzelne erlitten Verluste in ihren Geschäften oder in ihrem Credite, aber es fand kein allgemeiner Zusammenbruch statt und nach acht Tagen waren die Banken bereits in Stand gesetzt, überflüssige Geldmittel in ihren Cassen zu haben und konnten sämmtliche Depositen zurückzahlen, wenn diese verlangt worden wären, was aber nun niemanden mehr einfiel.

Doch ich kehre wieder zu meiner Erzählung und zum Jahre 1855 zurück. Auch in St. Louis hatten sich, der Mode des Tages folgend, zahlreiche Know-Nothings-Logen gebildet, welche, durch einen obersten Rath geleitet, die Zeit für gekommen hielten, in der Stadtwahl im April ein eigenes Ticket, aus lauter eingeborenen Bürgern bestehend, aufzustellen. Die Whig-Partei, in vollständiger Auflösung begriffen, hatte nicht die geringste Aussicht, ihre Wahlliste durchzubringen, die Prosklaverei-Demokratie konnte in allen diesen Jahren für ihre Kandidaten mit größter Mühe keine zweihundert Stimmen zusammenbringen, wenn sie gleich im Innern des Staates, wo die Sklavenhalter wohnten, noch immer stark und mächtig war und es bis auf den heutigen Tag geblieben ist, wo sie den ganzen Staat Missouri noch immer dominirt. Die Stärke der Know-Nothing-Partei kannte man nicht, da Alles im Geheimen in den Logen verhandelt wurde, jedenfalls aber wurde sie unterschätzt und die Benton-Demokratie betrachtete ihren Wahlsieg als ebenso leicht wie gewiß und sicher. So wurde man denn im Lager unserer Partei übermüthig und sorglos und die Drahtzieher der Partei hielten die Zeit für gekommen, wo man die Ansprüche der deutschen Bürger weniger zu berücksichtigen und mehr Gewicht auf die Befriedigung der amerikanischen und irländischen Aemterjäger zu legen habe. So trat denn eine städtische Convention zusammen, deren Mitglieder in den Primär-Versammlungen der Wards durch geschickte Manipulationen der Drahtzieher, welche durch die Sorglosigkeit und Gleichgültigkeit der Deutschen begünstigt, leichtes Spiel hatten, — so künstlich „gepackt" worden waren, daß die Deutschen so ziemlich unvertreten blieben. Von dieser Convention wurde nun eine Kandidatenliste (Ticket) aufgestellt, in der für alle Aemter und Stellen — ich glaube mit höchstens einer einzigen Ausnahme — nur Amerikaner und Irländer nominirt und die Deutschen ganz ausgeschlossen

waren. Sobald dieses Resultat bekannt wurde, legte ich dagegen einen entschiedenen Protest ein, erklärte, diese Kandidatenliste nicht unterstützen zu können, und da die Aufregung und
Unzufriedenheit unter der deutschen Bevölkerung, die über ein
Drittel der Wähler lieferte, von Stunde zu Stunde stieg, berief
ich eine unabhängige Convention, um eine neue Kandidatenliste
aufzustellen. Frank P. Blair war gerade abwesend bei seinem
Vater in Washington-City, und die minderen Parteiführer hielten
trotz der Unzufriedenheit der Deutschen den Sieg ihres Tickets
dennoch für gesichert, da die Deutschen doch nicht für die Sklavenhalter oder Know-Nothings stimmen würden. — Viele von ihnen
hatten auch einen heillosen Respekt vor dem traditionellen Nimbus
einer Partei-Convention, deren Verdikt man unbedingten Gehorsam
schuldig sei; denn ein „bolter" — so hießen die Abtrünnigen
in der Partei — wurde mit lebenslänglicher politischer Verdamm-
niß bestraft. Es fand also keine Aenderung der ersten Kandidatenliste statt und so trat denn einige Tage später die von mir be-
rufene Convention zusammen und stellte ein unabhängiges
Ticket auf, auf welchem alle drei Nationalitäten gleichmäßig vertreten waren. Durch diese Spaltung in der Benton-Demokratie
gewannen die Know-Nothings bedeutend an Terrain und ver-
doppelten ihre Anstrengungen, um ihr Ticket durchzubringen. An
der Spitze des Know-Nothing-Tickets stand Washington
King, ein Kaufmann von St. Louis und der Sohn eines eingewanderten Engländers, der damals noch lebte und sehen
mußte, wie sein Sohn erbitterten Krieg gegen alle Eingewanderten
und also auch gegen den eigenen Vater führte. Washington
King war auch eine Art von Renegat und Know-Nothing aus
Spekulation oder Interesse, — er konnte auch sein nativistisches
Treiben nicht mit Unwissenheit oder mit der Unbekanntschaft mit
europäischen Verhältnissen entschuldigen, denn er war eben erst
aus Europa zurückgekehrt, wo er sich drei Jahre lang aufgehalten hatte; — aber er wollte zu Ansehen und Einfluß gelangen und da er hiezu keine anderen Verdienste aufweisen konnte,
so warf er sich auf den Fremdenhaß und die Deutschenfresserei,
was ihm auch so ziemlich gelang; denn er wurde nach seiner,
nur Ein Jahr dauernden Stadtregierung Direktor der großen
Adam's Expreß-Company für Missouri, — ein Amt,
das seinen Mann reichlich ernährt.

Die Wahl fand statt und vollzog sich so ziemlich ruhig, —

das Resultat war, daß die Stimmen zwischen beiden Fraktionen, der Benton=Demokratie und der Knownothing=Partei ziemlich gleich= mäßig getheilt waren, aber doch dem Knownothing=Ticket eine kleine Majorität gaben, mit welchem es erwählt wurde. Jetzt herrschten Heulen und Zähneklappern in der Benton=Demokratie, zu spät sahen die Parteiführer und Drahtzieher den begangenen großen Fehler ein, B l a i r kam wüthend aus Washington herbei= geeilt und traktirte sie als „stupid blockheads", mit größter Schonungslosigkeit, während er sich bei mir und den Deutschen mit der Ungeschicklichkeit und Unentschlossenheit seiner Myrmidonen entschuldigte. Aber Geschehenes war nicht mehr ungeschehen zu machen und wie die Franzosen sagen: „le vin est tiré, il faut le boire", — die Folgen mußten nun ertragen werden und es waren in dem Jahre, wo W a s h i n g t o n K i n g als Mayor und seine Freunde, die Knownothings, die Stadt St. Louis regierten, gar unangenehme, ja bitterböse Folgen; — krasser Nativismus und unduldsames Temperenzwesen bedrückten mit eiserner Hand die ganze Bevölkerung, die förmlich durch Be= schränkung ihrer persönlichen Freiheit in Sklaverei gehalten wurde, die ganze Polizei war zu einer Bande von Denunzianten ge= worden und Prozesse folgten auf Prozesse gegen die deutschen Wirthe und gegen die Sonntagsbesucher öffentlicher Etablissements. Sagte doch damals eine biographische Skizze des großen W a = s h i n g t o n K i n g in einem Temperenz=Heuler= und Sonntags= mucker=Blatte: „W a s h i n g t o n K i n g ist der erste Bürgermeister, welcher zum Besten des allgemeinen Wohls die Achtung vor den Gesetzen aufrecht erhielt und mit strenger, gewaltiger Hand den Gehorsam für die gesetzlichen Bestimmungen erzwang, welche jede Wirthshausausschweifung und jede andere Sabbath=Entheiligung verboten und streng bestraften und sein Angedenken wird gesegnet werden von allen Freunden der Ordnung, Ruhe und guten Sitten." — Das Jahr des Knownothing=Regimentes in St. Louis war allerdings ein schlimmes für viele Leute, aber getrunken wurde doch ebenso viel, ja vielleicht noch mehr als sonst, es wurde nur h e i m l i c h getrunken; — die Wirthshäuser hatten am Sonntag festverschlossene Fensterladen auf der Straßenseite und weitgeöffnete Hinterthüren im Hofe und schließlich konnte man doch Niemanden verwehren, sich am Sonnabend seinen Be= darf an Bier, Wein und Brandy nach Hause zu bringen und ihn dann am Sonntage in den vier Pfählen zu verzehren, und da die Leute immer Angst hatten, zu wenig Getränke am Sonntage zu Hause zu haben, so legten sie einen größeren Vorrath ein und so wurde nun mehr getrunken als sonst.

Für mein Blatt, das dieses engherzige Treiben ungescheut bekämpfte und verdammte und das ganze inquisitorische und willkürliche Verfahren und das Denunzianten= und Spitzelthum der Knownothing=Partei trotz aller schrecklichen Drohungen rücksichtslos aufdeckte und an die große Glocke der Oeffentlichkeit hing, — wie für mich und alle Deutschen kamen nun heiße Tage des Kampfes, aber sie hatten die gute Folge, daß die Parteiführer nun zur Besinnung kamen und einsahen, daß jede Vernachlässigung oder gar Bedrückung der deutschen Bürger, jede Verkürzung ihrer Rechte nur die nachtheiligsten Folgen für die Partei selbst habe, während zu gleicher Zeit in den Reihen der ernüchterten Deutschen der bisherige tolle Uebermuth und die Sorglosigkeit verschwanden, die Privat= und Coterie=Interessen in den Hintergrund gedrängt wurden und die Deutschen sich wieder willig der Partei=Disciplin fügten.

Durch diese Reorganisation gewann die Partei nun an Macht und Stärke, die guten Folgen zeigten sich schnell und nur einmal noch, nach mehreren Jahren, sah ich mich, aus gleichen Ursachen, veranlaßt, in einer Staats= und County=Wahl wieder ein unabhängiges Ticket aufzustellen und den Parteiführern eine wohlverdiente Lektion zu geben, welche die gute Folge hatte, daß solche Gewaltschritte von da an nie mehr nöthig wurden, so lange ich noch in St. Louis wirkte.

Im selben Jahre schon, im August 1855, errang das Deutschthum trotz des städtischen Knownothing=Regiments einen großen Sieg, indem endlich nach mehrjährigen, angestrengten Kämpfen die Einführung des Unterrichtes in der deutschen Sprache als obligater Lehrgegenstand in den städtischen Schulen durchgesetzt und somit eine lang bestrittene Forderung der Bevölkerung erfüllt wurde. Die Know=Nothing=Stadt=Verwaltung hatte übrigens an diesem Siege des Deutschthums auch nicht den geringsten Antheil; im Gegentheile hatte sie Alles aufgeboten, um die Erfüllung dieser Wünsche zu verhindern, — allein an den Stimmkästen geschlagen, mußte sie gute Miene zum bösen Spiele machen. Ja bei einer späteren Gelegenheit erwies sich sogar der Fremdenhaß der Knownothing=Bewegung als ein Glück für die Deutschen; denn als die erste Strecke der Pazific=Eisen=

bahn eröffnet werden sollte, wußten es die hervorragenden Know=
Nothings dahin zu bringen, daß sich nur sehr wenige deutsche
Bürger unter den geladenen Gästen befanden; — und gerade
bei dieser Einweihungsfahrt stürzte die neugebaute Brücke über
den Gasconade=Fluß am 1. November zusammen, als der Zug
darüber fuhr, eine Anzahl Waggons wurde hinabgestürzt und eine
Menge Menschenleben gingen verloren, unter ihnen mein alter
Freund Adolph Abeles, einer von den wenigen Deutschen,
die eine Einladung zu dieser Todesfahrt erhalten hatten. Ver=
stimmt durch die Vernachlässigung der deutschen Bürger machte
auch ich von der mir eingesandten Einladungskarte keinen Ge=
brauch, blieb in St. Louis und entging auf diese Art wie so
viele andere meiner nicht eingeladenen Landsleute dem schrecklichen
Untergange. Die Katastrophe war eine so entsetzliche, so viele
Familien wurden auf das Schmerzlichste getroffen, daß am nächsten
Tage, dem 2. November, eine trübe Allerseelenstimmung in
St. Louis und Umgebung herrschte und die ganze Stadt von
Begräbnissen der eiligst hereingebrachten Leichen der Verunglückten
durchzogen ward.

Dieses gräßliche Unglück ereignete sich im Jahre 1856 und
trübte gewissermaßen die Siegesfreude über die großen Erfolge,
welche die wieder geeinte Benton=Demokratie und das Deutsch=
thum in diesem Jahre, 1856, in den städtischen, den County=,
Staats= und Congreßwahlen errangen; — in allen diesen Wahlen
blieb unsere Partei Siegerin, schon im April wurden Wa=
shington King und seine Know=Nothing=Stadtverwaltung sans
compliments vor die Thüre gesetzt, John How zum Bürger=
meister und unser ganzes Ticket erwählt, — im August aber
wurde der entscheidende Sieg erfochten, Frank P. Blair, der
erklärte Antisklaverei=Mann, wurde in den Congreß, unsere Partei=
freunde, darunter viele Deutsche, wurden zahlreich in die Staats=
legislatur gewählt, alle County=Aemter wurden mit Benton=
Demokraten besetzt, kurz, es war ein Sieg auf der ganzen Linie,
der erste Sieg der republikanischen Idee in dem Sklaven=
staate Missouri. Das Eis war gebrochen, die Bewegung war
in Fluß gekommen und von nun an ging es rastlos vorwärts,
bis unsere Bemühungen durch die Wahl Lincoln's gekrönt
wurden. —

Unter Proteſt.

(1856.)

Auf die glänzenden Wahlſiege des April und des Auguſt
folgte im November die Präſidentenwahl von 1856; — die Erbitterung zwiſchen den Vertretern und Vertheidigern der Sklaverei
und den Gegnern jeder Ausbreitung des „eigenthümlichen Inſtituts"
hatte den höchſten Grad erreicht. In dem neu aufzunehmenden
Staate Kanſas wurden blutige Schlachten geſchlagen zwiſchen
den Prosklaverei=Leuten und den neu eingewanderten Freiboden=
Männern, — im Congreſſe dauerte es volle neun Wochen, bis
nach unzähligen Abſtimmungen endlich der Antiſklaverei = Mann
Nathaniel Banks gegen den ſüdlichen Feuerfreſſer Aiken
zum Sprecher gewählt werden konnte; ein anderer dieſer Ultra=
Sklavenpeitſcher, Preston Brooks von Süd=Carolina, hatte den
freiſinnigen Senator Charles Sumner nach der Sitzung im
Senatszimmer hinterrücks überfallen und mit einem mit einem
Bleiknopfe verſehenen Rohrſtocke furchtbar mißhandelt; — kurz,
der „ununterdrückbare Zuſammenſtoß" (irrepressible conflict)
zwiſchen der Sklaverei und der freien Arbeit, wie William
H. Seward die Lage der Dinge genannt hatte, war dem Aus-
bruche nahe. Unter dieſen Verhältniſſen wurde die Präſidenten=
wahl von 1856 abgehalten. Die Whigs waren vom politiſchen
Kampfplatze verſchwunden, die neu entſtandene republikaniſche
Partei ſtellte John C. Fremont und W. C. Dayton als
Kandidaten für die Präſidentſchaft und Vice=Präſidentſchaft auf,
während die amerikaniſche oder Know=Nothing=Partei Millard
Fillmore und Donelſon für dieſe höchſten Würden nominirt
hatte. Fillmore, der nach General Taylor's Tode als
Vice=Präſident den Präſidentenſtuhl eingenommen und die Union
drei und ein halbes Jahr lang regiert hatte, war offen für die
fremdenfeindlichen Grundſätze der Know=Nothings eingetreten und
war auch ſonſt „geſund" (sound) — wie der damalige Kunſt=
ausdruck lautete — in der Sklaverei=Frage. Wenn er dadurch
den ſüdlichen Nativiſten genehm wurde, ſo war dies nicht der
Fall bei den nördlichen Know=Nothings, die in der Mehrzahl
Gegner der Sklaverei waren, und in der That ſtimmten auch
bei der Wahl im November zahlreiche nördliche Know=Nothings
für den republikaniſchen Kandidaten Fremont. Die demokratiſche

National=Convention der Sklaverei=Freunde endlich ſtellte J a m e s
B u ch a n a n und J. C. B r e ck e n r i d g e für Präſident und Vice=
präſident auf und ſprach ſich in ihrer Platform für unbedingte
Ausdehnung der Sklaverei und in verblümter Weiſe auch für die
Erlangung von Cuba und Mittel=Amerika aus. Es waren alſo
drei Kandidaten=Liſten im Felde, die demokratiſche, die republi=
kaniſche und die der Know=Nothings; allein in den Sklavenſtaaten
gab es n u r z w e i Wahlliſten, die demokratiſche und die der
Know=Nothings, denn die Aufſtellung einer republikaniſchen Wahl=
liſte wurde in den Sklavenſtaaten für Hoch= und Landesverrath
erklärt, und Jeder, der den Verſuch, ein republikaniſches Ticket
aufzuſtellen oder für ein ſolches zu ſtimmen, machen würde, wurde
mit Mord und Todſchlag bedroht. Die Führer der Benton=
Demokratie in Miſſouri waren ſchon ſeit längerer Zeit in Be=
rathung, ob wir in Miſſouri es wagen ſollten, das republikaniſche
Banner zu entfalten und das Ticket mit John C. F r e m o n t
und D a y t o n aufzuſtellen. F r a n k P. B l a i r , ſowie ich,
waren entſchieden dafür, dies zu thun, während von unſeren
Freunden aus dem Inneren des Staates abmahnende Stimmen
kamen; — ·wir ſollten nichts überſtürzen, warnten dieſe; denn
ganz abgeſehen davon, daß es in allen Counties, wo die Sklaven=
halter übermächtig ſeien, zu blutigen Conflikten und Gewalt=
thätigkeiten des Mob's kommen würde, würde auch die numeriſche
Schwäche der republikaniſchen Partei in Miſſouri in abſchreckender
Weiſe hervorgehoben werden, da der größte Theil unſerer Freunde
es vorziehen würde, ſich der Abſtimmung zu enthalten, um dieſe
drohenden Conflikte zu vermeiden. Wir konnten gegen die Stich=
haltigkeit dieſer Argumente keine Einwendungen erheben, aber den
Ausſchlag gab doch endlich das Auftreten und Verhalten des
alten B e n t o n , der doch immer noch, wenn auch nur nominell,
unſer Führer war, obgleich die Benton=Demokratie längſt über
ihn und ſeine Anſichten hinausgeſchritten war. Thomas B e n t o n
aber hatte in dieſer Präſidentſchafts=Wahlcampagne ſich für
B u ch a n a n und gegen ſeinen eigenen Schwiegerſohn John
C. F r e m o n t erklärt; — und dieſes Auftreten des alten Herrn
mußte von uns reſpektirt werden, wollten wir nicht eine große
Zahl ſeiner Verehrer und Anhänger in den Reihen unſerer Partei
kopfſcheu machen. So unterblieb denn in Miſſouri die Auf=
ſtellung eines republikaniſchen Tickets und triumphirend ver=
kündeten mit dem bitterſten Spotte und Hohne die Proſklaverei=

Blätter, — allen voran der „Missouri Republican": — die
Deutſchen und die Benton=Demokraten wären jetzt gezwungen,
für das demokratiſche Buchanan=Ticket zu ſtimmen,
da ſie doch unmöglich für ihre Todfeinde und Gegner, die Know=
Nothings, ſtimmen könnten, und es — tertium non datur —
kein drittes Ticket in Miſſouri gebe, für das ſie ſtimmen könnten; —
die republikaniſchen Deutſchen würden alſo dieſes Mal „Schuh=
nägel freſſen" müſſen, — wie der elegante Kunſtausdruck
für das Stimmen gegen die eigenen Grundſätze damals lautete.

Ich ſann darüber nach, wie dieſer Triumph der Proſklaverei=
Partei zu vereiteln und ihrem Hohn die Spitze abzubrechen ſei
und in einer Berathung mit Blair ſetzte ich ihm meine Anſicht
auseinander, dahin lautend, daß man allerdings uns wohl ver=
hindern könne, für Fremont und das republikaniſche Ticket
zu ſtimmen, da kein ſolches in Miſſouri aufgeſtellt ſei, daß aber
keine Macht der Erde uns zwingen könne, darum für Buchanan
und das Sklaverei=Prinzip unſere Stimmen abzugeben. Ich ſchlug
daher vor, die Partei ſolle einhellig lieber für Fillmore und
das Know=Nothing=Ticket, jedoch „unter Proteſt" ſtimmen
und ſetzte nun auseinander, wie das Know=Nothing=Ticket mit
Fillmore ja ohnehin unter keiner Bedingung gewählt werden
könne, wie alſo auch unſere Stimmen nicht den Ausſchlag geben
würden, und wie es noch immer ehrenvoller ſei, ſich nicht feige
der Abſtimmung zu enthalten, ſondern offen und mannhaft die
Stimmen gegen das Sklaverei=Prinzip abzugeben. Dieſer Vor=
ſchlag, anfangs mit Entſetzen aufgenommen, wurde endlich nach
langer Debatte zum Beſchluſſe erhoben, aber es gehörte die ganze
Popularität und das felſenfeſte Vertrauen, deſſen Blair und meine
Wenigkeit ſich im Volke erfreuten, dazu, um, beſonders den
Deutſchen und Irländern, das Stimmen für das gehäſſige Know=
Nothing=Ticket annehmbar erſcheinen zu laſſen. Der Beſchluß,
für Fillmore zu ſtimmen, wurde nun in meinem Blatte und
in den anderen Partei=Organen bekannt gemacht und nach einigem
Zögern und der allmäligen Erkenntniß der Zwangslage, in der
wir uns in einem Sklavenſtaate befanden, befreundeten ſich auch
die Deutſchen und die Irländer damit, während in den Reihen
der Proſklaverei=Leute Wuth und Erbitterung über dieſe bezeichnende
Demonſtration herrſchten.

Das Beiſpiel, das Miſſouri in dieſer Hinſicht gab, wurde
auch in anderen Sklavenſtaaten, wo es ebenfalls kein republikaniſches

Ticket gab, beherzigt und die Gegner der Sklaverei, meiſt Deutſche, in Kentucky, Tenneſſee, Louiſiana, Texas und anderen Sklavenſtaaten, ſtimmten, wie wir, lieber für Fillmore und die Know=Nothings als für Buchanan und das Proſklaverei= Prinzip. So kam es denn, daß von den drei Millionen Stimmen, die in der Präſidentenwahl vom November abgegeben wurden, trotzdem daß eine Menge nördlicher Know=Nothings von Fill= more abgefallen waren und für Fremont geſtimmt hatten, doch 873,000 Stimmen für Fillmore fielen, während 1,834,000 für Buchanan und 1,342,000 für Fremont abgegeben wurden. Unſere Wahlzettel trugen oben in großen Buchſtaben die Aufſchrift: „Under protest!" und darauf folgten die Namen der Fillmore=Elektoren. Dieſe bezeichnende Demon= ſtration erregte bei den Anglo=Amerikanern aller Parteien großes Aufſehen und trug nicht wenig dazu bei, die Deutſchen in ihren Augen zu heben und ihnen Achtung für dieſelben einzuflößen.

Es mußten noch vier Jahre vergehen, bis auch Miſſouri für die Aufſtellung eines republikaniſchen Tickets reif war; — die landesverrätheriſche Adminiſtration des Präſidenten Bucha= nan mußte erſt ſelbſt dem Blindeſten die Augen öffnen, immer mehr wurde der Süden begünſtigt und immer mächtiger gemacht, die Corruption der Beamten, die bis in Buchanan's Kabinet hinaufreichte, ſtieg von Tag zu Tag, die ganze verderbliche Miß= wirthſchaft rief bei allen Redlichgeſinnten Abſcheu und Verachtung hervor und mächtig füllten ſich unter dieſem Eindrucke die Reihen der republikaniſchen Partei, während zugleich die ſüdlichen Feuer= freſſer nun ſelbſt die Erwählung eines republikaniſchen Präſident= ſchaftskandidaten wünſchten, um einen Vorwand für die Seceſſion des Südens und für die Zerreißung der Republik in zwei Theile zu haben. So kam denn die Präſidentenwahl von 1860 heran und Blair, ich und die hervorragendſten Parteiführer waren ſchon längſt entſchloſſen, nun ein republikaniſches Ticket in dem Sklaven= ſtaate Miſſouri aufzuſtellen und die Fahne der Freiheit und des Fortſchrittes ungeſcheut zu entfalten. Daß wir nicht ſiegen konnten, daß die Staatsregierung in den Händen der Proſklaverei=Leute bleiben und daß unſer Vorgehen nur als eine republikaniſche Demonſtration in einem Sklavenſtaate ihren Werth haben würde, darüber waren wir Alle einig, aber nichtsdeſtoweniger wurde einſtimmig beſchloſſen, den bezeichneten Schritt energiſch zu thun. So ſtellten wir denn bereits in der Staatswahl im Auguſt das

erſte republikaniſche Ticket im Sklavenſtaate Miſſouri auf,
eine mit großen Schwierigkeiten verbundene Aufgabe, denn es
war unendlich ſchwer, Kandidaten für dieſes Ticket zu finden. —
Die meiſten von unſeren Freunden ſchraken vor der Ehre zurück,
als Kandidaten auf dem republikaniſchen Ticket zu paradiren, da
eine Erwählung gar nicht denkbar war und ſie ſich nebenbei dem
Haſſe und der Verfolgung ihrer ſklavenhaltenden Nachbarn aus=
ſetzten. Mit großer Mühe gelang es endlich, das Ticket mit den
Namen opferfreudiger Parteileute auszufüllen, nachdem einer der
achtbarſten Männer der Partei, der Advokat Gardenhire, die
Nomination für das Amt des Gouverneurs angenommen hatte, —
auch ich mußte meinen Theil „zum Gelingen des Ganzen“ bei=
tragen und, obwohl ſonſt mich von allen Bewerbungen um Aemter
fernehaltend, doch auf dieſem Ticket als Kandidat für die Stelle
eines Superintendenten der öffentlichen Schulen figuriren. Wir
hatten uns längſt über die Ausſichtsloſigkeit unſerer Kandidaten=
liſte keinen Illuſionen hingegeben und ſo waren wir denn auch
gar nicht überraſcht, als bei der Auguſtwahl nur im Ganzen
ſechstauſend Stimmen für das republikaniſche Ticket fielen,
während Viele von unſeren Freunden und Parteigenoſſen im In=
neren des Staates durch einen gewaltthätigen Mob von den Stimm=
käſten fern gehalten und am Stimmen verhindert worden waren.
Einer der Ultra=Sklavenhalter und im Herzen bereits ein wüthender
Seceſſioniſt, Claiborne Fox Jackſon, wurde zum Gouverneur,
ſeine gleichgeſinnten Freunde wurden zu den anderen Aemtern er=
wählt und die Vorbereitungen zur Losreißung Miſſouri's von der
Union begannen nun im vollen Ernſt.

Hatten wir nun auch mit der Aufſtellung des republikaniſchen
Tickets im Auguſt kein materielles Reſultat erzielt, ſo hatten wir
doch einen ſchönen moraliſchen Erfolg zu verzeichnen, denn die
republikaniſch Geſinnten in Miſſouri faßten durch unſer Auftreten
neuen Muth und bei der Präſidentenwahl im November wurden
für den republikaniſchen Kandidaten Abraham Lincoln, in einem
Sklavenſtaate wie Miſſouri, bereits über ſiebzehntauſend
Stimmen abgegeben, alſo dreimal ſo viel republikaniſche Stimmen,
als wenige Monate vorher im Auguſt ſich dazu im ganzen Staate
gefunden hatten. —

Das Hauptverdienſt dieſes Wachſens und Gedeihens der
republikaniſchen Idee und der republikaniſchen Partei in Miſſouri
gebührt hauptſächlich dem energiſchen, kühnen und rückſichtsloſen

Auftreten Frank P. Blair's, eines Mannes, der von seinen Zeitgenossen lange nicht genug gewürdigt, ja der zuletzt von den Deutschen, obwohl er ihr treuester Freund und Führer gewesen war, verkannt und verlassen, in bitterer Verstimmung in die Reihen ihrer Gegner getrieben wurde. Ich bin Frank P. Blair durch eine lange Reihe von Jahren im vertraulichsten Verhältnisse und beständigem Zusammenwirken sehr nahe gestanden und darf mir wohl ein Urtheil über ihn erlauben. Blair war ein Charakter, wie man deren unter den amerikanischen Politikern leider nur sehr selten findet, — obwohl selbst ein geborener Südländer — seine Vorfahren waren aus Schottland nach Kentucky eingewandert — war doch er, sowie sein Vater, Francis P. Blair senior, der langjährige Freund und Vertraute des alten General Jackson, durch acht Jahre Präsidenten der Vereinigten Staaten und wie sein Bruder, Montgomery Blair, Mitglied von Lincoln's Kabinet, ein entschiedener Gegner der Sklaverei und schon im Jahre 1848 trat Frank P. Blair jun., als der Einzige unter den Anglo=Amerikanern in Missouri, in Wort und Schrift gegen die weitere Ausbreitung der Sklaverei energisch auf; — von da an wurde er der Führer der Freiboden=Partei in Missouri, die hauptsächlich aus den deutschen Bürgern bestand, und Blair war es, der den größten Antheil hatte an den Erfolgen und Errungenschaften, die sich die Deutschen in Missouri im Laufe der Jahre mannhaft erkämpften. Blair und seinem kühnen Auftreten ist es zu danken, daß die Stadt St. Louis und der größte Theil von Missouri von den Schrecken des Bürgerkriegs verschont blieben und daß Missouri in der Union erhalten blieb. Man hat sich später darin gefallen, alles Verdienst an der Erhaltung Missouri's in der Union dem General Lyon zuzuschreiben, allein was hätte der erst vor wenigen Wochen nach St. Louis gekommene, mit den Verhältnissen nicht vertraute und von Niemanden gekannte Infanterie=Kapitän Lyon wohl thun können, wenn ihn Blair nicht unterstützt und geleitet und die Deutschen ihm nicht zur Seite gestanden wären! Erst eine spätere Geschichtsschreibung wird Blair's Verdienste ganz anerkennen und erst nach seinem viel zu frühen Tode fanden die Deutschen in Missouri und erkannten es auch öffentlich an, welch' einen treuen Freund und Schützer ihrer Interessen sie an Frank P. Blair verloren hatten. — Und doch waren es die Deutschen gewesen, die Blair verkannt und verlassen und sich gegen ihn

13*

feindlich geſtellt hatten, um, beſtochen durch einige volltönende
Phraſen und abenteuerliches Auftreten, ſich dem neuen Geſtirne,
John C. Fremont, zuzuwenden, deſſen Leiſtungen und ſpätere
Entwicklung ſelbſt den Verblendetſten die Augen öffneten und
ihnen zeigten, wie ſie, einem trügeriſchen Irrlichte folgend, ihren
treueſten Freund von ſich geſtoßen hatten. Ich kann es hier mit
Stolz ausſprechen, daß ich ihm treu geblieben bin bis zur letzten
Stunde und ſo lange ich noch ein Blatt und eine Stimme in
Miſſouri hatte. Daß Blair, nachdem die Erhaltung der Union
geſichert, der Bürgerkrieg beendigt, die Seceſſion niedergebrochen
und ihre Urſache, die Sklaverei, geſetzlich abgeſchafft war, in
ſeinem Unmuthe und ſeiner Verſtimmung über die ihm von den
Deutſchen gewordene Verkennung und Gehäſſigkeit, wieder zu der
demokratiſchen Partei zurückkehrte, den bekannten Brodhead-Brief
ſchrieb und endlich auf dem demokratiſchen Ticket als Kandidat
für die Vicepräſidentſchaft auftrat, das waren eben Irrthümer,
die aus ſeinem heißblütigen Temperamente hervorgingen. Trotzdem wurde er im Jahre 1871 zum Vereinigten Staaten-Senator
gewählt und vertrat mit Karl Schurz Miſſouri in würdigſter
Weiſe. Im Jahre 1872 ließ er ſich nochmals zu einem politiſchen Fehler hinreißen, er nahm an der unabhängigen Convention in Cincinnati theil und ſprach und wirkte dort für die Aufſtellung des ganz unmöglichen Horace Greeley als Präſident-
ſchafts-Kandidaten, ſtatt für den viel beſſer dazu geeigneten
Adams einzutreten. Sein Ende war ein trauriges, er erlag
dem Nationallaſter der amerikaniſchen Politiker, den verderblichen
Folgen der Trunkſucht, die durch einen Schlaganfall ſeine körperlichen und geiſtigen Fähigkeiten lähmten und ihn ſpäter plötzlich
hinwegrafften. Es iſt leider amerikaniſche Unſitte, daß die
Tagespolitik dort meiſt im bar-room am Schenktiſch betrieben
wird und daß ein einflußreicher Parteiführer daher viel mehr
trinken muß, als es ſein Wunſch iſt und als es ſeine Geſundheit
geſtattet. Von Hunderten und Hunderten aufgefordert, mit ihnen
anzuſtoßen und zu trinken, muß er dieſem Verlangen nachkommen
und ſo, ſelbſt wenn er jedes Mal nur nippen würde, eine Menge
geiſtiger Getränke verſchlingen, von denen obendrein der größte
Theil noch dazu geſundheitsſchädlich verfälſcht iſt. Dieſer Alkohol-
Vergiftung kann kein amerikaniſcher Politiker ausweichen, denn
die Weigerung, mit Jemanden anzuſtoßen und zu trinken, wird
als eine tödtliche Beleidigung, ja ſelbſt das nicht vollſtändige

Leeren des Glaſes als eine Nichtachtung betrachtet, und gar oft
ſchon hat eine ſolche Weigerung am Schenktiſche zu blutigen Auf=
tritten geführt. Wie viele begabte Menſchen habe ich nicht in
der Blüthe ihrer Jahre an dieſem amerikaniſchen Nationallaſter
elend verkommen und zu Grunde gehen ſehen und ich ſelbſt konnte
dieſem drohenden Schickſale der amerikaniſchen Politiker nur da=
durch entgehen, daß ich es mir ſtrenge zum Geſetz gemacht hatte,
nie und unter keiner Bedingung ein Wirths= oder Kaffeehaus,
einen bar-room oder andere öffentliche Schanklokale zu betreten, —
ein mir ſelbſt abgelegtes Gelübde, das ich auch während der
dreizehn Jahre meines Wirkens in Amerika gewiſſenhaft und
unverbrüchlich gehalten und mir dadurch viele unangenehme und
gefährliche Folgen ferngehalten habe. Blair war eine ſtarke,
kräftige Natur und konnte viel vertragen, außerdem aber verließ
ihn nie die Beſonnenheit und er mußte die Laſten ſeiner Stellung,
namentlich das populäre Zutrinken, auf das geringſte Maß zu
beſchränken. Erſt als ich im Jahre 1862 aus Deutſchland wieder
nach St. Louis kam, um in der Congreß= und Staatswahl thätig
zu ſein, bemerkte ich mit Schrecken, daß Blair mehr, viel mehr
trinke als früher, und es oft bis zur Beſinnungsloſigkeit treibe.
In einem vertraulichen Augenblicke machte ich ihm Vorſtellungen
darüber und ſprach meine Befürchtungen über die Folgen aus; —
er ſchwieg eine Weile und hörte geduldig zu, dann, als ich
geendigt hatte, ſagte er nach einer Pauſe des ſchmerzlichen Nach=
ſinnens: „Sie haben Recht, lieber Freund, ich trinke jetzt mehr,
als ich ſollte, aber Ihre Freunde, die Deutſchen, ſind
daran ſchuld.“ — Und ſo war es in der That. Er trank,
um ſich zu betäuben; der Abfall und die Verfolgung von Seite
der Deutſchen, denen er immer ein treuer Freund und Führer
geweſen war, hatten ihn tief gekränkt und verſtimmt; er ſuchte
im Brandy, den Trank des Lethe, Betäubung und Vergeſſenheit.

Noch einmal ermannte er ſich, als er im Verlaufe des
Seceſſionskrieges als General in der Unions=Armee in würdigſter
Weiſe ſeine Pflicht erfüllte und mit General Sherman’s
Kolonne jenen kühnen Zug von den Ufern des Potomac mitten
durch das ſüdliche Feindesland, ohne geſicherte Operationsbaſis,
bis nach Atalanta, an der Küſte des atlantiſchen Oceans, machte,
wodurch dem rebelliſchen Süden ſeine letzten Hilfsmittel entzogen
und jede Zufuhr und Verſtärkung abgeſchnitten wurde, ſobaß die
Unterwerfung des Südens und die Kapitulation ſeiner Generale

Lee und Johnſton unvermeidlich wurde. Aber ſeine Con=
ſtitution war bereits zerrüttet, als aktiver Politiker in Waſhington=
City huldigte er wieder dem National = Laſter des bar-rooms,
bald machte ein Schlaganfall ſeiner politiſchen Laufbahn ein Ende
und er ſtarb, noch nicht 54 Jahre alt. Ich habe es für meine
Pflicht gehalten, dem verehrten Freunde und Führer dieſe Worte
der Erinnerung zu widmen, denn ich halte ſein Andenken noch
immer hoch in Ehren und ſo ſei es mir vergönnt, hier auch noch
die Urtheile zweier ſeiner Zeitgenoſſen anzuführen, die dem hoch=
verdienten Manne gerecht geworden ſind. Gouverneur Guſtav
Körner in Illinois ſagte bei Blair's Tode am Schluſſe
eines, die Verdienſte des Verſtorbenen voll würdigenden Nekrologs
Folgendes: „Frank Blair war ehrgeizig und er konnte dieſer
Leidenſchaft viel, vielleicht zu viel opfern. Aber er war doch
kein Demagoge. Er ſtellte ſich, ohne auf die Folgen zu ſehen,
für ſeine Grundſätze, für ſeine Freunde, kühn auf die Breſche.
Er war aus ganz anderem Holz geſchnitzt, als die Volksſchmeichler
und Zuwarter, wie Morton, Logan und hundert andere
ſogenannte Parteiführer. In unſerer Zeit, wo die Mittelmäßigkeit
herrſcht, die Charaktere ſich verflachen und nach der Schablone
bilden, war Frank Blair eine erfriſchende Erſcheinung. Darum
iſt man, wenn man ihn genau gekannt, und man in den Bereich
ſeiner magnetiſchen Anziehungskraft gekommen war, ſehr geneigt,
nur ſeiner großen Eigenſchaften zu gedenken, und ſeine, wie es
bei ſolchen Naturen nicht leicht fehlen kann, auch großen Schatten=
ſeiten gerne zu vergeſſen."

Und der ſiegreiche Führer der Unions=Arme, der tapfere
General Sherman, äußerte ſich bei der Nachricht von Blairs
Tode:

„Ich habe General Blair ſtets für einen der beſten Patrio=
ten, einen durch und durch ehrenhaften Mann und muthigen
Soldaten gehalten. Die Dienſte, die er dem Lande bei Ausbruch
des Krieges geleiſtet, werden nie vergeſſen werden und ſeiner prompten
Handlungsweiſe., ſeiner Unerſchrockenheit und Feſtigkeit hat das
Land es zu verdanken, daß St. Louis als ſtrategiſcher Punkt und
zur Erhaltung von Miſſouri für die Union nicht unterging.
Frank Blair war ein edler, ehrenhafter und großmüthiger Mann.
Er war tapfer, offen und uneigennützig. Seine Vorzüge werden
ſtets anerkannt und nie vergeſſen, während ſeine Fehler mit ihm
begraben werden, da ſie Niemanden als ihm ſelbſt ſchadeten." —

Ich aber bewahre dem kühnen und energischen Führer und treuen und verläßlichen Freunde ein ehrenvolles Angedenken, so lange diese Augen noch offen sind, — ich bin ihm nahegestanden und habe seinen Charakter und seine Verdienste in ihrem vollen Werthe kennen und würdigen gelernt, — er war ein tüchtiger, ehrenhafter Mensch und ein ganzer Mann, gegen den viel mehr gefehlt wurde, als er sich selbst Fehler vorzuwerfen hatte: darum: „Ruhe seiner Asche, Ehre seinem Andenken!"

Kultur-Bestrebungen.

Ich komme nun zu einem Theile meiner Thätigkeit in dem damals noch stark vernachlässigten Westen Amerikas, der mir in jenen Zeiten immer große Freude gemacht und meine einzige Erholung nach schwerer Arbeit gebildet hat, an den ich jetzt noch immer mit Vergnügen zurückdenke und den ich jedenfalls höher schätze, als mein politisches Wirken. Das Gelingen meines politischen Strebens war auch leichter, denn ich war schnell in den Besitz der ziemlich einfachen Maschinerie der Partei-Organisation gelangt und konnte durch diese für die Tausende von deutschen Mitbürgern leicht die Parole ausgeben und die Bewegung lenken und leiten; — Anders aber war es mit meinen Bestrebungen unter der Masse meiner Landsleute, Kultur und Bildung zu verbreiten und sie auf ein höheres geistiges Niveau zu heben; — bei diesen Bestrebungen, die ich nicht einmal offen ankündigen konnte, ohne die Eigenliebe der Einzelnen und ihre gute Meinung von sich selbst zu verletzen, war ich ganz allein auf meine eigenen Kräfte angewiesen.

Was auch die Herren Gustav Körner und H. A. Rattermann und andere Lobredner der guten alten Zeit in dieser Hinsicht sagen und behaupten mögen, die Wahrheit ist und ward von all den Tausenden intelligenten Männern, die nach 1848 hinüberkamen, offen ausgesprochen, daß das deutsche Element, besonders im fernen Westen, auf einem sehr niederen Bildungsgrade stand, ja in manchen Staaten ganz verwahrlost und verwildert war. Die frühere Einwanderung von 1818—1848 bestand vornehmlich aus den ärmsten und gedrücktesten Bauern und Handwerkern Deutschlands, die fast durchwegs ohne Erziehung und Bildung in Unwissenheit und Beschränkung, theilweise auch in Vorurtheilen und im Aberglauben aller Art aufgewachsen waren. Um dem Hungertode und dem Jammer und dem Elend in der alten Heimath zu entgehen, waren sie von Deutschland hinübergewandert und da ihnen alle Mittel fehlten, mußten sie sich an die damals florirenden Seelenverkäufer verdingen, welche sie wie Häringe auf alte Schiffe packten und nach Amerika verschifften, wo angekommen, sie ihr Ueberfahrtsgeld und sonstige Vorschüsse dadurch abverdienen mußten, daß sie als eine Art von weißen Sklaven von den Seelenverkäufern an Farmer, Fabriken und dergl., meist auf mehrere Jahre hinaus, vermiethet wurden. Von einer Bildung oder doch wenigstens Aneignung von Kenntnissen konnte unter solchen gedrückten Verhältnissen keine Rede sein und die Kinder dieser Leute wuchsen meist ohne Schule und Erziehung auf, — hatten sie das Alter von 7 bis 8 Jahren erreicht, so mußten sie auf der Farm oder in der Fabrik mitarbeiten und das Lösegeld verdienen helfen, und der Unterschied in der Existenz dieser Leute zwischen der alten Heimath und Amerika bestand nur darin, daß sie sich in Amerika wenigstens immer satt essen konnten, was in Deutschland nicht der Fall gewesen war. So wuchs denn als Hauptbestandtheil des deutschen Elementes in Amerika eine ungebildete und verwahrloste Menschenmasse heran, die, wenn sie sich einmal aus der Sklaverei der Seelenverkäufer herausgearbeitet hatte und selbstständig geworden war, nun erst wieder vom neuen anfangen mußte, sich unter harter Arbeit und schweren Entbehrungen eine eigene Heimath zu gründen; — wieder vergingen Jahre und Jahre über diesen oft von Mißernten, Elementar-Ereignissen und anderen Hindernissen schwer geschädigten Bemühungen, — die Leute wurden darüber zu Greisen, die Kinder wuchsen zu Männern und Frauen heran, gar viele starben darüber hinweg, ohne die Früchte ihrer harten Arbeit zu genießen, die erst den Kindern zu Gute kamen, und in solchen Zuständen konnte von Bildung, geistiger Anregung, von einem Fortschritte überhaupt natürlich keine Rede sein. Aber auch jener Theil der Auswanderer, der sich nicht willenlos in die Hände der Seelenverkäufer geben mußte, und der mit eigenen, wenn auch beschränkten Mitteln herüberkam, stand auf einem sehr niederen Grade der Bildung, war in der Knechtschaft des europäischen Staatssystems gebrochen und verkommen, sorgte nur

für das tägliche Brot, freute sich königlich, daß er täglich Fleisch
essen könne, was ihm in Deutschland kaum an den höchsten Fest=
tagen vergönnt war, hatte aber alle geistige Spannkraft und Selbst=
ständigkeit verloren und fühlte nicht das mindeste Bedürfniß, etwas
zu lernen, sich zu bilden oder seine Kinder in eine gute Schule
zu schicken. So lebten die deutschen Einwanderer vor 1848 in
mehr oder minder großen Ansiedlungen unter den Anglo = Ameri=
kanern, die ihrerseits wieder mit Geringschätzung auf diese unge=
bildeten Ankömmlinge herabsahen und sie ihrer unverstandenen
Eigenthümlichkeiten wegen verlachten und verspotteten. Denn das
muß man den Anglo=Amerikanern zugestehen, sie besitzen Alle
fast ohne Ausnahme ein gewisses Bildungsniveau, das sich aller=
dings nicht hocherhebt, aber doch gleichmäßig über die ganze anglo=
amerikanische Bevölkerung verbreitet ist. Lesen, Schreiben und
Rechnen ist bei ihnen selbstverständlich, die meisten aber sind auch
in der Geschichte ihres Landes, wie in der Geographie Amerikas
bewandert, halten und lesen ihre Zeitung und haben eine poli=
tische Meinung. Dieses allerdings nicht hohe Bildungsniveau be=
sitzt die ganze anglo=amerikanische Bevölkerung und ihre Gering=
schätzung der deutschen Einwanderer läßt sich wohl damit recht=
fertigen, daß sie es nun und nimmer begreifen konnten, wie
respektable Familienväter, Besitzer von Farmen von 80, 120 und
mehr Acres nicht eine Zeile Geschriebenes oder Gedrucktes lesen
konnten und statt ihrer Namensunterschrift drei Kreuze machten.
Die plattdeutschen Einwanderer waren etwas findiger als die
süddeutschen, aber bei der nahen Verwandtschaft ihres plattdeutschen
Idioms mit der angelsächsischen Stammsprache lernten sie über=
raschend schnell Englisch und in der zweiten Generation schon
waren sie total amerikanisirt und dem Deutschthum auf immer
verloren. Fast in ähnlichen Verhältnissen lebten die deutschen
Handwerker und Arbeiter in den Städten. Auch sie waren un=
gebildet und hatten weder Zeit, noch Lust, noch Gelegenheit, etwas
zu lernen oder sich zu bilden. Sie standen auf demselben geistigen
Niveau wie die Irländer, nur waren sie bessere und geschicktere
Arbeiter als diese, und statt wie die Irländer dem Whisky zu
huldigen, waren für sie der Bierkrug und die Tabakspfeife die
höchsten Güter der Erde, — während ein Buch oder eine Zeitung
als etwas höchst Ueberflüssiges betrachtet wurde. So herrschte
auf dem flachen Lande die geistige Versumpfung und in den
Städten das rohe Knotenthum und die „Kaffern", wie man den

völlig bildungslosen Plebs nannte, führten das große Wort und
dominirten die übrige, mehr oder minder gebildete Minorität der
Deutschen. — So fand ich und mit mir fanden viele Andere da=
mals das Deutschthum im Westen Amerikas, die Umgangssprache
war ordinär und roh und mit den unflätigsten Redensarten ge=
spickt, Rohheit galt für Grabheit und Grobheit für Aufrichtigkeit;
Ausdrücke wie: „du Saukerl" oder „du Saumagen" gehörten zu den
freundschaftlichsten Koseworten und fast jedes Gespräch zwischen zwei
solchen gleichgesinnten Seelen endete mit dem üblichen Refrain, mit
der unappetitlichen Einladung, die Göthe seinem Götz von Ber=
lichingen dem kaiserlichen Feldhauptmann gegenüber in den Mund
legt und von der das studentische Küchenlatein: Lex mihi ars
(die Kunst sei mir Gesetz) noch die glimpflichste Umschreibung ist.

Das war der durchschnittliche Bildungsgrad und Ton in
den deutschen Massen und die politischen Parteiführer, die whole-
sale pipe layers and wire pullers fanden ihre Rechnung dabei
und begünstigten diese Zustände; — ihnen war es ganz recht,
daß die Massen der Deutschen unwissend und ungebildet blieben
wie die Irländer, denn so waren sie leichter zu handhaben und
nach Belieben zu nasführen; — man brauchte bei politischen Fragen
und entscheidenden Wahlen nicht erst die Intelligenz und das Ver=
ständniß des Volkes zu überzeugen und zu gewinnen, sondern es
handelte sich einfach darum, einige Dutzend „proeminent ward-
politicians" mit so und so viel per diem zu engagiren, Bier=
wirthe, Barkeeper, Deputins von Steuer=Assessoren von Sheriff
und Marschall und andere gentleman-loafer, welche in den Ward=
Distrikten herumzogen, in den Wirthshäusern schwadronirten und
aufschnitten, Frei=Bier für alle Welt spendirten und die sich am
Abende rühmten, sich mit einpaarhundert deutschen Stimmen in
der Tasche zu Bette zu legen.

Allerdings gab es unter der deutschen Einwanderung schon
damals einige gebildete Leute und Gustav Körner in seinem
„Deutschen Elemente vor 1848" sowie der wackere und uner=
müdete Rattermann in seinem „Deutschen Pionier" machen uns
mehrere Dutzende solcher gebildeten Deutschen aus der Vor=Acht=
undvierziger = Epoche namhaft. Aber wenn es ihrer auch mehrere
Hundert waren, so muß man auch wieder bedenken, auf welche
lange Reihe von Jahren von 1818—1848, und auf welche
nach Millionen zählende deutsche Einwanderung diese paar hundert
gebildeten Deutschen sich vertheilten, von denen noch dazu Viele

sich mehr oder minder amerikanisirten und dem Deutschthum ent=
fremdet wurden.

Ganz anders war es mit der Einwanderung, die nach dem
Jahre 1848 aus Deutschland nach Amerika strömte. In dieser
Völkerwanderung stellten die gebildeten Männer fast das zahl=
reichste Contingent, zu Tausenden kamen Schriftsteller, Journa=
listen, Maler, Musiker, Ingenieure, Professoren und Lehrer, Männer
der Wissenschaft, Künstler in allen Kunstzweigen und überhaupt
eine mehr oder weniger gebildete Menge herüber und durchdrang,
auf einmal und überall, die amerikanische Bevölkerung und die
alte deutsche Einwanderung. Schnell machte sich ihr Einfluß
geltend; sie verbereiteten überall Intelligenz und Bildung und
brachten, nachdem sie einmal die ersten Flegeljahre überstanden
hatten, und zu gedeihlicher Wirksamkeit gelangt waren, das früher
verachtete Deutschthum zu hohen Ehren. Eine Einwanderung
wie die deutsche von 1848 hat weder Amerika noch irgend ein
anderes Land jemals erlebt und die großartige Erscheinung wird
sich wohl nie mehr wiederholen. Welch eine Menge von ge=
bildeten Köpfen, von begabten Jüngern der Wissenschaften und
Künste, von erprobten Pädagogen und Jugendbildnern kam da=
mals in dem kurzen Zeitraume einiger Jahre nach Amerika; —
welch eine Fülle von Wissen, Gelehrsamkeit, Intelligenz und Ge=
schicklichkeit ergoß sich damals über die ganze Union, — bald
zeigten sich die segensreichen Wirkungen dieser Transfusion von
frischem Blute, ungeheure Veränderungen zum Besseren traten in
den nächsten zehn Jahren augenscheinlich hervor, nicht blos bei
den Deutschen, sondern auch bei den Anglo=Amerikanern vollzog
sich überraschend schnell ein ungeheurer Umschwung auf kulturellem
und socialem Gebiete und noch in späteren Jahrzehnten wird man
sich dankbar an die segensreiche Thätigkeit der Achtundvierziger=
Einwanderung erinnern.

Welch' eine Masse von talentirten und hochbegabten Männern
sind nicht auch damals untergegangen ohne zu entsprechender Thätig=
keit gelangen, oder auch nur sich selbst persönlich eine Existenz
sichern zu können. Wie bei einer Schlacht Tausende todt nieder=
gestreckt werden, wie andere Tausende schwer verwundet und für
Lebenszeit verkrüppelt werden, so war dies auch bei der großen
deutschen Völkerwanderung nach 1848 der Fall; — Hunderte
und Hunderte hochbegabter, wissenschaftlich oder literarisch=gebildeter
Männer, die damals herübergekommen waren, gingen in Noth

und Elend einsam und verlassen unter, Andere wieder verwilderten
in diesem unaufhörlichen Kampfe ums Dasein und verloren hier
jeden Funken von Selbstachtung, Andere gingen wieder unter,
indem sie Betäubung und Vergessenheit in der Whisky-Flasche
suchten, kurz, der unglücklichen Opfer waren ebenso viele wie in
einem großen Kriege der Neuzeit. Ihre Namen sind längst vergessen, vergessen ist ihre frühere Thätigkeit, Niemand erinnert sich
mehr ihrer Existenz oder weiß, wo ihre Grabstätte ist, und doch
waren es tüchtige, überzeugungstreue Männer, die in Deutschland
mit Wort und Schrift und später auf den Barrikaden mit den
Waffen für Freiheit und Fortschritt gekämpft, von der siegreichen
Reaktion verfolgt und gehetzt, sich nach Amerika geflüchtet hatten
und dort, keine Sicherung ihrer Existenz findend, in stiller Verzweiflung zu Grunde gingen. Wer jene Zeiten mitgelebt hat,
der wird mir bezeugen, daß ich hier nicht übertreibe. — Gelehrte
und Professoren, Schriftsteller und Künstler, gebildete und in allen
Wissenszweigen bewanderte Männer, waren gezwungen, sich durch
die gröbsten Arbeiten, durch Cigarrenwickeln, Kellner- und Haus-
knechtsdienste, ja als Stiefelputzer und Straßenkehrer kümmerlich
ihr Brot zu verdienen, und gar Viele waren es, die, körperlich
schwächlich oder kränklich, es sich nicht einmal auf diese Art verdienen konnten und elend verkümmerten. Fand ich doch einst als
barkeeper in einem Hotel zweiten Ranges einen Mann, der
Professor der Philologie an einer deutschen Universität gewesen
war, der Lateinisch, Griechisch und Hebräisch ebenso fließend sprach
und schrieb, wie seine deutsche Muttersprache, und der trotzdem
doch keine bessere Beschäftigung finden konnte, weil ihm die Kenntniß der englischen Sprache fehlte; denn hätte er diese innege-
habt, so hätte ihn jede amerikanische Universität mit Freuden als
Professor der alten Sprachen angestellt. So aber blieb er Barkeeper, kredenzte dem unwissenden Plebs die verschiedenen cobblers
and drinks, verwilderte und versumpfte endlich bei dieser banalen
und geiststörenden Beschäftigung und ging nach einigen Jahren
spurlos unter. Und er — mein wackerer Ernst Biollant,
der Sohn des einen Prinzipals des großen Bank- und Groß-
handlungshauses Hausner und Biollant in Lemberg, gebildet auf der Wiener Universität, einer der tüchtigsten Juristen,
Mitglied des Parlaments und des österreichischen Reichsraths,
hatte sich in den Wiener Oktobertagen schwer compromittirt, war,
in contumaciam zum Tode verurtheilt, glücklich nach Amerika

entkommen und mußte, da er keine zusagende Beschäftigung fand,
noch vom Glücke sagen, daß ihn ein deutscher Cigarrenmacher in
die Lehre nahm und ihn im Cigarrenwickeln unterrichtete, so daß
er sich damit wenigstens nothdürftig sein tägliches Brot verdienen
konnte. So lebte er denn kümmerlich in Peoria (Illinois) als
Cigarrenmacher, schrieb hie und da für Zeitungen aber nicht gegen
Honorar, sondern nur, wenn das Thema seiner Ueberzeugung ent=
sprach, wies aber trotz seiner höchst beschränkten Lage jede Hilfe
und Unterstützung hartnäckig zurück, um, wie er meinte, seine volle
Unabhängigkeit zu wahren. Er war mir ein treuer Freund und
Mitarbeiter im „Anzeiger des Westens", wies aber jedes Honorar
und jede angebotene Hilfe mit Entschiedenheit zurück, so daß mir,
der ich seine bedrängte Lage kannte, kein anderer Ausweg blieb,
als durch Freunde in Peoria bei ihm Cigarren kaufen und be=
stellen zu lassen, die ich dann an meine Bekannten in St. Louis
vertheilte. Im Laufe der Jahre gelang es Violland nach und
nach, sich etwas emporzuarbeiten, er konnte mit der Zeit sogar
ein paar Arbeiter beschäftigen, er heirathete, aber in eine ganz
sorgenfreie Lage kam er doch nie und so starb er noch im kräftigen
Mannesalter an den Folgen von Ueberarbeiten und Nahrungs=
sorgen. Wie viele solcher Beispiele könnte ich nicht aufzählen,
fürchtete ich nicht, die Leser zu ermüden.

Doch ich kehre nun, nachdem ich den damaligen geistigen
Zustand des Deutschthums geschildert, zu dem Gegenstande meiner
Erzählung zurück, wie auch ich mich bei diesen Kulturbestrebungen
und Bildungsversuchen, mit denen der ganze gebildete Theil der
Achtundvierziger = Einwanderung angelegentlichst beschäftigt war,
nun als Erholung von meinen schweren Arbeiten persönlich be=
theiligte.

Zuvor ist es nöthig, hier ein Wort zu sagen über meine
Lebensweise in Amerika, seitdem ich an die Spitze des „Anzeigers"
getreten war; — durchdrungen von der großen Verantwortlich=
keit, die nun auf mir lastete und einsehend, daß ich nur durch
unermüdeten Fleiß, rastlose Thätigkeit und vernünftige Sparsam=
keit die mir gesteckte Aufgabe lösen und das von mir ohne Mittel
begonnene Unternehmen durchführen konnte, war meine ganze Zeit
gewissenhaft nur meinem Geschäfte gewidmet und meine einzige
Erholung fand ich im Kreise meiner Familie, die sich bedeutend
vermehrt hatte. Mein ältester Sohn Siegmund hatte ge=
heirathet und seine Frau hatte mir Enkel geschenkt, außerdem

war der vieljährige Wunsch meiner Frau, eine Tochter zu haben, erfüllt worden, wenn auch nur im Adoptivwege. Ein junges, deutsches Ehepaar war ungefähr zur selben Zeit wie wir nach Amerika gekommen und hatte sich in Hermann angesiedelt. In der Cholera-Epidemie wurde der Mann, Herr Kroh, von der Seuche plötzlich hinweggerafft und die arme Witwe stand mit ihrem fünfjährigen Töchterchen hülflos und verlassen da. Ein wackerer Teutscher, ihr Nachbar, machte der Witwe, die er als gute Hausfrau und Mutter kennen gelernt hatte, den Antrag, sie zu heirathen, nur wollte er kein Stiefkind im Hause haben und er stellte daher als einzige Bedingung, daß die Kleine erst aus= wärts versorgt werden müsse. Der Mann war wohlhabend, die Zukunft der armen Witwe war durch diese Heirath für immer gesichert und Frau Detharding, eine Freundin meiner Frau, die ebenso die arme Witwe wie das Verlangen meiner Frau nach einer Tochter kannte, ward zur Vermittlerin und schlug uns vor, die Kleine anzunehmen. Wir wollten sie erst sehen, die Mutter brachte sie zu uns nach St. Louis, das hübsche und freundliche Kind gefiel uns, wir behielten sie gleich bei uns im Hause und die Witwe reiste getröstet nach Hermann zurück, um die neue Ehe einzugehen. Ich ersuchte nun meinen Advokaten, M. Thomas C. Reynolds bei den Gerichten die nöthigen Schritte zu thun, um die kleine Karoline als Tochter adoptiren zu können. Aber zu meinem Erstaunen erfuhr ich von Reynolds, daß das ganz unmöglich sei; das Gesetzbuch von Missouri wisse nichts von Adoptiv-Kindern und Adoptiv-Eltern und eine Adoptirung gebe daher weder gesetzliche Rechte, noch habe sie irgendwie legale Folgen; — ich könne nichts Anderes thun, als das Kind in Lehrlingsschaft (apprenticeship) zu nehmen, wie es im Missouri-Gesetzbuche vorgesehen und geregelt sei. Ich mußte mich also fügen, und nach einer kurzen Verhandlung vor der County= Court, in welcher der Vormund der Kleinen in seinem und in der Mutter Namen alle Rechte auf mich übertrug, wurde ein Akt aufgenommen, wodurch die kleine Karoline als Lehrling an uns „gebunden" und zum Gehorsam gegen uns bis zu erreichtem Alter der Volljährigkeit verpflichtet wurde, wogegen ich und meine Frau uns verpflichten mußten, sie zu erziehen, am Tage erreichter Volljährigkeit zu entlassen und ihr ein completes Bett, eine Bibel, einen Frauensattel und eine kleine Ausstattung an Wäsche und Kleidern als ihr Eigenthum mitzugeben, wie es das noch in den

erften Zeiten der Besiedelung des Staates verfaßte Gesetzbuch
von Missouri verlangte. Karoline wurde uns eine gute und
liebevolle Tochter, die uns viel Freude machte und die mit ihr
gehabte Mühe reichlich vergalt. Sie entwickelte sich im Laufe
der Jahre zur blühenden Jungfrau und zu einer treuen Stütze
meiner Frau in der Hauswirthschaft; — später, in 1861, nach
dem Ausbruche des Bürgerkriegs, heirathete sie den tüchtigen und
talentvollen Musiklehrer Adolf W i l h a r b i t z, war ihm eine gute
und fleißige Hausfrau und treue Gattin sowie eine liebevolle
Mutter ihren Kindern, starb aber leider vor einigen Jahren, noch
im besten Alter, an den Folgen einer Fehlgeburt, — ein Ereigniß, das uns Alle, die Adoptiv-Eltern am meisten, schmerzlich
berührte.

So lebte ich denn gerne in meinem sich immer mehr ver-
größernden Familienkreise und fand zu Hause meine einzige und
beste Erholung. Umgang pflegte ich mit nur sehr wenigen Personen, öffentliche Orte und Wirthshäuser vermied ich schon aus
Gesundheitsrücksichten, noch mehr aber hielt mich von ihnen der
gemeine und rohe Ton zurück, der dort herrschte und so war ich
einzig und allein auf mein Geschäft und meine Familie angewiesen. Früh Morgens war ich einen Tag wie den anderen
schon um 9 Uhr im Redaktionsbureau und arbeitete dort unermüdet bis zur Mittagszeit, dann kehrte ich auf zwei Stunden
in den Kreis meiner Familie zurück, um längstens um 3 Uhr
Nachmittags wieder in der Redaktion zu sein und dort zu bleiben
bis das letzte Telegramm eingelaufen und übersetzt war, was gewöhnlich erst zwischen 2 bis 3 Uhr Morgens stattfand. Kam
dann das „good night!" des Telegraphisten auf dem letzten
Blatte, dann erst ging ich nach Hause; in ereignißreichen Zeiten,
bei Wahlen und wichtigen Entscheidungen aber blieb ich in der
Druckerei, bis das Blatt unter die Presse gegangen war und ich
den ersten Abzug noch einmal revidirt hatte. So habe ich in den
letzten zehn Jahren meiner amerikanischen Thätigkeit Redaktion
und Druckerei regelmäßig nie vor 2 Uhr Morgens, oft aber auch
erst um 7 oder 8 Uhr Morgens verlassen, um dennoch einige
Stunden später wieder rüstig und thätig an der Arbeit zu sein.
Zwei Stunden des Morgens und zwei Stunden zu Mittag waren
die einzige freie Zeit der Erholung, die ich mir im Familienkreise vergönnte, ich lebte nur für mein Geschäft und ich bin nie
dazu gekommen, auch nur die nächste Umgebung von St. Louis

kennen zu lernen, ich war weder in Belleville noch in St.
Charles und nach dem deutschen Städtchen Hermann, wo ich
so viele wackere Freunde zählte, kam ich erst beim Beginne des
Bürgerkrieges, an der Spitze meines Regiments. So hatte ich
mich denn ganz und ausschließlich meinem Blatte gewidmet und
während der zwölf Jahre meiner journalistischen Thätigkeit habe
ich die politische Leitung des Blattes ebenso wie die technische und
finanzielle nicht einen Tag lang aus der Hand gegeben, sondern
immer selbst und allein geführt. Allerdings hatte ich Mit-
redakteure, erlebte aber an ihnen wenig Freude; es brauchte
lange, bis ich sie in meine Richtung und meinen Gedankengang
hineingewöhnte und ihnen die Ziele, denen ich zustrebte, begreiflich
machen konnte; — hatten sie es nun einmal so weit gebracht,
daß sie mir hätten nützlich sein können, so dachten sie, nun
hätten sie es „dem Alten" abgeguckt, „wie er sich räuspert und
wie er spuckt" und sie verließen mich und mit finanzieller Hülfe
und Unterstützung von Seite meiner Gegner und Feinde errichteten sie selbständige Zeitungen, die in die schärfste Opposition
gegen mich und den Anzeiger traten. So ist es mir mit allen
meinen Mitredakteuren gegangen, von Louis Didier an bis
auf den letzten Deserteur Georg Hillgärtner, — sie haben
Alle gleich edel an mir gehandelt und, merkwürdig genug! sie
hatten Alle mit ihren Concurrenzblättern keinen Erfolg und
gingen entweder bald zu Grunde, oder wenn das Blatt fort-
dauerte, fielen die Früchte ganz andern Leuten, ihren Nachfolgern,
in den Schooß.

Die deutsche Einwanderung nach 1848 fand also in den
Ver.-St. das Deutschthum in ganz anderen Verhältnissen und
Richtungen vor, als man es sich zu denken in der alten Heimath
gewohnt gewesen war. Man hatte so oft gehört und gelesen,
namentlich in Franz Löhers „Geschichte der Deutschen in Amerika" und ähnlichen Werken und Zeitungsartikeln, daß die
Teutschen in den Ver.-St. den Sitten und Gebräuchen des alten
Vaterlandes treu geblieben seien, an seinen Fortschritten und Bestrebungen theilgenommen und sich mit den Errungenschaften
deutscher Wissenschaft und Kunst vollständig befreundet hätten,
so daß man in Amerika, namentlich in den deutschen Ansiedelungen,
nur eine Fortsetzung der alten Heimath, ein treues Spiegelbild
derselben zu treffen erwartete; — dem war aber durchaus nicht
so; das Deutsch-Amerikanerthum war durch klimatische, sociale

und politische Einflüsse, durch andere Lebens-Zwecke und Aufgaben und durch das Zusammenleben und Zusammenwirken mit Anglo-Amerikanern, Irländern, Creolen u. s. w. zu einem wesentlich anderen, von den in Deutschland lebenden Deutschen ganz verschiedenen Volksstamme geworden; — in materieller Hinsicht hatten die Deutsch-Amerikaner bei dieser Wandlung wesentlich gewonnen; — sie waren praktisch, geschäftstüchtig, thatkräftig, vorwärtsstrebend und unermüdet im Schaffen und Wirken geworden, aber in geistiger Hinsicht waren sie jedenfalls, gegen ihre Landsleute in der alten Heimath gehalten, weit zurückgeblieben. Aus gedrückten Verhältnissen hervorgegangen, mit nothdürftiger, oder auch gar keiner Erziehung und — einzelne Ausnahmen abgerechnet — fast ohne jegliche Bildung, waren sie in Amerika, wo ihre ganze Zeit und Thatkraft von ihrer körperlichen Arbeit in Anspruch genommen wurde, in kultureller Hinsicht immer weiter zurückgeblieben. Das Bedürfniß der Bildung war ihnen abhanden gekommen und die Gelegenheit dazu bot sich damals auch nicht gar häufig dar, — die paar aus Deutschland mitgebrachten Bücher waren längst zerlesen und zerrissen und sich andere kommen zu lassen, fiel Niemanden ein und kostete auch viel Geld. Die deutsch-amerikanischen Zeitungen standen in der ersten Hälfte dieses Jahrhunderts — abermals Ausnahmen abgerechnet — auf einer ziemlich niederen Stufe, ihre Sprache war, um angeblich volksthümlich zu sein, nahezu pöbelhaft, oft auch mit deutscher Grammatik arg brouillirt, ja ein bedeutender Theil der deutsch-amerikanischen Blätter wurde im Pennsylvanisch-Deutsch geschrieben, einem aus englischen und deutschen Worten zusammengewürfelten Jargon, während die deutschen Bücher, die in Amerika gedruckt wurden, größtentheils aus Kochbüchern, Gebetbüchern, Abhandlungen über Ackerbau, Thierheilkunde u. s. w. bestanden, — unsere deutschen Klassiker, Goethe, Schiller, Lessing u. a. waren in Vergessenheit gerathen, ihre Werke nur höchst selten im Besitze einer deutschen Familie zu finden. Dabei hatten die in Amerika im Allgemeinen so segensreich wirkende Unabhängigkeit und Selbständigkeit des Individuums, die Selbstregierung der Gemeinden, das gänzliche Fehlen der kleinlichen Polizeiplackereien und administrativen Beschränkungen, die aus den drückenden Verhältnissen der alten Heimath nach Amerika gekommenen Deutschen der älteren Einwanderung ein bischen zu unabhängig und selbständig gemacht und ihnen einen Geist des

Uebermuthes und des Trotzes eingeflößt, der sich in derben
Aeußerungen, Hintansetzung gesellschaftlicher Rücksichten, oft auch
in Grobheit und Rohheit bei den Erwachsenen kund gab, während
die heranwachsende Jugend in den Frei=Schulen entweder ver=
amerikanisirte oder ohne diese gänzlich verwilderte. Das war
der Zustand des Deutschthums im großen Ganzen, wobei aller=
dings — ich wiederhole es — einzelne ehrenvolle Ausnahmen
vorkamen, wie ihn die größtentheils aus Gebildeten bestehende
Achtundvierziger Einwanderung vorfand und den grellen Contrast
zwischen drüben und hüben schmerzlich fühlte. — Sobald nur
die ersten Sorgen um die eigene Lebensstellung vorüber und die
stoßfertigen Hörner der deutschen Revolutions=Epoche rasch abge=
stoßen, die Don=Quixote=Kämpfe mit idealen Windmühlen und
andere Excesse der ersten Flegeljahre überstanden waren, erwachte,
ohne alle Verabredung und doch bei allen gemeinschaftlich in der
großen Menge der herübergekommenen Gebildeten das geistige
Bedürfniß, der Wunsch und der feste Wille, das Deutsch=
Amerikanerthum geistig emporzuheben, nicht hinabzusteigen zu ihrem
niederen Bildungsniveau, sondern in Wort, Schrift und That
überall die geistigen Errungenschaften der neuen Zeit zu ver=
breiten. Es war eine merkwürdige Bewegung, die sich im Laufe
der Fünfziger Jahre unter den fünf Millionen Deutschen in
Amerika vollzog; — der neue Zuwachs des deutschen Elementes
wirkte wie ein Ferment und brachte nach stiller Gährung geistige
Stärkung und Klärung; überall wurde dem deutschen Schulwesen
erhöhte Aufmerksamkeit zugewendet, wissenschaftliche, literarische
und gemeinnützige Vorlesungen, welche bis dahin die ausschließ=
liche Domäne der Anglo=Amerikaner gewesen waren, fanden nun
auch immer häufiger in deutscher Sprache statt, immer mehr be=
schäftigte man sich damit, die deutsche Muttersprache reinzuhalten
und die bereits zahlreich eingedrungenen Anglicismen wieder zu
beseitigen, der Ton und die Haltung der deutschen Zeitungen
besserte und hob sich von Jahr zu Jahr, deutsche Turner= und
Gesangvereine mehrten sich überall, wo Deutsche in größeren
Mengen wohnten und entwickelten ihre bildende Thätigkeit in er=
freulichem Maße; deutsche Künstler und Musiker gelangten immer
mehr zu allgemeiner Anerkennung und ein unternehmender Ver=
leger, Herr T h o m a s in Philadelphia, veranstaltete billige Volks=
ausgaben von den klassischen Werken G o e t h e s, S c h i l l e r s
und L e s s i n g s, von H u m b o l d t s „Kosmos", von H e i n e ' s

und Börne's Schriften und anderen Juwelen deutscher Literatur, die in vielen tausenden von Exemplaren bald unter der deutsch=amerikanischen Bevölkerung verbreitet waren, und oft erstaunte seitdem ein europäischer Tourist, wenn er im fernsten Westen, in einer Farmerhütte, ja selbst in einem Blockhause des Trappers auf einem Bücherbrette im Wohnzimmer der Familie Goethes Faust, Schillers Don Carlos, Lessings Nathan der Weise und ähnliche Meisterwerk deutscher Dichtkunst fand. Es war, wie gesagt, in diesen Kulturbestrebungen, weder eine Verabredung, noch ein Plan, Jeder von uns, der sich durch Bildung und Wissen dazu berechtigt fühlte, arbeitete und wirkte in dieser Rich=tung aus eigenem Antriebe und nach eigener Idee in seinem Kreise; — auch ich darf wohl ohne Selbstrühmen sagen, daß ich zur Lösung dieser Kulturaufgabe das Meinige redlich beige=tragen habe, im Anfange noch unklar und weniger zielbewußt, später aber, im Laufe der Jahre, immer sicherer und kräftiger eingreifend.

Mein erster Versuch in dieser Richtung erwies sich als ein Fehlgriff, weil er eben noch auf europäischen Anschauungen basirte und den amerikanischen Verhältnissen nicht entsprach. Ich hatte nämlich — was wohl jetzt wahrscheinlich Niemand selbst in St. Louis mehr weiß — schon im Jahre 1851 in St. Louis ein deutsches Lesekabinet gegründet, nach dem Vorbilde der Pariser cabinets de lecture, von denen ich ja noch frisch herkam. Ich hatte bemerkt, daß meine deutschen Landsleute wenig oder gar nichts lasen, selbst jene, die sich eine Zeitung hielten, durchflogen darin nur oberflächlich die neuen Anzeigen und die Lokalnachrichten und ich setzte, noch immer theilweise auf dem europäischen Standpunkte stehend, ein Bedürfniß mehr zu lesen, mehr zu wissen, ihre Kenntnisse zu erweitern, voraus. Im ersten Stocke eines Hauses an der Nordseite der Marktstraße zwischen Main= und 2ter Str. richtete ich also in einem langen Saale über der zweiten Apotheke des Doktor Gempp das Lese=kabinet ein, — welches somit ganz central gelegen, bequem ein=gerichtet, mit Landkarten, Conversations=Lexikons und einer klei=nen Nachschlage=Bibliothek ausgestattet war, während die langen Lesetische eine reiche Auswahl von englischen und deutschen Zei=tungen aus allen Theilen der Union, europäischen Journalen Revüen und den neuesten Broschüren und Pamphlets boten; — der Eintrittspreis für eine Sitzung war, da ich keine Geld=

spekulation beabsichtigte, auf die Kleinigkeit von f ü n f C e n t s festgesetzt. Trotz dieses so niedrigen Preises und der reichen Aus= wahl an Lesestoff fand mein Unternehmen keinen Anklang; den im südlichen Stadttheile wohnenden Deutschen war es zu ent= fernt gelegen und dieselbe Klage brachten die Deutschen im nörd= lichen Stadttheile vor, — in Wirklichkeit nur eine faule Aus= rede; denn wenn irgendwo ein besonders gutes Bier verzapft wurde, scheuten dieselben Leute vor einer Wanderung von einigen englischen Meilen nicht zurück. Es kamen also nur einzelne Neu= gierige, darunter einige Amerikaner, die Deutsch lernten, und die treuesten Kunden noch waren junge Handelsbeflissene und andere noch nicht lange angekommene junge Leute, die gerade keine An= stellung hatten, im gedrängt vollen Boardinghouse sich nicht heimisch fühlten und die nun gegen Erlag von fünf Cents den ganzen Tag im Lesekabinet zubrachten und um die Zeit todtzu= schlagen alle Zeitungen lasen, dort ihre Briefe schrieben und dabei noch Heizung und Beleuchtung ersparten; die Erfahrung belehrte mich bald, daß ein Lesekabinet noch kein Bedürfniß der deutschen Bevölkerung und daß im besten Falle das Unternehmen wenigstens v e r f r ü h t sei; ich ließ es also ganz in der Stille nach sechs Monaten wieder eingehen und war um eine Erfahrung klüger geworden.

Indessen waren der F r e i e = M ä n n e r = V e r e i n und dessen Schulen gegründet worden und hatten bei der deutschen Be= völkerung viel größeren Anklang gefunden, als mein Lesekabinet. Diesen Schulen und ihrer Leitung und Hebung wendete ich nun — Hand in Hand mit F r a n z S c h m i d t und anderen wacke= ren Männern — meine ganze Thätigkeit zu, es gelang uns, tüchtige Lehrkräfte für dieselben zu gewinnen, die Zahl der Schüler stieg von Semester zu Semester, und mit Freude und Genugthuung sahen wir im Laufe der nächsten Jahre die Früchte unserer Thätigkeit heranreifen und eine neue, besser unterrichtete und vom Bildungsdrang erfaßte Generation heranwachsen. Auch für den erwachsenen Theil der Bevölkerung wurde nun Sorge getragen, es wurden Abendschulen für Erwachsene errichtet und alle Sonntags=Vormittage wurden Vorlesungen und Vorträge literarischen, kulturhistorischen, ethnographischen und geschichtlichen Inhalts gehalten, die außerordentlich viel Belehrung und Kenntniß verbreiteten und bald bei einem großen Theile der deutschen Be= völkerung an die Stelle des sonntäglichen Kirchenbesuches traten.

Diese Bemühungen von unserer Seite aber kamen denn doch
nur dem männlichen Theile der Bevölkerung zu Gute, unsere
Schulen waren Knabenschulen, unsere Sonntags = Vorträge
größtentheils nur von Männern besucht; — sollte die Bildung
und Erziehung der Jugend aber einen wirklichen Werth und
Erfolg haben, so mußte sie sich auch auf das weibliche Ge=
schlecht ausdehnen, dieses mußte sich thätig dabei betheiligen;
denn die besten und ersten Lehrerinnen der Kinder sind ja die
Mütter. Hier aber haperte es noch mehr als bei den
Männern; die wohlhabenden und die bemittelten Deutschen waren
— sehr wenige Ausnahmen abgerechnet — durchaus Empor=
kömmlinge, wenn auch Emporkömmlinge in des Wortes
edelster Bedeutung, sie alle waren, mehr oder minder vernach=
lässigt in der Erziehung, aus den gedrückten Verhältnissen ihrer
Eltern in der alten Heimath als junge Burschen nach Amerika
gekommen, sie alle hatten sich gleich ihr Brot verdienen müssen
und hatten durch unermüdete Arbeit, durch Treue und Ausdauer,
durch Pünktlichkeit und Rechtschaffenheit, durch Ordnung und
Sparsamkeit sich allmälig emporgeschwungen und waren nun be=
reits wohlhabend, ja reich geworden, oder doch auf dem sicheren
Wege, es zu werden. So rastlos thätig und unermüdlich arbeitend,
hatten sie wenig Zeit gehabt an die eigene Bildung zu denken,
dazu hatten sie meistens jung geheirathet, als sie noch Commis,
Gehilfen oder in anderen untergeordneten Stellungen waren, die
Auswahl war damals eine noch sehr beschränkte und so hatten
sie Töchter von Farmern, von Handwerkern, mitunter auch Mäd=
chen aus der besseren dienenden Klasse geheirathet; — wenn nun
Kinder kamen, so konnten weder Vater noch Mutter für deren
Erziehung und Bildung viel thun, theils nicht, wegen des
Dranges der Geschäfte, theils, weil es den Eltern selbst an der
entsprechenden Vorbildung fehlte. Für die Knaben war bald
gesorgt; denn da gab es Frei= und Privatschulen und nach
diesen Akademien und höhere Bildungs=Anstalten; — mit der
Erziehung der Mädchen aber stand es damals noch im fernen
Westen höchst mißlich. Die Mädchen konnten allerdings die Frei=
schulen besuchen, auch gab es hie und da weibliche Sektenschulen
und von Nonnen geleitete weibliche Unterrichts=Anstalten, in
welchen jedoch mehr auf Frömmigkeit, als auf die Erwerbung
von Kenntnissen gesehen wurde; — in ganz St. Louis mit einer
Bevölkerung von 25,000 Deutschen befand sich nicht eine ein=

zige „höhere Tochterschule" oder „weibliche Bildungsanstalt", wie
sie in Deutschland selbst kleine Städtchen aufzuweisen haben, und
doch machte sich bei der Bevölkerung das Bedürfniß solcher Lehr=
anstalten von Jahr zu Jahr mehr geltend; namentlich waren es
die Mütter, die, die eigene Vernachlässigung fühlend, und schwer
bedauernd, nichts sehnlicher wünschten, als ihren heranwachsenden
Töchtern jene höhere Bildung verschaffen zu können, die ihnen
selbst leider von den Verhältnissen versagt worden war. Ich
kann es hier nicht unerwähnt lassen, daß einzelne von unseren
deutschen Emporkömmlingen, nachdem sie einmal zu einer sorgen=
freien Existenz gelangt waren, es sich auf das Eifrigste angelegen
sein ließen, autobidaktisch an der eigenen Bildung zu arbeiten
und als Männer Das nachzuholen, was sie in der Jugend ohne
ihre Schuld versäumt hatten. So war einer der angesehensten
Deutschen zu meiner Zeit in St. Louis der Kaufmann Andreas
Krug, der seine Lebens= und Entwickelungsgeschichte gerne er=
zählte. Als unwissender Junge war er nach Amerika gekommen
und in den damals noch fernen Westen verschlagen, ganz allein
auf sich selbst angewiesen, — Jahre lang verdiente er sich sein
tägliches Brot, indem er bei den Häuserbauten als Tagelöhner
Ziegel trug und Mörtel herbeischleppte, aber dabei jeden Cent,
den er sich ersparen konnte, dazu verwendete, um Lesen und
Schreiben zu lernen. Endlich wurde ein reicher Kaufmann,
Herr Braun, auf den Burschen aufmerksam, er gefiel ihm und
er nahm ihn als Hausknecht in sein großes Geschäft. Auch
hier zeigte Andreas eine große Geschicklichkeit und Anstelligkeit,
war so unermüdet thätig und dabei so ehrlich und verläßlich,
daß er in der Achtung seines Prinzipals immer mehr stieg, und
als dieser nun gar erfuhr, daß Andreas seine freien Stunden
des Sonntags und meist auch einige Stunden der Nacht seiner
Selbsterziehung und Bildung weihte, übertrug er die schwere
Arbeit an einen Anderen und setzte unsern Krug als Gehilfen
an einen der Tische seines Comptoirs. Auch in dieser neuen
Stellung zeigte sich der junge Mann des Vertrauens seines
Prinzipals würdig und seine Verwendbarkeit und Nützlichkeit im
Geschäfte hielt gleichen Schritt mit seinem eifrigen Streben nach
Bildung. So wurde unser Andreas nach und nach der erste
Clerk, dann der Geschäftsführer und endlich der Partner
des alten Braun, heirathete dessen einzige Tochter und wurde
der Erbe des großen Vermögens und Geschäftes des alten Herrn.

Als ich ihn in St. Louis kennen lernte, gehörte er zu den an=
gesehensten und geachtetsten Bürgern der Stadt, sein Name und
seine Firma wurden allgemein respektirt und er selbst präsentirte
sich vortheilhaft als gebildeter, welterfahrener Mann und ent=
wickelte im Umgang eben so viel einnehmende Liebenswürdigkeit
als ausgebreitetes encyklopädisches Wissen. So sahen unsere
deutschen Emporkömmlinge damals aus, wenn auch nicht allen
dasselbe Bedürfniß der Selbstbildung innewohnte.

Ich hatte vielfach Gelegenheit gehabt, die Klagen über den
Mangel an weiblichen Bildungsanstalten zu vernehmen und ich
schlug meinem Freunde Franz S ch m i d t vor, eine höhere Mädchen=
schule zu errichten; — er selbst war ein tüchtiger Pädagoge aus
guter deutscher Schule, reich an Wissen und Erfahrung, — seine
junge und liebenswürdige Frau, eine geborene S ch u st e r, war
zur Lehrerin gebildet worden, die anderen Lehrkräfte waren leicht
zu finden, Unterstützung und Förderung wurde von allen Seiten
dem längst gewünschten Unternehmen zugesichert und erfolgte auch
wirklich in ausgiebigster Weise. Nach einer kurzen Vorbereitungs=
zeit konnte S ch m i d t seine höhere Töchterschule eröffnen und der
Andrang der Zöglinge war ein so großer, daß er trotz der großen
zu Gebote stehenden Lokalitäten bald weitere Aufnahmen ablehnen
mußte. An zwei jungen Oestreichern, den Herren A. L e n z und
Gustav K l i e r, waren ein paar tüchtige Lehrkräfte, ferner der
begabte Musiklehrer R o b y n gewonnen worden, die Anstalt ent=
wickelte sich zu hoher Bedeutung und die Lehrer wie die Zöglinge
erfreuten sich der besten Erfolge.

Doch wie unser Dichter sagt: „Mit des Geschickes Mächten
ist kein ewiger Bund zu flechten!" — so geschah es auch hier, —
das Institut hatte das zweite Jahr seiner Existenz erreicht, als
S ch m i d t, der unermüdlich Thätige, plötzlich an einem bösen Hals=
leiden erkrankte, welches, sich von Woche zu Woche steigernd,
und sich in vollständiger Heiserkeit und quälendem Husten äußernd,
dem armen S ch m i d t bald alle persönliche Lehrthätigkeit unmög=
lich machte. In dieser Noth und Verlegenheit kamen ihm seine
Freunde zu Hilfe und die dazu Fähigen von ihnen übernahmen
bis zu seiner Genesung einzelne Fächer seiner Lehrthätigkeit, um
jede Störung des Schulunterrichtes zu verhindern. Auch ich
widmete dem kranken Freunde gerne meine Thätigkeit und trotz
meiner vielen Berufsarbeiten übernahm ich das Lehrfach „deut=
scher Dichtkunst, Vortrags und Deklamation" — dem ich täglich

zwei Lehrstunden widmete. So vergingen die Herbstmonate,
Schmidt fühlte sich zeitweise besser, aber sowie er seine Lehr=
thätigkeit wieder aufnehmen wollte, trat ein Rückfall ein, der ihn
elender zurückließ, als zuvor. Mit dem beginnenden Winter ver=
schlimmerte sich sein Zustand zusehends und vor Weihnachten noch
erklärte sein Arzt, Dr. A. Hammer, nach einem mit hervor=
ragenden medizinischen Autoritäten abgehaltenen Consilium, daß
Schmidt nicht den Winter in St. Louis zubringen dürfe, sondern
nach einem warmen und feuchten Klima gebracht werden müsse,
wie das unter den Tropen ist, wo er Linderung und wenn eine
Heilung möglich sei, einzig und allein Heilung. finden dürfte.
Das war ein vernichtender Schlag für das neue Unternehmen!
Zwar die Mittel, um es dem Kranken zu ermöglichen, nach der
Insel Cuba zu reisen, wurden augenblicklich von seinen Freunden
aufgebracht, — der reiche Zucker=Raffineur Ch. Belcher
bot Schmidt auf seiner großen Plantage in Matanzas Wohnung,
Kost und alle Bequemlichkeiten an, so lange er dort weilen wolle,
aber wie sollte die Schule seine Lehrthätigkeit entbehren? Seine
Freunde hatten wohl während der Dauer seiner Krankheit für
ihn eintreten können, aber ihn auf die Dauer im Lehramte zu
vertreten, das machten ihnen ihre eigenen Berufsgeschäfte un=
möglich. Es mußte also nach einem Ersatz an Lehrkräften um=
gesehen werden und der arme Schmidt reiste, von unsern besten
Wünschen und Hoffnungen begleitet, nach Cuba ab, wo er von
den Angestellten des Herrn Belcher, den Herren Plagge und
Biranyi auf das Herzlichste empfangen, die gastfreundlichste
Aufnahme fand. Obwohl er im Januar, also in der schlimmen
Regenzeit der Tropen in Cuba anlangte, schien es doch, als ob
die gleichmäßige, milde und warme Temperatur den günstigsten
Einfluß auf seine Leiden ausübe und bald erhielt ich von ihm
einen Brief aus Matanzas vom 31. Januar 1853, in welchem
auf zwölf Seiten eine geistreiche und humoristische Beschreibung
seiner Reise=Erlebnisse und ersten Eindrücke auf Cuba enthalten
war. Der Eingang dieses hoffnungsvollen und interessanten
Briefes lautete:

„Theuerster Freund! Jawohl, nun bin ich glücklich an=
gelangt auf jenem herrlichen Punkte der Erde, von dem Hum=
boldt sagt: „rings um den Wendekreis herum sei er der einzige
auf der Erde, wo man das ganze Jahr hindurch kein Bedürfniß
nach Kohlenfeuer verspüre"; — auf jener glücklichen Insel, der

Niemand in der Welt es wagt, den Namen der „Queen of the
West-India Islands" streitig zu machen! — und es ist wahr,
ich fühle mich wie neu belebt in dieser Luft und Temperatur;
denn ob die hier Lebenden auch über das ungewöhnliche Regen=
wetter klagen und lamentiren, so ist es doch warm (70—75° F.);
es ist Sommer, überall blühen Blumen und Bäume, überall
reifen Früchte, überall sind Mosquitos in Masse vorhanden.
Was will ich denn mehr? Ich bin den Winter endlich los, brauch'
kein Feuer mehr zu schüren: ich bin wie zu neuem Leben er=
standen." — u. s. w.

Und das Ende dieses Briefes, in welchem Schmidt in der
heitersten Weise seinen kurzen Aufenthalt in Havannah und seine
Lebensweise auf der Plantage in Matanzas beschrieb, endigte mit
den hoffnungsreichen Worten: „Und nun tausend herzliche Grüße
an Sie und alle meine Freunde in St. Louis und ich hoffe auf
ein baldiges f r o h e s W i e d e r s e h e n !" —

Die schöne Hoffnung sollte sich nicht erfüllen, — dieser
Brief war der einzige und letzte, den ich aus Cuba von ihm
empfing. Wenige Wochen später kam ein Brief von Freund
B i r a n y i, der mir Schmidt's Tod ankündigte. B i r a n y i,
ein wackerer Mann und höchst liebenswürdiger Charakter, in 1848
und 1849 ungarischer Honved=Offizier, war mit K o s s u t h in der
Türkei gewesen und ebenfalls mit ihm nach St. Louis gekommen,
wo er zurückblieb und von dem Hause B e l c h e r auf der Plan=
tage in Matanzas angestellt wurde; — in Verein mit Herrn
P l a g g e hatte er Alles aufgeboten, um S c h m i d t den Aufent=
halt auf Cuba so angenehm als möglich zu machen, — im An=
fange war der Kranke auch neu aufgelebt und gab sich den besten
Hoffnungen hin; fleißig brauchte er die ihm ärztlich angerathene
Zuckerkur, trank den warmen Zuckersaft und athmete den Dunst
und Dampf der Zuckerkessel ein. Aber das Uebel hatte schon zu
tief Wurzel gefaßt, auf die momentane Erleichterung folgte bald
Verschlimmerung; die Tuberkeln im Kehlkopf fingen an aufzugehen
und eines schönen Morgens im Februar — er hatte im Bette
noch gerade durch B i r a n y i einen eben angekommenen Brief seiner
Frau aus St. Louis erhalten und denselben in großer Aufregung
gelesen — er trank dann die ihm von einem Neger gebrachte
kuhwarme Milch, sagte, er wollte noch etwas ruhen, lehnte sich
auf sein Polster zurück, — einige kurze Athemzüge, ein tiefer
Seufzer und er war entschlummert für immer — sanft, schmerz=

los, ohne Todeskampf. Biranyi ließ ihn auf der Plantage auf Schmidt's Lieblings-Plätzchen, wo dieser Tage lang unter einer Palmengruppe zu sitzen und im Naturgenusse zu schwelgen liebte, still beerdigen, — auf dem katholischen Friedhofe von Matanzas durfte der Protestant nicht begraben werden. Sein Geld, seine Kleider, Bücher und alles von St. Louis mitgebrachtes Eigenthum wurden vom königlichen Fiscus confiscirt und trotz des Einspruches des amerikanischen Consuls auch behalten, da nach spanischem Gesetze die Hinterlassenschaft auf Cuba verstorbener Fremder dem Fiscus verfällt.

Mit Schmidt's Tode, der uns, seine Freunde, ja, die ganze deutsche Bevölkerung von St. Louis, die den Verstorbenen schätzte und achtete, tief betrübte, schwand jede Möglichkeit und Aussicht, seine Schule ferner zu erhalten; — die Wittwe mußte das Unternehmen aufgeben, die Schule ging momentan ein, wurde aber später von dem bewährten Pädagogen Theodor Plate wieder in's Leben gerufen, in noch größerem Maßstabe in Betrieb gesetzt und durch viele Jahre mit dem segensreichsten Erfolge durchgeführt. Die jetzige Generation der Frauen und Mütter in St. Louis dankt ihre Bildung dieser Schule und denkt dankbar zurück an ihre einstigen Lehrer Franz Schmidt und Theodor Plate.

Schmidt's junge Wittwe heirathete bald wieder, wie dies in Amerika gebräuchlich ist, wo man höchst selten eine Wittwe antrifft, die sich nicht wieder verheirathet hat; — Frau Schmidt heirathete den ersten Lehrer ihres Mannes, Herrn Lenz (sein wirklicher Name war Knafflenz) aus Graz in der Steiermark, einen gebildeten und begabten jungen Mann, aber die Schule mußte, wie gesagt, aufgegeben werden, und so erlangte Lenz eine Anstellung bei der Nord-Missouri-Eisenbahn, wo er, einige Meilen von St. Louis entfernt, Chef einer Eisenbahnstation wurde. Hier im dichten Urwalde, abgeschnitten von aller Civilisation und allem Comfort, jeglicher Gesellschaft entbehrend, verlebte das junge Ehepaar das erste Jahr, aber schon mit dem nächsten Winter traten bei der schwächlichen, nicht an das primitive und entbehrungsreiche Leben im Urwalde gewöhnten Frau beängstigende Symptome ein und bald entwickelte sich bei ihr dieselbe Krankheit, die ihren ersten Mann, den guten Schmidt, hinweggerafft hatte. Der arme Lenz hat es mir später mit thränenden Augen erzählt, wie sein schwerleidendes Weib, allen Unbilden des harten

Winters ausgesetzt, ohne ärztliche Hilfe, ohne andere Pflege als die ihres, durch seine Berufsgeschäfte in Anspruch genommenen Mannes, den langen schmerzlichen Kampf ums Dasein Monate lang durchkämpfte, wie sie Zoll um Zoll langsam dahin starb, bis sie endlich, während des Frühlingserwachens der Natur, den letzten Athemzug that; — er schilderte mir in schmerzlicher Erinnerung jene entsetzlichen Stunden, wo er, mit der Todten allein und verlassen im Urwalde, die Leiche wusch und ankleidete, dann in der Nacht, wo keine Züge passirten, bei Mondschein im Walde ein Grab schaufelte, die Todte hintrug und sie hineinbettete und nun die Grube mit Erde füllte. Alle Grauen dieser schrecklichen Stunden tauchten bei seiner Erzählung vor uns auf und die Nachwirkungen, die sie auf ihn gemacht, waren nicht zu verkennen; er hatte seine Stelle aufgegeben und kehrte nach Europa zurück; — wir nahmen Abschied von einander und ich habe ihn nie wieder gesehen, nie mehr etwas von ihm gehört, auch hier in Europa nicht.

Doch weg mit diesen traurigen Erinnerungen, — ich komme jetzt zu freundlicheren Erlebnissen, zu dem Antheil, den ich auf einem anderen Felde, auf dem Felde der **Bildungsschule für Erwachsene** zu nehmen Gelegenheit fand, — doch davon im nächsten Kapitel.

Die Schule der Erwachsenen.
(1856—1858.)

„Bildung ist Macht!" Diesen Wahrspruch hatte ich mir zum Wahlspruch gewählt und ich handelte stets im Sinne desselben, indem ich nach meinen schwachen Kräften redlichst bemüht war, Wissen und Bildung unter meinen Landsleuten zu verbreiten. Für die heranwachsende Jugend war, nebst den trefflichen Frei=Schulen der Vereinigten Staaten, auch von Einzelnen Manches, oft sogar Vieles gethan worden; allein es genügte nicht, die Jugend heranzubilden, es mußten auch die Erwachsenen, besonders die Eltern der Kinder, Interesse an diesen kulturellen Bestrebungen nehmen, um ihren Kindern in deren Entwickelungs=

und Bildungsgang helfend und leitend, und wo dieses nicht mög=
lich war, doch wenigstens sympathisch und theilnehmend zur Seite
zu stehen. Die Erwachsenen aber kann man nicht mehr auf die
Bänke der Schule setzen, und zur Selbstbildung, zum späteren
Nachlernen des in der Jugend Versäumten, bleibt ihnen im
Drange des amerikanischen Geschäftslebens und des rastlosen
Treibens des Tages und der Stunde wenig oder gar keine Zeit,
ja den Meisten fehlt auch die Lust, in den reiferen Jahren noch
etwas zu lernen. Es kann also in dieser Richtung nur indirekt
und sehr langsam gewirkt werden und der Freund der Bildung,
der diese gerne über weitere Kreise verbreiten möchte, muß aller=
hand Seitenwege einschlagen, um zum Ziele zu gelangen, muß
seinen eigentlichen Zweck und seine Absicht vorsichtig verhüllen und
die Absicht zu unterhalten . und zu zerstreuen, vorschützen. So
ging es auch mir und den gleichgesinnten Freunden, — wir
konnten der deutsch=amerikanischen Bevölkerung nicht in's Gesicht
sagen: Meine lieben Landsleute, Ihr seid noch ziemlich weit
zurückgeblieben in Bildung und Wissen, — Bildung aber ist
Macht, und Ihr müßt nachholen, nachlernen, noch einmal in die
Schule gehen. Der Prediger in der Wüste, der so zu den Leuten
gesprochen hätte, wäre ausgelacht worden und man hätte ihm
mit einem Justament nicht! den Rücken zugekehrt. Aber auf in=
direktem Wege, unter der Maske der Unterhaltung waren dieselben
Leute den Bildungsversuchen sehr zugänglich, gewannen bald Ge=
schmack an besserer Literatur und interessirten sich für manche
geistige Bestrebungen; — auf diesem Wege nun versuchte auch
ich es, und zwar mit Glück.

Es ist mir — ehrlich gesagt — unangenehm, ja peinlich,
so viel von mir selbst und meinem Wirken und Streben reden zu
müssen, denn es sieht beinahe aus, als ob ich mich selbst loben,
als ob ich mir darob große Verdienste zuschreiben wollte; und
doch kann ich nicht anders, da ich ja die Erinnerungen meines
Lebens niederschreibe und mir bewußt bin, gewiß nicht zu viel,
eher manchmal etwas zu wenig von mir selbst zu sprechen. Wenn
ich daher fortwährend in der ersten Person erzähle und mein Ich
hervortreten lasse, so möge der geneigte Leser mir das verzeihen;
denn ich thue dies nicht aus Ruhmredigkeit, sondern weil ich
die Ueberzeugung und das erhebende Bewußtsein in mir trage,
Gutes gewollt und oft auch Gutes vollbracht zu haben.

Ein kräftiges und wirksames Mittel hatte ich in Händen;

ich hatte eine große Zeitung mit einem ausgebreiteten Leserkreise, der nicht blos auf St. Louis und Missouri beschränkt war, son= dern sich über Illinois, Indiana, Jowa, Wisconsin und das ganze Mississippi=Thal erstreckte. Von meinen Bemühungen, den Ton der deutsch=amerikanischen Presse zu heben und zu verfeinern, habe ich bereits früher gesprochen, ich machte es mir zur Ge= wissenspflicht, den Collegen mit gutem Beispiele voranzugehen und durch das Zusammenwirken der besser Gesinnten gelang es bald, sichtbare Erfolge zu erringen. Eine besondere Sorgfalt widmete ich dem feuilletonistischen Theile meiner Zeitung und durch den Abdruck der besseren Werke der deutschen modernen Literatur, vor= züglich durch die Veröffentlichung historischer Romane, wie „Kaiser Joseph und sein Hof", „Friedrich der Große", „Na= poleon I." u. s. w. wurden in der Masse der Bevölkerung ge= schichtliche Kenntnisse verbreitet; — diese historischen Romane fanden ein so eifriges und theilnehmendes Lesepublikum, daß ich von jedem derselben noch Extra=Buchausgaben in Tausenden von Exemplaren drucken lassen mußte, die einen reißenden Absatz fanden. Außerdem aber gründete ich als Beiblatt meines Journals ein belletristisches Sonntagsblatt („Westliche Blätter"), damals noch eine neue Erscheinung, und berief den tüchtigen, auch in Deutschland anerkannten Novellisten Otto Ruppius zur Redaktion des= selben. Ich schrieb ferner, um die Produktivität deutsch=amerika= nischer Schriftsteller anzuregen, Preisbewerbungen für die beste deutsch=amerikanische Novelle aus; — bei der ersten dieser Aus= schreibungen erhielt den Preis Adolph Douai für seine „Fata Morgana", — bei der zweiten wurde F. X. Ar= ming für seinen „General Kalb" mit dem Preise betheilt. Auch an Bestrebungen Anderer zur Verbreitung von Bildung fehlte es nicht und ein kleiner Kreis von wohlgesinnten strebsamen Männern, von denen ich nur Franz Schmidt, Lüdeking, Gustav Klier, Doktor Dreis erwähne, bemühte sich, durch öffentliche Reden, Vorträge, populäre Belehrungen in dieser Rich= tung zu wirken und sich nützlich zu machen. Ich selbst hielt während eines Winters einen Cyklus von zwanzig dramati= schen Vorlesungen, in welchen ich sowohl die klassischen Meisterwerke als die neueren Erscheinungen unserer deutschen Bühnenliteratur im Charakter der Rollen vortrug und diesem Vortrage immer eine erklärende Einleitung über den Dichter und Verfasser, Entstehung und Bedeutung des Stückes u. s. w. voran=

gehen ließ. Diese Vorlesungen, die sehr großen Anklang fanden, lieferten zugleich einen schönen Ertrag, welchen ich dem „deutschen Frauenverein" zuwendete.

Ich hatte nämlich die Gründung des „deutschen Frauen = vereins" angeregt, um auch die deutsche weibliche Bevölkerung der Stadt theils mit einander bekannt zu machen, theils sie zu gemeinsamem nützlichen und heilsamen Wirken zu vereinen. Der „deutsche Frauenverein", dessen segensreiche Thätigkeit ich noch durch viele Jahre zu beobachten Gelegenheit fand, organisirte sich bald und wählte die unermüdliche Frau Kreutzbauer zur Vorsitzerin und die gebildete Frau Emilie Krähe zur Schrift= führerin. Die achtbarsten deutschen Frauen traten dem Vereine bei und er zählte bald hunderte von Mitgliedern; — was ich dafür thun konnte, geschah gerne und eifrigst, ich entwarf die Statuten, leitete die ersten Sitzungen, und nachdem der Verein einmal in voller Thätigkeit war, wendete ich ihm, durch Arran- girung von Gartenfesten, Bällen, Theater=Vorstellungen, Vor- lesungen u. s. w., hinreichende Mittel zu, um mit Erfolg wirken zu können. Der deutsche Frauen=Verein hat viel Gutes gethan und existirt, wenn ich nicht irre, noch heute, als „deutscher Frauen=Hilfsverein".

Doch die beste Schule der Erwachsenen, die wahre Bildung für das Volk, bietet immer die Schaubühne und Wahrheiten, die in Büchern nur zur Kenntniß von Wenigen gelangen, dringen von dem Podium des Theaters aus, schnell und tief in die Massen und fassen feste Wurzeln. Die beste Schule des Volkes ist und bleibt eine gute Bühne und die Aufführung von Lessings „Nathan der Weise", von Schillers „Don Carlos", von Göthe's „Faust" und „Egmont" verbreitet mehr geniale Ideen und hebt und veredelt die Massen mehr als alle Bücher= und Katheder=Weisheit und alle Kanzelberedsamkeit.

Mit dem deutschen Theater aber lag es damals in Amerika noch im Argen. Was auf dramatischem Gebiete geleistet wurde, erinnerte noch mehr an den Thespis=Karren und die Bretterbude, als an eine versittlichende und veredelnde Schaubühne. Auf dem ungeheuren, von fünf Millionen Deutschen bewohnten Gebiete der Vereinigten Staaten gab es damals nicht ein einziges deutsches Theater, das diesen Namen verdient hätte. Am besten noch war es in New=York bestellt, wo, als ich nach Amerika kam, ein deutscher Direktor, Eduard Haman, bald in der Exercir=Halle eines Miliz-Regimentes, balb in einem Wirthshaussaale, dann in einem Circus oder einer eingegangenen Kirche, mit seiner Truppe spielte, bis endlich nach mannigfachen Kreuz- und Quer= fahrten in kleineren englischen Theatern es ihm 1855 gelang, das „deutsche Stadttheater" zu erbauen. In den übrigen Städten mit starker deutscher Bevölkerung waren · es theils die Turner= und Gesang=Vereine, die hier und da Dilettanten= Vorstellungen arrangirten, bei denen es gewöhnlich mit den Dar= stellerinnen weiblicher Rollen große Noth hatte, während die Leistungen der Herren mehr vom guten Willen als von dramati= scher Begabung zeugten; theils aber waren es einige reisende Theater=Direktoren, wie z. B. die Herren Bötzow, Wolf u. a., welche bald diese, bald jene Stadt mit ihrer Wandertruppe für einige Monate beglückten und selbst dabei nur selten ihre Rechnung fanden. An deutschen Schauspielern herrschte großer Mangel in Amerika, nur selten wurde einer durch widriges Geschick dahin verschlagen, von solchen Gästen, wie sie später so zahlreich nach Amerika kamen, Davison, Hendrichs, Frau von Baern= dorf, F. Haase, Marie Seebach, die Janauscheck u. A., wußte man noch Nichts und die europäischen Kunstgrößen, die Amerika damals besuchten, gehörten sämmtlich der Oper oder dem Concertsaale an, wie Jenny Lind, Thalberg, Ole=Bull und einige italienische Opperntruppen. Es war mein heißester Wunsch, in St. Louis ein deutsches Theater zu gründen, aber die oben erwähnten Schwierigkeiten, besonders aber der Mangel an guten deutschen Schauspielern stellten meinen Wünschen unübersteigliche Hindernisse entgegen; — ja es mußten noch viele Jahre vergehen, ehe ich an die Realisirung eines wirklichen stabilen deutschen Theaters denken konnte. Das Höchste, das im damaligen Augenblicke erreichbar war, waren demnach Dilettanten=Vor= stellungen; aber bessere, sorgfältiger vorbereitete und künstlerischer geleitete Dilettantenvorstellungen, als man bisher zu sehen gewohnt gewesen war. Zu diesem Zwecke gründete ich die „philo= dramatische Gesellschaft", fand unter meinen Freunden und Bekannten manche bildungsfähige Elemente, die sich dem Unternehmen mit Lust und Liebe anschlossen, und was ihnen an höherer Begabung mangelte, durch Fleiß und guten Willen ersetzten.

Ich und meine Frau, aus guter deutscher Schauspielschule, trugen natürlich die Hauptlast des Unternehmens, und besonders ich hatte sowohl als Darsteller wie als Direktor und Regisseur vollauf zu thun; — die größte Noth hatte ich mit den Salon-Liebhabern, an denen es durchaus mangelte; denn das deutsch-amerikanische Leben hatte durchaus nichts Salonfähiges an sich. Besser ging es noch mit den Liebhaberinnen, wie denn die Frauen ja alle geborene Schauspielerinnen sind. Die besten Liebhaber, die ich noch auftreiben konnte, waren der begabte Advokat Christian Kribben und der Kaufmann Hermann Schröder; Beide hatten doch Tournure, Schliff und Gewandtheit, aber mit dem Auswendiglernen der Rollen, mit dem scharfen Memoriren, der ersten Bedingung einer guten Darstellung, hatte ich meine liebe Noth, besonders mit den Männern, weil das rastlose und aufreibende Drängen und Treiben des amerikanischen Lebens den Leuten wirklich keine Zeit zu ruhiger Sammlung und zu ungetheilter Beschäftigung mit Einer Arbeit übrig läßt. Indessen, durch unzählige Proben und unermüdetes Einpauken gelang es denn doch, die Vorstellungen in Gang zu bringen und wo am ersten Abende kleine Lücken vorkamen, sprangen ich oder meine Frau resolut ein, sprachen oft die Reden, die Andere sprechen sollten, so daß das Publikum keine Störung bemerkte. Ich hatte für den ersten Abend zwei Stücke geschrieben, ein fünfaktiges Lustspiel „Betrogene Betrüger", welches später in Wien über zwanzigmal mit großem Erfolge gegeben und ein beliebtes Repertoire-Stück der deutschen Bühnen wurde, und dann einen lokalen Schwank: „Deutsche Einwanderung und deutsche Gesellschaft", ein Bild aus dem Deutsch-Amerikanerthume, das rasch die Runde durch ganz Amerika machte und den Grundstock und Nothnagel aller deutschen Dilettanten-Bühnen bildete. Der Erfolg des Abends war ein überaus glänzender. Das größte Theater der Stadt, das Varieties-Theater, war bis an die Decke gedrängt voll, auch Amerikaner waren gekommen, um den „dutch play" sich anzusehen und jubelnder Beifall und zahlloses Hervorrufen erfreuten die Darsteller. Mit dieser Eröffnungsvorstellung war die Zukunft der „philodramatischen Gesellschaft" gesichert und sie bestand durch mehrere Jahre unter immer steigernder Theilnahme der deutschen Bevölkerung, bis endlich an ihre Stelle im Jahre 1859 das von mir gegründete wirkliche stabile deutsche Theater trat. Der Ertrag der Eröffnungsvorstellung war der „Deutschen Einwanderungsgesellschaft" gewidmet worden und brachte diesem nützlichen Institute reine zwölfhundert Dollars ein; — der Ertrag der zweiten

te dem „deutſchen Frauenverein", der dritte der
e" in New=Bremen und ſo ging es in dieſem,
nben Jahren fort, der Ertrag jeder Vorſtellung,
unter tauſend Dollars ſank, wurde einem
:utſchen Unternehmen oder mildthätigen Zwecken

Winter ging es mit der philodramatiſchen Ge=
el beſſer; meine älteren Mitglieder hatten in der
l gelernt oder doch an Routine gewonnen und
ht, neue Kräfte zu gewinnen. Ein recht tüchtiger
Fache, der Charakterſpieler S t e i n mit ſeiner
Frau (der ſpäteren Direktrice des deutſchen
Francisco) war nach St. Louis gekommen und
acht. Die Geſellſchaft, bei der ſie geweſen waren,
lge des Bankerottes ihres Direktors aufgelöſt,
ich das Ehepaar S t e i n um ein anderes En=
, es zeigte ſich dafür keine Ausſicht und der
en Schrecken war vor der Thüre. Die Leute
ſelegen. Aber ich konnte ihnen doch nicht zu=
ſt zu ſpielen, wie wir anderen Dilettanten, und
ſie für den ganzen Winter mit einem mäßigen,
ſigen Gehalte, den ich auf die Tageskoſten der
ungen eintheilte. Beide leiſteten mir vorzügliche
Vorſtellungen der philodramatiſchen Geſellſchaft
h in den Einzelnleiſtungen wie im Enſemble.
ıb es noch immer mit den Liebhabern, beſonders
bhabern; die jungen Leute, die ich nach und nach
ſucht hatte, bewegten ſich alle wie ein Schneider=
nntags=Galla; es kam ſo weit, daß ich, der ich
nlaufbahn nur Bonvivants, Gecken und komiſche
ſeſpielt hatte, mitunter als Liebhaber eintreten
erinnere ich mich, in dem K o ß e b u e 'ſchen
ß u n d R e u e", welches in England wie in
ıe stranger" noch immer ein beliebtes Repertoire=
eblen „M e i n a u" und in einem Weißen=
ıſtſpiel ſogar einen jugendlichen Liebhaber geſpielt
machte mich vor Beginn der zweiten Saiſon ein
Acquiſition aufmerkſam, die zu gewinnen er mir
Es wohne, ſagte er mir, in der erſten Warb
ıer Arzt aus Wien, ein hochgebildeter Mann von

einnehmendem Aeußeren und dichterischer Begabung, der fast
menschenscheu und zurückgezogen unter der dortigen Bevölkerung
lebe und eben durch sein gewisses vornehmes und sich absondern=
des Wesen nicht sonderlich populär sei; — ich solle den Mann
aufsuchen, rieth der Freund, seine Bekanntschaft machen und ihn
für die philodramatische Gesellschaft gewinnen. Ich beschloß, den
Versuch jedenfalls zu machen und begab mich gleich am an=
dern Tage in die erste Ward. Am Anfange der Carondelet=
Avenue stand damals ein kleines, ebenerdiges Bretterhaus aus nur
Einem Zimmer und einem Vorzimmer, oder vielmehr einer Küche,
bestehend. An der Thür dieses mir als das Ziel meines Besuches
bezeichneten Häuschens befand sich ein Blechschild mit der Auf=
schrift: Dr. Rudolf Guszmann, deutscher Arzt, Wundarzt
und Accoucheur. Ich trat ein und war erstaunt; — schwere
Damast=Vorhänge an den Fenstern, reiche Tischdecken, schöne
Bronzen, zahlreiche Nippes, eine kleine Bibliothek in Prachtein=
bänden, Bilder und Kupferstiche von künstlerischem Werthe und
andere Wahrzeichen europäischer Eleganz und europäischem Com=
forts fand ich in dem unscheinbaren Raume des armseligen
Bretterhäuschens, — wie ich erst später erfuhr, — lauter ihm
von seiner Familie in Wien gesandte Liebeszeichen, die ihm sein
Exil verschönern sollten, — denn Dr. Guszmann durfte nicht
nach Oesterreich zurückkehren, — er war einer der politisch Kom=
promittirten und Flüchtlinge des Jahres 1848. Der Doktor,
in mir einen neuen Patienten vermuthend, empfing mich auf das
Freundlichste; — mit wenig Worten erklärte ich ihm, daß ich
nicht seines ärztlichen Rathes halber gekommen sei, sondern um
die Bekanntschaft eines gebildeten Mannes zu machen. Wir waren
bald in ein eifriges Gespräch verwickelt und er zeigte sich mir als
hochgebildeter, auf vielen Feldern des Wissens bewanderter Mann,
dessen ideale Richtung leider für das praktische Amerika wenig
paßte. Wir gefielen uns gegenseitig, es entwickelte sich aus diesem
ersten Besuche eine nähere Bekanntschaft, dann eine intime Freund=
schaft und nach einigem Zögern entsprach Dr. Guszmann auch
meinem Wunsche und trat der philodramatischen Gesellschaft als
ausübendes Mitglied bei. Mit ihm hatte ich den ersten Lieb=
haber, wie ich ihn brauchte, gewonnen; er wurde eine starke Stütze
des Unternehmens und bald der Liebling des Publikums, durch
welche Beliebtheit sich auch seine ärztliche Praxis bedeutend hob.
Er blieb mir ein treuer Freund und Arbeitsgenosse sowohl auf

der Bühne, als in der Journalistik, denn er war ein begabter
Dichter und gewandter Feuilletonist. In den letzten Jahren meines
Wirkens in St. Louis verließ er plötzlich die Stadt und ging nach
dem Osten. Später kehrte er, wie ich dann hörte, enttäuscht,
wie der arme Lenau, und amerikamüde, wie der verbitterte
Kürnberger, nach Europa zurück; — über seine Theilnahme
an den Vorgängen von 1848 war indessen Gras gewachsen, die
Amnestie Kaiser Franz Josephs öffnete auch Guszmann die
Pforten der Heimath wieder und so konnte er wieder in Wien
leben. Aber seine verbitterte Gemüthsstimmung war mit den
Jahren gestiegen, er konnte sich in die neuen Menschen und in die
neuen Verhältnisse in Oesterreich nicht recht fügen und so wurde
er immer menschenscheuer und zog sich immer mehr von seinen
Freunden und Bekannten zurück. Es ist merkwürdig, daß ich, als
ich im Jahre 1870 wieder meinen bleibenden Wohnsitz in Wien
nahm, mit Dr. Rudolf Guszmann hier in Wien mehrere
Jahre lang in einem und demselben Stadtviertel wohnte, ohne eine
Ahnung davon zu haben, daß der mir so werthe Freund in Wien
sei, — ich glaubte ihn immer noch in Amerika. Erst vor zwei
Jahren, als er starb, erfuhr ich aus den ehrenden und anerkennen=
den Nachrufen, die sämmtliche Wiener Zeitungen dem Verstorbenen
widmeten, daß er mir so lange so nahe gelebt habe; ich konnte nur
noch beim Begräbnisse seinem Sarge folgen und die irdische Hülle
des Freundes zur letzten Ruhestätte geleiten, — sein Andenken
aber werde ich in Ehren halten, so lange meine alten Augen noch
offen stehen.

Ich glaube dieses Kapitel nicht besser schließen zu können,
als indem ich hier den Prolog folgen lasse, den Dr. Gusz=
mann für die Eröffnungs=Vorstellung der zweiten Saison der
philodramatischen Gesellschaft dichtete und vortrug; — die schöne
Dichtung möge viel beredter, als ich es vermag, Zeugniß ab=
legen von der hohen poetischen Begabung Guszmanns, wie
von dem Geiste, der damals die deutschen Kreise beseelte.

Der Wortlaut des Prologs war:

> In tiefer Trauer lag dereinst ein Weib,
> Das schönste wohl in unermeßnen Fernen;
> Es wallt ein Blüthenkleid um ihren Leib
> Und um ihr Haupt ein Diadem von Sternen. —

> Und zu sich selber sprach das schöne Weib:
> „Was frommt dein holdes Angesicht?

„Was deiner Augen Sternenlicht?
„Was deines Geistes Klarheit?
„Was deiner Liebe Wahrheit?
„Dein Angesicht mag Niemand seh'n,
„Niemand zu deinen Sternen fleh'n,
„Und Niemand deinen Geist versteh'n;
„Niemand in heißen Liebesweh'n
„Für dich ersteh'n und untergeh'n.
„Ich will nicht, daß es also bleibe;
„Und was mein Geist sich rasch erdacht, —
„Sei nun im Flug zur That gebracht.“

Und es erschien ein Wesen wunderbar
So schön, so göttlich, wie die Mutter war.
Wer mag wohl jenes Weib gewesen sein?
Wer jenes Kind, der Mutter Wiederschein?
Dies Weib war die Natur, du aber warst dies Wesen
Du selber Mensch, durch dessen Heilgeburt
Die Mutter einst von ihrem Gram genesen. —

Und immer mehr gedieh nun das Geschlecht
Der Menschen durch die Liebe der Natur;
Ein zarter, schwacher Säugling lallt es nur
Anfänglich seiner Mutter heil'gen Namen.
Doch rastlos jagt an ihm die Zeit vorbei
Und mit Jahrtausenden wächst es heran,
Und fühlt entzückt: wer seine Mutter sei
Und was die Göttliche für ihn gethan.
Und nimmer traurig ist das hohe Weib;
Denn fest umschlungen hält er ihren Leib,
Schaut liebend ihr in's holde Angesicht
Denn er versteht nun, was ihr Auge spricht,
Er wird sich selber klar, in ihrer Klarheit,
Er wird nun selber wahr in ihrer Wahrheit!
Und dies Bewußtsein seiner Götterkraft
Ward ihm allein durch Kunst und Wissenschaft. ——

Wer aber denkt an Kunst und Wissenschaft
Und nicht zugleich an deutsche Schöpferkraft?
O scheltet nie das Land, das Euch erzogen;
Es wird dort Kunst und Wissenschaft gepflogen.
Und hat Euch Fürstenhaß hinausgetrieben,
Der Heimath Euch beraubt, der deutschen, lieben: —
Es ist Euch deutsche Kunst und Wissenschaft geblieben!
Laßt sie auf freiem Boden fortgedeih'n!
Laßt freie Schulen ihre Pfleger sein!
Und duldet nicht, daß hier in diesem Lande
Ein anderer Despot die Geißel schwingt:
Daß man der Selbstsucht eh'rne Sclavenbande
Mit eigner Hand sich um den Nacken schlingt!
Greift in die Brust und reißt den gift'gen Wurm

Des Vorurtheils aus Euren siechen Herzen;
Nur so beschwichtigt ihr den Fiebersturm
Der Leidenschaft, nur so die tiefsten Schmerzen.
Sucht keinen Gott im Himmel glanzerfüllt,
Sucht ihn auf Erden hier, die wir bewohnen,
Es ist der Gott in Euren Leib gehüllt,
Er mag allein im Menschenherzen thronen.
Und wenn Ihr Euch nach Trostgebeten sehnt,
Dann blickt der Mutter fromm in's Angesicht;
In's Sonnenauge hoch am Firmament
Das warmen Trost Euch in die Seele spricht. —
Schaut auf den Quell, der unermüdlich strebt
Zum mächt'gen Ocean sich durchzuringen,
Es ist ein großes Ziel, das ihn belebt;
Das Ganze muß durch Einzelne gelingen.
Die kleinste Kraft ist ein willkomm'ner Fund,
Wo's gilt, dem Ziel, der Wahrheit nah zu rücken,
Und plaudert sich die tolle Lüge wund:
Es muß der Sieg zuletzt der Wahrheit glücken. —
Wer aber ist die Wahrheit? — die Natur!
In ihren Lehren oftmals mißverstanden,
Verhöhnt, mißhandelt und gekreuzigt nur
Von Kindern, — die sich ihrem Schoos entwanden.

Doch laßt uns hier kein Bild der Trauer schau'n,
Laßt uns mit würdevoll vereinten Kräften
Nun einen Tempel für die Wahrheit bau'n
Und d'rauf das heil'ge Sternenbanner heften!
Laßt uns in Kunst und Wissenschaft
Die Pfeiler dieses Bau's erkennen:
Was irgend einer dazu schafft
Von Allen dankbar anerkennen.
Und wenn dem kleinen Musenfeste
Nicht heute jede Kraft entspricht:
Vergeßt das „allgemeine Beste",
Und unsern guten Willen nicht!

St. Louis, am 17. Januar 1854.

———

Allerhand andere Geschäfte.

Mit der Gründung und Führung der philodramatischen Ge=
sellschaft, mit den durch mehrere Winter fortgesetzten Aufführungen
derselben war ich wieder in direkte und intime Beziehungen zum
Theater getreten, die alte Bühnenlust erwachte wieder in mir, —

„der Löwe hatte Blut geleckt und lechzte nach mehr" — genug,
der Gedanke und der Vorsatz, ein stabiles deutsches Theater in
St. Louis zu gründen, erwachten damals in mir, befestigten sich
immer mehr und ließen mir keine Ruhe, bis ich dieses Vorhaben
auch wirklich ausgeführt hatte. Zwar, die weitere Führung der
philodramatischen Gesellschaft hatte ich nach einigen Jahren eifrigen
Wirkens aufgegeben, St. Louis wuchs immer mehr und wurde
immer bedeutender, sowohl an Bevölkerung als an geschäftlicher
Thätigkeit, es wurde allmälig zur Großstadt, die 68,000 Einwohner, die ich bei meiner Ankunft vorgefunden hatte, waren schon
zu 200,000 herangewachsen und die Deutschen bildeten ein gutes
Drittel der Gesammtbevölkerung, während das Anglo-Amerikaner-
thum nicht nur nicht im gleichen Verhältnisse zunahm, sondern
eher eine Abnahme und Verminderung zeigte. Diese Erscheinung,
die sich in den ganzen Vereinigten Staaten bemerkbar macht
und die in einigen Jahrzehnten deutlich fühlbar, in einem Jahrhunderte aber eine erschreckende Thatsache sein wird, nämlich
die Abnahme der anglo-amerikanischen Bevölke-
rung, während die deutsch-amerikanische und die
irisch-amerikanische Bevölkerung fortwährend zu-
nehmen und wachsen, hat ihren doppelten Grund theils
darin, daß die Einwanderung aus Deutschland und Irland fortwährend neue Zuzüge bringt und jede eingewanderte Familie durch
ihre Berichte in die alte Heimath im Laufe der Jahre zehn
andere Familien ebenfalls nachlockt, und dann in dem bei den
Anglo-Amerikanern festeingewurzelten „Nur-zwei-Kinder-
System", welches der Vermehrung der anglo-amerikanischen Bevölkerung immer engere Grenzen zieht. Diese engherzige und
egoistische Scheu der Anglo-Amerikaner davor, in einer Familie
mehr als nur zwei Kinder zu haben, läßt die Frauen zu den ent-
setzlichsten Mitteln greifen, um diese Absicht zu verwirklichen, das
System wird mit größter Rigorosität aufrecht erhalten und bietet
nur sehr seltene Ausnahmen, während bei den Deutschen und den
Irländern der reiche Kinder-Segen fröhlich begrüßt und besonders
auf dem Lande, als eine Vermehrung der Arbeitskräfte, als eine
Steigerung des Familienwohlstandes betrachtet wird. So steigt
die Adoptiv-Bevölkerung Amerikas, während die anglo-amerikanische
stille steht oder abnimmt und es bedarf keiner großen Propheten-
gabe, um vorauszusagen, daß in hundert Jahren schon die Anglo-
Amerikaner wohl nicht mehr die Herren des Landes, sondern nur

noch eine winzige Minorität in demselben sein dürften, während die eingewanderte Bevölkerung und deren Nachkommen unter den wunderbarsten Kreuzungen und Racen=Mischungen eine neue Race und mit dieser das eigentliche amerikanische Volk der Zukunft bilden werden; — ebenso sicher darf man wohl an= annehmen, daß die Irländer, wenn sie auch fernerhin die Sklaven ihrer Trunksucht, ihrer Bigotterie und ihrer Priester bleiben, un= fehlbar nicht zur dominirenden Stellung in der neuen Racen= bildung gelangen werden und daß das tüchtige, thatkräftige und ausdauernde deutsche Element schon im nächsten Jahrhunderte eine überwiegende, einflußreiche Stellung erringen und behaupten wird.

Doch ich verirre mich da in Zukunfts betrachtungen und will ja von der Vergangenheit erzählen. — St. Louis war also, wie gesagt, zur Großstadt herangewachsen, die Zahl seiner deutschen Bewohner hatte sich mehr als verdreifacht und mit dieser Zunahme der deutschen Bevölkerung waren auch die Subscribenten= zahl, der Einfluß und das Ansehen meines Blattes gestiegen, — alle Verhältnisse des Blattes wuchsen mit der Zunahme der Be= völkerung, das Format wurde immer größer, die Anzeigen strömten immer massenhafter zu, die Druckerei war bereits mit Doppel= Cylinder=Pressen, Falz=Maschinen und allen anderen modernen Ein= richtungen vollständig versehen, während, als ich das Blatt über= nahm, eine einzige Handpresse vorhanden war und die Zeitung selbst in einer fremden Druckerei gedruckt wurde. Mit dieser Vergrößerung des Geschäftes wuchs auch meine Geschäftslast, da ich sowohl die politische als die technische Leitung des Zeitungs= geschäftes nie fremden Händen überließ. Zu gleicher Zeit aber war ich, als ob meine journalistische Thätigkeit mir nicht hinreichend genug Beschäftigung gegeben hätte, immer bereit, noch auf andere Unternehmungen einzugehen und mir neue Arbeiten auf den Hals, neue Sorgen auf den Kopf zu laden. Dieses Bedürfniß nach Thätigkeit, dieser unermüdete Unternehmungsgeist liegt eben in der amerikanischen Luft, oder besser gesagt, in den amerikanischen Ver= hältnissen; — das gesellige Leben ist in Amerika so farblos, so eintönig, — das Stillleben im Familienkreise natürlich ausge= nommen, — es bietet so wenig geistig=anregende, erhebende und bildende Momente, wie dies eben bei einem Lande, dessen Ge= schichte erst hundert Jahre alt ist, nicht anders sein kann. Das amerikanische Wirthshausleben ist demoralisirend und wird von jedem besseren Menschen gerne gemieden; theatralische und musi=

kalische Genüsse sind nur sporadische Erscheinungen, wenigstens
damals hatte das große Amerika nicht ein einziges stabiles Theater,
weder ein englisches, noch ein deutsches, sondern nur Wandertruppen
kamen bald nach dieser, bald nach jener Stadt, um einige Monate
dort zu spielen, und musikalische „Sterne" (stars), aus Europa
importirt, machten eine Hetz-Tour von wenigen Monaten, um,
von einem unternehmenden Spekulanten geführt, ganz Amerika
zu durchstreifen, oft an einem einzigen Tage sich in drei verschiedenen Städten zu produziren und hier eine matinée, da ein
Mittags-Concert und dort ein Abend-Concert zu veranstalten
und so eine zwar an Dollars reiche, aber an künstlerischen Erfolgen arme Ernte einzuheimsen. Dieser Mangel an höheren
Genüssen geistiger Art, die in Europa so reichlich geboten werden,
und selbst dem Minderbemittelten zugänglich sind, diese Oede und
Dürre des geselligen Lebens in Amerika macht den Leuten ihr
Geschäft zum einzigen Zwecke und Ziele des Daseins; man
lebt den ganzen Tag im Geschäfte, man denkt in den paar Stunden,
die man zu Hause in der Familie zubringt, nur an das Geschäft,
ja auch während der nächtlichen Ruhe träumt man noch vom
Geschäfte und selbst aus dieser Ruhe und aus diesen Träumen
wird man oft geweckt durch den Telegraphen-Boten, der mitten
in der Nacht ein geschäftliches Telegramm bringt; — und ist
das eigene Geschäft nur einigermaßen im Gange, so sieht man
sich schon nach anderen, neuen Geschäften um, betheiligt sich an
den Spekulationen Anderer, ladet sich neue Mühen und Sorgen
auf den Hals und hat — wie dies bei den meisten amerikanischen
Geschäftsleuten der Fall ist, „zu viele Eisen im Feuer".

Auch mir erging es so. Das amerikanische Gesellschaftsleben
hatte für mich keine Anziehungskraft, Wirthshäuser und öffentliche
Orte besuchte ich grundsätzlich nicht und so stürzte ich mich denn
in den freien Stunden, die mir meine journalistische Thätigkeit
ließ, nach und nach in allerlei andere Geschäfte und lud mir
immer mehr Arbeitslast und immer mehr Sorgen auf. Ich that
dies nicht aus Gewinnsucht, sondern nur, um meinem Drange
nach Thätigkeit, meinem Bedürfnisse der Beschäftigung Genüge
zu leisten, wie denn auch bei den meisten Amerikanern die rastlose,
alle Kräfte und die ganze Zeit in Anspruch nehmende Geschäfts-
thätigkeit nicht blos schnöde Gewinnsucht zum Beweggrunde hat;
— das Geld und somit auch dessen Erwerbung ist dem Amerikaner mehr Mittel als Zweck; er betrachtet das Geld als ein Hand-

werkszeug, als das tüchtige Instrument, als die mächtige Maschine,
womit man etwas unternehmen und durchführen kann; aber nur
sehr selten ist dem Amerikaner das Anhäufen von Geld einziger
Lebenszweck. Darum auch ziehen sich amerikanische Geschäftsleute
so selten und meist sehr schwer von ihrer geschäftlichen Thätigkeit
zurück, um sich — was in Europa höchstes Lebensziel ist — „be=
haglich zur Ruhe zu setzen".

So ging es auch mir. Mit jedem neuen Geschäfte, das
ich unternahm, wuchs der Thätigkeits=Drang und ich sah mich
wieder nach anderen Neben=Beschäftigungen um, kurz in den Jahren
1857—1861 hatte ich zu gleicher Zeit außer meinem großen
Zeitungsgeschäfte und der damit verbundenen Accidenz=
Druckerei, noch drei große, an Wirthe verpachtete Bier=
hallen, eine Bierbrauerei, ich hatte mit meinem Freunde
S. Jacobi ein deutsches Hotel, das „Germania=Hotel",
Ecke der Markt= und dritten Straße, errichtet, war einer der Bank=
Direktoren der St. Louis Buildings= and Savings=Institution und
außerdem hatte ich das St. Louis=Opernhaus gepachtet und
darin ein stabiles deutsches Theater gegründet, welches ich
als Direktor leitete und in welchem ich später auch noch als Dar=
steller wirkte. Das war doch gewiß viel für die Kräfte eines
einzelnen Menschen und jetzt in der Ruhe des gemächlichen Europas
kann ich gar nicht mehr begreifen, wo ich die Zeit und die Kraft
hernahm, um allen diesen Aufgaben zu genügen; denn ich war
kein bloßer Repräsentant und Firmenträger, sondern ich griff in
jedem Geschäfte, das ich unternahm, selbst thätig ein.

Wie ich bei meinen Ansichten über das Wirthshausleben dazu
kam, Bierhallen zu errichten, wie ich auch noch Bierbrauer
wurde, wird Manchem meiner Leser unbegreiflich, oder doch wenigstens
befremdlich erscheinen, und doch kam Alles auf die natürlichste
Weise von der Welt, meist mehr Anderen, als mir selbst zu Liebe.
So hatte ich z. B. das ganze Haus, worin sich die „Anzeiger"=
Druckerei befand, gemiethet, brauchte aber die ebenerdigen Lokali=
täten des Hauses damals noch nicht. Ich hatte zufällig einen
wackeren und thätigen Mann kennen gelernt, den ich lieb gewann,
es war dies Friedrich Schäfer aus Ludwigsburg in Würtem=
berg, einer der älteren Bürger von St. Louis, der früher in
würtembergischen Militärdiensten gestanden, dann den Krieg der
Ver.=St. gegen Mexiko als Kapitän ehrenvoll mitgemacht, sich
nach dem Frieden in mancherlei Unternehmungen versucht hatte,

die ihm aber, trotz seiner Thätigkeit und seines Fleißes, wegen
Mangels an entsprechendem Kapitale, keine sonderlichen Früchte
getragen hatten. So klagte er mir denn auch eines Tages, daß
er sein Wirthsgeschäft im südlichen Stadt-Theile leider aufgeben
müsse, da die Concurrenz zu groß sei, und meinte, daß, wenn er
die Mittel hätte, im Centrum der Stadt, z. B. in den ebenerdigen
Lokalitäten meiner Druckerei, wo des Tages über so viele Leute
ohnehin hinkämen, eine Bierhalle errichten zu können, er sicher
glänzende Geschäfte machen würde. Allein leider fehlten ihm hiezu
die nöthigen Kapitalien. — Ich wollte dem wackeren Manne
gerne helfen und impulsiv, wie meine Natur immer war, bot ich
ihm an, ihm die Lokalitäten zu überlassen, sie dekoriren, möbliren
und zu einer eleganten Bierhalle einrichten zu lassen und für den
Betrieb derselben mit ihm in eine gewisse partnership zu treten.
Gesagt, gethan; — die Bierhalle wurde aufs Beste eingerichtet,
ein Contrakt wegen Lieferung des nöthigen Lagerbieres mit der
renommirten Brauerei Eimer in Belleville abgeschlossen,
das Unternehmen fand Anklang und zahlreichen Zuspruch, der sich
noch steigerte, als — damals noch etwas Neues — in der Bier=
halle nach Wiener Art musikalische Abendunterhaltungen eingeführt
wurden. Instrumental=Vorträge wechselten mit deutschen Liedern,
die eine Sängerin, Demoiselle Salvini, vortrug, hie und da
produzirte sich ein durchreisender Virtuose, und einer der jetzt popu=
lärsten Wirthe in St. Louis trat damals als „Schustertoni"
aus seiner dunkeln Werkstatt in die Oeffentlichkeit, indem er zur
größten Heiterkeit der Gäste östreichische „Vierzeilige Gstanzeln"
und „Schnadahüpferln" zur Guitarre vortrug. Wie gesagt, die
Bierhalle gewann immer mehr Raum in der Gunst des Publikums,
aber leider mußte ich nur zu bald erinnert werden an des Dichters
Worte: „Das eben ist der Fluch der bösen That, daß sie fort=
zeugend, Böses muß gebären." Schon Ende Juli, im ersten
Geschäftsjahre, konnte die Eimer'sche Brauerei in Belleville
das contraktlich uns zugesicherte Lagerbier nicht liefern, sie hatte
entweder zu wenig gebraut oder zu viel an Andere verkauft, genug,
wir hatten eine Bierhalle, aber kein Bier, — für einige
Wochen konnten wir uns noch von anderen Brauereien Bier ver=
schaffen, dann versiegte auch diesen der Vorrath und wir saßen
buchstäblich auf dem Trockenen, — ein Schicksal, das wir
übrigens mit einer Menge anderer Etablissements theilten; denn
fast allen Brauereien war das Lagerbier ausgegangen und der

Herbst war dazu noch so außerordentlich heiß, daß an ein Brauen von neuem, untergährigen Biere nicht zu denken war. Für die Teutschen war das wirklich eine öffentliche Calamität und unter den erpichten Bieromanen herrschte die helle Verzweiflung. In der trüben Stimmung über die unverschuldete Geschäftsstockung war ich sehr geneigt, dem Rathe jener Leute mein Ohr zu leihen, die mir sagten, eine große Bierhalle könne man nur dann mit Sicherheit und Erfolg betreiben, wenn man seine e i g e n e B r a u e = r e i habe und sich seinen eigenen Bedarf an Bier im Felsenkeller sicher einlegen könne, während man durch den Verkauf des übrigen Biers an andere Wirthsgeschäfte die Regie=Kosten der Brauerei vollständig decke. Das leuchtete mir ein, um so mehr, als gerade damals in St. Louis eine förmliche Sucht herrschte, Bierbrauereien zu errichten. Einige ältere Brauer, wie die Herren L e m p p , U h r i g , W i n k e l m e i e r u. a. waren durch ihre Bier=Erzeugung zu reichen Männern geworden, das St. Louiser Bier hatte einen guten Ruf und wurde auch nach Auswärts versandt, die alten Brauer konnten den, mit der stets wachsenden Zunahme steigenden Bedürfnissen der Bevölkerung nicht mehr genügen, und so fingen eine Menge Leute an, sich auf dieses profitable Geschäft zu werfen und neue Bierbrauereien zu gründen; tüchtige praktische Aerzte, Seifenfabrikanten, Professoren und andere Leute wurden Bierbrauer, und auch ich ließ mich durch S c h ä f e r s Zureden bewegen, die Brauerei des alten W e n g e r im südlichen Stadttheile mit trefflichem Felsenkeller für eine Reihe von Jahren zu pachten. Ich verstand zwar nicht das Mindeste von der Bierbrauerei, aber ich konnte mir bei sachverständigen Freunden doch Rath holen; ein gut em= pfohlener Vormann wurde engagirt, die Brauerei S a l v a t o r = Brauerei genannt, und unser Salvator=Bier fand Anklang. Und wieder bewährte es sich, daß die böse That fortwährend Böses gebären müsse, — denn wir hatten nun zwar Bier für unsere Bierhalle gesichert, aber wir hatten auch zugleich viel m e h r B i e r , als wir selbst brauchen und an Andere verkaufen konnten; — die nächste Folge davon war die Ueberzeugung, daß ich noch mehr Bierhallen errichten lassen müsse, um mein eigenes Bier zu con= sumiren. Nun hatte ich an der Franklin=Avenue, nahe der zehnten Straße, vom Advokaten S a m u e l K n o x ein, seiner Tante Vandeventer gehöriges großes Haus gekauft, dessen Areal mit schönen Schattenbäumen bepflanzt, bis an die zehnte Straße reichte. Hier wurde nun eine zweite große Bierhalle nebst einem schönen

Biergarten für den Sommer errichtet und ebenfalls einem Wirthe in Regie gegeben, der aber nur mein Salvator-Bier ausschenken durfte. Als ich dann später das St. Louis-Opernhaus pachtete, fand ich dort ein großes Halb-Souterrain-Lokal von riesigen Dimensionen vor, welches ich nun ebenfalls in eine große Bierhalle umwandelte. So hatte ich, der Gegner des Wirthshauslebens im Prinzip, durch einen seltsamen Widerspruch der Geschäftsverhältnisse, drei Bierhallen und eine Brauerei auf dem Halse. Viel verdient hab' ich damit nicht; denn ich selbst verstand nichts von dem Geschäfte, hatte zu wenig Zeit, um mich ernstlich damit zu befassen und außerdem trafen mich auch noch manche Unglücksfälle: das unerhörte Steigen der Malz- und Hopfenpreise und einmal das Sauerwerden einer ganzen Partie Lagerbier. — Ich bewahre meinen Bierbrauer-Erfahrungen eine wehmüthige Erinnerung.

Das deutsche „Germania-Hotel" hatte ich mit meinem Freunde Jacobi sehr hübsch eingerichtet und einem tüchtigen Wirthe zur Führung übergeben, der in diesem Fache bereits Rühmliches geleistet hatte; — allein trotz der Sauberkeit und Ordnung, die darin herrschten, trotz der prompten Bedienung und der trefflichen französischen und deutschen Küche, die der Wirth führte, fand das Unternehmen keinen rechten Anklang. Die amerikanischen Reisenden kehrten ohnehin nicht in einem deutschen Hotel ein, die deutschen Reisenden gingen, wenn sie wohlhabend waren, ebenfalls in die gewohnten amerikanischen Hotels und die minder bemittelte Klasse zog schon der Wohlfeilheit halber die deutschen boarding- und Logir-Häuser zweiter und dritter Klasse vor. Mit der Zeit würde sich das Unternehmen wohl rentabel gestaltet haben, aber wir hatten Beide so viele andere Geschäfte, konnten die Führung des Hotels nicht so überwachen, wie es nöthig gewesen wäre, und nach Verlauf einiger Zeit verkauften wir die ganze Hotel-Geschichte an einen Amerikaner, der das Germania-Schild herabnahm, das Hotel wieder veramerikanisirte und damit reussirte.

Natürlich hatte ich bei einer solchen Geschäftslast und so vielfältig in Anspruch genommen, schon längst die Leitung und aktive Theilnahme an der philodramatischen Gesellschaft aufgeben müssen. Mein lieber und bewährter Freund Ferdinand Klünder, ebenfalls ein verdienstvolles Mitglied der philodramatischen Gesellschaft, hatte, als sich diese nach meinem Rücktritt auflöste, das Varietés-

Theater für einen Winter gepachtet, die meisten Mitglieder der philodramatischen Gesellschaft um sich vereinigt, dazu mehrere Schau= spieler vom Fache engagirt, ich hatte, unserer alten Freundschaft zu Liebe, eingewilligt, daß meine Frau, die der Liebling des Publi= tums war, in diesem Winter noch u n e n t g e l t l i ch mitwirken dürfe, und unterstützte in meiner Zeitung, immer den populären Bildungs= zweck im Auge habend, das Unternehmen auf das Kräftigste, so daß K l ü n d e r , der selbst ein begabter Darsteller und ein thätiger Geschäftsmann war, seine Wintersaison mit gutem Erfolge durch= führte. Aber schon im nächsten Jahre trat mit dem Varieties= Theater eine große Veränderung ein. Das Theater, bis dahin das schönste in St. Louis, war nämlich von einer Anzahl wohl= habender Bürger aus den besten Familien der Stadt, als ein Unternehmen auf Aktien erbaut worden, welche Aktien sie jedoch alle selbst in der Hand behielten. Die Gründer hatten das Theater an englische Direktoren verpachtet, sich selbst aber hatten sie im Gebäude ein Clublokal eingerichtet, in welchem sie zusammen= kamen, sich unterhielten, ihre Whist=Partien spielten, dinirten, soupirten, kurz eine geschlossene Gesellschaft bildeten. Allein das Theater prosperirte nur wenig, die nach einander folgenden eng= lischen Direktionen machten schlechte Geschäfte, das Ganze wurde auch von Seite der Gründer nicht so energisch betrieben, als wenn ein einzelner Geschäftsmann an der Spitze gestanden wäre; da alle Ausgaben aus der Gesellschafts=Casse bestritten wurden, so herrschte eine laxe Geschäfts=Führung, kurz, das Aktien=Unternehmen trug nicht nur keine Dividenden, selbst nicht die normalen Zinsen des Kapitals, sondern es mußte auch alle Jahre drauf gezahlt werden und das Defizit stieg immer höher. Endlich wurden die Gründer der beständigen Verluste müde und in einer General= Versammlung wurde beschlossen, das Theater zu v e r k a u f e n . Der Verkauf fand denn auch statt und zwei unternehmende Bürger, K a p i t ä n E a d s und Mr. D i c k s o n , kauften das Theater um einen Preis, bei dem allerdings die Gründer die Hälfte ihres eingezahlten Aktienkapitals verloren. Aber die K ä u f e r , die Herren E a d s und D i c k s o n , betrachteten den billigen Kauf des großen und schönen Gebäudes nicht als ein gewöhnliches Geld= geschäft, sondern sie hatten edlere, künstlerische Zwecke im Auge; — sie ließen sogleich das ganze Theater gründlich renoviren, machten den Zuschauerraum zu einem ebenso eleganten wie com= fortablen Versammlungsorte, gaben dem Theater die neue Be=

nennung: St. Louis Opernhaus und sahen sich nun nach einem
unternehmenden und befähigten Pächter um. Mochten sie nun
aus den Büchern der früheren Geschäftsführung gefunden haben,
daß die Erträgnisse der deutschen Vorstellungen immer höher
gewesen waren, als die der englischen Vorstellungen, oder waren
sie durch Andere auf mich als befähigten Geschäftsmann aufmerksam gemacht worden, genug, es wurde mir der Antrag gemacht,
das Opernhaus als Pächter zu übernehmen, — die alte, nie ganz
erstorbene Theaterlust erwachte wieder in mir, ich konnte der Verlockung nicht widerstehen und nach kurzen Unterhandlungen waren
wir einig und ich war vom Herbste 1859 an für mehrere Jahre
Pächter und Direktor des schönen St. Louis Opernhauses.

Das St. Louis Opernhaus.
(1859—1860.)

Als ich im Sommer 1859 den Vertrag unterzeichnete, wodurch ich das St. Louis Opernhaus auf zehn Jahre pachtete,
hatte ich ein Wagstück unternommen, von dessen Bedeutung und
Schwierigkeit ich damals noch keinen vollständigen Begriff hatte;
— ich wollte in St. Louis, das damals in seiner Bevölkerung
von 200,000 Köpfen ungefähr siebzig tausend Deutsche
zählte, ein stabiles deutsches Theater gründen und erhalten,
welches Sommer und Winter fortspielen und dadurch den damals
noch ziemlich spärlich vorhandenen deutschen Schauspielern in
Amerika eine gesicherte Existenz bieten, daher von ihnen allen
anderen Engagements — höchstens New-York ausgenommen —
vorgezogen werden sollte. So dachte ich die über das weite Gebiet der Ver.-St. einzeln zerstreuten deutschen Darsteller in eine
einzige große Bühnengesellschaft zu vereinigen. Ob dies aus-
führbar, oder auch nur möglich war, darum kümmerte ich mich
sehr wenig, — mein sanguinisches Temperament, mein Thätig-
keits-Bedürfniß und die alte nie ganz entschwundene Theaterlust
ließen mich über alle diese Bedenken leicht und guten Muthes
hinweg sehen. Um aber die Schwierigkeiten eines solchen Unternehmens ganz zu begreifen, muß man den Stand des deutschen

Theaters in Amerika in damaliger Zeit ins Auge fassen. Ich habe bereits früher erwähnt wie prekär die Verhältnisse des deutschen Theaters, selbst in dem großen New-York, waren, wo im Laufe der Vierziger Jahre, als New-York schon eine halbe Million Ein= wohner zählte — darunter über 70,000 Deutsche — der deutsche Direktor Haman in Wirthshaussälen, Magazinen, eingegangenen Kirchen Komödie spielen mußte, bis es ihm endlich gelang, in Mitte der fünfziger Jahre mit Unterstützung von reichen Deutschen, sich ein eigenes Theater, das „Deutsche Stadttheater", zu er= bauen, welches zwanzig Jahre lang die einzige deutsche Bühne in ganz Amerika war; — ja selbst jetzt, wo die Einwohnerzahl von New-York auf eine Million gestiegen ist, während die an= grenzenden Vororte eine Bevölkerung von einer halben Million enthalten, — wovon 170,000 Deutsche in New-York und 75,000 in den Vororten wohnen — selbst jetzt, wo in New-York zwanzig reguläre und stabile Theater bestehen, sind darunter nur z w e i d e u t s c h e T h e a t e r und ein drittes soll im künftigen Jahre erbaut werden. In den übrigen Städten Amerikas gab es nir= gends ein stabiles deutsches Theater, sondern es wurde ab= und zu — theils durch reisende Gesellschaften, theils durch die drama= tischen Sectionen der Turn=, Gesang= und anderen Vereine — in Sälen, Turnhallen, mitunter auch ausnahmsweise in einem englischen Theater Komödie gespielt. So stand es auch um die deutsche dramatische Kunst in St. Louis, obwohl hier die deutsche Bevölkerung eine sehr zahlreiche und ziemlich wohlhabende war. Vor dem Jahre 1842 hatte es in St. Louis, das damals etwas über 30,000 Einwohner zählte, noch keine deutsche Theatervor= stellung gegeben, wie dies wohl auch im ganzen Westen der Fall war. Erst in den Vierziger Jahren fing die Einwanderung aus Deutschland an, bedeutend zu werden und sich zu einem immer zahl= und einflußreicheren Elemente der Bevölkerung in den west= lichen Städten zu gestalten; — was an deutscher Einwanderung vor dem Jahre 1820 herübergekommen war, war spurlos ver= schwunden, die Alten waren weggestorben und ihre Kinder hatten sich amerikanisirt, die Enkel wußten bereits nichts mehr von ihrer deutschen Abstammung. Wie gesagt, erst im Laufe der Vierziger Jahre bildete und entwickelte sich das Deutschthum auch in den Städten, während es bis dahin, einzeln und zerstreut, meist als Farmer auf dem Lande, in der Gesammtzahl der Bevölkerung unter= gegangen, wenig oder gar nicht beachtet wurde.

Im Jahre 1842 fand die erste theatralische Darstellung in
deutscher Sprache in St. Louis statt; — ein alter deutscher
Schauspieler, Herr Riese aus Berlin, den das Schicksal nach
Amerika verschlagen hatte, kam in höchst dürftigen Umständen
nach St. Louis. Einige junge Deutsche, Commis oder Schreiber,
lernten den armen Mann kennen und beschlossen, ihn in seiner
traurigen Lage zu unterstützen. Geld hatten die jungen Leute selbst
nicht, aber guten Willen und Mitleid mit dem „gänzlich abge-
rissenen" Riese, und so ermunterten sie ihn, er solle ein paar
Theatervorstellungen geben, sie wollten ihm dabei helfen und als
Dilettanten mitspielen und das nöthige Geld werde dann ein
verehrungswürdiges Publikum schon an die Casse bringen. Gesagt,
gethan. Die jungen Leute gingen zu einem deutschen Wirthe,
dessen Gasthaus an der dritten Straße zwischen Pine- und Olive
den Schild: „Zum Bremer Schlüssel" trug, und mietheten
dessen oberes Lokal, einen langen Saal, der als Speisezimmer
bei Hochzeiten oder anderen festlichen Gelegenheiten benutzt wurde;
— aus Zimmermannsböcken und Brettern wurde eine Noth-Bühne
improvisirt, und so weit diese reichte, wurden die weißgetünchten
Wände des Saales von einem Zimmermaler zu einem Walde
umgepinselt, — für die Scenen, die im Zimmer spielten, wurden
billige Tapeten zu Coulissen und einer Hinterwand zusammen-
geklebt und der Vorhang bestand aus zwei zusammengenähten
Bettdecken; — ein paar Holzstühle und ein Tisch bildeten das
Ameublement der Zimmer-Dekoration. Mit diesen Dekorationen
wurden als erste Vorstellung Schillers „Räuber" aufgeführt;
— den Thurm, in welchem der alte Moor gefangen sitzt, hatte
der kunstsinnige Zimmermaler so täuschend hergestellt, daß er aussah wie ein riesiger Gugelhupf; — da kein Lehnstuhl für den
alten Moor aufzutreiben war, so wurde eine alte Waarenkiste
genommen und eine Wand derselben bis zur Sitzhöhe herausge-
sägt, die dadurch gewonnenen Brettchen dann als Sitz auf Leisten
genagelt, das Ganze mit einem Betttuche überzogen und der Lehnstuhl des alten Grafen war fertig. Hatte sich nun irgend ein
Muthwilliger den Spaß gemacht, oder war es Zufall, genug, ein
Zipfel des Bettuchs hatte sich in den Strick des Vorhangs verschlungen, — die Vorstellung ging los, die vier Mann im Orchester hatten eine Ouverture heruntergestrichen, der Souffleur
gab das Glockenzeichen und der Vorhang rollte in die Höhe.
Aber mit ihm ging zugleich das Bettuch hinauf, der Lehnstuhl,

Noor saß, wurde dadurch rücklings umgeworfen
Gelächter begrüßte diesen tragi-komischen Anfang.
tßte unter stürmischer Heiterkeit wieder herunter-
und erst als Alles auf der Bühne wieder in
zhm die Vorstellung ihren Verlauf; — da keine
zutreiben gewesen war, so wurde die „Amalia"
zen; es wurde nur von ihr gesprochen, aber zu
sie nicht. Die Räuber-Statisten, lauter junge
a viel zahlreicher als die Darsteller, sie hatten
er und Jagdgewehre mitgebracht und bei ver
vritten Akte wurde so furchtbar drein geschossen,
aal dick mit Pulverdampf angefüllt war und ein
Nebel herrschte, durch welchen die Talg-Lichter
vie rothe Pünktchen schimmerten. Den fünften
Liese nicht spielen, wenn er nicht eine Amalie,
Todtstechen, habe; endlich mußte die Köchin des
zes Kleid anziehen, sich die Haare auflösen und
ulvernebel auf Riese zustürzen, worauf dieser
ven Worten seiner Rolle sie erstach und als die
t gleich umfiel, sie mit der Faust niederschlug.
kten hatte man des Rauchs wegen fast nichts
und auch, da das ganze Publikum fürchterlich
zehört; am Schlusse jedoch wurden alle Mit-
male stürmisch gerufen, worauf die ganze Ein-
der Wirthsstube verkneipt wurde. Die Zei-
haben uns die Namen jener Männer aufbewahrt,
rste deutsche Theatervorstellung in St. Louis er-
t „Karl Moor" spielte Riese; ben „Franz"
ein bekannter Holzhändler; „den alten Moor"
zer; — Hippo Krug, später einer der popu-
r Stadt, spielte ben „Schweizer" und ben
zzu; Georg Breßler von Belleville ben
und Block, von ber später sehr geachteten Firma
z" ben „Spiegelberg". — Die Vorstellung,
inne des Wortes Sensation machte, mußte nicht
z wiederholt werben, sondern ber Ruf derselben
m benachbarten Belleville gedrungen und Riese
mit seiner Gesellschaft hinüber zu kommen und
aufzuführen. So wurden denn die „Räuber"
ßung auch in Belleville aufgeführt, und da

dort kein Orchester aufzutreiben war, so zog Hippo Krug, wenn
er auf der Bühne seinen „Schweizer" und „Hermann" verarbeitet
hatte, einen Domino über sein Costüme, lief ins Publikum, wo
vor der Bühne ein Klavier stand, und spielte darauf die Zwischen=
akts=Musik, wobei ein Herr Ochs mit der Es=Clarinette und
ein Herr Daun mit der Violine ihn accompagnirten. Nach der
Vorstellung wurde wieder die Nacht hindurch die Einnahme ver=
kneipt und als es Tag wurde, hatte keiner der Darsteller auch
nur einen Heller, um nach St. Louis zurückfahren zu können;
— da erbarmte sich ihrer der Bierbrauer Gottfried Busch,
ließ seinen großen Bierwagen anspannen, lud die ganze Gesell=
schaft hinauf und führte sie unentgeltlich nach St. Louis zurück.
Damit war der erste Versuch eines deutschen Theaters in St.
Louis vorläufig zu Ende; Riese, der unter den Deutschen bekannt
und populär geworden war, zog von einem deutschen Wirthshaus
zum andern und vertilgte ungezählte Quantitäten Bieres, bis seine
bisherigen Beschützer, des wüsten Treibens müde, eine Collekte
machten und ihn mit dem Ertrage derselben kostenfrei nach Phila=
delphia beförderten. Dort gastirte damals eine italienische Opern=
gesellschaft, der plötzlich der Baritonist abhanden kam; — Riese,
der auch Sänger war und eine hübsche Stimme hatte, bot sich
als Ersatz an, er wurde nach abgelegter Probe engagirt und die
Gesellschaft, die, bis ein anderer Bariton aus Italien gekommen
wäre, Monate lang hätte feiern müssen, war mit Riese's
Leistungen ebenso zufrieden wie das Publikum, sein deutscher Name
wurde in Benedetti umgewandelt und er sang in New=York,
Philadelphia, Boston und anderen Städten mehrere Jahre lang
als italienischer Opernsänger, — dann ging es mit ihm bergab,
er verlor seine Stimme, wurde alt und kränklich und starb 1859
im Armenhause auf Blackwells=Island bei New=York.

So waren die Anfänge des deutschen Theaters in St. Louis
siebzehn Jahre vor meiner Uebernahme des St. Louis Opern=
hauses. In diesen siebzehn Jahren waren noch mannigfache andre
Versuche zur Gründung eines deutschen Theaters gemacht worden;
es kamen Herr Christian Thielemann, ein deutscher Schau=
spieler, mit seiner Frau Elise, die abermals, unter Mit=
wirkung von Dilettanten, eine Reihe von Vorstellungen gaben;
dann kam der alte Theater=Direktor F. H. Strasser, der an
seiner Frau, seinen beiden Töchtern und einem Stiefsohne schon
eine kleine Gesellschaft hatte und an den sich abermals die Dilet=

tanten anschlossen. Dann trat für wirkliche, professionsmäßige
Schauspiel=Unternehmungen eine lange Pause ein, bis endlich
1852 der „St. Louis Sänger=Bund" eine Reihe von Vorstellungen
durch Dilettanten, zuerst in der Washington=Halle, dann
1853 im Varieties=Theater arrangirte. Hierauf folgten die Vor=
stellungen der von mir gegründeten „philodramatischen Ge=
sellschaft", die durch vier Jahre fortgeführt wurden und die
ich bereits besprochen habe. Dazwischen hinein kamen wieder
Theater=Direktoren mit ihren Wandertruppen, zuerst Bötzow,
dann Benrodt, endlich A. R. Wolf, zuletzt Ferdinand Klün=
der, dessen Unternehmen ich bereits erwähnte, und nach ihm noch
einmal Direktor Bonnet, die alle mehr oder weniger gute, meist
aber schlechte Geschäfte machten.

Während der Direktion des A. R. Wolf, der einige gute
Schauspieler hatte, war das „Deutsche Institut zur Beförde=
rung deutscher Kunst und Wissenschaft in Amerika" in St. Louis
gegründet worden, und um dieses Kultur=Ereigniß in würdiger
Weise auch auf der Bühne zu feiern, arrangirte ich einen klassischen
Benefiz=Abend, zu dessen würdiger Ausführung ich die Mitglieder
der alten philodramatischen Gesellschaft mit der Theater=Gesellschaft
des Direktors Wolf vereinigte und einzelne Akte aus Goethes
„Egmont", Schillers „Kabale und Liebe" und Lessings
„Minna von Barnhelm" zur Aufführung brachte; — der Vor=
stellung ging ein von mir gedichteter Prolog voran und das außer=
ordentlich verstärkte Orchester, in welchem zahlreiche Dilettanten
mitwirkten, exekutirte die Ouverturen zu Webers „Freischütz",
zu „Egmont" von Beethoven, zu Mozarts „Zauberflöte",
zu Webers „Oberon", zu Kreutzers „Nachtlager in Granada"
und am Schlusse der Vorstellung wurde noch Meyerbeers
„Krönungsmarsch" aus dem „Profeten" ausgeführt. Es war diese
Vorstellung unstreitig das Beste und Vollendetste, was man in
St. Louis auf der Bühne noch je gesehen hatte, die Aufnahme
war höchst enthusiastisch und die Einnahme, den Zwecken des
„Deutschen Instituts" gewidmet, die größte, die jemals — vorher
wie nachher — erzielt worden ist.

Von europäischen Gästen waren in dieser langen Zeit nur
die berüchtigte Lola Montez, bereits eine Ruine, und die
kolossale Vestvali als dramatische Opernsängerin in St. Louis
erschienen.

Dies ist die Vorgeschichte des deutschen Theaters in St.

Louis bis zu dem Tage, wo ich den Pacht und die Direktion
des St. Louis Opernhauses übernahm. Es war von jeher mein
beständiges Streben und mein heißester Wunsch gewesen, in
St. Louis, das ich jetzt als meine Heimath betrachtete, ein
stabiles deutsches Theater zu begründen, und ich ver-
säumte nichts, um das Unternehmen so vollkommen, als es die
amerikanischen Theaterverhältnisse erlaubten, herzustellen, und
sparte dafür weder Mühen, noch Ausgaben. Ein günstiges
Geschick führte mir in der Person eines jungen österreichischen
Malers, Ferdinand Kurz, einen sehr tüchtigen, ja ich möchte
sagen, genialen Dekorationsmaler herzu, durch den ich eine Anzahl
ausgezeichneter Bühnenprospekte herstellen ließ. Leider ist der
begabte und talentvolle Maler in der Blüte seiner Jahre gestorben.
Eine reichhaltige Bibliothek, die das ältere klassische Bühnen-
repertoire, sowie alle neuen und neuesten dramatischen Erscheinungen
enthielt, ließ ich von Wien und Leipzig kommen, eine italienische
Operngesellschaft, die zu Grunde gegangen war, hatte in St.
Louis ihre reiche und prachtvolle Garderobe erst zur Deckung der
Schulden verpfändet, dann sie verfallen lassen, und ich kaufte
das Ganze und gelangte dadurch in den Besitz einer so prächtigen
und vollständigen Garderobe, wie sie in Deutschland kaum eines
der kleineren Hoftheater aufzuweisen hat. Meine Voraussetzung,
daß die Aussicht eines beständigen Engagements, Jahr
aus Jahr ein, die in Amerika disponiblen deutschen Bühnen-
kräfte nach St. Louis ziehen würde, verwirklichte sich vollständig;
— was damals an guten deutschen Schauspielern in den Ver.-
St. und nicht schon am Stadttheater in New-York engagirt war,
schloß sich meinem Unternehmen an; — ich nenne von der Gesellschaft hier nur Alexander Pfeiffer, den trefflichen Helden
und Liebhaber vom Hoftheater in Karlsruhe; Karoline
Lindemann, geborene Müller, eine vorzügliche Schau-
spielerin, die unter der Direktion Birch-Pfeifer in Zürich und
dann am Hoftheater in Darmstadt die größten Erfolge errang,
und bei mir das Fach der Mütterrollen bekleidete; ferner den
alten wackern Friedrich Schwan, den vielseitigen Julius
Großmann, den fleißigen Charakterspieler F. Röpenak, die
jugendlichen Liebhaber A. Föllger, Gustav Ostermann,
den ehemaligen Philodramatiker G. W. Stierlin, der sich zu
einem tüchtigen Darsteller für chargirte und komische Rollen
herangebildet hatte, die liebenswürdige Alwine Dremmel als

jugendliche Liebhaberin, die tüchtige Darstellerin Frau Otto, ferner Frau Minna Ostermann, Fräulein Ludovika Pfeiffer, Frau Schaab=Meaubert und die Herren Emil Höchster und Julius Ascher, letzterer jetzt einer der beliebtesten Charakter= darsteller in Berlin. Außer diesem Ensemble, dessen Hauptkräfte ich nur nannte, war noch meine Frau da, die damals schon zweiunddreißig Jahre verheirathet, von heranwachsenden Kindern und Enkeln umgeben, also schon Großmutter und doch noch immer eine der anmuthigsten Erscheinungen auf der Bühne geblieben war, begabt gleichsam mit ewiger Jugend, dazu in geschmackvoller Toilette, in Leben und Feuer der Darstellung, in Organ und Mimik noch immer ein Vorbild für alle jüngeren Darstellerinnen und ungeschmälert der entschiedene Liebling des Publikums. Ich selbst hatte im Anfange nur als Direktor und Regisseur gewirkt und beabsichtigte nicht aufzutreten, sondern nur das Unternehmen zu leiten. Ich blieb diesem Vorsatze auch längere Zeit getreu, bis im Januar 1860 die treffliche Schau= spielerin Frl. Antonie Grahn, früher am Hoftheater in Darmstadt, dann am New=Yorker Stadttheater, zu einem Cyclus von achtzehn Gastvorstellungen bei mir eintraf. Die gefeierte Künstlerin, mit dem größten Beifalle aufgenommen, erregte in ihren Leistungen als „Deborah", „Maria Stuart", „Gretchen" im „Faust", „Jungfrau von Orleans", „Ophelia", „Philippine Welser", „Lucretia Borgia", „Julie Capulet", „Thusnelda", „Adrienne Lecouvreur" und anderen Rollen den größten Enthusias= mus des Publikums; — zu ihrem Benefize gab sie „Donna Diana"; Pfeiffer spielte den „Don Cäsar", die Grahn die „Donna Diana", meine Frau die „Floretta" und ich wurde von der Benefiziantin gebeten, den „Perin" zu spielen, was ich endlich auch that; — auch die anderen Rollen waren bestens besetzt und die Aufführung gestaltete sich zu einer Mustervorstellung, die im Publikum einen wahrhaften Enthusiasmus hervorrief; aber damit war ich auch wieder ins Comödie=Spielen gerathen, die alte Schauspielerlust erwachte mit neuer Kraft, vom Publikum wurde ich dringend aufgefordert, doch mein Darstellungstalent den Vorstellungen nicht zu entziehen, und so trat ich denn wieder als Darsteller in die Reihe meiner Mitglieder, anfangs seltener, dann immer häufiger beschäftigt.

Die Eröffnung des St. Louis Opernhauses erfolgte am 15. September 1859, und ich hatte dazu die italienische Opern=

gesellschaft der Signora Parodi mit dem Kapellmeister Angelo Torriani, dem Regisseure Z. Ronzoni, den Primadonnen Theresa Parodi, Karoline Alaimo, dem Tenor Giovanni Sbriglia, dem Bariton F. Gnone und dem Basso N. Barili engagirt. Während die mit größtem Beifall aufgenommenen italienischen Sänger achtundzwanzig Vorstellungen, darunter „Trovatore", „Lucia", „Norma", „Traviata", „Rigoletto", „Lucretia Borgia", „Polliuto", „Don Pasquale", „Il Barbière" und Mozarts „Don Giovanni" gaben, hatte ich Zeit, meine indessen nach und nach eintreffende deutsche Schauspiel-Gesellschaft zu organisiren, zahlreiche Proben zu halten, die minderen Kräfte einzuschulen und so konnte ich nach Beendigung der italienischen Stagnione mit Goethes „Egmont", mit der Musik von Beethoven, die deutsche Saison eröffnen, die nun ihren ununterbrochenen Fortgang nahm, bis 1861 die politischen Ereignisse und der Ausbruch des Bürgerkrieges dem ganzen Unternehmen ein plötzliches Ende machten. In dieser Saison von neunzehn Monaten wurden sowohl die klassischen Werke der deutschen Bühne, als alle gerade in Deutschland Aufsehen machenden Novitäten in möglichst vollendeter Darstellung zur Aufführung gebracht, und gewiß erinnern sich die älteren Theaterfreunde in St. Louis noch an die gelungenen Aufführungen von „Faust", „Don Carlos", „Wallenstein", „Hamlet", „Karlsschüler", „Romeo und Julie", „Wilhelm Tell", „Götz von Berlichingen", „Montrose", sowie an die glänzend ausgestatteten Vorstellungen des „Zauberschleier", „Barometermacher", „Leiermann und sein Kind" und andere. Mit den deutschen Vorstellungen wechselten die Gastspiele der französischen Oper von New-Orleans mit Madame Dalmont-Messmacre als Primadonna, Demoiselle D'Arcy als Soubrette, Mr. Philippe als Tenor u. s. f., dann kam die Colson-Gesellschaft mit den Sängerinnen Pauline Colson und Miß Kellogg, dem Tenor Brignoli, dem Basso Susini und dem Bariton Ferri; — hierauf die Ballet- und Pantomimen-Gesellschaft Siegrist-Zamfretta mit einem großen Corps de Ballet und trefflichen Solotänzern, endlich Anna Bishop mit ihrer Concert-Gesellschaft, kurz es war eine abwechslungs- und genußreiche Saison. Wie das so schön begonnene Unternehmen plötzlich unterbrochen und ohne meine Schuld zum Stillstande gebracht wurde, erzähle ich im nächsten Abschnitte. —

„Das Volk steht auf — der Sturm bricht los."

(1861.)

Ich hatte zu meinem Theater-Unternehmen nicht eben die allergünstigste Zeit gewählt, und hätte ich oder irgend jemand Anderer voraussehen können, was schon die nächste Zukunft uns bringen würde, so hätte ich wohl nie das Opernhaus und tausend Andere hätten nicht anderweitige Geschäfte unternommen, sondern sich lieber auf ruhiges Zuwarten beschränkt. Aber so geht es den Propheten; sie denken nie daran, daß die Prophezeiungen ihrer erleuchteten Stunden auch zur harten Wirklichkeit werden könnten; — schon im Jahre 1852 hatte ich in meinen „Geheimnissen von St. Louis" den Bürgerkrieg zwischen dem Norden und dem Süden der Union wegen der Sklaverei-Frage auf das Bestimmteste vorausgesagt und damals glaubte noch Niemand auch nur an die Möglichkeit eines solchen Ereignisses, — nun aber, im Jahre 1859, warf der kommende Bürgerkrieg schon seine Schatten voraus, die Präsidentenwahl von 1860 sollte verhängnißvoll für die Republik der Vereinigten Staaten werden, und doch glaubte ich nicht, wie Millionen Anderer daran nicht glaubten, daß das furchtbare Ereigniß eines Krieges zwischen den Bürgern des Nordens und des Südens unmittelbar bevorstehend sei. Trotzdem daß die Aufregung über die Sklaverei und ihre Folgen von Jahr zu Jahr immer höher gestiegen war, und nun bereits den Punkt erreicht hatte, wo sie sich zu Haß und Erbitterung zuspitzte, trotzdem daß deutliche Anzeichen vorlagen, daß der Süden eine Losreißung aus den Banden der Union beabsichtige und daß er, begünstigt von dem verrätherischen Präsidenten James Buchanan und dessen Kabinet, besonders aber vom Kriegsminister Jefferson Davis, in allen Sklavenstaaten seine Anstalten und Vorbereitungen zur Losreißung treffe, trotzdem daß das furchtbarste und verderblichste Ereigniß für das Ganze, wie für die Einzelnen: die Zertrümmerung des amerikanischen Staatenbundes und die Zerreißung des amerikanischen Volkes in zwei sich befeindende Hälften im Anzuge war, wollte in den nördlichen, wie in den Grenz-Sklavenstaaten Niemand an die Verwirklichung, ja kaum an die Möglichkeit einer solchen Katastrophe glauben, Alles ging unbekümmert seinen Geschäften nach und ließ sich auf commerzielle und industrielle Unternehmungen und Spekulationen mit einer Sorglosigkeit ein, als ob im Lande der tiefste Frieden herrsche und der Bestand der Union für alle Zeiten gesichert sei. So hatte auch ich, der ich doch der politischen Bühne nahe stand und hinter die Coulissen blicken konnte, noch im Sommer 1859, als schon dumpfes Donnerrollen das Heranziehen des furchtbaren Sturmes aus dem Süden ankündigte, ganz wohlgemuth den Pacht= vertrag des St. Louis Opernhauses auf zehn Jahre unterzeichnet und mir damit eine schwere Last und Verantwortlichkeit aufgeladen. Der Pachtvertrag lautete auf die Dauer von z e h n Jahren, — auf z e h n J a h r e in einer Zeit, wo man noch nicht wissen konnte, was schon das nächste Jahr Unerwartetes oder gar Ver= derbliches bringen würde.

Doch, wie gesagt, Niemand dachte an solche trübe Möglich= keiten, das rastlose amerikanische Geschäftsleben ging seinen Alles treibenden und von Allem getriebenen, regelmäßigen Gang, und so war auch ich vollauf mit meinem Zeitungs= wie mit meinem Theater=Unternehmen beschäftigt. Daß ich außer meinen anderen, bereits erwähnten Nebengeschäften zwei so große Unternehmen, Zeitung wie Theater=Direktion, gleichzeitig führen konnte, wurde mir dadurch erleichtert, daß mein Freund B e r n a y s schon einige Jahre vorher meinen freundlichen Einladungen, dann dringenden Bitten nachgekommen war, seinen bisherigen Wohnsitz Highland aufgegeben, nach St. Louis gekommen und als Mitredakteur in mein Blatt eingetreten war. In ihm hatte ich nicht nur den begabtesten deutsch=amerikanischen Publizisten und fleißigsten Arbeiter, sondern auch einen treuen Freund und Genossen zur Seite, auf den ich mich voll verlassen konnte; — neben mir und B e r = n a y s war auch Georg H i l l g ä r t n e r im „Anzeiger" als ständiger Mitarbeiter angestellt und den technischen Theil, die Druckereien, stellte ich unter die Aufsicht meines ältesten Sohnes. So ward es mir möglich, allen den Verpflichtungen, die ich mir auferlegt, allen den Anforderungen, welche mein Doppel=Wirken an mich stellte, vollkommen gerecht zu werden. Aber es war eine heiße Zeit, ein sorgenvolles, ereignißschweres Jahr, das von 1860, in meinem doch sonst schon viel bewegten Leben.

Die Wintersaison vom September 1859 bis zu Ostern 1860 war glänzend durchgeführt worden; die Schauspiel=Gesellschaft war completirt, das ganze Unternehmen fest begründet und es schien, als ob die schwierige Aufgabe, die ich mir gestellt, in St. Louis ein stabiles deutsches Theater zu begründen, Aussicht

auf volles Gelingen habe; — doch „mit des Geschickes Mächten
ist kein ewiger Bund zu flechten und das Unheil schreitet schnell“, —
wie unser großer Dichter sagt; — mit dem Frühjahr von 1860
begannen die Vorbereitungen zu der Wahl eines neuen Präsidenten, die diesmal über das Schicksal des größten Freistaates
der Erde, und somit über die nächste Zukunft der gesammten
Menschheit die folgenschwere Entscheidung bringen sollte. Der
schroffe Gegensatz zwischen den Feinden und Gegnern der Negersklaverei und den Freunden und Vertheidigern dieser verabscheuungs-
würdigen Institution hatte sich im Laufe der letzten Jahre zur
höchsten Potenz gesteigert; von einer Verständigung konnte keine
Rede mehr sein, die Zeit der faulen Compromisse war für immer
vorüber, es mußte ein gewaltsamer Zusammenstoß und durch
diesen die endliche Entscheidung erfolgen. Die Deutsch-Amerikaner,
in den nördlichen freien Staaten wie in den Grenz-Sklavenstaaten Missouri, Kentucky und andern waren mit nur sehr
wenigen Ausnahmen durchaus entschiedene Gegner der Sklaverei
und ebenso prinzipielle Feinde der sogenannten „Staaten-
rechte“, der Souveränität der einzelnen Staaten dem Bunde
gegenüber, sie hatten in Deutschland die ganze Verderblichkeit der
Kleinstaaterei kennen gelernt und wollten nicht, daß die herrliche
und mächtige Union der Vereinigten Staaten aus einem großen
und starken Einheitsstaate in eine Menge unabhängiger, kleiner
Staatssouveränitäten umgewandelt werde. Obgleich Missouri ein
Sklavenstaat war, so waren doch alle Deutschen Missouri's entschiedene Gegner der Sklaverei, sie waren es aus Grundsatz und
Ueberzeugung; denn sie hatten direkt von dem Uebel der Sklaverei
wenig zu leiden; — in Missouri, das damals eine Bevölkerung
von 1,200,000 Köpfen zählte, waren nur etwas über 100,000
Sklaven, fast alle auf dem Lande und in der Stadt St. Louis
selbst gab es nur hundertundzehn Sklaven als Hausdiener
in den reichen Familien, die in der Gesammtbevölkerung von
200,000 Menschen spurlos verschwanden. Aber trotzdem waren
alle politischen und gesetzlichen Einrichtungen auf die Erhaltung
und Förderung des „eigenthümlichen Instituts“ basirt. In dem
Gesetzbuche von Missouri war es noch immer bei schweren Strafen
verboten, einen Sklaven Lesen oder Schreiben zu lehren, und das
von dem letzten Congresse erlassene „Flüchtige Sklaven-Gesetz“
verpflichtete jeden Bürger, entflohene Sklaven einzufangen und sie
ihrem rechtmäßigen Besitzer wieder auszuliefern. Wo diese Ge-

setze nicht ausreichten, da wurde brutale Gewalt angewendet und
Gegner der Sklaverei, wie der Methodistenprediger Lovejoy,
der von der Kanzel wie in seiner Zeitung die Sklaverei ver=
dammte, wurden vom Mob überfallen, ihr Eigenthum zerstört,
sie selbst aus dem Staate vertrieben und — wo es anging —
bis in einen freien Staat verfolgt, mißhandelt, ermordet.
Konnte sich auch in der Stadt St. Louis selbst das fluchwürdige
Institut der Sklaverei nicht breitmachen, so waren doch Neger=
stallungen mitten in der Stadt vorhanden, wo die Neger=
sklaven beiderlei Geschlechtes, die nach einem anderen County oder
nach einem anderen Staate transportirt wurden, bei ihrem Durch=
zuge durch St. Louis über Nacht eingesperrt und bewacht, und
wo diejenigen unter ihnen, die nicht ordentlich marschiren konnten
oder wollten, oder die sich Ueberschreitungen der strengen Sklaven=
disciplin zu Schulden kommen ließen, gezüchtigt und aus=
gepeitscht wurden, daß man das Jammergeheul dieser Un=
glücklichen in allen angrenzenden Straßen, in denen meist Deutsche
wohnten, hören konnte. Dann fanden auch mehrere Male im
Jahre, besonders zu Neujahr, mitten in der Stadt, an der Ostseite
des Court=Hauses gerichtliche und andere Sklaven=Verkäufe statt
und die Deutsch=Amerikaner sahen mit Grauen, wie hier Menschen,
wie sie selbst, nur von schwarzer oder dunkler Hautfarbe, unter
freiem Himmel, wie das liebe Vieh zum Verkaufe ausgestellt, wie
sie von den Kauflustigen geprüft, betastet und mit cynischer Roh=
heit untersucht wurden, wie man diese armen Menschen dann den
Meistbietenden zuschlug und nun die Frau von ihrem Manne,
die Mutter von ihren Kindern getrennt und jedes in ein anderes
County oder in einen anderen Staat geschleppt wurden, um sich
im Leben nie mehr wiederzusehen. Die Deutsch=Amerikaner sahen
alle diese Gräuel und ihre Abneigung gegen die Sklaverei hatte
sich bis zum grimmigsten Hasse dieser fluchwürdigen Institution
und ihrer Freunde und Vertheidiger gesteigert. Bis dahin hatten
die Deutschen ihrer Feindschaft gegen die Sklaverei keinen Aus=
druck in den Wahlen geben können; denn man hatte es noch
nicht gewagt, ein republikanisches, d. h. Anti=Sklaverei=Ticket im
Staate Missouri aufzustellen; — die Deutschen konnten daher
nur mit der Benton=Demokratie stimmen, die wenigstens doch
gegen jede weitere Ausbreitung der Sklaverei in den neuen Terri=
torien war. Jetzt aber, im Jahre 1860, hatte die Benton=
Demokratie an Zahl und Stärke so zugenommen, daß sie ein

republikanisches Ticket (Wahlliste) aufstellen und dafür stimmen konnte; und die städtischen, sowie die Congreß= und County= wahlen des August brachten auch dem republikanischen Ticket den vollständigen Sieg. Nun sollte am 6. November 1860 die Präsidentenwahl stattfinden und der Wahlkampf hatte bereits vom Monat Mai an begonnen und steigerte sich von Tag zu Tag an Heftigkeit und Erbitterung. In dieser Lage der Dinge hatte ich die doppelt schwierige Aufgabe, in meiner Zeitung, als dem leitenden deutschen Blatte, den Wahlkampf unermüdlich zu führen und den Sieg der republikanischen Grundsätze zu sichern und zu= gleich ein bedeutendes Theaterunternehmen durch alle Schwierig= keiten des heißen Sommers und der dem Theater ungünstigsten Zeit erfolgreich durchzuführen. Wie ich dieser Doppel=Aufgabe damals genügen konnte, kann ich jetzt bei kaltem Blute und bei ruhigem Rückblicke kaum mehr begreifen; — so viel weiß ich noch, daß ich in der Zeit der Wahlcampagne schon Morgens alle Zeitungen und die eingelaufenen Briefe gelesen hatte, um acht Uhr Vormittags schon den Leitartikel für mein Blatt schrieb, um zehn Uhr zur Probe in's Theater eilte, bis zwei Uhr und auch noch später probirte, dann nach hastig eingenommenem Mahle mich wieder in's Redaktions=Büreau begab, um die übrigen An= ordnungen für das morgige Blatt zu treffen und Geschäftsbriefe zu erledigen, dann ging es um sechs Uhr wieder in's Theater, um mich für die Vorstellung vorzubereiten, in der ich meist eine große und anstrengende Rolle zu spielen hatte, und wenn diese zu Ende war, rief mich die Pflicht wieder nach zehn Uhr in das Redaktionsbüreau, wo ich blieb und arbeitete, bis das Blatt nahezu fertig war und alle Telegramme eingelaufen waren; — es wurde meistens zwei bis drei Uhr Morgens, ehe ich in meine Wohnung zurückkehren und mich der Ruhe des Schlafes erfreuen konnte.

Zu dieser täglichen Beschäftigung kamen nun auch noch außergewöhnliche Ereignisse, besonders waren es die Wahlver= sammlungen, in denen ich als Redner thätig war. Zu dieser Zeit kam auch Karl Schurz zum ersten Male nach St. Louis und mir wurde die Ehre, ihn in einer großen deutschen Ver= sammlung im Courthause bei meinen Landsleuten einzuführen. Dann sprach Schurz selbst und vertrat die republikanischen Prin= zipien in meisterhafter Weise unter stürmischem und enthusiastischem Beifall der nach Tausenden zählenden Versammlung. Auch

William H. Seward kam nach St. Louis und hielt vom
Balkon des Barnum=Hôtels eine begeisterte Rede, in der er die
Freiheitsliebe der Deutsch=Amerikaner in ehrenhaftester Weise her=
vorhob und den Ausspruch that: Missouri müsse deutsch gemacht
werden, um den Staat der Freiheit zu gewinnen.

Dieses Auftreten der Deutschen hatte ihnen den ganzen Haß
der Sklavenhalter zugezogen, und dieser äußerte sich bald in be=
drohlicher Weise. Hatten auch die Republikaner in dem Sklaven=
staate Missouri ihre republikanischen Kandidaten im Congresse
und in den County= und Stadt=Aemtern durchgesetzt, so konnten
sie doch wenig gegen die im Innern des Staates wohnenden
Sklavenhalter ausrichten. Diese hatten in den Staatswahlen
unbestritten die Majorität und so wurde sowohl die ganze Re=
gierung des Staates Missouri aus Pro=Sklaverei=Leuten zusammen=
gesetzt, als auch eine Majorität der Sklavenhalter in der Staats=
legislatur gewählt. Der neue Gouverneur des Staates Clai=
borne Fox Jackson, und der Vice=Gouverneur Thomas
C. Reynolds waren erbitterte Vertreter der Sklaverei und
traten ihr Amt am 3. Januar 1861 mit dem festen Vorsatze
an, Missouri von der Union loszureißen und es der südlichen
Secession zu überliefern. Wenn es wahr ist, daß Reynolds
kein Missourier, ja nicht einmal ein geborener Amerikaner, son=
dern, wie vielfach behauptet wurde, ein Deutsch=Böhme aus Prag
mit seinem ursprünglichen Namen Thomas Reinhardt sei,
dann ist es ganz unbegreiflich, wie er sich zu dieser Verherrlichung
und Vertheidigung der fluchwürdigen Sklaverei hergeben konnte.
Ich war mit ihm lange Zeit sehr vertraut, habe aber nie auf
den Grund dieses Gerüchtes kommen können; ich weiß nur soviel,
daß Reynolds gut und flüssig deutsch sprach, wenn auch mit
etwas angelsächsischem Accent; ferner, daß er europäische Bildung
erhalten hatte, in der deutschen Literatur gut zu Hause war und
seiner eigenen Erzählung nach in Heidelberg studirt hatte. Hier
in Oesterreich wollte man des Ursprungs Reynolds aus Prag
gewiß sein und schrieb ihm semitische Abstammung zu; — die
Wahrheit wird wohl nie ganz zu ergründen sein; denn jedenfalls
mußte Reynolds jung ausgewandert sein und in der langen
Reihe von Jahren hat sich jede Spur seiner Herkunft bis zur
Unkenntlichkeit verwischt. Aber wie dem auch sein möge, gewiß
ist, daß Reynolds und Jackson großes Unheil über den
Staat Missouri gebracht und die Furie des Bürgerkriegs in ihn

;en. Ich war — wie gesagt — lange Zeit sehr
:eynolds; da er ein gebildeter Mann war, ging
t ihm um; — aber das Gegensätzliche unserer An=
die Sklaverei=Frage entfremdete uns einander allmälig
ier den Andern zu seiner Ansicht bekehren konnte, so
nsere freundschaftlichen Beziehungen nach und nach,
wir uns nicht mehr und endlich standen wir uns
unter den Waffen gegenüber. — Die Staatslegis=
er die Sklavenhalter, wie erwähnt, die Majorität
der neuen Staatsregierung vollkommen würdig; als
itrat, hatte Süd=Carolina nach der Erwählung
zum Präsidenten sich bereits von der Union am
)er 1860 losgesagt und die Palmetto=Flagge des
gezogen. Damit begann der furchtbare Bürgerkrieg,
e, blutige Jahre dauerte, Hunderttausende von Menschen=
ipfer forderte und durch den der früher so reiche und
ben in eine von verarmten Menschen bevölkerte Wüste
: ward. Die anderen südlichen Staaten folgten im
Nonate Januar und Februar 1861 nach, und nun
aufgeboten, um auch die Grenz=Sklavenstaaten, be=
souri und Kentucky von der Union loszureißen. Auf
hin arbeiteten Gouverneur Jackson und sein alter
olds und die Staatslegislatur unermüdlich hin und
Proteste der unionsfreundlichen Minorität wurde eine
Secession vorbereitender Gewaltmaßregeln durch=
so wurde ein Gesetz passirt, welches die Todes=
Jeden verhängte, der ein Pferd stahl oder — einen
ven seinem Herrn entführte. Ferner wurde
Gesetz erlassen, das den Gouverneur unumschränkte
iber die Person, das Leben und das Eigenthum aller
:eh. Um die Kosten dieser neuen Miliz=Organisation,
die südliche Secessionisten=Armee anschließen sollte, zu
urden die Gelder der öffentlichen Schulen, der Blinden=
:enanstalten genommen und durch diese gemeine Ge=
l in St. Louis allein zehntausend Schulkinder
)r=Anstalten auf die Straße gestoßen. Vor Allem aber
Deutschen in St. Louis für ihre Freiheitsliebe und
iverei=Gesinnung gezüchtigt und die größte Stadt des
:te geknebelt, entmannt und an jeder freien Meinungs=
)erhindert werden. Zu diesem Zwecke erließ die Staats=

legislatur ein vom Gouverneur bereitwilligst sanktionirtes Gesetz, wodurch die gesetzlichen Befugnisse und die offizielle Macht des Mayors und der Stadtverwaltung von St. Louis geschmälert und empfindlich verkürzt wurden. Die Polizei, die bisher von der Stadt angestellt worden war, wurde ihr genommen und es wurde eine sogenannte Staats= oder Metropolitan=Polizei eingesetzt, deren vier Commissäre vom Gouverneur mit entschiedenen Secessionisten besetzt wurden, welche wiederum nur sklaverei= freundliche und deutschenfeindliche Leute als Polizisten anstellten. So war denn die große Bevölkerung der Stadt St. Louis mit ihren 200,000 Menschen für minderjährig erklärt und unter Kuratel gestellt und dem Hauptprinzipe der amerikanischen Ver= waltung, dem Prinzipe der Selbstregierung, wurde offen in's Gesicht geschlagen. Am 25. März 1861 wurde dieses schändliche Gesetz passirt und vom Gouverneur bestätigt, der so= gleich die neuen Commissäre ernannte, die in größter Eile und mit dem festen Vorsatze, St. Louis und besonders die Deutschen zu maßregeln, ihr Amt antraten. Das Gesetz zur Heiligung des Sonntags stand zwar im Staats=Gesetzbuche von Missouri, war aber bisher, mit Ausnahme des einen Jahres, wo die Know= Nothings die Stadtverwaltung hatten, ein todter Buchstabe ge= blieben, — nun aber wurde es plötzlich buchstäblich und mit größter Strenge ausgeführt. Bis dahin waren die Wirthshäuser auch an Sonntagen geöffnet, die Biergärten gaben musikalische Abendconcerte unter der dehnbaren Bezeichnung: „Sacred Con= certs", bei denen aber nichts weniger als geistliche Musik auf= geführt wurde, das deutsche Theater gab am Sonntag seine besten Vorstellungen und machte auch an diesen Tagen die größten Ein= nahmen; denn da die deutschen Bürger meist in den äußersten nördlichen und südlichen Stadttheilen wohnten, so wurde es ihnen schwer, ja beinahe unmöglich, nach dem Schlusse ihrer Arbeit oder ihrer Geschäfte noch rechtzeitig in ze=s deutsche Theater ge= langen zu können, welches für sie zu weit in der Mitte der Stadt lag. — Am 8. April hatten die neuen Polizei=Commissäre ihr Amt angetreten und vor Allem das Polizei=Personal mit Ausschluß aller Deutschen durch ihre fanatischen Anhänger reorganisirt, — schon am nächsten Sonntage, dem 14. April, führten sie ihren ersten Gewaltstreich aus. Schaaren von Polizisten wurden nach allen Richtungen ausgesandt, um sämmtliche Wirthschaften, vor Allem aber die deutschen Gasthäuser, gewaltsam zu schließen

und die Gäste daraus auf die Gasse zu jagen. Ebenso wurden
alle Abendconzerte abgeschafft und zu mir kam um sechs Uhr
Abends, also eine Stunde vor der Vorstellung, ein Polizei=Kapitän
und zeigte mir an, auf Befehl der Commissäre dürfe am Sonntag
nicht mehr gespielt werden, worauf ich ihm entgegnete, eine solche
Verfügung, die noch dazu ungesetzlich sei, hätte mir vorher,
wenigstens im Laufe des Tages doch, mitgetheilt werden müssen,
jetzt, um sechs Uhr, sei es zu spät, um die Vorstellung abzusagen
und die Absage dem Publikum gehörig bekannt zu geben. Der
Polizei=Kapitän zuckte die Achseln und meinte, die Commissäre
würden sich schon Gehorsam gegen ihre Anordnungen erzwingen; —
ich ließ also die Casse öffnen und die Mitglieder sich auf die
Vorstellung vorbereiten, aber schon nach einer Viertelstunde kam
der neue Polizei=Chef, Mc. Donough (bisher eine Creatur und
ein eifriger Handlanger des „Missouri=Republican"), mit 40 Poli=
zisten daher, besetzte die Casse und alle Eingänge in's Theater
und verhinderte nun das nach und nach kommende Publikum am
Besuche des Theaters. Ich führte den Polizei=Chef in meine
Theaterkanzlei und wies ihm aus dem Gesetzbuche von Missouri
nach, daß in dem Sonntags=Gesetze des Staates kein Abschnitt
Theatervorstellungen oder Concerte, sondern nur das Offenhalten
von Wirthshäusern, ferner Wettrennen und Hahnenkämpfe ver=
biete, daß ferner keine städtische Verordnung gegen Theatervor=
stellungen und Concerte am Sonntage bestehe und daß daher das
Vorgehen der Polizei=Commissäre ein ungesetzliches und gewalt=
thätiges sei und ich gegen dasselbe Protest erhebe und mir alle Rechts=
ansprüche auf Entschädigung vorbehalte. Der Polizei=Chef gab
mir zu, daß kein Gesetz da sei, das Theatervorstellungen am
Sonntage verbiete, aber nach dem neuen Polizei=Gesetze hätten
die Commissäre das Recht, alle ihnen nothwendig er=
scheinenden beliebigen polizeilichen Maßregeln zu
ergreifen und du ')zuführen; — er habe den Auftrag,
das Theater zu schließen, erhalten und müsse ihn durchführen,
wenn es nicht anders sein könne, auch mit Anwendung der Ge=
walt. Ich erklärte nun, indem ich meinen Protest schriftlich redi=
girte, daß ich eben nur dieser Gewalt weichen müsse und mir den
Rechtsweg vorbehalte. Dann ließ ich den Mitgliedern in den
Garderoben sagen, sie möchten sich auskleiden, die Vorstellung
finde nicht statt. Unterdessen hatten sich draußen vor dem Theater
nicht nur die zahlreichen Theater=Besucher, welche die Polizei nicht

eintreten ließ, in großen Massen angesammelt, sondern auch Tau=
sende von Vorübergehenden und Neugierigen waren stehen ge=
blieben und es bildete sich eine Zusammenrottung, welche nicht
blos den Platz vor dem Theater, sondern auch alle angrenzenden
Straßen und den Courthaus=Platz füllte und in der eine gereizte
und aufgeregte Stimmung herrschte; Alles war erbittert über diesen
schändlichen Gewaltstreich, Drohungen wurden ausgestoßen, die
Köpfe erhitzten sich immer mehr und einzelne Stimmen wurden
laut, man solle die Polizisten über den Haufen rennen und den
Eintritt in's Theater erzwingen.   Von Minute zu Minute wuchs
die um das Theater gestaute Menschenmasse an, immer erbitterter
wurde die Stimmung und es bedurfte nur eines zündenden
Funkens, um diese erhitzte und aufgeregte Menschenmenge zu
Thätlichkeiten hinzureißen.   Der Polizei=Chef und seine vierzig Poli=
zisten standen sichtlich beängstigt und von der ungeheuren Menschen=
masse von allen Seiten eingeengt, vor dem Eingange des Theaters
in einem Häuflein beisammen; die Thore des Theaters hatte ich
hinter ihnen schließen lassen und so war ihnen jeder Rückzug ab=
geschnitten; — wohl hatte der Polizei=Chef um Succurs geschickt,
aber bis dieser ankommen und sich durch die Menschenmassen zu
ihm durcharbeiten konnte, wären sie rettungslos der Wuth der
aufgebrachten Menge preisgegeben gewesen.   Da in seiner höchsten
Angst und Noth wendete sich der Polizei=Chef, Mc. Donough,
an mich und bat und beschwor mich, ich möchte doch meine auf=
geregten Landsleute beruhigen und nach Hause schicken, er würde
meinen Protest den Commissären übergeben und in den nächsten
Tagen könne ja Alles auf gesetzlichem Wege geregelt werden.   Ich
brauchte nur wenige Minuten der Ueberlegung und fand es für
klüger, jeden Straßentumult zu vermeiden.   Die Sklavenhalter=
Partei war die einzige, die sich bereits in Voraussicht der kom=
menden Ereignisse militärisch organisirt und mehrere Compagnien
von sogenannten „Minuten=Männern" gebildet hatte, welche ihre
eigenen Waffenkammern besaßen und täglich durch die Stadt
marschirten und Waffenübungen vornahmen; — die Deutschen
aber hatten noch keine militärische Organisation, im Gegentheil
waren zwei der bestehenden deutschen Miliz=Compagnien unter
einem nichtigen Vorwande von dem Gouverneur aufgelöst und
entwaffnet worden, während die anderen deutschen Militärcom=
pagnien, besonders die Artillerie, zur Abwehr angeblicher Einfälle
von Freischaaren aus Kansas nach der Grenze des Staates ge=

t waren. Hätten nun vor dem Theater Straßenunruhen
, wäre die Empörung der Gemüther zum gewaltsamen
ekommen, so wären allerdings der Polizei=Chef und
u Brei zerschlagen und jedem nachkommenden Succurse
e Schicksal zu Theil geworden, aber dann hätten die
die bewaffnete Macht zur Hilfe gerufen, die ameri=
liz=Compagnien und besonders die „Minutenmänner",
ten Deutschenhasser, wären aufgeboten worden, der
er amerikanische Mob hätte sich ihnen angeschlossen,
rlose Menge wäre ein bewaffneter Angriff gemacht
ein furchtbares Blutbad hätte stattgefunden. Diese
o die Besorgniß vor weiteren gefährlichen Folgen
Vorgangs bewog mich einzuschreiten und den Bitten
rungen des Polizei=Chefs Folge zu geben; — ich
nen Tisch aus dem Theatergebäude bringen und stieg
m mich überallhin sichtbar und vernehmbar zu machen.
uchen wurde mit donnernden Hurrahs von allen
ißt und nach und nach gelang es in den ungeheuren
ssen soviel Ruhe und Stille herzustellen, daß ich mich
machen konnte. Ich ermahnte nun meine Landsleute
, sich zu zerstreuen und ruhig nach Hause zu gehen,
ber keinen Skandal zu provoziren, da dessen traurige
hulbige und Wehrlose treffen würden. Was heute
i allerdings eine ungesetzliche und brutale Gewalt=
ser eben darum zieme es guten Bürgern, wie die
seien, derselben nur auf gesetzlichem und recht=
ge entgegenzutreten, nicht aber durch ungesetzliches
r brutalen Gewalt einen Vorwand zu fernerem Vor=
iesem Wege zu geben. Ich selbst hätte mich der
Anordnung gefügt und zwar unter Protest und mit
es Rechtsweges; die Vorstellung sei abgesagt und
stattfinden, die Schauspieler seien längst fortgegangen,
men ausgelöscht, ein längeres Verweilen vor dem
daher ganz ohne Zweck. „Geht nur ruhig nach
e Freunde" — so schloß ich ungefähr meine Rede —
urch euer Benehmen, daß ihr ruhige, ordnungliebende,
seit. Mir und euch wird für diese Verletzung unserer
reiheiten die vollste Genugthuung werden und
rnächster Zukunft; das verbürge ich euch mit meinem
e, und ihr wißt, daß ich stets gehalten habe, was

ich versprach). Und somit, meine Freunde, wünsche ich euch Allen
nach diesem heißen Tage: Gute Nacht!"

Stürmischer Beifall und „Gute Nacht!"-Rufe folgten meiner
Rede, die Näherstehenden hatten meine Worte den Entfernteren mitgetheilt und ihr Sinn wenigstens war den angehäuften Menschenmassen verständlich geworden; es kam allmälig Bewegung in die
zusammengestaute Masse, Einzelne, dann Mehrere, dann ganze
Gruppen traten den Rückweg an, von Minute zu Minute löste
sich der dichte Menschenknäuel mehr und mehr und zeigte schon
lichte Stellen; ich war längst vom Tische gestiegen und der Polizei-
Chef und seine Polizisten, sichtlich erleichtert, dankten mir eifrigst
für die „rettende That". Eine Stunde später waren der Platz
und die Umgebung des Theaters gänzlich menschenleer, der her-
beieilende Polizei-Succurs kehrte lachend wieder heim, ich aber
ging in mein Bureau und schrieb die Vorgänge des Tages und
des Abends nieder und den entsprechenden Leitartikel dazu. Aber
ich hatte meinen Landsleuten keine Unwahrheit gesagt; es ward uns
volle Genugthuung; die Gewalt der Ereignisse warf des Gouverneurs Polizei-Commissäre und sämmtliche Polizei rasch zu den
Dingen, die gewesen sind; — wenige Wochen nach diesem
15. April waren wir Deutschen in vier Freiwilligen-Regimentern
repräsentirt, die Herren von St. Louis; die Metropolitan-Polizei
war nowhere und noch einige Wochen später, und Gouverneur
Jackson, sein Vice Reynolds, sein ganzes Regierungspersonal
und die sklaverei-freundliche Majorität der Legislatur waren in
wilder Flucht begriffen, um sich vor unseren anrückenden deutschen
Regimentern in Sicherheit zu bringen. Die Theatervorstellungen
im St. Louis Opernhause waren zu Ende — für immer, dagegen begann auf der großen Weltbühne die blutige Tragödie des
amerikanischen Bürgerkrieges, in welcher wir Deutschen eine hervorragende Rolle spielten. —

„Wer legt die Hände noch feig in den Schooß?"
(1861.)

Der Miniatur-Staatsstreich der vom Gouverneur eingesetzten
Polizei-Commissäre zeigte, wie es vor Allem von Seite der demo-

lachthaber darauf abgesehen sei, die deutschen Bürger
ti=Sklaverei=Gesinnung zu bestrafen und sie durch Be=
ller Art unter die Botmäßigkeit der regierenden Sklaven=
ingen. Durch die Aufstellung des von den Commis=
nirten Grundsatzes: sie hätten das Recht, alle ihnen
ig erscheinenden beliebigen Polizeimaß=
l ergreifen und durchzuführen, war jede
Freiheit der Unterdrückung preisgegeben und das Recht
egierung war geradezu vernichtet. Mit eben dem
dem die Polizei in das Opernhaus eindrang und es
te sie gewaltthätig in jede Druckerei einer ihr miß=
ung einbringen, diese sperren und somit die Preß=
unterdrücken. Sie konnte nach demselben Grundsatze
ner öffentlichen Volksversammlung, die ihr nicht ge=
ebenso gewaltsam besetzen und die Bürger am Ver=
isrechte, die Sprecher am Gebrauche der freien
ndern. Alle von der Bundesverfassung gewährleisteten
waren dadurch in Frage gestellt und jeder Chicane
it Thore und Thüren geöffnet; — auf diesem Wege
in kommen können, daß die Polizei den Bürgern das
en oder Spazierenfahren am Sonntage hätte verbieten
3 hätte zuletzt einer polizeilichen Erlaubniß bedurft, um
kochen und zu Mittag essen zu dürfen. Zugleich zeigte
ich, daß diese Chicanen und Maßregelungen einzig und
die deutschen Bürger gerichtet waren; — denn das
heater wurde polizeilich geschlossen, die deutschen
wurden mit Gewalt gesperrt, während die ameri=
Trink=Salons im Plantershause und anderen Hotels,
ionalsalon und andere Lokalitäten ganz unbelästigt
it dieser Gewaltmaßregel war denn auch das Schick=
Theater = Unternehmens besiegelt; es wurde mir klar,
unter diesen Umständen nicht weiter fortführen
chon seit der Erwählung Lincolns hatten sich von
3 die Symptome vermehrt, die auf eine kommende
unruhige Zeit hindeuteten; die Aufregung der Be=
ir stündlich gestiegen, die politische Lage des Landes
ausschließlich die öffentliche Aufmerksamkeit in Anspruch)
n um so höherem Grade, als St. Louis in einem
: lag und die zahlreiche deutsche Bevölkerung nun
aus erkennen konnte, welches Loos ihrer harren würde,

wenn Missouri sich dem abtrünnigen Süden anschließen und sich
ebenfalls von der Union lossagen sollte. Die schwersten Besorg=
nisse um die Gestaltung der nächsten Zukunft wurden wach, immer
größer wurde die Beunruhigung der Gemüther, und in dieser eben=
so aufgeregten wie ängstlichen Stimmung hatte man wenig Sinn
und Lust für den Besuch des Theaters oder für die Theilnahme
an anderen Vergnügungen früherer friedlicherer Zeiten. Der
Theaterbesuch hatte daher in der Wintersaison 1860—61 nach
und nach in dem Maße abgenommen, als die rasch folgenden
politischen Ereignisse immer mehr an ernster Bedeutung und
schweren Folgen zunahmen; — schon nach Neujahr hatte ich
mich daher veranlaßt gesehen, das St. Louis Opernhaus auf sechs
Wochen zu schließen und mit meiner ganzen Gesellschaft eine Kunst=
und Gastspielreise nach dem freundlichen Cincinnati in dem freien
Staate Ohio zu unternehmen. Hier in Cincinnati war die
Stimmung der deutschen Bevölkerung doch eine heiterere und bessere
als in St. Louis; ich hatte zu den Vorstellungen meiner Ge=
sellschaft Pike's schönes Opernhaus gemiethet, mein langjähriger
Freund Friedrich Hassaureck lieh mir die vollste Unter=
stützung seines einflußreichen „Volksblattes", die ebenso gebildete
als wohlhabende deutsche Bevölkerung Cincinnatis kam dem Unter=
nehmen in freundlichster und wohlwollendster Weise entgegen und
die Reihe von Vorstellungen, die ich dort gab, erfreute sich des
besten Besuches und der lebhaftesten Theilnahme, nicht nur von
Seite der Deutschen, sondern auch der gebildeten Amerikaner. Zu
dieser Zeit kam der neue Präsident Lincoln auf seiner Reise
von Illinois nach Washington=City, um sein Amt anzutreten,
durch Cincinnati und wurde von der Bevölkerung hier, wie in
allen freien Staaten, mit enthusiastischem Jubel begrüßt. Aber
um nach Washington zu gelangen, mußte er Baltimore im
Sklavenstaate Maryland passiren und hier drohte ihm ernstliche
Gefahr von Seite der demokratischen Sklavenhalter, die geschworen
hatten, daß er nie sein Amt antreten dürfe. Noch regierte der
verrätherische Präsident Buchanan und that auch nicht das
Mindeste, um den Abfall des Südens zu verhindern; die fast alle
dem Süden angehörenden Offiziere der Bundesarmee hatten mit
wenigen Ausnahmen ihren Abschied gefordert und waren in die
sich bildende Secessions=Armee eingetreten. Der alte Verräther
General Twiggs, Militär=Commandant in Texas, lieferte den
Secessionisten das Arsenal mit allem Kriegsmaterial aus. Zahl=

reiche Offiziere der Bundes=Marine thaten dasselbe mit den von ihnen commandirten Schiffen. Die Regierungen der südlichen Staaten hatten sich theils durch List, theils durch Gewalt in den Besitz fast aller Arsenale und Forts der Vereinigten Staaten gesetzt. Schon im Februar 1861 war in einer Convention der abgefallenen Staaten eine Constitution der „conföderirten Staaten" ange= nommen und Jefferson Davis war zum Präsidenten derselben erwählt worden; — so mußte denn Lincoln, um Maryland und Baltimore zu passiren, zu einer Verkleidung seine Zuflucht nehmen, und so glücklich in Washington angelangt, trat er am 4. März das mit schwerer Sorgenlast und Verantwortlichkeit ver= bundene Präsidentenamt an.

Ich hatte nach Beendigung des Gesammt=Gastspieles in Cin= cinnati noch mit der Gesellschaft einen Abstecher nach Louisville gemacht, auch dort eine Reihe von Vorstellungen gegeben und ebenfalls die freundlichste Aufnahme gefunden. Nach der Rück= kehr nach St. Louis und der Wiederaufnahme der Vorstellungen im Opernhause hatte ich den Mitgliedern meiner Gesellschaft, deren Contrakte sämmtlich zu Ostern 1861 abliefen, erklärt, ich könne auf eine Erneuerung derselben und auf eine Fortsetzung der Vor= stellungen nach Ostern vorläufig noch nicht eingehen, da die Lage des Landes eine zu unsichere sei und ich behielte mir daher vor, vorläufig nach Ostern zwar noch fortzuspielen, jedoch ohne Ver= bindlichkeit für längere Zeit und mit dem Vorbehalte, das Theater, wenn die politischen Verhältnisse noch schlimmer werden sollten, zu jeder Zeit nach vorangegangener achttägiger Kündigung der Gesellschaft, schließen zu können; — wer daher ein anderweitiges Engagement finde, könne sogleich seine Entlassung verlangen. Allein Niemand machte von diesem Zugeständnisse Gebrauch, denn die Theaterverhältnisse waren indessen in der ganzen Union gleich unhaltbar geworden und keine von den wenigen deutschen Direk= tionen wollte sich, durch neue Engagements, Verpflichtungen aufer= legen.

So spielten wir denn fort, bis zu dem verhängnißvollen vierzehnten April und der gewaltthätigen Schließung des Theaters durch die Polizei=Commissäre an diesem Sonntag=Abend. Damit war die Existenz des deutschen Theaters in St. Louis unmöglich geworden; denn das Unternehmen war auf die guten Sonntags= Einnahmen angewiesen, da in der Woche der Besuch der Vor= stellungen ein verhältnißmäßig schwacher war, indem die deutsche

Bevölkerung, wie bereits erwähnt, meist in den äußeren Stadt=
theilen und daher zu weit entfernt vom Theater im Centrum der
Stadt wohnte, um dasselbe auch an Wochentagen zahlreich be=
suchen zu können. Ich kündigte daher, wie verabredet, die Ge=
sellschaft auf acht Tage, gab noch einige demonstrativ zahlreich
besuchte und höchst beifällig aufgenommene Abschiedsvorstellungen
und schloß am 20. April das Opernhaus — für immer.

In diesen letzten Tagen war die Lage der Dinge eine höchst
bedrohliche geworden; — an demselben vierzehnten April, an dem
die Polizei=Commissäre das Opernhaus schlossen, war das im
Hafen von Charleston liegende, vom Major Anderson mit
den Bundestruppen tapfer vertheidigte Fort Sumpter nach einem
mehrtägigen Bombardement durch die Secessionisten endlich gefallen
und auf seinen zerschossenen Trümmern wurde statt der Unions=
flagge die Flagge der Rebellion aufgezogen. Am nächsten Tage,
dem 15. April, erließ Präsident Lincoln eine Proklamation an
das Volk der Vereinigten Staaten, worin er ein Aufgebot von
75,000 Mann Freiwilliger zu dreimonatlicher Dienstzeit als Ver=
einigter=Staaten=Miliz unter die Waffen rief. Der Staat Missouri
sollte hierzu 4000 Mann stellen. Aber auf die offizielle Auf=
forderung des Kriegsministers Cameron antwortete unser Gou=
verneur C. F. Jackson in folgender brutalen Weise:

„Exekutiv=Departement von Missouri

Jefferson=City, 17. April 1861.

Dem Achtb. Simon Cameron, Kriegssekretär, Washington, D. C.

Mein Herr! Ihre Depesche vom 15. d. M., welche eine
Anforderung an Missouri für vier Regimenter zum unmittelbaren
Dienste enthält, habe ich empfangen. Es kann kein Zweifel
darüber sein, fürchte ich, daß diese Mannschaft einen Theil der
jetzigen Armee bilden soll, um gegen das Volk der secedirten
Staaten Krieg zu führen. Ihre Requisition ist meinem Urtheil
gemäß ungesetzlich, unconstitutionell und revolu=
tionär, in ihren Zwecken unmenschlich und teuflisch,
und ihr kann nicht entsprochen werden. Nicht einen Mann
wird der Staat Missouri liefern, um einen so un=
heiligen Krieg zu führen.

C. F. Jackson, Gouverneur von Missouri.“

Zu gleicher Zeit richtete der Miliz=General D. M. Frost,
Commandant des I. Militärdistrikts von Missouri, ein Schreiben an
den Gouverneur, worin er die Errichtung eines befestigten Lagers

der Staatsmiliz bei St. Louis, um die freiheitlich gesinnte Stadt
im Zaume zu halten und die augenblickliche Einberufung der Staats-
Gesetzgebung empfahl, um den Staat Missouri von der Union
loszureißen und dem rebellischen Süden einzuverleiben, — die
Organisation der südlich gesinnten „Minuten-Männer" wurde von
Tag zu Tag mehr ausgedehnt und in ihre Reihen traten jene
deutschenhassenden und gesetzlosen Elemente, die schon früher an
dem bewaffneten Angriffe und den Mordbrennereien in der ersten
Ward, sowie an den späteren Know-nothings-Unruhen theilge-
nommen hatten. Sie wurden aus dem Staats-Arsenale in Jefferson-
City mit Waffen und Munition versehen und ein Staatsgebäude,
das Tabak-Lagerhaus, wurde ihnen zum Exerciren eingeräumt.
Täglich marschirten die „Minuten-Männer" mit Trommeln und
Pfeifen — denn auch diese Reminiszenz an 1776, von dem General
Steuben nach preußischem Muster in der Unabhängigkeits-Armee
eingeführt, war beibehalten worden — durch die ganze Stadt
und ergingen sich in den furchtbarsten Drohungen gegen die
Deutschen und die unionstreuen Bürger. Aber es waren auch
die Deutschen nicht müßig geblieben und hatten bereits im Januar
und Februar den Anfang einer militärischen Organisation gemacht und ein Aufruf zur Bildung eines „unabhängigen
schwarzen Jägercorps", zu dessen Beitritte alle unionstreuen Bürger eingeladen wurden, war erschienen, der großen
Anklang fand und zahlreiche Beitritte zur Folge hatte. Diese
militärische Organisation stellte sich nicht in die Abhängigkeit der
Staatsmiliz, erhielt daher auch keine Waffen vom Staate, sondern
mußte sich dieselben selbst zu verschaffen. Die „schwarzen
Jäger" — der „Missouri-Republikan" übersetzte diese Bezeichnung mit „black guards" und verglich sie mit den preußischen
Todtenkopf-Husaren — flößten den „Minuten-Männern" großen
Schrecken ein, dunkle Gerüchte gaben ihre Stärke auf mehrere
tausend Mann an, es wurde erzählt, daß sie Pardon weder gäben
noch nähmen und daß sie durch einen furchtbaren Eid sich verpflichtet hätten, alle Sklavenhalter und Freunde der Sklaverei aus-
zurotten, — so erschienen die „schwarzen Jäger" den schuldbe-
wußten Secessionlustigen viel furchtbarer und schrecklicher, als sie
in Wirklichkeit waren. In diesen Tagen nun kam Frank
P. Blair von Washington zurück nach St. Louis, setzte sich
sogleich mit seinen Partei-Freunden in Verbindung und seine
Wohnung an der Washington-Avenue wurde der Sammelplatz

aller treuen Freunde der Union. Täglich wurden dort Be=
rathungen gehalten und die nun zu thuenden Schritte wurden
sorgfältig erwogen; — Blair kannte bereits die Antwort des
Gouverneurs von Missouri an den Kriegssekretär und wußte
genau, welche Pläne dieser und die sklavenhaltende Majorität der
Staatsgesetzgebung im Schilde führten. Vor Allem rieth Blair
den deutschen und unionstreuen Offizieren der Staatsmiliz, ihre
Entlassung zu nehmen, um nicht mehr vom Gouverneur abhängig
zu sein. Der Erste, der diesen Rath befolgte, war mein Freund
Major Friedrich Schaefer, der bereits am 17. April dem
General Frost seine Entlassung einschickte. Die unter Frosts
Kommando stehenden „Minutenmänner" hatten bereits die Unions=
fahne beseitigt und an deren Stelle die Flagge der südlichen Staaten
aufgezogen und so schrieb Schaefer an den General: „Ich kann
es mit meinen Ansichten von militärischer Treue und Disciplin
nicht vereinen, daß ein Theil Ihres Commando's, General, eine
andere Flagge als die einzige wahre Flagge dieser Vereinigten
Staaten aufgezogen hat." — General Frost erblickte in diesem
Vorgehen Schaefers einen Landesverrath am Staate Missouri,
verweigerte die Entlassung und berief ein Kriegsgericht, welches
denn auch den Major Schaefer wegen unwürdigen Betragens
infam cassirte. Aber schon am nächsten Tage gaben alle unions=
freundlichen Offiziere der Miliz ihre Entlassung und verlangten
ebenfalls vor ein Kriegsgericht gestellt zu werden, so daß dadurch,
da die Miliz im ersten Militär=Distrikte von Missouri meist aus
Deutschen bestand, die Miliz=Organisation des ersten Distriktes
nahezu aufgelöst wurde.

Vor Allem handelte es sich für Blair und die Freunde der
Union darum, das Arsenal von St. Louis, am damaligen äußer=
sten südlichen Stadttheile gelegen, in welchem sehr große Waffen=
und Munitionsvorräthe aufgehäuft waren, vor der Wegnahme
durch die Secessionisten zu sichern und zu schützen. Unter
Buchanans verrätherischer Verwaltung war längst Alles für
die Losreißung der Sklavenstaaten aus der Union fürsorglich vor=
bereitet worden, — unter allerhand Vorwänden hatte Bucha=
nans Kriegssekretär Floyd die Arsenale in den nördlichen
freien Staaten fast gänzlich entleert und alle Geschütze, Waffen
und Munitionen nach den südlichen Arsenalen überführen lassen;
— dieser Arsenale hatten sich dann die Sklavenstaaten gewaltsam
bemächtigt und ihre Truppen damit ausgerüstet; nur das Arsenal

in St. Louis war noch in den Händen der Bundesregierung, — wäre auch dieses Arsenal in den Besitz der Secessionisten gelangt, so wären die westlichen freien Staaten Illinois, Indiana, Jowa, Wisconsin u. a. ganz unbewaffnet geblieben, bei dem besten Willen hätten sie nicht so schnell sich die nöthigen Waffen verschaffen können und so wären sie, wehrlos dem Einfalle der Rebellions-Armee ausgesetzt, schnell mit Waffengewalt überzogen und der Schauplatz des Bürgerkrieges wäre in die freien Staaten verlegt, die Union wäre wehr- und hilflos zertrümmert worden. Es handelte sich also vor Allem darum, die großen Kriegsvorräthe im Arsenale von St. Louis für die Bundestruppen zu sichern. Schon unter Buchanans Regierung hatte der damalige Oberkommandant der Vereinigten Staaten-Armee, General Winfield Scott, sein Augenmerk auf diesen Punkt gerichtet und in Folge seiner Stellung als Oberbefehlshaber, ohne den Präsidenten Buchanan zu fragen, den Kapitän Nathaniel Lyon mit 200 Mann vom zweiten Infanterie-Regimente von Kansas nach St. Louis beordert und zum Commandanten des Arsenals ernannt, das bis dahin nur von ungefähr zwanzig Mann Soldaten, meist Halb-Invaliden, bewacht worden war. Kapitän Lyon, ein Zögling der Militär-Akademie von West-Point, die er in 1841 verlassen, mehrere Indianer-Kriege und den Krieg gegen Mexiko rühmlich mitgemacht hatte und bis zum Kapitän avancirt war, war ein entschlossener und energischer Mann, treuergeben der Union, in seiner Gesinnung und Ueberzeugung ein „Freidenker", wie man in Amerika zu sagen pflegt, dabei aber zugleich, wie viele Neu-England-Männer, ein eingefleischter Know-nothing und Nativist, der eine besonders entschiedene Abneigung gegen die Deutschen hegte, und doch mußten es durch eine seltsame Fügung des Schicksals gerade ausschließlich die Deutschen sein, die in St. Louis treu und muthig zu ihm standen und ihm seine Erfolge und seinen Ruhm verschafften. Als die Umstände immer gefahrdrohender wurden, setzte er sich mit Blair in's Einvernehmen und die zum Schutze des Arsenals zu ergreifenden Maßregeln wurden zwischen Beiden schleunigst verabredet. Indessen war, von der drohenden Gefahr erschreckt, der neue Gouverneur von Illinois, Franz A. Hofmann, ein Deutscher, nach St. Louis gekommen, um sich von der Lage der Dinge selbst zu überzeugen, und hatte an den Berathungen theilgenommen. Der unionstreue Staat Illinois mit seiner starken

Bevölkerung, die zu einem guten Theile aus Deutschen bestand, wartete nur auf die Proklamation des Präsidenten Lincoln, um sogleich zum Schutze der Union die Waffen zu ergreifen, aber wo sollten diese Waffen herkommen, wenn das Arsenal von St. Louis in die Hände der Secessionisten fallen sollte. In unseren Berathungen bei Blair wurde vor Allem die Nothwendigkeit betont, die unionstreuen Bürger, welche die Majorität der Bevölkerung bildeten, militärisch zu organisiren, und zwar unabhängig vom Gouverneur und der Disciplin der Staatsmiliz. In der Woche zwischen dem 14. und dem 21. April fanden darüber zahlreiche Berathungen statt, so auch eine in meinem Redaktionsbureau, der außer mir Schaefer, Sigel und andere Gesinnungsgenossen beiwohnten; — es wurde beschlossen, sogleich Aufrufe zur Bildung unabhängiger Militär-Kompagnien zu erlassen und dieser Beschluß wurde auch trotz Sigels Einspruch, der die Maßregel als eine ungesetzliche bezeichnete und noch zuwarten wollte, angenommen. Am nächsten Morgen schon erschienen in den deutschen Blättern die Aufrufe, der erste von Major Schaefer, der zweite von meinem Sohne August Siegmund ausgehend; — der deutsche Turnverein von St. Louis hatte bereits ganz im Stillen seine militärische Organisation begonnen und sich in drei Kompagnien, ungefähr 300 Mann zählend, formirt, — die Waffen lieferte ihnen der unionsfreundliche Büchsenmacher Albright, ein auf Urlaub befindlicher Offizier der Bundesarmee, Larned, stellte sich als Exerciermeister den Turnern zur Verfügung und unter Führung von Hugo Gollmer und Julius Müller wurde eifrigst exercirt und Alles für den herannahenden Zusammenstoß vorbereitet. Zugleich war in den Berathungen bei Blair ein Sicherheits-Komité eingesetzt worden, bestehend aus den Herren O. D. Filley, John How, S. T. Glover, J. O. Broadhead und J. J. Witzig, welches die oberste Leitung in die Hand nahm.

Die Aufrufe in den Zeitungen zur Bildung von Freiwilligen-Kompagnien hatten einen unbeschreiblichen Erfolg. Jünglinge, Männer, selbst ältere Leute, ließen sich gleich einschreiben, viele junge Männer verließen ihre guten Stellungen, ihre Geschäfte, um für die Vertheidigung der Union zu fechten, in drei Tagen waren die beiden ersten Kompagnien, jede 120 Mann stark, vollständig beisammen. Nun folgten rasch auch andere Aufrufe und überall wurde an der Organisation von Freiwilligen-Kompagnien rüftig gearbeitet; — noch ehe der April fein Ende erreicht hatte, war die Organifation der Unions=Freiwilligen vollftändig beendigt und diefe zählten zufammen bereits 4200 Mann, alfo vier amerikanifche Infanterie=Regimenter zu taufend Mann. Aber diefe begeifterten Unions=Kämpfer hatten keine Waffen, denn bei der neuen Bundesregierung in Wafhington herrfchten noch immer Unentfchloffenheit und Schwanken, gewichtige Stimmen wurden dort laut, daß man gegen die „irregeleiteten Brüder" im Süden nicht mit Gewalt einfchreiten, fondern durch freundfchaft= liche Unterhandlungen den Konflikt in friedlicher Weife beilegen folle, und fo hatte Kapitän Lyon noch immer nicht von Wa= fhington die Erlaubniß erhalten, die Freiwilligen zu bewaffnen und durch fie das Arfenal befetzen zu laffen. Die Ungeduld der thatenluftigen Freiwilligen war dadurch auf den höchften Grad geftiegen, ja bereits zum lebhaften Mißvergnügen geworden, doch wurde fleißig mit Stöcken, Jagdflinten und anderen Surrogaten exercirt, während von allen Seiten die Führer der unionstreuen Bewegung zu entfcheidenden Schritten gedrängt wurden.

Indeffen hatte der Kommandant des Militär=Departements von Miffouri, General Harney, von der Bundesarmee, unthätig all' diefem Treiben zugefehen; mit den Sklavenhaltern eng be= freundet, ließ er es ruhig gefchehen, daß die „bewaffneten Minuten= männer" fich dergeftalt vermehrten, daß fie bereits an einen An= griff des Arfenals dachten, und daß der Miliz=General Froft knapp an der Stadt in Lindells Grove ein Lager von Seceffions= truppen zufammenzog, in welchem außer den „Minutenmännern" ftarke Zuzüge aus dem Inneren des Staates fich zu einem kleinen Armeekorps formirten, während in diefem Lager bereits die Se= ceffions=Flagge aufgezogen war. Am 20. April traf die Nachricht ein, daß das zweite Bundes=Arfenal in Miffouri, in Liberty, mit allen feinen Waffenvorräthen von der Staatsmiliz weggenommen worden fei; — nun befchloffen die Seceffioniften, durch einen Handftreich auch das St. Louis=Arfenal zu überrumpeln und trafen alle Vorbereitungen; aber auch auf unionsfreundlicher Seite machte man fich fertig, diefem Unternehmen Widerftand zu leiften. Schon war eine Kompagnie der „Minutenmänner" als Avant= garde auf dem Marfche nach dem Arfenal und die anderen Kom= pagnien warteten nur auf das Einbrechen der Dunkelheit, um zu folgen und den Angriff auf das Arfenal zu machen. Aber die Avantgarde mußte, um zu dem Arfenal zu gelangen, die aus=

schließlich von Deutschen bewohnte erste Ward passiren, und hier
entstand bei ihrem Erscheinen ein immer mehr anschwellender
Volksauflauf, die Truppe wurde von der nach Tausenden zählen=
den Menge förmlich eingeengt und von allen Seiten mit erbitterten
Drohungen begrüßt.   Der Kommandant mit seinen 100 Mann
begriff das Unheimliche der Lage, verlor den Kopf, und als ihm
nun vollends von seinen Kundschaftern hinterbracht wurde, daß
das dem Arsenal gegenüber liegende Haus des Doktor A. Ham=
mer vollgepropft mit bewaffneten Studenten des Humboldt=In=
stituts und anderen zum Widerstande entschlossenen Männern sei
und daß er daher bei einem Angriffe auf das Arsenal auch im
Rücken angefallen würde, kommandirte er erst Halt! und dann
nach einer Berathung mit seinen Offizieren: Rechtsumkehrt!
und marschirte unter dem Hohngelächter der Bevölkerung wieder
in das Hauptquartier der „Minutenmänner" zurück. Hier war
indessen der Mayor der Stadt, R. Taylor, eingetroffen und
hatte, obgleich selbst südlich gestimmt, die „Minutenmänner" be=
schworen, von ihrem Vorhaben abzulassen; er hatte ihnen dabei
die Stärke der deutschen Militär=Organisationen, die schrecklichen
„Schwarzen Jäger", die gefürchteten Turner u. s. w. in so er=
greifender Weise geschildert und auf das fürchterliche Blutbad
hingewiesen, das bei der außerordentlichen Erbitterung der Deut=
schen nothwendig folgen müsse, daß zuerst Unschlüssigkeit, dann
gewichtige Bedenken eintraten und zuletzt das Vorhaben auf=
geschoben, wenigstens für diese Nacht aufgegeben wurde.

Damit war das Arsenal mit seinen reichen Waffenvorräthen
gerettet; denn zwei Tage darauf war ein Angriff schon zur Un=
möglichkeit geworden. F. P. Blair, dessen Bruder Mont=
gomery Blair als General=Postmeister in Lincolns Kabinete
war, hatte sich bis dahin vergeblich in Washington um die Er=
mächtigung für Kapitän Lyon bemüht, die Freiwilligen zu be=
waffnen und das Arsenal von ihnen besetzen zu lassen; so wieder=
holt und dringend auch seine Depeschen nach Washington waren,
so kam doch immer noch von dort die verlangte Ermächtigung
nicht; — endlich jedoch schien die Nachricht von der Wegnahme
des Arsenals in Liberty der Regierung in Washington die Augen
geöffnet zu haben und in der Nacht vom 21. auf den 22. April
traf das Telegramm aus Washington ein, welches dem Kapitän
Lyon die verlangte Ermächtigung ertheilte. Als dieses am 22.
morgens bekannt wurde, rückten drei Turnerkompagnien, die, da

ein Angriff auf die Turnhalle durch die Secessionisten beabsichtigt war, die ganze Nacht in der Turnhalle kampirt hatten, von Blair geführt, unter Jubelrufen in das Arsenal ein, wo sie sogleich bewaffnet und eingekleidet wurden.

Bei den amerikanischen Freiwilligen=Organisationen besteht schon seit dem Unabhängigkeitskriege die Einrichtung, daß die Freiwilligen=Kompagnien ihre Offiziere erwählen und daß sämmt= liche Offiziere eines Regiments dann ihren Obersten, Oberst= Lieutenant und Major erwählen. Nun hatte mir mein Sohn schon zwei Tage vorher mitgetheilt, daß die von ihm gebildete Kompagnie mich einstimmig zu ihrem Hauptmann erwählt habe; — ich hatte zwar diese Ehre in Anbetracht meines Alters ab= zulehnen gesucht, mußte aber endlich doch dem allgemeinen An= dringen nachgeben; — als mir Blair nun am Morgen des 22. die Nachricht brachte, daß das Arsenal offen für uns sei, rief ich die Kompagnie augenblicklich zusammen und marschirte mit ihr um die Mittagszeit hinab zum Arsenale. Wir waren un= bewaffnet, erregten aber doch auf unserem Zuge durch die Stadt einiges Aufsehen und ziemliche Aufregung, in den amerikani= schen Stadttheilen wurden wir mit Hohn und Drohungen, in den deutschen mit Jubelrufen begrüßt. So trafen wir denn im Arsenale ein, ich meldete mich sogleich bei Kapitän Lyon und dieser ließ die Kompagnie durch den Artillerie = Lieutenant Schofield (jetzt General und Kommandant der Militär=Akademie in Westpoint) als Musterungs=Offizier einmustern und einschwören und bewaffnen und einquartieren. Bald kam auch Friedrich Schaefer mit seiner Kompagnie, dann kamen andere Kompag= nien und bis zum Abend hatten wir schon ein Bataillon von fünf Kompagnien im Arsenal. Nun kamen auch noch die unter Sigels Leitung gebildeten Kompagnien an und schon in dieser Nacht war das Arsenal von tausend wohlbewaffneten Freiwilligen und 200 Mann regulärer Infanterie besetzt und gegen jeden möglichen Handstreich gesichert. Aus den Turner=Kompagnien unter Blairs Führung und was sich ihnen anschloß, wurde in den nächsten Tagen das erste Volontär=Regiment gebildet, aus meinen und Schaefers Kompagnien das zweite Regiment, aus Sigels Kompagnien das dritte, denen sich noch einige Tage später das vierte Regiment unter Schüttner anschloß. Diese vier Regimenter zählten 4200 Mann, fast durchaus Deutsch= Amerikaner, unter ihnen höchstens hundert Anglo=Amerikaner und

gar keine Irländer; denn ihre Priester hatten den frommen Ir=
ländern eingeschärft, sich für keine der beiden Parteien zu erklären,
sondern sich streng neutral zu verhalten, um es mit keiner Partei
zu verderben, da man doch nicht wissen könne, wer Sieger bleiben
würde. — Mit dieser Erhebung der Deutschen war nicht nur
das St. Louis=Arsenal mit seinen großen Vorräthen gesichert,
sondern es war auch der Staat Missouri für die Union gerettet,
die Bewaffnung der westlichen freien Staaten vorgesorgt und ein
großer Schritt für die Erhaltung der Union gethan. —

Unter den Waffen.
(1861.)

Viertausend Mann Freiwillige hatte Präsident Lincoln
vom Staate Missouri verlangt und der Gouverneur C. F. Jack=
son hatte dieses gesetzmäßige Verlangen in roher und beleidigender
Weise zurückgewiesen, und nun waren trotzdem auf den Aufruf
von ein paar einzelnen Bürgern mehr als die verlangte Zahl,
viertausendzweihundert Mann Freiwillige, mit geringen Aus=
nahmen fast alle von der deutschen Bevölkerung der einzigen
Stadt St. Louis unter die Waffen gestellt worden; — es waren
wirkliche Freiwillige in des Wortes edelster Bedeutung; junge
Männer, die aus Patriotismus und Begeisterung für die gute
Sache ihre Anstellungen und ihre Geschäfte, ihre Familien ver=
ließen, die sich allem Ungemache des Soldaten= und Kriegslebens
aussetzten, alle Mühen und Entbehrungen muthig ertrugen und
freudig bereit waren, ihr Leben hinzugeben für den Sieg der
Freiheit, für die Erhaltung der großen Sternenrepublik. Es
herrschte damals, in der deutsch=amerikanischen Bevölkerung be=
sonders, eine gehobene und begeisterte Stimmung, eine Opfer=
freudigkeit ohne Gleichen, gleichsam das letzte Aufflackern des aus
Europa herübergebrachten Idealismus des denkwürdigen Jahres
1848 und nicht nur die Jünglinge dachten und handelten so,
sondern auch bejahrte Männer, deren Haar bereits ergraut war,
ja selbst Greise traten unter die Waffen, um in dem großen
Kampfe, der über die Freiheit eines halben Welttheils entschied,

nach besten Kräften mitzufechten. Hätten Präsident Lincoln und sein Cabinet, anstatt so ängstlich und zögernd zu schwanken, wie sie in den ersten Monaten der Regierung auftraten, damals im April 1861 gleich, statt 75,000 Freiwillige deren 200,000 einberufen, und nicht auf drei Monate, sondern auf zwei Jahre, so wäre der unheilvolle Secessionskrieg schon binnen zwölf Monaten beendigt und dem Lande wäre viel Unheil erspart worden; denn einer solchen Truppenmacht, die so begeistert und opfer= freudig war, wie dies bei den Drei=Monat=Leuten der Fall war, hätten die südlichen Secessionisten nicht widerstehen können, un= aufhaltsam wäre die Unionsarmee vorgedrungen, hätte Alles vor sich niedergeworfen und den ganzen Aufstand erstickt, ehe er die gefährliche Höhe erreichen konnte, die die Dauer des Bürger= kriegs auf beinahe vier Jahre verlängerte. Allein in Washington= City begriff man im Frühlinge 1861 durchaus nicht, daß es sich hier nicht um eine Meuterei, um einen Aufstand einzelner Landstriche oder Staaten handle, sondern daß dies der Beginn einer großen politischen und socialen Revolution sei, die mit der gänzlichen Abschaffung der Sklaverei enden würde; — im Gegentheil hoffte man noch immer, mit den eilends zusammengerafften 75,000 Freiwilligen einige Siege zu erfechten, dann Unterhandlungen einzuleiten und durch einen Com= promiß mit den „irregeleiteten Brüdern" den inneren Frieden wieder herzustellen, — daher wurde auch das „eigen= thümliche Institut" der Sklaverei mit Glacé=Handschuhen behan= delt, die Befehlshaber der Unions=Armeen mußten in den Sklaven= staaten überall in feierlichen Proklamationen erklären, daß das Sklaveneigenthum sorglichst respektirt und die Herren und Ge= bieter der Negersklaven in ihrem Besitze geschützt werden würden, — ja, als einer dieser Commandanten, General Fremont, einige Monate später gegen diese Instruktion handelnd, jene Sklaven in Missouri, die von ihren Besitzern zum Kampfe gegen die Union verwendet worden waren, für frei erklärte, wurde diese seine Anordnung von Washington aus als ungiltig wider= rufen und er selbst mit Tadel belegt. Daß Lincolns Re= gierung, die damals fast durchaus noch in den Händen der alten politischen Führer war, die sich im Laufe der Zeit mit dem Institute der Sklaverei, wenn nicht befreundet, so doch es als „nothwendiges Uebel" zu dulden gelernt hatten, im Anfange so schwachherzig und unentschieden auftrat, und daß die ersten Siege

nicht den Unions=Armeen, sondern den viel entschlossener auf=
tretenden Secessionisten zufielen, war wohl für den Augenblick
ein Unglück für die gute Sache, in ihren Folgen aber ein großes
Glück für die Zukunft der Ver.=St.=Republik. Die Niederlage
in der ersten Feldschlacht, welche die Unionisten am Bullrun er=
litten, die Bedrohung der Regierungshauptstadt Washington selbst,
öffneten erst der Regierung sowohl als den nördlichen Staaten
die Augen und zeigten beiden, daß es sich nicht um einen
„Spaziergang nach Richmond", nicht um einen kurzen
Feldzug von neunzig Tagen, sondern um einen lange dauernden
Krieg handle, daß die Zeit der faulen Compromisse für immer
vorüber sei und daß das Ende unfehlbar die Aufhebung der
Sklaverei auf dem ganzen Gebiete der Union und die Ver=
nichtung der bisherigen politischen Oberherrschaft des Südens
sein werde. Von da an erst wurden in Washington wie in den
leitenden nördlichen Staaten große Ziele in's Auge gefaßt und
energische Maßregeln ergriffen und als endlich in der Person
von Ulysses S. Grant ein energischer Oberbefehlshaber mit
weitreichendem Blicke, kühner Entschlossenheit und zäher Beharr=
lichkeit gefunden worden war, wurde endlich, nach jahrelangem
Ringen der unheilvolle Bürgerkrieg siegreich und zu Gunsten der
Union beendigt.

       Doch es ist ja nicht meine Aufgabe, hier die Geschichte des
Secessionskrieges zu schreiben und so kehre ich denn zu meiner
Erzählung und zu den letzten Tagen des Aprils 1861 zurück.
Es waren schöne, erhebende Tage, die die Woche vom 22. bis
zum 29. bildeten. Aus allen Theilen der Stadt strömten un=
ausgesetzt neugebildete, deutsche Freiwilligen=Compagnien, unter
selbstgewählten Offizieren, ins Arsenal, wo Kapitän Lyon und
seine Offiziere alle Hände voll zu thun hatten, um die Tausende
von Freiwilligen einzumustern, zu bewaffnen und unterzubringen;
und welche fröhliche, immer heitere Stimmung herrschte nicht
unter diesen Freiwilligen! Auf allen Punkten des großen Parkes,
der das Ver.=St.=Arsenal umgiebt, wurde unermüdlich exercirt,
und wenn diese Tagesarbeit vorüber war, ertönten von allen Ecken
und Enden deutsche Kriegslieder und Soldatenchöre, Lützows
„Wilde Jagd" und das „Schwertlied". Dazwischen wurde in
den eiligst gefaßten Feldkesseln gekocht, und nach Soldatenweise
die Mannschaftsmenage bereitet, die dann stehend oder auf dem
Boden sitzend, mit bestem Appetite verzehrt wurde und — die

selbst Jenen trefflich mundete, die bisher an der Table d'hôte des „Planterhauses" oder anderer Hotels fein zu diniren gewohnt gewesen waren; — die allgemein herrschende Fröhlichkeit, die humorvolle Stimmung, das Bewußtsein einer guten That und wohl auch die körperlichen Anstrengungen dienten uns als appetitreizendes Gewürz. Ich kann mich nicht erinnern, je in meinem Leben so heitere, aufgeregte, stimmungsvolle Tage erlebt zu haben, als es jene ersten Tage im Arsenale, bei der Bildung der Freiwilligen=Regimenter waren. Und doch waren wir Alle uns der ernsten und schweren Aufgabe wohlbewußt, die wir über= nommen hatten. Wir mußten sehr gut, daß wir in einem Sklavenstaate lebten, in welchem die Sklavenhalter die Majo= rität bildeten, daß wir aus dem Innern des Staates keine Zu= züge, keine Hülfe zu erwarten hatten, und daß wir viertausend Mann von den hunderttausend Sklavenhaltern durch ihre nume= rische Uebermacht allein erdrückt werden konnten; — allein alle diese Betrachtungen, die die Einsichtigeren unter uns sorglich in sich verschlossen, beirrten unsere kleine Freiwilligen=Armee nicht im Geringsten; — Alles war heiter und guten Muthes, Besorgnisse und Befürchtungen trübten uns nicht eine Stunde, man schloß sich in treuer Waffenbrüderschaft fest aneinander, Einer begeisterte sich an der gehobenen Stimmung des Andern, und wenn damals eine zehnfache Uebermacht, wenn vierzigtausend Secessionisten heranmarschirt wären und von uns die Uebergabe des Arsenals verlangt hätten, wir würden sie nur ausgelacht, schnöde abge= wiesen und den ungleichen Kampf aufgenommen haben. Die Folge hat bewiesen, daß jene Drei=Monat=Freiwilligen tüchtige und erprobte Soldaten wurden, die meisten von ihnen blieben auch nach den drei Monaten in der Unions=Armee und wurden bald der eigentliche Kern, die Veteranen der auf drei Jahre gebildeten Freiwilligen=Regimenter der Unions=Armee.

Aber bald hatten wir keinen Platz mehr in den doch ziem= lich weitläufigen Räumen des Arsenals und seiner Nebengebäude und es mußte daran gedacht werden, die Compagnien nach und nach in anderen Lokalitäten unterzubringen; — ich und Schaefer hatten bereits acht Compagnien zu 120 Mann beisammen und so wurden wir denn von Kapitän Lyon nach dem südlich vom Arsenal, auf einer Anhöhe gelegenen, gerade leerstehenden Marine= Hospital dirigirt, welches ein Gebäude der Ver.=St. war, um dort unser Regiment zu completiren und dessen reglementsmäßige

Organisation durchzuführen. Schon am 24. morgens marschirte ich mit meiner Compagnie hinauf, um vom Gebäude Besitz zu nehmen, die anderen Compagnien sollten nachmittags nachkommen. Ich fand ein großes und geräumiges Gebäude mit hellen, luftigen Zimmern, ebenfalls in einem umzäunten Parke gelegen, das unsere Leute ganz gut fassen konnte; aber der aus seiner Ruhe und Bequemlichkeit aufgestörte Verwalter des Hospitals protestirte und wollte uns durchaus nicht einlassen, was ihm natürlich nichts nützte; denn ich besetzte trotz seines Widerstandes das Gebäude, und während er zum General Harney lief, um sich zu be= schweren, rückten auch die anderen Compagnien ein und machten sich's bequem. War nun General Harney gerade abwesend oder dünkte die Sache ihm nicht wichtig genug, genug des Ver= walters Protest blieb ohne Folgen und wir blieben unbehelligt im Marine=Hospital. — Ich hatte eine Abneigung, mich und meine Leute in den ehemaligen Krankenzimmern des Hospitals einzuquartiren, und zog es vor, dazu eine, im Parke befindliche bombenfeste Kasematte zu wählen, die früher als Pulver=Magazin des Arsenals benutzt, jetzt aber leerstehend war. In diesem langen gewölbten und nur mit zwei Oeffnungen versehenen Pulver=Magazin quartierte ich meine Compagnie ein, das Ameu= blement war sehr einfach, denn es bestand aus — gar nichts; aber ich requirirte Stroh und es wurden damit in zwei langen Reihen Massen=Lagerstätten hergerichtet, auf denen wir bald Alle nach den Mühen des Tages im festen Schlafe lagen und als ich am andern Morgen noch vom Arsenal=Verwalter ein paar lange Mannschafts=Tische und Bänke erhielt, waren wir vollständig eingerichtet; — die Küche für unsere Feldkessel war unter freiem Himmel im Parke. Aber schon am Abende des nächsten Tages nahm dieses friedliche Stillleben ein rasches Ende, — wir hatten den ganzen Tag tüchtig exercirt, auch sonst war eine Menge wegen der Unterbringung der Compagnien zu besorgen gewesen, kurz, ich war am Abende todtmüde, die Füße waren mir aufge= laufen und ich hatte eben nach der harten Arbeit bequeme Haus= schuhe angezogen, als eine Ordonnanz aus dem Arsenal mir einen handgroßen Zettel brachte, worauf stand:

„Kapitän Börnstein wird hiermit beordert, sogleich mit seiner Compagnie nach den Ver.=St.=Arsenal zu marschiren und sich dort zu melden. N. Lyon, Kapitän und Arsenals=Kom= mandant." —

Mein erster Gedanke war, daß ein Angriff gegen das Arsenal beabsichtigt sei und der Kommandant Verstärkungen benöthige. Ich alarmirte also schnell meine Compagnie und ließ sie unter die Waffen treten, während ich zu gleicher Zeit Kapitän Schaefer, der als ältester Offizier im Marine-Hospital kommandirte, von der Ordre benachrichtigte und ihm rieth, ebenfalls auf der Hut zu sein und die übrigen Compagnien die Nacht hindurch unter den Waffen zu halten. Kapitän Lyon hatte uns, um unsere ziemlich isolirte Position gegen einen möglichen Ueberfall besser bewahren zu können, zwei Kanonen und eine Sektion Artilleristen mit gegeben, diese luden rasch ihre Geschütze mit Kartätschen, die übrigen Compagnien wurden auf den Alarm-Plätzen aufgestellt und von Schaefer wurden die nöthigen Dispositionen zur Vertheidigung gegen einen Ueberfall angeordnet, während ich mit Compagnie A. im Geschwindschritte in's Arsenal hinabmarschirte. Am Thore desselben angelangt, fanden wir eine Compagnie reguläre Infanterie vor demselben aufgestellt, wir mußten Halt machen, Kapitän Totten, der Kommandant der Compagnie recognoscirte uns und nachdem Parole und Feldgeschrei gegeben waren, und wir uns legitimirt hatten, öffneten sich die Reihen der regulären Infanterie und wir durften durch sie hindurch ins Arsenal rücken; denn es wurde unter den damaligen Verhältnissen eine strenge Hauspolizei geübt und der Eintritt ins Arsenal, ungefähr wie in einer belagerten Festung, auf das Genaueste überwacht. Wir waren in solcher Eile und Hast abmarschirt, daß ich nicht einmal mehr Zeit gefunden hatte, wieder Stiefel anzuziehen, und so machte ich meine erste militärische Expedition in Hausschuhen, quasi in Pantoffeln, zu denen nur noch der Schlafrock gefehlt hätte. Aber auf diesen hatte ich in so bewegter Zeit schon längst verzichtet, und zum Glücke war es dunkle Nacht und man sah die Pantoffeln nicht.

Ich fand Kapitän Lyon hinter dem Offiziersgebäude des Arsenals am Ufer des Flusses und meldete mich; — er sagte mir, daß ich und meine Compagnie, gemeinschaftlich mit einer von Blairs Compagnien unter Kapitän Stone's Kommando, zu einer geheimen Expedition beordert sei, zu welcher tiefstes Schweigen und unbedingter Gehorsam das erste Erforderniß seien; — meine Instruktionen würde ich sogleich erhalten. Ich werde den bedeutenden Eindruck dieser Nacht und ihrer geheimnißvollen Vorgänge nie vergessen; — am Flußufer lag ein riesiger Dampfer,

18 *

auf deſſen Vor= und Hinterdeck Kanonen aufgepflanzt waren, bei
denen die Artilleriſten ſchußbereit ſtanden.   Der Mond ſchien
matt durch zerriſſenes Gewölke und beleuchtete geiſterhaft unſere
beiden Compagnien, die am Ufer, rechts und links vom Dampfer,
aufgeſtellt waren.   In der Mitte ſtand Kapitän Lyon mit ſeinen
Offizieren und dem Magazins=Verwalter des Arſenals und über=
wachte die ganze Einſchiffung, während reguläre Soldaten lange
ſchwere Kiſten auf den Schultern tragend, dieſe fortwährend auf
dem Dampfer verluden.   Dieſes in größter Stille verrichtete
Geſchäft, bei dem weder auf dem Dampfer, noch auf dem Ufer
irgend ein Licht ſichtbar war, dauerte bis nach Mitternacht.
Endlich war die Ladung vollendet und Kapitän Lyon gab mir
ſeine Inſtruktionen.   Er habe von Waſhington den Befehl er=
halten, dem Staate Illinois die nöthigen Waffen und Mu=
nitionen zur Ausrüſtung ſeiner Milizen zu liefern, am Bord
ſeien 21,000 Gewehre, acht Kanonen, die nöthigen Seitenwaffen,
Riemenzeug und entſprechende Munitionsvorräthe, — all dieſes
ſollte nach Alton gebracht und dort durch den mitfahrenden
Ver.=St.=Offizier den Staatsbehörden von Illinois übergeben
werden; — die größte Ruhe und Vorſicht ſei unbedingt noth=
wendig, damit dieſe Waffenſendung nicht verrathen und etwa von
den Freunden der Seceſſion angegriffen oder vereitelt werden
könne; — es dürfe kein Licht an Bord brennen, auch der Pulver=
vorräthe wegen, nicht geraucht werden, überhaupt müßte die tiefſte
Stille auf dem Boote herrſchen, damit ſein Paſſiren vom Miſſouri=
Ufer aus nicht bemerkt werde; — ich und Kapitän Stone
ſeien für die genaue Ausführung verantwortlich und er hoffe uns,
nach glücklich vollbrachtem Werke, nach vierundzwanzig Stunden
wieder im Arſenal zu ſehen.   Nachdem wir uns von ihm ver=
abſchiedet hatten, marſchirten unſere Compagnien an Bord und
nahmen ihren Platz im Unterdecke auf dem mit Waffen vollge=
propften Dampfer ein.   Die Gewehrkiſten waren nach Lyons
Anordnung zu beiden Seiten des Bootes ſo aufgethürmt, daß ſie
faſt undurchdringliche Bollwerke für die in der Mitte aufgeſtellte
Mannſchaft bildeten.   Flintenkugeln konnten dieſelben nicht durch=
dringen und ſelbſt Kanonenſchüſſen würden ſie einen ziemlichen
Widerſtand entgegengeſetzt haben.   Lautlos bewegte ſich nun der
Dampfer in die Mitte des Stromes und gegen dieſen hinauf
in der Richtung nach Alton.   Es wurde möglichſt wenig nach=
geheizt, um durch den ausſtrömenden Rauch nicht verrathen zu

werden und tiefe Todesstille herrschte auf dem mächtigen Dampfer,
auf den sich doch nahe an dreihundert Mann befanden. Noch
beim Abschiede hatte Kapitän Lyon uns Kommandanten gewarnt
und uns aufmerksam gemacht, daß oberhalb des nördlichen Stadt=
theils eine beträchtliche Anzahl Minutenmänner mit zwei Ge=
schützen gelagert sei, daß daher, falls die Expedition trotz aller
Vorsicht dennoch verrathen worden sei, eine scharfe Beschießung
von dort, vielleicht sogar ein Angriff durch ein hiezu gemiethetes
und stark bemanntes Dampfboot immer möglich und daher nebst
der größten Stille und Ruhe beständige Gefechtsbereitschaft un=
umgänglich nöthig sei. Es war eine kühle und unangenehme
Nacht, diese Aprilnacht, in der wir die Fahrt nach Alton machten;
— die tiefe Stille, das leise Flüstern, mit dem man sich gegen=
seitig besprach, die unheimliche Erwartung des Kommenden, die
tiefe Erregung der Gemüther, Alles zusammen machte diese Nacht
peinlich, die gar nicht enden zu wollen schien. Dabei rollte der
stark angeschwollene Fluß seine mächtigen Wogen gegen uns
heran und wir kamen nur langsam vom Flecke; endlich als das
erste Morgengrauen heranbrach, die Nacht allmälig der Dämme=
rung wich und leichter Nebel uns umgab, wurde nun stark nach=
geheizt und gegen acht Uhr Morgens hatten wir Alton in
Sicht und der Dampfer lenkte gegen die Levée, während die
Sonne endlich siegreich den Nebel durchbrach und die freundliche
Stadt hell beleuchtete. Nun wurde auf unserem Boote die große
Ver.=St.=Flagge aufgezogen und zugleich eine Signal=Fahne.
Kaum wurde diese am Ufer bemerkt, als sich eine lebhafte Be=
wegung dort kund gab. Böllerschüsse dröhnten durch die Luft,
die Glocken aller Kirchen und Spritzenhäuser begannen ein an=
haltendes Sturmläuten und die ganze Bevölkerung strömte von
allen Seiten dem Hafen zu, wo wir jetzt, die Salutschüsse er=
widernd, anlegten. Der Bevollmächtigte des Gouverneurs von
Illinois kam sogleich an Bord und wir übergaben ihm unsere
Ladung; — starke Verbindungen mit dem Ufer durch Laufbrücken
wurden hergestellt und hunderte von freiwilligen Arbeitern, ja
die ganze männliche Bevölkerung von Alton drängten sich heran,
um unentgeltlich den werthvollen Inhalt des Dampfers auszu=
laden, die Männer von Illinois waren alle unionstreu, hatten
sich bereits zur Vertheidigung der Union in Milizregimenter for=
mirt, aber es hatte bis jetzt an den nöthigen Waffen zur ersten
Ausrüstung größtentheils gefehlt; — allgemeiner Jubel herrschte

daher, als wir die langersehnten Waffen endlich brachten, und
von allen Seiten wurden wir auf das Freundlichste begrüßt.
Unsere Compagnien bildeten einen großen Kreis am Ufer, in
welchem nun von hunderten von Händen die Waffen= und Mu=
nitionskisten, die Geschütze aufgestellt wurden, — in wenigen
Stunden war der ganze Dampfer ausgeladen, der Bevollmächtigte
des Gouverneurs übernahm die ganze Sendung und stellte seine
Empfangsbescheinigung aus, und wieder einige Stunden später
wurden diese Waffen schon auf den Eisenbahnen nach einem
vorher festgestellten Vertheilungsplane, nach allen Richtungen
ins Innere des Staates Illinois verschickt. So war das ver=
fassungstreue Illinois nun bewaffnet, in einigen Tagen schon
rückten die Regimenter auf ihre Sammelplätze und die wackeren
Freiwilligen und Milizen von Illinois haben treu und tapfer
mitgefochten in dem langen Kriege und redlich das Ihrige zur
Erhaltung und Vertheidigung der Union beigetragen.

Aber aus der Rückkehr binnen 24 Stunden, wie sie uns
Kapitän Lyon versprochen, wurde vorerst nichts; — man mochte,
in dem Trouble und in der Aufregung, die damals in St. Louis
herrschten, ganz auf uns in Alton vergessen haben; denn es ver=
gingen 24 Stunden, dann 48, dann drei Tage, und wir lagen
noch immer im Hafen von Alton, ohne zu wissen, was wir dort
sollten, — ja es schien sich Niemand mehr um uns zu kümmern.
Dabei durften wir uns nicht vom Dampfer entfernen; denn dieser
lag fortwährend mit geheizten Kesseln da und der Kapitän erklärte
uns, ohne telegraphischen Befehl dürfe er nicht nach St. Louis
zurückfahren, so laute seine Instruktion, komme aber der Befehl,
so sei er binnen zehn Minuten auch schon auf der Rückfahrt, —
es müsse daher Alles in der unmittelbaren Nähe des Bootes oder
an Bord bleiben. Es blieb uns also nichts Anderes übrig, als
uns in das Unvermeidliche zu fügen und in Geduld abzuwarten,
bis man uns heimrufen würde. Die drei Tage vergingen höchst
langweilig, um aber doch die Zeit bestens auszunutzen, wurde am
Ufer, in unmittelbarer Nähe des Dampfers, zur großen Belustigung
der Altoner, vom Morgen bis zum Abend fleißig exercirt; —
auch gelang es mir, die im Marine=Hospital zurückgelassenen
Stiefel durch ein Paar neue zu ersetzen, die mir ein deutscher
Schuster in der Nähe gegen Geld und gute Worte bereitwilligst
lieferte. So war ich wenigstens wieder auf einen guten Fuß
gekommen und die leidigen Hausschuhe los; — als aber der vierte

Tag anbrach und noch immer kein Befehl zur Rückfahrt eintraf, ward mir die Geschichte doch „zu dumm" und ich that, was ich schon am ersten Tage hätte thun sollen, ich telegraphirte an B l a i r und drang auf unsere Rückberufung. Während ich seine Antwort erwartete, kam ein Brief von S ch a e f e r, der mir anzeigte, das Regiment sei nun vollständig formirt und durch die Wahl sämmtlicher Offiziere des Regiments seien e i n st i m m i g ich zum Obersten, S ch a e f e r zum Oberst=Lieutenant und O st e r h a u s und L a i b o l d zu Majoren des zweiten Missouri=Volonteer=Regi= ments ernannt und diese Ernennungen seien maßgebenden Ortes bestätigt worden; ich möchte daher, sobald es die Umstände nur irgend erlaubten, zurückkommen und das von ihm provisorisch ge= führte Commando des Regimentes übernehmen. Einige Stunden nach Erhalt dieses Briefes kam denn auch schon ein Telegramm von B l a i r, der mir meldete, der Befehl zur Rückkehr sei bereits erlassen und bald darauf erhielt auch der Kapitän des Dampfers diesen Befehl auf telegraphischem Wege. Jubelnd eilten wir Alle auf Bord, und dampften nun rasch, viel schneller, als wir gekommen, weil stromabwärts, unserem S t. L o u i s zu, wo wir am Arsenale landeten, ich dem Kapitän L y o n Rapport über unsere Expedition abstattete, seine Glückwünsche über den guten Erfolg des Unter= nehmens und seine Entschuldigung, daß man auf uns ganz ver= gessen habe, entgegennahm, und nun gings hinauf ins Marine= Hospital, wo wir von dem ganzen Offizierskorps und den Mann= schaften des Regimentes jubelnd begrüßt und der neue Oberst mit herzlichen Ansprachen empfangen wurde. Ein fröhliches Mahl, zwar unserer beschränkten Mittel wegen sehr frugal, aber von Freude und Herzlichkeit gewürzt, beschloß diese Empfangsfeier, die bis spät in die Nacht hinein dauerte und so legte ich mich denn zum erstenmale als Oberst eines amerikanischen Regimentes zur Ruhe, mit dem erhebenden Bewußtsein, zwölfhundert wackere deutsche Männer als treue Waffengenossen unter meinem Commando zu haben, deren Wohl und Wehe ich nun zu verantworten hatte. Ich fühlte mich an diesem Tage um zwanzig Jahre jünger und zu allen Anstrengungen kräftig und bereit, und trotz meiner damaligen 56 Jahre habe ich die Strapazen meiner Dienstzeit auch gesund und rüstig durchgemacht.

Black-Friday.

(1861.)

Während die amerikanischen und irischen Aemterjäger von Pro=
fession schaarenweise nach Washington eilten, um durch eifriges Bitten
und Betteln und unverschämte Zudringlichkeit, sowie durch Inan=
spruchnahme von Protektionen aller Art irgend ein fettes Aemtchen
zu erlangen, standen die Deutschen zur Vertheidigung der Union
unter den Waffen und es kann mit Genugthuung und zur Ehre des
deutschen Namens constatirt werden, daß man damals, in den
Tagen der Gefahr, unter den Bewerbern um Aemter und Würden in
Washington=City keinen einzigen Deutschen sah. Die Opferfreudig=
keit und die Begeisterung, mit der die Deutschen zu den Fahnen der
Union eilten, stieg von Tag zu Tage, schon war in St. Louis ein
fünftes Freiwilligen=Regiment in der Bildung begriffen und gleich=
zeitig wurden auf eine Aufforderung des Kapitän Lyon vier
Heimwehr=Regimenter (homeguards) aus Verheiratheten
und älteren Bürgern errichtet, welche nur in St. Louis selbst dienen
und für die Ruhe und Sicherheit der Stadt Sorge tragen sollten,
wenn die Freiwilligen=Regimenter in's Feld rücken würden. —
Auch die vier Heimwehr=Regimenter bestanden durchgängig aus
deutschen Bürgern, so daß schon drei Wochen nach dem Ein=
treffen der Ordre aus Washington, welche endlich die Bewaffnung
der Freiwilligen autorisirte, ein wohlgerüstetes kleines Armeecorps
von fast 10,000 deutschen Männern zur Verfügung der Unions=
behörden stand. Alle Familien= und Geschäftsrücksichten wurden
bei Seite gesetzt, Jeder dachte nur an das große Ganze, an die
Vertheidigung und Erhaltung der Union und kein Opfer wurde
als zu groß betrachtet, wenn es der Rettung der großen ameri=
kanischen Sternenrepublik galt. Ich selbst z. B. legte die Führung
meiner zahlreichen und verwickelten Geschäfte getrost in die Hände
von Freunden und Angestellten und sah meine Druckerei und
Redaktion erst drei Monate später wieder; — mit mir waren in
demselben Regimente meine drei Söhne und mein Schwieger=
sohn und mit Ausnahme meines ältesten Sohnes, der als mein
Nachfolger zum Hauptmann der Compagnie A. erwählt worden
war, trugen sie alle die Musketen, als Gemeine in Reih' und
Glied dienend.

Aber auch von Seiten der Secessionisten wurde Alles aufgeboten, um ihre Reihen zu verstärken, überall im Staate wurde auf Befehl des Gouverneurs gerüstet, jeder waffenfähige Mann mußte in eine militärische Organisation eintreten, wobei es an rohem Zwang, an Mißhandlungen und Gewaltmaßregeln nicht fehlte, ja es wurden wackere Unions=Leute, die sich weigerten, gegen die rechtmäßigen Behörden und gegen die Union die Waffen zu ergreifen, von fanatischen Banden überfallen, von ihrem Eigenthum, von Haus und Hof vertrieben und die Armen mußten, um nur das nackte Leben zu retten, sich in die Wälder flüchten, während ihre Farmen ausgeplündert und ihre Häuser in Brand gesteckt wurden. Das bewaffnete Aufgebot der Secessionisten war mit den Waffen ausgerüstet worden, welche die Staatsbehörden aus dem plötzlich überfallenen Ver.=St.=Arsenale zu Liberty gestohlen hatten, — es sollte, so bald es die entsprechende Stärke erlangt haben würde, gegen St. Louis marschiren und im Vereine mit den Secessionisten und „Minutenmännern" unter dem Befehle des Staats=Milizen=Generals D. M. Frost die freiheitlich gesinnte Stadt angreifen und den Geboten der Sklavenhalter unterthänig machen. Zu diesem Zwecke hatte General Frost ein Lager auf einem Hügel westlich von St. Louis aufgeschlagen, das dem Gouverneur zu Ehren den Namen Camp Jackson trug, und in dem bereits die Secessionsflagge aufgezogen war; — hier hatte General Frost mit Genehmigung des Gouverneurs bereits zweitausend Mann Secessionisten und Minuten=Männer=Compagnien zusammengezogen und fast täglich kamen neue Zuzüge aus dem Inneren des Staates in Camp Jackson an. Endlich brachte in den ersten Tagen des Mai der Dampfer J. C. Swon eine ganze Schiffsladung von den aus dem Ver.=St.=Arsenale in „Liberty" gestohlenen Kanonen, Gewehren, Seitenwaffen, Ausrüstungsgegenständen und Munitionen nach St. Louis, wo sie nächtlicherweise ausgeladen und sogleich in das Secessionistenlager gebracht wurden. Diesem hochverrätherischen Treiben konnte nicht länger unthätig zugesehen werden, wollte man nicht die gute Sache selbst gefährden. In den ersten Tagen des Mais waren bereits sämmtliche Stabs= und Oberoffiziere der vier freiwilligen Regimenter zusammengetreten um nach amerikanischem Reglement einen Brigade=General zu erwählen; — die Wahl fiel einstimmig auf Kapitän M. Lyon, der das Wahlresultat dankend annahm, die Wahlprotokolle mit den eigenhändigen Unterschriften aller Offiziere wurden sogleich durch Blair an den Kriegsminister Cameron nach Washington geschickt und die Bestätigung der Wahl wurde erbeten. Durch dieses Vertrauens=Votum aller Freiwilligen=Regimenter war die Stellung Lyons bedeutend gekräftigt worden und der General Lyon konnte jetzt Manches unternehmen, was ihm als einfachem Infanterie=Kapitän nicht möglich gewesen wäre. Blair sowie Lyon waren entschieden der Ansicht, daß man sich durch die in Washington vorherrschende Schaukel= und Zauderpolitik nicht länger dürfe beirren lassen; ein längeres unthätiges Zuwarten betrachteten Beide als gefährlich für die Sache der Union und die Sicherheit von St. Louis, da die Secessionisten dadurch nur Zeit gewännen, um ihre militärische Organisation zu vervollständigen; — vor Allem aber müsse Camp Jackson aufgehoben, die secessionistische bewaffnete Ansammlung dort zerstreut und das geraubte Bundes= eigenthum wieder zurückgenommen werden. Zu diesem Zwecke recognoscirte General Lyon persönlich in einer Verkleidung das Secessionistenlager in Lindells Grove und hatte, während er dies unternahm, die Mitglieder des Sicherheitscomités und die Obersten der Freiwilligen=Regimenter zu einem Kriegsrathe in das Arsenal berufen. Es war am Donnerstag, den 9. Mai, Nach= mittags, als wir uns dort einfanden und zwar in Lyons Wohn= zimmer in einem kleinen, neben dem Zeughause stehenden Häuschen; — anwesend waren bei dieser denkwürdigen Versammlung Oberst= Lieutenant Chester=Harding, General=Adjutant Lyons, Franklin A. Dick, der Schwager Blairs, der ebenfalls Adjutanten=Dienste that, ferner die Mitglieder des Sicherheits= comité's O. D. Filley, Broadhead, Glover und Wißig, endlich die Obersten Blair, Börnstein, Sigel und Schütt= ner; nur General Lyon selbst fehlte. Endlich, als schon die Dämmerung hereinbrach, erschien er in ganz mit Schmutz und Lehm bedeckten Kleidern, wie er von der Recognoscirung kam, während der er durch einen Graben bis zum Lager selbst empor= gekrochen war, und eröffnete sogleich die Berathung. Er erklärte, daß er nun aus eigener Anschauung fest überzeugt sei, daß von Camp Jackson aus große Gefahr der Stadt und dem Arsenale drohe, daß daher rasch gehandelt und das Lager aufgehoben werden müsse, daß überdies keine Zeit zu verlieren sei, da der Ver.=St.= Militär=Commandant von Missouri, General Harney, in drei Tagen von Washington wieder nach St. Louis zurückkehre und daß bei dessen freundschaftlicher Stellung zu den Hauptführern der Secession, von ihm keine Unterstützung, sondern vielmehr nur Hemmnisse und Schwierigkeiten zu erwarten seien. Es müsse daher in den nächsten Tagen schon gehandelt werden, ehe der günstige Moment vorüber sei; — alle Anwesenden stimmten Lyons' Vorschlage bei, nur der Advokat Glover erhob Bedenken juristischer Art und wollte erst einen Befehl des Ver.-St.-Gerichtes um Auslieferung des Bundeseigenthums erlangen, dieser sollte vom Ver.-St.-Marschall im Camp Jackson präsentirt und die Freiwilligen-Regimenter sollten nur als „posse-comitatus" bei der Ausführung des Befehles behülflich sein, allein Blair wie Lyon wußten nur zu gut, daß die Mitglieder des Ver.-St.-Gerichtes heimliche Freunde der Secession seien, daher Schwierigkeiten und Ver-schleppungen eintreten lassen würden und so beschlossen Beide auf eigene Verantwortung zu handeln. General Lyon stellte noch an die Obersten die Frage, ob sie auf ihre Leute unbedingt rechnen könnten, die einstimmig bejaht wurde, und theilte uns ferner mit, daß er den Zeitpunkt des Handelns noch nicht genau bestimmen könne, daß wir aber Alles so bereit halten sollten, um in jedem Augenblicke für die Aktion fertig zu sein.

Es war schon sehr spät geworden, als wir in unsere Haupt-quartiere zurückkehrten. Hier wie in der Stadt selbst herrschte schon bedeutende Aufregung; Gerüchte über den abgehaltenen Kriegs-rath waren aus den Mauern des Arsenals in die Bevölkerung gedrungen, man hatte lange Züge von angeschirrten Zugpferden in's Arsenal führen sehen und schloß daraus auf ein nahe bevor-stehendes Einschreiten der Bundestruppen, endlich auch cirkulirten, wahrscheinlich absichtlich verbreitete Gerüchte, daß ein secessionistisches Truppencorps aus dem Inneren des Staates auf dem Marsche gegen St. Louis, ja da und dort schon wirklich gesehen worden sei, um gemeinschaftlich mit den Truppen in Camp Jackson noch in dieser Nacht die Stadt und das Arsenal zu überrumpeln. Der Vorsicht halber ließ ich nach meiner Rückkehr die Vorposten um das Marine-Hospital verdoppeln und die Mannschaft durfte sich nicht ausziehen, sondern mußte auf den ersten Alarmschuß gefechts-bereit auf den Sammelplätzen erscheinen.

Indessen verging die Nacht ganz ruhig und auch die aus-geschickten Kundschafter meldeten, daß in Camp Jackson Alles ruhig sei und nur am Abende ein großes Gelage der Offiziere statt-gefunden habe, bei welchem auf den Untergang der Union und den nahen Sieg der Secession toastirt worden sei. Aus dem

Arsenal kam keine Ordre und so rückte denn das Regiment, wie
gewöhnlich, in aller Frühe zu seinen Exercir=Uebungen aus.

Es war dieses Einexerciren der Mannschaft nach amerikanischem
Reglement in der kurzen Frist vom 22. April bis 10. Mai keine
leichte Aufgabe. Allerdings hatte die größere Hälfte der Offiziere
wie der Mannschaft bereits in Europa kürzere oder längere Zeit
im Militär gedient; aber die Einen in der östreichischen, die
Anderen in der preußischen Armee, wieder Andere in den bayrischen,
würtembergischen, hessischen u. s. w. Truppen, jeder hatte andere
Handgriffe, andere Evolutionen, andere Commandos kennen gelernt und eine Hälfte bestand aus Leuten, die nie gedient, nie
in ihrem Leben ein Gewehr in der Hand gehabt hatten, und so
war es keine leichte Sache, alle diese verschiedenen Elemente in
ein wohldisciplinirtes harmonisches Ganzes zu vereinigen und
ihnen in wenigen Tagen das amerikanische Reglement beizubringen.
Um diese Schwierigkeiten rasch zu überwinden, kam ich auf den
Einfall, eine Schul=Compagnie zu bilden und zwar in der
Art und Weise, daß früh Morgens um fünf Uhr schon, sämmtliche
Offiziere, Sergeanten und Corporale des Regimentes mit der
Muskete auf der Schulter in Reih und Glied der Schulcompagnie
standen, die Hauptleute der Compagnien als Unteroffiziere eintraten
und die drei Stabsoffiziere als Offiziere an den Flügeln und hinter
der Front der Compagnie ihre Plätze einnahmen. Mit dieser
Schul=Compagnie wurde nun zwei Stunden lang das amerikanische
Exercir=Reglement nach Hartnetts Manual tüchtig durchge-
nommen, zuerst die Handgriffe, dann die taktischen Bewegungen
u. s. f., und wenn die Uebung aus war, eilten nun die Mitglieder der Schul=Compagnie zu den Compagnien und brachten
wieder zwei Stunden lang ihren Leuten das gründlich bei, was
sie soeben selbst erlernt und sich eigen gemacht hatten. Dieselbe
Procedur wurde am Nachmittag wiederholt und so kam es, daß
das zweite Regiment große Fortschritte machte und in der verhältnißmäßig kurzer Zeit schon tüchtig einexercirt war; — ich
kann es gerne anerkennen, daß außer der außerordentlichen Bereitwilligkeit und dem lebhaften Eifer der Offiziere und Mann-
schaften auch meine im fünfjährigen Dienste in der östreichischen
Armee gesammelten Erfahrungen die rasche Organisation wesentlich
erleichterten. Auch am Morgen des zehnten Mai hatten wir gerade das Lehr=Exercitium der Schulcompagnie beendet und das
Exerciren der Compagnien sollte beginnen, als eine Ordonnanz

aus dem Arsenale angesprengt kam und mir vom General Lyon einen schriftlichen Befehl brachte. Der General — hieß es darin — wünsche das zweite Regiment um zehn Uhr im Arsenale zu sehen, um es die Revue passiren zu lassen. Zwei Compagnien sollten jedoch zum Schutze des Marine=Hospitals dort zurückbleiben. Ich vermuthete sogleich, daß die Zeit des Handelns gekommen sein dürfte und traf meine Vorkehrungen. Als der zurückgekehrten Ordonnanz aber bald Zugpferde für die Kanonen folgten, wußte ich, was im Werke sei, und nach neun Uhr schon setzten wir uns in Marsch und rückten nach dem Arsenale vor. Hier fanden wir bereits das ganze Arsenal vollgepfropft mit Truppen, die in langen Fronten unter den Bäumen aufgestellt waren. General Lyon mit seinem Stabe ritt die Reihen der Regimenter ab und richtete an jedes kurze und kräftige Ansprachen; — dann wurde auf seine Weisung von den Obersten zum scharfen Laden commandirt, auch die Artillerie lud ihre Geschütze und Punkt zwölf Uhr Mittags öffneten sich die Thore des Arsenals zum Ausmarsche der Expedition. General Lyon mit zwei Compagnien regulärer Infanterie und Major Backhof mit sechs Geschützen, ferner das erste Regiment (Oberst Blair) marschirten die Laclede=Avenue hinauf, während das zweite Regiment (Oberst Börnstein) der Pine= Straße, das dritte Regiment (Oberst Sigel) der Olive=Straße und das vierte Regiment (Oberst Schüttner) dem Laufe der Marktstraße folgten, und alle vier Regimenter fast gleichzeitig um Camp Jackson herum aufmarschirten. Das fünfte Volonteer= Regiment und das erste und zweite Heimwehr=Regiment blieben als Garnison im Arsenale zurück, während das dritte und vierte Heimwehr=Regiment als Reserve zwischen der Stadt und Camp Jackson aufgestellt waren. Im Lager der Secessionisten rührte und regte sich nichts, nur von Zeit zu Zeit zeigten sich auf der Höhe einige Berittene, welche den Anmarsch der Bundestruppen zu recognosciren und dem General Frost dann Bericht zu er= statten schienen. Dagegen aber strömten, durch den Marsch der Truppen aufmerksam gemacht, Tausende von Neugierigen aus der Stadt ihnen nach, als handle es sich um ein friedliches Manöver und nicht um ein blutiges Kampfspiel, bei dem auch den Zu= schauern Gefahr drohte. Als Camp Jackson nun so von allen Seiten von den Bundestruppen eingeschlossen und unsere Geschütze ringsum auf den Hügeln so aufgepflanzt waren, daß sie das ganze Secessionisten=Lager bestreichen und in Grund und Boden schießen

konnten, schickte Lyon den Major Farrar unter Parlamentär=
Flagge nach Camp Jackson und Farrar überreichte hier dem
General Frost die schriftliche Aufforderung Lyons, das Lager
binnen einer halben Stunde den Bundestruppen zu über=
geben, widrigenfalls er und seine Leute das Aeußerste zu gewärtigen
hätten. Hier im Secessionistenlager herrschte die größte Aufregung,
und Bestürzung; Alles lief rathlos hin und her; — schon in der
vorhergehenden Nacht und im Laufe des Tages waren angesichts
der drohenden Vorbereitungen von der zweitausend Mann starken
Besatzung an fünfhundert Mann desertirt und hatten sich in Sicher=
heit gebracht; jetzt, als die Bundestruppen in Sicht kamen, folgten
ihnen noch einige hundert, die ihre Secessions=Kokarden und sonstigen
Abzeichen herunterrissen, über die Zäune des Lagers kletterten,
und sich unter die zahlreichen Zuschauer mischten. Die halbe
Stunde Bedenkzeit war noch nicht abgelaufen, als Frost's
General = Adjutant bei General Lyon erschien und diesem mit=
theilte, General Frost willige, wenn auch unter Protest, in die
Uebergabe des Lagers, nur wünsche er, daß das öffentliche Eigen=
thum im Lager unter militärischen Schutz gestellt werde und daß
die Offiziere ihre Degen behalten dürften. Eine Compagnie von
Sigels Regiment unter Kapitän Blandowski's Commando
besetzte den Eingang von Camp Jackson und die ganze Besatzung
des Lagers — was eben noch davon vorhanden war, 1110 Mann
und 78 Offiziere, — mußten das Lager verlassen und sich als
Kriegsgefangene in die Obhut der Unionstruppen begeben. Außer=
dem wurden mit dem Lager außer der vollständigen Zeltausrüstung
zwölf Kanonen, sieben Bombenmörser, 1200 Gewehre, große Mengen
von Seitenwaffen und Ausrüstungsgegenständen, ferner eine be=
deutende Anzahl Kanonen und Gewehre in noch unausgepackten
Kisten, wie sie vom Dampfer „Swon" gebracht und ausgeladen
worden waren, endlich große Munitionsvorräthe von den Bundes=
truppen mit Beschlag belegt und in den folgenden Tagen in's
Arsenal in Sicherheit gebracht.

Während die Kriegsgefangenen unter militärischer Bedeckung
das Lager verließen und das dritte Regiment unter Oberst Sigel
dasselbe besetzte, wurde auf Lyons Befehl die Secessionsflagge
des Lagers heruntergelassen und an ihrer Stelle das Sternen=
banner der Union aufgezogen und von den Bundestruppen mit
dreimaligen Hurrahrufen begrüßt. Das war zu viel für die von
allen Seiten herbeigeeilten Freunde und Anhänger der Secession,

in deren Reihen sich nun auch die aus dem Lager entwichenen Secessionisten mengten; — sobald die Uebergabe des Lagers — da jeder Widerstand vergeblich gewesen wäre — eine beschlossene Sache war, wurden die Bundestruppen von allen Seiten umdrängt und mit Hohn- und Schimpfreden insultirt, nahmen aber von diesen Provokationen gar keine Notiz. Als nun die Unionsflagge aufgezogen und mit Hurrah's begrüßt wurde, steigerte sich der Zorn der Secessionisten zur blinden Wuth und den rohen Schimpfworten folgten nun Steine, Ziegel, Stücke Erde, die ganz aus der Nähe auf die Truppen geschleudert wurden und auch einige Leute in Reih und Glied verwundeten. Trotzdem blieben die Truppen in ihrer musterhaften Ruhe, ließen sich nicht beirren und richteten ihre ganze Aufmerksamkeit auf die Bewachung der Kriegsgefangenen, die in zwei Abtheilungen, in die Mitte der Colonnen des ersten und des zweiten Regiments, eingetheilt worden waren. Eben sollte die Colonne jetzt ihren Marsch nach dem Arsenale beginnen, als plötzlich aus einem im Bau begriffenen Hause, von den Bäumen herab und von der Prairie aus mit Revolvern auf die Truppen gefeuert wurde, wodurch in meinem Regimente zwei Mann fielen und mehrere verwundet wurden; — dem Kapitän Blandowski, der die Wache am Eingang des Lagers hielt, wurde durch eine Kugel die Kniescheibe zerschmettert, er mußte amputirt werden und starb einige Tage nach der Operation. Dieser verrätherische Angriff hatte die Geduld der Truppen erschöpft, sie schlugen nun ebenfalls ihre Gewehre an und vom Triebe der Selbstvertheidigung bewegt, feuerten sie auf ihre Angreifer ohne ein Commando dazu erhalten zu haben. Es waren die reguläre Infanterie und die Soldaten meines Regimentes, welche das Feuer eröffneten und die feigen Angreifer von den Bäumen, auf die sie sich versteckt, herunterschossen. Jetzt, als die Feiglinge sahen, daß es Ernst wurde, bemächtigte sich ein panischer Schrecken der wüthenden Rotte und sie stob nach allen Richtungen auseinander; aber den Boden bedeckten sechzehn Todte und mehr als fünfzig Verwundete, wahrscheinlich aber war die Zahl der Opfer noch größer; denn viele wurden von ihren Freunden und Bekannten fortgeschafft und ihr Antheil an dem gesetzlosen Aufstande möglichst verheimlicht. Meinem und dem Einschreiten aller Offiziere war es gelungen, das Feuer schon nach einigen Minuten einstellen zu lassen und nun setzte sich unsere Colonne um sechs Uhr Nachmittags in Bewegung, um die Olive-Straße abwärts die

Gefangenen ins Arsenal zu bringen. Es mußte langsam marschirt
werden und unsere Vorwärtsbewegung war nicht ohne Gefahr.
Ungeheure Menschenmassen hatten sich auf unserem Wege ange=
sammelt, die Gefangenen sollten uns um jeden Preis entrissen
werden, hieß es, und wir konnten in jeder Minute einen Straßen=
kampf erwarten. Die Secessionisten hatten sich in Massen auf
den Trottoirs der Olive=Straße aufgestellt, Revolver in der Hand,
Drohungen und Flüche gegen die „hessischen Söldlinge" im Munde,
— vor sich hatten sie Frauen und Kinder aufgepflanzt, auf die
die Truppen wohl nicht schießen würden; dabei wurde es allmälig
immer dunkler, je weiter wir kamen, und wir sahen mit ernster
Besorgniß dem schrecklichsten der Schrecken, einem nächtlichen
Straßenkampfe entgegen, bei dem man Freund und Feind
nicht unterscheiden würde.

Allein die Ruhe und feste Haltung der Truppen imponirte
dem Mob doch gewaltig und da auch die Gefangenen ruhig und
stille marschirten, und sich zu keinen Provokationen hinreißen
ließen, ging der Heimmarsch ohne Störung vorüber; — aber
ich athmete doch erst wieder frei, als wir in die 14. Straße
einbogen und uns nun immer mehr dem südlichen, von Deutschen
bewohnten, Stadttheile näherten. Als wir aber die Carondelet=
Avenue erreichten, drohte plötzlich eine andere Gefahr. Eine
unabsehbare Menschenmenge füllte hier die breite Straße, meist
aus Weibern und Kindern bestehend, denn die Männer marschirten
in Reih und Glied. Die Kunde von dem verrätherischen Angriff
bei Camp Jackson, dem Freiwillige theils als Todte, theils als
Verwundete zum Opfer gefallen waren, war schon bis hierher
gedrungen und hatte große Unruhe und noch mehr Erbitterung
erzeugt. Jede von den Frauen glaubte und fürchtete, ihr Mann,
ihr Sohn sei unter den Gefallenen, das Gerücht hatte außerdem
noch furchtbar übertrieben und so herrschte unter den Weibern
eine schreckliche Erbitterung; Drohungen wurden von allen Seiten
laut, sie wollten sich rächen an den Urhebern all dieses Unheils
und die gefangenen Secessionisten lynchen. Die Colonnen mußten
fester geschlossen werden und erst nach langem, gütlichen Zureden
und der Versicherung, daß Jedem sein Recht widerfahren würde,
gelang es, die ungeheure Aufregung soweit zu dämpfen, daß wir
mit unseren Gefangenen ungefährdet das Arsenal erreichen und
diese dort endlich in Sicherheit bringen konnten. Es war acht
Uhr Abends geworden, als wir im Arsenal anlangten, die Leute

waren also eilf Stunden lang unter den Waffen gewesen und ich selbst war ebenso lange nicht aus dem Sattel gekommen. Aber es dauerte noch volle zwei Stunden, bis wir zur ersehnten Ruhe kamen, denn die Gefangenen mußten erst in die Listen aufgenommen und dann eidlich parolirt werden, daß sie nie mehr die Waffen gegen die Union tragen würden. Alle leisteten diesen Eid bis auf Einen Kapitän, Emmet Macdonald, der es vorzog, als Kriegsgefangener im Arsenal zu bleiben, — die Anderen aber, die geschworen hatten, ließen sich, mit wenigen Ausnahmen nur, durch ihren Eid nicht im Geringsten abhalten, schon in den nächsten Monaten in den Reihen der Secessionisten gegen die Union zu kämpfen.

Endlich um zehn Uhr Nachts, nachdem alle Formalitäten beendigt waren, konnten wir das Arsenal verlassen und in unser Marine=Hospital zurückkehren, wo wir mit Jubel und einer Illumination aller Fenster begrüßt wurden, aber todmüde und nahezu ausgehungert uns nach nichts so sehr sehnten, als nach Essen und Trinken und dann nach ungestörter Ruhe, was uns auch Allen reichlich zu Theil ward.

Indessen ging es in der Stadt höchst stürmisch und auf= geregt zu; improvisirte Versammlungen hatten sich vor dem Plantershause, am Courthause und an anderen Punkten gebildet, in denen wüthende Reden gehalten wurden gegen die „damned dutch", gegen die „feilen hessischen Miethlinge", die es gewagt hatten, auf eingeborene amerikanische Bürger zu schießen, und die als Fremdlinge so frech waren, die Truppen des Staates Missouri gefangen zu nehmen und ins Arsenal zu schleppen, — das sei eine nationale Schmach und müsse durch den Tod und die Ver= nichtung aller Deutschen gerächt werden, — immer heftiger wurden die Reden, immer höher stieg die Aufregung, einzelne Deutsche auf der Straße wurden bereits mißhandelt, einige feigerweise ermordet und endlich setzte sich die wüthende Menge in Bewegung, um durch Zerstörung der Druckereien des „Missouri Demokrat" und des „Anzeigers des Westens" Rache zu nehmen für die Unbill des Tages. Aber die Staatspolizei, die bisher theils offen, theils verdeckt die Secessionisten begünstigt hatte, begriff jetzt, daß der Mantel der Gewalt auf andere Schultern gefallen sei und fügte sich den neuen Verhältnissen. Der Polizeichef Mac Donough raffte die ganze Polizeimannschaft zusammen und warf sich mit ihr der heranziehenden wüthenden Menge in den Weg mit der

Erklärung, daß er beauftragt sei, Ruhe und Ordnung zu erhalten und Personen und Eigenthum zu beschützen und daß er der Gewalt mit Gewalt begegnen werde; — seien aber seine Leute zu schwach, so sei bereits vorgesorgt; denn die gefürchteten „schwarzen Jäger" hätten bereits die Druckerei des „Demokrat" besetzt und würden bei einem Angriffe auf dieselbe ein fürchterliches Blutbad anrichten. Das wirkte; an die Stelle der Wuth trat stille Besonnenheit und allgemach verliefen sich die Haufen. Indessen war eine andere Rotte von nahezu tausend Individuen in derselben Absicht gegen die Druckerei des „Anzeigers" gezogen; aber hier waren schon vorsichtshalber zwei Kompagnien des vierten Regiments aufgestellt, die die Straße an beiden Ecken absperrten. Als nun bei den ersten drohenden Rufen aus der Menge der Commandant laut den Befehl zum scharfen Laden gab, und die Truppe dann die mächtigen Haubajonnette auf die Gewehre pflanzte, da trat auch hier schnell Ruhe und Besonnenheit ein und eine Viertelstunde darauf war die Straße schon leer und ausgestorben.

So endete der verhängnißvolle Freitag des zehnten Mai, den der „Missouri-Republican" am nächsten Morgen: Black-Friday taufte.

- - - - - -

Der zehnte Mai und seine Folgen.
(1861.)

Am nächsten Morgen erst zeigten sich die weittragenden Folgen der von Lyon so kühn unternommenen Wegnahme des secessionistischen Camp Jackson sowohl in St. Louis und Missouri selbst, als in der ganzen Union, in den südlichen Sklavenstaaten und besonders am Regierungssitze in Washington-City. Trotzdem daß bereits am Schlusse des Jahres 1860 Süd-Carolina aus der Union getreten war und die anderen südlichen Staaten im Januar und Februar nachfolgten, war es doch noch zu keinem gewaltthätigen Conflikte zwischen dem Norden und dem Süden gekommen; — beide Theile rüsteten und zogen ihre Streitkräfte zu künftigen Operationen zusammen, aber jeder größere Zusammenstoß war bisher noch sorgfältig vermieden worden; denn jeder

ter beiden Theile hoffte noch immer, durch gütliche Unterhand=
lungen das vorgesteckte Ziel zu erreichen. So war denn Präsident
Lincoln in Washington=City in geringer Entfernung von dem
aufgestandenen Virginien und von Richmond, dem Sitze der
Rebellenregierung, feierlich inaugurirt worden und mehr durch
List als durch Gewalt hatten sich die Südlichen in den Besitz
des großen Arsenals von Harpersferry und der Regierungs=
Schiffswerfte von Norfolk gesetzt; — die einzige offene Kriegs=
handlung, die bis dahin vorgekommen war, beschränkte sich auf
das Bombardement des im Hafen von Charleston gelegenen, von
Major Anderson und den Bundestruppen vertheidigten Fort
Sumpter, welches nach dreitägiger Beschießung wegen Mangels
an Lebensmitteln und Munition auf die Bedingung freien Ab=
zuges der Garnison kapituliren mußte, wobei jedoch mehr Steine
und Mauertrümmer als Menschenleben zu Grunde gingen. Auf
diese Katastrophe folgte ein langer, nicht verabredeter, sondern
von beiden Seiten freiwilliger Waffenstillstand, der erst durch die
Wegnahme von Camp Jackson und deren blutige Folgen beendet
wurde. Eine militärische Operation, die mit der Versprengung
des secessionistischen Lagers, mit der Eroberung einer großen
Kriegsbeute und mit der vorläufigen Unterdrückung der Rebellion
in einem Sklavenstaate endete und deren Resultat sechzehn
Todte, fünfzig Verwundete und über 1200 Gefangene waren,
war in der damaligen, dem Zuwarten und dem Unterhandeln
geneigten, sich noch immer in Illusionen wiegenden Zeit ein
bedeutendes und folgenschweres Ereigniß und wirkte weit über
die Grenzen von Missouri hinaus. Der Eindruck in Missouri
selbst war ein ungeheurer; die Wuth und Erbitterung der
Sklaverei=Männer, die alle ihre Pläne vereitelt, ihre Hoffnungen
vernichtet sahen, war eine furchtbare; ihr Hauptorgan, der „Missouri
Republican" brachte schon am nächsten Morgen einen wuth=
schnaubenden Artikel mit einem halben Dutzend fettgedruckter
Titel=Ueberschriften, wie z. B.: „der schwarze Freitag" —
„die deutschen Söldner ermorden amerikanische
Bürger" — „Greise, Frauen und Kinder von einer
frechen Soldateska getödtet" — und ähnliche Provo=
kationen mehr. In dem Artikel selbst wurde in der gehässigsten
Weise die Selbstvertheidigung der Truppen gegen ungerechtfertigte
Angriffe als ein Attentat gegen die Souveränität des Staates,
als ein frecher Angriff auf Ehre, Leben und Person freier Bürger,

als ein gemeines Verbrecher verthierter Söldlinge in den glühendsten und gehässigsten Farben geschildert und zur Rache an den fremden Eindringlingen aufgefordert. Dieser wuthschnaubende Artikel des „Missouri=Republican" und ähnliche entstellte Schilderungen der Vorgänge des verflossenen Tages mit Aufforderung zur Rache und Vergeltung in anderen Blättern hatten die Aufregung des vorher= gegangenen Abends wieder belebt und womöglich noch gesteigert und überall bildeten sich Zusammenrottungen, welche die Vor= gänge in der erbittertsten Weise discutirten. Der Mayor von St. Louis erließ zwar eine Proklamation, in welcher er zur Schließung aller Wirths= und Gasthäuser aufforderte und den Verkauf geistiger Getränke einstellte, auch empfahl er den Eltern, die Kinder nicht auf die Straße zu lassen, und den Einwohnern überhaupt, ihre Wohnung nach Eintritt der Dunkelheit nicht zu verlassen; — allein die Proklamation fand wenig Beachtung und man redete und trank sich immer mehr in blinde Berserker= wuth hinein. Von diesem Zustande der Dinge in der Stadt nichts ahnend hatte ich am Morgen des 11. Mai mehreren Leuten meines Regimentes einen kurzen Urlaub ertheilt, um in der Stadt ihre Geschäfte zu besorgen oder ihre Eltern zu besuchen; — erst als es wieder dunkel wurde, kehrten die meisten von ihnen mit zerrissenen Kleidern, blutrünstig zerschlagenen Gesichtern und allen Zeichen erlittener Mißhandlungen ins Marine=Hospital zurück. Sie waren, obwohl sie unbewaffnet und in Civil in die Stadt gegangen waren, als „Deutsche" und als „Freiwillige" erkannt, von halbtrunkenen Banden insultirt und mehr oder minder mißhandelt worden, ja zwei von ihnen kehrten gar nicht wieder und man hat nie mehr etwas von ihnen gehört; — wahrscheinlich wurden sie erschlagen und ihre Leichen in den Fluß geworfen. Am Nachmittage desselben Sonnabends den 11. Mai, marschirte ein Bataillon des sechsten Heimwehr=Regimentes nach dem Arsenal, um dort bewaffnet zu werden; — schon beim unbewaffneten Hin= untermarsch waren die ruhigen Leute von dem Mob insultirt worden; als sie nun mit den Gewehren zurückmarschirten und in das Centrum der Stadt kamen, hatte sich an der Ecke der fünften und Walnut=Straße eine ungeheure Zusammenrottung gebildet, welche die Truppe mit Hohn und Spott empfing, sie mit den beleidigendsten Schimpfreden anschrie und endlich einen Hagel von Steinen und Ziegeln auf sie schleuderte; — ruhig marschirte die Heimwehr ihres Weges und setzte den Herausforderungen des

Mobs stille Verachtung entgegen, — da, als die Colonne in die Walnut-Straße eingebogen war, wurden von der Freitreppe der Presbyterianer-Kirche auf die letzte Compagnie des Bataillons ein Feuer mit Revolvern eröffnet, während aus den oberen Stockwerken der benachbarten Häuser mit Gewehren auf die Truppe geschossen wurde. Bei diesem heimtückischen Angriffe vom Rücken aus ließ der Commandant des Bataillons, Oberstlieutenant White, die Truppe Halt machen, die sich nun rückwärts wendete und auf die Angreifer ein wohlgezieltes Feuer eröffnete. Wie viele Opfer da= mals gefallen sind, ist nie festgestellt worden, da die Rowdies, die die Truppe angriffen und dabei getödtet oder verwundet wurden, von ihren Gesinnungsgenossen rasch fortgeschleppt und ihr Unfall verheimlicht worden war; — von der Heimwehr wurden einige Männer verwundet und zwei friedliche Bürger, die weder zur Heimwehr noch zu dem Mob gehörten, sondern sich zufällig auf der Straße befanden, wurden das Opfer dieses hinterlistigen Ueberfalls, — dem Bürger Rebstock wurde durch einen Schuß der rechte Arm zerschmettert und Bürger Niederreuter wurde, als er aus seiner Wohnung auf die Straße trat, tobtgeschossen. In der Turnhalle hatte man die Schießerei gehört, es wurde Alarm geschlagen und in wenigen Augenblicken war das ganze erste Freiwilligen-Regiment unter den Waffen und auf dem Wege, um der Heimwehr zur Hilfe zu eilen; zu gleicher Zeit schickte General Lyon vom Arsenal aus Patrouillen durch die Stadt, auch die anderen Regiments-Commandanten ließen die Umgebung ihrer Hauptquartiere und Stationsplätze durch starke Detachements abpatrouilliren, kurz die bewaffnete Macht zeigte sich auf einmal auf allen Punkten schlagbereit und das feige Gesindel des Mobs stäubte auseinander und verkroch sich, als es sah, daß Ernst gemacht werden sollte.

Aber nun traten die Reue und das böse Gewissen in ihre Rechte, man kam zur Besinnung und in den aristokratischen Stadt= theilen, wo die eifrigsten Anhänger der Secession wohnten, wurden die fürchterlichsten und unsinnigsten Gerüchte verbreitet. Man erzählte, die Deutschen hätten geschworen, für den hinterlistigen Ueberfall Rache zu nehmen und sie würden am nächsten Tage, einem Sonntage, in Massen gegen das Centrum der Stadt marschiren, um die Freunde und Anhänger der Sklaverei zu züchtigen, ihre Häuser zu plündern und in Brand zu stecken; besonders die „schwarzen Jäger" sollten geschworen haben, weder Pardon zu geben, noch zu nehmen, und selbst das Kind im Mutterleibe nicht zu schonen. Mit diesem alten Weiber= geschwätz und ihren eigenen Gewissensbissen regten sich denn diese Leute so auf, daß sie Alles, selbst das Dümmste, glaubten und den Morgen nicht erwarten konnten, um vor der Rache der Deutschen aus dem der Vernichtung geweihten St. Louis nach dem sicheren Illinois zu flüchten. Und so bot denn der Sonntag=Morgen das Schauspiel einer allgemeinen Flucht jener Upper ten und reichen und hochmüthigen Sklaverei=Anhänger, die noch vor 24 Stunden so herausfordernd und verächtlich auf die Deutschen herabgesehen hatten; — Kutschen aus allen Leihställen, Möbelwagen, Drays, kurz alle möglichen Vehikel wurden requirirt, überall wurden die besten Möbel aufgeladen, Koffer und Kisten mit Kleidern und Wäsche an den Kutschen befestigt, Weiber und Kinder und was nicht niet= und nagelfest war, wurde mitgenommen und in endlosen Prozessionen zogen diese Wagencolonnen hinab zum Fluß, um durch die Fähren hinüber an das gastliche Ufer von Illinois ge= bracht zu werden. Bis spät am Abende dauerte dieser Exodus fort und die Leihställe und Wagenbesitzer machten die glänzendsten Geschäfte, da für einen Wagen dreißig Dollars und mehr bezahlt wurden. Ich brauche wohl nicht erst zu bemerken, daß alle diese erschreckenden Gerüchte nur Schreckgespenster einer erhitzten Phantasie und leerer Humbug waren, daß die Deutschen nicht daran dachten, gegen ihre Mitbürger im Centrum der Stadt irgendwie auf= zutreten, daß sie ruhig in ihren Wards blieben, aber zugleich fest entschlossen, jede gegen sie beabsichtigte Unbill energisch zurück= zuweisen. In diesen Stunden der Angst und des Entsetzens waren denn auch von den geängstigten Sklavenhaltern eine Menge von Telegrammen nach Washington=City geschickt worden, theils an General Harney, der beschworen wurde, eiligst nach St. Louis zurückzukommen und Ordnung zu machen, sonst würden sie Alle ermordet werden, theils an Edward Bates, den General= Staatsanwalt in Lincolns Cabinet, der als St. Louiser Bürger beschworen wurde, seine Vaterstadt vor der Plünderung und Zerstörung durch die Deutschen zu bewahren. In allen diesen Telegrammen und in eben so vielen Briefen wurden die Vorgänge von Camp Jackson als unberechtigte Gewaltthaten und ruchlose Morde einer verthierten Soldateska in den grellsten Farben ge= schildert und dies war der erste Eindruck, den man in Washington= City von den Vorgängen in St. Louis erhielt. —

Aber mit dieser maßlosen Aufregung und Verhetzung und
der ihr folgenden panischen Furcht und feigen Flucht war auch
der secessionistischen Bewegung in St. Louis die Spitze abgebrochen
und von nun an fand in der Stadt keine Unruhe und kein
Aufstand mehr statt. Alle, die geflohen waren, kehrten nach
einigen Tagen, als die gefürchteten Deutschen ganz ruhig und
friedlich blieben und gar keine Schritte zur Rache und Wieder-
vergeltung machten, nach St. Louis zurück, allerdings in viel
gedrückterer Stimmung und viel bescheidener und vorsichtiger, als
sie es einige Tage früher verlassen hatten.

General Harney kam am 12. Mai in aller Eile von
Washington nach St. Louis, — er trug sich mit großen Vor-
sätzen, und als Militärcommandant des Distriktes Missouri wollte
er die Heimwehr-Regimenter, die seiner Ansicht nach keine legale
Berechtigung hatten, sogleich auflösen und die Freiwilligen-Regimenter aus St. Louis entfernen und in kleineren Detachements
im Inneren des Staates zerstreuen; — so lautete wenigstens
das dringende Verlangen der Secessionisten und General Harney
war sehr geneigt, dasselbe nach Möglichkeit zu erfüllen. Aber
gleich bei der ersten Zusammenkunft und Besprechung mit General
Lyon und Frank P. Blair, in welcher Harney sein Vorhaben eröffnete, legte ihm Blair einen Befehl des Kriegsministers
Cameron vor, wodurch die Errichtung der Heimwehr-Regimenter
legalisirt wurde und die Freiwilligen-Regimenter beordert wurden,
vorläufig zum Schutze des Arsenals und Bundeseigenthums in
St. Louis zu verbleiben. General Harney mußte sich den
Anordnungen seines Vorgesetzten fügen und beschränkte sich darauf,
eine beruhigende, in friedlichem und versöhnlichem Style gehaltene
Proklamation an die Bevölkerung von Missouri in St. Louis zu
erlassen, in welcher er zur Erhaltung des Friedens, der Ruhe und
Ordnung aufforderte. Es wurden nun vier Compagnien regulärer
Infanterie mit zwei Geschützen in die Mitte der Stadt und in
die Nähe des Courthauses verlegt, die den Stadtbehörden als
militärische Assistenz zur Erhaltung der Ruhe und Ordnung und
zur Vermeidung von Zusammenstößen zwischen den beiden Parteien
zur Verfügung standen, und da gleichzeitig sämmtliche Bahnhöfe
und die äußeren Stadttheile von den Freiwilligen-Regimentern und
der Heimwehr besetzt waren, die die strengste Controle über alle
Ankommenden und Fortgehenden führten, so wurden Zuzüge aus
dem Innern des Staates strengstens verhindert und die Aufregung

erstarb allmälich wegen Mangels an neuem Brennstoffe; — so wurde, wie bereits erwähnt — die Ruhe in St. Louis nicht mehr gestört und das Geschäftsleben nahm wieder seinen gewohnten Gang.

Fast noch gewaltiger als in St. Louis selbst war der Eindruck, den die Nachricht von der Wegnahme von Camp Jackson in der Hauptstadt Jefferson-City machte, wo der Gouverneur und sein Cabinet weilten und die Staatsgesetzgebung gerade in Sitzung war; — der ganze Secessionsplan, den diese wackeren Leute schon seit Monaten schlau vorbereitet hatten, war mit einem Schlage über den Haufen geworfen; — alle Anstalten waren getroffen gewesen, um aus dem Innern des Staates von allen Seiten bewaffnete Banden an einem bestimmten Tage nach St. Louis zu werfen, — man rechnete auf mindestens 15,000 Mann, — die in Verein mit der Besatzung von Camp Jackson St. Louis besetzen und unterwerfen und das Arsenal nehmen sollten. Eine Nachtsitzung der Staatslegislatur wurde sogleich einberufen, zu welcher die Majorität in der wüthendsten Aufregung und mit Revolvern bewaffnet erschien. Die erbittertsten und leidenschaftlichsten Reden wurden gehalten, die wahnsinnigsten Anträge gestellt, Lyon, Blair, ich und die anderen Regiments-Commandanten sollten für Outlaws, für vogelfrei und außerhalb der Gesetze stehend erklärt und von Jedermann getödtet werden können; die Stadt St. Louis sollte mit Feuer und Schwert zerstört, vom Erdboden weggefehrt und die Stätte mit Salz und Asche bestreut werden, und ähnliches tolles und verrücktes Zeug mehr. Zu förmlichen Beschlüssen kam es aber nicht, da die Versammlung immer tumultuarischer wurde und endlich auf das Gerücht, General Lyon sei mit den Freiwilligen-Regimentern im Anmarsche gegen Jefferson-City, sich in wilder Unordnung auflöste. Ich habe später als Militär-Commandant von Jefferson-City die Protokolle dieser, sowie späterer geheimer Sitzungen der Staatslegislatur im Capitol mit Beschlag belegt und nachdem ich sie zu meiner Erheiterung gelesen, selbe dem Sicherheitscomité in St. Louis eingeschickt.

Im ganzen Gebiete der Union, den Süden natürlich ausgenommen, wirkte die Nachricht von der energischen That Lyons und der Wegnahme von Camp Jackson ermuthigend und ermunternd; die letzten Bedenken schwanten, mit ihnen die Neigung zu Unterhandlungen, es mußte gehandelt, rasch und energisch gehandelt werden, diese Ansicht befestigte sich immer mehr in der öffentlichen Meinung. Minder gut war der Eindruck, den die Nachricht am Regierungssitze in Washington-City machte; — ich habe bereits bemerkt, in welcher einseitigen und gehässigen Weise die ersten Nachrichten, die nach Washington-City gelangten, abge= faßt waren. Sie machten auf den von Natur aus weichen und gutmüthigen Präsidenten Lincoln, der erst später im Laufe der Ereignisse erhärtete, einen tiefen Eindruck; dazu kam noch, daß der General-Staatsanwalt Edward Bates, selbst ein Missourier und mit den hervorragendsten Sklavenhalter-Familien verschwägert oder befreundet, den armen Lincoln unablässig bestürmte, Lyon und Blair zu desavouiren und ihm vorstellte, in den Grenz-Sklavenstaaten, wie Missouri, Kentucky u. s. w. sei die größte Nachsicht nöthig, damit diese Staaten, aufs Aeußerste getrieben, nicht ebenfalls in die Secession gedrängt würden, wo dann die Union unrettbar verloren wäre. Die reichen Kaufleute in St. Louis, die alle ihre großen Geschäfte nur mit dem Süden gemacht hatten, und die dem Norden für seine Industrie-Artikel widerwillig tributpflichtig gewesen waren, standen fast alle mit ihren Sympathien auf Seite der Secession; — sie schickten zwei der angesehensten Bürger James E. Yeatman und Hamilton M. Gamble als Deputation nach Washington, um Hand in Hand mit Edward Bates den Präsidenten gegen Blair und Lyon einzunehmen, damit er die Gewaltmaßregeln derselben widerrufe.

Aber Blair hatte ebenfalls eine Stütze in Lincolns Cabinet durch seinen Bruder, Montgomery Blair, der General-Postmeister war und der auf Lincoln großen Einfluß übte; — außerdem sandte Blair seinen Schwager Franklin A. Dick nach Washington und gab ihm meinen Mitredacteur, C. L. Bernays, als Vertreter des deutschen Elements bei. Bernays war schon von früher her, als Lincoln noch ein= facher Advokat in Illinois war, mit diesem bekannt und ver= traut und Lincoln, der große Stücke auf die Deutschen hielt, hatte Bernays sehr lieb gewonnen. Am Tage der Präsidenten= wahl war Bernays bei Lincoln in Springfield und blieb die ganze Nacht bei ihm, während die telegraphischen Wahlberichte einliefen, und er hat mir oft diese Nacht als die interessanteste seines ganzen Lebens geschildert; — er verließ Lincoln erst, als der Morgen anbrach und die Gewißheit seiner Erwählung unumstößlich war. Er kam also als Freund und Vertrauens= mann Lincolns nach Washington, wurde von diesem auf das

Herzlichste empfangen und in einer langen privaten Besprechung
setzte Bernays dem Präsidenten die Sachlage in Missouri, die
Hoffnungen und Besorgnisse der dortigen Freunde der Union, die
bundestreue Haltung der Deutschen und alle sonstigen dortigen
Verhältnisse in beredter Weise auseinander. Auch die Wegnahme
von Camp Jackson und deren unbedingte Nothwendigkeit schilderte
er ihm in unparteiischer und objektiver Weise und legte ihm
überzeugende Dokumente vor. Lincoln zeigte sich von dieser
Unterredung sehr befriedigt und scheint auch wirklich von da an
die Verhältnisse in Missouri richtiger beurtheilt zu haben. Als
nun die Rüstungen des Gouverneurs Jackson und die militärische
Organisation der männlichen Bevölkerung des Staates immer noch
fortdauerten, die unionstreuen Bürger überall verfolgt und miß=
handelt wurden und endlich General Harney sich gar auf Unter=
handlungen mit dem die Staatsmilizen commandirenden General
Price einließ und mit diesem einen förmlichen, der Union in
jeder Hinsicht nachtheiligen Vertrag abschloß, da drangen M.
Blair, F. Dick und Bernays energisch auf die Absetzung
des Generals Harney, und auf Lyons Ernennung an dessen
Stelle, und am 16. Mai gab Lincoln, nach längerem Wider=
streben, seine Unterschrift zu dieser Absetzung, bat aber Blair,
das Absetzungs=Dekret nur im Falle der höchsten Nothwendigkeit
in Anwendung zu bringen. Frank Blair hielt auch wirklich
das Dekret ruhig in seinem Schreibtische bis von allen Seiten
verläßliche Nachrichten einliefen, daß die neu=organisirte Staats=
miliz überall die Secessionsfahne aufpflanze, die Unionsleute über=
all verfolgt wurden und der Gouverneur mit den Indianern des
Grenz=Territoriums Verhandlungen angeknüpft hatte, um die
wilden Rothhäute als Alliirte gegen die Unionstruppen anzu=
werben. Als Harney trotz Blairs Mahnungen allen diesen
Umtrieben ruhig zusah, gar nichts that, ja sogar alle Unionisten,
die sich zum Freiwilligen= oder Heimwehr=Dienste organisiren wollten,
kurz und bündig zurückwies, „weil die Regierung ohnehin schon
zu viele Truppen habe", — da konnte Frank Blair nicht
länger zaudern und am 30. Mai schickte er durch Major B.
Farrar dem General Harney die Special=Ordre des W.=St.=
Kriegs=Departements vom 16. Mai, Nr. 135, die also lautete:
    „Brigade=General W. S. Harney ist des Befehls im
Departement des Westens enthoben und bis auf weitere Ordre
beurlaubt. Auf Befehl L. Thomas, General=Adjutant." —

Damit verschwand General Harney vom Schauplatze und ist nicht wieder aufgetaucht, an seine Stelle trat nun als Commandant von Missouri General Lyon und von nun an war energisches Handeln möglich.

Unter den Dokumenten über die Wegnahme von Camp Jackson befand sich auch mein Affidavit, und die eidlich beschworene Aussage über die Vorgänge des zehnten Mai, welche ich auf Blairs dringenden Wunsch wahrheitsgetreu niederschreiben und beschwören mußte. Ich fühlte mich hiezu um so mehr verpflichtet, als Lincoln mich persönlich kannte und seiner Werthschätzung würdig hielt, daher meiner ruhigen objektiven Darstellung Glauben schenken würde, und dann, weil das Feuern von meinem Regimente ausgegangen, ich daher gewissermaßen dafür verantwortlich war. Dieses Dokument, welches, wie mir Bernays später erzählte, Lincoln wiederholt las und in allen Punkten prüfte, machte auf ihn einen überzeugenden Eindruck und dieser ward durch die anderen Dokumente, ebenfalls beschworene Zeugenaussagen, wesentlich gekräftigt; — die Schmerzensschreie der secessionsfreundlichen Heulmeier hatten damit ihre Wirkung verloren, Lyon und Blair wurden in ihren Stellungen befestigt, um fernerhin noch energischer wirken zu können.

Das Concept dieses beschworenen Berichtes ist noch in meinen Händen und ich lasse es hier als Material für künftige Geschichtschreibung folgen. Es lautete:

„Bericht des Obersten H. Börnstein, Commandanten des II. Missouri-Freiwilligen-Regiments B.-St.-A.

Dem Generalbefehl gehorchend, nahm ich mit meinem Commando, bestehend aus acht Compagnien des zweiten Missouri-Volonteers, drei Compagnien regulärer Infanterie, befehligt vom Kapitän Totten und Lieutenant Sexton, meinen beiden Schützencompagnien unter Major Osterhaus, nebst zwei Geschützen, die mir angewiesene Stellung hinter Camp Jackson auf der Westseite des Lagers. Nach der Uebergabe des Lagers erhielt ich durch Adjutant F. A. Dick den Befehl, mit meinem Regimente längs der Nordseite des Lagers hinabzumarschiren und dasselbe in Colonnen hinter Oberst Blair's Regiment zu formiren. Die eine Hälfte der Kriegsgefangenen war in der Colonne des Obersten Blair eingeschlossen, die andere Hälfte, über sechshundert Offiziere und Gemeine, wurden zur Eskortirung in meine Regimentscolonne eingetheilt. Diese Colonne war folgendermaßen gebildet: Als Avantgarde Major Osterhaus mit zwei Compagnien Büchsenschützen, dann Kapitän Totten mit drei Compagnien regulärer Infanterie und endlich mein Regiment mit den darin eingetheilten Kriegsgefangenen. Die Colonne konnte sich, der ungeheuren Menschenansammlung wegen, nur sehr langsam fortbewegen und kam endlich auf dem Straßendamme zum Still= stande; eine Anzahl theilweise betrunkener Individuen versammelte sich, immer mehr anwachsend, um die Truppe, überschüttete sie mit den gemeinsten Schimpfreden und Flüchen und insultirte Offiziere und Mannschaft. Die „Hurrahs für Jefferson Davis" wechselten mit wüsten Drohungen ab, wie z. B.: „Das ist heute euer Tag, aber morgen kommt unser Tag!" — oder: „Wir werden euch Alle aufhängen, Börnstein und Blair zuerst!" — Die Soldaten blieben ruhig und ernst in Reih und Glied und gaben auf alle diese Insulten keine Antwort. Nur die Regimentsmusik ließ von Zeit zu Zeit die Nationalhymne und den Yankee=Doodle ertönen. Die Colonne konnte nicht vor= wärts, da Oberst Blair's Regiment ebenfalls, durch ein Hinderniß aufgehalten, stillstand. Während dieser Zeit sah ich, daß Richard J. Howard, der V.=St.=Collektor von St. Louis, in der Mitte eines Haufens exaltirter Individuen, von diesen mit Beleidigungen und Drohungen überhäuft ward; — er war also als V.=St.=Be= amter Zeuge des ganzen Vorgangs und ich verweise auf seine Aussage. Endlich kam die Colonne wieder in Bewegung und wir rückten langsam vor, ungefähr 100 Schritte, dann kamen wieder Stockung und Stillstand. Meine Avantgarde und die zwei ersten Compagnien Reguläre hatten eben ein südlich vom Straßendamme gelegenes, im Baue begriffenes Gebäude passirt, als plötzlich bei diesem neuen Stillstande aus dem Gebäude, von den Bäumen und vom Lagerzaune aus Schüsse abgefeuert wurden und die Kugeln mir um die Ohren pfiffen. Eine rasche Umschau zeigte mir, daß ungefähr 15—20 Mann mit Revolvern aus den Fenstern des im Bau begriffenen Hauses schossen, während Andere von den Bäumen herab und hinter dem Zaun am Eingang des Lagers hervor auf uns feuerten. Es folgte einige Verwirrung bei diesem unvermutheten Angriffe, zwei Mann meines Regimentes fielen und dem Kapitän Weckerlin von Compagnie B. durch= löcherte eine Kugel seine Kappe, die Kopfhaut streifend. Noch immer hielten meine Leute sich ruhig und machten nur ihre Ge= wehre schußfertig. In diesem Augenblicke hörte ich zu meiner

Linken feuern und als ich umblickte, sah ich die letzte Sektion
der Regulären in Front formirt, auf die Angreifer Feuer geben.
Zugleich feuerte eine Compagnie des dritten Regimentes, die
am Eingange des Lagers stand, aus gleicher Ursache auf den
Mob und das Feuer theilte sich nun den Reihen meines Regi=
mentes mit, wo die Leute ohne Commando, in instinktiver Selbst=
vertheidigung, schossen. Ich und Oberstlieutenant Schaefer
sprangen rasch von den Pferden und warfen uns in die Reihen
des ersten Bataillons, den Leuten befehlend, das Feuer augen=
blicklich einzustellen, ja wir drohten Jeden niederzuhauen, der
noch einmal feuern würde. So wurde endlich das Feuer ein=
gestellt, aber nicht ohne Opfer gefordert zu haben. Ich kann
jedoch hier unter Eid erklären, daß alle die fielen mit den Waffen
in der Hand und indem sie auf die Truppen feuerten, ihren
Tod fanden. Ein Individuum, das von einem hohen Baume
heruntergeschossen wurde, hatte oben in seinem Verstecke fünf sechs=
läufige Revolver aufgehängt gehabt, wovon er drei bereits ab=
gefeuert hatte. Mehr als eine Stunde lang hatte die Mannschaft
geduldig die beleidigendsten Schimpfreden, Herausforderungen,
Drohungen, zuletzt Steinwürfe und Stockhiebe erduldet, ohne von
ihren Waffen Gebrauch zu machen; — als aber einer der Rowdies
auf einen Offizier in Major Laibold's Bataillon frech zutrat,
ihm seinen Revolver auf die Brust setzte, mit der Drohung, ihn
niederzuschießen und gleichzeitig von allen Seiten die Schüsse
fielen, da erst erwiederten auch meine Soldaten das Feuer. Ich
habe in meinem Regimente, außer den zwei Gefallenen, drei
Mann durch Schüsse und drei durch Steinwürfe verwundet. Einer
von den Letzteren, durch einen Steinwurf an der Schläfe ge=
troffen, stürzte besinnungslos über den Straßendamm hinab, wurde
unten von den Rowdies gepackt, blutig geschlagen und ihm die
Kleider in Fetzen vom Leibe gerissen. Ich bedaure gewiß, daß
auch einzelne unschuldige Opfer gefallen sind, aber eine militärische
Expedition zur Wegnahme eines Lagers bietet durchaus keinen
Platz für Müssiggänger, Frauen und Kinder als Zuschauer. Das
Feuer erfolgte ohne Commando der Offiziere, im Gegentheile
gaben sich alle Offiziere die erdenklichste Mühe, es so schnell als
möglich einzustellen. Ich bin übrigens überzeugt, daß wenn dieser
ernste Conflikt nicht draußen beim Lager stattgefunden und unseren
Gegnern eine ernste Warnung ertheilt hätte, die sie zur Besinnung
brachte, wir sicher unterwegs von dem wüthenden Mob angegriffen

und auf unserem Rückmarsche in einer viel gefährlicheren Lage gewesen wären, wie wir denn auch jetzt noch unseren Weg durch die Olivestraße unter den beleidigendsten Beschimpfungen und furchtbarsten Drohungen machen mußten — aber es kam doch nicht mehr zu einem ernsten Angriffe. Ich habe noch zu bemerken, daß, als das Feuern begann, ich den Gefangenen zurief, sich flach auf die Erde zu werfen, um nicht getroffen zu werden, was sie thaten und unverletzt blieben, mit Ausnahme von Zweien, die in der ersten Verwirrung aus den Reihen brachen, ihre versteckt gehaltenen Revolver zogen und auf die Truppen feuerten; — beide wurden niedergeschossen. Das Benehmen der gefangenen Offiziere war ein ziemlich anständiges; aber die Minutenmänner betrugen sich während des Marsches durch den oberen Stadttheil in der ungezogensten und herausforderndsten Art; als wir dann später in den südlichen Stadttheil kamen, wurden sie immer ruhiger und bescheidener und in der ersten Ward, als sie die vielen Deutschen versammelt sahen, sehr ängstlich und ganz stille. So brachten wir sie endlich in's Arsenal, wo wir sie gesund und heil ablieferten." — Solche beschworene Zeugenaussagen, besonders über einzelne Details, hatte B e r n a y s in Menge mitgenommen; sie waren alle von ehrenhaften und bekannten Männern unterzeichnet und beschworen und wirkten auf Präsident L i n c o l n entschieden und bestimmend. Die Zeit des Zauderns und Schwankens war für Missouri zu Ende und die Freunde der Union konnten endlich frei aufathmen.

Der Feldzug in's Innere.
(1861.)

Die Absetzung des Generals H a r n e y hatte die Situation wesentlich geklärt und die Sache der Union hatte damit einen großen Vorsprung gewonnen. Zwar war General L y o n nicht an H a r n e y's Stelle getreten, als Militär-Commandant des ganzen westlichen Departements, sondern wurde nur als Brigade-General der Freiwilligen-Regimenter in Missouri bestätigt, während die Militärmacht in Missouri und in allen anderen westlichen

Staaten unter die Leitung des Generals Mc-Clellan gestellt wurde, aber General Lyon konnte doch ziemlich ungehindert vorgehen, denn sein Vorgesetzter, General Mc-Clellan, commandirte die Unionstruppen in West-Virginien, wußte von den Verhältnissen in Missouri so gut wie gar nichts und ließ also dem General Lyon im Inneren des Staates das volle Verfügungsrecht.

Sowie Harney das Commando niedergelegt hatte, leitete Lyon mit vollster Energie die vollständige Ueberwachung der Fluß- und Eisenbahn-Communikationen und der Sicherung der Stadt ein. Die Truppenmacht, die ihm hierzu zur Verfügung stand, betrug gegen 10,000 Mann und bestand fast durchgängig aus deutschen Freiwilligen- und Heimwehr-Regimentern. Sämmtliche äußeren Theile der Stadt St. Louis wurden militärisch besetzt, die Bahnhöfe und Landungsplätze der Dampfboote wurden genau überwacht und die Ladungen und Transporte zu Wasser und zu Land wurden immer nach Kriegs-Contrebande-Artikeln genau untersucht und erhielten erst nach Richtigbefund Pässe zur Weiterfahrt. Es war dies ein höchst anstrengender Dienst, mit großer Verantwortlichkeit und vielen Unannehmlichkeiten verbunden. Ich hatte z. B. mit meinem Regimente eine Strecke von drei Meilen zu überwachen, die beim Hyde-Park am Flusse begann und sich bis zur St. Charles Plank road ausdehnte, von wo wieder das dritte Regiment unter Oberst Sigel eine ähnliche Strecke der westlichen Stadttheile bis zur Pazific-Eisenbahn überwachte, und so ging es fort bis wieder hinab südlich an den Fluß, so daß die ganze weitausgedehnt liegende Stadt von der Land- wie von der Flußseite von einem eisernen Gürtel umschlossen war, durch den die genaueste Controle ermöglicht wurde. Mein Hauptquartier war an den alten Wasserwerken, bei denen ein Zeltlager aufgeschlagen wurde, in welchem ein Bataillon campirte, während vier Geschütze, auf den Wasserwerken selbst postirt, die ganze Gegend bestrichen. An dieses, Camp Lincoln genannte, Lager schloß sich ein anderes Lager meines Regimentes, Camp Scott, an, während das Schützenbataillon unter Major Osterhaus im Bahnhofe der Nord-Missouri-Eisenbahn campirte. Bei der Nacht mußten zahlreiche Patrouillen und Ronden die Verbindung zwischen den verschiedenen Lagerplätzen unterhalten, um jedes Einschleichen von verdächtigen Personen oder Einschmuggeln von Waffen oder Munition zu verhindern. Jedes Dampfboot mußte von einem hierzu commandirten Offizier mit der nöthigen Mann-

schaft angerufen, zum Anlegen verhalten und genau durchsucht
werden. Aehnliches geschah mit jedem ankommenden oder ab=
gehenden Eisenbahn=Train; — außerdem mußten die zahlreich
einlaufenden Denunziationen über heimliche Waffen= und Munitions=
Depots, nächtliches Exerciren von Rebellenfreunden u. dgl. durch
unvermuthete Visitationen erledigt und dabei mußte zugleich fort=
während tüchtig exercirt werden, um die Manövrirfähigkeit der
Truppen zu vervollständigen. Indessen hatte die Absetzung des Generals Harney in
Jefferson=City bei dem Gouverneur und dessen Umgebung den
größten Schrecken hervorgerufen und man versuchte nun, mit
Lyon in eine gütliche Verständigung zu treten, um ihn ebenso
zu täuschen und hinzuhalten, wie es bisher mit Harney ge=
lungen war. Der Advokat T. Gantt und Richter W. A. Hall
vermittelten eine Besprechung des Gouverneur Jackson und seines
Oberbefehlshabers Price mit General Lyon und dieser stellte
den beiden Secessionshäuptlingen einen Geleitsbrief aus, wodurch
ihnen sichere Reise von Jefferson=City nach St. Louis und zurück
verbürgt wurde. Mit diesem Geleitsbrief in der Tasche kamen
am 10. Juni Gouverneur Jackson und General Price mit
einem Extra=Zuge in St. Louis an und im Plantershause,
wohin sich Lyon und Blair begaben, fand die Unterredung
zwischen den beiden Parteien statt. Gouverneur Jackson drang
vor Allem darauf, daß die Bundestruppen aus dem Staate ent=
fernt würden, worauf der Gouverneur ebenfalls die Staatsmiliz
auflösen würde; der Staat Missouri werde sich dann neutral
erklären und keiner von den beiden Parteien den Zutritt über
die Grenzen des Staates gestatten. Lyon und Blair aber
wiesen diesen Vorschlag zurück und bestanden vor Allem darauf,
daß die Autorität der Bundesregierung aufrecht erhalten bleibe
und daß der Schutz des Staates und seiner Bürger einzig und
allein der Bundesregierung überlassen werde. Vier Stunden lang
dauerte diese denkwürdige Unterredung, die natürlich zu keiner
Vermittlung der Gegensätze führen konnte, und so schied man
ohne Resultat. Gouverneur Jackson und General Price
eilten vom Plantershause rasch nach dem Bahnhofe, sprangen auf
eine geheizte Lokomotive und jagten in rasender Eile, immer in
der Furcht, trotz des Geleitsbriefes doch gefangen und zurück=
behalten zu werden, nach Jefferson=City zurück; — unterwegs
befahl Jackson noch, die Eisenbahn=Brücken über den Gasconade=

und Osage=Fluß zu verbrennen, was auch sogleich ausgeführt und die direkte Bahnverbindung dadurch unterbrochen wurde. Am nächsten Tage schon sandte Gouverneur Jackson Eilboten an alle größeren Sklavenhalter und forderte sie auf, sich zu bewaffnen und mit ihren Banden zu ihm zu stoßen, und am 12. Juni erließ er eine Proklamation, wodurch er 50,000 Mann Staats= milizen unter die Waffen rief, „zum Schutze der gefährdeten Heimath und des bedrohten häuslichen Herdes der Bürger und zur Vertheidigung ihrer heiligsten Rechte und theuersten Frei= heiten" — wie es in der Proklamation wörtlich hieß. Diese verhängnißvolle Proklamation, welche eine offene Kriegserklärung gegen die Unionsregierung in Washington=City war, schloß mit folgender Apostrophe an das Volk von Missouri:

„Es ist meine Pflicht, euch zu sagen, daß eure erste Treue eurem eigenen Staate gehört und daß ihr unter durchaus keiner Verpflichtung steht, den unconstitutionellen Edikten des Militär= Despotismus zu gehorchen, der sich selbst in Washington auf den Thron gesetzt hat, oder der infamen und entwürdigenden Macht ihrer verruchten Schaaren in diesem Staate euch zu unterwerfen. Kein braver und wahrhafter Missourier wird dem Einen ge= horchen oder sich dem Anderen unterwerfen. Erhebt euch denn und vertreibt mit Schimpf und Schande die Eindringlinge, welche es gewagt haben, den Grund zu entweihen, den eure Arbeit fruchtbar gemacht hat und der geheiligt ist durch eure Heim= stätten".

Damit waren die Würfel gefallen und der Krieg war erklärt. Die Bewaffnung der sogenannten Staatsmilizen und ihre Organi= sation wurde nun überall mit dem größten Eifer betrieben, jeder Mann im Alter von 18—50 Jahren mußte in die Staatsmiliz treten und zu gleicher Zeit waren Eilboten des Gouverneurs nach Ar= kansas, Louisiana und Texas abgegangen, welche diese Staaten aufforderten, mit ihren Truppen einen Einfall in Missouri zu machen und den Aufstand der Missourier gegen die Bundestruppen zu unterstützen. General Lyon sowie Blair sahen nun ein, daß es nicht mehr genüge, in der Defensive zu verharren, son= dern daß durch ein energisches Vorgehen und Eingreifen allein das Uebel im Keime erstickt werden könne. Am 12. Juni hatte Gouverneur Jackson seine Proklamation erlassen, am 13., wo sie in St. Louis bekannt wurde, wurden auch bereits von Lyon und Blair alle Maßregeln ergriffen, um den Kampf im Innern des Staates zu eröffnen. Am 14. ging bereits Oberst Sigel mit dem dritten und dem fünften Freiwilligen-Regimente nach Rolla, um die Südwest-Zweigbahn der Pacific-Bahn zu besetzen, während am 15. General Lyon mit seinen Truppen auf zwei Dampfern den Missouri aufwärts nach Jefferson-City fuhr. Hier in Jefferson-City herrschte auf die erste Nachricht von den Bewegungen der Bundestruppen die größte Verwirrung und ein panischer Schrecken bemächtigte sich Aller. Gouverneur Jackson und General Price verließen schleunigst Jefferson-City und flüchteten mit ungefähr sechshundert Mann eiligst zusammengeraffter Staatsmilizen nach Boonville, welches als Rendezvous zur Sammlung aller Staatstruppen bestimmt war. Das Kabinet des Gouverneurs und die Legislatur hatten sich ebenfalls in wilder Hast aus dem Staube gemacht und mit ihnen waren die am meisten compromittirten Secessionisten geflohen. Am 14. Abends erhielt ich den Befehl, mich sogleich am nächsten Morgen mit meinem Regimente auf die Pazific-Bahn zu begeben, um von dort nach Hermann befördert zu werden, bis wohin die Bahn noch intakt war; — in Hermann würde ich den Dampfer „Louisiana" vorfinden, der das Regiment dann nach Jefferson-City bringen würde. Wir fuhren also am 15. Morgens nach Hermann, wurden dort von der unionstreuen deutschen Bevölkerung mit Jubel empfangen und es begann sogleich die Einschiffung des Regiments auf dem Dampfer „Louisiana". Allein die Verladung des mitzunehmenden Proviants, der Munition u. s. w., da im Inneren des Staates auf nicht viel zu rechnen war, und daher Alles von St. Louis aus mitgenommen werden mußte, endlich die Einschiffung und Unterbringung der Truppen nahmen längere Zeit in Anspruch, außerdem war der Missourifluß stark angeschwollen und wir kamen stromaufwärts nur langsam vorwärts. Als es dunkelte, waren wir noch ungefähr funfzig Meilen von Jefferson-City entfernt und es mußte beigelegt und der Tagesanbruch abgewartet werden. Zu diesem Zwecke wurde an einer ziemlich frei liegenden Uferstelle, die eine weite Umsicht auf die Gegend gewährte, angelegt, um während der Nacht dort zu bleiben. Da aber die größte Vorsicht nöthig war und Anzeigen eingegangen waren, daß die fanatisirten Sklavenhalter damit umgingen, die Dampfer, welche die Truppen führten, bei Nacht in Brand zu stecken, so mußten Vorsichtsmaßregeln getroffen werden. Das Schützenbataillon des Majors Osterhaus wurde also

gelandet und stellte eine weite Vorpostenkette aus, die unterhalb
des Landungsplatzes am Ufer anfing und im Halbkreise um das
Boot herum wieder am Flusse, oberhalb des Landungsplatzes,
endete; — innerhalb dieser Vorpostenkette wurden große Lager=
feuer angezündet, welche die Gegend hell beleuchteten und jede
Annäherung von Verdächtigen erkennen ließen. Gleiche Vorsicht
wurde auch auf der Flußseite des Dampfbootes beobachtet, wo
am Bord Wacht gehalten und scharf ausgelugt wurde. Zu gleicher
Zeit wurden Patrouillen über die Vorpostenkette hinausgeschickt,
um die nächste Umgebung zu durchstreifen und etwaige Annäherungen
zu vereiteln. Eine dieser Patrouillen, von meinem jüngeren
Sohne geführt, bemerkte in der Morgendämmerung einen städtisch
gekleideten, offenbar in der Gegend nicht heimischen Mann, der
den Truppen auszuweichen suchte und der augenscheinlich einer
der Flüchtigen von Jefferson=City war. Von der Patrouille an=
gerufen, wollte der Mann sich schleunigst aus dem Staube machen,
wurde aber durch das Anschlagen der Gewehre und das Knacken
der Hähne nebst der Drohung, daß geschossen würde, wenn er
nicht stille stände, zur Besinnung und zum Stillstande gebracht.
Seine verwirrten und widersprechenden Antworten steigerten den
Argwohn des Patrouilleführers noch mehr und so brachte er denn
seinen Gefangenen zu mir an Bord. Hier halfen dem Gefangenen
seine ausweichenden Antworten nichts, denn der Kapitän des
Bootes hatte ihn sogleich als den Schatzsekretär der Staats=
regierung erkannt und als solchen mir bezeichnet. Sowie seine
Identität festgestellt war, ließ ich eine genaue Durchsuchung seiner
Person vornehmen und es wurden bei ihm über 100,000 Dollars
in guten Noten der Bank von Missouri gefunden, die er denn
als ihm zur Bergung anvertrautes Eigenthum des Staatsschatzes
deklarirte. Ich nahm also den Herrn Schatzsekretär und sein
Geld in Obhut und lieferte beide am nächsten Vormittage, wo
wir in Jefferson=City eintrafen, an General Lyon ab, der den
Herrn Schatzsekretär laufen ließ und das Geld wieder in die
Staatskasse legte, die unter meine Obhut und Bewachung gestellt
wurde.

Als wir im Laufe des Vormittags des 16. in Jefferson=
City landeten, fanden wir bereits die anderen Dampfboote alle
unter Dampf, um General Lyon und seine Expedition strom=
aufwärts nach Boonville zu bringen; — auch die „Louisiana“
erhielt den Befehl, sich ebenfalls zur Abfahrt bereit zu halten.

20*

Ich eilte in's Capitol, um mich sogleich bei General Lyon zu melden und fand diesen schon zur Abfahrt bereit, seine letzten Befehle ertheilend; — die Truppen marschirten bereits alle an Bord und in den wenigen Minuten, die uns noch zur Besprechung blieben, theilte mir Lyon mit, daß er keine Zeit verlieren und augenblicklich zur Verfolgung des Gouverneurs und der Staats=truppen aufbrechen und das Lager der Secessionisten bei Boon=ville versprengen wolle, ehe diese Zusammenrottungen bedrohlichere Verhältnisse annehmen könnten. Ich sollte, sagte er mir, als Mili=tär=Kommandant in Jefferson=City bleiben, doch könne er mir dazu nur drei Kompagnien meines Regimentes lassen, alle übrigen Kompagnien müsse er zu seiner Expedition mitnehmen. Doch könne ich mir ja nach und nach Heimwehr=Kompagnien organisiren und nothwendigen Falles würden mir vom Arsenale aus durch den General=Adjutanten Chester Harding Verstärkungen zu=geschickt werden. Als ich meine Instruktionen verlangte, sagte er: das Wichtigste sei, daß ich ihm den Rücken frei hielte, den Fluß genau überwachte und alle Dampfschiffe untersuchte und daß ich vor Allem dafür zu sorgen hätte, daß seine Zufuhren an Mu=nition, Proviant u. s. w. von St. Louis immer pünktlich und unter sicherer Bedeckung an seinen jeweiligen Aufenthaltsort be=fördert würden. In Jefferson=City selbst sei es meine Aufgabe, da die Staatsregierung und die Staatsgesetzgebung geflohen seien und die Stadtverwaltung, weil größtentheils aus Secessionisten bestehend, sich ebenfalls aufgelöst habe, die vorläufige Exekutiv=Gewalt in meine Hände zu nehmen und vor Allem für Ruhe und Ordnung und Sicherheit der Personen und des Eigenthums zu sorgen.

Für diese munizipalen Angelegenheiten könne ich mir drei bis vier Vertrauensmänner, alte angesehene Bürger und gute Unionsleute als Beirath zugesellen und mich von deren Erfahrungen und Ansichten leiten lassen; — was jedoch die Staats=Re=gierung betreffe, so ermächtige er mich, diejenigen Mitglieder der Staatsregierung, die wieder auf ihre Posten zurückkehren würden, sobald sie den Vereinigten=Staaten den Eid der Treue und Hul=digung abgelegt hätten, wieder in ihre Amtsthätigkeit, jedoch unter meiner Controle, einzusetzen, so zwar, daß sie dann alle jene Geschäfte erledigen könnten, welche nicht möglicherweise gegen die Union und die rechtmäßige Regierung der Vereinigten=Staaten und zum Vortheile der Secessionisten ausgebeutet werden konnten.

Eine Stunde war mit dieser, in jeder Hinsicht wichtigen Unterredung verflossen, als sie auch schon durch die Meldung beendigt
ward, daß Alles am Bord und die Dampfer zur Abfahrt bereit
seien; — in aller Eile wurde nun Abschied genommen, General
Lyon versprach mir noch ausführlichere Instruktionen zu schicken
und Blair sagte mir beim Abschiede: „Kümmern Sie sich um
gar keine Instruktionen, sondern handeln Sie je nach den Umständen und nach Ihrem besten Ermessen!" — Dann eilte Alles
an Bord, Saluten donnerten, Hoch=Rufe auf die Union wurden
stürmisch ausgebracht, die Musikbanden stimmten das „Heil Columbia!" an und die Dampfboote arbeiteten sich stromaufwärts hinan,
bis sie unseren Blicken entschwanden. Ich aber kehrte zurück nach
dem Capitol der Staats=Hauptstadt, wo ich mein Hauptquartier
aufgeschlagen hatte und ordnete vor allen anderen Dingen den
Sicherheitsdienst in dieser exponirten Lage. Mit drei Kompagnien,
von 120 Mann jede, sollte ich die Dampfschifffahrt auf dem
Flusse überwachen, Ruhe und Ordnung in der Stadt selbst, dem
bisherigen Hauptsitze der Secession, aufrecht erhalten, die ganze
Umgegend scharf beobachten und nirgends die geringsten Ueberschreitungen dulden, dabei sollte ich die Pacific=Eisenbahn von
St. Louis bis Sedalia und die wieder im Bau begriffenen Brücken
überwachen und schützen, die Kommunikationen zwischen den beiden
Flußufern unmöglich machen und vor Allem, nach Blairs drin-
gendem Rathe, die beiden benachbarten, in der Sklavereifrage
allerschwärzesten Counties Boone und Howard überwachen und
durch öftere Streifzüge in Rand und Band halten, — und Alles
das mit 360 Mann, von denen ungefähr zwei Drittel Kombattants
waren. Ich hatte nicht eine einzige Kanone, ja nicht einmal
einen Tambour; denn auch diese hatte mir Lyon mitgenommen.
Hätten die Secessionisten damals ihr Handwerk besser verstanden,
so hätten sie in den ersten Tagen meines Alleinseins in einer
schönen Sommernacht mich und meine drei Kompagnien überfallen
und aufheben können, ohne daß ein Hahn darnach gekräht hätte.
Auf Verstärkungen von St. Louis war nicht zu hoffen; denn alle
disponiblen Streitkräfte waren theils mit General Lyon, theils
mit Oberst Sigel in's Feld gerückt und die Bundesregierung
in Washington ließ die Dinge in Missouri gehen, wie sie eben
gingen und entwickelte die größte Sorglosigkeit und Gleichgültigkeit.
In Illinois, in Wisconsin, Iowa, Kansas waren überall die Frei-
willigen=Regimenter unter den Waffen, — hätte ein Befehl von

Washington diese schlagfertigen Truppen alle nach Missouri diri= girt, so würde ihre numerische Uebermacht allein hingereicht haben, um alle Secessionistenbanden aus Missouri zu vertreiben, die Re= bellen auch aus Arkansas zu verjagen und das ganze rechte Ufer des Mississippi mit seinen großen Hilfsquellen im Besitze der Union zu erhalten. Aber von allem Dem geschah nichts; diese Truppen wurden Monate lang unthätig in ihren Staaten zurückgehalten und dann dorthin geschickt, wo man sie viel weniger brauchte als in dem arg bedrängten Missouri. Die laue und unschlüssige Verwaltung des Kriegsdepartements unter Cameron und die Unschlüssigkeit, das Zaudern und Schwanken in den Washingtoner Regierungskreisen trugen die Hauptschuld an den ersten Nieder= lagen der Bundestruppen und an der überlangen Dauer dieses unglücklichen Krieges. Erst als Stanton das Kriegs=Departe= ment übernahm und Lincoln härter und selbstständiger wurde, gestaltete sich die Lage der Dinge günstiger. So blieben denn alle noch so dringenden Verlangen General Lyons, alle Vor= stellungen Blairs um die Absendung von Verstärkungen nach Missouri ohne jeglichen Erfolg und wo etwa ein benachbarter Militär=Kommandant auf dringendes Bitten Hilfe senden wollte, wurden seine getroffenen Dispositionen von Washington aus contremandirt und die Truppen dann gewöhnlich nach Punkten dirigirt, die viel weniger bedroht waren, als Missouri. Die Unthätigkeit, das laissez-aller und laissez-faire schien damals zum leitenden Grundsatze im ganzen Militärwesen werden zu wollen und geradeso wie Lyon und Blair sich selbst überlassen und auf ihre eigenen beschränkten Kräfte angewiesen worden waren, machten diese es wieder mit Anderen ebenso, schickten Sigel mit ganz unzureichenden Kräften von Rolla südlich gegen Springfield und die Arkansas=Grenze, und ließen mich in der schwierigsten Position, im Inneren des Staates, mit drei Kompagnien zurück, deren Mannschaft im besten Falle nur aus Rekruten bestand.

Aber alles Raisonniren half da nichts und machte die Sache nicht besser; — es hieß daher, sich den Umständen anzupassen und nach bestem Ermessen zu handeln. Ich ließ also meine Sol= daten unter's Gewehr treten und setzte den Offizieren wie der Mannschaft unsere Lage klar auseinander, wie wir nahezu isolirt, nur auf uns selbst, auf unsere eigene Wachsamkeit, strenge Dienst= erfüllung, Entschlossenheit und Tapferkeit zu rechnen hätten; — ich bemerkte ihnen, daß wir auf einem isolirten, gleichsam ver=

lorenen Posten stünden, dessen Behauptung aber von größter Wichtigkeit für das Ganze sei und daß daher jeder Einzelne ebenso voll und genau seine Schuldigkeit thun müsse, wie die Gesammtheit von uns ihre Pflicht erfüllen würde. Ich legte dann die Mannschaft der drei Kompagnien in ein vorläufiges gemein= schaftliches Bivouak, in den großen Saal des Abgeordnetenhauses und die Offiziere quartirte ich in dem Saale des Senates ein. Ich selbst behalf mich mit dem Kabinete des Staatssekretärs und hatte auch weder bei Tag, noch bei der Nacht Zeit, mich der Annehmlichkeiten einer besseren Wohnung erfreuen zu können. Vor Allem wurden also die nöthigen Vorposten um das Capitol auf= gestellt und Patrouillen beordert, die von Stunde zu Stunde die Stadt durchstreifen und für Aufrechthaltung von Ruhe und Ord= nung Sorge tragen mußten. Ich hatte sogleich als Beirath den früheren Gouverneur Tom. P r i c e, den deutschen Staatssenator B r u n s und einen dritten Bürger, dessen Namen mir entfallen, zu einer Konferenz eingeladen und in dieser wurde die Proklamation entworfen, die ich an die Bevölkerung richtete und die am nächsten Morgen veröffentlicht ward. Nachdem dies und andere noth= wendige Dinge verabredet und festgesetzt worden waren, konnte ich endlich zu Ruhe gehen mit dem erhebenden Bewußtsein, mich als Militär=Gouverneur des Staates Missouri, auf dessen Schultern das Wohl und Wehe des Ganzen ruhte, in's Bett legen und den Schlaf des Gerechten schlafen zu können. Aber es kam weder zum Bette, noch zum Schlafen, dazu waren wir Alle noch zu auf= geregt, die Posten mußten mehreremals in der Nacht visitirt, die Patrouillen abgefertigt werden, dazu kam noch, daß die patrouille= führenden Offiziere mit den Verhältnissen der Stadt unbekannt und ebenfalls sehr aufgeregt, nach ihrer Rückkehr allerhand be= unruhigende Meldungen abstatteten, deren Richtigkeit wieder durch andere Absendungen untersucht werden mußte, — so kam Niemand zur Ruhe und wir verbrachten die Nacht im Senatssaale plaudernd und Cigarren rauchend, bis es Tag wurde und die Pflichten des Dienstes uns auf's Neue in Anspruch nahmen.

Militär-Regierung.

(1861.)

Auf die Aufregung des ersten Tages, auf die Begeisterung, mit der wir Alle den Aufbruch in's Innere des Staates, die Er-öffnung des Feldzuges in Missouri begrüßt hatten, folgte schon am nächsten Morgen der Ernst des Lebens mit seinen Sorgen und Lasten. Schon im Laufe des nächsten Tages wurde es mir klar, daß ich hier einem vollständigen Chaos, einer allgemeinen Zerrüttung gegenüberstehe und daß Alles neu zu schaffen sei, sollte der gewohnte Gang der bürgerlichen Gesellschaft nicht ganz in's Stocken gerathen. Der Gouverneur und seine secessionistische Sipp-schaft waren feig geflohen, seine Minister und die Legislatur hatten sich aus dem Staube gemacht, selbst die Stadtverwaltung hatte sich aufgelöst, es saßen keine Gerichtshöfe mehr, um Recht zu sprechen, die öffentlichen Arbeiten stockten, es gingen keine Steuern ein, denn in dem Zweifel, an wen eigentlich zu zahlen sei, wählten die Steuerpflichtigen den vorsichtigeren Ausweg, gar nicht zu zahlen. Dieser grenzenlosen Verwirrung stand ich gegenüber, ausgerüstet mit keiner anderen Vollmacht, als der von Lyon mir mündlich ertheilten, der seinerseits wieder durch nichts berechtigt war, mir eine solche zu ertheilen; — Fragen und Bedenken aber waren in dieser Lage nicht am Platze, es hieß à la guerre comme à la guerre; es mußte gehandelt werden, ohne sich um eine spätere Verantwortlichkeit viel zu kümmern. Daß ich, um zu handeln, nur 300 Mann Soldaten hatte, daß ich auch nicht über einen Cent Geld verfügen konnte, in meiner Verbindung mit St. Louis nur auf die unsichere Flußschifffahrt angewiesen war, da die Eisen-bahnbrücken noch nicht wieder hergestellt waren, und daß ich noch obendrein theils mit der Feindseligkeit, theils mit dem Mißtrauen der Bevölkerung zu kämpfen hatte, alle diese Umstände trugen nicht dazu bei, mir die Lösung meiner Aufgabe leicht zu machen. In meinem Herzen beneidete ich die Kameraden, die sorglos hinaus-marschirt waren in den frischen und fröhlichen Krieg, während ich, mit der größten Verantwortlichkeit beladen, von Geschäften über-häuft, mit hunderten von Sorgen und Mühen belastet, die prekäre Existenz eines Militär-Gouverneurs führen sollte, ohne dazu die gesetzliche Autorität und die unerläßlichen Machtmittel zu besitzen. Daß mir General Lyon keine ausführlicheren schriftlichen In-

ſtruktionen ſchickte, wie er mir doch verſprochen, das war im
Trubel des Krieges natürlich und daher zu entſchuldigen; — ſeine
mündlich ertheilten Inſtruktionen hatte ich mir ſogleich nach
unſerer Unterredung aufgezeichnet, aber ich fand bald, daß Blairs
Abſchiedworte: „Kümmern Sie ſich um gar keine Inſtruktionen,
ſondern handeln Sie nach den Umſtänden und nach Ihrem beſten
Ermeſſen!" — mir in der praktiſchen Thätigkeit als die einzig
richtigen Inſtruktionen gelten mußten.

Vor Allem handelte es ſich darum, die Aufregung und die
Beſorgniſſe der Bevölkerung, die von dem plötzlichen Wechſel der
Dinge überraſcht, erſchreckt, ja betäubt war, zu beruhigen; —
vorgeſtern noch waren die Seceſſioniſten Herren der Regierung,
der Geſetzgebung, des Staates und der Stadt geweſen, überall
war die Rebellenflagge aufgezogen, die Seceſſioniſten führten das
große Wort, in den wüſteſten Drohungen gegen die Union und
alle Anhänger derſelben; — Hurrahs für Jefferſon Davis und die
ſüdlichen Brüder ertönten in den Trinkſalons, in den Sälen der
Legislatur und auf den Straßen und über Nacht war der ganze
Hexenſpuk zerſtäubt, nach allen Richtungen verſchwunden, von der
Zinne des Capitols wehte wieder das Sternenbanner der Union
und Bundestruppen hielten die Staats=Hauptſtadt beſetzt. Zu der
Beſtürzung über dieſen plötzlichen Scenenwechſel geſellte ſich auch
noch die Beſorgniß um die Sicherheit ihres Eigenthums und be=
ſonders die Sklavenhalter waren es, die in allem Ernſte fürch=
teten, die Freiwilligen=Regimenter, die aus lauter Abolitioniſten
beſtünden, würden ihnen ihre Sklaven mit Gewalt nehmen und
ſelbe in Freiheit ſetzen. Die meiſten Beſitzer von Negerſklaven
und beſonders die Sklavenzüchter und Sklavenhändler ſuchten alſo
ihre ſchwarze Waare möglichſt ſchnell in Sicherheit zu bringen,
ein förmlicher Exodus begann und die Sklaven wurden unter der
Obhut ihrer Aufſeher in kleineren oder größeren Schaaren fort=
geſchickt nach anderen Counties oder ſelbſt nach den ſüdlichen
Staaten. Ich hatte in meiner Proklamation an die Bevölkerung
auf den dringenden Wunſch meiner bürgerlichen Beiräthe auch die
Verſicherung einfließen laſſen müſſen, daß das Eigenthum der
Bewohner aufrecht erhalten und geſchützt werden würde; — zu
gleicher Zeit hatte ich Streifpatrouillen ausgeſchickt, die alle ſolche
Züge von weggeſchickten Sklaven anhielten und wieder in die
Stadt zu ihren Herren zurückſchickten. Das konnte ich wohl in
einzelnen Fällen thun, aber die böſe und feindſelige Geſinnung

der Mehrzahl der Bevölkerung, das Mißtrauen und die Besorg=
nisse konnte ich nicht sogleich heben. Als mir daher im Laufe
des Tages von der kleinen Zahl von guten Unionsleuten die
beunruhigendsten Mittheilungen über die Gährung in den Ge=
müthern, über lügenhafte Gerüchte und Ausstreuungen und über
Umtriebe und Wühlereien von Seite einzelner compromittirter
Personen gemacht wurden, als meine eigenen Kundschafter mir
meldeten, daß die Proklamation fast überall abgerissen und ver=
nichtet und durch aufrührerische Anschläge ersetzt worden sei, da
entschloß ich mich, mit jenem Mittel der Einschüchterung zu wirken,
welches die Franzosen mit „la terreur blanche" den weißen,
d. i. unblutigen Schrecken bezeichnen.

Welche geringe Militärmacht mir zu Gebote stand, davon
hatten die Gegner keine Ahnung, denn von dem ersten Augen=
blicke unserer Besitzergreifung an war Niemand mehr in's Capitol
zugelassen worden, — es galt also vor Allem, die Bevölkerung
in der Täuschung zu erhalten, daß ich über eine starke Truppen=
macht verfüge, mit der ich die Stadt im Zaume halten könne.
Fast meine ganze Truppenmacht wurde in kleinere oder größere
Detachements getheilt, die nach allen Richtungen hin und zu allen
Stunden des Tages und der Nacht die Stadt und deren nächste
Umgebung durchkreuzten und auch nicht die geringste Störung der
Ruhe duldeten; — zugleich ließ ich fünf der am meisten com=
promittirten Bürger, darunter den Besitzer eines Trinksalons,
der zuerst die Secessionsflagge in Jefferson=City aufgezogen hatte,
verhaften und in's Capitol bringen, wo sie in den Souterrains
als Gefangene bewacht wurden. Diese fünfe, die mir von den
Unionsleuten als Rädelsführer des Rebellenthums denunzirt wur=
den, waren im ersten Schrecken mit dem Gouverneur geflohen,
waren aber wieder zurückgekehrt, oder möglicherweise auch zu ge=
wissen Zwecken zurückgeschickt worden, und dienten mir nun als
Einschüchterungsmittel für die Uebrigen. So wie sich die Kunde
davon in der Stadt verbreitete, wurde es auffallend stille und
ruhig und eine ziemliche Anzahl Anrüchiger oder doch zweideutiger
Individuen wurde ängstlich und machte sich schon in der nächsten
Nacht aus dem Staube. Ich hatte natürlich nicht das geringste
Recht, die Leute gefangen zu halten, aber es gab im Augenblicke
keine Gerichtshöfe, vor denen die Habeas-corpus-Akte plaidirt
werden konnte und Niemand konnte sie mir so leicht entreißen.
Ich behielt sie daher im Capitol, unterzog sie täglichen Verhören,

erfuhr auf diese Art wieder eine Menge Dinge, die andere Leute compromittirten, und wußte so ziemlich, wo und wie die Fäden der Bewegung liefen. Nachdem die Leute durch die Isolirhaft und die fortwährenden Verhöre mürbe gemacht worden waren und Reue und Leid erklärten, machte ich ihnen Hoffnung, daß sie für diesmal noch ungestraft davon kommen könnten, daß aber ihr ganzes künftiges Benehmen von ihrer Besserung Zeugniß geben müsse. Sie versprachen alles Denkbare, schworen und unter=schrieben den Treu=Eid an die Vereinigten=Staaten und als nun eine Deputation der angesehensten Frauen der Stadt bei mir er=schien, um Gnade für die Verhafteten zu erflehen, da sich unter=dessen in der Stadt das Gerücht verbreitet hatte, daß sie alle kriegsrechtlich erschossen werden sollten, — verkündete ich den Damen sowie den Gefangenen ihre Freilassung, unter der Be=dingung künftigen guten Verhaltens; — ich habe später nie Ur=sache gehabt, mich über diese Leute zu beklagen, im Gegentheil, sie erwiesen sich bei jeder Gelegenheit als die treuesten Anhänger der Union.

Es galt nun aber auch, weitere Vorkehrungen zu treffen, um gegen jeden Angriff von außen durch herumstreifende Rebellen=corps gesichert zu sein; — vor Allem requirirte ich die Sträf=linge des großen Zwang=Arbeitshauses und ließ durch sie unter der Aufsicht meiner Offiziere Befestigungen um das ohnehin er=höht liegende Capitol in Form starker Erdschanzen anlegen, die wenigstens gegen einen Handstreich Sicherheit boten und überhaupt jede Vertheidigung erleichterten. Auf mein wiederholtes und dringendes Ansuchen um Verstärkungen hatte mir endlich der in St. Louis die Militär=Geschäfte leitende General=Adjutant Chester Harding zwei Kanonen und eine Sektion Artilleristen geschickt und die Geschütze wurden sogleich in der neuen Befestigung aufgestellt. Eine, auf eine Denunziation vorgenommene, Haus=suchung ergab das Auffinden von zwei im Stalle vergrabenen Kanonenröhren, die auf Noth=Lafetten befestigt, ebenfalls im Capitol aufgestellt wurden und wenigstens durch ihr Aussehen imponirten. Eine in den nächsten Tagen mit dem gewaltsam requirirten Ueberfuhr=Dampfboote vorgenommene Streifung auf dem Flusse setzte mich in den Stand, in einer Entfernung von vierzig Meilen aufwärts und abwärts alle Ueberfuhren, Flachboote, Kähne u. s. w. wegzunehmen, was davon verwendbar war, nach Jefferson=City bringen, das minderbrauchbare aber gleich zerstören und versenken zu lassen; — auf diese Art wurde alle Verbindung zwischen Nord= und Süd=Missouri aufgehoben und daher ein Ueberfall aus den gegenüberliegenden Counties, wenn nicht ganz verhindert, so doch sehr erschwert, während' ich im Besitze der Ueberfuhr=Boote, damit Streifungen nach allen Richtungen auf dem Flusse unternehmen konnte.

Zugleich fing ich an, sowohl in Jefferson=City als in allen nahe liegenden Counties Heimwehr=Kompagnien zu organisiren, sie einzumustern und einzuschwören und durch hingesandte Sergeanten einexerciren zu lassen. Das größte Hinderniß hierbei war immer die Beschaffung der Waffen und der Ausrüstung, die ich aus dem Arsenale in St. Louis immer nur nach wiederholtem Drängen und dann nur in reducirten Quantitäten erhalten konnte. Wieder waren es die unionstreuen deutschen Farmer, die den Kern dieser Heimwehr=Kompagnien bildeten und die in allen Fällen, wo die von der Regierung gelieferten Waffen nicht ausreichten, sich selbst auf ihre Kosten Waffen zu schaffen wußten. So waren denn bald in fast allen benachbarten Counties bundestreue Militärorganisationen entstanden, die, nach und nach in Bataillone zusammengezogen und unter die oberste Leitung in Jefferson=City gestellt, zusammenwirkten und mir die Bewachung der wiederhergestellten Eisenbahnen und der Fluß=Kommunikation, sowie die Beruhigung des Landes wesentlich erleichterten. Es wurden nun unter Mitwirkung dieser Heimwehr größere Streifungen nach entfernteren Counties vorgenommen und ich konnte gewöhnlich eine ganze Kompagnie meiner Truppe ausschicken, welche dann an einem bestimmten Punkte mit den Heimwehr=Kompagnien zusammentraf und nun gemeinschaftliche Recognoszirungen und vorzüglich Nachforschungen nach den von den flüchtigen Staatsmilizen versteckten oder vergrabenen Kanonen, Waffen, Pulvervorräthen u. s. w. vorgenommen wurden. Jede dieser Expeditionen brachte mir ein paar Wagen von confiscirter Kriegscontrebande mit und ich hatte bald ein vollständiges Pulvermagazin in einem der Zimmer des Capitols, das ich, um ein Unglück zu verhüten, sorgfältig bewachen lassen mußte. Von einer dieser Excursionen brachte mir Kapitän Weckerlin von Kompagnie B. auch sieben Gefangene mit, alle Methodistenprediger oder andere Pfaffen, die damals die wüthendsten Agitatoren für die Secession waren und die sich nach den, protokollarisch aufgenommenen Aussagen von guten Unionsleuten, schwer compromittirt, überall gegen die Union gepredigt und zur Rebellion auf=

gefordert, Anhänger der Union verfolgt und mißhandelt hatten und Einige von ihnen auch bei dem nächtlichen Ueberfall und der Ermordung einer Heimwehr=Kompagnie in Cole Camp betheiligt gewesen sein sollten. Ich ließ diese würdigen Diener des Herrn einstweilen bei Wasser und Brot in die Souterrains sperren, um sie mit dem ersten Boote nach St. Louis in's Hauptquartier zu schicken und sie so, wenigstens für einige Zeit, in ihrem Revier unschädlich zu machen; — bald brachte mir aber mein Sohn die Nachricht, daß sich in der Mannschaft eine große Gährung kund= gebe, die Gemüther durch die Erzählungen der heimgekehrten Kom= pagnie von den Gräuelthaten dieser Fanatiker erhitzt seien und daß ein Lynch=Gericht zu befürchten sei. Ich eilte sogleich mit einigen Offizieren in die Rotunde des Capitols, wo ich die ganze Mannschaft versammelt und meine schlimmsten Befürchtungen be= stätigt fand. Die höchst aufgeregten Leute hatten bereits sieben Stricke an den Galerien der Rotunde befestigt, und ich kam gerade dazu, als ein Redner seinen Kameraden den mit Jubel begrüßten Vorschlag machte, die sieben Kerle aus dem Souterrain herauf= zuholen und hier an den Galerien aufzuhängen. Als ich mit den Offizieren unter die Leute trat, wurde es zwar augenblicklich still und ruhig, aber die unheimlichen, scheuen Blicke der Leute zeigten mir, daß sie ihr Vorhaben keineswegs aufzugeben gesonnen wären. Ganz ruhig, ohne mir etwas merken zu lassen, befahl ich den Hauptleuten, ihre Kompagnien antreten und vor dem Capitol aufstellen zu lassen, da eine wichtige Meldung eingelaufen sei, die die Aussendung einer Truppe nöthig mache. Dem Befehl wurde augenblicklich gehorcht und nach meiner, den Hauptleuten gegebenen Weisung, marschirten diese mit der Truppe vor die Stadt hinaus, während eine halbe Kompagnie mit meinem Sohne August im Capitol blieb. So wie die übrige Truppe außer Sicht war, ließ ich die Gefangenen heraufholen, um sie so schnell als möglich fortzubringen und sie so der Rache der aufgebrachten Mannschaft zu entziehen. Zum Glücke war einige Stunden vor= her der Dampfer „January" von St. Louis angekommen, der genügende Bedeckung an Bord hatte und Proviant und Munition für General Lyon nach Boonville bringen sollte. Ich ließ nun meinen Sohn mit seiner halben Kompagnie die Gefangenen in die Mitte nehmen und, nachdem ich ihnen auseinandergesetzt hatte, wie nahe sie daran gewesen waren, den verdienten Lohn für ihre Schandthaten zu empfangen, sie durch die ganze Stadt führen,

wo sie alle Welt kannte und überall, wo die Unionsflagge auf=
gepflanzt war, mußten sie die Häupter entblößen und sich vor ihr
verbeugen, — dann wurden sie an Bord des Dampfers gebracht
und nebst einem versiegelten Schreiben an den Postenkommandanten
in Boonville, Obersten J. E. Stevenson, als Gefangene dem
Kommandanten der Bedeckungsmannschaft übergeben. Als Abends
die anderen Kompagnien von ihrem Uebungsmarsche zurückkehrten,
hielt ich ihnen vor der Front eine eindringliche Standrede, worin
ich ihnen das Verwerfliche ihres Vorhabens und die Schande, die
es auf das Regiment gebracht haben würde, kurz und bündig
auseinandersetzte und ihnen mittheilte, daß die Gefangenen zur
Untersuchung und Bestrafung bereits weiter befördert worden seien.
Damit war der unangenehme Zwischenfall in friedlicher Weise
beseitigt, — einige Tage darauf kam mit dem rückkehrenden
Dampfer Antwort von Colonel Stevenson, er habe die Ge=
fangenen richtig übernommen und lasse sie fleißig an den zu er=
richtenden Befestigungen von Boonville schanzgraben; — was
später aus ihnen geworden ist, habe ich nicht mehr erfahren.

General Lyon hatte mit seiner Truppe bereits am 18.
Boonville erreicht, die dort unter General Price aufgestellte Staats=
miliz in raschem Angriffe über den Haufen geworfen, ihr ganzes
Lager mit reichen Vorräthen genommen und den Gouverneur sammt
den Ueberresten der Rebellentruppe in wilder Flucht nach dem Süd=
westen des Staates getrieben, — nun traf er seine Vorbereitungen,
um die Versprengten zu verfolgen, sie immer weiter gegen die
Arkansas=Grenze zu drängen und dann gemeinschaftlich mit Sigels
Expedition sie durch einen combinirten Angriff aus dem Staate
zu treiben. Durch diesen Erfolg wurde auch meine Stellung in
Jefferson=City minder exponirt und ich konnte es leichter ver=
schmerzen, daß mir General Lyon von meinen drei Kompagnien
noch eine wegnahm. Es war nämlich wieder ein Boot mit
Munition und Proviant für General Lyon den Fluß hinauf
passirt und ich hatte den Befehl erhalten, dem Boote auf der
Strecke von Jefferson=City bis Boonville eine starke Bedeckungs=
mannschaft mitzugeben. Ich kommandirte nun hiezu die Kom=
pagnie C. unter Capitän Bendel, als aber diese in Boonville an=
kam, durfte sie nicht mehr zurück, sondern wurde beordert, sich
gleich den anderen Kompagnien meines Regimentes unter Schaefer
und Osterhaus dem Corps des General Lyon anzuschließen
und die Expedition in's Innere mitzumachen; — statt der von

mir zurückerwarteten Kompagnie kam einfach die lakonische An=
zeige, daß der General die Kompagnie selbst benöthige und ich
mich behelfen müsse, bis mir Verstärkungen von St. Louis zu=
gehen würden. Die Schwierigkeiten meiner Lage wurden dadurch
nur vermehrt; denn wirkliche Verstärkungen erhielt ich nie; höchstens
kamen hie und da ein paar Kompagnien Heimwehr mit der
Eisenbahn an, um durch die ganze Stadt in's Capitol zu mar=
schiren und bei der Nacht wieder ebenfalls per Bahn in der
Stille zu verschwinden; — allein da ich den Zutritt in's Capitol
nicht gestattete, so wußte man nie, wie stark meine Truppe sei
und ich half mir durch alle möglichen Mittel der Täuschung, indem
ich nach außen hin mit Patrouillen und Streifkorps operirte, als
ob ich ein paar tausend Mann zur Verfügung hätte.

Nachdem die allerdringendsten Geschäfte erledigt, die nöthigsten
Vorsichtsmaßregeln ergriffen und besonders das Telegraphen=Amt
unter die fortwährende Ueberwachung und Controle eines meiner
Offiziere gestellt war, konnte ich auch daran denken, das Haus
des Gouverneurs C. F. Jackson, ein Regierungsgebäude, einer
Besichtigung und Untersuchung zu unterziehen. Das bis dahin
leer und verschlossen stehende Gouverneursgebäude wurde in Gegen=
wart des Staatssenators Bruns, zweier Offiziere und der eben
angekommenen Berichterstatter des „New=York=Herald" und „New=
York=Tribune" geöffnet und von uns betreten. Im Innern sah
es wüst und traurig aus, zwar war noch die ganze Einrichtung
an Möbeln, Haus= und Kücheneinrichtung vorhanden, sogar die
Gardinen waren noch aufgesteckt, Teppiche lagen auf dem Boden,
auf dem Fortepiano lagen noch Noten, aber Alles deutete auf eine
übereilte und wilde Flucht hin, bei der man sich kaum die Zeit
gelassen hatte, das Allernöthigste zu packen und wegzuschaffen; —
im Arbeitscabinete des verflossenen Gouverneurs war der ganze
Fußboden mit Papieren bedeckt, die ich sorgfältig sammeln und
ordnen ließ und die sich als Briefe, Telegramme und andere
Dokumente herausstellten, ein helles Licht auf die Vorgänge der
letzten Wochen werfend und sehr viele Personen in St. Louis,
wohin ich die papierne Beute sogleich sandte, arg compromittirend.

So war der Juni zu Ende gegangen und die Feier des
National=Festes der Unabhängigkeits=Erklärung am 4. Juli rückte
heran, die ich mir vorgenommen hatte, so glänzend und impo=
sant zu feiern, als es mir mit meinen beschränkten Mitteln möglich
war. Im Laufe der letzten Wochen hatte ich mich allmälig auch

mit meiner exponirten Stellung besser befreundet, ich war auf
weniger Widerstand gestoßen, als ich erwartet hatte, ja ich hatte
sogar unter der ruhiger gewordenen, besitzenden Bevölkerung bei
vielen Maßregeln Unterstützung gefunden, ich hatte ferner gesehen,
daß ein entschiedenes redliches Wollen auch immer sein ent=
sprechendes Können finde, ich hatte an Uebersicht und Ruhe, sowie
an Erfahrungen gewonnen und so lud ich denn, des leidigen
Garçon=Lebens müde, meine Frau ein, nach Jefferson=City zu
kommen und schlug mein Hauptquartier nun in der Wohnung des
Gouverneurs Jackson auf, wo ich es denn doch etwas besser
und bequemer hatte, als in dem Bivouak im Capitol.

Ehrenvoll entlassen.

(1861.)

Nach dem Gefechte bei Boonville und der Versprengung der
Rebellentruppe durch General Lyon wurde es im Innern des
Staates bedeutend ruhiger und diese Ruhe und Sicherheit nahm
in dem Maße zu, als endlich auch auf Befehl von Washington
ein paar Freiwilligen=Regimenter aus Jowa und aus Kansas in
Missouri einmarschirten, um General Lyons Operationen zu
unterstützen. So wurde es denn auch im Monat Juli immer
ruhiger und friedlicher in der Umgebung der Staats=Hauptstadt
und nur aus Nord=Missouri, von jenseits des Flusses kamen
noch Nachrichten über Versuche, neue Rebellenbanden zu organisiren,
um eine Streitkraft zu bilden, die Jefferson=City überfallen und
in Besitz nehmen sollte. Ich war über die Vorgänge in den
nördlichen Theilen des Staates ziemlich gut unterrichtet; denn die
Agenten der Eisenbahnen, sowie die Telegraphen=Beamten waren
fast durchgängig gute Unionsleute und theilten mir pünktlich und
gewissenhaft alle Vorgänge und Ereignisse mit; — ich war also
immer im Stande, durch eine rasch ausgesandte bewaffnete Expedition
drohendes Unheil im Keime zu ersticken, was ich zu wiederholten
Malen auch that, zu nicht geringem Erstaunen der secessionistischen
Rädelsführer, welche über die jederzeit genaue Information meines
Hauptquartiers und die schnelle und energische Repression jedes

Aufstands=Versuches ebenso erstaunt wie eingeschüchtert waren. Auch meine Streitkraft hatte sich seitdem doch etwas verstärkt, zwei Kompagnien meines Regimentes, die ich in den Jefferson=Barracks hatte zurücklassen müssen, waren zu mir gestoßen, und außerdem hatte ich in Folge der Proklamation des Präsidenten Lincoln, die 200,000 Freiwillige zum dreijährigen Dienste unter die Waffen rief, mit dieser neuen Organisirung bereits einen Anfang gemacht und aus Freiwilligen der Stadt und Umgebung, sowie aus jungen Leuten, die aus St. Louis kamen und sich anwerben ließen, bereits zwei neue Kompagnien gebildet, die sogleich eingeschworen und einexercirt wurden; — auch die neugebildete Heimwehr hatte sich sehr vervollkommt und trug nicht wenig dazu bei, Ruhe und Sicherheit im Lande zu erhalten. So konnte ich denn mein längst gehegtes Vorhaben, den National=Feiertag, das Unabhängigkeits=fest der amerkanischen Union, am 4. Juli recht demonstrativ zu feiern, mit Ruhe und Sicherheit ausführen und dem secessionistisch gesinnten Theile der Bevölkerung damit imponiren. Zu gleicher Zeit aber beschloß ich bei dieser Gelegenheit den Bewohnern der Staatshauptstadt, sowie der Bevölkerung des Staates überhaupt, noch einen demostrativen Beweis der Sicherheit und Festigkeit der Unionsregierung dadurch zu geben, daß ich die frühere Civil=regierung des Staates wieder einsetzte, um sie, allerdings unter meiner Controle, ihre amtlichen Funktionen wieder aufnehmen zu lassen.

Gegen Ende des Monats Juni waren nämlich die Mit=glieder des Cabinets des entflohenen Ex=Gouverneur Jackson und die höheren Staatsbeamten nach und nach wieder nach Jefferson=City zurückgekehrt, sie waren der Entbehrungen und Strapazen des Flüchtlingslebens müde, den meisten fehlte es überdies an Geld und Subsistenzmitteln und endlich fürchteten sie, ihre längere Ab=wesenheit von ihrem Posten würde als Vorwand dienen, um ihre Aemter für erledigt zu erklären und sie durch neue Männer zu ersetzen. So trafen denn die Flüchtlinge allmälig wieder in ihren Wohnungen und bei ihren Familien ein, und als sie sahen, daß sie unbelästigt blieben, und überhaupt Niemand wegen der Ver=gangenheit verfolgt wurde, kam endlich eine Deputation von zweien aus ihrer Mitte zu mir, um sich anzufragen, ob sie nach Ab=legung des Treu=Eides an die Union ihre Aemter wieder an=treten und ihren Pflichten obliegen könnten. Ich hatte, wie be=reits erwähnt, für diesen Fall meine Instruktionen von General

Lyon erhalten, die mich unter gewissen Bedingungen und Vor=
sichtsmaßregeln dazu ermächtigten und auch der mir zur Seite
stehende Beirath von drei Vertrauensmännern der Bevölkerung
sprach sich lebhaft dafür aus, daß die geschäftliche Maschinerie der
Staatsregierung wieder in Gang gebracht werde, da in allen
Zweigen derselben Stillstand und Stockung herrsche und eine längere
Fortdauer dieses anarchischen Zustandes große Nachtheile und ernste
Gefahren nach sich ziehen müßte. Ich hatte nun eine lange Be=
sprechung mit den reuig zurückgekehrten Ministern des verflossenen
Gouverneurs, aus der ich die Ueberzeugung schöpfte, daß sie alle
mit einer einzigen Ausnahme nur ziemlich unschuldig und un=
schädlicher Natur, mit dem Strome geschwommen waren, mehr
getrieben als selbst treibend; — sie waren nun alle zurückgekehrt,
die Vergangenheit tief bereuend und die Nachtheile derselben für
den Staat selbst wohl erkennend, — es fehlte nur von Jacksons
Cabinete sein Finanzminister, der Schatzamtssekretär, der, nachdem
er, wie früher erzählt, von meinen Leuten mit dem ganzen Staats=
schatze ergriffen und gefangen genommen worden war, sich in's
Privatleben zurückgezogen und schriftlich auf sein Amt resignirt
hatte. Mir war das ganz recht, denn den Staatsschatz und die
Staatsfinanzen hätte ich so diesem Herrn nicht mehr anvertraut;
ich erklärte ihnen also, daß sie vor Allem den Eid der Treue an
die Vereinigten=Staaten=Regierung zu schwören und dies in einem
Dokumente auch schriftlich vor Zeugen zu bestätigen hätten; dann
könnten sie ihre Aemter wieder antreten und ihren Pflichten ge=
nügen, jedoch unter meiner Controle, und ich sei daher von allen
wichtigen Schritten in Kenntniß zu erhalten; — für öffentliche
Arbeiten und für die zum gewöhnlichen Gange der Geschäfte
nöthigen Ausgaben könnten vom Auditor Anweisungen als Be=
zahlungen ausgestellt werden, aber die Staatskasse bleibe so ver=
schlossen und versiegelt, wie sie mir von General Lyon über=
geben worden sei und alle diese Anweisungen würden erst ausge=
zahlt werden, wenn ein neuer Gouverneur erwählt und eine
regelmäßige Staatsregierung wieder eingesetzt sein würde. Einst=
weilen hätten sie sich in allen wichtigen Angelegenheiten und Fragen
immer mit dem mir zur Seite stehenden Comite der Drei zu
verständigen, welches Comite mir dann in zweifelhaften Fällen
Bericht erstatten und seinen Vorschlag über Annahme oder Ver=
werfung der Maßregel vorlegen werde. Nachdem wir über alle
Punkte und über die Grenzen ihrer Funktionen in allen einzelnen

Departements der Regierung uns klar verständigt und Alles festge=
setzt hatten, bestimmte ich den Festtag des 4. Juli zur Ablegung
des Treu=Eides durch die Regierungsbeamten und zur Wieder=
einsetzung in ihre Aemter.

Am 4. Juli, dessen Anbruch mit einer Tagreveille durch die
Regimentsmusik und einer Salute von 21 Kanonenschüssen be=
grüßt wurde, ließ ich meine Truppen in Parade ausrücken und
nach der Revue versammelten sich im großen Saale des Capitols
die Offiziere der Garnison, das Comite von Dreien und mehrere
hervorragende Unionsleute und vor dieser feierlichen Versammlung
legten die Herren obersten Beamten des Staates, nachdem ich ihnen
ihre Befugnisse und ihre Pflichten in einer Rede auseinanderge=
setzt hatte, den Eid der Treue gegen die Union ab, den ich jedem
Einzelnen vorsprach und den er dann mit zum Schwure aufge=
hobener Hand wiederholte. Hierauf wurde ein Dokument, welches
denselben Treu=Eid enthielt, von den Staatsbeamten und von
mir und den Anwesenden als Zeugen ihrer Unterschrift unterzeichnet.
Alle schworen und unterschrieben bis auf Einen, den General=
Staatsanwalt (Justizminister Jackson's) J. Proctor Knott,
einen geborenen Kentuckier, der erst seit 1850 nach Missouri über=
siedelt war. Knott verweigerte nicht nur hartnäckig die Ablegung
des Eides, sondern erging sich auch in den bittersten Tadelsaus=
drücken gegen seine Collegen, die geschworen hatten, und ließ sich
dabei von seinem heißblütigen Temperamente so weit hinreißen,
gegen die Union beleidigende und hochverrätherische Aeußerungen
auszustoßen, so daß ich, um nicht durch dieses böse Beispiel auf
die Anderen einwirken zu lassen, ihn verhaften und unter Be=
wachung stellen ließ. Nach dieser Eidesablegung wurden die Uebrigen
wieder in ihre Aemter installirt und jedem sein früheres Bureau
inventarisch übergeben, — von da an ging der Geschäftsgang
der Regierung, wenn auch unter gewissen Beschränkungen, in regel=
mäßiger Weise fort; — nur die Geldanweisungen für geleistete
Dienste, Arbeit u. s. f. behielt ich in meiner Hand und verab=
folgte solche nur in jedem einzelnen Falle, nach Anhörung und
auf Vorschlag des Comites von Dreien, von mir contrasignirt, an
den Staats=Auditor, wodurch jeder Mißbrauch derselben, da die
Auszahlung ohnehin erst auf später vertagt war, verhindert wurde.

Der Treu=Eid, wie ich ihn für diesen Fall etwas amplifizirt
hatte, lautete also:

„Ich N. N. schwöre hiermit feierlich, daß ich den Ver=

einigten Staaten von Amerika Treue und Gehorsam leisten, mich als guter und loyaler Bürger in Allem benehmen, daß ich den Befehlen des Präsidenten der Vereinigten Staaten und der von ihm angestellten Offiziere und Behörden unbedingt gehorchen, die Verfassung, die Gesetze und die Regierung der Vereinigten Staaten mit allen meinen Kräften unterstützen und vertheidigen, niemals in dem gegenwärtigen Bürgerkriege gegen die Regierung der Vereinigten Staaten die Waffen tragen oder ihr Widerstand leisten will und daß ich niemals dem Verrathe und der Rebellion gegen die Vereinigten Staaten irgend welche Hilfe oder Beistand leisten will. So helfe mir Gott!" —

Nach dieser feierlichen Handlung, die einen tiefen Eindruck auf die Versammlung machte, wurde der Rest des Tages dem Vergnügen gewidmet. Ich hatte die Bürger der Hauptstadt eingeladen, zur Feier des Nationalfesttages ihre Häuser zu beflaggen und zu schmücken, ein Wunsch, dem mit geringen Ausnahmen bereitwilligst entsprochen wurde und dessen Erfüllung einen grellen Widerspruch bildete zu den wilden und tumultuarischen Zuständen, die sich in derselben Stadt, unter der aufgezogenen Secessionsflagge, vor kaum vier Wochen abgespielt hatten. Ein patriotischer Bierbrauer hatte eine Anzahl Fässer seines trefflichen Lagerbiers gespendet, ich hatte dazu einen substanziellen Lunch besorgt und so entwickelte sich Nachmittags auf dem freien Platze vor dem Capitol unter dem, weit hin im Winde flatternden Sternenbanner der Union, ein lustiges Lagerleben, ein militärischer Picknick, bei dem unter den Klängen der Regimentsmusik geturnt, gefochten, wettgelaufen und andere Spiele getrieben, deutsche Lieder gesungen und Bier und Lunch vertilgt wurden. Mit Sonnenuntergang wurde die Flagge der Union unter einer Salute von 21 Kanonenschüssen niedergelassen und mit Einbruch der Nacht beschloß ein brillantes Feuerwerk die Festlichkeit des Tages. Ich hatte von dem Feuerwerker Orcutt in St. Louis mehrere Kisten Feuerwerkskörper und eine Anzahl bengalische Lichter kommen lassen und als es nun dunkel wurde, besetzte die Mannschaft meines Regiments die Verschanzungen und die Dächer des Capitolgebäudes, um bei dem Schlußbouquet mitzuwirken, wozu jeder Mann dreißig blinde Patronen erhalten hatte, welche ich durch die Artilleristen aus dem vielen erbeuteten Pulver hatte anfertigen lassen. Die Feuerwerksfronten wurden nun, eine nach der anderen abgebrannt, zum großen Ergötzen sowohl meiner Leute, als der ganzen Bevölkerung von

Jefferson = City, die sich in dichten Schaaren um den Capitol=
hügel versammelt hatte. Bei der letzten Front, die in Brillant=
feuer die Worte: Our union for ever! weithinaus ins Land sicht=
bar machte, donnerten die Kanonen wieder eine Salute, ein reiches
Bouquet von Raketen stieg in die Lüfte, von oben rothe, weiße
und blaue Sterne niedersendend, dazwischen erhellten Leuchtkugeln
in den drei Farben die dunkle Sommernacht, die überall ver=
theilte Mannschaft des Regimentes begann ein ununterbrochenes
Bataillefeuer, während die Regimentsmusik die patriotischen
Melodien von „Hail Columbia" — „Starspangled banner" —
„red, white, blue" — u. s. w. ertönen ließ und donnernde
Hurrahs für die Union durch die nächtliche Stille brausten.

Es war ein schönes und gelungenes Fest, das meine Leute
und alle Freunde der Union mit patriotischer Freude erfüllte und
auf die Bevölkerung der Stadt und Umgegend einen tiefen' im=
ponirenden Eindruck machte.

Nach dem Feste begann wieder das regelmäßige militärische
Leben und der Rest des Monats Juli verging mit Streifzügen
in die benachbarten Counties ausgesandter Expeditionen, um die
linke Flanke des General Lyon, der sich jetzt mit seinem Corps
auf dem Marsche gegen die Rebellen im Südwesten des Staates
befand, frei zu halten, vor Beunruhigungen durch Rebellenbanden
zu sichern, und so oft es nur thunlich war, durch Streifpatrouillen
oder ausgeschickte Kundschafter mit dem General in Verbindung
zu treten; — dabei wurde die Bewachung des Flusses und der
Eisenbahn streng fortgesetzt und da ich auch, außerdem noch das
Gebahren der Staatsregierung genau zu controliren hatte, so
fehlte es nicht an Arbeit und Beschäftigung.

Am 26. Juli ging die Dienstzeit der auf drei Monate an=
geworbenen Freiwilligen zu Ende, wir mußten abgelöst und ent=
lassen werden, und ich gestehe, daß ich diesem Zeitpunkte mit
Sehnsucht entgegen sah; — nicht aus Uebermuth und Lust an
Abenteuern, sondern um in meiner Stellung als Parteiführer
ein gutes Beispiel zu geben, hatte ich mich auf dieses militärische
Intermezzo eingelassen, aber mein Alter entsprach nicht mehr den
großen Anforderungen, welche die Sorgen, Anstrengungen und
Strapazen des Dienstes an mich stellten, und andererseits war
meine lange Abwesenheit von St. Louis meinen geschäftlichen
Interessen höchst nachtheilig; — ich hatte gerne und willig meine
Bürgerpflicht erfüllt und konnte jetzt getrost die Fortsetzung jüngeren

und befähigteren Kräften überlassen; — außerdem aber hatte ich
auch tüchtig gearbeitet, um Alles für die nächste Zukunft und die
Reorganisirung des Regimentes zum dreijährigen Dienst vorzube=
reiten.   Außer den zwei ganz neugebildeten Kompagnien hatte ich
bereits über die Hälfte des gegenwärtigen Standes der Mann=
schaft mit drei Jahren angeworben und eingeschworen und mein
Nachfolger im Kommando, Oberst Friedrich S ch a e f e r, hatte nur
wenig Mühe das Regiment dann zu completiren und mit der er=
probten Mannschaft desselben ins Feld zu rücken.   Das zweite
Missouri=Freiwilligen=Regiment hat sich im ganzen vierjährigen
Secessionskriege als eines der tüchtigsten Regimenter bewährt, es
hat in mehr als zwanzig Schlachten mitgefochten und sich immer
durch seine Tapferkeit und Disciplin ausgezeichnet; — mein Nach=
folger Oberst S ch a e f e r fiel schon anderthalb Jahre später am
31. Dezember 1862, an der Spitze einer von ihm commandirten
Brigade in der Schlacht von Murfreesborough in Tennessee auf
dem Felde der Ehre als tapferer Vertheidiger der Union, und
auch sonst brachte das wackere Regiment zahlreiche Blutopfer für
die Vertheidigung und Erhaltung der Union, — mehr als ein
Drittel der Offiziere und der Mannschaft des Regiments fielen
in den verschiedenen Schlachten oder trugen schwere Verwundungen
davon und die noch lebenden Veteranen des Regiments können
heute noch mit Stolz auf ihre militärische Laufbahn zurückblicken.
     Endlich kam der 26. Juli heran und mit ihm das Ende
unserer bisherigen Dienstzeit.   Oberst M u l l i g a n, der später
in Lexingtown von den Rebellen eingeschlossen wurde und capituliren
mußte, und Colonel B r o w n mit einer Abtheilung eines Jowa=
Regiments rückten in Jefferson=City ein, ich übergab ihnen das
Capitol mit allen Vorräthen, sowie die Gouverneurswohnung und
alles sonst unter meinem Schutze stehende Eigenthum und nach
einem herzlichen Abschiede von der dortigen Heimwehr und der
Bevölkerung der Stadt, deren hervorragendste Bürger mich auf=
suchten und mir für die freundliche und milde Behandlung der
Stadt unter meinem Kommando ihren Dank aussprachen, marschirte
ich mit der Hälfte meines Regimentes nach St. Louis zurück,
wohin auch Oberstlieutenant S ch a e f e r mit der anderen Hälfte
von Boonville aus beordert war, — nur die zwei Büchsen=
Schützenkompagnien unter Major O s t e r h a u s fehlten, sie waren
mit General L y o n s Corps und hatten sich für den Drei=Jahre=
Dienst neu einschwören lassen.

Spät Abends kamen wir im Arsenale an, fanden aber hier eine wüste Wirthschaft; — mit General Lyons Ausmarsch in's Feld war auch der gute militärische Geist aus dem Hauptquartier des Arsenals verschwunden und es machte sich dort eine vorlaute und aufdringliche Advokaten-Wirthschaft breit. Lyons' General-Adjutant, und während dessen Abwesenheit als Oberstlieutenant Leiter des Militärdepartements, war selbst Advokat gewesen und hatte sich nach und nach immer mehr mit Lawyer-Collegen um-geben, — man sah nichts mehr im Arsenale als Advokaten ohne Clienten und ohne Prozesse, die, mit den verschiedensten Chargen bekleidet und mit allen möglichen Schulterstreifen geschmückt, in verschiedenen Uniformen im Arsenale mit ihren Säbeln herum-rasselten, hochmüthig und kenntnißlos über Alles aburtheilten und dabei gegen die eigentlichen Vertheidiger der Union, gegen die wackeren Offiziere und Soldaten sich hochfahrend und roh benahmen. Oberstlieutenant Schaefer war einige Stunden vor mir eingerückt, aber trotz aller seiner Bemühungen konnte er weder für sich und sein Bataillon noch für mich und meine Leute Unterkunft in den weiten Räumen des Arsenals, die alle von den Advokaten und ihren Anhängseln in Beschlag genommen worden waren, erhalten; — Zelte waren uns versprochen, aber nicht geliefert worden und so mußte die Mannschaft unseres Regimentes die Nacht im Freien unter den Bäumen des Arsenalparkes kampiren, und dabei, weil die Kochrationen nicht ausgetheilt wurden, auch noch sehr wider Willen einen Fasttag halten, während die Herren Advokaten es sich in den hell erleuchteten Gemächern bei reich besetzter Tafel wohl sein ließen. Durch festes Auftreten und gehörige Grobheit gelang es mir endlich am anderen Morgen, den Herrn General-Adjutanten dahin zu bringen, daß er für Unterbringung und Ver-pflegung der Mannschaft sorgte; — ich aber übergab das Regi-ments-Kommando dem Oberstlieutenant Schaefer und beschäftigte mich in den nächsten Tagen damit, die Musterrollen zur Aus-zahlung zu entwerfen und richtig zu stellen und hatte damit vollauf zu thun.

Hier im Arsenal erfuhr ich auch Weiteres über das Schicksal des rebellischen Staatsanwaltes Knott, den ich damals unter Bewachung eines Offiziers als Gefangenen in's Arsenal geschickt hatte, wozu ich durch einen Brief General Lyons, dem ich den Vorfall dienstlich gemeldet hatte, ausdrücklich ermächtigt worden war.

Eine Krähe hackt eben der anderen die Augen nicht aus, —

wie der alte Spruch sagt und so hatte denn General-Adjutant
Chester Harding, sobald mein Offizier wieder zurückgereist
war, den Rebellen Knott sogleich in Freiheit gesetzt und obwohl
dieser bei seiner Weigerung, den Treu-Eid zu schwören, beharrte,
ihn zur Offiziertafel eingeladen, wo er von allen anderen Advokaten als Held des Tages bejubelt wurde. Aber Mr. Knott
schien denn doch durch seine Erfahrungen in Missouri etwas verstimmt zu sein, denn er kehrte nicht nach Jefferson-City zurück,
sondern siedelte sich wieder in seinem Heimathsstaate Kentucky an,
wo er als hartgesottener demokratischer copperhead und Märthyer
für die Sache des Südens von der demokratischen Partei in hohen
Ehren als Einer der ihrigen aufgenommen und mehrere Male als
Abgeordneter in den Congreß geschickt wurde.

Nachdem alle Formalitäten erfüllt, die Ausmusterungslisten
mit den Einmusterungslisten verglichen und controlirt und alle
Abrechnungen mit dem Quartiermeister-Departement und dem Mon-
tur-Lieferanten beglichen waren, erschienen die Ver.-St.-Zahlmeister
und die Auszahlung der Offiziere und Mannschaft für die drei
Monate nahm ihren regelmäßigen Verlauf; — wir wurden noch
in blankem Golde ausbezahlt und es war wohl so ziemlich der
letzte Fall, wo dies geschah; denn alle folgenden Auszahlungen
geschahen schon in Papiergeld.

Ich nahm noch einen warmen und herzlichen Abschied von
Schaefer, dem Offizierscorps und allen meinen lieben Waffen-
gefährten und trat, allem fernern Kriegsruhme entsagend, wieder in
den bescheidenen Privatstand zurück, — aber ich dachte noch lange
und noch oft mit Vergnügen zurück an die drei Monate des Militärdienstes und deren Erlebnisse und oft noch seh' ich mich im Traume zu-
rückversetzt in jene stürmischen Zeiten, wo ich, nach den Anstrengungen
und Strapazen des Militärdienstes, den Sorgen der Civilverwaltung,
nach oft hundert ertheilten Audienzen, — denn alle Welt wollte
von mir, als der obersten Behörde, Rath und Hilfe haben —
Abends bis auf den Tod ermüdet und erschöpft in meine Wohnung
im Gouverneurs-Palais zurückkehrte und nun endlich eine Stunde der
Ruhe genießen konnte; — da saßen wir denn, ich und meine
Frau, im Hintergärtchen, die schöne warme Sommernacht genießend,
deren Stille und Ruhe nur durch den Tritt der Patrouillen und
das Werda!-Rufen der Wachen unterbrochen wurde; —
uns gegenüber flammte ober der Kuppel des Capitols der große
Komet von 1861, der damals im vollsten Glanze strahlte, —

so saßen wir stillvergnügt, Pläne und Hoffnungen besprechend, bis wieder eine dienstliche Meldung kam, die augenblickliche An= ordnungen oder gar eine Postenvisitation nöthig machte, oder einer der Kundschafter (scouts) kam und aus seiner Stiefelsohle eine Depesche des General Lyon oder eine wichtige Mittheilung von einem Freunde der Union heraustrennte; — dann war es wieder mit der Ruhe vorbei, es hieß den Säbel umschnallen und zu Pferde steigen und oft verging die ganze Nacht in dienstlichen Beschäftigungen, — aber es war doch eine schöne, eine frisch be= wegte, von Leben und Thätigkeit durchwehte Zeit, an die die Er= innerung mir nie entschwinden wird.

Moralischer Katzenjammer.

(1861.)

Ich fand St. Louis bei meiner Rückkehr wesentlich verändert, sowohl in materieller, als in moralischer Hinsicht. — Die große, sonst so lebhafte Stadt hatte ein trübseliges, gedrücktes Aussehen, die Straßen und öffentlichen Orte schienen menschenleer, viele junge Amerikaner, besonders die Offiziere der Staatstruppen, die „Minutenmänner" und sonstigen Gegner der Union waren trotz ihrer, nach der Affaire von Camp Jackson gegebenen Parole, nicht gegen die Ver.=St. zu dienen, heimlich nach dem Süden gegangen, um in die Rebellenarmee zu treten, die jungen deutschen Männer standen unter den Waffen im Felde und so sah St. Louis förmlich verödet aus; man sah nur noch Frauen und ältere Männer, — die Geschäfte stockten, der Handel lag darnieder, der Credit, der im amerikanischen Geschäftsleben eine so große und wichtige Rolle spielt, war gänzlich verschwunden. Dazu lastete auf den Gemüthern die schwere Sorge um die Gestaltung der nächsten Zukunft und die Befürchtung, daß Missouri, weil ein Sklavenstaat, doch noch durch die Gewalt der Ereignisse gezwungen werden könne, sich dem rebellischen Süden anzuschließen. Noch größer aber war die Be= sorgniß, noch gedrückter die Stimmung, und noch ängstlicher die Haltung der Bevölkerung geworden, durch die, anfangs noch be= schönigte und vertuschte, nun aber in den Tagen nach unserer

Rückkehr in ihrer ganzen Schrecklichkeit bekannt gewordene Nach=
richt von der entscheidenden Niederlage, welche die Unionsarmee
unter General Mc. Dowell am 21. Juli in der Schlacht von
Bullsrun erlitten hatte. Diese Nachricht wirkte niederschmetternd
auf die Unionsleute, während die Secessionisten und Sklavenhalter
triumphirend und jubelnd herumzogen, die siegreiche Rebellenarmee
bereits als gegen die Bundeshauptstadt Washington vordringend
schilderten und den schnellen Zusammenbruch der Union verkündeten.
In schmählicher Flucht hatte sich die Unionsarmee aufgelöst und
war bis nach Washington in wilder Unordnung geeilt; ihre sämmt=
lichen Geschütze und an 2000 Gefangene hatte sie in den Händen
der Rebellen gelassen; — nur der alte wackere Blenker mit den
New=Yorker deutschen Freiwilligen=Regimentern hatte Stand ge=
halten, und, das Terrain Fuß für Fuß vertheidigend, hatte er
den nachstürmenden Feind aufgehalten und verhindert, daß die
Bundesarmee nicht ganz aufgerieben wurde. Es war der erste
größere Zusammenstoß zwischen dem unionstreuen Norden und dem
rebellischen Süden und dieser war zu Ungunsten des Norden aus=
gefallen und schien dessen Wehrkraft entschieden in Abrede zu stellen.
Wenn diese Niederlage in den freien Staaten allgemeine Bestürzung
und tiefe Trauer hervorrief, so war dies in weit höherem Maß=
stabe in den Grenz=Sklavenstaaten der Fall, wo die beiden Parteien
sich feindlich, ja fast kampfbereit gegenüber standen und in jeder
Stunde der Ausbruch des Bürgerkriegs erwartet werden konnte.

Ebenso trübe waren die Eindrücke, die ich empfing, als ich
nun die Lage meiner eigenen Unternehmungen und Geschäfte unter=
suchte und sich mir das betrübende Facit ergab, daß ich so ziemlich
alle Früchte langjähriger Arbeit verloren, meine ganze Existenz
auf's Spiel gesetzt sah. Ich habe bereits in früheren Kapiteln
erwähnt, daß das Glück meine Unternehmungen begünstigt, meine
angestrengte Thätigkeit mit Erfolg belohnt hatte; — ich war be=
reits auf dem besten Wege, ein wohlhabender Geschäftsmann
zu werden, — die Commercial agencies, diese commerciellen
Detektivanstalten für die Geschäftswelt, — taxirten mich, wie ich
aus einer ihrer vertraulichen Informationen selbst ersah, als
„hunderttausend Dollars werth"; — und in der Liste
der hundert höchsten Steuerzahler der Stadt, die der „Missouri=
Republican" immer zu Neujahr veröffentlichte, nahm mein Name
nicht die unterste Stelle ein. Ich hatte mein schuldenfreies
großes Zeitungsunternehmen nebst Druckerei, für das mir bereits

zweimal 60,000 Dollars geboten worden waren, ohne daß ich
das Angebot angenommen hätte; — ich besaß sieben Häuser, von
denen ich fünf hatte selbst bauen lassen, und war nebenbei, wie
ich bereits früher erwähnte, in verschiedenen anderen Geschäften,
— Bierhallen, Brauerei, Theater u. s. w. — stark interessirt;
— allerdings lasteten auf meinem Grundeigenthume noch Ver=
bindlichkeiten; denn ich hatte die meisten Grundstücke nach der üblichen
Einrichtung gekauft, wonach man eine kleine Anzahlung macht und
dann den Kaufschilling nach und nach in fünf=, sieben=, ja oft zehn=
jährigen Zahlungen abträgt; — dagegen hatte ich den Bau der
auf diesen Grundstücken errichteten Häuser bereits gänzlich bezahlt,
und auch von den Grundstücken bereits den größten Theil der noch
darauf haftenden Lasten getilgt. Da kam zuerst der große finanzielle
Krach des Jahres 1857, wo, nach einem ungeheuren finanziellen
und commerciellen Aufschwunge, der Zusammenbruch einer einzelnen
Bank, der Kentucky=Trust=Bank, andere Banken veranlaßte, eben=
falls ihre Zahlungen einzustellen, eine allgemeine Panik ausbrach,
ein Sturm der Bevölkerung auf die Banken und Sparcassen, um
die Depositen zurückzuziehen, das Uebel noch verschlimmerte und
das Unheil mit elementarer Gewalt über das ganze Land sich
ausbreitete und nach seinem allmäligen Aufhören überall Ruinen
und Zerstörung zurückließ. Für mich war diese Krisis, — die
erste, die ich in Amerika erlebte — ebenfalls von schädigendem
Einflusse, — ich hatte ohne Vermögen, also ohne Grundkapital
angefangen, erfreute mich zwar eines großen persönlichen Credites,
aber in solchen Zeiten der Panik und des allgemeinen Mißtrauens
hört aller Credit auf und es heißt sich nur auf sich selbst verlassen
und mit eigenen Mitteln den Sturm überdauern. Ich brachte
dies in 1857 noch zu Stande, aber es kostete mich die äußersten
Anstrengungen und die größten Opfer, und da der, von den Geld=
instituten mir bisher gewährte regelmäßige Credit, in diesen Zeiten
der Krisis für mich ebenso wie für alle Anderen aufgehört hatte,
mußte ich, um die momentanen Verlegenheiten zu überwinden und
meinen Verpflichtungen gerecht zu werden, meine Zuflucht zu
professionsmäßigen Gelddarleihern nehmen, die mir allerdings aus=
halfen, aber nur gegen hohe, den landesüblichen Zinsfuß weit
übersteigende Interessen. Damit war ich glücklich durch die gefähr=
liche finanzielle Krisis gekommen, aber ich hatte doch nur die
akute Krankheit in ein chronisches Leiden verwandelt, dessen Folgen
mir große Opfer und Lasten auferlegten. Dem ungeachtet wurde

die Schreckenszeit überstanden, die Folgen des finanziellen Krachs
verschwanden rascher, als man erwartet hatte, die Geschäfte be=
lebten sich wieder, der Credit kehrte allmälig zurück; — ich war
auf dem besten Wege, wieder in das gewohnte Geleise zurückzu=
kehren, mein Blatt hatte an Ausbreitung und Einfluß bedeutend
gewonnen, da kamen die unseligen Ereignisse von 1861 und der,
wie ein Gewitter aus heiterem Himmel losbrechende Bürgerkrieg
lähmte Handel, Wandel, Unternehmungen und Credit und stellte
alles Errungene wieder in Frage.   Dazu kam noch, daß ich meinem
Lieblingsvorhaben, ein stabiles deutsches Theater in St. Louis zu
gründen, große Opfer gebracht hatte; wer die heißen Sommer
von St. Louis kennt, wo die, von den Häusern und dem Pflaster
während des Tages eingesogene Sonnenhitze beim Eintritte der
Nacht von diesen wieder ausgestrahlt wird und die Abende und
die Nächte oft noch heißer macht, als der Tag war, der wird
leicht ermessen können, welche pekuniären Opfer es mich kostete,
meine Bühne während des ganzen Sommers von 1860 offen,
meine Gesellschaft im unverkürzten Genusse ihres Engagements
erhalten und allen meinen Verpflichtungen gegen sie nachkommen
zu können.   Ich hatte diese Opfer in der Aussicht und Hoffnung
auf eine bessere Zukunft willig gebracht, nun traten aber mit der
Präsidentenwahl von 1860 immer ungünstigere Verhältnisse ein,
bis endlich der Gewaltstreich der Staatspolizei=Commissäre mich
zur Schließung des Theaters zwang, und so alle gebrachten Opfer
vergeblich waren.

Dazu kam noch der tiefe m o r a l i s c h e Eindruck, den die
Ereignisse des Frühjahrs 1861 auf mein nervöses und höchst
empfängliches Temperament machten, — ich sah vor meinen Augen
den drohenden Zusammenbruch der Union sich immer schärfer ge=
stalten und Alles in Frage stellen, — ich verlor den Glauben
an die Zukunft, an die Möglichkeit des Besserwerdens, ja an
mich selbst.   In dieser ebenso gedrückten wie gereizten Stimmung,
belastet mit den schwersten Sorgen, unaufhörlich gepeinigt von den
trübsten Gedanken, verlor ich in der ersten Zeit meine Lust am
Geschäfte, meine Thatkraft wurde gelähmt, ein unüberwindlicher
Ekel bemächtigte sich meiner; — um mich aus dieser trüben
Stimmung herauszureißen, um das Wenige, was ich vermochte,
in diesem gewaltigen Sturme zur Abwehr beizutragen, ließ ich
mich zur Theilnahme an dem militärischen Intermezzo bewegen,
das ich in den letzten Kapiteln erzählte und gewann so nebst einer

mich ganz absorbirenden Thätigkeit doch wieder etwas Gemüths=
ruhe und die Rückkehr der Thatkraft. Ich hatte, ehe ich in den
Militärdienst trat, mein Haus bestellt, denn ich dachte an eine
längere Dienstzeit, hatte meine Zeitung und die Druckerei käuflich
an meine Söhne übertragen, die mir laut Uebereinkunft niemals
das als Kaufpreis festgestellte Kapital, und selbst die Interessen
davon erst nach meinem Tode an meine Witwe zu zahlen hatten; —
meine anderen Geschäfte suchte ich abzuwickeln und aufzulösen,
mir selbst war alle Geschäftslust verleidet, dazu kam nun noch,
daß meine Gläubiger um Zahlung drängten, was bei der all=
gemeinen Lage der Dinge und der Ungewißheit der Zukunft natür=
lich und entschuldbar war. Das Guthaben meines Papierliefe=
ranten war in den letzten Monaten hoch angewachsen, der Mann
mußte befriedigt werden, wir rechneten ab und ich überließ ihm
als Zahlung für die Schuld die vier neuen Familienhäuser, die
ich an der zehnten Straße, nahe Franklin=Avenue, gebaut hatte; —
meine anderen Häuser verlor ich auf minder redliche Art. Der
Advokat Samuel Knox, von dem ich ein großes Haus an der
Franklin=Avenue gekauft hatte und dem ich nur noch einige Raten
zu zahlen hatte, gewährte mir für diese keine Erstreckungsfrist,
sondern klagte die Schuld ein, trieb es bis zum Zwangsverkaufe
und kaufte bei der Versteigerung das Haus zurück, und zwar um
den Betrag der noch schuldigen Raten. Ein anderer Ehrenmann,
Van Swearingen, von dem ich eine Bauparzelle, ebenfalls
an der Franklin=Avenue, gekauft und ein Haus darauf gebaut
hatte, hatte noch einige hundert Dollars zu bekommen; — wäh=
rend ich mit meinem Regimente im Felde war, verlangte er,
ohne daß ich Kenntniß davon hatte, ein sogenanntes Snap-judg-
ment, ein Kontumaz=Urtheil, ließ Haus und Grundstück zwangs=
weise versteigern und kaufte es ungefähr um ein Zehntel seines
Werthes; denn bei der Unsicherheit der damaligen Zustände war
alles Grundeigenthum ungeheuer gefallen, Jeder wollte verkaufen,
Niemand kaufen, und so fanden sich bei diesen Zwangsverkäufen
keine anderen Bieter als die Gläubiger selbst, denen die Reali=
täten natürlich um einen Spottpreis zufielen.

So fand ich bei meiner Rückkehr nach St. Louis die Lage
der Dinge. Auch das Zeitungsgeschäft lag im Argen; zwar
hatte sich die Zahl der Subscribenten nicht vermindert, aber an
eine Vermehrung, einen Aufschwung war vor der Hand nicht zu
denken. Dabei versiegte auch die Haupteinnahmsquelle einer großen

amerikanischen Zeitung, die Anzeigen nämlich, von Tag zu Tag
mehr und empfindlicher; alle Geschäfte stockten, Handel und Wandel
lag darnieder, wozu sollten die Leute anzeigen? — Ich und
meine Söhne, von Jefferson-City zurückgekehrt, boten nun Alles
auf, um das Zeitungsgeschäft, das Einzige, was uns noch intakt
geblieben war, wieder zu heben; — nachdem alle Anordnungen
getroffen und die Geschäftsmaschinerie mit größter Energie und
nothwendig gewordener Oekonomie wieder in Gang gebracht war,
beschloß ich, nach Washington-City zu gehen, mich von der Lage
der Dinge persönlich zu überzeugen, die damals allerdings ziemlich
schwarz aussah, und erst danach meine Pläne für die nächste
Zukunft zu entwerfen.

Ehe ich noch abreiste, kam die Nachricht von General Lyon's
Niederlage und Tod in der Schlacht vom 10. August bei Wilsons-
Creek, die große Bestürzung und tiefe Trauer hervorrief und mich
noch mehr verstimmte. General Lyon war eine offene, ehrliche
Natur, begabt mit vielem gesunden Menschenverstande, freisinnig
in seinen Ansichten und seine schwache Seite war einzig und allein
sein nativistischer Fremdenhaß. Seine militärischen Kenntnisse
waren ziemlich beschränkt, dazu umgab ihn auch in letzter Zeit
ein kleiner Kreis von Schmeichlern und Augendienern, die seiner
persönlichen Eitelkeit hofirten und ihn durch ihre Einflüsterungen
vom graden, richtigen Wege ablenkten. Von Moltke's be-
währtem Grundsatze: „Getrennt marschiren, vereint schlagen",
hatte er keine Idee; er verzettelte seine ohnehin nicht starke Streit-
macht, schickte Sigel mit einem Corps nach dem Süden, während
er selbst mit dem anderen Corps unthätig längere Zeit in Boonville liegen blieb, angeblich aus Mangel an Transportmitteln,
und als er sich endlich in Bewegung setzte, war Sigel bei
Carthago bereits geschlagen und zum Rückzuge gezwungen und die
rebellischen Staatsmilizen von Missouri konnten sich mit den conföderirten Truppen, die Mc. Culloch aus Texas und Arkansas
heranführte, vereinigen und Lyon selbst, als er endlich heran-
kam, mit ihrer numerischen Uebermacht erdrücken. General Lyon
ist als Militär vielfach überschätzt worden; er war weder Stratege
noch Taktiker, und hatte, was er in der Militär-Akademie von
West-Point etwa gelernt hatte, längst wieder in dem eintönigen
Leben und dem zersplitterten Militärdienste in den Indianer-Forts
verschwitzt. Ich erinnere mich, daß, als ich anfing mit dem
ganzen Regimente zu exerciren, und in den wenigen, mir zu

Gebote stehenden militärischen Handbüchern keine genügende Auskunft fand, ich General Lyon befragte, wie es in der amerikanischen Armee mit der Formation des Quarré's gegen Kavallerie-
Angriffe gehalten werde. — „Ja, mein lieber Oberst," lautete
seine Antwort, „da kommen Sie an den Unrechten, da kann ich
Ihnen mit bestem Willen keine Auskunft geben; ich habe in den
letzten Jahren nie mehr als hundert Mann beisammen gehabt,
im Regimente wird bei uns nie exercirt, da wir in den Forts
compagnieweise weit auseinander vertheilt sind, und selbst wenn
wir im mexikanischen Kriege mit einem Kavallerie-Angriffe zu
thun hatten, schloß die Colonne sich fest zur Masse zusammen
und vertheidigte sich so nach allen Seiten." — Ich entgegnete
ihm, daß das Quarré stets der Masse vorzuziehen sei, weil in
der Masse die dicht in der Mitte zusammengedrängten Leute an
der Vertheidigung keinen Theil nehmen und nicht schießen könnten,
ohne ihre Vormänner zu gefährden, ja nicht einmal Raum zum
Laden hätten, während im Quarré die ganze Streitkraft sich an
der Vertheidigung betheiligen könne und der leere Raum im
Innern des Quarré's zur Aufnahme der Bagage-Wägen, der
Noncombattants und als Verbandplatz für die Verwundeten benutzt werden könne. Er sah das ein, zuckte aber mit den Achseln
und meinte, ich würde in Scotts Reglements schon etwas
darüber finden, er wisse es nicht. — Ein solcher Mangel an
taktischen Kenntnissen ist in der amerikanischen Armee die natürliche Folge des üblichen Systems, die ohnehin schwache Streit-
macht von etwa 30,000 Mann über das ganze ungeheuer aus-
gedehnte Land an den äußersten Grenzen, in den Indianer-Forts
zu verzetteln und in nur höchst seltenen Ausnahmsfällen einmal
ein ganzes Regiment zusammenzuziehen; in dem Grenzkriege
kommt meistens nur das Plänkler-Gefecht in Anwendung und
taktische Manöver werden ganz vernachlässigt, — in dem damaligen Falle half ich mir, indem ich die mir noch aus dem
österreichischen Reglement erinnerliche Formation des Quarré's
aus der Mitte des Bataillons annahm und das Regiment darin
einübte. So sehr und so ausschließlich General Lyon seine Erfolge und seinen anfänglichen Ruhm, den er zu seinem Glücke
nicht überlebte, nur den deutschen Freiwilligen zu danken hatte,
so konnte er doch seinen Fremden- und besonders seinen Deutschenhaß nie ganz bezwingen und bevorzugte bei jeder Gelegenheit
seine amerikanischen Offiziere vor den tapferen deutschen Führern,

während die deutschen Freiwilligen von ihm immer mit Gering=
schätzung betrachtet wurden. Einen Beleg für seinen Deutschenhaß
gab auch das Massakre von Cole Camp. Friedrich Schnake,
der damals selbst mit in der Armee und der gewiß ein unver=
fänglicher Augenzeuge war, giebt dafür in seiner „Geschichte
des Bürgerkrieges in Missouri", verschiedene sprechende
Belege und erzählt u. a. über die Cole Camp=Affaire Folgendes:
Bei Cole Camp, Benton=County, ungefähr 30 Meilen von
Booneville, wo fünf Wege zusammenlaufen, war die Benton=
County=Heimwehr in einer Stärke von ungefähr 800 Mann
zusammengezogen. Von Cole Camp, Hawk Creek, Lake Creek,
Fleet Creek und Richland Creek, wo tausende deutscher Familien
wohnten, kamen täglich Verstärkungen an. Die Leute waren mit
Jagdgewehren bewaffnet, die sie in ihrem Besitz hatten oder sich
von Bekannten borgten. (Das Regiment wurde am 13. Juni
von General Lyon autorisirt und bestand den Berichten des
General=Adjutanten zufolge aus sechs Compagnien in einer Ge=
sammtstärke von 602 Mann.) Kapitän Karl Brühl hatte
mit seiner Compagnie F. eine große Scheune als Quartier be=
zogen. In der Nacht vom 19. Juni kamen versprengte Staats=
truppen, Kelly's Compagnie und die Warsaw=Grey's, in einer
Stärke von ungefähr 300 Mann nach der Lagerstätte. Sie
führten die Unionsflagge mit sich und wußten dadurch die aus=
gestellten Wachen um so leichter zu täuschen, weil weitere Zuzüge
von Warsaw erwartet wurden.

Die Thüre der Scheune wurde geöffnet, worauf die Staats=
truppen auf General Kelly's Befehl Feuer gaben und Kapitän
Brühl und 25 Mann im Schlafe erschossen wurden. Da
Kelly's Kompagnie die Leibgarde des Gouverneurs Jackson
bildete und dieser sich in der Nähe befand, scheint es annehmbar
zu sein, daß er Kenntniß von diesem heimtückischen Ueberfall
unter falscher Fahne hatte. Die Kompagnien der Benton=County=
Heimwehr sammelten sich unter Kapitän Cook auf einer Boden=
erhöhung hinter der Scheune und eröffneten ein schweres Feuer
auf die Staatstruppen. Die Letzteren wurden nach einem halb=
stündigen Gefechte mit einem Verluste von 31 Todten und vielen
Verwundeten zum Rückzug gezwungen. Die Unionsleute hatten
außer den Opfern des ersten Ueberfalls, die im Schlafe ermordet
wurden, noch vier Todte, unter denen Lieutenant Wilhelm Kan=
streuer von Kompagnie B. sich befand, und mehrere Verwun=

tete. Dieſer Ueberfall rief in den deutſchen Anſiedlungen in
Benton, Boone und den angrenzenden Counties grenzenloſe Wuth
hervor und führte zu der ſchonungsloſeſten Verfolgung der „Buſch=
klepper", welche dort bis nach dem Schluſſe des Krieges aufrecht
erhalten wurde.

General Lyon wurde ſofort von dem Gemetzel benachrichtigt,
das in einer Entfernung von ungefähr 30 engliſchen Meilen
von ſeiner Stellung ſtatthatte, ergriff aber durchaus keine Maß=
regeln zur Verfolgung der Staatstruppen, ſondern blieb ruhig
mit ſeiner Mannſchaft in Camp Cameron, bei Boonville, bis
zum 3. Juli liegen, als wenn Nichts vorgefallen wäre. Dieſes
eigenthümliche, ſorgloſe Verhalten, wodurch dem Feinde Vorſchub
geleiſtet und dieſer in den Stand geſetzt wurde, ungehindert ſeine
Organiſation zu vervollſtändigen, iſt leider nur auf eine einzige
Weiſe zu erklären. Obgleich nur mit ſehr wenigen Ausnahmen
alle unter ſeinem Befehle ſtehenden Truppen aus Deutſch=
Amerikanern beſtanden, zeigte Lyon bei mehr als einer
Gelegenheit, daß er verbiſſener Know=Nothing war und als ſol=
cher die Deutſchen haßte. Bei Cole Camp wurden nur Deutſch=
Amerikaner niedergemacht, weshalb Lyon ſich nicht um dieſen
Vorgang kümmerte und wahrſcheinlich auch gar keinen offiziellen
Bericht darüber erſtattete, da das Gemetzel bisher in keinem Ge=
ſchichtswerke angeführt iſt." — So weit Fr. Schnake.

Perſönlich war General Lyon unerſchrocken und tapfer und
er iſt an der Spitze der Truppen in ſeiner einfachen blauen
Campagne=Uniform und einen alten Strohhut auf dem Kopfe,
im dichteſten Kugelregen immer voran und immer da geweſen,
wo die größte Gefahr drohte, — er war ein wackerer Offizier,
aber der Aufgabe, die der Gang der Ereigniſſe ihm geſtellt hatte,
durchaus nicht gewachſen. Kämpfen, ſein Leben einſetzen, den
Truppen mit gutem Beiſpiele vorangehen, das konnte er und das
that er auch und ſo iſt er auch gefallen; — im heftigſten An=
griffe auf die Südlichen, ſeine Soldaten mit lautem Zurufe er=
munternd und ihnen voranſtürmend, traf ihn eine feindliche
Büchſenkugel in die Bruſt, langſam ſank er vom Pferde, ſein
hinzugeſprungener Privatdiener fing ihn auf und bettete ihn auf
die Erde, während die Truppe vordrang; wüthend kämpfend,
um ihren Führer zu rächen; — der General flüſterte noch kaum
hörbar ſeinem Diener zu: „John, — ich gehe — hinauf!" —
Dann ſank er zurück und war todt. — Ehre ſeinem Andenken!

Trotz seines Neu-England-Nativismus war er ein braver Mann und ein tüchtiger Soldat. —

In St. Louis war indessen General John C. Fremont als Kommandant des Militärdistriktes von Missouri eingetroffen und hatte sogleich sein neues Amt angetreten, — auch er war kein Stratege, aber er hatte doch das Verständniß und die Einsicht, sein beschränktes Wissen auf diesem Felde durch fremdes Wissen zu ergänzen, und umgab sich mit einem Generalstabe von ehemaligen Offizieren europäischer Armeen, vorzüglich mit Ungarn aus dem letzten Revolutionskriege gegen Oesterreich. Ich fand bei ihm freundliche Aufnahme und er bot mir eine Stelle in seinem Stabe an, die ich dankend ablehnte und meinen Entschluß nach Washington zu gehen, erklärte; — auch seine kluge Frau Jessie, die Tochter des alten Benton, sah ich bei dieser Gelegenheit wieder; — General Fremont gab mir eine Depesche an den Kriegssekretär Cameron mit und ich verließ St. Louis, um die Reise nach Washington anzutreten; — der Abschied von der Stadt, in der ich meine besten Mannesjahre verlebt hatte und mit deren Wohl und Wehe ich so innig verknüpft war, wurde mir recht schwer, aber ich fühlte, daß ich einer Veränderung unumgänglich bedürfe, sollte ich nicht physisch und moralisch verkümmern. In der trübsten Gemüthsstimmung, bedrückt von Besorgnissen für die Zukunft des Landes, nahezu verzagend, verließ ich die Stadt, die ich während zwölf Jahre bewohnt hatte und nun Kinder, Enkel und Geschäft dort zurückließ, und von meiner Frau und dem jüngsten Sohne Karl begleitet, ging ich nach Washington-City.

––––––––––

In der Bundeshauptstadt.

Ich fand Washington-City, den großen Häuptlings-Wigwam unserer Union, wie wir die Capitale damals wohl scherzweise nannten, in größter Aufregung; — in den breiten Straßen, die oft zu beiden Seiten unbebaute Flächen aufwiesen, deren Eintönigkeit dann durch ein kolossales Regierungsgebäude unterbrochen wurde, — vor den Hotels und an den öffentlichen Orten, im Capitole und um das „Weiße Haus" herum wimmelte es

von Uniformen aller Arten, man sah nichts als Offiziere und
Soldaten und dazwischen berittene Ordonnanzen, die Depeschen
von und nach den verschiedenen Lagern und von dort in die
Hauptstadt brachten. Es war gerade der gewaltige Umschlag
eingetreten, wo nach der, in ihrer moralischen Wirkung allerdings
hochtragischen, aber in der Wirklichkeit eigentlich komischen Nieder=
lage der Unions=Armee bei Bullsrun, der bis dahin sorglose, ja
gleichgültige Norden, aus seiner Apathie zum Bewußtsein er=
wacht, die Größe der Gefahr endlich erkannt und heroische
Mittel zur Abwehr zu ergreifen begonnen hatte. Es war aber
auch die höchste Zeit gewesen; im Süden hatte man unter der,
wenn nicht verrätherischen, so doch zweideutigen Regierung des
Präsidenten Buchanan Jahre lang Alles für die Losreißung
vorbereitet, während im Norden, der sich einem sorglosen Optimis=
mus hingab, auch nach dem Ausbruche des Bürgerkrieges noch
so gut wie gar nichts geschehen war. Bis zum 4. März 1861
hatte der Kriegssekretär Floyd nicht nur jede Rüstungs= und
Vertheidigungsmaßregel im Norden verhindert, sondern auch alle
dortigen Arsenale ausgeleert und ihren werthvollen Inhalt nach
dem Süden transportirt, so daß im ganzen Norden thatsächlich
Mangel an Waffen herrschte. Nach Lincolns Regierungs=
antritte suchte man diesem Uebelstande schleunigst abzuhelfen und
der neue Kriegssekretär Cameron kaufte durch Unterhändler
und Lieferanten in Europa alle alten und ausgemusterten Gewehre
zusammen, deren er nur irgend habhaft werden konnte, bekam
aber für sein theures Geld nur schlechte und ganz unbrauchbare
Waare. Millionen waren für diese schlechten Waffen ausgegeben
worden, wovon der größte Theil in die Taschen der Lieferanten
und Zwischenhändler fiel und jetzt erst fing man an, sich an die
amerikanische Privatindustrie zu wenden und gute Gewehre nach
verbessertem englischen Modell herstellen zu lassen. Ebenso ging
es mit der Artillerie, mit den Schiffen der Flotte, mit dem
Genie=, Telegraphen=, Train= und Sanitätsdienste, überall mußte
schweres Lehrgeld bezahlt werden, überall wurden kostspielige
Experimente vorgenommen, bis man endlich den richtigen Weg
betrat. Vor Allem fehlte der Bevölkerung des Nordens im An=
fange jedes Verständniß für den Ernst der Lage und die Be=
deutung dieses Krieges und man gefiel sich in einer gefährlichen
Unterschätzung des Gegners, wie seiner Kräfte und Mittel. Der
alte Oberbefehlshaber der amerikanischen Armee, General Win=

field Scott, hatte sogar den Plan entworfen, mit drei Armee=
Corps zu gleicher Zeit von allen Seiten in das Gebiet des
Südens einzudringen und, immer vorrückend, die Rebellion mit
eisernen Armen immer enger zu umschließen und endlich zu er=
drücken. Allein dazu besaß er eben nur einige 20,000 Mann
reguläre Truppen und die 75,000 Mann Freiwilligen, die
Lincoln für drei Monate unter die Waffen gerufen hatte und
endlich die Miliz der unionstreuen Staaten, die auf dem Papiere
allerdings drei Millionen Soldaten ausmachte, in der
Wirklichkeit aber nur ungefähr 50,000 Mann thatsächlich zu=
sammengebracht werden konnten. Mit diesen „Haufen be=
waffneter Leute", die weder gehörig einexercirt noch dis=
ciplinirt waren, ließ sich aber Scotts aggressiver Operationsplan
nicht ausführen; gleich in dem ersten größeren Treffen bei Bullsrun
liefen die Miliz=Regimenter vor Baumstämmen, denen man durch
Farbe und Anstrich das Aussehen von Kanonen gegeben hatte,
in wilder Flucht davon, um sich vor den „maskirten Batte=
rien" zu retten, wie es damals als Schlagwort hieß. So
war viel Zeit unnöthig vergeudet, viel Geld ohne Erfolg aus=
gegeben und vor Allem der Nimbus der Ver.=St.=Regierung
empfindlich geschädigt worden, während im Süden die Rüstungen
energisch betrieben und immer mehr vervollkommt wurden und
das Vertrauen und Siegesbewußtsein von Tag zu Tag stiegen.
Jetzt endlich, nach dem ebenso unglücklichen, als lächerlichen Aus=
gang der Schlacht bei Bullsrun wurde auch der gesammten Be=
völkerung des Nordens die Ueberzeugung klar, daß die Gefahr
der Zerreißung der Union in zwei Theile eine wirkliche und sehr
ernste sei und daß es der Aufbietung aller Kräfte, der Anwendung
der äußersten Mittel und der größten Entschlossenheit und That=
kraft bedürfe, um dem rebellischen Süden mit Erfolg entgegen=
treten und seinen Abfall verhindern zu können. Der Congreß
war in Washington in außerordentlicher Sitzung zusammenberufen,
er bestand nur aus Vertretern der Nord= und der Grenzstaaten,
hatte somit in beiden Häusern eine republikanische Majorität und
diese ergriff nun entscheidende Maßregeln, nachdem sie sich durch
einen feierlichen Beschluß verpflichtet hatte, „jeden Betrag an Geld,
jede Zahl von Truppen zu votiren, die nöthig sein würden, um
eine schnelle und wirksame Unterdrückung der Rebellion zu sichern".
— Nun wurden 500,000 Freiwillige unter die Waffen gerufen,
die reguläre Armee um 40,000 Mann verstärkt, 10 Millionen

Dollars zur Anfertigung von Waffen bewilligt, für die Flotte wurden 43 Millionen Dollars zur Ausrüstung von neuen Kriegs= schiffen, für die Armee 228 Millionen Dollars votirt, die Ver= hängung des Blockade= und des Belagerungszustandes wurde in die Hände der Exekutive gelegt, mit einem Worte, es wurde endlich Ernst gemacht. In dieser Periode des Aufraffens aus der bisherigen Sorglosigkeit und Lethargie kam ich nach Washington und dieses aufgeregte Leben und Treiben machte auch auf mich einen gewaltigen Eindruck; — es schien, als brauche der Norden nur zu wollen und zu einem kräftigen Schlage auszuholen, um den Süden niederzuschmettern; — daß dies nicht geschah, davon trug die Schuld hauptsächlich der Umstand, daß es dem Norden durchwegs an Feldherren und strategischen Führern mangelte; — die besten Offiziere waren alle in die südliche Armee getreten und so bedurfte es einer vierjährigen Dauer dieses Bürgerkrieges, um erst im Verlaufe desselben nach und nach auch für den Norden tüchtige Heerführer heranzubilden. Meine anfänglich ge= hegten sanguinischen Hoffnungen auf große Erfolge der mit solchen gewaltigen Mitteln ausgerüsteten Unions=Armee erblaßten aber allmälig, als ich die Dinge in nächster Nähe kennen lernte. Aus aller Herren Länder hatten sich Abenteurer aller Art in Washington eingefunden, und theils durch hocharistokratische Titel, theils durch Tragen von Orden, deren Berechtigung Niemand untersuchen konnte, theils durch ihre kecke Renommage und außer= ordentliche Suada sich hohe Anstellungen in der neu zu bildenden Unionsarmee zu verschaffen gesucht, was auch Vielen von ihnen leider gelang. Ich verkehrte viel mit den Offizieren von Blenkers Stabe und lernte von ihnen die persönlichen Details und die Vorgeschichte sehr vieler dieser importirten Kriegshelden kennen, die allerdings nicht eben rühmlichster Art waren. Blenkers Stab bestand meist aus tüchtigen Offizieren, ich verkehrte viel mit ihnen, besonders mit Otto von Corvin, den ich bereits von Paris aus kannte, dem Prinzen Salm, den seine liebenswürdige junge Frau begleitete, Hauptmann Branden= stein und anderen gebildeten Männern und tapferen Offizieren, deren Namen meinem Gedächtnisse leider entschwunden sind. Corvin, der geistreiche Feuilletonist und unerschöpfliche Anek= doten=Erzähler, hat in seinen „Erinnerungen an 1861" das damalige abenteuerliche Leben und Treiben in Washington= City und die problematischen Existenzen, die da auftauchten, so ausführlich und ergötzlich geschildert, daß ich, der viel kürzere Zeit dort verweilte als er, nichts mehr hinzuzufügen brauche.

Ich war nach Washington=City gekommen, geleitet von dem Wunsche und der Absicht, dort zu bleiben, für mein Blatt Correspondenzen vom Regierungssitze zu schreiben und zugleich mich der Unionsregierung nach meinen besten Kräften nützlich zu machen. Mein erster Besuch war bei Edward Bates, meinem engeren Landsmanne aus Missouri, der in Lincolns Cabinet das Justiz = Portefeuille inne hatte. Von dem alten Herrn, den ich stets hochgeschätzt hatte, wurde ich auf das Freundlichste empfangen und sogleich für den Abend zum Thee in den Kreis seiner Familie geladen. Hier setzte ich nun in trau= lichem Gespräche Mr. Bates meine Ansichten und Hoffnungen auseinander und ersuchte ihn, mir dabei mit Rath und That an die Hand zu gehen; — darauf eingehend, theilte mir Bates mit, daß er gehört habe, Graf Gurowski, der seiner Sprach= kenntnisse und politischen Erfahrungen halber schon seit Jahren im auswärtigen Amte beschäftigt sei, gedenke zurückzutreten und nach Europa zu gehen; — ich möchte daher dem Staatssekretär Seward meinen Besuch abstatten, ihm meine Wünsche vor= tragen, und wahrscheinlich könne es mir gelingen, an Gu= rowski's Stelle zu treten, wozu er, (Bates), und Mont= gomery Blair, mir ihre kräftigste Unterstützung angedeihen lassen würden.

Ich ging also am nächsten Morgen in das Staatssekretariat und ließ mich bei Seward melden, — wurde auch sogleich vorgelassen. Wie überrascht und erstaunt war ich aber, als nach der ersten Begrüßung Seward die Frage an mich richtete: „Nun Oberst, so sind Sie also schon bereit, auf Ihren Posten abzugehen?" — Ganz erstaunt erwiderte ich mit der Gegen= frage: „Auf welchen Posten?" — „Nun," — entgegnete er lächelnd — „Sie werden doch wissen, daß der Präsident Sie am 8. August zum Consul der Ver.=St. in Bremen ernannt hat?" — „Kein Wort weiß ich davon," — lautete meine Ant= wort und so war es auch in der That. Die an mich nach St. Louis gesandte Depesche meiner Ernennung hatte sich mit meiner Reise nach Washington gekreuzt und ich bekam sie erst einige Tage später von meinem Sohne aus St. Louis nachge= schickt und gleich mit dem gesetzlich erforderlichen Bond von zehn= tausend Dollars begleitet, der von zwei hervorragenden St. Louiser

Bürgern unterzeichnet war. Die Mittheilung Sewards kam mir so unerwartet und überraschend, daß ich im ersten Augenblicke nicht wußte, was ich darauf entgegnen sollte; — ich hatte mich um kein Consulat beworben, auch überhaupt nicht daran gedacht, nach Europa zu gehen, — Seward, der mein Zögern und meine Unentschlossenheit bemerkte, fügte nun hinzu, er habe mich vorgeschlagen, weil er in allen Seehäfen verläßliche Leute als Consuln haben wolle, um die Waffensendungen, Zuzüge und Ausrüstung von Kaperschiffen für die Secessionisten genau zu überwachen und so viel als möglich zu verhindern, und habe auch Blair gefragt, ob ich die Stelle annehmen würde, was dieser bejaht habe. Der Posten in Bremen sei ein ganz angenehmer und ich würde dort eine freundliche Aufnahme finden, trotzdem daß der Bremer Consul Schuhmacher in Baltimore gegen meine Ernennung Einwendungen erhoben und mich als einen gefährlichen Agitator dem Bremer Senate geschildert hätte. Er, Seward, habe aber diese Besorgnisse des allzu ängstlichen Consuls in einem Gespräche mit dem Geschäftsträger der Hansestädte, Herrn von Schleiden, vollständig und für immer beseitigt und er könne mir die beste Aufnahme dort verbürgen. „Endlich,“ — fügte er hinzu, „ist auch die finanzielle Stellung des Consulats in Bremen verbessert worden und ich habe in meinem Voranschlage bei dem Comité der Mittel und Wege die Erhöhung des Jahresgehaltes von 2000 Dollars auf 3000 Dollars beantragt.“ — Als er schließlich auf meine entscheidende Antwort drang, sagte ich: Ja! und er forderte mich nun auf, mich ins Consularbureau zu begeben, dort meine Bestallung und Instruktionen zu erheben und Einsicht zu nehmen in die Depeschen meines Vorgängers, des noch amtirenden Consuls Isaak R. Diller aus Illinois. Beim Scheiden bat er mich noch, so bald als möglich auf meinen Posten abzugehen und ihm von Zeit zu Zeit von Bremen aus auch politische Depeschen zu senden, so oft wichtige Ereignisse oder bedeutende Wendungen in der europäischen Politik stattfinden würden; — ein Auftrag, der eine Ausnahme von den gewöhnlichen Consular-Befugnissen war, die nur zu commerciellen Depeschen ermächtigen. Des Staatssekretärs Zusagen erwiesen sich im vollsten Sinne des Wortes als stichhaltig; — ich fand in Bremen von Seite des Senats wie der Bürgerschaft die freundlichste und zuvorkommendste Aufnahme und die Erhöhung meines Gehaltes war bereits vom Congresse bewilliget, ehe ich noch in Bremen eingetroffen war; — erst unter meinem Nachfolger wurde der Gehalt des Consuls in Bremen wieder von 3000 auf 2000 Dollars herabgesetzt.

Im Consularbureau fand ich bei dem damaligen Vorsteher Herrn Abbot (später zum Consul in Sheffield ernannt), das freundlichste Entgegenkommen, erhielt von ihm die gedruckten Consular-Instruktionen, die leider weder der Würde, noch dem Selbstbewußtsein einer großen Republik entsprechen und die ihren Vertretern im Auslande eben keine allzugroßen Befugnisse verleihen; — aus jeder Zeile dieser Instruktionen sieht das ängstliche Bestreben hervor, um Alles in der Welt nicht durch den Consul in Verwicklungen mit auswärtigen Behörden oder Regierungen zu kommen, auf jeder Seite wird Nachgiebigkeit und höfliches Entgegenkommen gepredigt, immer solle er allen Differenzen ausweichen, und wenn solche dennoch entstehen, sie durch Compromisse schlichten, daneben aber wird von ihm strenge Pflichterfüllung in der Ausübung seiner Vertretung der Regierung und der Republik verlangt, die wohl eher durch ein kräftiges Auftreten als durch beständige Nachgiebigkeit und immerwährendes Ausweichen erzielt werden kann. Das Schlimmste aber ist, daß die fremden Regierungen diese leisetreterischen Instruktionen kennen, sich Exemplare davon zu verschaffen gewußt haben und bei jedem nur halbwegs energischen Auftreten des Consuls sich auf diesen oder jenen Paragraphen der Instruktionen berufend, dessen Forderungen kühl ablehnen oder sich gar direkt nach Washington wenden und den Consul dort verklagen, — gewöhnlich auch geneigtes Gehör finden. Diese Uebelstände in unserer Consularvertretung lernte ich natürlich erst später, während meiner Amtsführung kennen, aber das Consular-Bureau in Washington-City gab mir bereits einen Vorgeschmack dessen, was ein amerikanischer Consul im Auslande an Schutz und Förderung, wie an Aufrechthaltung seines Ansehens von seiner unmittelbar vorgesetzten Behörde zu erwarten habe. Mit Ausnahme Abbots fand ich im damaligen Consularbureau lauter wenig gebildete, höchst mittelmäßig begabte Clerks, denen die Kenntniß fremder Sprachen und die Bekanntschaft mit den Verhältnissen des Auslandes fast durchgängig fremd war, und in den fünf Jahren meiner Amtsführung in Bremen habe ich vollauf Gelegenheit gehabt, die gänzliche Unfähigkeit, Gleichgültigkeit und Theilnahmlosigkeit der Schreiber in diesem Bureau kennen zu lernen. Ein alter, im Dienste ergrauter Consul unseres Landes, der sich viele Jahre hindurch unter dem Wechsel verschiedener Präsidenten auf seinem Posten zu erhalten gewußt hat, sagte mir in späteren Jahren die beherzigenswerthen Worte: „Lieber Freund, Sie wissen, daß schon Talleyrand seinen jungen Diplomaten, wenn sie auf ihre Posten abgingen, sagte: Surtout, monsieur, point de zèle (Vor Allem nur keinen Eifer!) In unserem Consular= bureau in Washington=City gilt als oberster Gesichtspunkt der Grundsatz: Ein Consul, der viel Depeschen schickt, ist unaus= stehlich und muß sobald als möglich unschädlich gemacht werden. Glauben Sie mir, der Consul, der das ganze Jahr keine einzige Depesche schickt und höchstens zum Jahresschlusse einen commerciellen Bericht für die „public Documents" einsendet, ist im Consular= Bureau der beliebteste und angesehenste Mann; — denn jede Depesche eines Consuls muß eingetragen, dem Staatssekretär vor= gelegt und beantwortet oder doch wenigstens der Empfang be= stätigt werden und das macht den Herren Clerks Mühe und Arbeit, die sie durchaus nicht lieben." — Ich habe oft genug Gelegenheit gehabt, an mir und Anderen die Wahrheit dieser Worte zu erproben; — vielleicht ist es jetzt besser geworden, aber damals, gerade damals in der wichtigsten und kritischesten Periode unserer staatlichen Entwicklung war es so bestellt, wie ich es ge= schildert habe. Dazu kam noch, daß die Herren Clerks im Staats= departement wie im Schatz=Amte es nicht verwinden konnten, daß wir Consuln im Auslande aus leicht begreiflichen Gründen unseren Gehalt in blankem Gold bezogen, während sie im Inlande mit Papiergelde bezahlt wurden, das oft 40 bis 50 Prozent unter dem Golde im Curse stand. Bei jeder nur passenden Gelegenheit wurde in den amtlichen Depeschen auf dieses Mißverhältniß hin= gewiesen und besonders ein gewisser Underwood, der fünfte Auditor im Schatzamte, mit dem die Consuln viel zu verkehren hatten, ließ darüber in seinem Briefwechsel mit ihnen die bissigsten Bemerkungen einfließen, und wenn diese keine Wirkung hervor= brachten, so nahm er seine Zuflucht zu allerlei Bemängelungen und Quälereien, die gewöhnlich die Verrechnungen und mit diesen die Zahlungs=Anweisungen hinausschoben und immer einen längeren Depeschenwechsel nöthig machten, — so erinnere ich mich einmal wegen einer Bemängelung von anderthalb Cents gezwungen gewesen zu sein, wenigstens zehn Depeschen zu schreiben, während die Antworten des Auditors immer bissiger und spitziger wurden, bis ich endlich die Correspondenz kurzweg abbrach und mich durch

Blair bei Seward beschwerte, der durch den Finanzsekretär
Chase dem bureaukratischen Unfuge rasch ein Ende machen ließ.
Kurz, — was ich damals noch nicht einsah, aber später begreifen
lernte — ich hatte den dümmsten Streich meines Lebens gemacht,
als ich den Consulatsposten in Bremen annahm, — ich hätte
den alten Spruch: Bleib' im Lande und nähre dich redlich! be=
herzigen, nach St. Louis und zu meiner journalistischen Thätigkeit
zurückkehren sollen und es wäre Vieles ganz Anders gekommen,
als es später gekommen ist; — allerdings würde ich wahrscheinlich
das amerikanische Leben und Treiben, den Aerger und Verdruß,
die Anfeindungen und Kämpfe, die von der amerikanischen Journa=
listik unzertrennlich sind, nicht lange mehr ausgehalten haben,
sondern läge wahrscheinlich schon lange in der kühlen Erde des
Bellefontaine=Friedhofes, während ich mich jetzt eines gesunden und
ruhigen Greisenalters erfreue, — aber im Grunde wäre es doch
Einerlei gewesen, — ob man sechzig Jahre alt wird oder es bis
auf die Achtzig bringt, ist hinterdrein doch ganz Einerlei, um so
mehr, als man in den letzten Jahren des höheren Greisenalters
doch mehr vegetirt als thätig lebt, und ich betrachte es daher als
ein außerordentlich günstiges Geschick, daß es mir noch immer
vergönnt ist, trotzdem ich mich den Achtzigern nähere, fortwährend
geistig thätig zu sein.

Nachdem ich meine Geschäfte in der Bundeshauptstadt be=
endigt und von den neuen und alten Freunden herzlichen Abschied
genommen hatte, verließ ich nicht ohne schwere Sorgen für die
Zukunft des Landes Washington=City und fuhr nach New=York,
um mich dort auf einem der norddeutschen Lloyd=Dampfer einzu=
schiffen. Hier in der großen Weltstadt verlebte ich bis zur Ab=
fahrt des Dampfers „Bremen" noch einige heitere und angenehme
Tage, besonders in Gesellschaft meines alten Freundes Hermann
Raster, damals Redakteur der „New=York=Abendztg.", mit dem
ich seit langen Jahren im intimen Briefwechsel gestanden, ihn aber
erst jetzt, bei dieser Gelegenheit, persönlich kennen gelernt hatte.
Es waren schöne Tage, an die ich mich noch jetzt mit Vergnügen
erinnere und Freund Raster, jetzt der Haupt=Redakteur des Blattes,
für das ich diese Erinnerungen niederschreibe, hat sich in den
dreißig Jahren unserer Bekanntschaft stets als treuer, verläßlicher
und großherziger Freund bewährt, — möge ihm die dankbare
Anerkennung eines alten Mannes und Preßveteranen, sowie sein
eigenes Bewußtsein dafür lohnen, — ich werde mich seiner wahr=

haften Freundschaft stets dankbar erinnern, bis diese alten Augen
sich schließen für immer. Meine herzlichsten Grüße und Wünsche
begleiten ihn auf seinem ferneren Lebenswege.

In Bremen.
(1861—1862.)

Die Ueberfahrt über den atlantischen Ocean auf dem Lloyd-
Dampfer „Bremen" war vom schönsten Herbstwetter begünstigt
und die Reisegesellschaft eine ganz angenehme; — einige dreißig
Kajüten-Passagiere und nur wenige Personen im Zwischendeck.
Unter den ersteren war der neuernannte Vereinigte-Staaten-Consul
für Wien Theodor Canisius aus Illinois mit seiner Familie und
wir verkehrten viel mit einander, theils die gedruckten Consular-
Instruktionen studirend, theils in harmlosen Plaudereien uns gegenseitig mittheilend, was wir von unseren neuen Bestimmungsorten
wußten und was wir dort zu finden hofften. Ich konnte dem
Collegen ein so ziemlich klares Bild von Wien und dessen Annehmlichkeiten entwerfen, aber von Bremen wußte er ebensowenig
etwas als ich selbst und so war ich denn auf die Mittheilungen
einer Bremer Kaufmanns-Familie angewiesen, die zum Besuche
von Verwandten in Amerika gewesen war und nun wieder in die
Heimath zurückkehrte. Sonst beschäftigten uns während der Ueberfahrt hauptsächlich die Ereignisse in unserer Republik und ungeduldig sehnten wir uns nach dem Augenblicke, wo wir in Southampton anlegen und wieder Zeitungen und Nachrichten aus der Heimath
erhalten würden.

Endlich wurde auch Southampton erreicht und für ein paar
Stunden Halt gemacht, um Waaren ein- und auszuladen; schon
der Lootse hatte uns die „Times" gebracht und im Hafen bekamen wir englische und amerikanische Zeitungen vollauf; aber
unsere Erwartung wurde getäuscht; während der zwölf Tage, welche
wir an Bord und ohne Zeitung gewesen waren, war durchaus
nichts Entscheidendes geschehen und die Dinge standen noch gerade so, wie wir sie bei unserer Abreise verlassen hatten; — nur
warf bereits die mexikanische Frage, die bald für unsere

Republik so große Wichtigkeit erhalten sollte, ihre Schatten vor=
aus und die europäischen Zeitungen, besonders die offiziösen Organe
Englands, Frankreichs und Spaniens, debattirten lebhaft und ge=
reizt die Beschlüsse des mexikanischen Congresses, wodurch die
Diktatur mit Juarez eingesetzt und beschlossen wurde, alle
Zahlungen einzustellen, selbst die Interessen=Zahlung an die aus=
wärtigen Staatsgläubiger, — eine Maßregel, durch welche spanische,
englische und französische Kapitalisten empfindlich getroffen wurden,
sich, Schutz und Unterstützung fordernd, an ihre Regierungen
wandten, und so Napoleon III. der erwünschte Vorwand geboten
wurde, seine „größte politische Idee", wie er sie nannte,
zu verwirklichen: im Vereine mit anderen europäischen Mächten in
Mexiko zu interveniren, die Monarchie dort wieder herzustellen,
von dem so gewonnenen festen Punkte des Archimedes aus die
Auflösung der amerikanischen Union so viel als möglich zu be=
schleunigen, erst den secessionistischen Süden und später auch den
Norden der Vereinigten Staaten gleichfalls zum monarchischen
Regierungssysteme zu bekehren und schließlich alle anderen Re=
publiken auf dem amerikanischen Continent nach und nach in Kaiser=
und Königreiche umzuwandeln; — ein Plan, der allerdings auf
irrigen Voraussetzungen über die Schwäche und Haltungslosigkeit
des Nordens beruhte, der aber jedenfalls eine großartige Con=
ception war. Schon wenige Wochen, nachdem ich mein Amt in
Bremen angetreten, nahm die napoleonische Idee greifbare Gestalt
an und es kam zum Abschlusse der Convention von London vom
31. Oktober 1861, wodurch sich England, Frankreich und Spanien
zur gemeinsamen Intervention in Mexiko verbanden, um, wie sie
sagten, ihre daselbst lebenden Unterthanen zu schützen und die
mexikanische Republik zur Erfüllung ihr Verpflichtungen zu zwingen;
— auch die Vereinigten Staaten wurden zum Beitritte eingeladen,
allein Lincoln war entschieden dagegen, die Stimmung im ameri=
kanischen Volke war für Mexiko und so lehnte Staatssekretär
Seward in nicht mißzuverstehender Weise und mit Hindeutung
auf die Monroe=Doktrine die verfängliche Einladung ab.

So landete ich denn Mitte September in Bremen, und
übernahm von meinem Vorgänger Isaak R. Diller, das
Consulat, erhielt binnen drei Tagen vom Bremer Senate das
Exequatur und fand von Seite der Bremer Regierung das
freundlichste Entgegenkommen und die wohlwollendste Aufnahme.
Die reiche Kaufmannschaft Bremens war jedoch unserer Union

minder günstig gesinnt und ich fand eine, dem secessionistischen
Süden und seinen Losreißungsbestrebungen höchst geneigte Stim=
mung vor; — eine ganz natürliche Folge des Umstandes, daß
Bremen hauptsächlich mit den Süd=Staaten in geschäftlichen
und Handelsverbindungen stand und deren Produkte, Baumwolle,
Zucker, Tabak u. s. w. die Hauptstapelartikel der Bremer Schiff=
fahrt und des Bremer überseeischen Handels bildeten. Es be=
durfte mehrerer Jahre und fortwährender Thätigkeit, um diese
Stimmung nach und nach in eine unionsfreundliche umzuwandeln
und ganz gelang dies erst nach der Einnahme Richmonds, der
Capitulation Lee's und dem schließlichen Zusammenbruche der
Secessions=Idee. Als Journalist hatte ich den Gang der euro=
päischen Politik stets aufmerksam verfolgt, kannte von meinem
Pariser Aufenthalte her so ziemlich die Personen und die Trieb=
federn, die den Ausschlag geben, hatte überdies das Glück, in
Bremen, theils von den fremden diplomatischen Vertretern, theils
von Senatoren werthvolle Andeutungen und Auskünfte zu ge=
winnen und war so im Stande, in meinen politischen De=
peschen an Mr. Seward, besonders die sich eben zur That ent=
faltende mexikanische Angelegenheit auf das Aufmerksamste zu
verfolgen und unserem auswärtigen Amte mit Benutzung der
vielen englischen, französischen und spanischen Zeitungen, die ich
in dem trefflich eingerichteten Bremer Museum fand und fleißig
excerpirte, beachtenswerthe Mittheilungen machen zu können. —
Bremen war damals noch ein unabhängiger Freistaat, der seine
eigene oligarchische Regierung hatte und vor Allem die Politik
seiner eigenen Interessen verfolgte, — es gehörte allerdings
zum Deutschen Bunde, aber man weiß ja, wie schwach dieses
Band war und wie wenig es die verschiedenen deutschen Länder
zu einem Ganzen vereinigen und zusammenfassen konnte. Die
Staatsmänner Bremens, welche die Regierung führten, waren
über die politischen Vorgänge und über die Zukunftspläne der
verschiedenen Mächte durch ihre Geschäftsträger und Consuln im
Auslande gut informirt, noch werthvollere Mittheilungen aber
erhielten sie von ihrer eigenen Kaufmannschaft, die in allen
Welttheilen Zweigniederlassungen oder doch Geschäftsverbindungen
hatte und schon des eigenen Interesses halber daran denken
mußte, gut und genau unterrichtet zu sein. An der Spitze der
Bremer Regierung stand damals ein gründlich gebildeter und
hellsehender Mann, Arnold Duckwitz, 1848 und 1849

deutscher Handelsminister unter dem Reichsverweser Erzherzog Johann; — die auswärtigen Angelegenheiten leitete der Senator Henri Smidt, der Sohn des alten hochverdienten Bürger= meisters Smidt, der sich oft im Scherze über das Unglück be= klagte, der „Sohn eines berühmten Vaters" zu sein. Von Seiten beider hochverdienten Männer fand ich die freundlichste Aufnahme, das herzlichste Entgegenkommen und die bereitwilligste Förderung meiner amtlichen Thätigkeit, bin ihnen in jeder Hinsicht zu Danke verpflichtet und bewahre beiden das freund= lichste Andenken.

Minder freundlich war der Eindruck, den die Stadt Bremen mit ihren engen, krummen Straßen, ihren vielen kleinen, alten Giebelhäusern, dem überall noch hervorguckenden mittelalterlichen Zopfe und dem noch nicht ganz abgestreiften Kleinstädterthume auf mich machte, der ich in Amerika an freien, breiten Raum, an Ausdehnung und Fortschritt, kurz an das „Go-ahead"- Wesen des Amerikanerthums mich gewöhnt hatte; — und mein Sohn Karl, der als Kind nach Amerika gekommen und in amerikanischen Verhältnissen aufgewachsen war, fragte mich er= staunt und bestürzt, ob denn in Deutschland alle Städte so aus= sähen? — Dagegen erinnerte uns die Vorstadt mit ihren breiten Straßen, den freundlichen villa=ähnlichen, gewöhnlich nur von einer Familie bewohnten und mit reizenden Vorgärten geschmückten Häusern, theilweise auch die mit amerikanischer Regelmäßigkeit jenseits des Flusses angelegte „Neustadt" schon mehr an unsere amerikanische Heimath und um die schönen, parkähnlichen, vom fließenden Wasser durchzogenen, durch Schwäne und andere Schwimmvögel belebten Wall=Anlagen beneideten wir das freund= liche Bremen und hätten den ganzen Wall gerne nach St. Louis verpflanzt. Unser erster Besuch galt dem weltberühmten „Bre= mer Rathskeller", von dem uns auf der Ueberfahrt schon so viel erzählt worden war und der mir durch Hauffs „Phan= tasien" bereits ein alter lieber Bekannter war, so wie denn auch das alte gothische Rathhaus aus dem 15. Jahrhundert mit seinen alterthümlichen Sälen und Gemächern ober der Erde, seinen ziemlich lasciven Bildschnitzereien an der Außenseite und seinem weitläufigen Rathskeller unter der Erde, während der Jahre meines Aufenthaltes immer neues Interesse bot. In dem großen Saale des Rathhauses mit seiner Gnildenkammer, der einstigen jererwirten Loge der Patrizierfrauen bei Bürger=Aufzügen sah ich denn auch unter alten Schiffsmodellen und sonstigem Gerümpel, das man dort aufbewahrt, das Standbild des bedeutendsten Mannes, den Bremen in neuerer Zeit gehabt hat, des alten Bürgermeisters Johann Smidt. Der hochbegabte Bildhauer Steinhäuser, auch ein Sohn Bremens, der fortwährend darauf bedacht ist, seine Vaterstadt künstlerisch zu schmücken, hatte des alten Smidt Standbild in Lebensgröße mit großer Treue und Naturwahrheit aus Carrara-Marmor geschaffen und es der Stadt zum Geschenk gemacht. Aber statt auf einem öffentlichen Platze die Statue des um Bremen so hochverdienten Mannes als Monument aufzustellen, hat man sie aus verschiedenen kleinstädtischen Rücksichten und Bedenken in die Rumpelkammer des Rathhaussaales verwiesen, wo sie zwar gut aufgehoben, aber doch nicht auf dem ihr gebührenden Platze ist. Der Bürgermeister Johann Smidt, der sich um Bremen so große Verdienste erworben, stammte noch aus der Mitte des vorigen Jahrhunderts und wurde 1773 geboren, wo seine Vaterstadt noch in einer gewissen Abhängigkeit, theils von Schweden, theils von Hannover, wegen des ehemaligen Bisthums Bremen stand; — in der Beschränkung jener Zeiten aufgewachsen, in denen Deutschland noch unter den langwierigen Nachwirkungen des 30jährigen Krieges in aller und jeder Entwicklung gelähmt war, hat Bürgermeister Johann Smidt trotz seiner großen Verdienste und seiner umfassenden Bildung sich doch nie von jener kleinbürgerlichen Engherzigkeit ganz freimachen können, die die Folge eines beschränkten politischen und socialen Horizonts ist und so hat er auch auf seine Mitbürger im engeren Sinne, auf das Bremer Bürgerthum, eher beschränkend als geistig förderND eingewirkt! Nach vollendeten Studien wurde er zuerst Professor in Bremen, dann von 1800 an Mitglied des Rathes und Senator, während der Befreiungskriege war er der eigentliche diplomatische Vertreter Bremens in den Verhandlungen mit den Mächten und als solcher kam er in intime Berührung mit den bedeutendsten Staatsmännern jener vielbewegten Zeit; — in 1821 wurde er in Anerkennung seiner großen Verdienste zum Bürgermeister gewählt und bekleidete dieses erste Amt seiner Stadt durch sechsunddreißig Jahre bis zu seinem, am 7. Mai 1857 erfolgten Tode. Sein größtes Verdienst um Bremen war unstreitig, daß er das nach und nach ganz zur Binnenstadt gewordene Bremen wieder zur See- und Handelsstadt machte und so dessen jetzigen Flor begründete, indem es ihm

nach mühsamen und langwierigen Verhandlungen gelang, im
Jahre 1827 von der, damals Bremen noch nicht so offen feind-
selig gesinnten hannöverschen Regierung einen Streifen Land am
Einflusse der Geeste in die Weser=Mündung zu kaufen und dort
den Hafen Bremerhaven zu gründen. Schon längst war
Bremen nur noch für die alten flachgehenden Schiffe kleinerer
Gattung erreichbar, die Weser versandete immer mehr und die
Seeschiffe mußten ferne von Bremen in Vegesak oder in Olden-
burgischen Häfen ein= und ausladen, was große Kosten verursachte, Zeitverlust mit sich brachte und Bremens Handel dadurch
immer mehr abnahm. Mit der Gründung von Bremerhaven
wurde Bremen neues Leben gegeben; ein neuer und geräumiger
Hafen war damit gewonnen, um den sich bald eine Bremer
Kolonie bildete, die jetzt bereits zur blühenden, geschäftsreichen
Stadt geworden ist. Docks und Magazine wurden dort errichtet,
alle bedeutenden Häuser hatten dort ihre Filial=Comptoirs und als
sich nun in den nächsten Jahren die Dampfschifffahrt immer mehr
entwickelte, später das große Institut des „Norddeutschen Lloyd"
gegründet wurde und die Schlepp = und Transportdampfer die
Weser auf= und abfuhren, wurde das ehemalige Stückchen wüster
Sanddüne, das Smidt für Bremen um 100,000 Thaler gekauft hatte, zur blühenden Hafenstadt Bremens und vermittelte
dessen ganzen Verkehr, wobei die Stadt Bremen noch den Vortheil hatte, daß sie von allen Unannehmlichkeiten einer Seestadt,
wie sie das Zusammenströmen von Seeleuten und Matrosen aller
Länder und die für diese nöthigen ziemlich communen Unterkunfts-
und Unterhaltungsorte mit sich bringen, gänzlich verschont ist und
doch alle Vortheile einer Seestadt hat. Seitdem ist nicht nur
Bremens Handelsflotte, sondern auch sein ganzer überseeischer
Geschäftsbetrieb ungemein gestiegen und es ist, besonders für die
Auswanderung nach Amerika, zum ersten und belebtesten Be-
förderungshafen geworden. Es war dem alten Smidt noch
vergönnt, dreißig Jahre lang das Blühen und Gedeihen seiner
Schöpfung zu erleben und als er, 84 Jahre alt, die Augen
schloß, war Bremerhaven bereits auf der Höhe des Gedeihens.
Ich kam nach Bremen vier Jahre nach dem Tode des hochverdienten Ehrenmannes und fand die alte Hansestadt gerade in
der allmählich beginnenden Entpuppung begriffen, — sie fing an,
nach und nach eine moderne Stadt zu werden, was Hamburg
schon längst war, Bremen aber noch nicht vergönnt gewesen war,

da der alte Smidt sein ganzes Ansehen und seinen mächtigen
Einfluß aufgeboten hatte, um in Bremen den patriarchalischen
und kleinbürgerlichen Zopfgeist der ehemaligen deutschen Reichs=
städte zu erhalten. Man konnte sich zu Anfang dieses Jahr=
hunderts beim Betreten Bremens noch immer in jene mittelalter=
liche Zeit zurückversetzen, wo das reichsstädtische Patrizierthum
die erste Rolle spielte, der Zunft= und Innungszwang das übrige
Volk in Schranken und Banden hielt und Anschauungen und
Vorurtheile, Sitten und Gebräuche herrschten, die nicht mit dem
Geiste des aufgeklärten Jahrhunderts harmonirten. Die fran=
zösische Besitznahme hatte zwar von dem puritanischen und klein=
bürgerlichen Wesen Manches verwischt, aber nach Napoleons
Sturze hatte man sich alle Mühe gegeben, die alten Zustände
möglichst wieder in ihrer Urform herzustellen, und theilweise war
dies auch in manchen Dingen geglückt, da Bremen durch seine
isolirte Lage am äußersten nördlichen Ende Deutschlands und
damals noch ohne Eisenbahn=Verbindungen, die Berührung seiner
Bevölkerung mit anderen Städten und Ländern wenig begünstigte.
Den zweiten empfindlichen Riß in die alten Zustände machte das
Sturmjahr 1848, wodurch dem, nur aus den Patriziern be=
stehenden hohen Rathe von vier Bürgermeistern und 24 Sena=
toren, die bis dahin einzig und allein die Regierungsgewalt bil=
deten, nun eine Volksvertretung, bestehend aus 150 Mitgliedern
der Bürgerschaft, beigesellt wurde. Aber auf das gesellschaftliche
und intime Leben der Bremer Bevölkerung hatte diese politische
Neuerung nur wenig Einfluß und die immer mehr in Deutschland
erstarkende Reaktion in den fünfziger Jahren richtete alle ihre
Bemühungen darauf, die alten Zustände so lang als möglich
zu erhalten oder, wo sie bereits verschwunden waren, sie wieder
herzustellen. In Bremen ging dies leichter als anderswo, schon
seiner ziemlich abgesonderten Lage halber und dann auch wegen
der mäßigenden Einflüsse, welche die Macht der Gewohnheit
und der Lokal=Patriotismus, beide hervorragende Eigen=
schaften der Bremer, auf die Bevölkerung übten. In Bremen
galt Jahrhunderte lang das Herkömmliche, das Gewöhnte als
blind zu befolgendes Lebensgesetz; weil etwas früher so gewesen
war, sollte es auch jetzt so sein; weil die Großväter und Väter
etwas gethan, sollten die Söhne und Enkel dasselbe thun, und
eine Abweichung vom Herkömmlichen und Gewohnten wurde nahezu
als ein Verbrechen betrachtet, oft sogar als ein solches bestraft,

theils durch die Gerichte, theils auch durch die öffentliche Mei=
nung, durch Vermeidung des Verpehmten. Nebstbei aber ist es
auch der Lokal=Patriotismus der Bremer, der ihnen alles
Gewöhnte und Herkömmliche auch als schätzens= und erhaltens=
werth, ja als ehrwürdig erscheinen läßt. Ich glaube nicht, daß
es noch einen deutschen Volksstamm giebt, bei dem der Lokal=
Patriotismus, die Anhänglichkeit an die Scholle, auf der man
geboren, die Liebe zur Heimath, so ausgebildet ist, wie bei den
Bremern; — Bremen gilt ihnen als die Stadt der Städte, als
das Schönste auf Erden und wo sie auch etablirt sein mögen,
und glänzende Geschäfte machen, — denn Fleiß, Thätigkeit,
Spekulation und redlichen Kaufmannsgeist besitzen sie in hohem
Grade, — wo sie sich etabliren mögen, in den Ver.=St. oder
in Süd=Amerika, in Hinter=Indien oder auf Ceylon, in Süd=
oder in West=Afrika, überall suchen sie ihre Bremer Sitten, Ge=
bräuche und Lebensgewohnheiten aufrecht zu erhalten; sie halten
sich ihre Bremer Zeitung und lesen darin die Anzeigen und
Familiennachrichten mit dem größten Interesse, wenn das Blatt
auch zwei Monate zur Ueberfahrt gebraucht hat; sie produziren
ihre Bremer Lieblingsspeisen, besonders „Braunkohl mit
Pinkel", sie backen zu den hohen Festen ihre Bremer „Flaben",
lassen sich ihre Weine mit schweren Kosten aus dem Bremer
Rathskeller kommen und wenn sie unter sich sind, „snaken sie
plattdütsch", selbst die höchsten Würdenträger des Staates nicht
ausgenommen, und über alle Ehren und Auszeichnungen, die
ihnen im Leben zu Theil werden mögen, stellen sie als Höchstes
das Bewußtsein ein „tugeborn Bremer Borjer" zu sein. Wo
ihrer mehr als ein halbes Dutzend im Auslande beisammen sind,
besonders in den überseeischen Ländern, kaufen sie sich ein Stück
Land, bauen darauf ihre Häuser mit schönen Gärten, ganz nach
Bremer Art, nennen den Complex dann Neu=Bremen und
leben hier nach Art und Weise ihrer alten Heimath für sich und
unter sich. Nur allein in den Ver.=St. giebt es zwölf
„Bremen" und „Neu=Bremen"; — an der früheren Stadt=
grenze von St. Louis hatten die wohlhabenden Bremer Familien
Meier, Angelrodt, Eggers, Schütze, Barth, Wolf,
Hoppe u. a. ein solches „Neu=Bremen" gegründet, das
jetzt längst der Stadt einverleibt und zur städtischen Ward ge=
worden ist; andere solche „Neu=Bremen" findet man in Illinois,
Indiana, Kentucky, Ohio, Maine, New=York u. s. f., kurz der

Lokal-Patriotismus der Bremer hat nichts Affektirtes oder Ge=
machtes, sondern ist ein natürliches Gefühl des Herzens, der zur
That gewordene Ausdruck ihrer Anhänglichkeit an die alte Hei=
math; — dabei aber sind die Bremer, besonders die des älteren
Schlages, daheim wie im Auslande, ihrer Redlichkeit und Recht=
schaffenheit wegen ebenso geschätzt und geachtet, wie wegen ihrer
Kenntnisse, ihres kaufmännischen Geistes und ihrer immer mög=
lichst sicher gehenden Spekulation. Der Lokal-Patriotismus der
Bremer verirrt sich sogar manchmal bis zu komischen Auswüchsen
und bringt Uebertreibungen hervor. So kannte ich in Amerika
einen Bremer, der sich in Winterzeit von Bremen einen großen
Kessel voll „Braunkohl mit Pinkel", nach landesüblicher
Sitte bereitet, kommen ließ und mit Wohlbehagen verzehrte.
— Das Gericht war, um den Luftzutritt abzuhalten, mit einer
dicken Fettschicht übergossen und der Kessel dann in einem luftdicht
verlötheten Blechkasten eingeschlossen, — wie die Geschichte aufge=
wärmt geschmeckt hat, weiß ich nicht, — aber es war jedenfalls
ein theures Gericht. — So machen selbst die gebildetsten Bremer
während der Zeit des ganz mittelalterlich gebliebenen „Frei=
marktes" — diesen einzigen Saturnalien der alten ernsten
Hansestadt — Vergnügungen der allergewöhnlichsten Art mit, von
denen sie sich zu anderer Zeit mit Gleichgültigkeit abwenden
würden, besuchen Schaubuden und Spektakel-Ausstellungen ge=
wöhnlicher Dorf-Jahrmärkte mit Behagen und verschlingen un=
verdauliche Schmalz-Bäckereien und Honigkuchen aller Art, als
wenn sie dafür bezahlt würden, — kurz alle Bremer, die an=
ständigsten, würdigsten und gebildetsten nicht ausgenommen, führen
während der zehn Tage des „Freimarktes" ein wüstes, tolles und
dabei keinen wirklichen Genuß bietendes Bacchanalleben, das mit
einem allgemeinen Katzenjammer schließt; — im Grunde findet
Niemand ein wahres Vergnügen daran, aber es wird dennoch
ohne Ausnahme mitgemacht, aus dem einzigen Grunde, weil es
auch früher so war und weil die Väter, die Großväter, die Ur=
ahnen auch so den Freimarkt mitgemacht haben.

Eine solche, durch Herkommen und Gewohnheit beherrschte
und von lokaler Anhänglichkeit beseelte Bevölkerung, die noch
dazu in einem äußersten, nordwestlichen Winkel Teutschlands, von
mannigfacher Berührung mit den anderen Teutschen abgeschnitten
war, konnte noch eine geraume Zeit in den alten patriarchalischen
Zuständen erhalten werden, besonders wenn man von oben herab

darauf hinstrebte und selbst mit gutem Beispiele voranging. Das aber war Ziel und Zweck der Patrizierfamilien, die durch das Eindringen von Neuerungen ihre aristokratischen Vorrechte und ihre Herrschaft bedroht sahen. — In dieser Richtung wirkte nun vor Allem der allgemein verehrte Bürgermeister Smidt und suchte durch Wort, That und Beispiel die alten reichsstädtischen Zustände, so lange und so gut als möglich zu conserviren, was ihm auch so ziemlich gelang.

Bürgermeister Smidt war — wie schon gesagt — vier Jahre todt, als ich nach Bremen kam, aber die Nachwirkungen seines Einflusses und seiner über ein halbes Jahrhundert dauern=ten amtlichen Thätigkeit waren noch immer sichtbar und fühlbar; doch zeigte sich bereits ein leises Bestreben, sich der neuen Zeit mehr zu accommodiren und ebenso wie andere Städte vorzuschreiten. Diese Umwandlung war durch die Eisenbahn, die von Hannover nach Bremen führte — damals die einzige Schienenverbindung Bremens — wesentlich angeregt worden, — in Hannover hatten die Bremer allerdings nicht viel Anregung empfangen können, denn die Residenzstadt Hannover sah — mit Ausnahme eines kleinen neuen Vorstadttheils — noch immer wie ein großer mittel= alterlicher Marktflecken aus, aber einmal auf der Eisenbahn, fuhren die Bremer auch weiter, nach Köln und nach Berlin, an den Rhein und an den Main, nach Stuttgart und München, nach Wien und Triest und brachten allerlei neue Ideen und moderne Errungenschaften nach Hause. Alles das gährte und keimte nun und ich hatte vollauf Gelegenheit die Entwicklung und Entpuppung der alten Chrysalide Bremen zu beobachten und zu verfolgen. Als ich sieben Jahre später Bremen verließ, war es bereits himmelweit verschieden von dem Bremen des alten Bürgermeisters Smidt, — mit Bremens Eintritt in das teutsche Reich hat die Entwicklung im beschleunigten Tempo zugenommen, und wenn erst — was unausweichlich früher oder später geschehen wird — Bremen seine exceptionelle Freihafenstellung aufgiebt und dem Gebiete des Zollvereins einverleibt wird, wird es erst zur vollen Entfaltung gelangen und mit Hamburg die hervorragendste See= handelsstadt des Deutschen Reiches werden. Ob seine Bürger dabei besser fahren, ob sie sich nicht oft nach den patriarchalischen Zuständen des alten Bremen zurücksehnen werden, das ist eine andere Frage, die jetzt mit Gewißheit Niemand, die erst die Zu= kunft beantworten kann.

Patriarchalisches Stillleben.

(1862.)

Das alte Bremen, wie ich es aus seinem langen Stillstande, bis zu Bürgermeisters Smidts Tode, endlich zu fortschrittlicher Bewegung erwachen sah, bot mir, der sich in amerikanischen Verhältnissen eingelebt hatte und der an freie Bewegung, ungehinderte Ausdehnung, und vor Allem an Unabhängigkeit der Individuen, wie der gesellschaftlichen Körperschaften, an Selbstregierung und Selbstverwaltung gewöhnt war, — mit seinen engen, kleinen, reichsstädtischen Zuständen höchst merkwürdige Erscheinungen dar. In Wirklichkeit regierte trotz des Sturmjahres von 1848 und der in 1854 vereinbarten neuen Verfassung noch immer die alte Aristokratie der Patrizier, den vier und eine halbe geographische Quadratmeilen großen Staat und die, damals 70,000 Einwohner zählende Stadt Bremen. Es waren etwa drei Dutzend Patrizierfamilien, aus deren Mitgliedern die achtzehn regierenden Senatoren erkoren wurden, welche wieder aus ihrer Zahl zwei Bürgermeister erwählten; — die Bürgerschaft, die durch 150 Vertreter auch in den Regierungsgeschäften mitzusprechen hatte, durfte auch sprechen, so viel sie wollte, auch Beschwerden und Vorschläge einbringen, aber im Grunde entschieden doch nur Bürgermeister und Senat und der Respekt vor dem Gewohnten und Herkömmlichen verfehlte auch hier nicht, seinen mäßigenden Einfluß auf die, hie und da wohl auch aufgeregten Gemüther zu üben, — kurz es herrschte noch immer das alte patriarchalische Verhältniß, wie es Bürgermeister Smidt so erfolgreich durch ein halbes Jahrhundert der Neuzeit zu conserviren gewußt hatte. Dafür aber hatten die Bremer Bürger das unschätzbare Vorrecht, militärfrei zu sein, — es gab keine Wehrpflicht, weder eine allgemeine, wie heutzutage, noch eine auf Bevölkerungsklassen beschränkte Wehrpflicht wie in anderen Ländern, sondern jeder in Bremen Geborene war von Haus aus militärfrei und die Bremer Regierung kam ihren Verpflichtungen gegen den deutschen Bund in dieser Hinsicht dadurch nach, daß sie ein Bataillon hanseatischer Infanterie unter den Waffen hielt, dessen 700 Mann durch freiwillige Anwerbung gebildet und ergänzt wurden, wie dies ja auch bei den Armeen Amerikas und Englands der Fall ist. Das hanseatische Bataillon kommandirte

damals Oberst-Lieutenant Niebour, es hatte gute Offiziere, war
prompt einexercirt und hat sich auch später in 1866 im Feldzuge
ganz wacker gehalten; sowie die Wehrpflicht ebenso alterthümlich
und patriarchalisch, war das Steuerwesen eingerichtet; — die
direkte Hauptsteuer hieß der „Schoß", und was jeder Bürger
zu den Staatsausgaben beizuschießen hatte, bestimmte er selbst.
An festgesetzten Tagen wurden die Bürger eingeladen, auf dem
Rathhause zum „Schoß" zu erscheinen, — im Rathssaale saß
eine Steuerkommission, aus Bürgermeister, Senatoren und Rech-
nungsbeamten bestehend, und vor ihnen war eine große eiserne
Geldkiste aufgestellt, die zwar geschlossen war, aber im Deckel eine
große Oeffnung hatte, durch die man die Zahlungen in das Innere
werfen konnte. Die Bürger erschienen bei diesen Gelegenheiten
stets vollzählig, sie betrachteten den „Schoß" als eine Ehrensache,
und je nachdem ihre Namen aufgerufen wurden, trat einer nach
dem Andern zu der Geldkiste und legte seinen Steuerbetrag un-
besehen hinein, wie er nach eigener Billigkeit und nach den, im
Jahre gemachten Geschäften, sich selbst besteuerte; — Niemand
fragte ihn, wie viel er bezahle, Niemand forderte von ihm mehr
oder verlangte Erklärungen, das Bürgerwort der Besteuerten galt
als unverbrüchliche Norm und der Staat hatte sich nie zu beklagen,
fast jedes Mal fand man bei Oeffnung der Geldkiste und Zählung
des Inhaltes einen großen Ueberschuß über den, früher festgestellten
Voranschlag des Steuerbetrages. Es gab in Bremen weder Steuer-
eintreiber, noch Executionen, Pfändungen und Zwangsverkäufe für
Steuern und die ehrliche Selbstabschätzung der Bürger, mit der
sie ihren Beitrag zu den Staatsauslagen leisteten, war eine der
ehrenhaftesten Seiten des Bremer Staatswesens. Dagegen waren
die übrigen Ueberlieferungen des alten reichsstädtischen Wesens
minder erfreulicher Natur. Ueberall hing noch der alte Zopf,
bald vorn, bald hinten, und hemmte die Entwicklung des Staatswesens wie die freie Bewegung und das Vorwärtsstreben der Bevölkerung; — wird man es z. B. heutzutage glauben, daß es
bis zum Jahre 1866 in Bremen drei verschiedene Postämter gab
und man sich immer erst orientiren mußte, bei welchem dieser drei
Postämter man seine Briefe aufzugeben oder abzuholen hatte; —
da war zuerst die fürstliche Thurn- und Taxis'sche Reichs-Post,
die vermöge ihres, Jahrhunderte alten Privilegiums, den Postverkehr für das südliche Deutschland und die kleinen souveränen
Staaten besorgte, — da war die königlich preußische Post,

welche die Briefe und Zeitungen für den preußischen Staat, England und Rußland beförderte, — da war endlich die h a n n o v r i s c h e Post, die den Postverkehr für das Königreich Hannover besorgte, — dreierlei Postämter, dreierlei Beamte, dreierlei Briefträger und dreierlei verschiedene Porto=Tarife, — es herrschte im Postdienste eine Zerfahrenheit, wie sie etwa noch vor hundert Jahren auch an anderen Orten gewöhnlich gewesen war, die aber in unserer Neuzeit eine Abnormität war. Eine direkte Verbindung mit der Schwesterstadt Hamburg gab es so gut wie gar nicht, obwohl Hamburg von Bremen blos 12 Meilen entfernt war; — alle Abende fuhr allerdings eine alte, sechs Personen fassende und mit Gepäck überladene Postkutsche von Bremen ab, um auf einer höchst primitiven Heerstraße über Torfmoore, wüste steinige Halden und öde Haiden, in denen sich nur hie und da ein Wirthshaus im Urzustande befand, wo höchstens Schnaps und Käse zu be= kommen war, die ganze Nacht hindurch zu rumpeln und zu humpeln, um endlich am nächsten Vormittage in Hamburg anzukommen, — eine so unbequeme, ja peinliche Fahrt, daß, wer sie einmal gemacht hatte, sie ohne die äußerste, dringendste Nothwendigkeit, gewiß nicht wiederholte; wollte man aber per E i s e n b a h n von Bremen nach Hamburg fahren, so mußte man einen großen Umweg machen und erst vierzehn Meilen nach Hannover und von dort zwanzig Meilen nach Harburg fahren, und dort sich erst auf der Elbe einschiffen, um endlich nach Hamburg zu gelangen; — man mußte also, um eine Strecke von zwölf Meilen zurück= zulegen, v i e r u n d d r e i ß i g Meilen Eisenbahnfahrt und dann noch einige Stunden Fluß=Schifffahrt zurücklegen, was natürlich auch mit großem Geld= und Zeitverluste verbunden war.

Die Stadt selbst, mit Ausnahme der größtentheils modern gebauten Vorstadt, hatte zum größten Theil enge winklige Straßen, die sich in allen möglichen Krümmungen dahin schlängelten und es bestand nicht eine einzige gerade und geräumige Durchfuhrstraße, in der zwei Wagen einander bequem ausweichen konnten, vom Bahnhofe bis an den Weserfluß, was für das Aus= und Ein= laden der vielen ankommenden und abgehenden Güter ein wesent= liches Hinderniß war. Gebaut wurde nur sehr wenig und die engen Straßen bestanden aus zwei bis drei Jahrhunderte alten Giebelhäusern, in denen die Hausflur den größten Raum einnahm, und von dieser aus schmale hölzerne Treppen und Gänge zu einigen kleinen, sehr niedrigen Zimmerchen führten, die eher den

Puppenstuben der Kinder, als anständigen menschlichen Wohnungen
glichen, — doch war in jedem Hause eine Stube zum Empfange
von Besuchen geräumiger und besser eingerichtet, welche die „Beste=
stube" hieß, von den Bewohnern des Hauses aber für gewöhnlich
nicht benutzt, sondern nur betreten wurde, um sie „gründlich rein
zu machen", wenn Besuche erwartet wurden; — sonst lebte und
bewegte man sich im Hausflur und schlief in den kleinen Puppen=
stuben. Dagegen muß zu Ehren der Bremer erwähnt werden,
daß in den engen Straßen, wie in dem Innern der Häuser eine
außerordentliche Reinlichkeit herrschte, die an holländische Zustände
erinnerte; es war Alles sauber und nett, alle Sonnabende wurde
„gründlich rein gemacht", die Häuser wurden gescheuert und ge=
putzt, die Fenster gewaschen, ja sogar die äußeren Fronten der
Häuser und das Trottoir vor demselben wurden mit Wasser über=
schwemmt und mit Bürsten an langen Stangen abgerieben, so daß,
wer am Sonnabend auf der Straße zu thun hatte, immer vom
Glück sagen konnte, wenn er, ohne durch einen Wasserguß von
oben gründlich durchnäßt zu werden, rein und trocken wieder heim=
kam. Gast= und Kaffeehäuser gab es nur sehr wenige und diese
waren nur schwach besucht, denn es galt nicht für schicklich, dort
zu verkehren, von den besseren Klassen sah man Niemand im Wirths=
haus und für das weibliche Geschlecht war der Besuch derselben
geradezu verpönt. Als Ersatz für alle Wirthshaus=Vergnügungen
galt der Rathskeller, der, dank dem Lokal=Patriotismus der Bremer,
in dieser Hinsicht besondere Freiheiten und Gerechtsame genoß.
Den Rathskeller, auf den die Bremer nicht wenig stolz waren,
konnten Familien und auch Frauen und Mädchen ohne Nachrede
besuchen und wenn es ihnen beliebte, auch bis zum hellen Morgen
pokuliren, — dort war anständig, was in anderen Lokalen für
unanständig galt. So war denn der Rathskeller der Brennpunkt
des öffentlichen und geselligen Lebens, immer stark besucht, selbst
von der besten Gesellschaft und zu „Freimarkts"=Zeiten war
in den überaus geräumigen Lokalitäten desselben nur mit Mühe ein
Plätzchen zu erlangen; — dabei hatte aber das alte eigenthümliche
Trinklokal seine besonderen Eigenheiten und Beschränkungen. —
Es wurden nur Rhein= und Moselweine ausgeschenkt, allerdings
von vorzüglichster Gattung, — die zwei bis dreihundert Jahre
alten Rheinweine aus der „Rose" und den „zwölf Aposteln" —
wie die großen Stückfässer hießen, in denen diese uralten Rüdes=
heimer=Weine in einer eigenen Keller=Abtheilung lagerten —

waren früher nicht verkäuflich, sondern wurden nur in einer be=
schränkten Anzahl Flaschen als Ehrengeschenke des Senates an
Auswärtige oder auch, auf besondere ärztliche Vorschrift, zur
Stärkung für Schwerkrankgewesene vergeben. Fremde von Distink=
tion, die Geschäftsträger oder durchreisende Gesandte fremder Mächte
wurden von Seite des Senats, als besondere Ehrenbezeugung, zur
Besichtigung und zu einer „Weinprobe" in den Rathskeller ein=
geladen und hier aufs Beste bewirthet. Ich habe einigen solchen
„Weinproben" beigewohnt und kann aus eigener Erfahrung ver=
sichern, daß diese Jahrhunderte alten Weine wie eine widerliche
Medizin schmeckten, dabei aber eine stark berauschende Kraft hatten.
Der beste dieser Weine war noch der in dem Stückfaß „Judas
Ischarioth" gelagerte Rüdesheimer vom Jahre 1624, aber an=
genehm schmeckte auch er nicht; — ferner bekam man als ge=
wöhnlicher Gast nur kalte Speisen und Austern und um zehn
Uhr Abends wurde der Rathskeller geschlossen und Niemand mehr
hineingelassen. Die aber vor zehn Uhr in den Keller gekommen
waren, konnten ungestört dort bleiben und forttrinken bis zum
Morgen, was denn auch die ausgepichten „Weinbeißer" — wie
man in Wien sagt — redlich thaten. Es gehörte eben zu den
patriarchalischen Eigenthümlichkeiten Bremens, daß der Weinaus=
schank im Rathskeller ein Staats=Institut war, das unter der
Hut und Obsorge der Regierung stand, — in jedem Herbste wurde
nach der Weinlese ein Senator mit einigen Sachverständigen und
dem Kellermeister in die Weingebiete am Rhein und an der Mosel
geschickt, mit der amtlichen Mission betraut, den Most und den
jungen Wein überall in den besten Strichen zu kosten und nur
das als vorzüglich Befundene davon gleich anzukaufen. War die
Wahl getroffen, so wurde das Bremer Rathssiegel an das Faß
gelegt und dasselbe, wenn der Wein reif war, unter sicherer Be=
wachung nach Bremen transportirt, um nun der weiteren Behandlung
und Veredlung des dortigen Kellermeisters übergeben zu werden, der
ebenso, wie seine Gehülfen, beeideter Staatsbeamter war. Erst im
Jahre 1832 wurde durch einen Senatsbeschluß gestattet, daß von diesen
uralten Weinen, die durch das, einige hundert Jahre lang darin=
steckende Kapital und die Zinsen und Zinses=Zinsen desselben, be=
reits zu unbezahlbaren Werthen geworden waren, auch flaschen=
weise an Privatleute verkauft werden dürfe; — bis dahin waren
sie, mit dem Nimbus des hohen Alters ausgestattet, der Gegen=
stand hoher Verehrung gewesen und man legte ihnen außerordent=

lichen Werth und besondere Heilkräfte bei, als es aber endlich Jeder=
mann gestattet wurde, davon zu trinken, wenn auch gegen hohe Be=
zahlung, fand sich nach den ersten Versuchen nur höchst selten
ein Kunde dafür ein; denn der Geschmack war — wie gesagt
— durchaus nicht verlockend zum Genusse. Aber der Rathskeller
bildete damals — wie seit mehr als dreihundert Jahren — eine der
interessantesten Merkwürdigkeiten der alten Hansestadt, er war der
Sammelplatz aller Fremden, ebenso wie der Einheimischen und in
seinen, dem Gotte Bacchus gewidmeten Räumen herrschte unge=
zwungene Fröhlichkeit, die jedoch die Grenzen des Anstandes nie
überschritt, — hier wurden Freundschaften für's Leben mit dem
traulichen „Schmollis" besiegelt, hier wurden ebenso große kauf=
männische Geschäfte besprochen und abgeschlossen wie Bekanntschaften
gemacht und Ehebündnisse verabredet, hier wurden distinguirte
Fremde außer zu den „Weinproben" auch vom Senate zu Ehren=
tafeln geladen, die in einem besonderen, sonst geschlossenen Saale
stattfanden; hier endlich hielten in früheren Zeiten Bürgermeister
und Senat ihre geheimen Sitzungen und Berathungen ab, — in
dem abgesonderten kapellenähnlichen Kellergewölbe, in welchem nur
das große Faß mit dem „Rosenwein" liegt, über welchem an der
Decke eine große Rose gemalt ist, fanden die geheimen und wichtigsten
Staatsverhandlungen statt und die Bezeichnung: Jemandem etwas
„sub rosa" anzuvertrauen, soll von daher stammen. Ich habe
dort mit Einheimischen und fremden Besuchern, besonders ameri=
kanischen Landsleuten, viele vergnügte Abende verlebt und erinnere
mich noch immer mit Wohlgefallen an die heitere und anständige
Geselligkeit, die dort herrschte.

Damals war das Reich der Mode und Eleganz in Bremen
noch gar nicht vertreten; Modewaaren=Handlungen waren selten
und die von ihnen gehaltenen Artikel hatten auch nicht die leiseste
Spur von Pariser Eleganz, — sie beschränkten sich mehr auf das
Nützliche, als auf das Schöne. So waren auch die Damentoiletten,
die man auf den Straßen zu sehen bekam, höchst einfach und sehr
züchtig, wie es der alte Smidt gerne gesehen hatte, — die
Damen, selbst die reichsten, trugen einfache schwarze, braune oder
graue Kleider, bis an den Hals fest geschlossen, und ich erinnere
mich noch, welch ein ungeheures Aufsehen es machte, als eine
frisch angekommene, junge schöne Amerikanerin mäßig decolletirt
und einen rothen Shawl und einen Hut mit Straußfedern tragend,
auf der Wallpromenade erschien; — Alles sah ihr verwundert

nach, die Straßenjugend wies mit Fingern auf die ungewöhnliche
Erscheinung und folgte ihr mit spöttischen Bemerkungen nach; —
überall, in allen Familien wurde davon, als von einem außer=
ordentlichen Ereignisse, ja von den Frauen auch als von einem
großen Aergernisse gesprochen, so daß die Bremer Familie, an
die die junge Dame empfohlen war, sich bewogen fand, ihr freund=
liche Vorstellungen zu machen und Rathschläge für eine bescheidenere
Toilette zu ertheilen, aus lauter Besorgniß, sonst selbst compro=
mittirt zu werden. Jetzt soll das Alles sich bedeutend geändert
und das ganze Bremer Leben einen moderneren Schnitt angenommen
haben, so daß Bremen bereits in mancher Hinsicht mit dem lebens=
lustigen Hamburg wetteifern kann; — es wird viel gebaut, die
alten Giebelhäuser verschwinden immer mehr, glänzende Moden=
waaren=Handlungen sind zahlreich entstanden und finden guten
Absatz; denn die Bremer Damen machen jetzt alle neuen Moden
von Paris und Berlin mit, die Bevölkerung hat sich bedeutend
vermehrt und bereits die Hunderttausend überschritten, und sogar
J u d e n und jüdische Geschäftshäuser sind zahlreich in Bremen,
während in früheren Zeiten kein Jude, auch nur über Nacht, in
der Stadt bleiben durfte, und zu meiner Zeit noch höchstens
achtzig Juden in ganz Bremen zu finden waren. Ich habe Bremen
im Jahre 1868 verlassen und es seitdem nicht wieder gesehen;
ich kann daher kein eigenes Urtheil abgeben, sondern berichte nur,
was man mir von dort schreibt. Was ich aber noch selbst sah,
das war der verhältnißmäßig allgemein verbreitete Wohlstand der
Bevölkerung, die Nahrungssorgen oder gar drückende Noth nicht
kannte, wie man denn auch in Bremen damals n i e Bettler sah;
— ob das jetzt, wo Bremen eine moderne Richtung angenommen
hat, auch noch so gut bestellt ist, weiß ich nicht. Mir thaten die
Ruhe und die Gemüthlichkeit des alten freundlichen Bremen nach
der aufregenden und aufreibenden journalistischen und politischen
Laufbahn in Amerika außerordentlich wohl, es gefiel mir in der
alten Hansestadt über alle Maßen und ich hätte nichts dagegen
gehabt, meine Tage dort in Frieden und Beschaulichkeit zu schließen,
— allein das Schicksal, das mich zum unruhigen Leben verurtheilt
hatte, erlaubte es nicht; mein viel bewegtes Leben sollte noch lange
nicht zur Ruhe kommen.

Nachdem ich einen Monat im Hotel zugebracht hatte, fand
ich endlich eine mir zusagende Miethwohnung, die in Bremen
damals nicht sehr häufig waren, — neben einer Mühle vor dem

Doven=Thore; mitten in den herrlichen Wallanlagen, stand ein kleines ebenerdiges Haus mit einem hübschen Gärtchen, welches allen meinen bescheidenen Wünschen entsprach. Ich miethete es und führte hier ein friedliches Stillleben, während ich das Con=sulat in einem großen, neugebauten Hause der Oberen Straße, im Centrum der Stadt, einrichtete. Ich hatte vorbehaltlich der Genehmigung des Staatssekretariats noch einen Vice=Consul und einen Consular=Agenten für Bremerhaven zu ernennen; — als Vice=Consul (deputy-Consul) bestellte ich meinen Sohn Carl, der trotz seiner Jugend sich mir schon als Theater=Sekretär im St. Louis Opernhause und später als Regiments=Adjutant als tüchtiger und verläßlicher Geschäftsmann bewährt hatte, — und sich auch als mein Vertreter durch fünf Jahre aufs Beste bewährte, — und zum Agenten in Bremerhaven ernannte ich den Kaufmann F. W. Specht, einen tüchtigen und gewandten Geschäftsmann, auf den ich mich in jeder Hinsicht verlassen konnte. Die Stelle in Bremerhaven war damals mit keinem festen Gehalte bedacht, sondern der Agent war auf die Gebühren seiner Amtshandlungen (fees) angewiesen, welche er zur Hälfte an mich abgab und die andere Hälfte behielt; mein Einkommen betrug also 3000 Dollars Ge=halt, 300 Dollars Quartiergeld und etwa 800 Dollars von Bremerhaven. Die Bestätigung meiner Ernennungen kam von Washington mit Postwendung zurück und ich arbeitete mich nun in mein neues Amt ein, mit dessen Obliegenheiten ich bald gründlich vertraut war. Meine Haupt=Aufgabe war, außer den gewöhnlichen Consular=Geschäften und den politischen Berichten für Staats=sekretär Seward vorzüglich die, eine wachsame Aufsicht, nicht nur über Bremerhaven, sondern auch über die in der Nähe be=findlichen kleineren Hafenplätze zu führen, mich über Verschiffungen von Waffen, Munitionen und sonstiger Kriegscontrebande für die Rebellenstaaten stets au fait zu halten, und solche, wenn irgend möglich, zu verhindern, oder doch wenigstens unsere Regierung bei Zeiten davon zu benachrichtigen. Mit dem außerordentlich wachsamen und stets verläßlich informirten Ver.=St.=Consul in London, Mr. Morse und seinen Agenten in anderen englischen Häfen, sowie mit Kapitän Winslow, dem Commandanten der, in der Nordsee kreuzenden Ver.=St.=Fregatte, Kearsarge (der endlich auch den Kaperdampfer „Alabama" unter Kapitän Semmes bei Cherbourg in den Grund bohrte), war ich in beständigem brieflichen Verkehr, signalisirte ihnen alle verdächtigen Erscheinungen, wie sie

auch mich auf derlei Fälle stets aufmerksam machten und mir
ihre Wahrnehmungen mittheilten, so daß es mir wiederholt gelang,
mich unserem Lande und unserer Regierung in dieser Hinsicht
nützlich zu machen. Um mich auch mit meinem Collegen in Hamburg
zu diesem Zwecke in direkte Verbindung zu setzen, besuchte ich
sobald als nur thunlich, meine Geburtsstadt, und nicht ohne Rührung
und Bewegung sah ich Hamburg wieder, die theure Stadt, an
die sich alle Erinnerungen meiner Kindheit knüpften. Fünfzig
Jahre waren vergangen, seitdem ich mit meinen Eltern Hamburg
in der Franzosenzeit verlassen hatte und doch fand ich mich schon
beim ersten Ausgange in dem Stadttheile, den wir zuletzt be=
wohnt hatten, augenblicklich zurecht und bedurfte keines Führers,
— so scharf und bleibend haften die Eindrücke der Kinderzeit, —
ich fand, ohne zu fragen, das Haus auf der kleinen Drehbahn,
das wir bewohnt hatten, die Wohnung meines Onkels am Venus=
berge, den Gänsemarkt, das Theater, den Jungfernstieg, die Schule,
die ich besucht, — es war noch Alles so, wie ich es vor fünfzig
Jahren gesehen, — nur in dem neuen, nach dem großen Brande
erbauten Stadttheile kannte ich mich nicht aus, — vergebens
suchte ich das Haus, gegenüber vom alten Rathhause, in dem ich
geboren worden war, — es war sammt dem Rathhause von den
Flammen zerstört worden. In Hamburg traf ich auch mit
Bernays und seiner Familie zusammen, der von Zürich als
Consul nach Helsingör versetzt worden war, — wir verlebten dort
herrliche Tage, fanden freundliche Aufnahme bei dem hoch=
verdienten Dr. Wolfsohn und seiner liebenswürdigen Familie; —
ich fand auch noch eine Schwester meiner Mutter, die Tante Fischer
als noch rüstige Greisin, sowie ihren Sohn, den Spielgenossen
meiner Kinderzeit, nunmehrigen Weinhändler Eduard Fischer,
ferner eine andere Tante Kuffner und endlich meinen lieben
alten Freund von Linz aus, den k. k. Hofopernsänger Adolf
Schunck, der dem Theater längst entsagt und als Verwalter des
Johanneums einen ruhigen und sorgenfreien Altershafen gefunden
hatte. Es waren schöne Tage, die ich damals in Hamburg ver=
lebte, an die ich noch heute mit Vergnügen zurückdenke; —
leider habe ich meine liebe Vaterstadt nicht mehr wiedergesehen,
so oft und so gern ich es auch wollte, bewahre ihr aber immer
eine freundliche Erinnerung.

Noch einmal in Amerika.

(1862.)

Der Winter von 1861—1862 war mir in Bremen in stiller Ruhe vergangen, die mir auf die zwölfjährige aufregende und aufreibende Arbeit in St. Louis eine wirkliche Erquickung war; — getrübt wurde dieses Stillleben nur theils durch die Nachrichten aus Amerika überhaupt, welche von der zusehends erstarkenden Organisation der Secessionsstaaten, von ihren einzelnen Erfolgen im Felde und von dem Zögern und Schwanken und der ungenügenden Entwicklung der militärischen Machtmittel unserer Unions-Regierung meldeten, und theils durch die Nachrichten, die ich aus St. Louis selbst über die Parteifragen und über die Richtung meines Blattes erhielt und die mich das Schlimmste erwarten ließen. John C. Fremont war, wie ich bereits erwähnte, am 9. Juli 1861 zum Commandanten des westlichen Militär-Distrikts (Illinois, Kentucky, Missouri, Kansas) ernannt worden und hatte sein Commando, noch ehe ich St. Louis verließ, übernommen. Das war für die sogenannten „Radikalen", für jene Leute, die noch immer von den Illusionen von 1848 zehrten und denen der gemäßigte amerikanische Gang der öffentlichen Angelegenheiten viel zu schwerfällig und langweilig erschien, ein neues Losungswort, sie schaarten sich um ihn und drängten ihn, radikale Maßregeln zu ergreifen, sein meist aus ungarischen Revolutions-Offizieren bestehender Stab that auch das Seinige, und so trat Fremont in St. Louis nicht nur als Militärkommandant, sondern als eine Art von Diktator auf, gleichsam berufen, durch Gewaltmaßregeln das bedrohte Vaterland zu retten; — ganz Missouri wurde in Belagerungszustand erklärt, ohne die Macht zu besitzen, diesen Belagerungszustand auch effektiv durchzuführen und aufrecht zu erhalten, und am 31. August erließ er jene voreilige Proklamation, durch welche in seinem Militär-Bezirke die Sklaven aller Anhänger der Secession für frei erklärt wurden. Dabei ließ er sich von seinem General-Quartiermeister Mc. Kinstry, zu allerlei unbefugten, ja reglementswidrigen Schritten verleiten, so daß auf die vielen, nach Washington gelangten Beschwerden eine Untersuchung gegen Fremont und Mc. Kinstry eingeleitet wurde, welche der Kriegsminister

Cameron und dessen General-Adjutant persönlich führten, deren
Ergebniß ein an tausend Seiten füllender, dicker Band der Con-
greß-Dokumente war, dessen Aktenstücke und Zeugenaussagen
Mc. Kinstry schwer compromittirten und Fremont selbst, als
der Selbstständigkeit und des eigenen Urtheils ermangelnd, also
als schwach und unzuverlässig hinstellten. Dabei ging es, seitdem
Fremont das Commando übernommen hatte, auf dem westlichen
Kriegsschauplatze sehr traurig zu; — vergebens hatte der muthig
vordringende General Lyon auf das Dringendste um Verstärkungen
gebeten, Fremont hatte ihm keine geschickt; denn sein General-
Stab hatte großartige Pläne zu entscheidenden Operationen entworfen, welche hauptsächlich darauf hinzielten, das in einem
sumpfigen Winkel an der Mündung des Ohio in den Mississippi
liegende Städtchen Cairo zur Operationsbasis zu machen, um
dadurch, wie sich diese Would-be-Moltkes ausdrückten, von dort
aus den ganzen Nord-Westen der Union gegen die Angriffe der
Rebellen zu sichern, während in demselben Augenblicke, wo dieses
geschah, die südlichen Generale Price, Mc. Cullough Pillow
und Thompson bereits das ganze südliche Missouri besetzt hatten
und sich anschickten, gegen St. Louis zu marschiren und es zu
erobern, während der arme Lyon, auf seine schwachen Kräfte
angewiesen und von Fremont in Stich gelassen, am Wilsons-
Creek geschlagen ward und selbst fiel, während ein Rebellencorps
von 20,000 Mann unter Price einen Vorstoß gegen Nord-
Missouri macht, Lexington überfiel, den dort commandirenden
Oberst Mulligan zwang zu capituliren und sich mit 2000 Mann
Unionstruppen als Gefangenen zu ergeben. Nach diesen unzwei-
deutigen Früchten der Fremont'schen Militärverwaltung wurden
zwar der Bundesregierung in Washington die Augen geöffnet über
die gänzliche Unfähigkeit Fremonts, seine Emanzipations-
Proklamation wurde vom Präsidenten Lincoln für null und
nichtig erklärt, eine Disciplinaruntersuchung gegen ihn und Mc.
Kinstry eingeleitet und endlich, als Resultat dieser Untersuchung,
Fremont am 2. November seines Commando's entsetzt und dasselbe dem General Halleck übergeben. Aber trotz allem dem
hielten Fremonts Anhänger, die Radikalen, fest zu ihm, die Deutschen
besonders, die noch unter dem Banne der Illusionen von 1848
standen, schaarten sich um Fremont, der ihnen zu schmeicheln
gewußt und sich populär gemacht hatte, und er wurde bei seiner
Rückkehr nach St. Louis von den Deutschen wie ein siegreicher

Triumphator empfangen, ein Ehrensäbel wurde ihm überreicht und
Beschlüsse wurden gefaßt, welche gegen das Vorgehen der Bundes=
regierung protestirten und Fremonts Absetzung in den bittersten
Ausdrücken verdammten. Damit vollzog sich aber das Schlimmste,
was einem, ohnehin vom Bürgerkriege zerrissenen Lande geschehen
konnte, es trat eine klaffende Spaltung in der republikanischen
und Unionspartei selbst ein, sie schied sich in zwei Fraktionen, in
die „Emanzipationisten", die sich unconditional Unionmen
nannten, und die augenblickliche und unentgeldliche Abolition
der Sklaverei verlangten und von einem politischen Dema=
gogen B. Gratz=Brown geleitet wurden, und in die „conser=
vativen Unionsleute", die unverbrüchlich zu Frank P. Blair
hielten, der damals noch eine allmälige und stufenweise Aufhebung
der Sklaverei befürwortete. War schon diese Spaltung der Unions=
leute höchst gefährlich, so hatte sie die noch schlimmere Folge, daß
die Einigkeit der Deutsch=Amerikaner ebenfalls in die Brüche ging,
auch die Deutschen in zwei, sich gegenseitig bekriegende Fraktionen
zerfielen und die mühsame Arbeit von zwölf heißen Jahren, die
Deutschen zu einer einigen, compakten, in allen politischen Fragen
den Ausschlag gebenden, starken Macht zu organisiren, mit einem
Schlage vernichtet ward. Meine Feinde und Gegner benützten
diese günstige Gelegenheit, um sich unter der Fremont=Fahne
auch feindlich gegen mich und den „Anzeiger" zu stellen, Fremont
wurde als großer Held und patriotischer Märtyrer hingestellt und
Blair, bis dahin der treueste Freund und erprobte Führer der
Deutschen, verlor seine Popularität und wurde verlästert und an=
gefeindet. Die Fremont=Bewegung, obwohl allerdings nur
ein Stroh=Feuer, das bald verflackerte, nahm immer größere Ver=
hältnisse an und zog immer weitere Kreise, so daß der „Anzeiger",
dessen Redakteur Georg Hillgärtner, der ebenfalls zu den
Achtundvierzigern und Radikalen gehörte, dabei schwach und leicht=
lenkbar war, sich auch in die Fremont=Bewegung hineinziehen
ließ und zu meinem tiefsten Bedauern gegen Blair Front machte.
Die traurigen Folgen dieser Spaltung der Deutschen Missouris
haben sich noch lange und sehr empfindlich fühlbar gemacht, die
starke, deutsch=amerikanische Phalanx war gebrochen, und die
Sklavenhalter, die Nativisten und alle Gegner der Adoptiv=Bürger
triumphirten und traten um so entschiedener gegen das Deutschthum
auf. Wenn Missouri heute noch, nach zwanzig Jahren, nicht
wie die anderen freien Staaten, vorwärtsgegangen ist, wenn es

noch immer unter der Herrschaft der Pro-Sklaverei-Demokraten steht, denen Freiheit, Fortschritt und Kulturentwicklung gleich ver= haßt sind, wenn die Einwanderung in diesem, so günstig gelegenen und mit Naturschätzen so reich ausgestatteten Staate, noch immer nicht in dem Maße zunimmt, wie in anderen freisinniger re= gierten Staaten und daher die Zunahme der Bevölkerung nicht so rasch und zahlreich erfolgt, wie z. B. in Illinois, so ist der Grund einzig und allein in jener Spaltung des Deutschthums in 1861—1862 zu suchen, welche die eigentliche Leibgarde des Fort= schrittes, die Deutschen Missouris, lähmte und ihren reaktionären Gegnern neue Kraft gab.

Es hatte sich also in Folge dieser Spaltung eine Fremont = Partei und eine Blair = Partei gebildet, die sich beide heftig be= kriegten und sich gegenseitig zu Grunde richteten; zwar verflog das Fremont = Fieber schon im nächsten Jahre ebenso rasch und spurlos, wie es gekommen war, aber die Spaltung hatte einen empfindlichen Riß in das, bisher so compakte und einige Deutschthum gebracht, dessen traurige Folgen noch heute nicht ganz überwunden sind. Fremont wurde noch einmal in West=Virginien an die Spitze eines Armee= Corps gestellt und zeigte auch hier seine militärische Unfähigkeit, — „his utter want of capacity" — wie Montgomery Blair dies vielfach in seinen Briefen an mich betont hatte, — er trat aus der Armee, ließ sich noch einmal, 1864, von den Radikalen als Präsidentschafts=Kandidaten gegen Lincoln auf= stellen, trat aber bald, die Hoffnungslosigkeit seiner Candidatur ein= sehend, freiwillig zurück. Aus dem Politiker Fremont wurde nun der Finanzier Fremont; er war nach und nach Präsident der South=West=Pacific=Railroad=Company, der Costarika= Railroad=Company, welche, wie jetzt Lesseps durch einen Canal, den atlantischen mit dem stillen Ocean durch eine Eisenbahn ver= binden wollte, aber wegen Nicht=Erfüllung der Bedingungen ihres Freibriefs verlustig ging und der Memphis = El = Paso = Pacific= Railroad=Company, eines ebenso prekären Unternehmens; — dann kamen die ziemlich anstößigen Geschichten mit dem Mariposa=Claim, die mit einer schmählichen Verurtheilung Fremonts vor den Gerichten Frankreichs endigten, und der einst so gefeierte Namen Fremonts verschwand in Dunkelheit und Vergessenheit. Jetzt hat Fremont in Anerkennung seiner früheren wirklichen Ver= dienste als Pfadfinder, gleichsam als Entdecker, des goldreichen Kaliforniens, eine anständige Versorgung als Gouverneur eines unserer westlichen Territorien gefunden und in St. Louis, wo er einst wie ein Halbgott verehrt wurde, denkt wohl Niemand mehr an ihn und jene Zeit der Illusionen, — die Folgen aber, wie gesagt, sind noch lange nicht verwischt.

In der deutschen Bevölkerung wurde damals eifrigst das Schlagwort ausgegeben, Fremont sei von Blair aus Neid und Eifersucht auf sein Emporsteigen mit Anwendung der niedrigsten Mittel gestürzt worden; man erzählte sich sogar, die Feindschaft sei eigentlich zwischen den beiden Frauen, Blairs Frau, einer sehr gebildeten und energischen Politikerin, und Frau Fremont, Beutons bevorzugte Tochter Jessie, entstanden und die Männer hätten die traurigen Folgen dieser Weiberfeindschaft dann schwer zu büßen gehabt; — ich halte all' dies Geschwätz, das damals die politischen Kreise eifrigst beschäftigte, für ganz grundlos, habe viel und auf vertrautem Fuße in Blairs Hause verkehrt, aber nie auch nur die leiseste Hindeutung auf eine solche Feindschaft gehört; im Gegentheile kann ich behaupten, daß Fremont seine Ernennung als Commandant des westlichen Militärdistrikts nur der eifrigen und unermüdlichen Verwendung der beiden Blairs verdankte und daß erst, als er sich auf diesem schwierigen Posten als ungeeignet, ja als der Sache der Union nachtheilig erwies, die Blair's sich gegen ihn erklärten und seine Abberufung betrieben; — in allen Briefen der beiden Blairs an mich, die ich noch besitze, kehrt immer und immer der Refrain von „Fremont" utter want of capacity wieder. — Aber die Massen waren hierüber nicht aufzuklären, — Fremonts Anhänger erdichteten ganze Reihefolgen von populären Legenden und Sagen, die Fremonts Haupt mit einem Glorienschein umgaben, während Blair als der böse Intriguant und der Feind der Deutschen verlästert wurde.

Wie schmerzlich mich in Bremen diese Zustände berührten, mit welchen traurigen Gefühlen ich diese neuen Erscheinungen verfolgte, die Alles wieder in Frage stellten, woran ich in einer langen Reihe von Jahren und unter heißen Kämpfen zu bauen redlich mitgeholfen hatte, mag sich Jeder denken, — wiederholt schrieb ich im Laufe des Winters 1861—1862 an meinen Sohn und Hillgärtner, setzte ihnen die schweren Folgen der Spaltung der Deutschen auseinander und beschwor sie, eine andere Haltung zu beobachten, aber sie antworteten mir beide, sie könnten nicht anders handeln, die öffentliche Meinung sei zu aufgeregt, für

Fremont und gegen Blair eingenommen, und jeder Versuch, für Blair einzutreten, würde zum Ruine des „Anzeigers" führen.

So kam das Frühjahr von 1862 heran und die Zustände hatten sich eher verschlimmert als gebessert, — im November sollten die Staats= und die Congreßwahlen stattfinden und die Spaltung unter den Unions=Leuten wurde immer ärger, ja es wurde gegen Frank Blair, der bis dahin Missouri so erfolgreich im Congresse vertreten hatte, von den Radikalen und Fremont=Leuten ein Gegen= candidat in der Person des unbedeutenden Advokaten Samuel Knox aufgestellt, und gewisse ehrgeizige Politiker, die bisher neben Blair nur eine untergeordnete Rolle gespielt hatten, wie Gratz Brown, Henri T. Blow u. a., suchten an die Spitze zu kommen, während der „Missouri=Republican" und die sklaverei=freundlichen und nativistischen Gegner der Union den Zwiespalt unter den Unionsleuten schürten, in der Hoffnung, dabei im Trüben zu fischen und ihren Sklaverei=Sympathien den Sieg verschaffen zu können. Da bekam ich zu meiner höchsten Ueberraschung in den letzten Tagen des Mai einen langen Brief von Henri T. Blow, worin er mir mittheilte, daß er von seinem Gesandten=Posten in Süd=Amerika im März zurückgekehrt, ein genauer und unparteiischer Beobachter der politischen Zustände in Missouri gewesen und zur Ueberzeugung gelangt sei, „daß die Zukunft der Stadt St. Louis und des Staates Missouri, wenn sie glänzend sein solle, nur da= durch erreicht werden könne, daß die selbstlosen und ihr Vaterland liebenden Männer der Partei ihre kleinen Meinungsverschiedenheiten dem gemeinsamen Wohle opfern und sich fest und einträchtig an= einander schließen." — Der Brief fuhr dann fort: „Unsere Partei ist gespalten und zerrissen und wir müssen zugestehen, daß ein Theil unserer Leute sich einem extremen Radikalismus hingegeben hat, der an Verrücktheit gränzt, und ebenso unseren guten Ruf, wie die constitutionellen Rechte Anderer schädigend, Alles in Frage stellen will. Fast alle unsere Freunde stimmen der vor= sichtigen und mäßigenden Politik Lincoln's bei, aber ein anderer Theil, vorzüglich der deutschen Bevölkerung, gewährt dem Präsi= denten nur eine lauwarme Unterstützung und neigt sich dem äußersten Abolitionismus zu. Wir müssen uns ausgleichen und wieder aneinander schließen, der Bundesregierung die kräftigste Unterstützung bieten und der Welt beweisen, daß die republikanische Partei eine strengconstitutionelle und unionstreue

Partei ist, daß sie Aller Rechte achtet und das Vertrauen des Volkes verdient. In dieser Lage der Dinge, und da wir auch nicht ein einziges, die Regierung unterstützendes Blatt in St. Louis haben, wende ich mich an Sie, und vertrauend auf das Wohl= wollen und die Freundschaft, die Sie mir beständig erwiesen, zu= versichtlich hoffend, daß sie meinem Verfahren nicht falsche Motive unterlegen werden, ich auch immer ein Freund unserer deutschen Mitbürger war, komme ich nun zum Gegenstande dieses Briefes. Ich kenne keinen Mann in unserem Westen, der einen so großen Einfluß auf die deutsche Bevölkerung hat, als Sie ihn haben; ich glaube ferner daß, wenn Sie hierher kommen, Sie sich uns anschließen und Lincolns Politik in Missouri kräftig unterstützen werden, — in dieser Voraussetzung begab ich mich nach Washington= City und fand, daß auch dort in den maßgebenden Kreisen das= selbe Vertrauen in Sie gesetzt wird. Ich erwirkte Ihnen also einen viermonatlichen Urlaub und ich hoffe nun, Sie werden ihn dazu benutzen, zu uns zu kommen, und den Präsidenten Lincoln und die Politik der Bundesregierung kräftig zu unterstützen. Unsere Zustände haben sich gebessert, die Rebellion geht ihrem Ende zu und Dank und Hoffnung sind die Gefühle, die uns beseelen. Mit meinen besten Grüßen an Dr. Bernays Ihr aufrichtiger Henri T. Blow."

Zwei Tage darauf traf die Depesche des Staatssekretariats in Bremen ein, die mir einen viermonatlichen Urlaub gewährte, ohne daß ich einen solchen verlangt hatte. Ich sah mir dadurch die Pflicht auferlegt, dem Rufe augenblicklich Folge zu leisten, ordnete rasch meine Angelegenheiten, übergab meinem Sohne Carl das Consulat als acting Consul und nachdem ich bei Bürger= meister Duckwitz und Senator Smidt meine Abschiedsbesuche gemacht und sie gebeten hatte, meinem Sohne seine schwierige Aufgabe durch ihre freundliche und wohlwollende Mitwirkung zu erleichtern, schiffte ich mich mit meiner Frau nach New=York ein, war in den letzten Tagen des Juni bereits dort gelandet und be= gab mich ohne Zeitverlust nach St. Louis. — Ich habe diesen Zwischenfall nur deshalb ausführlicher erwähnt, weil damals und auch später noch erzählt wurde, Blair habe mich zu Hilfe ge= rufen und auch Bernays kommen lassen, um seine Wahl durch= zusetzen, während es in Wirklichkeit Henri T. Blow war, der mich und später auch Bernays nach St. Louis berief.

Ich kam in den ersten Tagen des Juli in St. Louis an

und fand hier die Zustände gründlich verfahren, die Spaltung
unter den Unionsleuten und selbst unter den Teutschen so scharf
und gefahrdrohend, wie ich sie bereits im Eingange dieses
Kapitels geschildert habe und daher nichts hinzuzufügen brauche.
Die Wahl=Campagne hatte bereits lebhaft begonnen; für den
Congreß stellte St. Louis damals zwei Vertreter, einen für den
nördlichen, einen für den südlichen Stadttheil, — für den ersteren
hatten die Unionsleute ihren altbewährten Führer B l a i r auf=
gestellt, während die Anhänger F r e m o n t s Samuel Knox
auf den Schild hoben; — im südlichen Stadttheile candidirte
Henri T. B l o w, ohne einen ernstlichen Gegen=Candidaten zu
haben, — die Teutschen waren Alle für B l o w, während der
Kampf für oder gegen B l a i r mit größter Erbitterung geführt
wurde. Mein erstes Geschäft war, dem „Anzeiger" eine andere
Haltung zu geben, und nachdem ich mit meinem Sohne Rücksprache
genommen und wir uns über Alles verständigt hatten, erklärte
ich H i l l g ä r t n e r ganz offen, daß der „Anzeiger" nicht länger
in der bisherigen, B l a i r feindlichen Richtung fortgeführt werden
dürfe, daß meine alte Freundschaft für B l a i r, seine vieljährigen
Verdienste um das Teutschthum und den freiheitlichen Fortschritt
mir Verpflichtungen auferlegten, denen ich mich nicht entziehen
wolle und könne, und daß außerdem die Spaltung der Unions=
Leute, und insbesondere des t e u t s c h e n Elements, um jeden Preis
beseitigt werden müsse, weil sie beiden nur zu schwerem Nachtheile
gereichen könne. H i l l g ä r t n e r, der von meinem Kommen vorher
unterrichtet war und die jetzt eintretende Wendung daher voraus=
sah, hatte bereits seine Vorkehrungen getroffen und sich mit den
F r e m o n t = Leuten, und besonders mit meinen früheren Gegnern
und Feinden verständigt, die ihm ihre Hilfe und Unterstützung
im Vorhinein zugesagt hatten; — er setzte sich daher meiner Er=
öffnung gegenüber auf das hohe Pferd der Prinzipien und der
Ueberzeugungstreue und erklärte mir in ziemlich brutaler Weise,
er werde an der bisherigen Haltung des „Anzeigers" nichts
ändern sondern, wenn ich darauf bestünde, augenblicklich aus der
Redaktion treten, — es blieb mir also nichts Anderes übrig,
als ihm die, so plötzlich und brüsk geforderte Entlassung zu ge=
währen, und ich übernahm selbst die Redaktion; — H i l l g ä r t n e r
aber gründete mit dem Gelde meiner Feinde ein neues Blatt, die
„N e u e Z e i t", in welchem er nach Herzenslust gegen mich los=
zog und mich mit Schmähungen und Verleumdungen überhäufte,

konnte sich aber nicht halten und mußte das Blatt bald in andere Hände geben.

Ich verwendete mich nun in Washington=City durch Blow für die Ertheilung eines Urlaubs an Bernays und dieser, der sein Consulat schon längst satt hatte, kam auch augenblicklich herüber; ich legte nun die Redaktion in seine Hände und wir Beide arbeiteten vereint mit aller Kraft für die Union, für die Unterstützung des Präsidenten Lincoln und für die Erwählung Blair's und Blow's in den Congreß, — aber ich machte bald die Entdeckung, daß der geistreiche Ausspruch des Franzosen: „Les absents ont toujours tort", sich auch an mir bewährte; — drei Monate war ich im Felde, neun Monate in Europa gewesen und diese zwölfmonatliche Entfernung vom Schauplatze meiner Thätigkeit hatte meine früher so große Popularität bedeutend ge= schwächt; — trotz aller Mühen, die ich mir gab, konnte es mir nicht mehr gelingen, die Deutschen wieder zu einem compakten Ganzen zusammenzuschließen, die Spaltung hatte schon zu lange bestanden, die dadurch erzeugte Verbitterung zwischen den beiden Fraktionen hatte sich bereits zu gegenseitigem Hasse verschärft und — „die Abwesenden haben immer Unrecht". — Ich war zu lange abwesend gewesen, die Popularität ist eine höchst ver= gängliche Gunst, sie wird nur durch fortwährendes, unermüdetes Ringen gewonnen, aber viel schneller noch durch Entfernung oder Unthätigkeit verscherzt; — andere Männer, andere Zeitungen hatten indessen Einfluß gewonnen, ich stieß auf eine hartnäckige Opposition und mußte jeden Zollbreit Terrain schwer erkämpfen; — ich hatte zwar noch die Genugthuung, Blair und Blow erwählt zu sehen, aber ich verließ nach der Wahl St. Louis, vollständig enttäuscht und nur mit geringen Hoffnungen auf die Zukunft. Blair's Wahl wurde durch den Uebereifer einiger seiner Freunde arg geschädigt und von Knox im Congresse bestritten; — es ergaben sich bei der Untersuchung in einigen entfernteren nördlichen Precincten Unregelmäßigkeiten, die ohne Blair's Wissen von einigen übereifrigen Freunden, besonders einem Mr. Elleard, praktizirt worden waren, — Blair's Wahl wurde vom Con= gresse annullirt und diese Demüthigung verletzte den reizbaren Mann auf's Tiefste, die schnöde Behandlung, die er besonders von den Deutschen erfahren hatte, verwandelte seine frühere Freund= schaft in bitteren Haß, er entfremdete sich auch der Unionspartei und kehrte endlich in's demokratische Lager zurück. Ich habe diese

seine Handlungsweise nie gebilligt, aber die Mißhandlungen und
Verfolgungen, die ihm gerade von den, ihm doch zu Danke ver=
pflichteten Deutschen, zu theil wurden, entschuldigen sie wenigstens.
— Trübe gestimmt verließ ich St. Louis, fuhr mit dem englischen
Dampfer „Edinburgh“ nach Liverpool, widmete acht Tage der
Besichtigung Londons, verlebte dann vierzehn angenehme Tage
bei der Schwester meiner Frau in Paris, der Marquise de Bréme,
und kehrte endlich nach Bremen zurück, wo ich das Consulat in
bester Ordnung fand und meine amtliche Thätigkeit wieder auf=
nahm. Ich athmete erleichtert auf, als ich wieder in dem ruhigen
Bremen war, aber ich hätte gewiß besser gethan, wenn ich damals
n i ch t zurückgekehrt, sondern in St. Louis geblieben, meine Thätig=
keit ganz meinem Blatte gewidmet, so nach und nach Popularität
und Einfluß wieder gewonnen und mir und den Meinigen eine
sorgenfreie Zukunft gesichert hätte. Aber es sollte nicht sein. —

Der Untergang des „Anzeigers“.

(1863.)

Die Besorgnisse und der Unmuth, die Befürchtungen für die
Zukunft, mit denen ich St. Louis verlassen hatte, um auf meinen
Posten zurückzukehren, sollten sich nur zu bald als berechtigt er=
weisen und mir es immer klarer machen, wie sehr ich Unrecht
gethan hatte, als ich meine politische und journalistische Laufbahn
unterbrach, meine so hart erkämpfte Selbständigkeit in jeglicher
Hinsicht und meine materielle Existenz auf's Spiel setzend, mich
von dem Phantom eines Consulates im Auslande verleiten und
zur Annahme der Stelle in Bremen bewegen ließ. Ich wenigstens
kann nun über den Schritt ganz objektiv urtheilen und ich kann
meinen journalistischen Collegen von der Presse und auch anderen
Landsleuten, die sich bereits eine Stellung begründet haben, nur
auf das Dringendste abrathen, meinem Beispiele zu folgen, ihre
bisherige Thätigkeit und ihre Existenz aufs Spiel zu setzen, durch
ihre Abwesenheit Popularität, Einfluß und Stellung sich ver=
mindern, ihre Geschäfte zu Grunde gehen zu sehen, ohne eine
andere Entschädigung, als einige Jahre lang das Vergnügen zu
genießen, in irgend einer Stadt als Ver.=St.=Consul zu leben,

viel Arbeit und viel Verdruß zu haben, kein wirkliches Ansehen,
keine rechte Autorität zu genießen, weil man im Auslande die
amerikanischen Geschäftsträger und Consuln nicht als permanente
diplomatische Staatsbeamte betrachtet, die eine feste Stellung haben
und wirklich Vertreter ihrer Regierung sind, sondern die man
für das hält, was sie leider auch in Wirklichkeit sind, — für
Parteiklepper und Wahlagitatoren, denen man nach dem Siege
einen Consulatsbrocken hingeworfen hat und deren ephemere
Existenz in höchstens vier Jahren von der Sturmfluth der nächsten
Präsidentenwahl wieder weggeschwemmt und durch andere neu
auftauchende Größen ejusdem farinae ersetzt wird, — wenn der
Wechsel nicht schon früher als nach vier Jahren durch die unauf=
hörliche, in Washington=City bohrende und drängende Maschinerie
des hungrigen Aemter=Jägerthums und des Repräsentanten=Pro=
tektions=Wesen herbeigeführt wird. Ich habe von allen diesen
Uebelständen noch verhältnißmäßig sehr wenig zu leiden gehabt;
denn ich war Consul in einer Handelsstadt, wo es keinen
Hof, keine Hofetikette, keine Bureaukratie und auch keine hoch=
müthige Aristokratie gab, wo ich einfach mit Kaufleuten und
Geschäftsmännern, höchstens mit einem gewählten Bürgermeister
amtlich zu verkehren hatte und die ganze Färbung des Lebens
und der Gesellschaft eine bürgerliche und, der Form nach, eine
republikanische war; — aber schon in meiner nächsten Nähe sah
ich an dem Beispiele unseres Consuls in Hannover, wie seine
Stellung und sein Ansehen durch die königlich hannövrischen Hof=
kreise und das Beamtenthum empfindlich beengt und beschränkt
wurde, — ähnliche Erfahrungen werden unsere Consuln wohl auch
in anderen kleineren und größeren Residenzstädten gemacht haben.
Ich bin während der acht Jahre, die ich in Teutschland ver=
brachte, viel herumgereist, habe überall mit unsern Consuln ver=
kehrt und überall dieselben Klagen gehört; — in den See=
städten erfreuen sich die amerikanischen Consuln noch des relativ
günstigsten Ansehens, — in den Binnenstädten aber, namentlich
in den Hofresidenzen, werden sie nicht als vollwichtig, nicht als
wirkliche Beamte der Ver.=St.=Regierung, nicht als zur diplo=
matischen Hierarchie gehörig betrachtet und respektirt, sondern nur
als rasch vorübergehende Partei=Söldlinge behandelt, die heute und
vielleicht auch morgen noch Consul spielen, in einigen Monaten
aber oder auch erst in einigen Jahren wieder hinter dem Laden=
tische stehen oder am Schreibtische das tägliche Brot des Journa=

listen sich verdienen oder auf ihrer Farm ihren Acker bestellen und ihren Viehstand überwachen; — sie sind also in den Augen der europäischen Diplomatie und Bureaukratie nur Volontärs, Remplaçants, Strohmänner, aber keine Vertreter der großen amerikanischen Sternen-Republik. Am fühlbarsten wird dieser Uebelstand in D e u t s c h l a n d, wenn diese Posten durch D e u t s c h = A m e r i k a n e r besetzt worden sind. Ueberall genießen hier der englische und der französische Consul, auch die Vertreter Ruß = lands, Oesterreichs und Italiens größeren Ansehens, weil sie p e r m a n e n t e Staatsbeamte sind; — dagegen ist die Stellung unserer Consuln in Frankreich, England und Italien immer noch erträglicher. Hiezu kommt nun noch die ungenügende Bezahlung der meisten Consulats-Posten, während der Ver.=St.=Consul doch ein, wenn auch bescheidenes Haus machen, repräsentiren muß und als einer der Honoratioren bei Subscriptionen, Sammlungen für milbthätige oder gemeinnützige Zwecke u. dergl., immer als einer der Ersten in Anspruch genommen wird; — ähnliche Ansprüche an die Casse des Consuls erheben minder bemittelte reisende Amerikaner, denen ihr Reisegeld auf diese oder jene Weise aus = gegangen ist, die sich daher in Verlegenheit befinden und die es als das Geringste betrachten, was der Consul für sie thun soll, sie kostenfrei wieder in ihre amerikanische Heimath zurückzubefördern. Nun haben aber die Ver.=St.=Consuln für solche Unterstützungen mittelloser Amerikaner im Auslande g a r k e i n e F o n d s, und es werden ihnen auch, wenn sie in besonders berücksichtigungswerthen Fällen sich nach Washington wenden, keine bewilligt; nur a m e = r i k a n i s c h e M a t r o s e n, die irgendwo im Auslande zurück = geblieben sind, dürfen auf Kosten der Regierung, jedoch in der billigsten Weise, zurückbefördert werden; — ich habe auch in dieser Hinsicht mannigfaches Lehrgeld bezahlt und alle Unter = stützungen hilfsbedürftiger Amerikaner aus meiner Tasche bezahlen müssen. Noch schlimmer daran sind jene Ver.=St.=Consuln, die sich zufällig am Sitze einer sogenannten „a m e r i k a n i s c h e n C o l o = n i e“ befinden und von den upper-ten's, die sich aus Spar = samkeits = oder anderen Gründen in Deutschland, Italien, der Schweiz u. s. w. für längere oder kürzere Zeit niedergelassen haben, als Geschäftsagenten, Vermittler, Besorger von Woh = nungen, Dienstleuten, als Vertreter auf der Polizei und im Steuer-Amte und bei allen möglichen Vorkommnissen in unberech = tigster Weise in Anspruch genommen werden und deren Gefällig =

keit und landsmännische Bereitwilligkeit vielfach mißbraucht wird. Brentano in Dresden, Klauprecht in Stuttgart und unsere Consuln in Rom, Florenz, Neapel wissen davon zu erzählen; — finden die Wünsche oder vielmehr die peremptorischen Forderungen dieser „amerikanischen Colonien" von Seite des Consuls nicht augenblickliche und unbedingte Gewährung, so gehen bittere Klagebriefe und Denunciationen nach Washington-City, entweder direkt an das Staats-Sekretariat oder an einflußreiche Congreß-Mitglieder, der Consul wird als unfähig, als unpatriotisch, als ungefällig gegen seine Landsleute, ja als pflichtvergessen in den grellsten Farben geschildert und das Resultat dieser Wühlereien ist endlich die Abberufung des Consuls von seinem Posten. Von dieser letzteren Misère bin ich in Bremen glücklicherweise verschont geblieben, denn bloß zum Vergnügen hält sich Niemand in Bremen auf und die Amerikaner, die in Bremen leben, sind Kaufleute und Industrielle, die mit den amerikanischen Verhältnissen vertraut sind und keine unziemlichen Forderungen an den Consul stellen; — was ich darüber weiß, beruht auf den Erzählungen meiner damaligen Collegen; aber auch die Beschwerden benachtheiligter Auswanderer, die Meutereien auf amerikanischen Handelsschiffen und andere Vorkommnisse machen dem Consul mehr als genug zu schaffen, und eben nicht in der angenehmsten Weise. So kam mir einmal der Fall vor, daß auf einem, in Bremerhaven eingelaufenen amerikanischen Kauffahrtei-Schiffe eine schlimme Meuterei ausgebrochen war, — die Meuterer hatten den Kapitän und den Steuermann mit roher Gewalt vom Schiffe vertrieben und wollten sie nicht mehr an Bord lassen; — der Kapitän kam zu mir um Hilfe und Schutz und ich begab mich mit ihm nach Bremerhaven und auf das Schiff; — gütliches Zureden, Vermittlungsversuche fruchteten nichts bei den aufgeregten Leuten, — auch bei dem zweiten Besuche am Bord, den ich, begleitet vom Hafenkapitän und zwei bremischen Land-Dragonern machte, hatte ich keinen besseren Erfolg; es mußte also Gewalt in Anwendung gebracht werden, und zu diesem Zwecke mußte ich aus dem benachbarten Geestemünde hannöverische Militär-Assistenz requiriren, die nach vielen Laufereien und Schreibereien denn auch gewährt wurde. Erst als ich mit einem Militärdetachement zum dritten Male am Bord erschien, gelang es, die Meuterer nach einem sehr stürmischen und bis zu Thätlichkeiten ausartenden Auftritte mit Gewalt zu bändigen und sie als Gefangene an's Land zu bringen. Hier blieben sie einige Wochen lang im Gefängniß, während das Consulat die Kosten für ihre Gefangenschaft, Verpflegung u. s. w. bezahlen mußte, bis ein anderes amerikanisches Schiff gefunden wurde, dessen Kapitän sich bereit erklärte, die Gefangenen an Bord zu nehmen und sicher in New-York abzuliefern, während der Kapitän des meuterischen Schiffes eine neue Bemannung anwerben mußte, um sein Schiff nach den Ver.-St. zurückbringen zu können. Drüben erst wurde die Untersuchung eingeleitet und nun mußten durch mich beschworene Zeugenaussagen, Affidavit's, amtliche Berichte und dergleichen herbeigeschafft und hinüber geschickt werden, um als Beweismaterial im Processe zu dienen, kurz, es war eine der unerquicklichsten Angelegenheiten meiner Amtsführung.

Es geht wohl aus dem oben Erwähnten zur Genüge hervor, daß die Stellung eines amerikanischen Consuls im Auslande nicht zu den angenehmsten gehört, — ich kann daher meine Warnung nur wiederholen und es als das Resultat m e i n e r Erfahrungen aussprechen, daß sich jeder unabhängige Mann in anständigen Verhältnissen und mit gesicherter Existenz von der Bewerbung um ein Consulat weislich ferne halten solle. Erst wenn wir ein wirkliches s t ä n d i g e s Consularcorps haben werden, wie es andere Staaten haben, wenn die Vertreter der großen Republik, finanziell besser gestellt, auch etwas für ihre Hilfe suchenden Landsleute thun können, und besonders wenn auch unsere Consular-Instruktionen (deren beständige Theorie des Unterduckens und Nachgebens ich bereits früher berührt habe) in einer der Würde und Macht der großen Republik entsprechenden Weise revidirt und abgeändert werden, kann dies besser und ein amerikanisches Consulat ein Vertrauens- und Ehrenposten werden; — bis dahin aber ist es in jeder Hinsicht rathsamer, auf diese zweifelhafte Auszeichnung zu verzichten.

Ein harter Schlag traf mich im Jahre 1863 durch das plötzliche und ganz unnöthige Eingehen meines Blattes, des „Anzeigers des Westens“. — Als ich im November 1862 St. Louis zum zweiten und letzten Male verließ, hatte die Zeitung trotz des erbitterten Kampfes, den die F r e m o n t - Leute dagegen führten, an ihrer Subscribentenzahl wenig verloren gehabt; nur die Erträgnisse der Anzeigen hatten empfindlich abgenommen, da fast alle Geschäfte des Krieges wegen darniederlagen; allein nun, im Laufe des folgenden Winters, wurden die Zeiten immer schlechter, die Leute schränkten sich ein, die Zahl der Subscribenten nahm ab, während die Preise des Papiers, des Druckerei-Materials und der Arbeitslöhne ebenso wie aller Lebensbedürfnisse mit der zunehmenden Entwerthung des Papiergeldes fortwährend stiegen. Die Zeitungen reduzirten ihr Format, allein auch das half nicht auf die Dauer und ich war eben in einem lebhaften Briefwechsel mit meinem Sohne und Bernays begriffen, um uns über die Art und Weise zu verständigen, wie mit Hilfe der Partei-Freunde die fernere Existenz des Blattes festgestellt und gesichert werden könne, hatte darüber auch bereits Zusagen kräftiger Unterstützung in Händen, als mein Sohn, der das Geschäft führte, in seinem Unmuthe über die Undankbarkeit der Deutschen, für die der „Anzeiger" doch seit einer Reihe von Jahren so viel gethan hatte, gereizt und verbittert durch die fortwährenden Verfolgungen und Angriffe der Fremont-Partei, plötzlich den coup de tête machte, ohne mich befragt zu haben, das Erscheinen des Blattes kurzweg ganz einzustellen und mich so nicht nur der einzig mir gebliebenen Stütze zu berauben, sondern auch meine augenblick= liche Stellung zu gefährden. Ich bin im Laufe der Zeit zu der Ueberzeugung gekommen, daß meinen Sohn auch noch eine andere Triebfeder zu diesem unerwarteten und durch nichts berechtigten Schritte bewegte; — in den drei Monaten Freiwilligendienst hatte mein Sohn, jung und lebhaft von Charakter, Geschmack am Militärleben gewonnen, er las täglich, wie seine früheren Kameraden Erfolge erkämpft, sich ausgezeichnet hatten, zu Stabs= Offizieren, Regiments=Commandeuren vorgerückt waren und es trieb auch ihn, wieder in die militärische Laufbahn einzutreten; — dazu kamen noch der beständige Kampf mit den finanziellen Sorgen, die gehässigen Angriffe der Gegner, der allmälige Verlust der früheren Popularität des Blattes, kurz, ohne daß selbst Bernays etwas davon wußte, ließ mein Sohn an der Spitze des Blattes vom 13. Februar 1863 die Erklärung erscheinen, daß „der Anzeiger von morgen an zu erscheinen aufhöre", — entließ die Setzer und das übrige Personal, übergab das Material der Zeitung und der Druckerei meinem alten bewährten Freunde Sam Jacoby als trustee und ging nach dem Osten, wo er sogleich als Major zum Kommando eines der damals neu errichteten Negerbataillone ernannt wurde, an der Spitze desselben alle Operationen der folgenden Jahre auf der Halbinsel mit Auszeichnung mitmachte, einer der Ersten war,

die in dem eroberten Richmond einzogen und erst nach voll=
ständiger Beendigung des Krieges als Oberstlieutenant und Re=
giments-Kommandant aus der Armee trat.

Mich traf die Nachricht von dem plötzlichen Aufhören der
Zeitung ganz unvorbereitet in Bremen und berührte mich auf
das Schmerzlichste; — so plötzlich, so unnöthig und so schmäh=
lich hat wohl noch nie ein großes Zeitungs-Unternehmen ge=
endet, das schon nahezu 30 Jahre bestand und im ganzen
Westen die hervorragendste und einflußreichste Stellung einnahm;
— hätte mein Sohn, ehe er diesen raschen Entschluß ausführte,
die geeigneten Schritte bei den Führern der Partei gethan, so
würden Blair und seine Freunde augenblicklich die nöthigen
finanziellen Mittel aufgebracht haben, um das Fortbestehen des
Blattes, welches ihr verläßlichstes Organ war, zu sichern; —
Bernays hätte die Leitung übernommen und mein Sohn hätte
seiner militärischen Lust genügen können; — hätte er mich früher
in Kenntniß seines Entschlusses gesetzt, so würde ich meinen Con=
sulatsposten augenblicklich hingeworfen haben und eiligst nach St.
Louis zurückgekehrt sein, um das Blatt wieder selbst zu führen;
aber er that keines von beiden, ich hatte keine Ahnung von
seinem übereilten Entschlusse und die Nachricht traf mich wie ein
Blitzschlag aus heiterem Himmel, — ich erfuhr sie erst aus dem
Blatte vom 13. Februar, dem dann mit dem nächsten Dampfer
Briefe von meinem Sohne, Bernays und den St. Louiser
Freunden folgten. Aus allen ging hervor, daß das Aufhören
des „Anzeigers" in keiner Weise nöthig gewesen war und daß
die Ueberwindung der finanziellen Schwierigkeiten durch Ber=
nays' Verwendung und die Zusagen der Partei bereits ge=
sichert war; — es war eben ein coup de tête, der rasche,
leidenschaftliche Entschluß eines heißblütigen, jungen Mannes, den
er selbst jetzt schwer bedauern mag.

Was war nun zu thun? — Alles Klagen, alles Räsonniren
darüber, wie es hätte vermieden werden sollen, half jetzt nichts
mehr, und wenn ich auch daran dachte, hinüber zu eilen und den
„Anzeiger" wieder aufzurichten, so mußte ich mir doch sagen,
daß es eine höchst schwierige, ja beinahe unmögliche Aufgabe
sein würde. Drei Wochen hatte bereits der „Anzeiger" zu er=
scheinen aufgehört, als ich die Nachricht in Bremen erhielt; —
fünf Wochen, auch mehr wären vergangen, bis ich meine Ange=
legenheit in Bremen geordnet, mein Entlassungsgesuch eingereicht

und bewilligt erhalten hätte und nach St. Louis zurückgelangt
wäre; — weitere vierzehn Tage hätten die Vorbereitungen und
Einrichtungen zum Wiedererscheinen des Blattes in Anspruch ge=
nommen, kurz es wäre im Ganzen darüber ein Vierteljahr ver=
gangen und während dieser Zeit hätten sich die Subscribenten
und die anzeigenden Geschäftsleute längst den anderen Blättern
zugewendet, es wäre also Alles neu zu schaffen, ein neues
Publikum zu gewinnen, vom Anfang an wieder zu beginnen,
nöthig gewesen, — zudem lauteten die Nachrichten von drüben
immer trüber, die Geschäftsstockung wurde immer peinlicher, die
Stimmung der Bevölkerung immer gedrückter und muthloser, —
es war eben damals die schlimmste Zeit des langen Bürger=
krieges; — ich erkannte mit richtigem Blicke alle die ungeheuren
Hindernisse und Schwierigkeiten, die sich der Ausführung meines
Vorhabens entgegenstellen würden, — zudem war ich indessen
achtundfünfzig Jahre alt geworden und fürchtete, daß meine
Kraft und Energie nicht ausreichen dürften, um wieder ganz von
Vorne anzufangen und das eingegangene Blatt wieder neu auf=
zurichten.   Ich war damals auch körperlich kränklich, dazu seelisch
verstimmt und so gab ich endlich, nach hartem inneren Kampfe,
mein Vorhaben auf und fügte mich in das harte Geschick.   Ich
schickte also meinem Freunde Sam Jacoby, der sich mir bei
diesem Schicksalsschlage wie in den nächstfolgenden Jahren, als
ein wahrhaft treuer und unermüdlicher Freund bewährte, eine
Vollmacht und übertrug ihm den mich sichernden deed of trust,
den Pfandbrief, der mir das Eigenthum des „Anzeigers" sicherte,
bis meine Söhne den Kaufschilling bezahlt haben würden, was
nie geschehen war.   Jacoby setzte sich nun mit den Führern
unserer Partei in Verbindung, aber der Aspekt der Angelegenheit
hatte sich mittlerweile gewaltig geändert; — dieselben Leute, die
noch vor einigen Monaten die kräftigste Unterstützung des Blattes
versprochen hatten, um es zu erhalten und über die schweren
Zeiten hinwegzubringen waren jetzt, wo ich ihnen nicht mehr als
gefürchteter Journalist und einflußreicher Führer gegenüberstand,
sehr kühl und durchaus nicht zu Opfern geneigt; — „les absents
ont toujours tort", — bewährte sich auch diesmal, ich wurde
von diesen, nur auf ihr eigenes Interesse bedachten Parteileuten
bereits als „ausgepreßte Citrone", — „gefallene Größe" — u. s. w.
betrachtet und demgemäß behandelt; — nach langen Unterhand=
lungen erklärten die Herren John How, O. D. Filley und

wie die anderen Führer hießen, sie, denen ich im Laufe langer
Jahre unzählige Dienste erwiesen, die der „Anzeiger" groß ge=
macht hatte, sie erklärten, daß sie höchstens das vorhandene Ma=
terial der Zeitung und der Druckerei, die Lettern, Einrichtungen,
Dampfpressen, Maschinen u. s. w. um einen billigen Preis
kaufen, sonst aber weiter nichts thun würden, und so boten sie
für das ganze Material ungefähr ein Fünftel des Werthes,
nämlich zwölftausend Dollars. — Als nun Jacoby mir
dieses Anbot mittheilte, ich meine Zustimmung dazu gab und
Jacoby dann mit den Herren den Kauf abschließen wollte, er=
klärten diese edelmüthigen Gönner und Partei=Freunde, die Zeiten
wären während der sechs Wochen, bis meine Zustimmung einlief,
noch viel schlimmer, die Aussichten noch viel ungünstiger geworden,
sie könnten jetzt nicht mehr als achttausend Dollars in
Papiergeld dafür geben. Das Papiergeld aber stand damals
mit 40 Pro. Disagio gegen Gold und so boten die Herren
eigentlich nicht ganz fünftausend Dollars; aber mir war jetzt
leider keine Wahl mehr geblieben, ich konnte das Material nicht
behalten, da ich sonst eine kostspielige Miethe für das Lokal
weiter zahlen mußte und die Sachen nach und nach im Laufe
der Zeit zu Grunde gegangen oder verschleppt worden wären;
ich willigte also mit schwerem Herzen ein, der Kauf wurde
effektuirt und meine großherzigen Parteifreunde von ehemals traten
für diesen Pappenstiel von einem Kaufpreise in den vollständigen
Besitz des „Anzeigers des Westens" und ließen ihn nun wieder
erscheinen, nur mit dem Unterschiede, daß das früher fortschritt=
liche und freiheitliche Blatt nun zu einem Organe der demokra=
tischen Partei und der fanatischen Prosklaverei=Männer wurde,
und ich gestehe aufrichtig, daß mich diese letztere Umwandlung
viel empfindlicher und schmerzlicher berührte, als alle die großen
Verluste, die ich erlitten und als die Vernichtung aller meiner
Hoffnungen auf ein sorgenfreies Alter für mich und eine gesicherte
Zukunft für meine Familie. Indessen, vorüber ist vorüber und
das alte Sprüchwort von der „spilt milk" u. s. w. findet in
solchen Dingen seine zweckmäßigste Anwendung; es ist indessen
Gras darüber gewachsen, ich habe den harten Schlag verwunden
und wie so manches Andere auch ziemlich vergessen. Freund
Jacoby verwendete, meinem Wunsche gemäß, den größten Theil
der Kaufsumme zur Deckung noch vorhandener Rückstände und
Verbindlichkeiten und erwies mir durch seine wahrhaft freund=

schaftliche Lösung und Schlichtung dieser peinlichen Angelegenheit
einen Dienst, für den ich ihm immer, so lange ich lebe, zu auf=
richtigem und herzlichen Danke verpflichtet bin, und dies auch
gerne vor aller Welt anerkenne; denn solche treue und uneigen=
nützige Freunde wie er, findet man höchst selten im Leben. —

Ein neuer Freund.

Nach dem harten Schlage, den mir der Verlust des „An=
zeigers", des letzten schwer erworbenen Eigenthums, das mir noch
geblieben war, verursacht hatte, konnte wohl, so dachte ich damals,
nichts Schlimmeres mehr nachkommen; und doch vergaß ich gar
bald im Laufe der nun folgenden zwei Jahre mein eigenes Un=
glück und die Schicksalsschläge, die mich selbst betroffen, in der
lebhaften Theilnahme an den sich immer unheilvoller entwickelnden
Vorgängen drüben in der Adoptiv=Heimath, in dem Kummer und
der Besorgniß über die Zukunft des Vaterlandes. Wir Ameri=
kaner in Europa verlebten damals eine trübe schwere Zeit, mit
Spannung und Ungeduld sahen wir jeder Ankunft eines trans=
atlantischen Dampfers entgegen, dessen mitgebrachte Nachrichten
gewöhnlich ungünstig für die Union lauteten, — wir mußten
sehen, wie die Engländer, theilweise auch die Franzosen, sich über
das Unglück und den Niedergang der amerikanischen Republik
freuten, wie die reaktionären Parteien aller Länder jubelten und
triumphirten und ·wie die Agenten des Südens in Europa mit
außerordentlicher Thätigkeit und großen, ihnen zur Verfügung ge=
stellten Mitteln die öffentliche Meinung der Völker immer mehr
zu Gunsten der Secession umstimmten und der Norden nach und
nach alle populären Sympathien verlor. Von Seite der Unions=
Regierung geschah in dieser Hinsicht auch nicht das Mindeste, um
die öffentliche Meinung Europas günstig für die Sache der Union
zu stimmen. Höchstens in England wurden in dieser Hinsicht
von Seiten unseres Gesandten und einiger Ver.=St.=Consuln hie
und da schwache Versuche gemacht, die überall verbreiteten Lügen
und Irrthümer, die Verleumdungen und gehässigen Anfeindungen
des Nordens zu berichtigen und zu widerlegen, im übrigen Europa
geschah so gut wie gar nichts auf diesem Felde, nur einige Con=

ῷ=Amerikaner) ſuchten aus eigenem Antriebe in
und Broſchüren ſowie durch mündliche Propa=
entliche Meinung zu wirken; es war daher kein
n uns Amerikanern und der Sache der Union
n drei Jahre des Bürgerkrieges faſt nirgends
war und daß die bedeutendſte ſociale und poli=
der gewaltige Kampf um die Aufhebung der
laverei der Neger, nur wenige Sympathien
e nach meiner Ankunft in Bremen nur zu ſchnell
Theilnahmloſigkeit gefunden, die Europa uns zu
, ich hatte mit Bedauern geſehen, wie unvoll=
ie und ungünſtige Anſchauungen von den Zu=
er Republik, ſelbſt in den gebildeten Klaſſen
n, und wie nöthig es ſei, gegen dieſe falſchen
ie ſo ungerechten Beurtheilungen unſeres Staats=
ꝛlebens wirkſam aufzutreten, die Irrthümer zu
ꝛurch geſündere Anſchauungen zu erſetzen, und
gewaltigen Kriſis, wie ſie Amerika im Bürger=
, ſchien es mir doppelt nothwendig, die öffent=
r civiliſirten Völker für uns günſtig zu ſtimmen
Freunde und Sympathien zu erwerben. Ich
er dieſen Gegenſtand ein ausführliches Memoire
nete Mittel vor, um in den großen Städten
he Bureaux zu errichten, die vom auswärtigen
ﬗton=City mit wahrheitsgetreuen Nachrichten ver=
ie Lage der Dinge ſtets genau unterrichtet, da=
ꝛnd geſetzt würden, die öffentliche Meinung in
ꝛr und erklärend in unionsfreundliche Bahnen
ꝛrer guten Sache die Sympathien der Regierungen
ꝛ gewinnen; — ich wies darauf hin, wie dieſe
größter Wichtigkeit ſei und bereits in allen
ꝛr minder exiſtire, ja in Frankreich eine eigene
Miniſteriums unter der Benennung: „direction
:" bilde und ſich überall als höchſt wirkſam er=
) ſandte dieſes Memoire an den General=Poſt=
mery Blair mit einem langen Briefe, in
ꝛm, meinen langjährigen Freunde und Gönner,
meine Vorſchläge zur Einrichtung eines ſolchen
iger auseinanderſetzte. Blair antwortete mir,
oire ſogleich dem Staatsſekretär, Mr. Seward,

mitgetheilt und es ebenso dem Präsidenten Lincoln empfohlen, da es mit seinen eigenen (Blair's) Ideen völlig übereinstimme; — Seward habe sich über das Projekt sehr günstig und zustimmend ausgesprochen und ihm Hoffnung gemacht, es zu verwirklichen, ebenso zustimmend sei das Urtheil des Präsidenten gewesen. Aber der an Intensität und Ausdehnung von Monat zu Monat zunehmende Krieg und die inneren Schwierigkeiten nahmen bald alles Interesse und die ganze Thätigkeit der Regierungskreise in Anspruch, es geschah von Washington aus gar nichts, die Beeinflussung der öffentlichen Meinung blieb nach wie vor der propria diligentia, dem guten Willen einzelner Vertreter der Ver.=St. überlassen und mein Memoire schlummerte wohl ruhig in den Archiven des Auswärtigen Amtes ein, oder wurde kurzweg dem Papierkorbe übergeben. Ich erwähne dieses Versuches hier nur, weil ich noch immer an die außerordentliche Nützlichkeit einer solchen Institution glaube, und weil noch immer in dieser Hinsicht Nichts geschehen ist, obwohl nahezu an zwanzig Jahre seitdem verflossen sind. Noch immer werden in den europäischen Journalen die Zustände des Staatswesens und Volkslebens der großen und mächtigen Sternenrepublik in der einseitigsten und beschränktesten Weise beurtheilt. Die kleinen Schattenseiten werden mit Vorliebe hervorgehoben und einzelne Vorfälle zu ungerechten Folgerungen auf die allgemeinen Zustände aufgebauscht. Unsere Fehler werden in's Ungeheure vergrößert und übertrieben, unsere Vorzüge und guten Eigenschaften todtgeschwiegen. Den Auswanderungslustigen werden die abschreckendsten Märchen vorerzählt und im Gespräche selbst mit gebildeten Männern, wird man durch deren irrige und übertriebene Ansichten über amerikanische Zustände ebenso überrascht, als mit Unmuth erfüllt. Erst in der allerneuesten Zeit, erst jetzt, seitdem unsere letzte Volkszählung eine Bevölkerung von über fünfzig Millionen aufweist und wir also, China abgerechnet, bereits nach Rußland der nächstgrößte Staat des Erdballs sind, erst jetzt, wo unser materieller Wohlstand und unsere außerordentliche Produktionskraft Europa in Erstaunen setzen, erst nun fängt man, allerdings nur sehr langsam an, die große Bedeutung der Ver.=St.=Republik für die Gegenwart und ihre weltbeherrschende Zukunft anzuerkennen, aber noch immer herrschen die alten beschränkten und irrigen Anschauungen über Amerika, als ein Nachklang der hundertjährigen Entstellung und Verzerrung unseres Volkslebens, mehr oder minder ror und eben weil die öffentliche Meinung ein so wichtiger Faktor im modernen Staatsleben geworden ist, sollte man ihr von Seite unserer Regierung größere Aufmerksamkeit zuwenden und sie, wenn auch nur strenge im Geiste der Wahrheit und Gerechtigkeit, in die richtigen Bahnen zu leiten suchen.

Als ich in 1861 nach Bremen kam, fand ich, wie bereits früher erwähnt, zwar persönlich eine sehr freundliche Aufnahme, aber zugleich eine kühle, durchaus nicht günstige Stimmung für unsere Union, die man als verloren betrachtete, und so war es auch im übrigen Deutschland, so in Frankreich, Italien, Oester= reich, selbst in der Schwester=Republik der S ch w e i z, während in England die Stimmung der Mehrheit des Volkes eine uns entschieden f e i n d l i ch e war, wir nur wenige Freunde hatten und selbst ein G l a d st o n e, der jetzt alle unterdrückten Völker= schaften befreien will, ebenso wie seine Freunde, die Liberalen, damals auf der Seite der Sklavenbesitzer und Negerbarone stand, und mit dem ganzen Machteinflusse der britischen Regierung ihnen Schutz und Hilfe angedeihen ließ. Erst als zu Anfang des Jahres 1865 die Entschlossenheit und Ausdauer des Nordens endlich große Erfolge errang, als G r a n t auf der Halbinsel siegreich vordrang, S h e r m a n seinen kühnen Zug mitten durch den Süden antrat und erfolgreich durchführte, konnte sich die gedrückte Stimmung der im Auslande lebenden Amerikaner wieder heben und ihre Hoffnung und Zuversicht sich neu beleben. Als nun immer günstigere Nachrichten einliefen, die letzten Bollwerke der Secession niedergeworfen, die Unionstruppen in Richmond eingezogen waren, Lee und J o h n st o n capitulirt hatten und das ganze blutgetränkte, unheilvolle Unternehmen der Secession in Nichts zusammenbrach, da hoben wir wieder stolz unsere Häupter und mit gehobenen Gefühlen, mit berechtigtem nationalen Stolze, konnten wir wieder den Europäern gegenübertreten, während die öffentliche Meinung derselben nun auch entschieden zu unseren Gunsten umschlug. Ich erinnere mich noch immer mit Begeisterung des glücklichen Tages, an dem die erwähnten Siegesnachrichten in Bremen einliefen; — zufällig war ich einer der ersten, der sie verkünden konnte, da die Zeitungen erst am nächsten Morgen erschienen; ich ließ die Telegramme sogleich am Consulate an= schlagen und das ganze große Consulatsgebäude mit hunderten von Flaggen und Wimpeln dekoriren, während an über die Straße gezogenen Seilen die Flaggen aller befreundeten Nationen lustig im Winde flatterten, wie diese Flaggengala in Seestädten bei großen Ereignissen gebräuchlich ist. Fast die ganze Bevölkerung strömte herbei, um die Freudenbotschaft zu lesen, die bald in der ganzen Stadt verbreitet war, alle Amerikaner, die Senatoren, Bürgerschafts=Vertreter, die ersten Kaufleute kamen ins Consulat, um ihre Glückwünsche darzubringen, alte Schiffskapitäns, ergraute Bootsmänner und Seeleute, die oft und lange in Amerika gewesen waren, kamen, um mir die Hand zu schütteln und in ihrem urwüchsigen Plattdeutsch ihre herzliche Freude auszusprechen, — kurz, es war ein Tag des Jubels, der Freude, der Begeisterung, auf den ich stets mit Genugthuung zurückblicken und den ich nie vergessen werde; — nur die unglücklichen Besitzer von nun werth= losem Conföderirten=Papiergelde und die sich geprellt sehenden Blokadebruch=Spekulanten schlichen traurig und gesenkten Hauptes davon. Und welch ein greller, schreckenerregender Contrast war es nicht, als einige Wochen später die erschütternde Trauerbotschaft von Lincolns Ermordung eintraf, die große Flagge am Consulate auf halbem Mast hinabgelassen, mit schwarzem Trauer= flor umhüllt, Unheil verkündend herabhing, allgemeine Trauer und Bestürzung in der ganzen Bevölkerung herrschten und die= selben Männer, die mich kurz zuvor wegen der Siegesbotschaften beglückwünscht hatten, nun kamen, um, schmerzlich ergriffen voll Trauer und Mitgefühl, ihr herzliches Bedauern auszusprechen. Es waren Tage voll der gewaltigsten Eindrücke, die ich nie ver= gessen werde.

Ich kann in diesen Aufzeichnungen nicht aller der vielen größeren und kleineren Ereignisse und Zwischenfälle gedenken, die in die Zeit meiner Amtsthätigkeit fielen, und theils ernster, oft unangenehmer Art, theils auch erfreulich, ja oft heiter und an= regend waren. Beide Seiten boten die Anerbietungen von ehe= maligen oder jetzigen Offizieren der verschiedenen Armeen Europas, die ihre Dienste der Union anboten und — natürlich mit höherem Grade — in die Ver.=St.=Armee treten wollten, — Anerbietungen, mit denen ich besonders in den ersten Jahren förmlich überhäuft ward und mich der vielen Bewerber oft gar nicht erwehren konnte. Nun hatten die Vertreter der Ver.=St. im Auslande von der Regierung in dieser Hinsicht keine Aufforderung, ja nicht einmal eine Aufmunterung erhalten, im Gegentheil fanden die meisten, der von Ver.=St.=Gesandten oder Consuln der Regierung einge= sandten Empfehlungen fremder Militärs in Washington eine höf=

liche, aber entschiedene Ablehnung; — es ging schon damals mit den Offiziersstellen gerade so wie es jetzt mit unserer agricolen und industriellen Produktion geht, — wir konnten diesem Bedarf im eigenen Lande vollständig genügen; denn es gab in den Ver.-St. eine große Menge von deutschen und italienischen, ungarischen und polnischen, französischen und anderen Offizieren der Revolutionen und Aufstände der letzten Jahrzehnte, ferner eine große Zahl von ausgedienten Militärs aller Nationen, so daß die Offiziersstellen bei Bildung der Freiwilligen-Regimenter vollauf besetzt werden konnten und es durchaus nicht nöthig war, sich diese Herren für schweres Geld und mit ungemessenen An- sprüchen aus Europa kommen zu lassen; — dazu kam noch), daß sich bald herausstellte, wie ein ziemlicher Theil dieser ausländischen Offiziere, die mit ihren europäischen Graden und Ordens- dekorationen anfangs imponirt hatten, sich im Verlaufe des Krieges theilweise als unfähig oder doch als ungeeignet erwies, weil ihnen der amerikanische Nationalcharakter und die Eigenthümlichkeiten des Freiwilligen-Dienstes fremd waren, theilweise auch sich als Abenteurer, wenn nicht noch als Schlimmeres herausstellten, und so kam denn schon zu Anfang des Jahres 1862 von Washington an alle Vertreter der Ver.-St. im Auslande die strenge Weisung, keine Offiziere hinüberzuschicken, ja ihnen überhaupt keine Hoffnung auf eine Anstellung zu machen; — wer den Ver.-St. seine Dienste anbieten wolle, könne, wie jeder andere Einwanderer, auf seine Kosten hinüberkommen und sich um eine Stelle be- werben, allein die Regierung sei weit davon entfernt condottieri und Landsknechte aus Europa anzuwerben.

Ich persönlich hatte diesen Bewerbungen um Stellen in der Ver.-St.-Armee die Bekanntschaft eines Mannes zu danken, mit dem ich nun seit zwanzig Jahren in inniger treuer Freundschaft verbunden bin und der nicht ohne Einfluß auf meinen ferneren Lebensgang geblieben ist. Bremen hatte damals ein ganz gutes Theater unter der Leitung der Direktoren Behr und Ritter und ich war ein fleißiger Besucher der Vorstellungen, wie denn meine Interesse an der Bühne immer das gleiche blieb und ich die neuen dramatischen Erscheinungen nach langer Entbehrung in Amerika mit Vergnügen kennen lernte; ja meine Theilnahme am Bühnenwesen steigerte sich so sehr, daß ich in den langen Wintern, die ich in Bremen zubrachte, wieder einmal vier Lustspiele schrieb, von denen zwei und zwar „Eine stumme Frau" und „Ein

Mädchen vom Ballet" mit Erfolg die Runde über die
meisten deutschen Bühnen machten. Da unsere Consular=In=
struktionen den Vertretern der Ver.=St. die Veröffentlichung von
literarischen Arbeiten strenge verbieten, wenn nicht zuvor dazu
die Erlaubniß nachgesucht und vom auswärtigen Amte in Wa=
shington ertheilt worden ist, so nannte ich mich als Verfasser:
H. Germamer, — eine Abkürzung von „german american",
— und unter diesem Pseudonym werden die Stücke noch heute
gegeben.

Eines Morgens stellte sich mir in meinem Consular=Bureau
ein junger Mann von einnehmendem Aeußern und gewinnendem
Wesen vor, in dem ich sogleich den mir von der Bühne schon be=
kannten und aufrichtig geschätzten Bariton des Bremer Theaters
Carl Bukovics erkannte und der, wie er mir sogleich ein=
leitend erklärte, gekommen war, um ebenfalls seine Dienste als
Offizier den Ver.=St. anzubieten. Carl Bukovics von Kis
Alaiska war als Sohn eines hochverdienten österreichischen
Militärs in der kaiserlichen Offiziers=Schule in Wiener = Neustadt
erzogen worden, dann in die Armee getreten und gegen Ende der
fünfziger Jahre als Oberlieutenant und erster Adjutant bei dem
Fürsten von Mensdorf=Dietrichstein, kommandirenden General in
Böhmen, zugetheilt. Durch seine dienstliche Thätigkeit und mili=
tärische Gewandtheit errang er sich die volle Gunst des Fürsten,
wurde diesem bald unentbehrlich und als ein Mitglied der Familie
und des Hauses betrachtet. In den Abendunterhaltungen, die
gewöhnlich im Salon des Fürsten Mensdorf stattfanden, hatte
Bukovics im Singen Schubert'scher und Mendelssohn'scher
Lieder, durch seine wirklich schöne Stimme und seinen seelenvollen
Vortrag sich in den geselligen Kreisen, in denen der Fürst sich
bewegte, große Anerkennung und viele Freunde gewonnen, er
mußte in allen aristokratischen Dilettanten=Kreisen mitwirken und
als der Kaiser Franz Joseph nach Prag kam und in einer
Abendgesellschaft beim Fürsten Mensdorf erschien, wußte Bu=
kovics durch den meisterhaften Vortrag einiger Lieder sich den
Beifall und die Anerkennung des Monarchen zu erringen, die,
durch die von allen einflußreichen Personen ausgehenden Empfeh=
lungen des jungen, gesangskundigen Offiziers noch wesentlich erhöht
ward. Es war gerade damals eine große Noth an tüchtigen
ersten Tenoristen, selbst die Wiener Hof=Oper hatte keinen rechten
Heldentenor und so wurde auf Wunsch des Kaisers von der

Direktion des Hof=Operntheaters an Bukovics die Anfrage
gestellt, ob er seine Offiziers=Charge aufgeben und sich auf kaiser=
liche Kosten zum ersten Tenoristen bilden lassen wolle, um nach
erfolgter Ausbildung eine permanente Anstellung im Hof=Opern=
theater zu finden. Der junge Offizier nahm diesen verlockenden
Antrag an, quittirte seine Offizierscharge und ging mit einem
festen Contrakte, der ihm während seiner Lehrzeit ein anständiges
Auskommen und dann ein brillantes Engagement im Opernhause
zusicherte, nach Wien, wo er dem Hofkapellmeister Heinrich
Proch zur Ausbildung übergeben ward. Kapellmeister Proch
bemühte sich mit Fleiß und Eifer, um der Aufgabe, die der
Kaiser ihm gestellt, gerecht zu werden, er übte und arbeitete mit
Bukovics unermüdlich, übersah aber dabei die Hauptsache, daß
die Stimmlage seines Zöglings eigentlich ein hoher Bariton und
nicht ein Tenor sei. So wurde denn Bukovics durch unab=
lässiges Ueben von Scalen und Solfeggien in höheren Stimm=
lagen und mit gewaltsamem Forciren seiner Mittel zum hohen
Tenor künstlich getrieben und trat im Hof=Operntheater als
„Max" im „Freischütz" mit großem Erfolge auf. Auch in
noch anderen Rollen gefiel er dem Publikum durch seine vorzüg=
liche Vortragsweise und den gefühlvollen dramatischen Ausdruck,
aber bald zeigten sich die traurigen Folgen des widersinnigen
Hinaufschraubens eines tieferen Organs in höhere Stimmlagen,
nach Leistungen von Heldentenor=Partien traten Abspannungen
und Heiserkeiten ein und endlich kamen sowohl sein Lehrer, als
die Hoftheater=Direktion und das Publikum zu der Einsicht, daß
hier ein Mißgriff begangen worden sei und man durch unvor=
sichtiges Forciren eine schöne Bariton=Stimme in eine ungenügende
Tenorlage hinaufgeschraubt habe. Bukovics wurde nun, was
er vom Anfang an hätte sein sollen, Bariton, verließ Wien, wo
dieses Fach stark besetzt war und sang nun mit größtem Erfolge
Bariton=Partien an den Theatern von Berlin, Hamburg, Riga,
Königsberg und nun in Bremen, wo ich ihn kennen lernte. Er
theilte mir seine bisherige künstlerische Laufbahn mit und sprach
zugleich auch seine Befürchtung aus, daß das übermäßige An=
strengen und Hinaufschrauben seiner Stimme diese überhaupt ge=
schädigt habe und er fürchte, auch nicht lange mehr erste Bariton=
Partien singen zu können. Deswegen sei auch die Neigung zu
seinem früheren militärischen Berufe wieder in den Vordergrund
getreten, und so wünsche er nach Amerika zu gehen und in der

Ver.=St.=Armee der Sache der Union zu dienen. Ich konnte ihm natürlich keine Aufmunterung bieten, ja ich mußte ihm meiner innersten Ueberzeugung nach, von dem Vorhaben abrathen, versprach ihm jedoch auf sein dringendes Bitten sein Anstellungsgesuch nach Washington=City zu schicken und es bestens zu befürworten. Der junge Mann hatte auf mich einen sehr guten Eindruck gemacht, sein gewinnendes Wesen, seine Bildung und weltmännische Gewandtheit hatten mich für ihn eingenommen, ich lud ihn ein, mich öfters zu besuchen, er kam in unser Haus, wurde bald in inniger Freundschaft mit meinem Sohne Karl verbunden und von uns als intimer Freund des Hauses und der Familie betrachtet und behandelt, — ein Verhältniß, welches bis auf den heutigen Tag gleich innig und herzlich geblieben ist.

Durch seinen Freund Bukovics wurde mein Sohn Karl in die Familie eines achtungswerthen Bremer Bürgers, des Photographen Eberhart Feilner, eingeführt und fand in dem Hause und bei der Familie eine freundliche Aufnahme. Bukovics heirathete später die eine Tochter des Hauses, Katharina, während mein Sohn Karl sich ein Jahr darauf mit der Zustimmung seiner Eltern um die Hand der jüngeren Tochter Agnes bewarb und sie ebenfalls heirathete.

So waren denn die beiden Freunde auch Schwäger geworden und ich trat in verwandtschaftliche Beziehungen, wenn auch entfernter Art, zu der Familie Feilner und zu Bukovics und wurde von nun an von allen „Onkel" genannt, welche Familienwürde ich heute noch bekleide und auf meinen „Neffen" Jean Baptiste Feilner nicht wenig stolz bin, der jetzt einer der ersten und künstlerisch bedeutendsten Photographen Deutschlands ist und auf allen Ausstellungen in England, Frankreich, Italien, Deutschland, Oesterreich, Holland, ja selbst in Australien überall mit dem ersten Preise betheilt ward.

Leider verlor Bukovics, wie er vorausgesehen hatte, seine Stimme bald gänzlich, er mußte sein Engagement in Bremen aufgeben, der Bühnencarrière überhaupt entsagen, weil er sich damals kein Talent als Schauspieler zutraute, sondern sich nur zum Sänger berufen glaubte. Er verließ also die Bühne und nahm, um sich und seine Frau anständig zu erhalten, von einer der größten Weinhandlungen in Bordeaux die Stellung eines Geschäftsreisenden für Rußland, Polen, Oesterreich und den deutschen Norden an, zu der er alle erforderlichen Eigenschaften,

besonders aber ein gewandtes und einnehmendes weltmännisches
Benehmen besaß, welches ihm in alle, selbst in die höchsten Kreise,
Zutritt und Gehör verschaffte. So bekleidete er seine Stelle
mehrere Jahre lang zur größten Zufriedenheit seines Hauses,
aber durch die Winterreisen in Rußland und die damit verbun=
denen Anstrengungen und Entbehrungen hatte er seine Gesundheit
untergraben und, eben von einer großen Reise durch ganz Ruß=
land zurückgekehrt, erkrankte er schwer in Berlin, und wurde nach
mehrmonatlichem Krankenlager von den Aerzten für unheilbar er=
klärt, ja er wurde endlich, da die unteren Extremitäten gelähmt
und überhaupt große Schwächezustände eingetreten waren, von den
Aerzten in ein milderes Klima und in ein warmes Bad geschickt.
Die lange Krankheit hatte viel Geld gekostet, alle Mittel der
Familie erschöpft, nothgedrungen mußte er seine Stelle, die er
nicht mehr versehen konnte, aufgeben und vorderhand bot sich ihm
keine Aussicht, etwas zu verdienen. So beschloß er denn, in seine
Heimath zurückzukehren und Herstellung in den Schwefelbädern von
Baden bei Wien zu suchen, wo seine Mutter lebte. Wie ich ihn
dort wiedergefunden habe und wie unsere Lebenswege sich von da
an verbanden, werde ich später erzählen; hier will ich nur, um
diese anscheinend unnöthige Abschweifung zu entschuldigen, kurz er=
wähnen, daß der zu Grunde gegangene Sänger, mein theurer
Freund und „Neffe", Carl von Bukovics, jetzt als einer
der ersten und bedeutendsten Schauspieler, im Fache der
humoristischen Väter und komischen Charakterrollen nicht nur in
Wien, sondern auf der deutschen Bühne überhaupt glänzt, ein
ihm vom Direktor Dingelstedt schon vor zwei Jahren für das
kais. Hofburgtheater angebotenes, höchst vortheilhaftes Engagement
dankend ablehnen konnte und jetzt (1881) der anerkannte Liebling
des Publikums als Darsteller und Heinrich Laube's Nach=
folger in der Direktion des Wiener Stadttheaters ist,
welche Bühne er seit 1. Juli 1880 mit großem Geschicke und
künstlerischem, wie materiellen Erfolge leitet, — und daß wir
beide heute noch so gute Freunde und Kameraden sind, wie wir
es seit zwanzig Jahren immer waren.

Das Ende der Herrlichkeit.

(1866.)

„Scheint die Sonne noch so schön — einmal muß sie unter=
gehn" — singt Raimunds „Jugend" und ein anderer Dichter
meint: „Auch die schönsten Tage müssen zu Ende gehen"; —
um wie viel vergänglicher ist nicht noch die, von Vielen so er=
sehnte Herrlichkeit eines amerikanischen Consuls im Auslande, der
keinen Tag seines Lebens sicher ist, d. h. seiner Stellung und
seines Amtes. Wenn er großes Glück hat, so kann er volle vier
Jahre auf seinem Posten bleiben, bis ihn eine neue Präsidenten=
wahl und die allgemeine Theilung der Partei=Beute wieder hinweg=
schwemmt, zurück in die große Masse von Unbedeutenden und
Unbemerkten, die man „das Volk" nennt. Allein auch die vier
Jahre sind ihm nicht sicher, denn unabläßig wühlt und arbeitet,
bohrt und drängt in Washington=City der uferlose Strom der
Aemterjäger und das Protektionswesen der Senatoren und Congreß=
Repräsentanten ruht und rastet nicht, bis es alle seine Schützlinge,
d. h. alle Jene, die sich um die Erwählung des betreffenden Congreß=
mitgliedes verdient gemacht haben, auf Staatskosten belohnt und
sie irgendwo als Consuln, Hafen=Collektoren, Postmeister u. dergl.
untergebracht hat; — da genügt denn irgend ein Versehen in
der Amtsführung, sei es auch noch so unbedeutender Art, ja oft
reicht eine bloße Denunziation hin, um den betreffenden Amts=
inhaber zu stürzen und einen Schützling an dessen Stelle zu bringen.
Es ist der Macht und Würde der Ver.=St. gewiß nicht ange=
messen, daß die Regierung alle vier Jahre ihren ganzen Beamten=
apparat wechseln, die erprobten und eingeschulten Arbeiter entlassen
und wieder durch unerfahrene Neulinge ersetzen muß, und zwar
aus dem einzigen Grunde, weil die Unersättlichkeit der Partei=
Politiker dies gebieterisch verlangt und im entgegengesetzten Falle
mit einem Strike der Parteidrahtzieher droht. Man hat für
diesen Unsinn, der in keinem andern Lande der Welt vorkommt,
den wohlklingenden Namen „Rotation in office" erfunden,
unter sich aber sprechen die Herren ganz offenherzig von der
„division of the spoils". So kömmt es, daß die mächtigen
Ver.=St. von Amerika kein wirkliches diplomatisches Corps haben,
daß sie immer und überall im Auslande durch unerfahrene Neulinge

vertreten werden und daß sie daher jene hohe Schule der Staats=
mannskunst nicht besitzen, aus der in Europa die bedeutendsten
Staatsmänner und Diplomaten hervorgegangen sind. Unsere ganze
diplomatische Vertretung im Auslande ist erbärmliches Flickwerk;
— die Gesandten wie die Consuln kommen als Neulinge, ohne
alle Erfahrungen und Geschäftsroutine, auf ihre Posten, müssen
sich anfangs mühsam orientiren und zurechte finden, werden dabei
von schlauen Intriguanten oder klügeren Collegen irregeführt und
mißbraucht, und wenn sie endlich durch die Erfahrungen der ersten
Jahre gewitzigt, sich zurecht gefunden haben und ziemlich Bescheid
wissen, ist auch ihre Zeit bereits am Ablaufen und sie werden
abberufen, um wieder einem anderen unerfahrenen Neulinge Platz
zu machen. Der britische Consul in Bremen war zu meiner Zeit
schon dreißig Jahre lang auf diesem Posten, der französische Consul,
trotz aller Umwälzungen und Veränderungen in Frankreich, ebenfalls
schon eine lange Reihe von Jahren thätig, während die amerikanischen
Consuln alle vier Jahre gewechselt hatten, oft aber auch noch
früher. Wie diese prekäre und höchst unsichere Stellung unsrer
Vertreter im Auslande ihr Ansehen und ihren Einfluß schädigt,
wie sie von den fremden Regierungen und deren Organen nirgends
für vollwichtig angesehen werden, habe ich bereits früher einmal
erwähnt; — meiner Ueberzeugung nach würden die Ver.=St. viel
besser dabei fahren, wenn sie die ganze diplomatische Vertretung,
wie sie jetzt besteht, einfach aufgeben und das dafür ausgegebene
viele Geld im Budget ersparen würden. Ein Clerk des auswärtigen
Amtes könnte bei jeder Regierung und in jeder Handelsstadt ganz
bequem die Geschäfte besorgen, die bis jetzt durch Gesandte und
Consuln in pomphafter und dabei theuerer Weise erledigt werden.
Der betreffende Clerk würde z. B. in Paris die von Washington
kommenden Depeschen unseres Staatssekretariats übergeben und
die Antwort der französischen Regierung in Empfang nehmen und
nach Washington schicken, und darauf beschränkt sich ja in ge=
wöhnlichen Zeiten die Hauptthätigkeit unserer Gesandten im Aus=
lande; — andere Clerks könnten in den Handelsstädten die zoll=
amtlichen Fakturen bestätigen und die anderen kleinen Consular=
dienste verrichten, — dabei würde viel Geld erspart und unsere
Vertretung im Auslande würde dabei gewiß nicht schlechter, in
manchen Punkten vielleicht besser bestellt sein, — sie wäre doch
ein Ganzes, mit einheitlicher Leitung vom Regierungssitze aus,
während sie jetzt weder Zweck noch Sinn hat und sowohl bei

uns zu Hause als in den Augen des Auslandes nur als eine Versorgungsanstalt für Parteiklepper, Wahlagenten, Stump=Redner und Schützlinge des Nepotismus gilt.

Wenn dieser gänzliche Wechsel aller Beamten des Staates nur dann einträte, wenn eine der beiden großen Parteien des Landes besiegt und zurückgetreten wäre, um der anderen Partei Platz zu machen, wenn die „In's" zu „Out's" würden und die „Out's" „in" kämen, so hätte er doch noch einigen Sinn und eine gewisse Berechtigung; aber man hat sich leider an diese so= genannte „rotation in office" so gewöhnt, sich so in das Be= dürfniß des Aemterjägerthums hineingelebt, daß selbst dann, wenn die im Amte befindliche Partei durch eine neue Wahl in dem Besitz der Regierungsgewalt bestätigt wird, die Horden der Aemterjäger wie hungrige Raubthiere nach Washington eilen und dort, von ihren Beschützern im Congresse unterstützt, mit lautem Gebrülle eine Massenschlächterei aller bisherigen Angestellten fordern, um selbst an deren Stelle zu treten; — ja nicht nur, wenn die Partei im Besitze der Macht bleibt, sondern sogar, wenn derselbe Präsi= dent zum zweiten Male gewählt wird, wiederholt sich dieses widerliche Schauspiel; wir haben es ja selbst erlebt, als Lincoln und als Grant zum zweiten Male gewählt wurden und wenn beide auch dem ungestümen Andrange mannhaften Widerstand leisteten, so mußten sie doch in vielen Fällen nachgeben und eine Anzahl ihrer bisherigen Angestellten ohne Grund und Ursache der „rotation in office" als Opfer abschlachten lassen.

So wurde denn auch ich, als Präsident Lincoln im No= vember 1864 zum zweitenmale erwählt wurde, von befreundeter Seite in Washington benachrichtigt, daß ein Congreß=Repräsentant von St. Louis sich bei Lincoln sowohl als bei Seward alle erdenkliche Mühe gebe, um meine Abberufung durchzusetzen und einen seiner Schützlinge auf meinen Platz zu bringen. Dieser Congreß=Repräsentant war — wie sich dann herausstellte — mein werther Freund und Gönner Henri T. Blow, der mir so manche zärtliche Briefe geschrieben, mich eigens aus Europa nach Amerika zurückkommen ließ, um seine Wahl in dem Congresse zu unterstützen, dem ich früher schon vielfache gute Dienste erwiesen und der mich immer seiner wärmsten Dankbarkeit und Erkenntlichkeit versichert hatte. Ich war darüber nicht im Mindesten erstaunt; denn ich kannte ja die selbstsüchtige Art und Weise der ameri= kanischen Durchschnitts=Politiker, die alle Menschen blos als Werk=

zeuge ihrer eigenen Erhöhung betrachten und sie, wenn sie aus=
genützt sind, wie ausgepreßte Citronen wegwerfen; — ich hatte seit
dem Eingehen des „Anzeigers" kein Blatt mehr, war nicht mehr
der gefürchtete Journalist, der einflußreiche Volksführer, — wie
sollte da noch auf Dankbarkeit für frühere Verpflichtungen Rücksicht
genommen werden? — Einer meiner Freunde in St. Louis,
der bei aller attischen Feinheit und Stylglätte seiner Aufsätze
doch sich in vertraulichen Privatbriefen rücksichtslos gehen ließ und
von der Leber weg sprach, schrieb mir damals, am 15. März
1865 Folgendes:

„Ich habe heute früh bei Captain Eads dejeunirt und traf
dort Deinen Freund H. T. Blow, den vercongreßten whisky=
duftenden rülpsenden politischen Brotzen — ich ging ziemlich
hart mit ihm um; es schien, sagte ich ihm, als gehörtest Du auch
zu denen von seinen Freunden, die er, wie Frank Blair, zu
traktiren gedächte; — und es fielen bissige Reden, die nur nicht
in gewaltigen Lärm ausarteten, weil wir beide im fremden Hause
waren. Blow behauptete, er habe niemals beim Präsidenten
etwas gegen Dich gethan; doch sei es wahr, daß er ein paar
Schützlinge, die er nicht nannte, unterstützt habe, für den Fall,
daß der Posten in Bremen vakant würde; aber weiter sei er nicht
gegangen. Die Wahrheit aber ist, daß er gegen Dich bei Lin=
coln nichts ausrichten konnte und nun stellt er sich, als hätte er
nur für andere, nicht gegen Dich operiren wollen. Er ist ein
. . . . u. s. w. u. s. w."

Ich hatte indessen an Seward geschrieben und ihn gebeten,
mir ohne Schonung die Wahrheit zu sagen, ob eine Veränderung
beabsichtigt sei, um darnach meine Vorkehrungen für die Zukunft
treffen zu können; als Antwort kam ein Brief vom assistirenden
Staatssekretär Frederik Seward, der mich versicherte, ich
könne ganz ruhig sein, der Präsident denke an keine Veränderung
des Consulats=Postens in Bremen. Ich war dadurch beruhigt;
denn ich kannte den geraden und wackeren Charakter Lincolns
und wußte, daß er mich ohne Ursache und Grund nicht abberufen
würde. Da ich also noch wenigstens vier Jahre vor mir hatte,
so benutzte ich eine gerade sich darbietende günstige Gelegenheit
und kaufte ein kleines Familienhaus in der Remberti=Straße,
gerade groß genug zum Selbstbewohnen, das mir auch noch die
Annehmlichkeit eines hübschen Gärtchens bot. In den damaligen
noch halb patriarchalischen Zuständen Bremens konnte man sehr

leicht Hausbesitzer werden; man machte eine verhältnißmäßig kleine baare Anzahlung und übernahm die auf der Realität ruhenden Satzposten, die mit nur vier Prozent verzinst wurden. Da man sein eigenes Geld, wie z. B. in amerikanischen Bonds, mit sechs Prozent verzinsen konnte, so zahlte man als Hausbesitzer eigentlich nicht mehr, meist noch weniger, als man bisher als Miether im fremden Hause bezahlt hatte, und hing doch von Niemand Anderem ab. Ich kaufte das Haus um 8200 bremische Thaler, wovon 2000 baar bezahlt wurden und der Rest in Satz= posten mit 4% verzinslich auf unbestimmte Zeit stehen blieb. Aber an demselben Tage, an dem der Kauf perfekt geworden, die Baarzahlung erfolgt war und der betreffende Notar mir die Schlüssel des Hauses übergeben hatte, kam die telegraphische Nach= richt von Lincoln's Ermordung und stellte Alles wieder in Frage. Lincoln's wäre ich sicher gewesen, wie würde es nun aber unter seinem Nachfolger, dem bisherigen Vice=Präsidenten Andrew Johnson, der an seine Stelle trat, werden? — Allein ich konnte an dem Geschehenen nichts ändern und mußte ruhig das Kommende erwarten. So verging denn noch ein Jahr, ohne daß ich belästigt worden wäre und ich fing schon an, mich wieder in Ruhe und Sicherheit einzuwiegen, als mich plötzlich und ganz unerwartet die Nachricht meiner Abberufung traf. Ich er= fuhr sie an einem denkwürdig historischen Tage, am 16. Juni 1866, an dem Tage, an dem der Grundstein zur Einheit Deutsch= lands gelegt wurde und der deutsche Krieg begann. Am 14. Juni war in der deutschen Bundesversammlung in Frankfurt die Entscheidung gefallen und am 15. hatten die preußischen Gesandten in Dresden, Hannover, Nassau und Kassel gleichlautende Noten überreicht, in welchen den betreffenden Regierungen die Neutralität ange= boten wurde, unter Zusicherung ihres Territorial=Bestandes und ihrer Souveränität; — erfolgte bis Mitternacht keine zusagende Antwort, so war der Krieg erklärt. Am 15. erhielt ich von dem Bürgermeister Mohr eine Einladung zu einem offiziellen Diner, welches am nächsten Tage zu Ehren des neu ernannten italienischen Gesandten für Hannover und die Hansestädte stattfinden sollte. Man kann sich denken, in welcher aufgeregten Stimmung die Gäste dieses Diners waren. Der italienische Gesandte entschuldigte sich gleich zu Anfang, daß er nur kurze Zeit bleiben könne, indem er mit dem Abendzuge noch nach Hannover fahren müsse um dem Könige seine Creditive zu überreichen, und wie er bei der auf's

Höchste gespannten Lage der Dinge keinen Augenblick Zeit verlieren
dürfe. Er verließ die Tafel noch vor dem Dessert, kam aber
dem ungeachtet doch zu spät nach Hannover; denn am 15. bereits
war, obgleich eine Deputation von Magistrat und Bürgervorsteher=
Collegium den König dringend um Verständigung mit Preußen
gebeten hatte, das preußische Ultimatum abgelehnt und am selben
Tage ging General Manteuffel über die Elbe, besetzte Harburg
und drang gegen Hannover vor, während König Georg V. am
16. bereits Hannover verlassen und sich und seine Truppen nach
Göttingen rückwärts concentrirt hatte; — der italienische Gesandte
fand ihn also nicht mehr, und am nächsten Tage, dem 17., war
schon eine preußische Division unter General Göben in Hannover
eingerückt, — General Vogel von Falkenstein übernahm
die Regierung und der Gesandte Italiens mußte unverrichteter
Dinge wieder heimreisen.

Als wir nach der Entfernung des italienischen Gesandten
beim Desert waren und eine Pause in der lebhaften Besprechung
der Tagesfrage eingetreten war, fragte mich Senator Smidt,
neben dem ich saß, plötzlich: „Ob ich schon die Nachricht meiner
Abberufung und der Ernennung General Dodge's erhalten habe".
Auf das Unangenehmste überrascht antwortete ich wahrheitsgemäß,
daß ich davon nicht das Mindeste gehört hätte, und er theilte
mir nun mit, er hätte die Nachricht vom General=Consul Rösing,
meine Abberufung sei am 2. Juni erfolgt und er könne mir die
Genauigkeit von Rösing's Mittheilungen verbürgen. Das ist
auch eine der schönen Einrichtungen in unserem diplomatischen
Dienste, daß die Vertreter der Ver.=St. im Auslande meist erst
von Anderen zuerst erfahren, was sie am meisten betrifft. Schmerz=
lich berührt durch den plötzlichen Schlag und tief verstimmt verließ ich
das Diner, — am anderen Tage schon brachte mir die Post
einen Brief von Bernays vom 2. Juni, der die Nachricht be=
stätigte; — Bernays schrieb:

„Soeben erhielt ich die Nachricht von Deiner Abberufung
und General Dodge's Ernennung nach Bremen, meine eigenen
Sorgen sind mir plötzlich leicht geworden, da ich an die Deinigen
denke. Was wirst Du thun? Schreibe mir gleich; wo ich rathen
und helfen kann, sollst Du mich nicht vergebens angerufen haben.
Finde Mittel, daß wir zusammen irgendwo leben können. Die
Geschäfte sind hier jetzt furchtbar schlecht, das Räthlichste für Jeder=
mann ist jetzt, zuzusehen und nichts zu unternehmen u. s. w. u. s. w".

Erst acht Tage später kam die offizielle Depesche des Staats=
sekretariats, die mir meine Enthebung ankündigte; — mein Nach=
folger kam erst Ende August in Bremen an und ich übergab ihm
das Consulat in den ersten Tagen des Septembers, als bereits
der Krieg zu Ende, der Friede zu Prag geschlossen, die Schutz=
und Trutzbündnisse mit den süddeutschen Staaten vereinbart und
der norddeutsche Bund begründet war.   Lincoln war todt, sein
Nachfolger hatte gegen mich keine Verpflichtungen und die Pression
der Aemterjäger war für den schwachen Johnson zu gewaltig,
um ihr widerstehen zu können.   Der Secessions=Krieg war längst
zu Ende, die Armeen wieder auf den kleinen Friedensfuß reduzirt,
und eine Unmasse von Ex=Generalen, Ex=Obersten u. s. w. be=
lagerte den Präsidenten und Seward und forderte stürmisch Be=
lohnungen für geleistete Dienste und Versorgung für die nächste
Zukunft.   Ein werther Freund in New=York, der jetzt in Europa
lebt, schrieb mir damals über diese Pression: „Von dem Andrange
verabschiedeter höherer Offiziere und aller möglichen Sorten von
militibus gloriosis in Washington haben Sie kaum einen an=
nähernden Begriff.   Ich war Ende Juni anderthalb Tage dort
und stolperte fast auf Schritt und Tritt über einen General oder
Obersten, die als Consuln in's Ausland geschickt werden wollten,
— Osterhaus hoffte auf das Consulat in London oder Liver=
pool, erhielt aber nur Lyon.   Im Uebrigen wurden die deutschen
Offiziere nur mit einigen ganz untergeordneten Stellen abgespeist;
— in den Augen der Regierung haben sie aber Viel erhalten,
weil die Ungarn uns Deutschen auf die Rechnung geschrieben
wurden.   So wurde Asboth als Minister=Resident nach Buenos=
Ayres geschickt;   Stahel als General=Consul nach Japan und
einige andere Ungarn nach Bukarest, Tarent, Palermo u. s. w.
Diesem Drucke wird noch mancher Andere weichen müssen; —
im günstigsten Falle würden Sie der Pression noch einige
Monate länger widerstanden haben; allein ohne einen energischen
und einflußreichen Fürsprecher im Cabinete ist jetzt jeder Office-
holder „doomed" u. s. w."
       Das war nun allerdings bei mir nicht der Fall; Mont=
gomery Blair hatte sich längst mit dem Präsidenten John=
son wegen dessen zweideutiger innerer Politik überworfen und der
alte Bates war eben ein — alter Mann, der alle Fünfe ge=
rade sein ließ; — ich war also „doomed" und ergab mich in
mein Schicksal. — Was war nun zu thun? — Das war die

Frage, die ich, sowie früher Bernays, an mich selbst richtete. Nach den Ver.=St. zurückzukehren, die journalistische Laufbahn wieder aufzunehmen, wäre mir das Liebste gewesen; aber ich war indeß einundsechzig Jahre alt geworden und ich fühlte, daß ich die Energie und Kraft, die in Amerika zu diesem Berufe nothwendig ist, nicht mehr vollständig mein nennen könne. Auch widerstrebte mir der Gedanke, in dieser Carrière wieder ganz von vorne anfangen zu müssen; — den mir von Freunden ertheilten Rath, nach Washington zu gehen und mich mit Unterstützung meiner früheren Gönner um ein anderes Amt zu bewerben, lehnte ich entschieden ab, — Bernays' Vorschlag, ich solle nach Amerika kommen, mich in einer kleinen, werdenden Stadt im Westen ankaufen, und ruhig abwarten, bis die Zeiten besser würden und sich eine geeignete Beschäftigung darbiete, wollte mir ebenfalls nicht recht einleuchten, da ich ja ebensogut in Bremen bleiben und hier die besseren Aspekten abwarten könne, und ich entschied mich vorläufig für das Letztere. Gerade damals hatte mir Freund Hassaureck aus Cincinnati geschrieben und mich gebeten, ihm für sein „Volksblatt" einen Correspondenten aus Nordteutschland zu empfehlen, da die deutschen Zustände und Ereignisse jetzt hohes Interesse erweckten. Natürlich empfahl ich ihm nun mich selbst als Correspondenten, er nahm meinen An= trag an und so wurde ich wieder Journalist und Correspondent des Cincinnati=„Volksblatt". Unsere Verbindung war eine, von gegenseitiger Achtung getragene, herzliche Freundschaft, sie dauerte über acht Jahre und wurde dann auch nicht durch Hassaurecks Schuld, sondern auf Betreiben seines damaligen Partners Hof endlich gelöst, weil dieser bei dem damaligen schlechten Geschäfts= gange in Amerika auf bedeutenden Einschränkungen der Ausgaben bestand. So blieb ich denn in Europa und verschob meine Rück= kehr nach Amerika von Jahr zu Jahr, bis endlich nichts mehr daraus geworden ist und nun auch wohl nichts mehr werden wird. Ich habe während dieser Zeit mehrfache Anfragen und Einladungen zur Uebernahme der Redaktion deutsch=amerikanischer Zeitungen er= halten, darunter zwei höchst vortheilhafte Anträge, aber ich habe sie dankend abgelehnt; — Amerika ist der rechte Boden für junge Leute; sie können dort, weil ellbogenfrei und unbehindert, ihrem Thätigkeitsdrange vollauf genügen, aber für alte Leute, Greise ist Amerika kein Land; sie können sich dort nicht einmal in angenehmer und comfortabler Weise zur Ruhe setzen, um zu

Ende zu leben; denn die Ruhe ist für Amerika ein fremdes Element. Rentiers, pensionirte Offiziere und Beamte, kurz in den Ruhestand versetzte Menschen, giebt es dort nicht, oder doch nur noch in verschwindend kleiner Zahl, — Jeder arbeitet so lange er lebt, und lebt nur, so lange er arbeitet; — zu meiner Zeit noch waren Köpfe mit silbergrauen oder weißen Haaren in St. Louis und überhaupt im Westen eine große Seltenheit und fast nur unter den alten schwarzen Hausklaven zu finden, — jeder arbeitete und schaffte, so lange er nur irgend konnte, und wenn es nicht mehr ging, so legte er sich hin und starb. Sich in Amerika, dem Lande der unermüdeten Thätigkeit und der beständigen Arbeit, zur Ruhe setzen zu wollen, wäre ein Unsinn, und wenn man es sich auch noch so fest vorgenommen hätte, ein passiver Zuschauer zu bleiben, so würde man es doch nicht ausgeführt haben und wäre wieder in den Strudel des geschäftlichen Lebens und Treibens, der politischen Kämpfe und Stürme, hineingezogen worden, ohne mehr die frische Manneskraft dazu zu besitzen. Dagegen ist Europa der Welttheil für Ruhesuchende und für Greise, die mehr in der Vergangenheit als in der Gegenwart leben; — dazu kam noch), daß die deutschen Ereignisse im höchsten Grade anregend waren und mein lebhaftes Interesse in Anspruch nahmen und so bin ich denn in Europa geblieben und habe diesen Entschluß noch nie bereut. Allerdings ist mein Ruhestand kein absolutes Unthätigsein, sondern nur ein Fernehalten von den Kämpfen des Tages; ich bin noch immer thätig und unausgesetzt mit geistigen Arbeiten beschäftigt, wenn auch nicht nach amerikanischem Maßstabe, der die äußerste Anstrengung in Anspruch nimmt, sondern nach der milderen europäischen Anschauung, die den Wahlspruch hat: „Est modus in rebus, sunt certi denique fines".

Durch Italien nach Wien.

(1868—1869.)

Mein Nachfolger im Consulate, General Dodge, traf erst Anfangs September in Bremen ein und ich hatte also seit 16. Juni, wo ich die erste Nachricht von meiner Abberufung er-

hielt, vollauf Zeit gehabt, alle amtlichen Angelegenheiten abzu=
schließen und für die Uebergabe Alles vorzubereiten. Ich empfing
meinen Nachfolger bei seiner Ankunft mit aufrichtiger Freundlich=
keit und da ich ihn als anständigen Mann kennen lernte, so blieb
unser Verkehr auch in späterer Zeit ein ganz freundlicher. Consul
D o r g e hatte während des Kriegs im Armee=Commissariate, und
zwar in der Verpflegs=Branche, gedient und war, als er nach
dem Kriege entlassen wurde, mit dem Titel eines Generals be=
lohnt worden, — eine Ehre, die damals so wohlfeil war wie
Brombeeren; — übrigens soll er sich auch, wie ich später erst
erfuhr, bei dem Sturme auf Fort Fisher als Volontär durch seine
Bravour ausgezeichnet haben. Ich übergab ihm also das In=
ventar des Ver.=St.=Consulats und die Casse, erhielt seine Be=
stätigung der Uebernahme und somit das Absolutorium und trat
in das Privatleben zurück. In der ersten Zeit ging ich dem
neuen Consul, der nie in Europa gewesen, auch der deutschen
Sprache nicht mächtig war, wo es nöthig erschien, mit Rath und
That an die Hand, auch mein Sohn stand ihm noch ein ganzes
Jahr als Vice=Consul zur Seite und so erfolgte der Uebergang
ohne jegliche Störung. Ich blieb nun noch als Privatmann zwei
volle Jahre in Bremen und obwohl sich mir der Verlust des,
mit dem Consulate verbundenen Einkommens sehr empfindlich fühl=
bar machte, so entschädigte mich doch andererseits das glücklich
wiedergewonnene Gefühl der Selbständigkeit und Unabhängigkeit
und ich kann mit gutem Gewissen sagen, daß diese zwei Jahre,
in denen ich wieder vollständig mein eigener Herr war, mich auf
das Angenehmste für die unliebsame Zeit meines bisherigen
Herrendienstes entschädigten. Ich schrieb meine amerikanischen
Correspondenzen, lieferte Arbeiten für mehrere deutsche Blätter
und las vor Allem sehr viel, um Das nachzuholen, was ich
während der zwölf Jahre in Amerika an Kenntniß der neuen
Literatur seit 1848, theils aus Mangel an Zeit, theils aus
Mangel an Gelegenheit, zu versäumen gezwungen gewesen war.
Die ununterbrochene, angestrengte Arbeit eines amerikanischen
Journalisten, seine unerläßliche Theilnahme an der Tagespolitik,
die vielen unabweisbaren Ansprüche, die an seine Person und an
seine Zeit von allen Menschen gestellt werden, lassen ihm nur
äußerst wenig Zeit für die Lektüre guter Bücher und er kann,
fast nur auf das beständige Lesen von Zeitungen beschränkt, mit
der fortschreitenden Entwicklung der Literatur nicht gleichen Schritt

halten. Ich hatte während der zwölf Jahre meines Aufenthalts
in Amerika nur wenig neue Werke lesen können; denn ich hatte
nur sehr wenig freie Zeit und neue Literatur=Werke kamen damals
noch sehr spärlich nach unserem Westen; — die deutschen Buch=
händler F. Schuster, C. Witter u. a. machten damals die
ersten schüchternen Versuche, ein Commissions= und Sortiments=
Lager der im Buchhandel erschienenen Novitäten zu halten, aber
sie fanden von Seite des deutschen Publikums nur geringe Unter=
stützung, konnten sich daher auf kein Risiko einlassen und das
Resultat war, daß, wenn man damals in St. Louis ein neu er=
schienenes Werk haben wollte, man dasselbe sich via New=York
aus Europa verschreiben mußte, wodurch der Ladenpreis um
30, 50 ja oft noch mehr Prozent erhöht wurde. Ich kam also
buchstäblich literarisch ausgehungert nach Bremen und fand hier
nun reichliche Gelegenheit, das nachzuholen, was ich bisher ver=
säumt; — während der sieben Jahre meines Bremer Aufenthaltes
war ich ununterbrochen in der dortigen großen Muster=Leihbiblio=
thek am Ansgari Kirchhof abonnirt und außerdem hatte ich als
Mitglied der Museums=Gesellschaft das Recht, aus der reich=
haltigen Bibliothek dieser Anstalt wöchentlich drei bis vier Werke
nach Hause nehmen zu können; so habe ich denn während dieser
sieben Jahre sechs bis siebentausend Bände der neueren und
neuesten deutschen, englischen und französischen Literatur gelesen
und redlich nachgeholt, was ich drüben nothgedrungen versäumen
mußte, wobei mir die Leih=Bibliothek vorzüglich die belletristischen,
die Museums=Bibliothek die wissenschaftlichen Werke in reicher
Fülle bot. Nun, wo ich wieder Privatmann war, und wieder
meine volle Zeit zur Verfügung hatte, las ich noch viel mehr als
in den ersten fünf Jahren und außerdem half ich meinem Sohne
Karl in seinem Geschäfte, welches er bald nach seiner Ver=
heirathung mit meiner Hilfe errichtet hatte. Unsere Consular=
Instruktionen verbieten den angestellten Consuln jede Nebenbeschäf=
tigung, gestatten aber den Vice=Consuln oder, wie sie in der
Amtssprache heißen, deputies-consuls, — und den Consular= und
commerciellen Agenten den Betrieb kaufmännischer Geschäfte als
Nebenerwerb; — so hatte sich mein Sohn denn schon in 1864
als Schiffsrheder für die Auswandererbeförderung über Bremen
etablirt und sein Geschäft nahm, Dank seinem Fleiße und seiner
Thätigkeit, einen überaus günstigen Aufschwung. Jetzt, wo ich
Zeit vollauf hatte, arbeitete ich mit Vergnügen in seinem Geschäfte

mit und so lernte ich auch die Zustände und Verhältnisse des
Auswanderer = Beförderungs = Geschäftes, welches in Bremen sehr
schwungreich und unter strengster Aufsicht der Regierung auf
höchst solider Basis betrieben wird, praktisch und genau kennen.
So war zu den vielen verschiedenen Beschäftigungen und Berufen,
mit denen mich mein wechselnder Lebensgang nach und nach ver=
traut gemacht hatte, ein neuer hinzugekommen, dem ich mich denn
auch mit der mir eigenen Lebhaftigkeit und Energie eifrigst wid=
mete. Durch meine genaue Kenntniß des österreichischen Kaiser=
staates unterstützt, gelang es mir, in den deutschen Provinzen
der Monarchie, namentlich in Böhmen, zahlreiche Verbindungen
anzuknüpfen und thätige Agenten zu gewinnen und bald wurde
die, von Jahr zu Jahr steigende Auswanderung aus Oesterreich
nach Amerika vorwiegend durch unser Geschäftsbureau befördert.

Allein, das ruhige beschauliche Leben, das ich bis jetzt
führte, und der zwar regsame, aber doch beschränkte Verkehr eines
Auswanderer=Beförderungs=Comptoirs genügte meinem, bereits an
amerikanische Thätigkeit gewöhnten und dabei ziemlich unruhigen
Geiste auf die Länge doch nicht und es erfaßte mich nach und
nach wieder jene Unruhe, jener Wandertrieb, jenes Bedürfniß
der Veränderung, die mich schon so oft im Leben in neue Bahnen
gelenkt hatten. Dazu kam noch, daß ich im Winter von 1867
auf 1868 beim raschen Einsteigen in einen Eisenbahnwaggon mir
das Schienbein nicht unbedeutend verletzt hatte und eine Knochen=
haut=Entzündung (Periostitis) eintrat, die mir ein ziemlich langes
und schmerzliches Krankenlager zuzog, welches mich Monate lang,
wenn auch nicht an das Bett, so doch an den Armstuhl fesselte
und mir jede körperliche Bewegung untersagte. Endlich wich im
Frühjahre das hartnäckige Uebel und mein freundlicher Arzt Dr.
Heinrich Pletzer, ein kluger und verständiger Mann, der das
Uebel mit den einfachsten Mitteln behandelt hatte, rieth mir, nun
eine Badekur in Wiesbaden vorzunehmen und dann für die
nächste Zukunft meinen Aufenthalt in einem milderen Klima zu
nehmen, als es das feucht=kalte Klima Bremens ist. Wer aber
spricht von einem milderen Klima und denkt dabei nicht an
Italien? — Auch in mir erwachten bei der Ueberlegung dieses
Rathes alle Pläne und Hoffnungen meiner Jugendzeit, wo es
stets mein höchster, sehnlichster Wunsch gewesen war, das schöne
Italien mit seinen reichen Natur= und Kunstschätzen gründlich
kennen zu lernen, — die alte Sehnsucht wurde wieder mächtig

rege, ich dachte und träumte nur von Italien, — in meinen
Kranken-Armstuhl gebannt, las ich alle Werke über Italien, die
ich in den beiden Bibliotheken nur auftreiben konnte und immer
mehr und mehr beschäftigte der Gedanke an eine Reise, möglicherweise an einen längeren Aufenthalt in Italien meine lebhafte
und empfängliche Phantasie. Der Gedanke reifte bald zum Entschlusse und der Entschluß wurde mit der mir eigenthümlichen
Raschheit des Willens zur Ausführung gebracht. Ich hatte Etwas
erspart, Einiges durch literarische Nebenarbeiten verdient, Freund
Hassaureck bewilligte mir in liebenswürdigster Weise für die
Dauer meiner Reise eine Zulage zu meinem Correspondenten-
gehalte, die Möglichkeit war also gegeben und die Reise nach
Italien wurde zum feststehenden, nächsten Lebenszwecke.

Ich hatte bereits im Jahre 1864 die kleine, damals 11jäh-
rige Tochter meines Sohnes August Sigmund aus Amerika nach
Bremen kommen lassen, um sie bei uns in Europa zu erziehen.
Die Kleine war von ihrem Vater in New-York der Stewardeß
eines Bremer Dampfers übergeben worden und die junge Amerikanerin, an Unabhängigkeit bereits gewöhnt, machte ganz allein
die Reise über den Ocean, wurde in Bremerhaven von meinem
Consular-Agenten in Empfang genommen und von ihm zu mir
nach Bremen gebracht, wo sie nun als unser geliebtes Enkelkind
aufwuchs. Wir waren also drei Personen zur Reise nach Italien
und auf dieser Grundlage mußte das Reise-Budget festgestellt
werden; — mein Sohn Karl blieb bei seinem Geschäfte in
Bremen und übernahm unser Haus und die Besorgung meiner
sonstigen Angelegenheiten. Anfangs Juli gingen wir nach Wiesbaden und blieben dort fünf Wochen, die ich bestens zur Nachcur
verwendete und im Umgange mit Dr. Arnold Pagenstecher,
einem ebenso liebenswürdigen und gebildeten Gesellschafter als
tüchtigen Arzt, den ich bereits nebst seiner anmuthigen Gemahlin
bei Gelegenheit einer früheren Schweizerreise kennen und schätzen
gelernt hatte, höchst angenehme Stunden verlebte. Endlich schlug
die Stunde der Trennung von Dr. Pagenstecher und dem
freundlichen Wiesbaden und am 20. August traten wir unsere
Italien-Reise an. Ueber Frankfurt ging es nach Ulm, von da
an den Bodensee nach Friedrichshafen, der Dampfer führte uns
nach Rohrschach am schweizerischen Ufer, die Eisenbahn nach
Chur und nun gelangten wir im Postwagen auf der romantisch-
schönen via mala, den Alpenkamm übersteigend, nach der italie-

nischen Schweiz, nach dem freundlichen Bellinzona und dem
reizend schön gelegenen Lugano. Hier blieben wir vierzehn
Tage in dem musterhaften Hotel du Parc, wo gerade auch unser
amerikanischer Dichter Longfellow mit seiner Familie weilte
und ich das Vergnügen hatte, mit dem gefeierten Dichter fast
alle Tage an der Table d'hôte, wie Abends im Conversations-
Zimmer zusammen zu sein. Von hier aus betraten wir erst
wirklichen italienischen Boden, besuchten die italienischen Seen, den
Lago maggiore, den Lago di Como und dann Mailand; —
aber ich mußte mir doch bei den bisherigen Ausflügen zu große
Anstrengungen zugemuthet haben, denn mein Leiden brach plötzlich
mit erneuerter Heftigkeit aus und bald war ich wieder an mein
Zimmer und an den Armstuhl gebannt, suchte mir mit warmen
Umschlägen und warmen Bädern zu helfen, wozu bekanntlich ein
Hotel gerade nicht der geeignetste und bequemste Ort ist und so
beschloß ich endlich das Uebel an der Wurzel anzugreifen und erst
in einer Wasserheilanstalt vollständige Heilung zu suchen, ehe ich
meine Reise weiter fortsetzte. Auf meine Anfrage wurde mir die
Wasserheilanstalt in Regoledo am Lago di Como bestens empfohlen; ich schickte eine schriftliche Anmeldung voraus, erhielt die
Zusicherung bester Aufnahme und wir fuhren nun über den See
nach Varenna, wo uns bereits ein Wagen erwartete und uns
hinauf in die Berge, in die Wasserheilanstalt, die 1074 Fuß
über dem Meere liegt, brachte. Wir fanden hier eine sehr
liebenswürdige, wenn auch nicht gerade überaus zahlreiche Bade-
gesellschaft aus den höchsten aristokratischen Kreisen Italiens, —
wir waren die einzigen Bürgerlichen in der ganzen Gesellschaft.
Aber der „Signor Americano" und seine beiden „Donne" wurden auf das Freundlichste und Liebenswürdigste aufgenommen, der
Bade-Arzt Dr. Plinio Schivardi, der in Wien studirt
hatte und außer seiner italienischen Muttersprache deutsch, französisch und englisch gleich elegant und geläufig sprach und schrieb,
war ein hochgebildeter, äußerst liebenswürdiger Mann und wir
fühlten uns bald heimisch. Die Hoffnungen, die ich auf die
hydrotherapeutische Behandlung gesetzt hatte, gingen in erfreulicher
Weise vollständig in Erfüllung; ich gewann meine volle Gesundheit wieder und habe seitdem keinen Rückfall mehr gehabt. Neu-
gestärkt und mit den angenehmsten Erinnerungen an unseren Aufenthalt in Regoledo verließen wir endlich die Anstalt, um unsere
Reise fortzusetzen, verlebten zwei schöne Monate in Rom, je

einen Monat in Neapel und Florenz, je vierzehn Tage in Venedig und Bologna und die übrige Zeit vertheilte sich auf die anderen sehenswerthen Städte und Gegenden Italiens. So brachte ich ein ganzes glückliches Jahr in dem schönen Italien zu, riß mich nur schwer von diesem Zauberlande los und zehre jetzt noch an den reichen Erinnerungen dieses schönsten Jahres meines Lebens. Ich habe die Erlebnisse und Ergebnisse dieser Reise in Briefen an das „Cincinnati=Volksblatt" und in dem Buche: „Italien in 1868 und 1869" zwei Bände, Berlin, bei Otto Janke niedergeschrieben, aber leider ist das Werk schon seit längerer Zeit im Buchhandel vergriffen. Die Reise selbst hatte alle meine hochgespannten Hoffnungen und Erwartungen befriedigt; sie war mir zur unerschöpflichen Quelle des höchsten geistigen Genusses und der heitersten, frohesten Lebensstimmung geworden, sie hatte mich buchstäblich verjüngt. Aber auch der Ueberschlag, den ich mir für mein Reise=Budget im Voraus entworfen hatte, bewährte sich als vollständig richtig; ich hatte, obwohl wir drei Personen waren, in dem Jahre der Reise kaum mehr ausge= geben, als ich in meinem Haushalte in Bremen, wenn ich daheim geblieben wäre, ausgegeben hätte. Als ich am Schlusse der Reise die Bilanz zog, fand sich, daß wir Drei per Tag, alle Fahrten mit eingerechnet, durchschnittlich zwanzig Francs ausgegeben hatten, im Ganzen also in einem Jahre nicht über 8000 Francs, oder ungefähr 1600 Dollars. Natürlich lebten wir bescheiden, wenn wir uns auch nichts Wesentliches und Nöthiges abgehen ließen, fuhren in der dritten Classe der Eisenbahnen, deren offene, nur durch eine Art von Baldachin gegen Regen und Wetter ge= schützte Waggons nicht nur freie Aussicht nach allen Seiten und den beständigen Genuß frischer Luft, sondern auch die Ge= legenheit bieten, die italienischen Volksklassen in ihrer Natürlich= keit und Ungezwungenheit, sowie in ihrem stets artigen und freundlichen Benehmen besser kennen zu lernen, — wir kehrten nicht in den, von den reisenden Engländern gründlich verdorbenen großen Hotels, sondern in Albergos und Lokanden zweiter Klasse ein, wo wir nach italienischer Sitte wohnten, aßen und tranken, ohne hochgehende und stets theuer zu bezahlende Ansprüche auf besondere und exotische Genüsse zu machen; — wenn wir in einer Stadt über eine Woche blieben, so mietheten wir ein paar billige Monatszimmer in einem Privathause, nahmen unsere Mahlzeiten in bescheidenen Restaurants, benützten zur Locomotion meist unsere angeborenen „Schuster's Rappen", kurz wir streckten uns nach der Decke, wie sie uns eben knapp bemessen war. Es ist eben eine eigene Kunst, billig zu reisen und doch Alles zu sehen und zu genießen, was mit dem eigentlichen Zwecke der Reise harmonirt, eine Kunst, die gelernt und im Anfange mit einigem Lehrgeld bezahlt werden muß, in der aber es ziemlich weit gebracht zu haben, ich mir schmeichle.

Auch an Begegnungen mit Landsleuten von jenseits des großen Wassers fehlte es auf der Reise nicht; — sowie ich bei einem Ausfluge von Wiesbaden in Heidelberg auf der höchsten Spitze des Schloßberges, plötzlich und unvermuthet, mit meinem früheren Landlord vom St. Louis Opernhause, dem unermüdlichen Kapitän Eads zusammen getroffen war, und wir uns auf das Freundlichste begrüßt hatten, so begegnete ich in Venedig dem Doktor H. Hammer aus St. Louis und seiner Frau, leider erst im Momente seiner Abreise. Die überraschendste und dabei komischeste Begegnung dieser Art aber ward mir in Rom. Ich war von einigen Malern in dem Künstlerkasino an der Fontana Trevi als Gast eingeführt worden, um dort deutsche Gesellschaft, deutsche Zeitungen und deutsches Leben zu finden und wie gebräuchlich, wurde mein Name als Gast in der Vorhalle zur Kenntniß der Mitglieder angeschlagen. Als ich zwei Tage nachher meinen Morgenbesuch im Künstlerkasino machte, fand ich das Plakat der Ankündigung meiner Einführung als Gast mit zwei dicken schwarzen Strichen überkreuzt; — erstaunt fragte ich den Diener, was das zu bedeuten habe, und dieser sagte mir, ein „Signore Tedesco", der auch Mitglied sei, sei am Tage vorher dagewesen, habe den Anschlag gelesen, fürchterlich geflucht und räsonnirt, eine schwarze Malerkreide ergriffen und im höchsten Zorne die zwei dicken Striche über das Plakat gemacht. Jetzt war mir die Sache erst recht ein Räthsel, ich fragte nach dem Namen meines Widersachers und der Diener brachte mir endlich diesen, aus dem Mitgliederverzeichnisse abgeschrieben, auf einem Stückchen Papier. Es war Herr Wilhelm Palm aus St. Louis, einer meiner erbittertsten Feinde und Gegner in den politischen Kämpfen jener Zeit, ein „Grauer" und Proslaverei=Demokrat, der, leidenschaftlich, wie er war, mich immer bitter gehaßt hatte. Ich lächelte über die Schwachheit des Mannes und kümmerte mich wenig um diese kindische Demonstration, — ich besuchte das Kasino noch fleißig, aber ich bekam Mr. Palm nicht zu Ge=

sichte; wahrscheinlich hatte er in seiner blinden Wuth sich den
Besuch des Kasinos versagt, so lange ich in Rom weilte. Später
habe ich gehört, daß er auch Italien überdrüssig geworden und
nach St. Louis zurückgekehrt ist. Schade um den Mann! Er
war ein begabter Geist, ein sehr tüchtiger Geschäftsmann, aber
seine leidenschaftliche Natur führte ihn zu Unverträglichkeit und
verleitete ihn selbst bis zur Gehässigkeit gegen Jeden, der nicht
mit ihm gleicher Meinung war, kurz, er hatte das unglückliche
Talent, seiner Umgebung und allen anderen Menschen das Leben
zu verbittern und zu verleiden und sich selbst dabei am meisten.

Auch die schönsten Tage finden ihr Ende und so fand es
auch leider meine italienische Reise im Juli 1869. Mit wahr-
haftem Trauergefühle überschritt ich die italienische Grenzstation
vor Triest und weder diese Stadt, die so viele interessante Erinnerungen an frühere Zeiten für mich bot, noch die schöne grüne
Steiermark, durch die uns das Dampfroß in raschem Fluge trug,
vermochten es, meine wehmüthig rückblickenden Erinnerungen freundlicher und heiterer zu gestalten; — ich war schwer, sehr schwer
von dem schönen Italien geschieden und erst jetzt verstand ich recht
Goethe's Worte: „Wer einmal in Italien war, wird nimmer
glücklich, wenn er es verläßt!" —

Mein vorläufig nächstes Ziel war Baden mit seinen
Schwefelbädern, dieser freundliche Curort vor den Thoren Wiens.
Am Bahnhofe schon empfing mich mein guter, lieber Bukovics
mit seiner Frau und seinem Bruder Emmerich; — sie hatten
bereits für uns Zimmer gemiethet und Alles für unseren längeren
Aufenthalt in Baden, zu dem ich mich als zweite Nachcur entschlossen hatte, vorbereitet. Aber wie sah ich meinen armen
Freund wieder, — halb gelähmt auf beiden Beinen, hatte er sich
nur mühsam, von seiner Frau und einer Krücke unterstützt, auf
den Bahnhof geschleppt; da lehnte er nun an einer Mauer, kaum
fähig, mir einige Schritte entgegenzugehen und so eilte ich denn
zu ihm, um den Armen in der Freude des Wiedersehens an's
Herz zu drücken. Wir fuhren dann nach Hause, verbrachten den
Abend beisammen in traulichem Gespräche über Vergangenheit
und Gegenwart und gaben uns ganz der Freude der Wiedervereinigung hin. So vergingen auch die nächsten Tage und
Wochen, aber ich sah mit Bedauern, daß trotz aller ärztlichen
Hilfe und aller Schwefelbäder der Zustand des armen Bukovics sich nur äußerst langsam besserte und die Hoffnung auf eine

vollständige Herstellung in immer unbestimmtere Ferne zurücktrete.
Endlich beschloß ich, nicht länger unthätig zuzusehen und in einer
langen und lebhaften Unterredung beschwor ich meinen armen
leidenden Freund, sich zu einem festen Entschlusse aufzuraffen
und dasselbe Vertrauen zu der hydrotherapeutischen Behandlung
seines Uebels zu haben, wie ich selbst es schon lange besaß.
Endlich gelang es mir, alle seine Bedenken und die Besorgnisse
seiner Frau zu beseitigen und er entschloß sich, wenn auch zaghaft,
zu der ihm noch ganz fremden Wassercur. Ich hatte ihm die
Wasserheilanstalt des Brünnl=Bades in Wien vorgeschlagen, die
unter der Leitung des bewährten und viel erfahrenen Arztes
Dr. Karl Linhart stand und sich eines sehr guten Rufes
in ganz Oesterreich erfreute. Dort wollte ich mit ihm die Cur
selbst durchmachen und dabei hätten wir, meinte ich, zugleich
Gelegenheit, uns in Wien mit Ruhe und Muße umzusehen und
nach getroffener Auswahl und gefaßtem Entschlusse uns für irgend
eine, uns annehmbar erscheinende und gemeinschaftlich zu führende
Unternehmung vorzubereiten. So übersiedelten wir denn Anfangs
August von Baden nach Wien und traten in die Heilanstalt als
im Hause wohnende Curgäste ein. Die Anstalt, dem Dr. Gilge
gehörig, und von Dr. Karl Linhart geleitet, hat für Geschäfts=
leute und Angestellte das Angenehme, daß sie Wien und ihre
Beschäftigungen nicht ganz zu verlassen brauchen und doch in
ihren freien Stunden die Wassercur gründlich anwenden können.
Wir fanden eine kleine, aber gewählte Gesellschaft von die Anstalt
bewohnenden Curgästen, die durch eine viel größere Menge von
Externen bedeutend vermehrt ward. In den ersten Tagen nahmen
die mannigfachen Prozeduren der Wasserbehandlung, wenn auch
nicht für mich, so doch für Bukovics die ganze Zeit des Tags
in Anspruch und erst Abends versammelten sich die Curgäste in
Dr. Gilge's Gartensalon in traulichem Gesellschaftskreise, in dem
musicirt, gesungen, gespielt, vorgelesen wurde und eine erheiternde
zwanglose Conversation stattfand. Bukovics brauchte seine Cur
mit Energie und Ausdauer und machte sichtbare Fortschritte zum
Bessern und ich sah mich indessen in den curfreien Stunden in
Wien um und suchte nach einem Geschäfte oder Unternehmen,
das uns beide künftig beschäftigen und erhalten sollte.

Und wieder Theater-Direktor.

(1869—1871.)

Die Wassercur hatte alle Hoffnungen, die ich auf sie ge=
setzt hatte, vollständig erfüllt; — trotz aller Anstrengungen und
Strapazen meiner zwölfmonatlichen Reise in Italien fühlte ich
mich nach sechswöchentlicher Wasserbehandlung neu gekräftigt und
wie verjüngt und auch Freund Bukovics, den die Berliner Aerzte
nahezu für unheilbar erklärt hatten, hatte nicht nur die Beweg=
lichkeit seiner Glieder, sondern auch seine Jugendkraft und Elastizität
wieder gewonnen, wir waren in den freien Stunden zwischen den
Curprozeduren unermüdet auf den Beinen, um uns in dem
großen Wien nach etwas Passendem umzusehen, machten Ausflüge
in die schöne Umgebung der Residenzstadt und dachten und sprachen
dabei unausgesetzt von unseren künftigen Unternehmungen, bauten
Luftschlösser und entwarfen Pläne und Projekte. Aber es ging,
wie so oft schon im Leben, durchaus nicht nach meinen Berechnungen
und die Dinge gestalteten sich plötzlich und unerwartet ganz anders,
als ich sie mir gedacht hatte. Unwillkürlich erinnerte ich mich
diesmal, wie bei so mancher anderen früheren Gelegenheit an
Diderots: „Jacques le fataliste", der sich auch bei Allem,
was ihm geschieht, damit tröstet, daß er nach Oben blickend,
resignirt sagt: „C'était écrit là-haut". (Es war dort oben ge=
schrieben!) Wie oft im Leben hatte sich mir nicht der Lauf der
Dinge ganz anders gewendet, als ich es geplant hatte und so
auch diesesmal wieder und ich tröstete mich mit dem c'était
écrit là-haut". Weder ich noch Bukovics hatten in unseren
Besprechungen, Plänen, Hoffnungen auch nur im Entferntesten an
ein Theater=Unternehmen gedacht, — ich hatte von dem Theater
mehr als übergenug, er hatte keine Aussicht, ein Engagement
zu finden, denn seine Stimme war jetzt, mit der rückkehrenden
Gesundheit, zwar so ziemlich wiedergekommen und er sang Abends
in unserem kleinen Kreise im Cursalen wunderschön Mendelssohn'=
und Schubert'sche Lieder, aber er konnte noch nicht mit Sicher=
heit auf jene Kraft und die Ausdauer des Stimmorgans rechnen,
die bei einem Opernsänger in festem Engagement unerläßlich sind,
— daß aber ein so großes Schauspieler= und Darsteller=Talent
in ihm liege, davon hatte er damals noch nicht die leiseste Ahnung

und ich ebenfalls nicht; — wie gesagt also, an irgend ein mit
dem Theater zusammenhängendes Unternehmen hatten wir beide
auch nicht im Entferntesten gedacht, mais c'était écrit là-haut —
es war vom Schicksal beschlossen, daß ich wieder Theater-Direktor
werden sollte und ich konnte meinem Geschicke nicht entgehen.
Merkwürdig, daß alle so zahlreichen und so verschiedenen Wege,
die ich in meinem ziemlich unruhigen Lebenslaufe einschlug, mich
immer und immer wieder zu den zwei großen Attraktionspunkten
meiner Bestimmung hinführten, — zum Theater und zur
Journalistik.

Ich hatte den Gedanken aufgefaßt und bereits auch als Plan
ausgearbeitet, theils im Hinblicke auf die für 1873 schon festgesetzte Wiener Weltausstellung, theils weil mir die Nützlichkeit und
das Bedürfniß eines solchen Institutes für Wien einleuchteten,
das immer mehr zur Weltstadt wurde und bereits eine Million
Bewohner zählte, — ein Fremden- und Commissions-
Bureau in derselben Art und Weise zu gründen, wie ich es in
Paris mit so großem Erfolge durchgeführt hatte. Unser Gesuch
um die Concession zu einem solchen Unternehmen hatten wir bereits eingereicht und der Referent im Stadtmagistrate, dem das
Gesuch zur Begutachtung zugeschickt worden war, hatte uns ver-
traulich mitgetheilt, daß die städtische Behörde mit dem Unternehmen ganz einverstanden, das Gesuch bei der Regierung unterstützen und auf Ertheilung der Concession antragen werde. Wir
trafen, auf diese Zusicherung gestützt, unsere Vorbereitungen, suchten
eine passende, central gelegene Lokalität, standen bereits in Unterhandlungen mit einigen von uns anzustellenden jungen Leuten und
erwarteten nur den Bescheid der Statthalterei, um unser Unternehmen zu eröffnen. An einem Morgen im September hatten
wir gerade beschlossen, dem Statthalterei-Rathe, der das Referat
über unsere Angelegenheit hatte, persönlich unsere Aufwartung zu
machen und die Erledigung unseres Gesuches zu betreiben; —
als ich aus meinem Zimmer in den Curgarten kam, eilte mir
Bukovics freudig entgegen und ein Zeitungsblatt hoch in der
Luft schwingend, rief er mir entgegen: „Onkel, das ist etwas für
uns, — das dürfen wir nicht auslassen.“ — Ich nahm das
Blatt, die „Neue freie Presse“ und las die bezeichnete Stelle:
„Das kk. privilegirte Theater in der Josephstadt ist für eine Reihe
von Jahren zu verpachten. Bewerber erhalten nähere Auskunft
bei Herrn Krafft (folgte die Adresse)“. — Ich war überrascht,

erstaunt, aber zugleich auch befremdet; denn ich hatte an nichts weniger gedacht als an ein abermaliges Theater=Unternehmen. Bukovics aber, damals noch jung und sanguinisch, schilderte mir begeistert die Vortheile und Aussichten einer Wiener Theater= Direktion, die er in den schönsten Farben ausmalte und brachte mich endlich doch wenigstens dazu, daß ich einwilligte, weitere Aus= künfte über die Verhältnisse dieses Theaters einzuziehen und mir die Sache zu überlegen. Statt also zum Statthalterei=Rathe zu gehen, ging ich in das Josephstädter=Theater und Bukovics zu dem in der Annonce bezeichneten Herrn Krafft. Als ich das Theatergebäude betrat, erwachten alle alten Erinnerungen meiner Jünglingszeit und übten eine gewaltige Macht auf meine Ent= schließung; — ich fand das Theater, das ich so genau kannte und das ich zweiundvierzig Jahre früher unter Direktor Carl fast ausschließlich überwacht und geführt hatte, noch ganz in dem= selben Zustande, nur der Zuschauerraum war renovirt und eleganter decorirt. Eine lange Unterredung mit dem Inspektor des Ge= bäudes verschaffte mir einen ziemlichen Ueberblick über die Ver= hältnisse der Anstalt, die allerdings in den letzten Jahren nicht sehr erfreulicher Art waren. Das Josephstädter=Theater war 1788 erbaut und eröffnet worden, dann hatte es seine glänzenden Zeiten unter den Direktoren Hensler, Carl, Stöger, Pokorny, von da an aber ging es bergab und in den letzten Jahren hatten vier Direktionen nach einander Bankerot gemacht; — vier von den zahlreichen Gläubigern mit Beschlag belegte Inventarien, lagen aufgehäuft im Theater=Gebäude und harrten der Zwangsversteige= rung. Das waren allerdings keine aufmunternden Nachrichten, aber ich notirte mir dennoch den früheren Gagenstand, die Höhe der Tageskosten die gemachten Einnahmen u. s. w. und alle diese Daten combinirend, gelangte ich zu der „Ueberzeugung", daß hauptsächlich Lüderlichkeit, schlechte Wirthschaft, Mangel an Oekonomie die Hauptursachen des Verfalls dieser, früher so beliebten Bühne waren. Als ich hierauf mit Bukovics zusammentraf und wir uns gegenseitig Bericht abstatteten, legte mir dieser schon die Abschrift der ihm vom Eigenthümer mitgetheilten Bedingungen vor; — es wurde für das erste Jahr eine Pachtsumme von 7500 Gulden, für die folgenden Jahre von 8000 Gulden gefordert, der Vertrag sollte auf vier Jahre abgeschlossen, eine Caution von 4000 Gulden erlegt werden u. s. w. u. s. w. Wer einmal mit dem Theater in nähere Berührung gekommen ist, der weiß, welche

Anziehungskraft dieser Beruf ausübt und wie man immer und
immer wieder zu ihm zurückkehrt, — so fühlten auch wir uns
mächtig angezogen von der verlockenden Aussicht auf eine Theater-
Direktion in dem großen und aufblühenden Wien, unser Selbstvertrauen und die Hoffnung des Gelingens steigerten sich, je mehr
wir die Sache überlegten und besprachen, wir rechneten, combinirten, planten die ganze Nacht hindurch, entwarfen einen ima-
ginären Ausgaben-Etat, stellten dagegen einen sehr bescheidenen Ein-
nahmen-Etat auf, und kamen zu der Ueberzeugung, daß mit Fleiß,
Energie und Sparsamkeit das Unternehmen durchführbar sei.
Aber es war keine Zeit mehr zu verlieren, denn wir waren schon
in der zweiten Hälfte September und am ersten Oktober sollte
das Theater eröffnet werden und unser Pacht beginnen, — kurz,
in den nächsten zwei Tagen wurde Alles geordnet, wir wurden
einig und unterzeichneten den Pachtvertrag. Obwohl wir uns
nun mit Feuereifer ans Werk machten und die Organisation einer
Gesellschaft, sowie die Herrichtung des Theaters thätigst in Angriff nahmen, so stellten sich uns doch bald bedeutende Hindernisse
entgegen und wir sahen nur zu schnell ein, daß die Eröffnung
am 1. Oktober eine reine Unmöglichkeit sei. Theils war es ganz
unmöglich, in so kurzer Zeit eine gute und vollständige Gesellschaft
herzustellen, theils war das Theater selbst in Folge seiner Schicksale der letzten Jahre in einem höchst desolaten Zustande. Wir
hatten nämlich mit dem Pachtvertrage nichts Anderes übernommen,
als die vier Mauern des Theatergebäudes, das Podium und den
Schnürboden der Bühne und das Auditorium mit seinen Logen,
Sperrsitzen und Galerien. Außerdem aber war nichts da, —
kein fundus instructus, weder Garderobe, noch Bibliothek, weder
Dekorationen, noch Maschinerien, weder Beleuchtungsapparate,
noch Requisiten, kurz, gar nichts; — was von allen diesen un-
entbehrlichen Utensilien eines Theaters in den letzten Jahren vorhanden gewesen war, lag, von den zahlreichen Gläubigern ge-
pfändet, unter gerichtlichem Siegel und durfte nicht angerührt
werden. Wir verschoben also die Eröffnung bis Mitte Oktober
und arbeiteten nun unermüdet daran, alles Nöthige anzuschaffen,
um das Theater wieder in Gang bringen zu können. Es war
dies eine höchst schwierige, in der gegebenen Zeit fast unmöglich
scheinende Aufgabe, aber es gelang unserer Energie und Thätigkeit, dieselbe dennoch zu überwältigen. Theils bei den Zwangs-
versteigerungen, theils durch Uebereinkommen mit den verschiedenen

Gläubigern kamen wir nach und nach käuflich in den Besitz der Dekorationen, Maschinen, Beleuchtungsapparate, kauften nach und nach Garderobe und Bibliothek, erstere besonders von dem gerade geschlossenen Hofoperntheater am Kärnthnerthor, welches nach der Eröffnung des neuen großen Hof-Opernhauses eben eingegangen war. Auch gegen fünfzig prachtvolle Dekorationen übernahmen wir vom Hof-Operntheater, die ziemlich genau die für die Bühne des Josephstädter-Theaters erforderliche Größe hatten. Während dieser Erwerbungen des fundus instructus war auch die Bildung und Organisation der Gesellschaft vorgeschritten und wir hatten ganz entsprechende Kräfte gewonnen, fünfzehn Herren und eilf Damen, ein Chor-Personal von 24 Personen, ein Ballet von dreißig jungen Tänzerinnen, ein vollständiges Orchester und das ganze technische Personal. Im Ganzen waren über hundert Personen angestellt. Ich hatte meinem Sohne Karl nach Bremen geschrieben, nach Wien zu kommen, um bei unserem Unternehmen die wichtige Stelle eines Administrators und Obercassiers anzutreten; — es bot sich ihm eine gute Gelegenheit sein Geschäft zu verkaufen, er folgte meinem Rufe und ward uns eine werthvolle Stütze unseres Unternehmens, indem er den finanziellen und ökonomischen Theil des Geschäftes mit größter Pünktlichkeit versah.

Nach so manchen Fährlichkeiten wurde das Theater endlich am 15. Oktober mit einem, von mir verfaßten Schauspiele: „Comptoir und Ballet" eröffnet, wozu ich einen Prolog sprach; — die Vorstellung wurde sehr beifällig aufgenommen, die Presse erwies sich uns sehr wohlwollend, aber schon in den ersten Monaten sah ich mit Entsetzen, daß das Unternehmen nicht gedeihen wolle und daß unsere Direktion wahrscheinlich denselben Weg gehen werde, wie ihre vier Vorgängerinnen; — denn erstens war das Josephstädter Theater durch die schlechte Leitung in den letzten Jahren vollständig in Verruf gerathen, es hatte alle Anziehungskraft verloren und selbst eifrige Theater-Besucher, an denen Wien so reich ist, zuckten nur geringschätzig mit den Achseln, wenn man ihnen vom Josephstädter-Theater sprach; — zudem lag das Theater in einer Vorstadt, die durch die Sandwüste des „Paradeplatzes" von der Stadt förmlich getrennt war und man mußte aus der Stadt einen weiten Weg dahin machen, der Nachts beim Nachhausegehen nicht ganz ohne Gefahr war; — die Bewohner der Vorstadt Josephstadt aber standen und stehen noch heute in dem Rufe, daß sie nur dann in das Theater gehen,

wenn sie Freibillets bekommen. Das zweite noch viel größere
Hinderniß aber war der gänzliche Mangel an guten Novitäten
und in Wien leben und bestehen die Theater nur durch die Auf=
führung von Novitäten; — nur das Hofburgtheater und das Hof=
operntheater haben ein täglich abwechselndes Repertoire, die
anderen Bühnen alle bringen eine Novität, gewöhnlich am Sonn=
abende zur ersten Aufführung, — schlägt diese ein, so wird das
Stück ununterbrochen 20, 30, 50, auch mehr Male fortgegeben
und indessen eine andere Novität vorbereitet und so geht es das
ganze Jahr hindurch, wie dies denn auch in Paris und London
der Fall ist. An solchen gelungenen und packenden Novitäten
fehlte es gerade damals in hohem Grade; — die besseren Volks=
dichter waren bereits den anderen Theatern contraktlich verpflichtet,
und was uns an neuen Stücken eingereicht wurde, erwies sich
bei näherer Prüfung als schlecht, als unaufführbar, oder im günstigsten
Falle doch nur als mittelmäßig. Indessen, Noth kennt kein Ge=
bot, wir hatten keine Wahl und mußten also aufführen, was
wir hatten. Eine von mir verfaßte Operette: „Der Regi=
ments=Tambour", zu welcher der, damals noch ziemlich un=
bekannte Millöcker eine reizende Musik schrieb, und Bukovics
zum ersten Male wieder sang und sehr ansprach, gefiel ganz gut,
brachte aber kein Geld. Die Darsteller wurden beifällig aufge=
nommen, namentlich Fräulein Setti, jetzt in New=York, die Ko=
miker Gottsleben, jetzt im Carltheater, und Tauber, die
Damen Stengel, jetzt in Berlin, Dammhofer, jetzt als
Frau Thomas die beliebteste Soubrette des Hamburger Theaters,
der Heldendarsteller Pfabisch, jetzt k. bayrischer Hofschauspieler
u. a., meine Frau war in's ältere Fach übergegangen und spielte
mit vollendeter Künstlerschaft ihre Mutterrollen, Ausstattung und
mise-en-scene ließen nichts zu wünschen übrig, kurz das Joseph=
städter Theater stand unter unserer Leitung gegen keines der anderen
Wiener Vorstadttheater zurück, aber die Theilnahme und der Be=
such des Publikums ließen Vieles zu wünschen übrig. In den
ersten dritthalb Monaten schwankte das Brutto=Erträgniß zwischen
7000 und 8000 Gulden monatlich und wir hatten dagegen
einen Gagenetat von über 4000 Gulden pr. Monat, ebenso viel
an Tageskosten und nun kamen noch der Pachtschilling, die Gas=
beleuchtung, die fortwährenden Anschaffungen, die hohen Steuern
und anderen Ausgaben dazu, so daß das Defizit immer größer
wurde. So war der Anfang unserer Direktion ein sehr uner=

freulicher; wir hielten zwar aus, arbeiteten unermüdet, setzten fort=
während Geld zu, um den Unterschied zwischen Einnahme und
Ausgabe zu decken, aber wir sahen doch in trübster Stimmung
der nächsten Zukunft entgegen.

Da mit einem Male erfolgte ein unerwarteter Umschlag zum
Besseren; — am ersten Weihnachtstage dürfen in Wien, ebenso
wie am Oster= und Pfingst=Sonntage, keine Theatervorstellungen
gegeben werden, außer mit Bewilligung der Statthalterei für wohl=
thätige Zwecke gewidmete Aufführungen. Ein wackerer Freund
der Armen, Herr S i n g e r , — jetzt Ritter von Singer und
Herausgeber des „Illustrirten Extrablattes", — hatte es sich schon
seit Jahren zur besonderen Aufgabe gemacht, in den verschiedenen
Wiener Theatern an solchen Normal=Tagen Wohlthätigkeitsvor=
stellungen zu arrangiren, deren Ertrag von ihm dazu verwendet
wurde, Holz in Großem zu kaufen und dasselbe im Winter in
den neun städtischen Distrikten durch die Bezirksbehörden an die
Armen vertheilen zu lassen. So forderte denn auch uns Herr
S i n g e r auf, am ersten Weihnachtstage eine Wohlthätigkeitsvor=
stellung für die Armen des IX. Bezirks zu arrangiren und dazu
eine interessante Novität zu bestimmen. Wir gingen auf dieses
Ansuchen bereitwilligst ein, und da wir gerade in den Besitz des
in Berlin beifällig aufgenommenen Volksstücks: „V o n S t u f e
z u S t u f e" von Hugo Müller gelangt waren, so wählten wir
dieses. Ich setzte es selbst in die Scene, es wurden neue Deko=
rationen gemalt, die Rollen mit den ersten Mitgliedern besetzt
und Alles aufgeboten, um die Aufführung zu einer vorzüglichen
zu machen. Der schönste Erfolg lohnte unsere Anstrengungen;
Herr S i n g e r und die Honoratioren des IX. Bezirks hatten sich
eifrigst um den zahlreichen Verkauf der Billete bemüht und zum
ersten Male in unser dreimonatlichen Direktions=Führung hatten
wir ein gedrängt volles, in allen Räumen ausverkauftes Haus;
— der Erfolg übertraf unsere kühnsten Hoffnungen, das Stück
gefiel außerordentlich und die beifällige Aufnahme desselben stieg
von Wiederholung zu Wiederholung, so daß wir es, ermuthigt
durch den von Tag zu Tag wachsenden Besuch, in u n u n t e r =
b r o c h e n e r R e i h e n f o l g e e i n h u n d e r t u n d z e h n m a l
fortgeben konnten, es dann später noch e i n u n d f ü n f z i g Male,
also im Ganzen h u n d e r t e i n u n d s e c h z i g M a l e gegeben
wurde und nun die Runde über alle deutschen Bühnen mit gleichem
Glücke machte, ja noch heute oft auf dem Repertoire erscheint.

Dieser ersten gelungenen Novität folgte unmittelbar eine zweite „Börse und Arbeit" von Eduard Dorn, die vierzigmal nach einander gegeben wurde, nun lieferte uns der begabte Volks= dichter Karl Costa seine Stücke: „Die Frau nach der Mode", „Wir Demokraten" u. s. w., die ebenfalls sehr gefielen, es kam Rappo mit seinen reizenden lebenden Bildern und seiner aus= gezeichneten Akrobaten=Gesellschaft, die mitten im heißen Hoch= sommer volle Häuser zogen, es kamen die ebenso populären „Japa= nesen", die Operngesellschaft des gerade abgebrannten Brünner= Theaters, die Passions=Darstellungen à la Ober=Ammergau des Herrn Schneider und an den Sonntags=Nachmittagen wurden Kindervorstellungen gegeben, deren Darsteller vierundzwanzig talentirte hübsche Kinder waren (viele von ihnen sind jetzt beliebte Darsteller an großen Bühnen), denen ein Chor von fünfzig Mädchen und dreißig Knaben zur Seite stand; — es waren dies die ersten Sonntags=Nachmittags=Vorstellungen in Wien, lange, bevor Laube im Stadttheater diese Vorstellungen einführte. Kurz unser Unternehmen prosperirte von da an, das Josephstädter= theater kam in Zug und unsere Bücher wiesen in den zwei Jahren unserer Direktion ein Brutto=Erträgniß von über zweimal= hunderttausend Gulden auf; — aus dem Defizit war also ein anständiger Reingewinn geworden und außerdem hatten wir das Theater die ganze Zeit, selbst während der ungünstigen Sommermonate offen gehalten, was später nicht mehr vorkam; — jetzt sind im Hochsommer fast sämmtliche Wiener Theater geschlossen und in den letzten Jahren hat nur das Carl=Theater den Ver= such gemacht, auch während des Sommers nothdürftig fortzuspielen.

Das Stück „Von Stufe zu Stufe", mit dem unser Glücksstern aufging, hatte allein ein Brutto=Erträgniß von achtzig= tausend Gulden in die Theatercasse gebracht, und es dürfte daher nicht uninteressant sein, die Entstehungsgeschichte dieses Glücks= stückes etwas näher zu beleuchten, da sie am besten zeigt, wie wunderlich und vom Zufalle abhängig die Cassenerfolge der Bühne sind.

Als ich in den Vierziger Jahren in Paris lebte, sah ich auf einem der Boulevard=Theater ein Vaudeville: Victorine ou la nuit porte conseil" das Urstück „Von Stufe zu Stufe", ohne daß es einen sonderlichen Eindruck auf mich gemacht hätte; — als ich dann die Direktion des St. Louis Opernhauses führte und mir zahlreiche Novitäten von Wien und Leipzig schicken ließ,

bekam ich darunter auch eine deutsche Bearbeitung desselben Vau-
devilles: „Viktorine oder guter Rath kommt über Nacht"
— ich brachte das Stück zur Aufführung, es gefiel, wurde zweimal gegeben, — damit war's abgethan; — als wir nun in der
Josephstadt den gänzlichen Mangel an Novitäten schmerzlich fühlten,
brachte uns eines Tages der Theater-Agent Kratz Hugo
Müllers, in Berlin eben mit Beifall gegebenes Volksstück:
„Von Stufe zu Stufe", bemerkte aber zugleich, das Stück
sei so spezifisch berlinerisch, daß es unbedingt für Wien umge-
arbeitet und lokalisirt werden müsse und er habe deshalb auch
schon die Bearbeitung einem Herrn Megerle übergeben und
hoffe sie uns in einigen Tagen abliefern zu können. Ich las
das Berliner Original und fand darin den tüchtigen Kern dramatischer Wirkung, erkannte aber zugleich die unumgängliche Nothwendigkeit einer Bearbeitung an. Die versprochene Bearbeitung
kam denn auch in einigen Tagen, aber sie entsprach meinen Erwartungen nicht; — der Berliner Jargon war wohl in die
Wienerische Mundart übertragen worden, wo im Original z. B.
„Thiergarten" stand, war „Prater" hingeschrieben, statt „Dön-
hofsplatz" wurde „Stephansplatz" gesagt, aber das Stück selbst
konnte seinen berlinerischen Ursprung nicht verleugnen und hatte
eben dadurch wenig Aussicht auf einen Erfolg in Wien. Daß
dieser aber bei zweckmäßiger Behandlung des Stoffes zu erringen
sei, war mir Ueberzeugung geworden und so kauften wir denn
das Stück von Kratz um ein Einreichungshonorar von einigen
hundert Gulden und sechs Procent Tantième von jeder Aufführung.
Ich ließ nun das Stück von dem alten Volksdichter Joseph
Böhm, der so manches gute Stück geliefert hatte, noch einmal umarbeiten, aber auch diese neue Bearbeitung wollte mir
nicht munden, als ich sie durchlas; — es war Alles zu sehr
breitgetreten, in's Triviale gezogen, alte Kalauer waren im Uebermaße hineingeflickt, kurz es ging auch so nicht und ich sah mich
gezwungen, die Bearbeitung noch einmal selbst umzuarbeiten.
Während dieser Arbeit erst dämmerte mir nach und nach die Erinnerung an das Pariser Vaudeville „Viktorine" im Geiste auf,
das französische Original des Stückes trat mir wieder lebendig
vor die Augen und im Geiste desselben entfernte ich nun die
Berliner Auswüchse und Zuthaten, schrieb neue Scenen und
Couplets hinein und gab dem Stücke, theils am Schreibtische, theils
noch während der Proben, jene Form, die nebst dem prächtigen

Grundgedanken und der guten Tendenz des Stückes, den Erfolg sicherte und damit eine neue glückliche Aera in unserer Direktions= führung anbrechen ließ. So wunderlich und so zufällig werden oft große Bühnenerfolge erzielt; allein an einen solchen Erfolg hatte ich trotz alles Vertrauens, das ich in das Stück setzte, auch nicht im Traume gedacht. Der alte Böhm erhielt übrigens die ihm zugesicherte Tantième von drei Procent der Brutto=Ein= nahme dennoch, er bezog also für die Arbeit einiger Tage 2400 Gulden und hatte überdieß seinen Antheil an den Autorenbenefizen, da kontraktlich die 20., 40., 60., 80. u. s. f. Vorstellung zur Hälfte den Verfassern zugesichert war. Es freut mich noch heute, daß durch dieses unerwartete reiche Einkommen die letzten Tage des alten Bühnenveteranens sich freundlich und sorgenfrei gestalteten und Noth und Kummer von ihm ferne hielten. Jetzt ruht der alte Mann, über dessen Stücke die Wiener so oft und so herzlich lachten, schon längst in der kühlen Erde und ist vergessen wie seine Stücke.

Das Ende der Theater-Direktion.
(1871.)

In die Zeit meiner Leitung des Josephstädter=Theaters, die sich von 1869 bis 1871 ausdehnte, fiel bekanntlich auch der deutsch=französische Krieg, und es war mir höchst interessant, in den Tagen vor dem Ausbruche des Krieges, sowie während des ganzen Verlaufes von den ersten Siegesnachrichten an bis zu dem vernichtenden Schlage von Sedan und endlich der Kapitulation von Paris und dem Friedensschlusse zu Frankfurt die Stimmung der Wiener Bevölkerung und überhaupt der Deutsch=Oestreicher im ganzen Reiche aufmerksam zu verfolgen; — das war eine Aufregung und eine Theilnahme, eine Sympathie und eine Begeisterung, als wenn der Krieg nicht draußen, jenseits der schwarz=gelben Grenzen, von Preußen und seinen Bundesgenossen von 1866, geführt würde, sondern als ob das östreichische Volk selbst im Kriege gegen Frank= reich stünde. Die Leute dachten an nichts Anderes, sprachen von nichts Anderem, die Zeitungen wurden gierig verschlungen und konnten nicht genug Extra's bringen, — oft drei an einem Tage,

— und als nun in rascher Folge nacheinander die Siegesnach=
richten kamen, da rollte ein donnernder Jubelsturm durch die ganze
Stadt, der über die Telegraphendrähte überall hin verbreitet, sein
freudiges Echo im ganzen Lande fand und überall vom Palaste
bis zur Bauernhütte die größte Begeisterung erregte. Es war
an einem Sonntage, als die Nachricht von Sedan in Wien ein=
traf; die Bevölkerung war ohnehin in festlicher Stimmung auf
den Straßen, da, so gegen Mittag, kamen aus allen Zeitungs=
bureaux, alle möglichen Extrablätter mit der verblüffenden Ueber=
schrift: „Kapitulation von Sedan. — Der Kaiser
Napoleon, alle seine Generale, an fünfhundert
Geschütze, 2866 Offiziere und 83,000 Mann Ge=
fangene;" — man riß sich um die Extra-Blätter, die ersten
Exemplare, die in die Vorstädte gelangten, wurden gerne mit einem,
zwei, auch mehr Gulden bezahlt, die höchste Aufregung hatte sich
der Bevölkerung bemächtigt, Alles rannte, wie von einem Taumel
ergriffen, hin und her, stürzte in die Wohnungen von Freunden
und Bekannten und erzählte athemlos die große, die ungeheure
Neuigkeit des Tages. Und Alles das geschah unter dem reaktio=
nären Ministerium Hohenwart, welches als Hauptaufgabe auf
sein Programm die Unterdrückung des Deutschthums in
Oesterreich gesetzt hatte und das sogar das Singen der „Wacht
am Rhein" als ein Vergehen bestrafte; — das geschah, während
Graf Beust noch immer mit Frankreich wegen Abschließung eines
Schutz= und Trutzbündnisses verhandelt und nur sehr wenig daran
gefehlt hatte, daß eine österreichische Armee dem Franzosenkaiser zu
Hilfe geeilt wäre. Die Situation der freisinnigen und verfassungs=
treuen Deutschen in Oestreich war dieselbe wie jetzt in 1881 unter
dem Ministerium Taaffe, wo abermals die Deutsch=Oesterreicher,
der eigentliche Kulturstamm und die wirkliche und freisinnige
constitutionelle Partei der Monarchie, durch eine Coalition der
Klerikalen und Feudalen, der Tschechen und Polen, an die Wand
gedrückt und mundtodt gemacht werden sollen, und wie damals
nach dem Friedensschlusse in Frankreich das Ministerium Hohen=
wart vom Schauplatze abtrat und Graf Beust — „seiner ange=
griffenen Gesundheit wegen", — seine Entlassung nehmen mußte,
so wird auch jetzt wieder früher oder später der endliche Sieg
dem deutschen Elemente bleiben; denn die Deutschen bilden die
geistige und belebende Kraft und sind die eigentlichen Kulturträger
des großen Kaiserreiches im Osten. Es ist eine merkwürdige Er=

scheinung, die sich immer wiederholt, daß die Deutschen im
Auslande den nationalen Gedanken viel höher halten und
einiger und aufrichtiger für ihn begeistert sind, als die Deutschen
innerhalb der weiß-schwarz-rothen Grenzpfähle, wie sich dies bei
den Deutschen in Amerika, in Oesterreich und überall in fernen
Ländern und Welttheilen, wo Deutsche in größerer Anzahl weilen,
so glänzend gezeigt hat. Im deutschen Reiche selbst spalten und
trennen der Klerikalismus, der Socialismus, der Particularismus
und eine Menge anderer Ismen die fünfzig Millionen Deutschen
in eine Anzahl sich befehdender Parteien und gar oft wird der
nationale Gedanke und das deutsche Allgemeininteresse den Sonder-
interessen und den egoistischen Gelüsten dieser Parteien geopfert,
während der Deutsche im Auslande den nationalen Gedanken über
Alles hochstellt und Katholiken wie Protestanten, Hannoveraner
wie Brandenburger, Süddeutsche und Norddeutsche ohne Rücksicht
auf Parteistellung den deutschen National-Gedanken und die Liebe
zum alten Vaterlande heilig halten. Ich denke noch immer mit
lebhaftem Vergnügen an den Herbst von 1870 und das Frühjahr
von 1871 zurück, und die erhebenden Eindrücke, die ich damals
empfangen, bleiben für immer meinem Gedächtnisse eingeprägt.

Das Theater-Geschäft litt natürlich etwas während dieser
allgemeinen Aufregung, — wer sollte sich auch um Komödien
auf der Bühne kümmern, während die größte und erschütterndste
Haupt- und Staatsaktion auf dem Welttheater aufgeführt wurde,
alles Sinnen, Denken und Trachten nicht nur der Mitspieler,
sondern auch des zuschauenden Publikums in allen Welttheilen fast
ausschließlich in Anspruch nahm und zu gleicher Zeit mit der von
Frankreich gezahlten Entschädigung von fünf Milliarden der sogenannte „wirthschaftliche Aufschwung" sich in über-
stürzender Hast zu entwickeln begann, der nicht nur ganz Deutschland,
sondern auch Oesterreich und alle anderen Länder unaufhaltsam in
seine Wirbel zog, bis er mit dem großen Krach vom Mai 1873
sein jähes und schmähliches Ende fand.

In diese Zeit der stürmischen und unwiderstehlichen Aufregung,
die sich aller Gemüther bemächtigt hatte, ward mir das Vergnügen,
zahlreiche alte Freunde hier in Wien wiederzusehen. Mein alter
und bewährter Freund Franz Wallner kam mit seiner liebenswürdigen Gemahlin und ich konnte ihm während seines mehr-
wöchentlichen Aufenthalts die Honneurs der Kaiserstadt an der
Donau machen, — auch aus Amerika begrüßten mich werthe

Freunde in Wien, unter ihnen Friedrich Hassaureck aus
Cincinnati und der Gefährte meines Pariser Aufenthaltes Max
Maretzek aus New-York, letzterer leider nur vorübergehend und
flüchtig. Aber zu gleicher Zeit stellte sich im Frühjahr 1871
bei mir ein Anfall von trüber und gedrückter Stimmung, eine
Art Melancholie ein, wie sie mich noch nie im Leben heimgesucht
hatte. Ich verlor nach und nach die Lust und Freude am Ge=
schäfte, das Theater wurde mir immer mehr verleidet, zuletzt wurde
es eine unerträgliche Last und bald hatte ich keinen anderen Ge=
danken mehr als den, sobald als möglich davon loszukommen und
wieder zu meinem journalistischen Berufe zurückzukehren, dessen
Ausübung in jenen bewegten Zeiten allerdings viel Verlockendes
bot. Die Unlust steigerte sich bis zum Widerwillen, ich quälte
mich mit den trübsten Befürchtungen, brütete oft mehre Stunden
lang in meinem Garten auf und ab rennend, über alle möglichen
und unmöglichen Eventualitäten, und ward mir selbst und meiner
Umgebung zur unerträglichen Last. Es war eben ein psychisches
Leiden, eine tiefgehende geistige Verstimmung, die sich meiner mit
unwiderstehlicher Gewalt bemächtigt hatten; — lag nun der Grund
derselben in den großen und erschütternden Ereignissen des Tages,
die mich für Alles Andere abstumpften und gleichgültig machten
oder war es eine unbewußte Vorahnung des herannahenden großen
finanziellen Erdbebens von 1873? Ich weiß es jetzt nicht zu
bestimmen, noch zu erklären; ich bin mir selbst ein Räthsel ge=
blieben; aber die Thatsache stand fest, daß mir das Theaterwesen
gründlich verleidet war und ich um jeden Preis davon loszukommen
suchte. Ich erklärte dies auch offen meinem Compagnon Buko=
vics und schlug ihm vor, sich entweder an meiner Stelle um
einen anderen Partner umzusehen, oder falls sich dieser nicht finden
sollte, das ganze nun in die Höhe gebrachte Unternehmen einem
Nachfolger käuflich zu übertragen. Aus dieser meiner Absicht,
zurückzutreten, machte ich denn auch kein Geheimniß, sondern sprach
mich gegen Theateragenten, Journalisten und andere Leute vom
Fache freimüthig darüber aus. Vor Allem aber, — das fühlte
ich, bedurfte ich der Erholung, der geistigen Ruhe, wenn ich meine
frühere Geschäftslust und Thatkraft wieder gewinnen sollte und so
kamen Bukovics und ich dahin überein, das Theater während
der heißen und ungünstigen Monate Juli und August zu schließen
und erst im September wieder zu eröffnen. Die Bewilligung zu
diesen zweimonatlichen Ferien wurde uns von der Statthalterei

bereitwilligst ertheilt und den Mitgliedern gegenüber war unser
Recht einer zweimonatlichen Schließung des Theaters in allen
Contrakten festgestellt. Wir schlossen die Bühne also am 30. Juni
und beschäftigten uns nun mit der Reorganisation der Gesellschaft
und den Vorbereitungen zur Wieder-Eröffnung am ersten September.

Schon gegen Ende Juni war mir mitgetheilt worden, daß der
Eigenthümer des Theater-Gebäudes dasselbe zu verkaufen beabsichtige und Direktor Johann Fürst mit demselben deshalb in
Verhandlungen getreten sei; — ein Besitzwechsel war also in
Aussicht, der jedenfalls unseren Vertrag und unsere Stellung
empfindlich berührte. Allein diese Unterhandlungen mußten doch
zu keinem Resultate geführt haben; denn in den ersten Tagen des
Juli erschien bei mir plötzlich der Sekretär des Direktor Fürst,
um sich in dessen Auftrage bei uns anzufragen, ob wir geneigt
seien, unsern Pachtvertrag käuflich an ihn zu übertragen, und
welches unsere Bedingungen seien. Ich antwortete ihm freimüthig,
daß mein Gesundheitszustand mir allerdings die Uebertragung des
Theaters an einen Nachfolger wünschenswerth mache und daß ich
deshalb billige Bedingungen stellen würde. War ich nun von dem
Wunsche beseelt, des Theaters los zu werden, so war es für
Direktor Fürst ein ebenso dringendes Bedürfniß, das Theater
zu übernehmen; — Fürst hatte nämlich das „Volkstheater" im
Prater, welches von Ostern bis zum Herbste glänzende Geschäfte
machte, — im Winter aber konnte im Prater nicht gespielt werden,
und Fürst hatte sich während der letzten Jahre schon in die unangenehme Nothwendigkeit versetzt gesehen, entweder bei Eintritt
des Winters seine gute bewährte Gesellschaft aufzulösen, mit nur
geringer Aussicht, sie nach einer sechsmonatlichen Unterbrechung
wieder vollständig zusammenzubringen, oder mit seiner Gesellschaft
während der Wintermonate herumzureisen und in anderen Städten
Gastvorstellungen zu geben. Das Letztere hatte er denn auch in
den letzten Jahren versucht, aber mit nur geringem Erfolge; denn
die Kosten der Eisenbahnbeförderung, der Hotelmiethe für die Gesellschaft und andere damit verbundene Ausgaben hatten die ganzen
Einnahmen in den Gastspiel-Städten rein aufgezehrt, ja manchmal sogar ein Defizit herbeigeführt. Dadurch gewitzigt, wollte
Direktor Fürst um jeden Preis in Wien bleiben und da außerdem die Weltausstellung in Sicht war, sich dort stabil festsetzen.
Unter diesen Umständen, wo der Eine durchaus hinaus, der
Andere durchaus hinein wollte, gestalteten sich unsere Unter-

handlungen bald zu einer Uebereinstimmung der beiderseitigen Wünsche und erleichterten den Abschluß. Ich hatte die Erklärung abgegeben, daß wir aus dem Verkaufe keinen Gewinn zu ziehen beabsichtigten, aber auch keinen Verlust erleiden wollten, — ich schlug also vor, Direktor Fürst solle uns unseren ganzen fundus instructus um die, von Sachverständigen als Werth abgeschätzte Summe von zwölftausend Gulden abkaufen und uns unsere de=ponirte Kaution zurückersetzen, dagegen wollten wir ihm ohne alle weitere Entschädigung unseren Pachtvertrag abtreten und das Theater, wie es gehe und stehe, sogleich übergeben. Auf diese Bedingungen hin erfolgte der Abschluß, der Eigenthümer des Theaters gab seine Zustimmung zu der Uebertragung, am 21. Juli erfolgte der Abschluß des Verkaufes und die Statthalterei genehmigte gleich=zeitig die Uebertragung unserer Concession auf Direktor Fürst.

So war ich denn endlich wieder frei und unabhängig; dieses Gefühl verscheuchte meine Verstimmung wie mit einem Schlage und ich fühlte mich wieder heiter, lebensfrisch und thatkräftig. Mit erneutem Eifer wendete ich mich wieder meinem journalistischen Berufe zu, während Bukovics seinen festen Entschluß aussprach, sich um eine andere Direktion umzusehen; — er sei nun einmal Direktor gewesen, meinte er, dieses Geschäft und diese Thätigkeit gefielen ihm und er wolle Direktor bleiben. Leider war damals in Oesterreich keine von den besseren Direktionen zu vergeben, nach Teutschland wollte er nicht gehen, eine solche zu suchen, und nach vielen fruchtlosen Versuchen entschloß er sich endlich, das kleine Theater in Wiener=Neustadt zu übernehmen, wo er noch von der Militär=Akademie her viele Freunde und Bekannte hatte. Allein selbst die größeren Provinzbühnen in Oesterreich bieten mit alleiniger Ausnahme des Prager Theaters, nur sehr wenig Aussicht auf gute Geschäfte und die kleineren Geschäfte können nur mit der größten Anstrengung nothdürftig durchgeführt werden. Mit dieser Sysiphus=Arbeit verbrachte Bukovics die nächsten Jahre, ging mit seiner kleinen, aber guten Gesellschaft nach Teplitz, nach Görz, nach Pola, dem Centralsitze der österreichischen Kriegsmarine, dann nach Triest in's Armonia=Theater, errang sich überall große An=erkennung, aber ohne bedeutende pekuniäre Erfolge. Das Gute aber hatten diese Probe= und Lehrjahre, daß er als Direktor schon aus ökonomischen Gründen viel spielen mußte, dabei auch uner=müdet thätig in der Regie war und so sein bedeutendes Darsteller=talent, an das er früher selbst nicht geglaubt hatte, zum Durch=

bruche und zur Entwicklung kam. Unterdessen hatte die vielbe-
suchte Badestadt Teplitz in Böhmen in den Zeiten des „wirthschaftlichen Aufschwungs" ein neues Theater zu bauen beschlossen
und dieser Bau war endlich fertig geworden, — das Theater
sollte eröffnet und in eigener Verwaltung der Stadt geführt werden;
— es galt also, sich nach einem technischen und artistischen Direktor
umzusehen. Das neue Theater war groß und schön, viel zu groß
für eine Stadt von nur eilftausend Einwohnern, wenn auch jährlich
acht- bis zehntausend Kurgäste, fast alle der wohlhabenden Klasse
angehörig, meist aus Preußen und Sachsen kommend, dort Heilung
und Erholung suchen, — es war sehr zweckmäßig eingerichtet
und mit allen Verbesserungen der Neuzeit versehen; — es sollten
darin das Schauspiel, das Lustspiel, die Oper und die Operette
gepflegt werden und die Wahl für den Direktor des neuen Theaters
fiel fast mit Einstimmigkeit auf Freund Bukovics, dessen
frühere Direktion in Teplitz die günstigsten Eindrücke hinterlassen
hatte. Hier nun, in gesicherter und angenehmer Stellung, befreit
von den schweren Sorgen kleiner Privat-Direktionen, dabei geachtet und geschätzt von den Einheimischen, wie von den Bade-
gästen, konnte sich Bukovics ganz seinem Berufe hingeben
und die Schwingen seiner künstlerischen Begabung immer freier
entfalten. Sein Ruf als Schauspieler und Direktor wurde durch
preußische Kurgäste über die Grenze getragen und er erhielt in
Folge dessen ehrenvolle und vortheilhafte Anträge von Berlin und
Dresden. Da kam zufällig Franz Wallner nach Teplitz,
sah Bukovics in einer seiner humoristischen Väterrollen im
Lustspiele, und ihn gleich nach der Vorstellung aufsuchend und be-
glückwünschend sagte er in seiner gewöhnlichen enthusiastischen Weise
zu ihm: „Das ist Alles recht schön, lieber Freund, Sie haben
eine ganz angenehme Stellung, aber Sie verkümmern dabei in
der Provinz, bleiben unbekannt und haben keine Zukunft vor sich.
Sie gehören nach Wien, das ist der einzige richtige Boden für
strebsame Künstler."
Am nächsten Morgen schon fuhr Wallner nach Karlsbad,
wo Dr. Heinrich Laube, der Direktor des Wiener Stadt-
Theaters die Kur brauchte, und machte ihn auf die neue günstige
Acquisition für das Stadttheater aufmerksam, die er in Bukovics
soeben entdeckt habe. Laube, der durch das Engagement Reusche's
aus Burgtheater eine empfindliche Lücke in seinem Personale hatte
und überall nach einem Darsteller humoristischer Väter- und

komischer Charakterrollen suchte, fuhr sogleich nach Teplitz, sah am Abende Bukovics in dem Moser'schen Lustspiele: „Das Stiftungsfest", der ihm ausnehmend gefiel, ließ ihn bitten, ihn nach dem Theater im Hotel zu besuchen und in seiner kurz angebundenen Manier offerirte er ihm ein Engagement am Wiener Stadttheater unter höchst vortheilhaften Bedingungen. Bukovics, dessen höchstes Ziel und Streben Wien war, sagte zu und noch in derselben Nacht wurde der Engagements=Vertrag entworfen und unterzeichnet.

Freund Bukovics löste nun seine Verbindlichkeiten gegen die Teplitzer Stadtverwaltung in freundschaftlichem Wege und die Herren Stadtväter willigten in seinen Abgang um so lieber, als sowohl Verwaltung wie Steuerzahler bereits nach und nach zu der Einsicht gekommen waren, welch' einen kostspieligen „Elephanten" sie sich mit dem Theater angeschafft und welche großen pekuniären Opfer sie sich auferlegt hatten, um das Theater auch während des Winters bei der kleinen einheimischen Bevölkerung und deren schwacher Theaterlust aufrecht zu halten, so daß sich bereits eine starke Partei gebildet hatte, welche die Verpachtung des Theaters an einen Privat=Unternehmer in energischer Weise verlangte.

Bukovics kam also nach Wien, trat im Stadttheater wieder in Mosers „Stiftungsfest" auf und gefiel außerordentlich; — bald wurde er einer der beliebtesten Schauspieler in Wien, erhielt einen glänzenden Antrag an das Hofburgtheater, dem er jedoch nicht Folge leisten konnte, da die Direktion des Stadt= theaters ihm die Entlassung vor Ablauf seines Contraktes ver= weigerte. Aber er stieg immer mehr in der Gunst des Publi= kums, wurde ein Liebling desselben und als Laube in 1880 zum dritten Male und nun unwiderruflich die Direktion niederlegte und die Gründer und Aktionäre, die bisher das Theater in eigener Regie geführt hatten, nun beschlossen, es zu verpachten, wurde Bukovics als der beste und befähigtste Leiter der Kunstanstalt nahezu mit Einstimmigkeit anerkannt und ihm der Pacht des Theaters auf vier Jahre übertragen. Das Glück und die Gunst des Publikums sind ihm als Direktor ebenso treu geblieben, wie sie ihn auf seiner ganzen Künstlerlaufbahn begleiteten und ich freue mich herzlich der glänzenden Erfolge des alten und bewährten Freundes.

Nach dieser Abschweifung, die jedenfalls eine Illustration des bunt bewegten Künstlerlebens bietet, kehre ich wieder zu meinen eigenen Verhältnissen zurück; — in heiterster Gemüths=

stimmung arbeitete ich mit Lust und Liebe in meinem journalistischen
Berufe und war ruhig und zufrieden. Mein Sohn Karl, dessen
Geschäftstüchtigkeit in ganz Wien bekannt war, hatte sogleich ein
Engagement als Theatersekretär bei Anton Ascher, Direktor
des Carltheaters, gefunden, der große Stücke auf ihn hielt, —
außerdem aber war noch Anderes im Werke. Mein Neffe, Jean
Baptiste Feilner, für dessen eminente künstlerische Begabung
Bremen doch einen zu beschränkten Wirkungskreis bot, hatte vor,
ein zweites photographisches Atelier in Wien zu errichten und war
auch deshalb zu uns gekommen; — mein Sohn sollte als Compagnon in das neue Geschäft eintreten, den finanziellen und
geschäftlichen Theil leiten, und wenn Feilner nach Bremen
mußte, ihn hier vertreten. Ein passendes Atelier wurde bald
gefunden, elegant ausgestattet, alle Vorbereitungen wurden mit
Umsicht getroffen und die immer näher heranrückende Weltausstellung in Wien verhieß mit Sicherheit ein glänzendes Geschäft

> „Doch mit des Geschickes Mächten
> Ist kein ew'ger Bund zu flechten
> Und das Unglück schreitet schnell!"

Eine schwere Prüfung stand mir bevor, ein Unglück, das mich
empfindlich traf und meine schönsten Hoffnungen vernichtete. —

Ein schwerer Verlust.
(1872—1878.)

Auf die aufregende und aufreibende Thätigkeit der Theater-
leitung folgte nun wieder eine friedliche Pause ruhigen Still-
lebens; — ich wendete mich wieder mit voller Lust und Liebe
meinen journalistischen Arbeiten zu und fand meine einzige Erholung im stillen Familienkreise. Mein Sohn Karl hatte bereits
selbst eine Familie von drei lieben Kindern, aber er, seine gute
Frau und die drei Kinder, unsere Enkel, hingen mit soviel Liebe
und Zuneigung an den alten Großeltern, daß wir eigentlich nur
eine einzige Familie bildeten; — Neffe Feilner, der aus
Bremen gekommen war, um sein Wiener Atelier zu eröffnen,
schloß sich unserem Kreise gerne an und wenn die Tagesarbeit

beendigt war, verbrachten wir den Abend in vertraulichem Ge=
plauder über vergangene Zeiten und machten Pläne für die Zu=
kunft. Aber unser glückliches Familienleben sollte bald eine herbe
Störung erleben; — das Jahr 1872 hatte für uns unter den
freundlichsten Auspizien begonnen, wir waren alle voll Zuversicht
und Hoffnung, da traf uns plötzlich und unerwartet der schwere
Schlag, — der härteste, der mich in meinem ganzen Leben be=
troffen hat. In den letzten Tagen des März kam mein Sohn
plötzlich und sagte mir, seine Frau sei erkrankt und er auf dem
Wege, um den Doktor Linhart zu ihr zu holen; wenige Stunden
darauf erschien er schon wieder, sichtlich bestürzt und niedergeschlagen
und brachte uns seine drei Kinder; — der Doktor habe die
Krankheit seiner Frau als die Blattern erklärt und daher die
augenblickliche Entfernung der Kinder angeordnet, um jeder An=
steckung derselben vorzubeugen. Natürlich nahmen wir unsere Enkel
bereitwilligst bei uns auf und meine Frau sorgte für die armen
Kleinen mit mütterlicher Liebe; — unser Karl aber blieb bei
seiner kranken Frau, um sie zu pflegen und zu warten. Das
that er denn auch in treuester und besorgtester Weise. Jede Mi=
nute, in der ihn nicht seine geschäftliche Stellung an das Bureau
des Carl=Theaters fesselte, brachte er an dem Bette der Kranken
zu, die Nächte ebenfalls in eifriger Krankenpflege durchwachend.
Endlich nach vierzehn Tagen ängstlicher Spannung konnte er uns
die erfreuliche Kunde bringen, daß unsere liebe Schwiegertochter
nicht nur außer aller Gefahr, sondern in rascher Reconvalescenz
begriffen sei und die Kinder bald wieder mit ihrer Mutter ver=
einigt sein dürften. Aber es sollte leider anders kommen, — die an=
gestrengten Arbeiten seines Berufes, die Anstrengungen bei der
Krankenpflege, die durchwachten Nächte, die Angst und Aufregung
hatten meinen armen Karl auf's Aeußerste angegriffen und für
die furchtbare Krankheit empfänglich gemacht. Schon seit einigen
Tagen hatte ich, wenn er seine Kinder bei uns besuchte, bemerkt,
wie furchtbar angegriffen und elend er aussah; bittend drang ich
in ihn, sich Ruhe und Pflege zu gönnen; — meine Frau und
Feilner vereinten ihre Bitten mit den meinigen, und erst nach
längerem Widerstreben willigte er endlich ein, sich einige Tage
der Ruhe zu vergönnen und zu Hause zu bleiben. Ich schrieb
sogleich einen entschuldigenden Brief an Direktor Ascher und
erbot mich, während dieser Unterbrechung meines Sohnes Stelle
zu versehen, und Ascher antwortete mir sogleich mit seiner be=

kannten Humanität und Liebenswürdigkeit, mein Sohn solle sich
pflegen und erholen, er gewähre ihm dazu Urlaub, so lange der
Arzt es nöthig finde. Aber schon am nächsten Morgen schrieb
mir Karl's arme Frau, die selbst kaum das Krankenbett ver=
lassen hatte, daß Karl in heftigem Fieber darniederliege und
wenige Stunden später theilte mir Doktor Linhart mit, daß
die Erkrankung meines Sohnes ebenfalls ein Blatternanfall sei,
der mit großer Heftigkeit und bösartigen Symptomen auftrete.
Seine Frau pflegte ihn ebenso treu und hingebend, wie er sie
gepflegt hatte und setzte mich alle vier Stunden brieflich von
seinem Zustande in Kenntniß, da auf Anordnung des Arztes der
Kinder wegen aller persönlicher Verkehr zwischen beiden Familien
abgebrochen war. Es waren entsetzlich traurige Tage, die wir
nun in beständiger Angst und Aufregung verlebten, — endlich
am siebenten Tage kam die niederschmetternde Nachricht, daß es
die schwarzen Blattern, die bösartigste Form dieser ver=
derblichen Krankheit, seien und daß Doktor Linhart nur wenig
Hoffnung gebe. Noch einmal kämpften wir drei Tage entsetzlicher
Ungewißheit und bitterer Todesangst durch, uns mit Hoffnungen
tröstend, an die wir selbst nicht glaubten, bis am vierten Tage
einige mit Thränen getränkte Zeilen meiner Schwiegertochter uns
die schreckliche Kunde brachten, daß Karl in ihren Armen plötzlich
sanft und schmerzlos verschieden sei. Es war am Abende des
18. April, ein Tag, der für immer in meinem Gedächtnisse
schwarz angestrichen steht; — am 21. April begruben wir ihn
unter der lebhaftesten Theilnahme Aller, die ihn gekannt hatten,
auf dem evangelischen Friedhofe vor der Matzleinsdorfer Linie
und mit ihm begrub ich alle meine Hoffnungen und Erwartungen.
— Er war ein edler und liebenswürdiger Mensch, geachtet und
geliebt von Allen, die mit ihm in Berührung gekommen waren,
ein treuer, liebevoller Sohn, ein zärtlich besorgter Gatte und
Familienvater und ein tüchtiger und verläßlicher Geschäftsmann;
— das Schönste, das sich zu seinem Lobe sagen läßt, war, daß
er in seinem ganzen Leben nie einen Feind gehabt hatte und daß
Jeder ihn liebte und schätzte, der mit ihm in Berührung gekommen
war. Von zartester Kindheit an war er ein treuer, liebevoller
Sohn und hing mit hingebender Zärtlichkeit an seinen Eltern, —
selbst schon glücklicher Familienvater, ließ er doch keinen Tag ver=
gehen, ohne seine alten Eltern zu sehen und ihnen Beweise seiner
liebevollen Anhänglichkeit zu geben. Es war ein schwerer Verlust,

der härteste Schlag, der mich in meinem Leben getroffen, den ich
noch immer nicht verwinden kann, eine Lücke war in unserem
Familienleben gerissen, die Nichts mehr auszufüllen vermochte. —
Noch härter vielleicht traf der Schlag seine arme Witwe, die mit
drei unmündigen Kindern trostlos zurückblieb und deren ganzes
Ehe= und Familienglück vernichtet war. Seitdem sind neun Jahre
vergangen und wir Alle betrauern noch immer den unersetzlichen
Verlust. Die Zeit, diese milde Trösterin, hat den bittersten
Schmerz gelindert und meine Lebensanschauung bietet mir den,
allerdings nicht vollgenügenden Trost, daß ein solcher Tod im
schönsten Mannesalter für ihn selbst doch eigentlich ein freundliches
Los war. Mit der zärtlichsten Liebe von seinen Eltern erzogen,
hatte er eine glückliche Kindheit verlebt, seine Jünglingsjahre waren
ebenso heiter und sorglos verflossen, er hatte, meinem Wunsche
gemäß, schon als Jüngling viel gelernt und gesehen und als er
ins praktische Leben trat, war er, frei von jeglichem Ungemache,
in seinen Berufsstellungen stets zu erfolgreicher Wirksamkeit, zur
allseitigen Anerkennung seines edlen Charakters und Strebens ge=
langt; — er hatte jung geheirathet, eine glückliche Ehe geschlossen,
erlebte Freude an seinen liebenswürdigen Kindern, hatte die
schönsten Aussichten für die Zukunft und wurde im zweiund=
dreißigsten Lebensjahre, nach kurzem Leiden und ohne zum Bewußt=
sein seiner Lage gekommen zu sein, durch den unerbittlichen Tod
hinweggenommen, — nie hatte ihn das Unglück mit seiner rauhen
Hand berührt, seine zweiunddreißig Jahre waren eine lange Reihe
von glücklichen Tagen, voll von Liebe und Anhänglichkeit, ohne
Kummer, ohne Sorgen, ohne Ungemach. Ein solcher Tod in der
Blüthe der Jahre hat auch etwas Beneidenswerthes, so traurig er
auch für die Ueberlebenden ist. Ruhe seiner Asche, Liebe und
Achtung seinem Angedenken! —

  Der schwere Schlag hatte mich tief gebeugt, aber das Leben
hat seine Pflichten, so schmerzlich sie auch oft sind, — sie müssen
doch erfüllt werden; und so suchte ich mich denn durch verdoppelte
Arbeit zu zerstreuen und meinen Schmerz in geschäftiger Thätig=
keit zu betäuben. Neffe Feilner, der große Hoffnungen auf
Karl's Mitwirkung gesetzt hatte, war gerade daran, sein Atelier
in Wien zu eröffnen und ich hielt es für meine Pflicht, an die
Stelle des Verstorbenen zu treten und Feilner zur Seite zu
stehen. Ich übernahm also den geschäftlichen und ökonomischen
Theil in Feilner's Atelier und trat somit abermals in einen

neuen Beruf, in dem ich mich bald heimisch fühlte. Es war damals gerade die Zeit des sogenannten „wirthschaftlichen Aufschwungs" in Wien, die Geschäfte blühten, Alles gedieh und auch Feilner, dessen künstlerische Tüchtigkeit allgemein anerkannt wurde, sah seine Bemühungen vom schönsten Erfolge gekrönt. Die Weltausstellung rückte immer näher heran und das eine Atelier genügte bald nicht mehr, das Unternehmen mußte vergrößert werden; — ich betrachtete es als eine Pflicht gegen den theuren Verstorbenen, Feilner zur Seite zu bleiben und ihn auf das Kräftigste zu unterstützen. Ich wurde daher an Stelle meines Sohnes sein Compagnon und wir kauften ein zweites, größeres Atelier am Anfange der Mariahilfer Straße, welches ebenfalls lebhaften Zuspruch fand. So mit der Führung beider Ateliers vollauf beschäftigt, hatte ich glücklicherweise keine Zeit, mich meinem Schmerze und trüben Gedanken hinzugeben und ich fand in der angestrengten Arbeit allmälig Beruhigung und Trost. Hierzu kam noch die am 1. Mai 1873 eröffnete Weltausstellung, auf der ich einige amerikanische Firmen zu vertreten hatte, die mir vollauf zu thun gab und mir die Freude bereitete, so manche Freunde und gute Bekannte aus Amerika begrüßen zu können. Fast gleichzeitig kam aber auch der große finanzielle „Krach", der allgemeine und jähe Zusammenbruch des äußerlich glänzenden, innen faulen „wirthschaftlichen Aufschwungs", der fast Jedermann mehr oder minder empfindlich traf. Tausende von glücklichen Existenzen wurden hoffnungslos zu Grunde gerichtet, unzähliges Familienglück wurde vernichtet, frühere Millionäre wurden zu Bettlern, es herrschte ein Elend und ein Jammer, der mich meinen theuren Verstorbenen glücklich preisen ließ, daß er diese schreckliche Zeit nicht erlebt, nicht unter ihren Folgen gelitten habe. Auch mich berührte die Krisis durch einen Verlust, den ich mir durch die allgemein herrschende Vertrauensseligkeit der glücklichen Geschäftszeit leider selbst zugezogen hatte. Aber was bedeutet ein Geldverlust gegenüber dem schwereren Verluste, den ich in der Familie erlitten hatte. Ich tröstete mich auch leicht darüber; denn so empfindlich auch dieser Verlust mich berührte, so war er doch gegenüber dem allgemeinen Elende und der gänzlichen Vernichtung von tausenden von glücklichen Familien noch immer verhältnißmäßig leichter zu ertragen.

Aber die allgemeine finanzielle Krise wirkte zugleich lähmend und störend auf alle Geschäfte ein und auch unsere Ateliers, wie die aller anderen Photographen, hatten darunter zu leiden. Die Extreme folgten auf einander; — im Jahre 1872 hatte man das Geld mit beiden Händen ausgestreut, ja zum Fenster hinaus= geworfen, — es war ja so leicht zu verdienen gewesen; sprüch= wörtlich hieß es damals: das Geld liege auf der Straße, man brauche sich nur zu bücken, um es aufzuheben, — ein einziger glücklicher coup auf der Börse hatte Gewinn von Hunderttausenden gebracht und so leicht wie das Geld verdient wurde, so leicht wurde es auch ausgegeben, — es herrschte eine Freigebigkeit, ja eine Geldverschwendung, bei der natürlich alle Geschäfte und Unter= nehmungen blühten. Als nun mit dem „Krach" der goldene Regen versiegte, als auf die sieben fetten Jahre die sieben mageren Jahre folgten, da trat auch mit diesen der Umschlag ins Ent= gegengesetzte ein, — an die Stelle der unbedachten Verschwendung trat nothwendig gewordene Sparsamkeit, ja oft ängstliche Knickerei; Alles schränkte sich ein, besonders in den Luxus=Ausgaben, und alle Geschäfte litten empfindlich unter diesem plötzlichen Wechsel; denn die meisten von ihnen, ja fast alle, waren unter den Voraus= setzungen des früheren glänzenden Aufschwungs errichtet oder doch vergrößert und erweitert worden; — jetzt aber wagte Niemand mehr Geld auszugeben, außer für das Allernothwendigste, ja selbst Familien, denen trotz aller Verluste doch noch immer ein anstän= diges Vermögen geblieben war, schränkten sich aufs Aeußerste ein und wollten durchaus arm scheinen, vielleicht, um nicht von anderen Hilfsbedürftigen in Anspruch genommen zu werden. Es war eine böse Zeit, die nach dem Schlusse der Weltausstellung eintrat; denn auch die fremden Aussteller und Besucher waren nun fort= gezogen und die Wiener blieben mit ihrem Jammer und Elend allein, ohne Hoffnung, ohne Aussicht auf eine bessere Zukunft, der schlimmste Pessimismus ergriff die ganze Bevölkerung und Verzagtheit und gegenseitiges Mißtrauen verschlimmerten die ohne= dies trübe Lage.

Trotz aller Anerkennung, die Feilner in Wien gefunden hatte, trotzdem daß man ihn bereits zu den ersten und besten Photographen der Residenz zählte, wurde ihm doch durch diese Lage der Dinge der Aufenthalt in Wien verleidet; — außerdem aber war er doch zu sehr Bremer, zu sehr vom bremischen Lokal=Patriotismus erfüllt, um sich nicht wieder nach der alten Heimath zurückzusehnen; — endlich eröffnete er mir eines Tages, daß er im Bremer Geschäfte, welches ein Vetter für ihn aus=

hilfsweise geführt hatte, schmerzlich vermißt werde, ja, daß dieses sein Stammgeschäft, welches bereits seinem Vater und auch ihm ein anständiges Einkommen gewährt habe, ohne seine persönliche Mitwirkung wahrscheinlich zu Grunde gehen müsse; — er habe daher beschlossen, nach Bremen zurückzukehren und dort, wo er unbestritten der Erste in seinem Fache sei, sein Geschäft mit Aufbietung aller seiner Kräfte zu erhalten und emporzuheben; — ich solle indessen die Wiener Ateliers, in welchen wir tüchtige Assistenten hatten, fortführen, er wolle alle Jahre auf einige Monate nach Wien kommen, und so sollte das doppelte Geschäftsunternehmen erhalten werden, bis wieder günstigere Zeiten einträten und wir die Wiener Ateliers ohne allzu großen Verlust verkaufen könnten. So geschah es denn auch, F e i l n e r ging nach Bremen zurück und nahm seine Schwester, die Witwe meines Sohnes, mit ihren Kindern mit sich; — ich und meine Frau waren nun wieder ganz allein in dem großen Wien und nur die angestrengteste Thätigkeit, die mir nun auferlegt war, ließ mich das drückende Gefühl der Vereinsamung überwinden. So war ich denn auch noch zu allen den verschiedenen Berufen, die ich im Leben ergriffen, gar P h o t o g r a p h geworden, hatte mich mit den Manipulationen vollkommen vertraut gemacht und nach und nach sogar, wenn meine Assistenten abwesend oder verhindert waren, mich an die Aufnahme von Porträts gewagt, welche allerdings nicht die vollkommensten Bilder lieferten. Aber ich war vom frühen Morgen bis zum späten Abend beschäftigt, die wenigen freien Stunden wurden durch meine journalistischen und Correspondenz-Arbeiten ausgefüllt, ich hatte keine Zeit zu trüben Gedanken und fand in unausgesetzter Thätigkeit Beruhigung und Trost.

Endlich bot sich eine günstige Gelegenheit in 1874, die beiden Ateliers ohne Verlust, ja das größere sogar mit Gewinn zu verkaufen, ich ergriff sie rasch, der Verkauf wurde abgeschlossen, die Uebergabe vollzogen, nach unserer Abrechnung löste sich meine Verbindung mit F e i l n e r auf und ich war wieder unabhängig und Herr meiner selbst.

Der Ruhe und Erholung bedürfend und des traurigen Schauspiels müde, welches Wien in den ersten Jahren nach dem Krache bot, beschloß ich nun einen ländlichen Aufenthalt nahe bei Wien zu nehmen und meine Wahl fiel auf das freundliche Baden mit seiner reizenden Umgebung und seinen heilkräftigen Quellen. Der

Entschluß wurde denn auch gleich nach der Uebergabe der Ateliers an die Käufer ausgeführt, ich fand in Baden eine hübsche Wohnung mit Garten und übersiedelte nach der freundlichen Stadt, wo ich auch wirklich Erholung und Gemüthsruhe fand und zwei angenehme Jahre verlebte.

Im Frühjahre 1874 hatte sich meine Verbindung mit dem „Cincinnati = Volksblatte" aufgelöst und Freund Olshausen öffnete mir die Spalten seiner Zeitung der „Westlichen Post" in St. Louis, sowie mit erstem Jänner 1875 mein Freund Hermann Raster mich zum ständigen Correspondenten und Mitarbeiter der „Illinois = Staatszeitung" in Chicago machte. Beiden alten und bewährten Freunden habe ich es zu danken, daß ich geistig thätig bleiben und zugleich mich eines sorgenfreien Alters erfreuen konnte. Ich spreche Beiden hiermit meinen herz= lichsten Dank für ihre Freundschaft aus und hoffe, daß meine Verbindung mit diesen zwei bedeutendsten und einflußreichsten deutschen Zeitungen des amerikanischen Westens fortdauern wird, so lange ich noch die Feder führen kann; denn es ist mein sehn= lichster Wunsch, thätig in meinem Berufe bis ans Ende wirken zu können.

Während des Aufenthaltes in Baden entstand auch der Ge= danke und begann der erste Anfang der Aufzeichnung dieser meiner Erinnerungen und zwar auf wiederholtes Andrängen eines dort gefundenen hochgeehrten Freundes, Dr. Hermann Rollett, — eines begabten Dichters und bewährten Kunstschriftstellers, auch großen Kenners der Glyptik. Rollett hatte seiner freiheitlichen Gesinnung halber in dem vormärzlichen Oesterreich schwere Ver= folgungen erlitten, war 1844 deshalb nach Deutschland gegangen, aber auch dort in fast allen Staaten verfolgt und wiederholt ausgewiesen, hatte er sich endlich in die Schweiz geflüchtet und erst Ende 1854, als die Reaktion in Oesterreich allmälig er= mattete, durfte er wieder nach Oesterreich zurückkehren, wo er nun in den Besitz seines väterlichen Erbes in Baden trat und von da an ein ruhiges, sorgenfreies, der Literatur, Wissenschaft und Kunst gewidmetes glückliches Leben führte. Als Bernays und seine Frau mich in Baden besuchten und wir zusammen einige Wochen glücklicher Erinnerungen an frühere Zeiten und traulichen Zusammenseins verlebten, lernte ich durch Bernays Dr. Rollett kennen, der, obgleich fünfzehn Jahre jünger als ich, mir sogleich sympathisch wurde und in dessen freundschaftlichem Umgange ich so viele genußreiche und belehrende Stunden verlebte, — ja ich kann sagen, daß ich meinen Umgang mit Anderen in Baden einzig und allein auf Hermann Rollett beschränkte und auch jetzt noch zu ihm in den freundschaftlichsten Beziehungen stehe. Wenn wir nun in unseren traulichen Plauderstunden uns unsere Erlebnisse und Schicksale mittheilten, so drang Rollett immer in mich, ich solle doch meine Erinnerungen in Memoirenform nieder= schreiben, was ich jedoch lächelnd ablehnte, da sie mir zu unbedeutend erschienen. Als Rollett aber trotzdem nicht nachließ und mir wiederholt die Sache ans Herz legte, suchte ich dem Andrängen dadurch zu entgehen, daß ich ihm einen humoristischen Lebenslauf in einigen Dutzend gereimter Zeilen scherzweise zuschickte. Doch Rollett ließ sich nicht abweisen und kam immer wieder auf die Memoiren zurück, und so fing ich endlich an, meine Erinnerungen niederzuschreiben. Jedes Kapitel der ersten Hälfte dieser Auf= zeichnungen ist, so zu sagen, unter seinen Augen entstanden, so oft ich ein Kapitel fertig geschrieben hatte, brachte ich es ihm, er las es, fügte seine Bemerkungen hinzu, wir besprachen es dann zusammen und legten die letzte Feile an. So wurde die erste Hälfte dieser Aufzeichnungen in Baden geschrieben bis zu dem Kapitel meiner Auswanderung nach Amerika; — dann verließ ich Baden wieder, um nach Wien zurückzukehren und das bewegte Leben der großen Stadt ließ mir wenig Zeit und bot mir wenig Anregung, die begonnene Arbeit zu vollenden. So blieb das Bruchstück ruhig in meinem Schreibpulte liegen und wäre wohl nie beendet worden, wenn nicht Freund Hermann Raster mich später ebenfalls aufgemuntert hätte, meine Lebensschicksale nieder= zuschreiben. So schrieb ich denn von 1879 bis jetzt (1881) die zweite Hälfte der Erinnerungen, die nun ihrem Schlusse zugeht. Es war eine mühevolle Arbeit, nicht so des Schreibens halber, aber wegen des Aufstöberns und Durchlesens alter Briefe, Auf= sätze und anderer Dokumente, die ich erst mühsam zusammen= suchen mußte und ich bin wirklich froh, daß ich diese, von Er= innerungen aller Art begleitete Arbeit nun bald hinter mir habe. Ob sie für Andere von gleichem Interesse ist, wie für mich, ver= mag ich nicht zu bestimmen; aber daß sie Wahrheit und nur wirklich erlebte Thatsachen enthält, das kann ich mit gutem Ge= wissen verbürgen.;

Und so möge denn als Schluß und Ergänzung dieses Ka= pitels die gereimte Antwort folgen, mit welcher ich Rolletts

drängen auf das Niederschreiben dieser Erinnerungen zuerst be=
antwortete. Unser freundschaftlicher Briefwechsel war manchmal
in poetischer Form gehalten und dies mag erklären, wie ich bei
dieser Gelegenheit meine Antwort in Knittelverse kleidete oder wie
sie der Franzose besser bezeichnet, in bouts-rimés (End=Reime).
Diese Epistel aber lautete:

Mein Lebenslauf.

Ich soll, theurer Freund! mein Leben erzählen, —
Da brauch' ich mich wahrlich nicht arg zu quälen,
In drei Dutzend Zeilen schreibe ich auf
Den Meinen — wie Tausender — Lebenslauf.
Ich habe gelebt — geliebt — und gelacht,
Hab' Dummheiten und auch Bücher gemacht,
Ein Weib genommen und Kinder gezeugt, —
Hab' den Tauben oft die Wahrheit gegeigt,
Wofür sie statt: Schön Dank! zu sagen,
Mir den Fidelbogen um's Maul geschlagen;
Hab' erklärt den Blinden die Farbenlehr'
Und hoch gepriesen, wie schön sie wär',
Hab' Vieles gelernt und Andern gelehrt,
Was nicht ein Mal des Vergessens werth.
So hab' ich viel leeres Stroh gedroschen: —
War manchmal reich, dann ohne Groschen, —
Hab' aber den leichten Sinn nie verloren,
Getrost mir immer den Wahlspruch erkoren:
„Das Heute ist unser, — darum keine Sorgen —
„Nicht um das Gestern und nicht um das Morgen;
„Wer das Heute zu genießen versteht,
„Auf richtigem Wege durch's Leben geht, —
„Denn die größten Feinde der Menschen auf Erden
„Sind das „Gewesen" und das „Wird werden".
So hab ich denn meinen Weg genommen
Und bin auf Siebzig Jahre gekommen,
Hab' Vieles erlebt und Vieles versucht
In den langen Jahren wechselnder Flucht; —
Nur Eines hab' ich noch nicht probirt,
Wie man stirbt und aus „Wenig" zum „Gar nichts" wird,
Wie, mit Cäsar, Alexander, Napoleon und Bismarck,
Man zurückkehrt in den ewigen Urquark, —
„Protoplasma", glaub' ich, heißt's auf lateinisch,
Denn „Urschleim" klingt doch ein Bischen schweinisch,
Wie gesagt, wie man wieder zum Urstoffe wird,
Das Einzige hab' ich noch nicht probirt, —
Doch kömmt der Tag, so werd ich wohl müssen
Mit Anstand und Grazie zu sterben wissen. —

Schlußkapitel und Abschied.

(1879—1881.)

So freundlich und angenehm mir auch die Zeit meines zwei=
jährigen Aufenthaltes in dem gemüthlichen Baden verfloß, so fühlte
ich doch bald, daß mein, auch durch die Greisenjahre noch wenig
gedämpfter, unruhiger Geist auf die Dauer dieses ländliche Still=
leben nicht vertragen würde. Und so kam es auch in der That;
— so reich an Naturschönheiten auch Baden war, so angenehm
und friedlich ich dort auch lebte, so sehr mir der anregende und
belehrende Umgang mit dem geistreichen Dr. Rollett zusagte,
so fühlte ich doch nach und nach heraus, daß mir dies ruhige
Leben auf die Dauer keine Befriedigung gewähren könne; — ich
mußte Bewegung, Leben und Treiben, Aufregung und Zwischen=
fälle ernster und heiterer Art, kurz das buntbewegte Leben einer
großen Stadt um mich haben und mich mitten darin bewegen,
wenn mein unruhiges Naturell sich befriedigt fühlen sollte.
Während der drei Sommermonate bot mir die freundliche Kur=
stadt, in der dann nahezu zehntausend Badegäste aus aller Herren
Ländern zusammenströmten, genug Leben und Bewegung, auch
Frühjahr und Herbst, wo es in Baden stiller war, ließen sich zu
kürzeren oder längeren Ausflügen in die reizende Umgebung be=
nützen, aber der Winter mit seiner eintönigen Einsamkeit und
seiner Ereignißleere war schrecklich; — ich hatte Alles versucht,
mehr als sonst gearbeitet, eine ganze Leihbibliothek durchgelesen,
aber der Winter war und blieb in dem stillen Baden für mich
unerträglich, — und so fing ich allmälig im zweiten Jahre
meines Aufenthaltes an, mich mit dem Gedanken der Rückkehr
nach Wien zu beschäftigen, der theuren Stadt, dem Schauplatze
meiner schönsten Jugendzeit, an die mich außer tausend lieben
Erinnerungen auch noch das Grab meines guten Sohnes knüpfte.

Es ist eine sonderbare Erscheinung, daß die meisten Menschen
ihr ganzes Leben lang einen Lieblingswunsch hegen, dessen Er=
füllung sie immer, meist vergebens, nachstreben und daß, wenn
es ihnen endlich am Abende ihres Lebens gelingt, denselben ver=
wirklicht zu sehen, sie nicht ohne einige Enttäuschung zu bemerken
anfangen, daß die Erfüllung ihres Wunsches ihnen nicht die Be=
friedigung, nicht das Glück bringt, welches sie sich in vorhinein

davon versprochen und in ihrer lebhaften Phantasie in den schönsten
Farben ausgemalt hatten. So ging es auch mir mit dem ländlichen
Stillleben; — seit meiner Verheirathung hatte ich mir immer
als Ziel und Belohnung meines unermüdeten Schaffens und
Wirkens einen Ruhesitz auf dem Lande in schöner Gegend, ein
freundliches Häuschen mit einem hübschen Garten, kleinem Vieh=
stande und dergl. in wachen Träumen ausgemalt, aber wenn ich
dieses ländliche Glück dann in Wirklichkeit genießen konnte, bin
ich es sehr bald müde und überdrüssig geworden. So war es
mir in Sarcelles bei Paris gegangen, ebenso in Amerika in
Highland und dieselbe Erscheinung wiederholte sich nun auch in
Baden; — ich sah endlich ein, daß ich für das stille Landleben
nicht geeignet sei, und daß ich, um mich wohl und zufrieden zu
fühlen, von dem geräuschvollen und vielbewegten Leben mich um=
wogt fühlen müsse. So reifte denn immer mehr in mir der
Entschluß, wieder nach Wien zurückzukehren, den ich denn auch
Ende 1875 ausführte. Seitdem bin ich wieder in dem mir so
lieben Wien und obgleich ich auch hier in dem Getriebe der
Weltstadt ein ganz stilles und zurückgezogenes, beinahe vollständig
isolirtes Leben führe, so scheint sich mein Wandertrieb endlich doch
erschöpft zu haben und ich denke hier ruhig zu Ende zu leben.

Fast gleichzeitig mit meiner Rückkehr nach Wien hatte auch
Freund Bukovics sein Engagement am Wiener Stadttheater
angetreten, wir freuten uns des glücklichen Wiedersehens und er=
neuten unsere freundschaftliche Zusammengehörigkeit; — die alten
Freunde und Bekannten meiner Jugend waren alle längst gestorben,
verschwunden, verschollen, — der liebste von ihnen, Heinrich
Adami, starb in Wien als Landesgerichtsrath, gerade in dem=
selben Jahre, als ich von Amerika nach Europa zurückkehrte und
ihn aufzusuchen gedachte; — neue Freundschaften zu schließen,
war ich schon zu alt, — indifferenten Bekanntschaften mochte
ich meine besser zu verwendende Zeit nicht opfern, Wirthshäuser
und öffentliche Orte besuchte ich nur sehr selten und ausnahms=
weise und so beschränkte sich mein Umgang nur auf Bukovics
und einige wenige, mir werthe Männer; — ich lebte und lebe
auch in der großen Weltstadt eine Art von Einsiedlerleben mit
meiner guten Frau und bin damit vollkommen zufriedengestellt.

Im Jahre 1879 wurde mir noch die Erfüllung eines sehn=
lichen Wunsches, auf die ich schon längst nicht mehr gehofft hatte;
— ich hatte als Knabe den ersten Napoleon und den großen

Goethe gesehen und immer den Wunsch gehegt, auch noch den drittgrößten Mann unseres Jahrhunderts, Bismarck sehen zu können. Dieser Wunsch erfüllte sich mir im September 1879, als der deutsche Reichskanzler nach Wien kam, um das Bündniß zwischen Deutschland und Oesterreich abzuschließen. Da habe ich denn auch ihn, den leitenden Staatsmann unserer Zeit, den Gründer des neuen deutschen Reiches gesehen, — allerdings nur gesehen; denn zum journalistischen Interviewer fehlt mir die nöthige Kühnheit und außerdem hatte Bismarck während seines dreitägigen Aufenthalts in Wien andere und bessere Dinge zu thun, als neugierigen Besuchern Audienzen zu ertheilen.

Ich ging eines Morgens im September über die Ringstraße — die glänzenden Boulevards von Wien — als ich vor dem „Hotel Imperial" eine ungeheure Menschenmenge versammelt sah, — mir fiel sogleich ein, daß die Zeitungen Bismarcks An= kunft am vorigen Abend angekündigt hatten und daß die große Menschenansammlung nur dem deutschen Staatsmanne gelten könne; — als ich näher kam und eine kaiserliche Hof=Equipage in voller Gala vor dem Hotel stehen sah, fand ich meine Ver= muthung bestärkt und nahm an, daß Bismarcks erster Ausgang in Wien seinem Besuche beim Kaiser gelte; — ich drängte mich also durch die Menschenmasse und mit der, mir noch von meiner Jugend anhaftenden Keckheit des Journal=Reporters wußte ich bis in die Einfahrt des Hotels zu gelangen. Ich war gerade zu rechter Zeit gekommen; denn bald wurden schwere Tritte und Säbelrasseln auf der Treppe hörbar und herab kam Fürst Bis= marck in voller Kürassier=Uniform, die weiße Feldmütze auf dem Kopfe, während sein Begleiter ihm die Pickelhaube nachtrug. Alles entblößte ehrerbietig die Häupter und staunte den Mann des Jahrhunderts an, — da er unter dem Thore mit seinem Begleiter noch einige Worte wechselte, hatte ich vollauf Zeit, die ernsten und festen Züge seiner Physiognomie meinem Gedächtnisse einzuprägen; — als aber der Fürst nun in den Wagen stieg, ertönte aus der ungeheuren Menschenmenge ein donnerndes, von Hüte= und Tücherschwenken begleitetes: „Hoch Bismarck! Hoch!" Sichtlich überrascht durch diesen herzlichen Empfang von Seite der Bürger jenes Staates, den er in 1866 so empfindlich geschlagen und niedergeschmettert hatte, aber ebenso erfreut, dankte Bismarck, seine Feldmütze abnehmend und nach allen Seiten schwenkend und grüßend den ihm zujubelnden Wienern. Und

wieder und wieder ertönte der Ruf: „Hoch Bismarck!" während
der Wagen über die Ringstraße dahin rollte und pflanzte sich
lawinenartig fort durch die von allen Seiten herbeiströmenden
Menschen, die bis zur kaiserlichen Hofburg ein dichtes Spalier
bildeten. Seine sonst so ernsten, fast finsteren Züge waren
sonnig erhellt und ein freundliches Lächeln der Befriedigung über-
flog sein männliches Gesicht. So habe ich denn nach dem ersten
Napoleon und Goethe auch Bismarck gesehen, an dem
schönsten Tage seines thatenreichen Lebens, an welchem er, nach
Wiederaufrichtung des deutschen Reiches, nun durch den Abschluß
des Bündnisses zwischen Oesterreich und Deutschland sein stolzes
Gebäude krönte, die Aussöhnung zwischen zwei stammverwandten
Völkern vollzog und zur Freundschaft und Bundesgenossenschaft
in guten wie in bösen Zeiten erhob und so dem Frieden Europas
neue Sicherheit und Bürgschaft gab.

Sonst brachte mir das Jahr 1879 noch zwei Ereignisse, deren
eines mich tief betrübte, das andere mich hoch erfreute. Im
August erhielt ich die schmerzliche Nachricht von dem Tode meines
lieben Freundes C. L. Bernays, der mir noch vom Krankenlager und Sterbebette seine letzten Freundesgrüße geschickt hatte.
So viele Freunde und Bekannte meiner Jugend und Manneszeit
hatte ich schon vor mir in's Grab senken sehen, so vielen Lebens-
genossen hatte ich den letzten Nachruf geschrieben oder die Grab-
rede gehalten, jetzt mußte ich diese traurige Pflicht auch für meinen
liebsten Freund erfüllen, mit dem ich fünfunddreißig Jahre lang
in innigster Freundschaft und gegenseitigem Verständniß fast ununterbrochen zusammengelebt und zusammengewirkt hatte; — ich erfüllte diese Freundespflicht mit schwerem Herzen, — hatte ich
doch immer gehofft, daß er, der Jüngere, meinen Nekrolog schreiben
würde, aber mit seinem Tode wurde eine zweite empfindliche Lücke
in mein Leben gerissen und den treuen gleichgesinnten Freund
vermisse ich noch immer schmerzlich.

Das freudige Ereigniß des Jahres 1879, das mich persönlich berührte, brachte mir einigen Trost; — am 12. November
erlebte ich das nur Wenigen beschiedene Glück, den fünfzigsten
Jahrestag meiner überaus glücklichen Ehe zu feiern. Aus
Anlaß dieser meiner goldenen Jubelhochzeit wurden mir
von Nah und Fern so viele Beweise von Liebe und Wohlwollen,
das alte Ehepaar wurde so vielfach begrüßt und beglückwünscht,
daß ich unfähig war, meine lebhaften Dankesgefühle Allen einzeln

auszusprechen, die sich unsrer an diesem Tage so liebevoll erinnert hatten. Es war der höchste und schönste Festtag meines vielbe= wegten Lebens und ich sage hiemit noch Allen, die unser so herzlich gedachten, meinen wärmsten Dank für die Liebe und Theilnahme, mit der sie mir diesen Tag der glücklichen Erinnerung verschönerten; — aber ebenso herzlich spreche ich hier vor aller Welt den Dank aus, den ich meiner guten Frau und Lebensgefährtin schulde für all' das Glück, das sie mir seit zweiundfünfzig Jahren von dem Tage an, wo sie mir am Altare die Hand reichte, bereitet hat, für alle ihre aufopfernde Liebe und treue Pflichterfüllung als Gattin und Mutter, die das höchste Glück meines Lebens ausge= macht haben.

So bin ich denn am Ende dieser meiner Aufzeichnungen und blicke mit Ruhe und Zufriedenheit zurück auf die fünfund= siebzig Jahre meines wechselvollen Lebens. — Noch immer er= freuen wir alten Leute uns des besten Wohlseins und tragen die Last des Alters leicht; — noch immer sind wir unzertrennliche Gefährten, Glück und Zufriedenheit nur bei einander findend und so wird es bleiben bis an's Ende; — dann allerdings wird ein= mal der Augenblick des Scheidens kommen und das Eine oder das Andere wird früher abberufen werden, aber das ist ja das Loos des Menschen und muß ertragen werden.

Aber nicht nur das körperliche Wohlsein ist mir in meinem hohen Greisenalter erhalten geblieben, auch die geistige Frische und Schaffungskraft habe ich bewahren können; — ich schreibe noch immer regelmäßig meine Artikel und Correspondenzen für die beiden amerikanischen Zeitungen, die mich zu ihrem ständigen Mitarbeiter gemacht haben, ich beschäftige mich auch noch mit anderen literarischen Arbeiten und auch mit dem Theater bin ich wieder in Berührung getreten, wie denn alle meine so oft ihre Richtung wechselnden Lebenswege mich immer und immer wieder zu den zwei großen Zielpunkten meines Schaffens, zum Theater und zur Journa= listik zurückführten.

Als Freund Bukovics sich im Laufe der letzten Jahre durch eisernen Fleiß ebenso wie durch angeborenes Talent zum beliebtesten Mitgliede des Wiener Stadttheaters und zum auser= wählten Lieblingsdarsteller des Wiener Publikums emporgeschwungen hatte und Dr. Heinrich Laube nun zu Anfang des Jahres 1880 unwiderruflich von der Leitung dieser Bühne zurücktrat, beschloß der, die Gründer und Aktionäre vertretende Directionsrath, der bisher das Theater auf eigene Rechnung geführt hatte, das Unternehmen künftig an einen Direktor zu verpachten. Karl Bukovics und sein Schwager Eduard Theimer, ein erfahrener und scharfblickender Geschäftsmann von nicht bloß kaufmännischer und finanzieller, sondern auch von weltmännischer Bildung, erklärten sich zur Uebernahme der Bühne bereit und das Stadttheater wurde ihnen als, volle Sicherheit bietenden Pächtern, am 1. Juli 1880 übertragen. Der erste Gang, den Bukovics an diesem Tage machte, galt mir, — er suchte mich auf, theilte mir die Unterzeichnung des Pachtvertrages mit und drang in mich, seinem Wunsche nachzukommen und als Dramaturg und Beirath der Direktion mitzuwirken. Gerne erfüllte ich seinen Wunsch und so habe ich nebst meiner literarischen Beschäftigung auch noch einen, mir überaus zusagenden Wirkungskreis auf theatralischem Gebiete gefunden, in welchem meine Thätigkeit und Erfahrung sich nützlich machen können; denn wenn auch das alte deutsche Sprüchwort sagt: Wem der Himmel ein Amt giebt, dem giebt er auch den Verstand, — so glaube ich in dieser Hinsicht nicht nöthig zu haben, mich ganz auf des Himmels Hilfe zu verlassen, da ich nicht nur durch eine lange Reihe von Jahren als Darsteller, Regisseur, Theaterdirektor und dramatischer Schriftsteller thätig war, sondern auch das deutsche Theater und über dies das französische, englische, italienische und auch das amerikanische Bühnenwesen aus eigener Anschauung gründlich kennen gelernt und aus diesen internationalen Erfahrungen praktischen Nutzen gezogen habe, den ich nun in meinem neuen Berufe und im angenehmen Zusammenwirken mit einer künstlerisch strebenden, ruhigen und besonnenen Bühnenleitung, einer umsichtigen Regie und einem begabten und hochgebildeten Künstlerkreise bestens zu verwerthen und mich nach Kräften nützlich zu machen strebe.

So lebe ich denn in emsiger geistiger Thätigkeit ruhig zu Ende, bin von der Hauptplage des Greisenalters, der Langeweile, frei und hoffe, daß es so bleiben wird bis ans Ende; denn ich halte den Tod in Erfüllung seiner Berufspflicht, in voller Rüstung und mitten in rüstiger Thätigkeit, für das schönste Loos.

Damit mögen diese Aufzeichnungen eines alten Mannes ihren Abschluß finden und es erübrigt mir nur noch, mich bei den Leiern zu entschuldigen, daß ich, der Unbedeutende, ihnen meine Lebensereignisse so ausführlich — vielleicht etwas zu ausführlich — erzählt habe, — diese Redseligkeit ist ja auch eine der Schwächen des hohen Alters und möge daher freundliche Nachsicht finden. Zugleich aber spreche ich den Lesern meinen herzlichen Dank aus für die Freundlichkeit, mit der sie mich in meinen Rückerinnerungen begleiteten und so manche Längen mit Nachsicht aufnahmen; — mögen sie mir auch fernerhin eine freundliche Erinnerung bewahren, — dies ist mein einziger Wunsch.

Inhalt des zweiten Bandes.